मानवशास्त्रीय सिद्धांत
शास्त्रीय एवं आधुनिक

लेखक की अन्य पुस्तकें

— भारतीय जनजातीय संस्कृति
(Indian Tribal Culture)
— जटिल समाज का मानव शास्त्र
(Anthropology of Complex Society)
— मानवशास्त्रीय अनुसंधान विधि एवं तकनीक
(Anthropological Research Method and Technique)
— भारतीय मानवशास्त्र
(Indian Anthropology)

लेखक परिचय

गया पाण्डेय, स्नातकोत्तर मानव विज्ञान विभाग, राँची, के एक वरीय शिक्षक हैं। सन् 1979 में मास्टर आफ साइंस, एंथ्रोपोलोजी की परीक्षा प्रथम श्रेणी में उत्तीर्ण करने के बाद आपने 1984 में पीएच.डी. की उपाधि प्राप्त की। सन् 1985 में आप स्नातकोत्तर मानव विज्ञान विभाग, राँची के यू.जी.सी. सेंटर फार एडवांस स्टडी में रिसर्च एसोसिएट बने। बाद में यहीं पर आपकी पुनर्नियुक्ति व्याख्याता के रूप में हुई। आपने 25 वर्षों के अनुसंधान तथा शिक्षण अनुभवों के आधार पर दर्जनों शोधपत्रों को राष्ट्रीय तथा अंतर्राष्ट्रीय ख्याति प्राप्त अनुसंधान पत्रिकाओं में प्रकाशित कराया। आपके द्वारा कई बृहत शोध परियोजनाओं को लिखित रूप प्रदान किया गया। अनुसंधान कार्य पर आधारित आपने कई पुस्तकों का सहलेखन कार्य किया। आपके द्वारा सहलेखन में प्रकाशित कुछ महत्त्वपूर्ण पुस्तकें निम्नलिखित हैं—

सन वर्शिप इन इंडिया (1992), हिस्ट्री आफ एंथ्रोपोलोजिकल थौट (1993), फोरेस्ट एंड ट्राइबल्स (1997), मानवशास्त्रीय विचारक एवं विचारधाराएँ (2000), आर्टिजन ट्राइब्स आफ बिहार एंड बंगाल (2001), जनजातीय विकास (2001), विकासात्मक मानव विज्ञान (2001), ट्राइबल डेवलपमेंट इन इंडिया (2002), ट्राइबल वूमैन वर्कर्स इन इंडिया (2004) तथा सामाजिक सांस्कृतिक मानवशास्त्र (2005)।

मानवशास्त्रीय सिद्धांत शास्त्रीय एवं आधुनिक

(Anthropological Theory Classical and Modern)

यू.जी.सी. नवीन विश्वव्यापी स्नातक एवं स्नातकोत्तर
पाठ्यक्रम पर आधारित

लेखक
गया पाण्डेय

CONCEPT PUBLISHING COMPANY, NEW DELHI-110059

Cataloging in Publication Data—DK
Courtesy: D.K. Agencies (P) Ltd. <docinfo@dkagencies.com>

Pandey, Gaya, 1954-
Mānavaśāstrīya siddhānta śāstrīya evaṃ ādhunika : Yū. Jī. Sī. navīna viśvavyāpī snātaka evaṃ snātakottara pāṭhyakrama para ādhārita = Anthropological theory classical and modern / Gayā Pāṇḍeya.
p. cm.
In Hindi.
On anthropological theory.
Includes bibliographical references (p. 313-330)
ISBN 8180694143

1. Anthropology—Philosophy. 2. Ethnology—Philosophy.
I. Title. II. Title: Anthropological theory classical and modern.

DDC 128 22

ISBN 81-8069-414-3 (H.B.)
ISBN 81-8069-415-1 (P.B.)

First Published 2007

Published and Printed by
Ashok Kumar Mittal
Concept Publishing Company
A/15-16, Commercial Block, Mohan Garden
New Delhi-110059 (INDIA)

Phones : 25351460, 25351794
Fax : 091-11-25357103
Email : publishing@conceptpub.com

धर्म पत्नी श्रीमती इन्दु देवी, पुत्री सुधा, सुमन, सरिता एवं अणु तथा पुत्र शेखर को सादर एवं साग्रह समर्पित जिनके निरंतर सहयोग के बिना मुझसे यह पुस्तक लेखन-कार्य संभव नहीं हो पाता।

आमुख

मानवशास्त्रीय सिद्धांत नामक एक पत्र की पढ़ाई स्नातक एवं स्नातकोत्तर स्तर पर देश के विभिन्न विश्वविद्यालयों के मानवशास्त्र विभागों में आवश्यक रूप से की जाती है। विभिन्न प्रतियोगी परीक्षाओं में मानवशास्त्र विषय का चुनाव करने वाले उम्मीदवारों को भी इस विषय का अध्ययन आवश्यक रूप से करना पड़ता है। इस विषय के ऊपर अनेक पुस्तकें विभिन्न विद्वानों द्वारा लिखी गई हैं। लेकिन उनमें नवीन यू.जी.सी. विश्वव्यापी पाठ्यक्रमों के अनुसार समग्र अध्ययन सामग्री एक ही पुस्तक में नहीं उपलब्ध हो पाती है। इसके कारण छात्रों, शिक्षकों, उम्मीदवारों तथा मानवशास्त्रीय सिद्धांत एवं सिद्धांतकारों में अभिरुचि रखने वाले लोगों को कठिनाई का सामना करना पड़ता है। इस पुस्तक में पाठकगणों की उक्त समस्याओं को सुलझाने का भरपूर प्रयास किया गया है। इसमें शास्त्रीय एवं आधुनिक दोनों प्रकार के मानवशास्त्रीय सिद्धांतों एवं सिद्धांतकारों की जानकारी प्रदान की गई है। मुझे आशा ही नहीं पूर्ण विश्वास है कि यह पुस्तक छात्रोपयोगी, शिक्षकोपयोगी एवं विद्वतजनोपयोगी सिद्ध होगी।

यह पुस्तक लेखक की कोई नवीन विचारधारा प्रस्तुत करने का दावा नहीं करती है। वरन् इस पुस्तक में विभिन्न विद्वानों द्वारा लिखित पुस्तकों का अध्ययन कर मानवशास्त्रीय सिद्धांत एवं सिद्धांतकारों को कालक्रम ढंग से प्रस्तुत किया गया है ताकि मानवशास्त्र के विद्यार्थी मानवशास्त्रीय सिद्धांत के बारे में अधिक से अधिक जानकारी एक ही पुस्तक में प्राप्त कर सकें।

किसी भी पुस्तक के मूल्यांकनकर्त्ता सही अर्थ में पाठकगण ही होते हैं। अगर पाठकगण इस पुस्तक का अध्ययनकर संतुष्ट होंगे तब यही इस पुस्तक की सबसे बड़ी सार्थकता होगी। पाठकगण से मुझे सादरानुरोध है कि इस पुस्तक का सकारात्मक मूल्यांकन कर मुझे अपने सुझावों से ऋणी बनायें ताकि आपका सुझाव मुझे इस पुस्तक की गुणवत्ता को बढ़ाने में सहायक सिद्ध हो सके।

मैं अपने सभी गुरुजनों, मित्रों एवं साथियों के प्रति सामूहिक रूप से सादर नमन एवं आभार व्यक्त करता हूँ जिनकी रचनाओं एवं सुझावों का प्रत्यक्ष अथवा अप्रत्यक्ष रूप से लाभ मुझे इस पुस्तक लेखन में मिला है।

मैं अपने परिवार के सदस्यगण—धर्म पत्नी श्रीमती इन्दू देवी, पुत्री सुधा, सुमन, सरिता, अनु एवं पुत्र शेखर को साग्रह धन्यवाद देना चाहता हूँ, जिन्होंने मुझे घर के कामों से मुक्त करते हुए मुझे इस पुस्तक लेखन में यथासंभव सहयोग प्रदान किया है।

मैं कंसेप्ट पब्लिशिंग कंपनी के प्रकाशक श्री अशोक कुमार मित्तल जी तथा उनके सहकर्मियों को हृदय से धन्यवाद देना चाहता हूँ जिन्होंने मेरी हस्तलिखित पांडुलिपियों का मुद्रण बड़ा ही सावधानीपूर्वक किया है।

गया पाण्डेय

मानव विज्ञान विभाग,
राँची विश्वविद्यालय,
राँची-834008 (झारखंड)

मानवशास्त्रीय सिद्धांत : एक परिचय

मानव विज्ञान मानव अध्ययन का एक रुचिपूर्ण एवं आकर्षक क्षेत्र है। यह अतीत एवं वर्तमान सभी मानवों का अध्ययन करता है। मानव विज्ञान की स्थापना एक अध्ययन विषय के रूप में ब्रिटिश मानवशास्त्री एडवर्ड बर्नेट टायलर द्वारा ब्रिटेन में सन् 1884 ई. में आक्सफोर्ड विश्वविद्यालय लंदन में की गई थी। टायलर की एक पुस्तक 'एंथ्रोपोलोजी : एन इंट्रोडक्शन टु द स्टडी आफ मैन एंड सिविलाइजेशन' (1881) है। इस पुस्तक में मानवशास्त्र के चार क्षेत्र समग्रता दृष्टिकोण की झलक प्राप्त होती है। इस पुस्तक में उन्होंने मानव एवं उसकी संस्कृति की प्राचीनता पर प्रकाश डाला है। मानव के अन्य जानवरों के साथ संबंध तथा प्रजातीय विशेषता का उल्लेख हमें इसमें प्राप्त होता है। मानव की भाषा तथा गूंगे बहरों के मध्य संचारण के ऊपर भी पुस्तक में अध्याय लिखे गए हैं। मानव द्वारा संकेत मिर्माण तथा मानव जीवन में उनके महत्त्व मानव की संस्कृति को समझने में निर्णायक भूमिका निभाते हैं। इस प्रकार अप्रत्यक्ष रूप से आपने प्रागैतिहासिक मानवशास्त्र, शारीरिक एवं जैविक मानवशास्त्र, भाषाई मानवशास्त्र तथा सांस्कृतिक मानवशास्त्र की चर्चा करके मानव विज्ञान को समग्रता में जानने का प्रयास किया था। टायलर महोदय को ब्रिटिश मानवशास्त्र का जनक कहा जाता है।

अमरीकी मानवशास्त्र के जनक के रूप में उपाधि फ्रांज बोआस को प्राप्त है। फ्रांज बोआस ने मानवशास्त्र की स्थापना अध्ययन विषय के रूप में ब्रिटिश कोलंबिया विश्वविद्यालय में सन् 1886 ई. में की थी। आपके द्वारा मानवशास्त्र को समग्रता में समझने के लिए इसकी चार शाखाओं—सांस्कृतिक मानवशास्त्र, पुरातात्त्विक या प्रागैतिहासिक मानव विज्ञान, शारीरिक मानव विज्ञान तथा भाषामूलक मानव विज्ञान—के ऊपर अध्ययन एवं अनुसंधान की वकालत की गई थी। आपने अपना संपूर्ण जीवन मानव विज्ञान की समग्रता पर प्रकाश डालते हुए व्यतीत किया।

अब हम यहां मानव विज्ञान की चारों शाखाओं का संक्षिप्त विवरण देने जा रहे हैं। शारीरिक या जैविक मानव विज्ञान का संबंध होमो सेपियंस की उद्विकासीय उत्पत्ति एवं विविधता से है। शारीरिक या जैविक मानवशास्त्री अपने अध्ययन क्षेत्र में जीवाश्म मानवशास्त्री, नर–वानरशास्त्री तथा आनुवंशिक वैज्ञानिक को शामिल करते हैं।

प्रागैतिहासिक मानव विज्ञान या पुरातात्विक मानव विज्ञान भूगर्भ वैज्ञानिकों, जीव वैज्ञानिकों तथा इतिहासज्ञों को अपने अध्ययन क्षेत्र में शामिल करता है। इसके अंतर्गत

अतीत के मानव क्रियाकलापों का अध्ययन अवशेष के रूप में प्राप्त हस्तकृतियों के आधार पर किया जाता है। प्रागैतिहासिक पुरातत्त्व वैज्ञानिक लोगों के अलिखित हस्तकृतियों का अध्ययन करते हैं, जबकि ऐतिहासिक पुरातत्त्व वैज्ञानिक लोगों के लिखित अभिलेख एवं हस्तकृतियों का अध्ययन करते हैं।

भाषाई मानव विज्ञान के अंतर्गत भाषा की उत्पत्ति, विशेषता, स्वभाव, इतिहास, सामाजिक प्रकार्य तथा बाहुल्यता का अध्ययन किया जाता है।

सामाजिक-सांस्कृतिक मानवशास्त्र, मानव के विचार एवं जीने का तरीका जिन्हें संस्कृति कहा जाता है, का अध्ययन करता है। इसके अंतर्गत धर्म, कला, नातेदारी इत्यादि भी आते हैं। इन चारों शाखाओं का अध्ययन मानव के समग्रता के संबंध में अनोखा ज्ञान प्रदान करता है। मानवशास्त्रियों का मानना है कि मानव स्वभाव के संबंध में कोई भी वक्तव्य प्रत्येक व्यक्ति के जैविक एवं सांस्कृतिक स्वभाव से मेल खाना चाहिए।

मानवशास्त्र में 20वीं सदी के अंत से पहले एक उपक्षेत्र को कई अभिरुचि समूह में बांटने की परंपरा अमरीका एवं ब्रिटेन में चल पड़ी है। इसके परिणामस्वरूप आज हमारे समक्ष मानव विज्ञान की असंख्य उपक्षेत्र या शाखाएं प्रकाश में आ गई हैं। उदाहरण के लिए—व्यावहारिक मानव विज्ञान, क्रियात्मक मानव विज्ञान, चिकित्सा मानव विज्ञान, श्रम मानव विज्ञान, कृषि मानव विज्ञान, खेल-कूद मानव विज्ञान, पोषणात्मक मानव विज्ञान, विकासात्मक मानव विज्ञान, धर्म का मानव विज्ञान, नगरीय मानव विज्ञान, जटिल समाज का मानव विज्ञान, पारिस्थितिकीय मानव विज्ञान, लिंग मानव विज्ञान, अंतरराष्ट्रीय संबंध का मानव विज्ञान, मनोवैज्ञानिक मानव विज्ञान, युवजन का मानव विज्ञान, शिशुजन का मानव विज्ञान, नारी का मानव विज्ञान, वृद्धजन का मानव विज्ञान, पर्यावरण मानव विज्ञान, सैद्धांतिक मानव विज्ञान इत्यादि। अगर सचमुच में कहा जाये तो आज मानव विज्ञान में उतना ही अध्ययन एवं अनुसंधान का उपक्षेत्र बन गया है जितना की अभिरुचि समूह। व्यावहारिक मानव विज्ञान मानव वैज्ञानिकों की भूमिका को विश्वविद्यालय तथा संग्रहालय से बाहर निकालकर प्रशासन तथा अन्य क्षेत्रों में लाया है। इसी प्रकार अन्य उपक्षेत्रों की विविधता स्पष्टरूप से यह दर्शाती है कि मानव विज्ञान सैद्धांतिक रूप से क्या है ?

अगर मानव विज्ञान में सिद्धांत के ऊपर दृष्टि डाली जाये तब हमें पता चला है कि मानव विज्ञान में सिद्धांत का अर्थ विभिन्न चक्रों में एक समान नहीं रहा है। विभिन्न चक्रों में इसका अर्थ विभिन्न वस्तुओं से लगाया गया है। सामान्य पूर्वाभिमुखीकरण, निर्देशक सिद्धांत, बौद्धिक ढांचा जैसी वृहत परिभाषाओं को आमंत्रित कर मानव वैज्ञानिकों ने यह दर्शाने का प्रयास किया है कि सिद्धांत उनके लिए तथा दूसरों के लिए क्या अर्थ रखता है। मानवशास्त्रीय सिद्धांत में एक स्थापित चर्चा की विषय-वस्तु में आरंभिक महत्त्वपूर्ण तथा प्रभावशाली सिद्धांत तथा सिद्धांतकार आते हैं। ऐसे सिद्धांतों एवं सिद्धांतकारों की घोषणा संतवाणी एवं संत व्यक्तित्व के रूप में की जाती है। क्योंकि उन्हें पर्याप्त मात्रा में मूल,

महत्त्वपूर्ण तथा प्रभावशाली एक विशेष अवधि के मानव वैज्ञानिकों द्वारा करार दिया जाता रहा है। उन सैद्धांतिक पूर्वजों से सैद्धांतिक वंशों का निर्माण हुआ है। अत: मानव वैज्ञानिक सिद्धांतों एवं सिद्धांतकारों को हम ऐतिहासिक संदर्भ में ही समझ सकते हैं। कोई भी मानव विज्ञान के सिद्धांत का इतिहास एक विद्वान द्वारा एवं विशेष अवधि में एक विशेष स्थान के संदर्भ में लिखा गया होता है। इसमें सत्य, संपूर्ण सत्य या केवल सत्य की कल्पना नहीं की जा सकती है। लेकिन इतिहासकारों की सहायता से यह जाना जा सकता है कि मानव विज्ञान क्या है तथा इसकी उत्पत्ति कब और कैसे हुई है।

अगर सैद्धांतिक रूप से विश्लेषणात्मक संदर्भ में देखा जाये, तब हमें ज्ञात होता है कि मानव विज्ञान, विज्ञान, मानववाद तथा धर्म की एक शाखा है। यहां विज्ञान, मानववाद तथा धर्म के बीच अंतर को समझना अनिवार्य प्रतीत होता है। क्योंकि विचार-धाराओं की इन तीनों प्रणालियों में प्रकृति, लोग तथा ईश्वर के मध्य संबंध को जानना आवश्यक है।

विज्ञान में लोग तथा ईश्वर प्रकृति के संदर्भ में गौण हो जाते हैं। क्योंकि लोग एवं ईश्वर दोनों को ही प्रकृति घेरे रहती है। यहां प्रकृति में ही ईश्वर तथा लोग दोनों शामिल रहते हैं। उदाहरण के लिए जीव विज्ञान में लोगों का निर्माण पूर्व में अस्तित्व में बने तत्व कार्बन तथा जल से माना जाता है। जबकि मन:चिकित्सा विज्ञान में ईश्वर को पूर्व में अस्तित्व में आए मानव मस्तिष्क के रूप में माना जाता है। मानववाद में लोगों की तुलना में ईश्वर तथा प्रकृति को गौण माना जाता है। इसमें ईश्वर तथा प्रकृति दोनों लोगों में सम्मिलित रहते हैं। मानववाद का उदाहरण साहित्य एवं दर्शनशास्त्र है जहां मानव ही सभी प्रकार की सृजनशीलता का केन्द्र होता है। धर्म में ईश्वर की तुलना में लोग तथा प्रकृति गौण होते हैं। यहां ईश्वर सर्वोपरि होता है तथा लोग एवं प्रकृति को अपने में शामिल रखता है। सभी धर्मों में ईश्वर को सृष्टिकर्त्ता माना जाता है। स्वर्ग तथा नरक के निर्माणकर्त्ता भी उन्हें ही माना जाता है। इस प्रकार मानव विज्ञान का स्वभाव वैज्ञानिक, मानववादी तथा धार्मिक है।

उपरोक्त सैद्धांतिक जटिलता के नीचे मानव विज्ञान को लोगों द्वारा पूछे गए कुछ प्रश्नों के ऊपर विचार करना अत्यावश्यक है। ये प्रश्न हैं हम लोग कहां से आए हैं, हम लोगों में क्यों विभिन्नता है तथा विश्व कैसे कार्य करता है। ये सारे प्रश्न विश्वव्यापी हैं, लेकिन सभी लोगों का मानव विज्ञान के संबंध में विचार अलग-अलग है।

प्रस्तुत पुस्तक में प्राचीनकाल, मध्य युग, पुनर्जागरण, भौगोलिक खोज की यात्रा, वैज्ञानिक क्रांति, ज्ञानोदय, प्रत्यक्षवाद का उदय तथा मार्क्सवाद एवं डार्विनवाद में मानवशास्त्र की चर्चा की गई है। इसके पश्चात् शास्त्रीय सांस्कृतिक उद्विकासवाद, प्रसारवाद, अमरीकी मानवशास्त्र, फ्रेंच मानवशास्त्र, ब्रिटिश मानवशास्त्र, मैक्सवेबर की विरासत, संज्ञानात्मक मानव विज्ञान, नव सांस्कृतिक उद्विकासवाद, सांस्कृतिक पारिस्थितिकी, सांस्कृतिक भौतिकवाद, जैवकृत मानव विज्ञान, सांकेतिक एवं व्याख्यात्मक मानव विज्ञान, राजनीतिक

अर्थशास्त्र, आधुनिकता, उत्तर आधुनिकतावाद एवं वैश्वीकरण की चर्चा की गई है। उपरोक्त सभी पहलुओं का अध्ययन करने के बाद ही मानवशास्त्र के शास्त्रीय तथा आधुनिक सिद्धांत एवं सिद्धांतकारों के संबंध में जानकारी प्राप्त की जा सकती है। अतः इतिहास की मदद के बिना मानवशास्त्रीय सिद्धांतों, सिद्धांतकारों एवं उनके योगदानों को क्रमिक ढंग से नहीं समझा जा सकता है।

विषय-सूची

1

प्राचीनता में मानवशास्त्रीय सिद्धांत की पृष्ठभूमि

BACK GROUND OF ANTHROPOLOGICAL THEORY IN ANTIQUITY

प्राचीन काल

पश्चिमी विश्व में ईसा मसीह के जन्म के कुछ शताब्दी पूर्व में ग्रीक-रोमन सभ्यता द्वारा अनेक शास्त्रीय बौद्धिक परंपराओं को जन्म दिया गया था। उनमें से कतिपय परंपराओं को वैज्ञानिक या अर्द्धवैज्ञानिक परंपरा के रूप में स्वीकार किया जा सकता है। अन्य को पौराणिक गाथा के रूप में माना जा सकता है। होमर (Homer) की गाथा (8वीं सदी ईसा पूर्व) तथा वर्गिल (Vergil) की गाथा (70-19 ईसा पूर्व) मानववादी या धार्मिक विचारधारा के रूप में प्रकट होती है। मानव विज्ञान की जड़ को हम इन आरंभिक शास्त्रीय विज्ञान में पाते हैं। प्रथम समूह के शास्त्रीय विचारकों में प्लेटो के गुरु सोकरेट्स से भी पहले के दर्शनशास्त्रियों को रखा गया है। सोकरेट्स के पहले के दार्शनिक सचमुच में ब्रह्मांड वैज्ञानिक थे। उनके द्वारा ब्रह्मांड के विषय में दर्शन प्रस्तुत किए गए थे। उनके द्वारा प्राकृतिक कारणों की चर्चा की गयी थी, ईश्वरीय कारणों की नहीं। ऐसे दार्शनिकों में से एक ग्रीक दार्शनिक थेल्स (Thales) (640-540 B.C.) थे, जिन्होंने अनुमान लगाया था कि विश्व में सभी वस्तुओं की उत्पत्ति जल से हुई है। एक अन्य दार्शनिक एनाक्सीमांडर (Anaximander) (622-547 B.C.) थे जो थेल्स के एक शिष्य थे। आपने अपना मत प्रकट किया कि ब्रह्मांड का आरंभिक पदार्थ ज्ञात तत्व नहीं है। लेकिन वह बंधनमुक्त तथा अखंड रहा होगा। एक तीसरे दार्शनिक इंपेडोकल्स (Impedocles) (490-430 B.C.) थे, जिन्हें डार्विन के प्राचीन अग्रदूत माना जाता है। आपने यह मत प्रकट किया कि इस ब्रह्मांड की उत्पत्ति विभिन्न संरचनात्मक तत्वों के आपस में टकराने के कारण हुई। सबसे बड़ा ग्रह प्राकृतिक वरण (Natural Selection) के कारण अस्तित्व में बना रहा। प्राक्-सोकरेटिक दर्शनशास्त्री डिमोक्रिटस (Democritus) (460-370 B.C.) ने अपना विचार व्यक्त करते हुए कहा कि मानव शरीर, मस्तिष्क तथा व्यवहार की उत्पत्ति लगातार गतिशील

विश्वव्यापी कणों की आकृति, बनावट तथा वेग में परिवर्तन के कारण हुई है। उन विश्वव्यापी कणों को परमाणु (Atom) कहा जाता है। अन्य प्राक् सोकरेटिक दर्शनशास्त्रियों की भांति डिमोक्रिटस ने भी मानव सुनहरा काल (Golden Age) की अवधारणा को गलत ठहराया। उन्होंने इस अवधारणा को भी गलत बतलाया कि सुनहरा काल के बाद लोगों का अध:पतन (Degeneration) हुआ है। उन्होंने अध:पतन के स्थान पर प्रगति (Progress) को स्वीकार किया। उन्होंने प्राकृतिक बलों के कार्य में प्रगति तथा खुशहाली पाया।

प्राक् सोकरेटिक विज्ञान वस्तुत: आधुनिक नहीं था। लेकिन यह ग्रीक के प्राचीन मानववाद (Humanism) एवं धर्म से बिल्कुल भिन्न था। प्राक् सोकरेटिक दर्शनशास्त्रियों ने लोगों को प्रकृति की रचना के रूप में स्वीकार किया, ईश्वर की रचना के रूप में नहीं।

एक अन्य प्राचीन ग्रीक परंपरा यात्रा वर्णन लेखन परंपरा रही थी। यह परंपरा धार्मिक परंपरा की तुलना में ज्यादा वैज्ञानिक थी। इस परंपरा का प्रतिनिधित्व हिरोडोटस (Herodotus, 484–425 B.C.) द्वारा किया गया था। हिरोडोटस को इतिहास का जनक (Father of History) कहा जाता है। अपनी यात्रा के क्रम में हिरोडोटस ने प्रत्यक्ष रूप से प्रजाति, भाषा तथा संस्कृति का अवलोकन किया। आपने अपने अवलोकन के आधार पर यह दर्शाने का प्रयास किया कि मानव विविधता मानव द्वारा निर्मित थी, ईश्वर द्वारा नहीं। आपने अपने यात्रा विवरण लेखन में मानववाद एवं विज्ञान को एक साथ जोड़ा तथा धर्म को उससे अलग रखा। इसीलिए आपको प्राचीन मानवजातिवर्णन (Ethnography) का अग्रदूत कहा जाता है।

पाँचवीं सदी ईसा पूर्व ग्रीक के राजनीतिक जीवन में व्यापक बदलाव आया। राजतंत्र के स्थान पर प्रजातंत्र का उदय हुआ। राजनीतिक व्यवस्था में परिवर्तन के कारण विचारधारा में भी बदलाव आया तथा नवीन दर्शनशास्त्रीय संप्रदायों की स्थापना हुई। उन संप्रदायों में एक संप्रदाय कुतर्क (Sophistry) का था। इस संप्रदाय के अनुसार वस्तुनिष्ठ ज्ञान का लक्ष्य निरपेक्ष सत्य की तुलना में व्यावहारिक ज्ञान तथा सामाजिक प्रभाव की खोज करना होना चाहिए। कुतर्की प्रोटागोरास (Protagoras) (481–411 B.C.) का मत था कि मानव व्यवहार ईश्वर से नहीं वरन् जीवन परिस्थितियों से प्रभावित होता है। आपके अनुसार व्यवहार सचमुच में सांस्कृतिक परंपरा होते हैं। इसे एक सिद्धांत के रूप में जानना चाहिए। यह सिद्धांत 20वीं सदी के सांस्कृतिक सापेक्षवाद से भिन्न नहीं था। प्रोटागोरास के अनुसार मानव सभी वस्तुओं का पैमाना है। प्रोटागोरास ने यह भी दर्शाने का प्रयास किया कि किस प्रकार विविध सांस्कृतिक परंपराओं की उत्पत्ति उद्विकासीय प्रक्रिया से हुई है। कतिपय कुतर्कियों के अनुसार सापेक्षवाद के कारण शून्यवाद या नाशवाद (Nihilism) अस्तित्व में आया है। शून्यवाद अथवा नाशवाद सिद्धांत के अनुसार कुछ भी अस्तित्व में नहीं है अथवा कुछ भी जानने योग्य नहीं है। वे लोग शून्यवादी या नाशवादी इसलिए हो गए क्योंकि उन लोगों ने अनुभव किया कि गुण यथार्थ नहीं थे तथा ज्ञान के बारे में वही

सच्चाई थी जिसे सत्ता पर अधिपत्य वाले सत्य बतलाते थे। यह विचार 19वीं सदी के मार्क्सवादी विचार के समान था। इस प्रकार हम पाते हैं कि पाँचवीं सदी ईसा पूर्व में ही मानवशास्त्रीय विचारधारा की जड़ें पनपने लगी थीं।

कतिपय एथेनियन (Athenian) दार्शनिक कुतर्की दर्शनशास्त्रियों के विरोधी थे। सोकरेट्स (Socrates) (469–399 B.C.) ने लोगों को विश्वव्यापी मूल्य के संबंध में शिक्षा दी थी। लेकिन उन्होंने यह भी कहा था कि उन्हें देखना तथा वर्णन करना संभव नहीं है। इन कार्यों के लिए लोगों को अपने मस्तिष्क को प्रशिक्षित करना चाहिए। आपके अनुसार शिक्षा इसलिए महत्त्वपूर्ण थी क्योंकि यह लोगों को अपनी परंपरा की दृष्टि से देखने योग्य बनाती थी। यह उन्हें केवल उलट-फेर करने का सुझाव नहीं देती, जैसा कि कुतर्की जोर देकर कहते हैं।

प्लेटो (Plato) सोकरेट्स के एक शिष्य (427–347 B.C.) ने अपने गुरु के विश्वव्यापी मूल्यों को सही ठहराया था तथा उसमें अपना पूर्ण समर्थन व्यक्त किया था। विश्वव्यापी मूल्य इसलिए अस्तित्व में बने रहते हैं, क्योंकि वे मानव मस्तिष्क में पाए जाते हैं। प्लेटो के अनुसार लोग वस्तुओं को इसलिए पहचानते हैं क्योंकि उन्हें देखने के पहले उनके बारे में लोगों के पास विचार होता है। उनकी रिपब्लिक की अवधारणा एक आदर्श प्रकार के समाज से संबंधित थी। इस समाज का निर्माण लोगों के यथार्थ समाज की त्रुटियों को ध्यान में रखकर किया गया था। प्लेटो ने समाज के विकास का पुनर्निर्माण समय के संदर्भ में किया। उन्होंने यह दर्शाने का प्रयास किया कि क्या-क्या परिवर्तित हुए थे तथा क्या-क्या बिना परिवर्तन के रह गए थे। जो हूबहु रह गए थे वे वस्तुओं के मीमांसात्मक तत्व के रूप में रह गए थे।

प्लेटो के शिष्य तथा सुप्रसिद्ध दार्शनिक अरस्तु (Aristotle) (384–322 B.C.) ने प्लेटो के सिद्धांत का समर्थन किया कि समाज का विकास समय के संदर्भ में हुआ है। लेकिन आप एक अनुभववादी थे। आप समाज के विकास को अनुभाविकता के आधार पर दर्शाने के पक्षधर थे, न कि विश्वव्यापी या मीमांसात्मक संदर्भ के आधार पर। आपकी गहन अभिरुचि प्राकृतिक एवं सामाजिक वस्तुओं के बीच संबंध में थी। क्योंकि ये संबंध अस्तित्व में थे तथा जानने योग्य भी थे। प्लेटो के मीमांसात्मक तत्व को धर्म में शामिल कर लिया गया था, जबकि अरस्तु के विचार को विज्ञान में शामिल कर लिया गया था। एलेक्जैंडर महान को अरस्तु ने यातना दी थी। लेकिन एलेक्जैंडर ने अरस्तु के वैज्ञानिक शिक्षण का प्रचार-प्रसार खूब कराया था। एलेक्जैंडर महान (356–323 B.C.) ने ग्रीस शहर तथा पर्सिया साम्राज्य को जीतने के बाद अरस्तु की विचारधारा को खूब प्रचारित तथा प्रसारित किया था।

सोकरेट्स, प्लेटो तथा अरस्तु के काल को ग्रीक सुनहरा काल के रूप में जाना जाता है। एलेक्जैंडर महान की मृत्यु के पश्चात् ग्रीक जीवन एवं विचारधारा की एकता प्रभावित हुई थी। अनेक प्रतियोगी विचारधारा के संप्रदाय अस्तित्व में आ गए थे। एपिक्यूरस

(Epicurus) (340-270 B.C.) ने इंपेडोकल्स की विचारधारा का समर्थन किया था तथा इस विश्वास को प्रचारित कराया था कि लोगों का निर्माण परमाणुओं से हुआ है। परमाणुओं का विलय मृत्यु के साथ हो जाता है तथा प्रकृति उन्हें अवशोषित कर लेती है। आप एक समतावादी विचारक थे। आपने समाज को मानवता का यांत्रिक विस्तार बतलाया। आपके अनुसार समाज का निर्माण मानवता की सहायता हेतु किया गया था। रोमन कवि ल्यूक्रेटस (Lucretius) (C.96-C.55) ने बाद में चलकर अपनी भौतिकवादी कविता *'द नेचर आफ थिंग्स'* में उपरोक्त विचारों को बलपूर्वक प्रतिपादित किया था।

एपिक्यूरियंस सदृश स्टोईक (Stoics) दार्शनिक सत्य एवं सुखद जीवन की कामना करते थे, लेकिन एपिक्यूरियंस के विपरीत उनका मानना था कि प्रकृति एवं समाज अत्यंत व्यवस्थित थे। स्टोईक दार्शनिक जीनो (Zeno) (C.336-C.264) के अनुसार इस क्रमिक व्यवस्था का निर्माण लोगों या देवताओं द्वारा नहीं किया गया था, वरन् यह एक प्राकृतिक ब्रह्मांडीय व्यवस्था थी जिसे कभी-कभी लोगोस (Logos) कहा जाता था। इस अवधारणा को बाद में चलकर आरंभिक ईसाई धर्म विज्ञानियों द्वारा अपना लिया गया था। इस अवधारणा के आधार पर आरंभिक ईसाई धर्म विज्ञानियों ने ग्रीक दर्शन के अनेक संप्रदायों के विरुद्ध अपने विश्वासों को सही ठहराया था। विश्वव्यापी सामाजिक व्यवस्था में विश्वास एक विशेष सामाजिक व्यवस्था की तुलना करने तथा विरोध करने योग्य बनाया। यह सामाजिक विज्ञान का मौलिक कार्य था। स्टोईक दार्शनिकों के अनुसार मस्तिष्क नहीं वरन् पदार्थ सत्य है। पदार्थ को देखा जा सकता है तथा पदार्थ को देखकर सीखा जाता है। प्लेटो के विपरीत स्टोईक दार्शनिकों को निरंक मानस (Tabula Rosa) में विश्वास था। इस विश्वास के अनुसार मस्तिष्क अनुभव के आधार पर ज्ञान प्राप्त करता है न कि मस्तिष्क के अंदर निहित ज्ञान की पहचान करता है। स्टोईकवाद ग्रीक तथा रोमन के बीच दार्शनिक सेतू के रूप में अस्तित्व में आया था। इसी आधार पर रोम के राजनीतिक संगठन एवं सिद्धांत के महान उच्चाई को दार्शनिक आधार प्राप्त हुआ था। रोम में प्राकृतिक व्यवस्था के संदर्भ में एक विचार का विकास हुआ था जिसके आधार पर विश्व नागरिकता की धारणा बनी थी। इस अवधारणा का विकास मारकस टुलीयस सिसरो (Marcus Tulius Cicero) (121-180 A.D.) द्वारा किया गया था। आप एक राजनेता तथा वक्ता थे।

सिनेसा (Seneca) (4 B.C.-65 A.D.) एवं मारकस औरेलियस (Marcus Aurelius) (121-180 A.D.) जैसे रोमन विद्वानों ने उपरोक्त अवधारणा के आधार पर मानववादी तथा धार्मिक विषय वस्तुओं की खोज कर ईसाई धर्म से अपने आपको जोड़ने का रास्ता साफ किया था। धार्मिक तथा धर्म निरपेक्ष दोनों ही संदर्भ में स्टोईक दार्शनिकों ने लोगों को अपनी विशिष्ट विचारधारा एवं क्रिया को सार्वभौमिक बनाने के लिए उत्साहित किया। साथ ही साथ लोगों को यह भी बतलाया कि विवेकशील होने के नाते वे लोग इस उपलब्धि के योग्य थे। इस प्रकार का दर्शन प्राचीनकाल की महान विरासत थी।

रोमन साम्राज्य के अंत में सामाजिक स्थिति बदतर हो गयी थी। अब अनेक धर्म सामाजिक रूप से उत्पीड़ित लोगों के लिए प्रतियोगितापूर्ण ढंग से आगे आए तथा विश्व में ईश्वरीय व्यवस्था के निर्माण पर जोर देने लगे। सर्वप्रथम इन सभी धर्मों या संप्रदायों को निर्वासित कर दिया गया था, क्योंकि वे नागरिक कानून की जगह ईश्वर के आज्ञा पालन की शिक्षा देते थे। इन धर्मों एवं संप्रदायों में मिथ्राइज्म (Mithraism), आर्फिज्म (Orphism), क्रिश्चियनिटी, साइबेल, इसिस एवं ओसिरिज जैसे संप्रदाय विशेष स्थान रखते थे। इस प्रतियोगिता में ईसाई धर्म धर्म परिवर्तन में सफल रहा क्योंकि यह उत्पीड़ितों का धर्म बन गया था। ईसाई धर्म ही बाद में चलकर रोम का राज्य धर्म बन गया। विशेषकर कांस्टेंटाइन (Constantine) I या कांस्टेंटाइन महान (C. 228–337) के समय में यह स्थिति निश्चित रूप से आ गई थी। चतुर्थ शताब्दी ईसा बाद चर्च के इतिहास में पूर्वाचार्य काल (Patristic Period) का उदय हुआ। इस अवधि में चर्च के पिताओं द्वारा चर्च सिद्धांत की स्थापना की गयी।

मानव विज्ञान के लिए सबसे आनुषंगिक चर्च पिता संत अगस्टाइन (Saint Augustine) (354–430) थे। आफ उत्तरी अफ्रीका में हिप्पो के धर्माध्यक्ष थे। आपने द सिटी आफ गौड एंड कंफेशंस की रचना की थी। ईसाई धर्म की अगस्टाइनियन व्याख्या उस विवरण में प्राप्त होती है। जब रोम साम्राज्य का पतन हो चुका था तथा यूरोप मध्य युग में प्रवेश कर गया था।

अगस्टीनियन ईसाई धर्म के वृहत सिद्धांत विज्ञान विशेषकर सामाजिक विज्ञान तथा मानव विज्ञान के पक्ष में नहीं था। अगस्टाइन विचारधारा के अनुसार ईश्वर श्रेष्ठ है तथा मानव स्वभाव पाप से भरा हुआ है। ब्रह्मांड तथा मानवता के बीच सामंजस्य नहीं है। इस ब्रह्मांड का सृजन विश्वव्यापी तथा सर्वशक्तिमान ईश्वर द्वारा किया गया है। ईश्वर को नहीं जाना जा सकता है। अत: लोगों के लिए ईश्वर या प्रकृति का अध्ययन करना निरर्थक है। मानव व्यवहार का मूल्यांकन करने वाला मानव या प्रकृति न होकर ईश्वर है। प्रत्येक वस्तु जिसके बारे में लोग जान सकते हैं, उनका विवरण धर्मशास्त्रों में किया गया है। इस सिद्धांत के कारण ईश्वर तथा प्रकृति दोनों रहस्यमय हो गए। इन रहस्यों को सुलझाए बिना विज्ञान का विकास निरर्थक था।

विज्ञान तथा मानव विज्ञान के पक्ष में अगस्टाइनियन ईसाई धर्म इतिहास की महत्ता पर प्रकाश डाला था। क्योंकि इतिहास से ही ईसाइयों ने ईश्वर के संबंध में कुछ जानकारी प्राप्त की थी। अगस्टाइन इतिहास चक्रीय न होकर रेखीय था। यह किसी राष्ट्र का इतिहास न होकर सार्वभौमिक इतिहास था। इन्हीं सिद्धांतों के आधार पर मानव विज्ञान में कालिक एवं स्थानिक या पार-सांस्कृतिक संदर्भ का विकास हुआ।

मानवशास्त्र में प्राचीनता की विरासत के रूप में मानववादी, धार्मिक, वैज्ञानिक तथा बौद्धिक दृष्टिकोणों का विकास था। इन सभी दृष्टिकोणों में वैज्ञानिक दृष्टिकोण तब से ही मानव विज्ञान में सुरक्षित है।

मध्य युग (Middle Ages)

अगस्टाइन की मृत्यु पश्चात् पश्चिमी रोम साम्राज्य का पतन हो गया था। रोम साम्राज्य पर गैर-ईसाई असभ्यों एवं विधर्मियों का आधिपत्य स्थापित हो गया था। हालांकि ईसाई परंपरा पूर्वी रोम में प्रचलित रही। पूर्वी रोम में बाइजनटाइन (Byzantine) साम्राज्य की स्थापना कांस्टेंटाइन-I द्वारा 330 A.D. में की गयी थी। यहां इतिहासकारों तथा शब्दकोश रचनाकारों ने गैर-ईसाई असभ्यों तथा विधर्मियों को सत्ताच्युत कर दिया था तथा अगस्टाइन के उपदेशों को जीवित रखा था।

इसी वक्त प्राचीनकाल की ईसाई बौद्धिक परंपरा को मध्य पूर्व के सिमिटिक लोगों द्वारा जीवित रखा गया था। इन्हीं लोगों द्वारा हजरत मोहम्मद के जन्म का (570 A.D.) अनुसरण करते हुए इस्लाम धर्म का प्रचार-प्रसार अरब से बाहर किया गया था। इस्लाम धर्म अफ्रीका तथा स्पेन में पहुंच गया था। आरंभिक ईसाई धर्मावलंबियों ने मीमांसात्मक तथा अफलातूनवाद (Platonism) के अन्य सांसारिक गुणों को गले लगाया था, इसके विपरीत अरब बुद्धजीवियों ने अरस्तु के विज्ञान को विशेष सम्मान दिया था। अरस्तु ने अगस्टाइन के वैज्ञानिक रूप से नकारात्मक मनोभावों के विरुद्ध अपना विचार व्यक्त किया था। उन्होंने अगस्टाइन के इस मत का खंडन किया था कि लोग प्रकृति के जानने योग्य नहीं हैं। लेकिन जब इस्लाम तथा अगस्टाइन ईसाई धर्म के बीच प्रतिक्रिया हुई, तब ईसाई धर्म विज्ञान में परिवर्तन लाया गया।

इस्लाम तथा ईसाई धर्म के बीच आलोचनात्मक प्रतिक्रिया आठवीं शताब्दी में हुई थी। जब इस्लामिक असभ्यों एवं जंगलियों द्वारा ईसाई स्पेन पर धावा बोला गया था। इसके बाद ईसाई धर्म विज्ञान वृहत रूप से तार्किक हो गया था। अब ईसाई धर्म विज्ञान में मानवीय कारणों को शामिल किया गया था। इसका विवरण हमें थोमस एक्वीनास (Thomas Aquinas) की पुस्तक *सुमा थियोलौजिका* (Suma Theologica) (1267-1273 A.D.) में मिलता है। यह पुस्तक रोमन कैथोलिक चर्च की एक महत्त्वपूर्ण शोध प्रबंध मानी जाती है। थोमस एक्वीनास के ईसाई धर्म विज्ञान को थोमिस्टीक ईसाई धर्म के नाम से जाना जाता है। थोमिस्टीक ईसाई धर्म अगस्टाइन ईसाई धर्म से मतभेद रखता था। अगस्टाइन के विपरीत एक्वीनास ने यह मत प्रतिपादित किया कि ईश्वर को जानने के स्वभाव द्वारा जाना जा सकता है। मानवता का सत्य तत्व केवल पाप नहीं वरन् प्रत्येक मानव में ईश्वर द्वारा रचित तत्व भी है। मानव तर्क ईश्वर का उपहार है। लोग नैतिक रूप से इस उपहार को प्रयोग करने के लिए जिम्मेवार हैं। ईश्वर की सृष्टि को जानकर उसकी महिमा को और विशाल बनाने का प्रयास किया जाता है। मानव तर्क का प्रयोग ईश्वर के अस्तित्व को सिद्ध करने के लिए किया जाना चाहिए। थोमिस्टीक ईसाई धर्म में ईश्वर, लोग एवं प्रकृति को एक स्वघोषित बौद्धिक व्यवस्था में स्थापित किया गया है जिसमें किसी भी प्रकार का आंतरिक विरोध नहीं है। ईश्वर प्रदत्त ज्ञान द्वारा लोग प्रकृति के संबंध में कुछ भी पता नहीं

लगा सके थे। इसके कारण ईश्वर के इस पृथ्वी पर प्रतिनिधि चर्च की विश्वसनीयता पर प्रश्न चिह्न लगने लगा था।

थोमिस्टिीक ईसाई धर्म को जीवित रखने के लिए यह आवश्यक हो गया था कि विज्ञान को ईश्वर के साथ जोड़कर रखा जाये। यही अनेक विद्वान टीकाकारों की पेशा बन गयी थी जिनके द्वारा अरस्तु तथा चर्च पिताओं के लेखनों की व्याख्या अवसरवादी ढंग से की गयी थी। रूढ़िवाद मध्य युग का सिद्धांत बन गया था। लेकिन जब धर्म तथा विज्ञान के बीच सामंजस्य स्थापित करना कठिन हो गया तब विद्वानों ने एक के स्थान पर दूसरों का चयन आरंभ किया। इसी के साथ मानव विज्ञान का समकालीन मापदंड के अनुसार विकास करने का दरवाजा भी खुल गया था।

पुनर्जागरण (Renaissance)

थोमिस्टीक ईसाइयों द्वारा प्राप्त की गयी बौद्धिक एकता एक प्रकार का मध्य युगीन संश्लेषण था। इस संश्लेषण के माध्यम से विज्ञान, मानववाद तथा धर्म यानी प्रकृति, लोग तथा ईश्वर को जोड़ने का प्रयास किया गया था। तीन जटिल घटनाओं के कारण थोमिस्टीक चक्र के बाहर एक ज्ञान की उत्पत्ति हुई थी। इस ज्ञान के कारण प्रकृति, लोग एवं ईश्वर संश्लेषण को सुलझाने में सहायता मिली थी। इन तीनों जटिल घटनाओं को पुनर्जागरण, भौगोलिक खोज की यात्रा तथा वैज्ञानिक क्रांति के नाम से जाना जाता है। इनमें से प्रत्येक घटना के द्वारा मानव विज्ञान को आलोचनात्मक तथा महत्त्वपूर्ण ढंग से एक स्वरूप प्रदान किया गया था।

पुनर्जागरण का संबंध प्राचीन शिक्षण को पुनर्जीवित करने से था। इसकी शुरुआत मध्य युग से आधुनिक युग में परिवर्तन से होती है। चौदहवीं सदी से लेकर सोलहवीं सदी तक इस दिशा में मूल विकास पश्चिमी यूरोप के न्यूक्लीयर सिटी-स्टेट उत्तरी इटली में हुआ था। वहां पर व्यापारी तथा संपन्न मध्य वर्ग के लोग अपने-अपने धन को कलाकारों तथा वैज्ञानिकों के संरक्षण पर खर्च करते थे। लेकिन वे लोग चर्च की सत्ता को स्वीकार करने में अभिरुचि नहीं रखते थे। पुनर्जागरण मानव के आदिरूप में इटली के पेंटर, मूर्तिकार, शिल्पी, संगीतकार, इंजीनियर तथा गणितज्ञ आते थे। पुनर्जागरण के अन्य प्रतिभाशालियों के समान लियोनार्डो द विंसी (Leonardo da Vinci) (1462-1519) प्राचीन विश्व का आसक्त था। क्योंकि प्राचीन विश्व प्राक् ईसाई धर्म का ज्ञान स्रोत एवं मूल्य का प्रतिनिधित्व करता था। प्राचीन विश्व के संबंध में जिज्ञासा शास्त्रीय पुरातत्वशास्त्र को जन्म दिया। शास्त्रीय पुरातत्वशास्त्र का विकास पुनर्जागरण में पुरातन मूल पाठों में लिखित विवरणों को समर्थन देने के लिए प्राचीन हस्तकृतियों के प्रयोग के आधार पर हुआ था। इटली में रोमन प्राचीनता विशेषकर आनंददायक थी, क्योंकि रोम अपनी चमत्कारपूर्ण अतीत का अंग था, पुनर्जागरण को समर्थन देने वाले विचारकों का मत था कि प्राचीन लोगों के पास मध्ययुगीन ईसाइयों की तुलना में मानव स्वभाव के संबंध में पूर्ण तथा संतोषप्रद जानकारी थी।

प्राचीन विश्व में पुनर्जागरण अभिरुचि के परिणामस्वरूप समय का नवीन अर्थ प्रकाश में आया था। समय स्थिर नहीं वरन् गतिशील एवं परिवर्तनशील था जिसे प्राचीन एवं मध्ययुग के बीच अंतर के आधार पर समझा जा सकता था। इस अनुभव के आधार पर प्राचीन एवं मध्ययुगीन जीवनशैलियों को व्यवस्थित ढंग से विपरीत रूप में प्रस्तुत किया जाना संभव हुआ था। साथ ही साथ मध्ययुगीन कैथोलिक चर्च को अतीत से धर्मनिरपेक्ष विकल्प ढूंढने को विवश किया था। इसके परिणामस्वरूप सोलहवीं सदी का प्रोटेस्टैंट सुधारवादी आंदोलन अस्तित्व में आया। मानववाद एवं विज्ञान के इतिहास में इस प्रोटेस्टैंट सुधारवादी आंदोलन के फलस्वरूप चिंतन का धर्मनिरपेक्षीकरण हुआ था। साथ ही साथ विद्वतापूर्ण सामाजिक आलोचना एवं विश्लेषण की आधुनिक परंपरा का द्वार भी खुल गया था।

पुनर्जागरण दृष्टिकोण के फलस्वरूप तीन प्रमुख प्रभावशाली सामाजिक आलोचकों एवं विश्लेषकों ने अपनी-अपनी पुस्तकों की रचना की थी। डेसिडेरियस एरासमस (Desiderius Erasmus) (1466-1530 A.D.) ने अपनी पुस्तक *द प्रेज आफ फोल्ली* (Praise of Folly) (1509) में आरंभिक अपराध के विचार का विरोध किया था। उसने कहा कि आरंभिक ईसाई धर्म में शामिल ग्रीक सद्‌गुण बाद के ईसाई धर्म में शामिल सद्‌गुणों से श्रेष्ठ थे। बाद के ईसाई धर्म में औपचारिकता, नौकरशाही तथा भ्रष्टाचार का बोलबाला था। उनकी अपूजनीय पुस्तक पादरियों एवं मठाधिशों की मूर्खता, लोभ तथा पाखंड को प्रकाश में लाया था। इंग्लिशमैन थोमस मोरे (Thomas More) ने अपनी पुस्तक *इन यूटोपिया* (1516) में समकालीन समाज की बुराइयों की धर्मनिरपेक्ष सिद्धांत पर आधारित समाज की नैतिकता के साथ तुलना की। आपने एथनोग्राफिक विवरण के आधार पर प्रस्तुत किया कि सरल लोग ज्यादा खुश थे क्योंकि उनके पास निजी संपत्ति, धन तथा अपराध का अभाव था। इटालियन मैशियावेल्ली (Machiaveli) (1469-1527) ने अपनी पुस्तक *द प्रिंस* (1513) में प्रभावशाली राजनीतिक शासक के गुणों का वर्णन किया था। आपके अनुसार राजनीतिक शासक को मजबूत, कुशाग्रबुद्धि वाला तथा चतुर होना चाहिए ताकि वह मानव स्वभाव के अच्छे एवं बुरे अंगों की पहचान कर सके। ये तीनों पुनर्जागरण के प्रभावी विचारकों ने यह दर्शाने का प्रयास किया कि सोलहवीं शताब्दी आते-आते एक मजबूत धर्मनिरपेक्ष सामाजिक विश्लेषण की परंपरा स्थापित हो चुकी थी। यही परंपरा बाद में चलकर मानवशास्त्र में पार-सांस्कृतिक विश्लेषण (Cross-Cultural Analysis) का रूप धारण कर लिया था। पुनर्जागरण के कारण मानवशास्त्र में सबसे महत्त्वपूर्ण योगदान धर्मनिरपेक्ष एवं आलोचनात्मक दृष्टिकोण का विकास था।

भौगोलिक खोज की यात्रा (Voyage of Geographical Discovery)

रोम साम्राज्य की अंतिम अवधि में संत अगस्टाइन ने घोषणा की कि विश्व में कोई विपरीत ध्रुव नहीं है। ध्रुव में कोई लोग भी नहीं रहते हैं। अगस्टाइन के इस विचार का तात्पर्य यह

था कि उस समय तक सभी स्थानों का पता चल गया था तथा कोई भी स्थान पता लगाने के लिए नहीं बचा था। लेकिन अगस्टाइन की यह गलत धारणा थी। रोमन तथा आरंभिक आधुनिक समय के बीच अधिक संख्या में भौगोलिक स्थानों की खोज की गयी थी। उन स्थानों की खोज करने का उद्देश्य यूरोपवासियों को उनसे भिन्न लोगों के संपर्क में लाना था ताकि उन्हें भी सही मानव के रूप में जाना जा सके।

यूरोपीय भौगोलिक खोज की शुरुआत ग्यारहवीं सदी में अफ्रीका तथा मध्य-पूर्व के हिस्सों में ईसाई धर्म युद्ध से हुई। तेरहवीं शताब्दी में जब मंगोलों द्वारा पवित्र रोम साम्राज्य पर मध्य तथा पूर्वी यूरोप में विजय पताका लहराया तब अनेक स्थानों की खोज को और विस्तार मिला। एक महत्त्वपूर्ण अन्वेषक वीनेटियन मैक्रो पोलो (Vinetian Macro Polo) (1254-1324 A.D.) थे, जिन्होंने मंगोल शासक कुबलाई खान की अदालत में 17 वर्ष की अवधि चीन में व्यतीत की थी। लाभप्रद व्यापार मार्ग हेतु सघन प्रतिस्पर्द्धा के कारण पुर्तगाल तथा स्पेन द्वारा एशिया के अन्य स्थानों की खोज की गयी थी। 1499 तक वास्को द गामा (Vasco-da-Gama) (1469-1524) ने अफ्रीका से भारत तक अनेक स्थानों का पता लगाया था। इसके कुछ वर्ष पूर्व क्रिस्टोफर कोलंबस (Christopher Columous) (1446-1506) ने नवीन विश्व (New World) का पता 1492 में लगाया था। वास्को नुनेज द बालबोआ (Basco Nunerz de Balboa) (1475-1517 A.D.) ने दक्षिणी अमरीका की यात्रा कर प्रशांत महासागर की खोज 1513 ई. में की थी। इससे ज्ञात होता है कि नवीन विश्व वास्तव में यूरोपवासियों के लिए नवीन था। यूरोपीय अन्वेषण में प्रथम दौर अन्वेषण का निष्कर्ष फर्दिनंद मागेलान (Ferdenand Magellan) (1480-1521) द्वारा प्रस्तुत किया गया था, जिन्होंने संपूर्ण ग्लोब का जल मार्ग से परिक्रमा की थी।

भौगोलिक स्थानों की खोज यात्रा ऐतिहासिक घटना के रूप में मानव विज्ञान को अत्यधिक प्रभावित किया था। इस यात्रा के फलस्वरूप यूरोपवासियों का संपर्क वैसे लोगों के साथ हुआ जिनका अध्ययन आज मानव वैज्ञानिक करते हैं। उनके लिए आदिम या आदिवासी शब्द का प्रयोग हुआ। यूरोपवासियों द्वारा विश्व स्तर पर आदिवासियों के ऊपर आधिपत्य का युग आरंभ हुआ। इसके साथ ही साम्राज्यवाद, उपनिवेशवाद तथा दास प्रथा का युग अस्तित्व में आया। इन सभी युगों से मानव विज्ञान का संबंध किसी न किसी रूप में अवश्य रहा है।

यूरोपवासियों की आदिवासियों के प्रति आरंभिक धारणा मध्य युगीन ईश्वर, लोग एवं प्रकृति संश्लेषण में एक चुनौती बनकर आयी थी। यूरोपवासियों के लिए नवीन विश्व के आदिवासी अत्यंत भिन्न, अत्यंत आदिम एवं अत्यंत जंगली थे। अत: उन्हें ईश्वरीय सृजन के एक ही परिवार में शामिल करना उचित नहीं दिख रहा था। मानव विविधता के तत्कालीन ज्ञाता थोमस एक्वीनास ने घोषणा की कि स्थानीय आदिवासी त्रुटिपूर्ण मानव (Imperfect Humans) थे। यही कारण है कि उन्हें यूरोपवासियों का प्राकृतिक दास (Natural Slave) कहा गया था। उस समय तो इस घोषणा को सत्याभाषी माना गया था।

लेकिन शीघ्र ही इससे संबंधित समस्या भी खड़ी हो गयी थी। त्रुटिपूर्ण प्राकृतिक दासों के पास स्वतंत्र एजेंसी अथवा चेतन विकल्प के लिए मानसिक एवं नैतिक क्षमता का अभाव था। लेकिन बिना स्वतंत्र एजेंसी के उन्हें ईसाई धर्मावलंबी नहीं बनाया जा सकता था। क्योंकि ईसाई धर्म स्वीकार करने के बाद मोक्ष अथवा मुक्ति की धारणा व्याप्त थी। इसी आधार पर आदिम जातियों को ईश्वर के राज्य में प्रवेश वर्जित कर दिया गया था। इस अवधारणा के कारण ईसाई धर्म प्रचारकों के प्रयास को व्यर्थ बना दिया गया था।

ईसाई धर्म विज्ञान को अपनी धारणा में परिवर्तन लाना पड़ा था। प्रख्यात स्पेन निवासी ईसाई धर्म वैज्ञानिक बार्टोलोमे द लास कासास (Bartolome de Las Casas) (1474-1566) तथा जोसे द एकोस्टा (Jose de Acosta) ने प्राकृतिक दासों की परिभाषा को प्राकृतिक शिशु (Natural Children) के रूप में पुन: परिभाषित किया था। अब उन्हें ईसाई धर्म का संरक्षण प्राप्त हो सकता था तथा उन्हें सभ्य के रूप में स्थान मिल सकता था। इस पुनर्परिभाषा का एक महत्त्वपूर्ण परिणाम यह था कि इसके द्वारा समस्त मानव परिवार को एक दूसरे से जोड़ने का प्रयास आरंभ हुआ। लेकिन अगर संपूर्ण विश्व के मानव एक ही परिवार के सदस्य थे, तब उनके बीच क्या कोई ऐतिहासिक संबंध नहीं था? इस प्रश्न का समाधान पर्याप्त रूप से ईसाई धर्म ग्रंथ में नहीं मिल रहा था। अत: इसके लिए अतिरिक्त सहयोग की आवश्यकता महसूस की गयी थी।

सोलहवीं से अठारहवीं सदी के बीच कई उत्तम परियोजनाओं को सूत्रबद्ध किया गया था जिनके द्वारा यूरोपियों तथा गैर-यूरोपियों के मध्य ऐतिहासिक संबंध दर्शाने का प्रयास किया गया था। अमरीकी भारतीयों के लिए तो यह प्रयास आवश्यक रूप से किया गया। क्योंकि अमरीका में यूरोपीय उपनिवेश की स्थापना के बाद अमरीकी भारतीयों के साथ उन्हें अंत:क्रिया करना आवश्यक हो गया था। एक परियोजना के अनुसार अमरीकी भारतीय जलमग्न अटलांटिस महादेश के बचे हुए मानवों की संतान थे। इसे इंकास (Incas) तथा अजटेक्स (Aztecs) एवं यूरोपवासियों के बीच सांस्कृतिक समानता के आधार पर सिद्ध करने का प्रयास किया गया था। दूसरी परियोजना के अनुसार अमरीकी भारतीयों को इस्राइल के दस प्रमुख विलुप्त जनजातियों में शामिल किया गया था। एक तीसरी परियोजना के अनुसार अमरीकी भारतीयों को उत्तरी एशिया से प्रवसित होकर अमरीका में बसा हुआ दर्शाया गया था। उनके अनुसार इस प्रवसन को बेरिंग स्ट्रेट (Bering Strait) के माध्यम से प्रस्तुत किया गया था। इन परियोजनाओं के फलस्वरूप ईसाई धर्म विज्ञान ने ज्यादा वैज्ञानिकता प्राप्त की। इसके कारण मानव विज्ञान में एक उत्पत्ति (Monogenesis) सिद्धांत की स्थापना हुई। इस सिद्धांत के अनुसार मानव प्रजातियां एक ही जैविक स्पेसिस से अवतरित हुई हैं। इनकी उत्पत्ति एक आम पूर्वज से हुई है। लेकिन विभिन्न प्रकार के प्राकृतिक वातावरण में रहने के कारण प्राकृतिक कारकों का प्रभाव पड़ा जिसके कारण शारीरिक विविधता प्रकाश में आयी। लेकिन एक उत्पत्ति सिद्धांत को बहुउत्पत्ति सिद्धांत (Polygenesis) की चुनौती का सामना करना पड़ा है। बहुउत्पत्ति

सिद्धांत के अनुसार मानव प्रजातियों का निर्माण विभिन्न स्पेसिस से हुआ है। उनकी उत्पत्ति भी अलग-अलग हुई है तथा शारीरिक विविधता परिवर्तन योग्य नहीं है। शारीरिक विविधता प्रजातीय रूप से सहज होती है। एक उत्पत्ति एवं बहुउत्पत्ति के बीच विवाद 19वीं सदी के शास्त्रीय मानवशास्त्र तक जारी रहा।

वैज्ञानिक क्रांति (Scientific Revolution)

वैज्ञानिक क्रांति के परिणामस्वरूप मध्य युग का अंत एवं आधुनिक युग का इतिहास में आगमन हुआ। वैज्ञानिक क्रांति का तात्पर्य आधुनिक विज्ञानों के आविष्कारों से है। आधुनिक विज्ञानों का विकास बौद्धिक अन्वेषण विधि के रूप में तथा विशिष्ट विज्ञानों के रूप में हुआ। इन विज्ञानों के फलस्वरूप प्राकृतिक विश्व के संबंध में ज्ञान का संचय हुआ। चूंकि सभी मानव वैज्ञानिक सही वैज्ञानिक विधि का प्रयोग करते हैं, अत: आधुनिक मानव विज्ञान की उत्पत्ति जड़ वैज्ञानिक क्रांति में निहित है।

वैज्ञानिक क्रांति को दो भागों में बांटा जा सकता है—(i) वैज्ञानिक ज्ञान मीमांसा या ज्ञान शास्त्र का विकास (Growth of Scientific Epistemologies), (ii) वैज्ञानिक ज्ञान का संचयन (Accumulation of Scientific Knowledge)।

ज्ञान शास्त्र (Epistemology) दर्शनशास्त्र की एक शाखा है जो ज्ञान की प्रकृति की खोज करता है। उत्तर मध्ययुग में जब चर्च की बौद्धिक सत्ता का क्षय हो रहा था, विज्ञान के लिए नवीन ज्ञान मीमांसा की आवश्यकता हुई। इस आवश्यकता पूर्ति हेतु दो प्रकार की ज्ञान मीमांसा या ज्ञानशास्त्र अस्तित्व में आए। इन दोनों ज्ञानशास्त्रों का प्रयोग आधुनिक वैज्ञानिकों द्वारा किया जाता है। एक प्रकार की ज्ञान मीमांसा को निगमन (Deduction) कहा जाता है। निगमन ज्ञान मीमांसा के अंतर्गत वह प्रक्रिया अपनायी जाती है जिसके द्वारा कुछ ज्ञात या कल्पना के आधार पर निष्कर्ष निकाल लिया जाता है। इसमें तर्क द्वारा सामान्य से विशिष्ट कथन का कारण ढूंढ लिया जाता है। निगमन का प्रयोग सभी विज्ञानों में किया जाता है, लेकिन इसका विशेष रूप से प्रयोग गणित में होता है। निगमन के सबसे बौद्धिक शिल्पी एक फ्रेंच गणितज्ञ रीने डीस्कार्टस (Rene Descartes) (1596-1650 A.D.) थे। उन्होंने यह तर्क दिया कि मैं अस्तित्व में हूं, इसलिए ईश्वर अस्तित्व में है तथा यथार्थ विश्व अस्तित्व में है। निगमन के कार्टेसियन धारणा के आधार पर फ्रेंच तर्कणावाद (French rationalism) की वैज्ञानिक परंपरा स्थापित हुई। कार्टेसियन विचारधारा विश्व में वस्तु-व्यक्ति, विवेकी-अविवेकी तथा सांस्कृतिक-प्राकृतिक जैसी द्वैतवाद (Dualism) की कल्पना में विश्वास व्यक्त करती है। यह विचारधारा उत्तर-आधुनिकतावादी मानवशास्त्रीय सिद्धांत का केन्द्र है।

दूसरी ज्ञान मीमांसा आगमन (Induction) है। आगमन एक प्रक्रिया के रूप में विशेष तथ्यों का सामान्य स्पष्टीकरण अवलोकनात्मक प्रमाणों के आधार पर प्रस्तुत करता

है। आगमन ज्ञान मीमांसा के सबसे बौद्धिक शिल्पी इंग्लिश दर्शनशास्त्री फ्रांसिस बकन (Francis Bacan) (1561-1526) तथा जान लॉके (John Loke) (1632-1704) थे। इनकी विचारधाराओं के फलस्वरूप अठारहवीं सदी में ज्ञानोदय (Enlightment) अस्तित्व में आया। इन विद्वानों द्वारा प्रतिपादित आगमन की अवधारणा के आधार पर ब्रिटिश अनुभववाद (British Empiricism) की वैज्ञानिक परंपरा स्थापित हुई। आज मानव विज्ञान में दोनों प्रकार की वैज्ञानिक परंपराओं (फ्रेंच तर्कणावाद तथा ब्रिटिश अनुभववाद) के समर्थक पाए जाते हैं।

तेरहवीं से सत्रहवीं सदी के बीच वैज्ञानिक ज्ञान मीमांसा के प्रयोग के पक्ष में जोरदार हवा चली थी। इसके परिणामस्वरूप मध्य युगीन सोच में बदलाव आया था तथा कई शृंखलाओं में वैज्ञानिक खोज की गयी थी। इन वैज्ञानिक खोजों का परिणाम सर इसाक न्यूटन (Sir Isaac Newton) के क्रांतिकारी वैज्ञानिक संश्लेषण में मिलता है। इस वैज्ञानिक क्रांति की कहानी गति विज्ञान (Mechanics) तथा ब्रह्मांड विज्ञान (Cosmology) के रूप में शुरू होती है। ब्रह्मांड विज्ञान दर्शनशास्त्र की एक शाखा है जिसका संबंध ब्रह्मांड की उत्पत्ति एवं संरचना से है।

मध्ययुगीन गति विज्ञान तथा ब्रह्मांड विज्ञान की उत्पत्ति ईसाई धर्म विज्ञान तथा अरस्तु के विज्ञान के योग से हुई थी। मध्ययुगीन विश्व दृष्टिकोण के अनुसार पृथ्वी ब्रह्मांड का केन्द्र है। अन्य ग्रह पृथ्वी के केन्द्र के चारों ओर चक्कर लगाते थे। इस गति को प्राकृतिक गति कहा गया तथा अन्य प्रकार की गति को अप्राकृतिक गति बतलाया गया था। अप्राकृतिक गति में अगर किसी वस्तु की गति रुक जाती है, तब वस्तु स्थिर हो जाती है। इसे विरामावस्था कहा जाता है। ऐसी वस्तुओं को एक गति प्रदान करने वाला चाहिए जिसकी सहायता से इन वस्तुओं को गतिशील रखा जा सके।

गतिशील वस्तुओं की चाल गति प्रदान करने वाली वस्तु के बल पर निर्भर करती है। स्थिर बल के परिणामस्वरूप स्थिर चाल पाया जाता है। अगर कोई गतिशील वस्तु को प्रतिरोध का सामना करना पड़ता है तब उसकी चाल घट जाती है। अगर प्रतिरोध में कमी होती है तब उसका वेग उसी अनुपात में बढ़ जाता है। शून्य में उसकी चाल क्षणिक होती है। मध्ययुगीन वैज्ञानिकों को क्षणिक चाल (Instantaneous Speed) की अवधारणा असंगत लगती थी। इसीलिए उसमें शून्य के संबंध में विवरण नहीं मिलता है। दूसरी बात यह थी कि ईश्वर किसी भी रूप में शून्य को नहीं स्वीकार कर पाते थे।

इस व्यवस्था में गिरती हुई वस्तु त्वरण नहीं प्राप्त कर सकती और अपनी चाल नहीं बढ़ा सकती है। लेकिन मध्य युगीन व्यवस्था में ऐसा किया गया। मध्य युगीन टीकाकारों के अनुसार गिरती हुई वस्तुओं की तरफ हवा तेजी से पहुंचती है तथा वस्तु को नीचे की ओर ढकेलती है। जैसे-जैसे गिरती हुई वस्तु के नीचे की हवा की ऊंचाई घटती जाती है, वस्तु को कम गतिरोध का सामना करना पड़ता है। यह समाधान ने कुछ समय के लिए अच्छे ढंग से कार्य किया, लेकिन यह स्वीकार योग्य नहीं था। ऊपर की ओर जाती हुई

वस्तुओं से संबंधित भी समस्या आयी, एक प्रक्षेपक की गति क्यों कम हो जाती है। तेरहवीं सदी में विकसित एक सिद्धांत के अनुसार प्रक्षेपक के पास संवेग का गुण पाया जाता है। संवेग उड़ते समय खर्च होता है। अगर प्राकृतिक रूप से गिरती हुई वस्तुओं को भी संवेग दिया जाये तो उनका त्वरण बढ़ जाता है। संवेग का सिद्धांत ने मध्ययुगीन सिद्धांत तथा आधुनिक युगीन जड़त्व सिद्धांत के बीच एक सेतु का काम किया था।

मध्ययुगीन गतिकी मध्य युगीन ब्रह्मांड विज्ञान का एक अभिन्न अंग था। मध्य युगीन ब्रह्मांड विज्ञान में पार्थिव प्रभाव क्षेत्र को खपिंड के प्रभाव क्षेत्र से बाहर रखा गया है। भूमि, हवा, जल तथा अग्नि पृथ्वी को स्तरों के रूप में घेरे रहते हैं। खपिंडीय वृत्त का निर्माण पाँचवें तत्व से हुआ है जिसमें परिवर्तन नहीं होता है। इसलिए उसे अनंत भी कहा जाता है। खपिंडीय वृत्तों की संख्या दस है। सबसे बाहरी वृत्त को स्वर्ग के नाम से जाना जाता है। अरस्तु ने भी इन वृत्तों की घोषणा की थी। अलेक्जैंड्रिया के एक महान खगोलशास्त्री पोलेमी (Polemy) (127–151) को करीब 80 अतिरिक्त वृत्तों को जोड़ने के लिए बाध्य किया गया था।

एक पोलिश खगोलशास्त्री निकोलस कोपर्निकस (Nicolaus Copernicus) (1473–1543) ने यह मत प्रतिपादित कर वैज्ञानिक क्रांति लाया कि पृथ्वी सूर्य के चारों ओर चक्कर लगाती है। पृथ्वी अपनी धुरी पर घूमती है। कोपर्निकस ने वृत्तों की संख्या घटाकर 34 कर दी थी। लेकिन इस सिद्धांत के कारण भी अनेक प्रश्न उठने लगे। जैसे अगर पृथ्वी ब्रह्मांड का केन्द्र नहीं है, तब यह विशेष कैसे है ? ईश्वर कैसे इन लोगों के गुणगान के लिए बनाए होंगे ? क्या अन्य विश्व भी अस्तित्व में थे ? अगर पृथ्वी अपने अक्ष पर घूमती है, तब क्यों नहीं गिरती हुई वस्तुएं बगल से पृथ्वी पर गिरती है जहां से वे गिराई जाती हैं।

1500 A.D. के अंत में अनेक तारे तथा धूमकेतु का पता चल गया था। उन सभी के वृत्तों का भी पता चल गया था। तारे तथा धूमकेतु खपिंडीय वृत्तों को काटते हुए चक्कर लगाते थे। इस समस्या के समाधान के लिए डैनिश खगोल वैज्ञानिक टायको ब्राहे (Tyco Brahe) (1546–1601) ने घोषणा की कि वृत्त का अस्तित्व नहीं होता। आरंभिक 1600 A.D. में जान केपलर (John Kepler) एक जर्मन खगोल वैज्ञानिक ने वृत्त की धारणा को समाप्त कर दिया। केपलर के ग्रहीय गति नियम के अनुसार सभी ग्रह सूर्य का चक्कर समान रूप से समान क्षेत्र में समान समय में लगाते हैं। इस प्रकार जो ग्रह सूर्य से ज्यादा समीप हैं उनकी गति तीव्र होती है।

उसी वक्त इटालियन भौतिक वैज्ञानिक तथा खगोल वैज्ञानिक गैलिलियो गैलिले (Galilio Galili) (1564–1642) ने दूरबीन का प्रयोग सूर्य तथा अन्य नक्षत्रों को देखने के लिए किया। अपने वैज्ञानिक क्रांतिकारी विचारों के माध्यम से गैलिलियो ने अपनी पुस्तक *डायलग कंसर्निंग टु चीफ सिस्टम आफ द वर्ल्ड* (1932) में क्रमबद्ध ढंग से पोलेमी तथा कोपर्निकस के सिद्धांतों का खंडन किया। उन्होंने गिरती हुई वस्तुओं के

सिद्धांत में बगल की समस्या का समाधान प्रस्तुत किया। आपके अनुसार कोई भी वस्तु बगल में नहीं गिरती है जहां से वह गिरायी जाती है। दूसरे शब्दों में प्रत्येक वस्तु की अपनी गति होती है अतः बगल का कोई अस्तित्व नहीं होता है। लेकिन दो अन्य प्रश्नों का समाधान नहीं ढूंढा जा सका था। ये प्रश्न थे पृथ्वी पर गति के लिए कौन जिम्मेवार है, क्योंकि पृथ्वी ब्रह्मांड का केन्द्र नहीं है। दूसरा प्रश्न था कि आकाशीय वस्तु को कौन गति प्रदान करता है, क्योंकि वृत्त का अस्तित्व नहीं होता है।

इन दोनों प्रश्नों का समाधान ब्रिटिश वैज्ञानिक इसाक न्यूटन (Isaac Newton) (1642-1726) द्वारा ढूंढा गया। उन्होंने अपनी पुस्तक 'प्रिंसिपल्स आफ मैथेमैटिक्स' (1687) में गुरुत्वाकर्षण के विश्वव्यापी नियम का प्रतिपादन किया तथा दर्शाया कि पृथ्वी तथा आकाशीय वस्तुओं में गति का कारण गुरुत्वाकर्षण बल है। आपने यह प्रतिपादित किया कि सभी वस्तुएं घूमने के क्रम में एक दूसरे के बल द्वारा एक-दूसरे की तरफ आकर्षित होती हैं। यह बल वस्तुओं के बीच दूरी के वर्ग का समानुपाती होता है।

पृथ्वी पर वस्तु इसलिए घूमती हैं, क्योंकि पृथ्वी से वे आकर्षित होती हैं। आकाशीय वस्तु इसलिए घूमती है क्योंकि वे एक-दूसरे से आकर्षण बल द्वारा आकर्षित होती हैं। मध्य युगीन व्यवस्था के विपरीत न्यूटन ने अपनी व्यवस्था द्वारा यह दर्शाया कि जड़त्व के कारण वस्तुएं भ्रमणशील बनी रहती हैं, तब तक जब तक कोई नया बल उन्हें रोक न दे। स्थिर बल द्वारा स्थिर त्वरण पैदा किया जाता है, गति या चाल नहीं। न्यूटन के ब्रह्मांड में सभी पदार्थ गतिशील हैं तथा गति के नियम से बंधे हुए हैं। इसमें पृथ्वी तथा लोग एक-दूसरे से खाली स्थान में इस तरह से जुड़े हुए हैं कि वैज्ञानिक ईश्वर का वर्णन नहीं कर पाते हैं। अपनी बौद्धिक उपलब्धि के कारण ईसाक न्यूटन को नाइट की उपाधि प्रदान की गई थी। उन्हें वेस्ट मिंस्टर अब्बे में दफना दिया गया था। बहुत दिनों बाद डार्विन को भी वहीं दफना दिया गया था।

वैज्ञानिक क्रांति का मानव विज्ञान में महत्त्व दो प्रकार से है। पहला यह कि न्यूटन द्वारा प्रतिपादित विश्व की अवधारणा को सभी मानव वैज्ञानिक स्वीकार करते हैं। दूसरा, न्यूटन द्वारा प्रतिपादित प्राकृतिक विज्ञान के संबंध में विचारों को सामाजिक परिप्रेक्ष्य में समझने का प्रयास मानव विज्ञान में आरंभ हुआ। इस प्रकार न्यूटन तथा ज्ञानोदय के माध्यम से सामाजिक विज्ञान का बीजारोपण किया गया था।

ज्ञानोदय (Enlightment)

यूरोप के बौद्धिक इतिहास का नामकरण ज्ञानोदय के रूप में किया गया है। इसकी अवधि न्यूटन के प्रिंसिपल आफ मैथेमैटिक्स से लेकर फ्रेंच क्रांति की शुरुआत यानि (1687-1789) तक मानी गयी है। ज्ञानोदय के कारण बौद्धिक प्रगति हुई तथा सामाजिक विज्ञान का विकास हुआ। मानव विज्ञान के लिए इस अवधि में सबसे महत्त्वपूर्ण अवधारणा संस्कृति की अवधारणा का विकास है।

अगर सचमुच में देखा जाये तब ज्ञानोदय वैज्ञानिक क्रांति का ही विस्तार था। ज्ञानोदय बुद्धिजीवियों के लिए न्यूटन का दर्शनशास्त्र इतना महत्त्वपूर्ण हो गया था कि वे इसे सामाजिक क्षेत्र में भी उतारने को विवश हो गए। न्यूटन के दर्शनशास्त्र को यांत्रिक दर्शन (Mechanical Philosophy) भी कहा जाता है। इस दर्शन के अनुसार यह विश्व एक जटिल मशीन के समान है जिसके सभी पूर्जे एक दूसरे पर आश्रित तथा एक दूसरे से संबंधित हैं। यह मशीन हमेशा गतिशील है। वैज्ञानिकों का काम उस गति के संबंध में जानकारी प्राप्त करना है। न्यूटन के इस दर्शन को देववादी दर्शन (Deistic Philosophy) भी कहा जाता है। न्यूटन का मानना था कि इस ब्रह्मांड का सृजन ईश्वर द्वारा किया गया है। लेकिन ईश्वरवादी दर्शनशास्त्रियों के विपरीत वे ईश्वर को दैनिक घटनाओं के लिए जिम्मेवार नहीं मानते हैं। न्यूटन का ब्रह्मांड एक घड़ी के समान गतिशील था लेकिन उस घड़ी के निर्माता ईश्वर थे।

ज्ञानोदय से संबंधित एक अन्य ब्रिटिश दर्शनशास्त्री जॉन लॉके (John Loke) (1632–1704) थे, जिन्होंने अपनी पुस्तक *एन एसे कंसर्निंग ह्यूमन अंडरस्टैंडिंग* (1960) में ब्रिटिश अनुभववाद के वैज्ञानिक ज्ञान मीमांसा या ज्ञानशास्त्र का विस्तार किया था। लॉके का ज्ञानशास्त्र प्राचीन स्टोइक्स को पुनर्जीवित करता है। आपके ज्ञानशास्त्रीय विचार के अनुसार प्रत्येक नवजात व्यक्ति का मस्तिष्क खाली स्लेट (टैबुला रासा) के समान है, जिस पर जीवन द्वारा लिखा जाता है। यह अनुभव पर आधारित एक दर्शनशास्त्र था। इस दर्शन के अनुसार मानवीय व्यवहार एवं विचार सीखे जाते हैं, ग्रहण किए जाते हैं, न कि जैविक विरासत में प्राप्त किए जाते हैं। इस तरह की समझ संस्कृति की अवधारणा की उत्पत्ति हेतु आवश्यक थी। इस दर्शन के आधार पर संस्कृति को जिंदा रहने की संचित तरीके के रूप में परिभाषित करना संभव हुआ। इस प्रकार संस्कृति सीखी जाती है तथा यह मानव की कृति होती है। इसका हस्तांतरण एक पीढ़ी से दूसरी पीढ़ी तक होता रहता है। लेकिन अधिदैहिक रूप से। यानी संस्कृति के हस्तांतरण में जीन्स का कोई योगदान नहीं होता है। अमरीकी मानवशास्त्री मार्विन हैरिस ने अपनी पुस्तक *द राइज आफ एंथ्रोपोलोजिकल थ्योरी* में इस तथ्य को स्वीकार किया है, कि एनलाइटमेंट के पहले मानव विज्ञान का कोई अस्तित्व नहीं था।

ज्ञानोदय के अंतर्गत अनेक विद्वानों ने न्यूटन तथा लॉके के दर्शन का प्रयोग मानव विविधता के ऊपर आंकड़ों के संकलन एवं संगठन के लिए किया था। इन विद्वानों में एक जेसुइट फादर जोसेफ लाफीटाउ (Juist Father Joseph Lafitau) (1671–1746) थे। आपने अपनी पुस्तक *कस्टम्स आफ अमरीकन सेवेजेज कंपेयर्ड विथ दोज आफ अर्लिएस्ट टाइम्स* (1724) में सांस्कृतिक तत्वों एवं श्रेणियों की एक सूची तैयार की थी। यह सूची बहुत ही कम मानवजातीय केंद्रित तथा पक्षपात रहित थी। आपने इस पुस्तक में अमरीकी देशज आदिवासियों का विवरण प्रस्तुत किया था। इस पुस्तक को अभी भी मानवजाति इतिहासज्ञ आवश्यक रूप से अध्ययन करते हैं।

ज्ञानोदय से संबंधित एक अन्य विद्वान फ्रेंच सामाजिक सुधारक जीन जैक्स रोसीआउ (Jean Jacques Rousseau) (1712-1778) थे जिन्होंने अपनी पुस्तक *डिस्फोर्स आन द ओरिजिन एंड फाउंडेशन आफ इनएक्विलिटी एमांग मेन* (1751) में अनुमान लगाया कि क्यों और कैसे समय के साथ मानव विविधता का विकास हुआ है। आपने अपनी दूसरी पुस्तक *सोशल कंट्रैक्ट* (1762) में इस अनुमान का प्रतिपादन किया कि मानवता अतीत में ज्यादा खुशहाल थी। आरण्यावस्था एक उत्तम अवस्था थी जिसे दूर हो जाने पर मानव को खेद व्यक्त करना चाहिए। अतीत के अनुमानिक पुनर्निर्माण में लाफीटाउ तथा रौसीआउ दोनों ने ही जीवित आदिवासियों को अतीत के आदिवासियों का माडेल माना। यही 19वीं सदी मानव विज्ञान में तुलनात्मक विधि का स्थान ग्रहण किया।

न्यूटन की सफलता से उत्साहित होकर कतिपय ज्ञानोदय बुद्धजीवियों ने मानव इतिहास के नियम की खोज करना आरंभ किया। इन तथाकथित सार्वभौमिक इतिहासकारों द्वारा मानव विकास की अवस्थाओं को प्रस्तावित किया गया। इनमें लॉके के दर्शनशास्त्र के अनुसार मानव अनुभवों को संस्कृति के रूप में संचित समझा गया। इटालियन दर्शनशास्त्री जिआंबाटिस्टा विको (Giambattista Vico) (1668-1744) ने अपनी पुस्तक *न्यू साईंस* (1725) में यह दर्शाने का प्रयास किया कि किस प्रकार मानवता तीन अवस्थाओं—ईश्वर, नायक तथा मानव—से होकर गुजरी है। इन अवस्थाओं का चरित्र धर्मनिरपेक्ष था, धार्मिक नहीं, ईश्वरीय नहीं। यह तीनों अवस्थाएं मानव निर्मित थी, ईश्वर निर्मित नहीं।

एक दूसरे सार्वभौमिक इतिहासकार ब्रोन डेला ब्रेड मानटेस्क्यू (Barondela Berede Mantesquieu) (1689-1755) थे जिन्होंने अपनी पुस्तक *स्पिरिट आफ ला* (1748) में यह दर्शाने का प्रयास किया कि मानव व्यवहार के नियम संस्कृति के साथ जुड़े हुए हैं।

फ्रेंच दर्शनशास्त्री फ्रांकोइस मैरी एरोवेट डी वोल्टायर (Francois Marie Arouet de Voltaires) (1694-1778) ने अपनी पुस्तक *एसे आन द कस्टम्स एंड स्पिरिट आफ द नेशंस* (1745) में इतिहास के धर्मशास्त्रीय दृष्टिकोण की आलोचना की तथा ईसाई धर्म की उत्पत्ति को धर्मनिरपेक्ष ढंग से प्रस्तुत किया।

ब्रिटिश इतिहासकार एडवार्ड गिब्बन (Edward Gibbon) (1737-1794) ने अपनी पुस्तक *द डेकलाइन एंड फाल आफ रोमन एंपायर* (1776-78) में भी इतिहास के धार्मिक दृष्टिकोण को अस्वीकार किया।

कुछ ज्ञानोदय के इतिहासकार दूसरों की तुलना में ज्यादा मानवशास्त्रीय थे। एक फ्रेंच राष्ट्रभक्त अन्ने राबर्ट जैक्स टर्गोट (Anne Robert Jacques Turgot) (1727-1781) ने अपनी पुस्तक *प्लांस फोर डिस्कोर्सेस आन यूनिवर्सल हिस्ट्री* (1750) में मानवता को तीन अवस्थाओं—शिकार, पशुचारण तथा कृषि—द्वारा प्रस्तुत किया।

दूसरे फ्रेंच दर्शनशास्त्री मैरी जीन डी कंडोर्सेट (Marie Jean de Condorcet) (1743-1794) ने अपनी पुस्तक *आउटलाइन आफ इंटेलेक्चुअल प्रोग्रेस आफ मैन काइंड* (1795) में मानवता की दस अवस्थाओं का उल्लेख किया था। उसकी अंतिम अवस्था

भविष्य थी। स्कॉटिश इतिहासकार आदम फर्गुसन (Adam Ferguson) (1728-1816), जॉन मिल्लर (John Miller) (1735-1801) तथा विलियम राबर्टसन (William Robertson) (1721-1793) ने सार्वभौमिक इतिहास को परिभाषित करने के लिए तकनीकी एवं अर्थव्यवस्था की महत्ता पर प्रकाश डाला। राबर्टसन ने आरण्यावस्था, बर्बरावस्था तथा सभ्यावस्था की रूपरेखा तैयार की थी। यही रूपरेखा 19वीं सदी के मानवशास्त्र में महत्त्वपूर्ण भूमिका निभायी। 19वीं सदी के मानव विज्ञान के संदर्भ में ज्ञानोदय के स्काटिश दर्शनशास्त्री फ्रेंच दर्शनशास्त्री की तुलना में ज्यादा आधुनिक थे।

सार्वभौमिक इतिहास के ज्ञानोदय योजनाओं को मानव ज्ञान, तर्क, प्रगति एवं आदर्श की विषयवस्तु से जोड़ दिया गया। तर्क का संबंध सत्तावादी विश्वास से मुक्त मानव बुद्धि से दर्शाया गया। प्रगति को ऐतिहासिक परिवर्तन की सकारात्मक दिशा का परिणाम माना गया। आदर्श को तर्क एवं प्रगति की उपलब्धि माना गया जिसके कारण इस पृथ्वी पर मानव स्थिति में सुधार हुआ। अठारहवीं शताब्दी के अंत में तर्क, प्रगति तथा आदर्श समाज सुधार का प्रचलित नारा बन गया। इसके बाद फ्रेंच क्रांति अस्तित्व में आयी।

प्रत्यक्षवाद की उत्पत्ति (Rise of Positivism)

फ्रेंच क्रांति एक राजनीतिक आंदोलन था। इस आंदोलन ने फ्रेंच के राजतंत्र तथा उससे जुड़े हुए उच्च वर्ग को सत्ता से उखाड़ कर बाहर कर दिया था। उसके स्थान पर मध्यम वर्ग को स्थापित किया था। इस आंदोलन की शुरुआत 1789 में हुई। यह आंदोलन फ्रेंच में एक लंबा खूनी दशक के रूप में 1799 के पहले तक जारी रहा। 1799 में फ्रांस में सत्ता का नियंत्रण नेपोलियन बोनापार्टे (1769-1821) के हाथ में आया। उसने अपने को वहां का सम्राट घोषित किया। बोनापार्टे क्रांतिकारी आदर्शों को धोखा देकर फ्रांस को विस्तार युद्ध की आग में झोंक दिया था। यह युद्ध तब तक जारी रहा जब वह 1815 में वाटरलू के युद्ध में पराजित न हो गया। इसके बाद संपूर्ण यूरोप में राजनीतिक उठा-पटक के दौर के बाद शांति की आवश्यकता थी।

आंदोलन की लड़ाई ज्ञानोदय आदर्शों के आधार पर लड़ी गयी थी जिसमें तर्क, प्रगति तथा आदर्श पर ध्यान केंद्रित किया गया। जब आंदोलन बुरी तरह प्रभावित हुआ, तब यूरोपीय बुद्धिजीवियों ने इन आदर्शों से अपने आपको पीछे खींच लिया। इसके परिणामस्वरूप दाकियानूसी मनोवृत्ति की उत्पत्ति हुई। दाकियानूसी मनोवृत्ति के कारण राजनीतिक यथास्थिति को बनाए रखने में सुविधा हुई। रूढ़िवाद कई रूपों में प्रकट हुआ। उनमें एक रूप रूढ़िवादी ईसाइयों का था। रूढ़िवादी ईसाइयों ने सामाजिक विज्ञान की आलोचना अतिभौतिकवादी, नास्तिक तथा अनैतिक के रूप में की। अनेक ईसाई नामकरण अस्तित्व में आए। उदाहरण के लिए एवेंजेलिकल एवं पाइटेस्टिकल नवीन धर्मशास्त्र में न्यूटन के घड़ी निर्माता ईश्वर के स्थान पर दैविक हस्तक्षेप, चमत्कार तथा बाइबल के उपदेश

अस्तित्व में आए। बाइबल से विचलित होने वालों के लिए तथा बाइबल उपदेशों की व्याख्या करने वालों के लिए दंड अस्तित्व में आया। अन्य स्थान के नागरिकों ने अतिवादी सामाजिक अभियंत्रण से उदासीन होकर आदर्शवादी या काल्पनिक समाजवादी समुदायों की स्थापना की जहां वे लोग जैसा चाहे वैसा कर सकें तथा रह सकें। नेपोलियन के सम्राट दर्शन की सबसे प्रबल प्रतिक्रिया राष्ट्रवाद के रूप में हुई। राष्ट्रवाद सार्वभौमिक लोगों के स्थान पर स्थानीय लोगों के आदर्शवाद तथा पुराण विधाओं को बढ़ावा दिया। जर्मनी में, जहां संघर्ष के बाद राष्ट्रीयता स्थापित हुई थी, वहां पुनः पूर्व नियति में विश्वास स्थापित हुआ तथा अतीत के गौरव को पुनः प्राप्त करने का प्रयास आरंभ हुआ। इसका परिणाम प्रगति के विचार से वापसी के रूप में हुआ। इसका प्रभाव जर्मन एथनोलोजी पर आवश्यक रूप से पड़ा जिसमें जर्मनी के विशेष देवता के संबंध में विचार (वोल्कगेइस्ट) को अपनाया गया।

रूढ़िवाद (Conservatism) का दूसरा रूप स्वच्छन्दतावाद (Romanticism) था। स्वच्छन्दतावाद एक आंदोलन के रूप में कला, साहित्य एवं विज्ञान में अस्तित्व में आया। इस आंदोलन ने मानव स्वभाव के भावनात्मक, गैर-बुद्धिसंगत तथा स्वभावगत विलक्षणता के पक्ष को गरिमामय बनाया तथा कार्टेसियन विचारधारा की प्रधानता को अस्वीकार किया। इसके कारण प्रजातिवाद की अवधारणा विकसित हुई। प्रजातिवाद का संबंध सभी प्रकार के रूढ़िवादों से था।

रूढ़िवाद का प्रभाव ज्ञानोदय में विकसित सामाजिक विज्ञान पर भी पड़ा। ज्ञानोदय में न्यूटन के सिद्धांतों के आधार पर सामाजिक परिवर्तन को ढूंढने का प्रयास सामाजिक विज्ञान में किया गया था। आरंभिक 19वीं सदी में सामाजिक वैज्ञानिकों ने भी अनुभव किया कि अब समय आ गया है जब स्थिरता पर ज्यादा ध्यान केन्द्रित किया जाना चाहिए। इसके परिणामस्वरूप प्रत्यक्षवाद दर्शन का विकास हुआ। प्रत्यक्षवाद दर्शन में धर्म विज्ञान, बुद्धिवाद एवं विज्ञान तीनों को शामिल किया गया।

प्रत्यक्षवाद दर्शन फ्रेंच दार्शनिक अगस्त काम्ट (August Comte) (1798-1857) की रचना थी। अगस्त काम्ट संत सायमन (1760-1825) के माध्यम से मैरी जीन डी कंडोर्सेट के बौद्धिक उत्तराधिकारी थे। काम्ट ने बहुखंडीय पुस्तक *कोर्स आफ पोजिटिव फिलोसोफी* (1830-42) की रचना की। आपने इस बहुखंडीय पुस्तक के माध्यम से यह प्रस्तुत करने का प्रयास किया कि ज्ञान की सभी शाखाएं तीन प्रमुख अवस्थाओं से होकर गुजरी हैं जिसे उन्होंने धर्मशास्त्रीय (Theological), बुद्धिवादी (Metaphysical) तथा वैज्ञानिक (Positive) अवस्था बतलाया। काम्ट के अनुसार धर्मशास्त्रीय अवस्था में वस्तुओं एवं घटनाओं की व्याख्या देवी-देवताओं के माध्यम से की जाती थी। बुद्धिवादी अवस्था में वस्तुओं एवं घटनाओं की व्याख्या अमूर्त अवधारणाओं के आधार पर किया जाने लगा। प्रत्यक्ष वैज्ञानिक अवस्था में वस्तुओं एवं घटनाओं की व्याख्या दूसरी वस्तुओं के संदर्भ में आरंभ हुई। वैज्ञानिक क्रांति में खगोलशास्त्र तथा भौतिकशास्त्र से आरंभ होकर प्राकृतिक

विज्ञान पहले ही धर्मशास्त्रीय तथा बुद्धिवादी अवस्थाओं से होकर गुजर चुका था तथा प्रत्यक्ष वैज्ञानिक अवस्था में पदार्पण कर चुका था। लेकिन सामाजिक विज्ञान प्राकृतिक विज्ञान की तुलना में पिछड़ गया था। काम्ट ने सामाजिक विज्ञान को वैज्ञानिक अवस्था तक ले जाने में सहयोग प्रदान किया। सामाजिक विज्ञान भी पहले ही धर्मशास्त्रीय अवस्थाओं से गुजर चुका था जहां सामाजिक घटनाओं की व्याख्या ईश्वर के आधार पर मध्य युग में की जाती थी। सामाजिक विज्ञान ज्ञानोदय में बुद्धिवादी अवस्था प्राप्त कर चुका था, जब सामाजिक घटनाओं की व्याख्या तर्क के आधार पर अमूर्त अवधारणा के रूप में की जाने लगी थी। काम्ट ने सामाजिक विज्ञान को उत्तर-ज्ञानोदय यानि 19वीं सदी में प्रत्यक्ष वैज्ञानिक अवस्था में प्रवेश कराने की वकालत की।

काम्ट के अनुसार विज्ञान का उद्देश्य सामान्यीकरण की खोज करना है। प्रत्यक्ष सामाजिक विज्ञान में सामान्यीकरण की खोज दो तरह से की जा सकती है—(i) सामाजिक गतिकी (Social dynamics) तथा (ii) सामाजिक स्थैतिकी (Social Statics)। सामाजिक गतिकी में सामाजिक परिवर्तन से संबंधित सामान्यीकरण की खोज की जाती है, जबकि सामाजिक स्थैतिकी में सामाजिक स्थिरता के संबंध में सामान्यीकरण की खोज की जाती है। काम्ट के अनुसार फ्रेंच क्रांति गतिशील परिवर्तन को बढ़ावा देने में काफी आगे बढ़ गयी थी। इसकी अधिकता को सामाजिक स्थिरता के साथ जोड़कर देखने की आवश्यकता थी। सामाजिक गतिकी तथा सामाजिक स्थैतिकी दोनों साथ मिलकर सामाजिक घटनाओं को एक व्यापक वैज्ञानिक संदर्भ प्रदान करते हैं।

प्रत्यक्षवाद के सृष्टिकर्त्ता के नाते काम्ट को आधुनिक सामाजिक विज्ञान के संस्थापक पिता के रूप में जाना जाता है। आप विशेषकर समाजशास्त्र की स्थापना इस आधार पर की कि सामाजिक घटनाओं की व्याख्या उसके अपने शब्दों में की जानी चाहिए। उसी वक्त प्रत्यक्षवाद दर्शन में अनेक परिवर्तन हुए। इसके परिणामस्वरूप 20वीं सदी के मध्य तक इसे एक ऐसे दृष्टिकोण का समानार्थक माना जाने लगा जिसके द्वारा पृथक, मूल्यरहित सामाजिक खोज के लिए एक मॉडल प्रयोग के रूप में किया जा सकता था। मानव वैज्ञानिक, वैज्ञानिक मॉडल के विपरीत प्रत्यक्षवाद को सैद्धांतिक भ्रामक मार्गदर्शन के स्रोत के रूप में प्रस्तुत करते हैं।

मार्क्सवाद (Marxism)

जैसे-जैसे फ्रेंच क्रांति के तत्वावधान में 19वीं सदी प्रगति पथ पर अग्रसर हुई, वैसे-वैसे यूरोप का मध्य वर्ग प्रगति की ओर बढ़ता गया। उसी वक्त मजदूर वर्ग बेचैन होकर आंदोलनरत हो गए। इंग्लैंड में औद्योगिक क्रांति आयी। उग्र बुद्धिजीवियों ने श्रम आंदोलन को अपना समर्थन दिया। सबसे उग्र सहयोग कार्ल मार्क्स तथा फ्रीडरिच एंजिल्स द्वारा प्रदान किया गया। इन्हीं दोनों विद्वानों द्वारा द्वन्द्वात्मक भौतिकवाद (Dialectical

Materialism) के सिद्धांत का प्रतिपादन किया गया। यही सिद्धांत मार्क्सवाद (Marxism) के नाम से जाना जाता है। राजनीति के प्रत्यक्ष विश्व में मार्क्सवाद का व्यापक प्रभाव पड़ा। इसके प्रभाव से मानव विज्ञान भी अछूता नहीं रहा। तर्क के आधार पर मार्क्स की विचारधारा को मानवशास्त्रीय सिद्धांत में महत्त्वपूर्ण स्थान प्राप्त हुआ। ऐसा वैसे मानवशास्त्रीय विचारकों द्वारा भी किया गया जो किसी भी अर्थ में मार्क्सवादी नहीं थे।

कार्ल मार्क्स (Karl Marx) (1818-1883) का जन्म प्रुसिया में हुआ था। आपने बर्लिन विश्वविद्यालय से दर्शनशास्त्र की पढ़ायी की थी। इसके बाद आपने विधिशास्त्र का अध्ययन बान विश्वविद्यालय से किया। आपकी अभिरुचि राजनीतिशास्त्र एवं अर्थशास्त्र के बीच संबंधों के अध्ययन में जागृत हुई। आपने आदर्श प्रकार के समाजवाद में पूर्ण आस्था (1883) व्यक्त की। आरंभ में आपने माना था कि आदर्श प्रकार का समाजवाद प्रभावहीन था। इसे प्रभावशाली होने के लिए वैज्ञानिक बनने की आवश्यकता थी।

फ्रीडरिच एंजिल्स (1820-1895), जर्मनी के एक वस्त्र उत्पादक के सुपुत्र थे। आपने इंग्लैंड के मैनचेस्टर लिवरपूल नगर में कई वर्षों की अवधि व्यतीत की थी। आपने उन नगरों में वस्त्र उद्योग के एजेंट के रूप में काम किया था। इंग्लैंड में औद्योगिक क्रांति उग्र रूप धारण कर चुकी थी तथा नगरीय श्रमिकों की समस्या के समाधान हेतु संवैधानिक उपायों के लिए बातचीत जारी थी। एंजिल्स ने अपनी पुस्तक *द कंडिशन आफ वर्किंग क्लास इन इंग्लैंड* (1844) में श्रमिकों की दयनीय स्थिति का विश्लेषण प्रस्तुत किया। इसके बाद आपने मार्क्स के सहयोग से श्रमिकों की समस्या का विस्तृत विश्लेषण प्रस्तुत किया। मार्क्स तथा एंजिल्स के सहयोग से साम्यवादी घोषणापत्र (Communist Manifesto) नामक पुस्तक की रचना 1848 में हुई।

द्वन्द्वात्मक भौतिकवाद के आवश्यक तत्वों का विवरण हमें कम्यूनिस्ट मनिफेस्टों नामक ट्रीटीज में प्राप्त होता है। इसके संबंध में हमें विस्तारपूर्वक जानकारी मार्क्स की पुस्तक *दास कैपिटल* (1867) में होती है। मार्क्स तथा एंजिल्स ने भौतिकवाद के आमुख की शुरुआत अपने इस विश्वास के साथ की कि मानवीय चेतना मानव के अस्तित्व का निर्धारण करती है। ज्यादा विशिष्ट रूप से उनका मानना था कि मानवीय विचारधारा, क्रिया एवं संस्थाओं का नियंत्रण उत्पादन के साधनों के साथ संबंध पर आधारित होता है। यह संबंध सदैव परिवर्तन के अधीन रहता है, क्योंकि उत्पादन के साधन में हमेशा परिवर्तन होता रहता है, क्योंकि लोग अपने अनुकूलन में परिवर्तन भौतिक स्थिति के अनुसार लाते रहते हैं। मानवशास्त्र से ज्ञान अर्जित कर मार्क्स तथा एंजिल्स ने दर्शाया कि प्रागितिहास में लोग एक ऐसी सामाजिक-आर्थिक व्यवस्था में जीते थे, जिसमें सामूहिक संपत्ति की अवधारणा प्रचलित थी। निजी संपत्ति की अवधारणा नहीं विकसित हुई थी। सभ्यावस्था में शक्तिशाली व्यक्तियों द्वारा, धन के मौलिक स्रोत जमीन पर आधिपत्य स्थापित कर लिया गया था। इस प्रकार आदिम साम्यवाद के स्थान पर असमान वर्ग व्यवस्था स्थापित हुई तथा एक वर्ग का दूसरे वर्ग से शोषण आरंभ हुआ। मार्क्स तथा एंजिल्स का मत था कि सभी

आधुनिक समाजों का आधार वर्ग भेद बन गया था। इन वर्गों का संस्थानिकीकरण चर्च तथा राज्यों द्वारा किया गया ताकि शासक वर्ग का आधिपत्य बना रहे। इसी वर्ग द्वारा उत्पादन के साधन पर नियंत्रण स्थापित कर लिया गया तथा यह वर्ग शक्तिशाली बन गया। उत्पादन के साधन में जैसे-जैसे परिवर्तन होता गया वैसे-वैसे उत्पादन को संगठित करने वाले वर्ग के स्वभाव में भी परिवर्तन होता गया। अंततोगत्वा उत्पादन के साधन अपने संगठन के स्वरूप से अधिक बढ़ गया। सामाजिक क्रांति में इसी को उलट दिया गया। एक नयी व्यवस्था को जन्म दिया गया। हेगेल के अनुसार पुरातन मार्क्सवाद में सामाजिक क्रांति का क्रम द्वन्द्वात्मक (Dialectical) था। फ्रीडरिक हेगल (1770-1831) एक अति आदर्शवादी थे। आपने इतिहास में स्वरूपों के द्वन्द्वात्मक परिवर्तन के माध्यम से विश्व शक्ति प्रकट होते हुए दर्शाया। आपके अनुसार द्वन्द्वात्मक भौतिकवाद में हम थेसिस, एंटिथेसिस तथा सिंथेसिस पाते हैं। सबसे पहले थेसिस का आगमन होता है। इसके पश्चात् उस थेसिस के विपरीत एंटिथेसिक का निर्माण होता है। तत्पश्चात् थेसिस तथा एंटिथेसिस के योग से सिंथेसिस का निर्माण होता है। मार्क्स तथा एंजिल्स हेगेल के दर्शन से प्रभावित थे, लेकिन उन दोनों ने इसे ज्ञानशास्त्रीय ढंग से उलट देने की आवश्यकता महसूस की। इसीलिए उन दोनों विद्वानों ने द्वन्द्वात्मक को आदर्श से अलग करके भौतिक विश्व की ओर अग्रसर हुए। द्वन्द्वात्मक भौतिकवाद में सामाजिक परिवर्तन द्वन्द्वात्मक स्वरूप ग्रहण किया। सामाजिक परिवर्तन की प्राथमिक अवस्था थेसिस थी जिसमें अपने को ही विनष्ट करने के बीज बोए गए। इस अवस्था के विपरीत दूसरी सामाजिक अवस्था के माध्यम से सामाजिक क्रांति लायी गयी। तीसरी सामाजिक अवस्था सिंथेसिस के अंतर्गत थेसिस तथा एंटिथेसिस का संश्लेषण प्रस्तुत किया गया। इस अवस्था में थेसिस तथा एंटिथेसिस के तत्वों को स्वीकार करते हुए एक संश्लेषण स्थापित किया गया। मार्क्स तथा एंजिल्स का मुख्य केन्द्र तर्कशास्त्र नहीं वरन् भौतिकवाद था। इन विद्वानों द्वारा हेगल के दर्शनशास्त्र को पुनर्जीवित करने का मुख्य उद्देश्य यह जानना था कि विश्व इतिहास में कौन-कौन सी घटनाएं घटित हुई थीं तथा साम्यवादी क्रांति के कारण भविष्य में क्या होगा ?

हालांकि मार्क्स तथा एंजिल्स प्रागितिहास, प्राचीन इतिहास तथा गैर-पश्चिमी इतिहास से अवगत थे, लेकिन इन विद्वानों ने अपना विवरण मध्ययुगीन सामंतवादी व्यवस्था से आरंभ किया। सामंतवादी व्यवस्था कृषि अर्थव्यवस्था से संबंधित है जिसमें सामंत तथा कृषि दास दो वर्ग पाए जाते हैं। सामंतवादी व्यवस्था से ही पूंजीपति नामक उत्पादक वर्ग की उत्पत्ति हुई। पूंजीपतियों की शक्ति मुद्रा पर आश्रित हुई, जमीन पर नहीं। उत्पादन का पूंजीवादी साधन सामानों का निर्माण करना था। यह उत्पादन कृषि कर्म से श्रेष्ठ था। अंततोगत्वा कृषि अर्थव्यवस्था को औद्योगिक अर्थव्यवस्था से बदल दिया गया। मार्क्स के अनुसार सामंतवाद के ऊपर पूंजीवाद की विजय ही फ्रेंच क्रांति थी। इसके बाद सामंत तथा दास बेकार हो गए। उनके स्थान पर बुर्जुआ या (मध्य वर्ग) का उदय शासक वर्ग के रूप में हुआ तथा नगरीय श्रमिक का उदय सर्वहारा (श्रमजीवी वर्ग) के रूप में हुआ।

मार्क्स तथा एंजिल्स ने सामंतवाद के विश्लेषण तथा किस प्रकार इससे पूंजीवाद का उदय हुआ के ऊपर ज्यादा समय नहीं दिया है। इन विद्वानों की चिंता का विषय पूंजीवाद का विश्लेषण तथा उससे साम्यवाद का उदय था। इन विद्वानों का विश्लेषण मूल्य के श्रम सिद्धांत (Labour Theory of Value) से संबंधित था। यह सिद्धांत इस भौतिकवादी आमुख पर आधारित था कि वस्तुओं एवं सेवाओं का मूल्य निर्धारण उत्पादन में लगे श्रम के आधार पर होना चाहिए। इस सिद्धांत के अनुसार किसी वस्तु के उत्पादन में लगा हुआ श्रम उसके मूल्य से सीधे संबंधित है। शोषण तब होता है जब पूंजीपति इस मूल्य के कुछ भाग को लाभ के रूप में ले लेते हैं। इसके अतिरिक्त पूंजीपतियों द्वारा श्रम की खरीद-बिक्री वस्तु के समान की जाती है। वे लोग श्रम को बाजार भाव से खरीद-बिक्री भी करते हैं। परिणाम यह होता है कि श्रमिक अपने श्रम उत्पाद से अलग-थलग कर दिए जाते हैं। इस प्रकार श्रमिक अपने आपसे भी अलग-थलग कर दिए जाते हैं।

दास कैपिटल नामक पुस्तक का मुख्य केन्द्र पूंजीवाद का विघटन था। मार्क्स ने इस पुस्तक में दर्शाया है कि आरंभ में पूंजीवाद प्रगतिशील था। इसके माध्यम से नवीन बाजारों की स्थापना वस्तुओं के उत्पादन के सक्षम तरीके के रूप में हुआ। लेकिन पूंजीवाद अधोगामी हो गया। उत्पादकों के बीच प्रतियोगिता में कमी के कारण यह कम सक्षम हो गया। आर्थिक शक्ति कुछ ही लोगों के हाथ में रह गयी। एकाधिकार का विकास अनिवार्य हो गया। मार्क्स के अनुसार प्रतियोगिता के कारण विजेता एवं हारने वाला दोनों अस्तित्व में आते हैं। शीघ्र ही एकाधिकार व्यवस्था के कारण आरंभिक पूंजीवादी व्यवस्था विनष्ट हो गई। धनी एकाधिकारी अपने लाभ में दिनोंदिन बढ़ावा करके और धनी हो गए। गरीब श्रमिक और अधिक गरीब होते गए क्योंकि उनकी मजदूरी से लाभ ले लिया गया। सर्वहारा वर्ग दिनोंदिन कंगाल होते गए। लघु व्यवसाय में लगे लोग प्रतियोगिता के कारण दबा दिए गए तथा वे कंगाली में शामिल हो गए। स्वतंत्र बाजार की स्थिति में श्रमिकों की भरमार के कारण मजदूरी में कमी आयी। इसके कारण गरीबी का जन्म हुआ। सस्ता श्रम के कारण ज्यादा से ज्यादा लाभ हुआ। कुछ समय तक लाभ को उत्पादन में पुनः प्रतिष्ठापित किया गया। इसके कारण अधिक से अधिक वस्तुओं का उत्पादन हुआ। इन वस्तुओं को खरीदने वाले कम लोग थे। इन अधोगामी कुंडलित घटनाओं के कारण आर्थिक मंदी, अवनति तथा श्रमिक असंतोष का जन्म हुआ। इस प्रकार पूंजीवादी विश्व में क्रांति की पृष्ठभूमि तैयार हो गई।

पूंजीवाद की प्रौढ़ावस्था में कुछ ही स्थानों में उत्पादन के साधनों का केन्द्रीकरण हो गया। अब कर्मचारी उन्हें आसानी से अपने नियंत्रण में सर्वहारा के नाम पर ले सकते थे तथा उन स्थानों पर कर्मचारियों के शासन द्वारा एक राष्ट्र का विकास किया जा सकता था।

क्रांति की प्रथम अवस्था में श्रमजीवियों की अस्थायी तानाशाही रही होगी। इसका उद्देश्य बुर्जुआ (मध्य वर्ग) को वर्ग के रूप में समाप्त करना रहा होगा। साथ ही साथ इसका

लक्ष्य निजी संपत्ति को समाप्त कर आम जनता के लिए बनाना रहा होगा। इसके परिणाम-स्वरूप वर्गरहित समाज की स्थापना हुई होगी। इसमें चर्च एवं राज्य कुछ पूंजीपतियों के हितों की रक्षा करते होंगे। ये ही संस्थाएं बाद में चलकर लोगों के एजेंट बन गई होंगी। अंततोगत्वा राज्य कमजोर हो गए होंगे तथा अंतिम अवस्था में साम्यवाद का उदय हुआ होगा। साम्यवाद की अवस्था में कर्मचारी अपनी योग्यता के अनुसार कार्य करते होंगे तथा आवश्यकता के अनुसार उनकी क्षतिपूर्ति का भुगतान होता होगा। अंतिम साम्यवाद औद्योगिक युग की तकनीकी के साथ आदिम साम्यवाद की अवस्था में आ जायेगा।

20वीं सदी की सोवियत एवं चीनी क्रांतियों में मार्क्सवाद का विजय हुआ। इन क्रांतियों के फलस्वरूप मार्क्सवादी सिद्धांत की स्थापना हुई। इसमें परिवर्तन व्लादीमीर लेनिन (1870-1924), जोसेफ स्टालिन (1870-1953) तथा माओ से-तुंग (1893-1976) जैसे शक्तिशाली राजनीतिज्ञों द्वारा किया गया। राजनीति के बाहर मार्क्सवाद की पढ़ायी बौद्धिक विषय के रूप में मानवशास्त्र में आरंभ हुई।

मार्क्सवादी मानव वैज्ञानिकों में हम बौद्धिक विविधता पाते हैं। लेकिन 1970 तथा उसके बाद की संरचना मार्क्सवादियों को छोड़कर सभी के मत में समानता पाते हैं। उनमें से कुछ समग्र द्वन्द्वात्मक भौतिकवाद सिद्धांत को पूर्ण रूप से उसी रूप में स्वीकार करते हैं जिस प्रकार इतिहास उसे खंडित करता है। लेकिन वे अपनी व्यक्तिगत वचनबद्धता को शोषितों एवं वंचितों की सहायता के रूप में दर्शाते हैं तथा उस उद्देश्य हेतु पेशे के रूप में मानवशास्त्र को व्यवहार करने के लिए तैयार हैं। सैद्धांतिक रूप से वे लोग आदर्शवादियों के स्थान पर भौतिकवादियों को स्वीकार करते हुए सांस्कृतिक परिवर्तन दर्शाते हैं। संस्कृति के विश्लेषण हेतु वे लोग अऐतिहासिक दृष्टिकोण के स्थान पर ऐतिहासिक दृष्टिकोण को अपनाते हैं। संस्कृति के विश्लेषण में वे लोग वर्ग के ऊपर विशेष बल देते हैं, क्योंकि मार्क्सवाद के अनुसार विभिन्न वर्गों की विचारधाराएं एवं चेतनाएं अलग-अलग होती हैं तथा एक-दूसरे के विपरीत होती हैं।

मार्क्सवादी मंडलों में अशिष्ट भौतिकवादियों (Vulgar materialists) एवं मार्क्सवादी मानवशास्त्रियों के बीच मतभेद व्याप्त है। अशिष्ट भौतिकवादियों को उनके निंदक सरल मस्तिष्क वाले भौतिकवादी कहते हैं। भौतिकवादी मानवशास्त्री अपनी तर्क विद्या को एक या दूसरे रूप में स्वीकार करते हैं। बाद के मार्क्सवादियों को संरचना मार्क्सवादी कहा जाता है। संरचना मार्क्सवादी शास्त्रीय मार्क्सवाद के स्थान पर 20वीं सदी फ्रेंच संरचनावादी क्लायड लेवि-स्ट्रास के मानवशास्त्र को स्वीकार करते हैं। अशिष्ट मार्क्सवादी तथा संरचना मार्क्सवादी दोनों ही प्रकार के मार्क्सवादी मानवशास्त्रियों द्वारा उन मानवशास्त्रियों की आलोचना की गयी है जिन्होंने मूल्य रहित विज्ञान को बढ़ावा दिया है। उन्हें तथाकथित रूप से प्रत्यक्षवादी मानवशास्त्री भी कहा जाता है।

प्रागैतिहासिक पुरातात्विक मानवशास्त्र की उत्पत्ति एवं विकास (Origin and Development or Prehistoric Archaeological Anthropology)

वस्तुतः इतिहास मानव सभ्यता के विकास की गाथा है। इस विषय का प्रादुर्भाव आज से बहुत पहले हुआ। लेकिन पुरातत्व का विकास 19वीं शताब्दी में हुआ। इस प्रकार यह विषय इतिहास की तुलना में बहुत नूतन है। सामान्यतया प्राचीन ऐतिहासिक महत्त्व की वस्तुओं के अध्ययन को पुरातत्वशास्त्र नाम दिया जाता है। लेकिन आज इस विषय का जो स्वरूप हमारे सामने है, वह इस सीमित परिभाषा से स्पष्ट नहीं हो पाता है। पुरातत्वशास्त्र मानव समाज के अतीत की वह व्याख्या है जो उससे संबद्ध पुरावशेषों के आधार पर की जाती है। अंग्रेजी शब्द आर्कियोलोजी दो यूनानी शब्दों से बना है—(i) आर्कियो (Archaeo) जिसका अर्थ प्राचीन अथवा प्रारंभिक होता है; तथा (ii) लोगोस (Logos) जिसका अर्थ अध्ययन या ज्ञान-वार्ता होता है। इस प्रकार जो विषय मानव समाज के प्रारंभिक जीवन से संबद्ध हो वह पुरातत्व विज्ञान के अंतर्गत आ जाता है। प्रसिद्ध पुरातत्व वैज्ञानिक ओ.जी.एस. क्राफोर्ड (Crawford) के अनुसार पुरातत्व विज्ञान वह विज्ञान है जिसमें अतीत के गर्भ में विलुप्त मानव संस्कृतियों का अध्ययन किया जाता है। आदिकालीन तथा प्रागैतिहासिक संस्कृतियों का विवरण प्रस्तुत करना ही इस विज्ञान का मुख्य लक्ष्य होता है। इस उद्देश्य की प्राप्ति हेतु पुरातत्व वैज्ञानिक उन प्राचीन अवशेषों का अध्ययन करता है जिनसे किसी संस्कृति के संबंध में ज्ञान उपलब्ध होता है। यह सही है कि पुरातत्व विज्ञान के माध्यम से पाषाणकालीन तथा अन्य प्रागैतिहासिक संस्कृतियों के बारे में हमें जानकारी मिलती है, लेकिन इसका तात्पर्य यह कदापि नहीं है कि पुरातत्व विज्ञान की परिधि के अंतर्गत ऐतिहासिक काल नहीं आता है। इतिहास वस्तुतः मानव समाज की वह कहानी है जिसका आरंभ इस धरती पर मानव के प्रादुर्भाव के साथ ही हो जाता है। इस प्रकार मानव जाति के विकास की गाथा का काल अत्यंत व्यापक है। अध्ययन की सुविधा के लिए इसे तीन क्रमिक कालों में विभाजित किया जाता है—(i) प्रागैतिहासिक काल; (ii) अद्यैतिहासिक काल; तथा (iii) ऐतिहासिक काल।

युग विशेष के सामाजिक, धार्मिक, आर्थिक, राजनीतिक इत्यादि विषयों के विवरण प्रस्तुत करने के लिए इतिहासकार तत्कालीन लिखित प्रमाणों का सहारा लेता है। वह जिस युग का विवरण प्रस्तुत करता है, उसके आधार होते हैं—प्राचीन ग्रंथ, अभिलेख, पत्र, वसियतनामा, दिनचर्याएं इत्यादि। परन्तु प्रागैतिहासिक तथा आद्यैतिहासिक युगों के लिए इनका सर्वथा अभाव होता है। आद्यैतिहासिक युग मानव समाज के विकास का वह काल है जब लेखनशैली का विकास तो हो गया था, लेकिन साहित्य का विकास नहीं हो पाया था। साहित्य के अभाव में उस युग से संबंधित कोई ऐसा लिखित सूत्र नहीं मिलता जिसके आधार पर ऐतिहासिक प्रमाण माना जाए। प्रागैतिहासिक काल मानव सभ्यता का वह युग है जब मनुष्य लेखन शैली से सर्वथा अनभिज्ञ था। मानव इतिहास के विषय में प्रागैतिहासिक

तथा आद्यैतिहासिक दोनों युगों में पनपने वाली विभिन्न संस्कृतियों का अध्ययन करना तथा विवरण प्रस्तुत करना ही प्रागैतिहासिक/पुरातात्विक मानव विज्ञान का मुख्य उद्देश्य एवं विषयवस्तु है। पुरातात्विक मानव वैज्ञानिक प्रागैतिहासिक एवं आद्यैतिहासिक मानव द्वारा निर्मित हस्तकृतियों एवं कलाकृतियों का अध्ययन कर उस समय के मानव के सामाजिक, धार्मिक, आर्थिक, राजनीतिक जीवन पर प्रकाश डालता है। प्रागैतिहासिक मानवशास्त्री उन तमाम घटनाओं का क्रमबद्ध ढंग से अध्ययन करता है जिनका कर्त्ता प्रागैतिहासिक एवं अद्यैतिहासिक मानव रहा है। मानव के आदिकालीन कार्यकलापों के जो प्रमाण स्वरूप प्राचीन वस्तुओं के जो अवशेष उपलब्ध हैं, उन्हें ही हस्तकृतियां (Artifacts) कहा जाता है। हस्तकृतियों को दो भागों में विभाजित किया जाता है—(i) चल हस्तकृतियां (Relics); तथा अचल हस्तकृतियां (Monuments)। पाषाण उपकरण, मृदभांड, शस्त्रास्त्र, आभूषण, मूर्त्तियां, घरेलू उपकरण, उत्पादन उपकरण इत्यादि चल हस्तकृतियों की श्रेणी में आते हैं। मंदिर, किला, नहर, भवन, स्तंभ, प्लेटफार्म इत्यादि अचल हस्तकृतियां कहलाती हैं। अचल हस्तकृतियां स्थानांतरित नहीं होती हैं। लेकिन चल हस्तकृतियों को एक स्थान से दूसरे स्थान तक आसानी से ले जाया जा सकता है। इन्हीं हस्तकृतियों के आधार पर पुरातात्त्विक मानव वैज्ञानिक लुप्त संस्कृतियों का विवरण प्रस्तुत करते हैं।

उपरोक्त विवरण से ज्ञात होता है कि प्रागैतिहासिक मानव विज्ञान मानव अतीत की व्याख्या उन हस्तकृतियों के आधार पर करता है जो इस पृथ्वी के गर्भ में संचित हो गए हैं। पृथ्वी के गर्भ में पड़े हस्तकृतियों को उत्खनित करके उस लुप्त संस्कृति के निर्माताओं के जीवन के विभिन्न पहलुओं जैसे रहन-सहन, खान-पान, सामाजिक जीवन, धार्मिक मान्यताएं इत्यादि यथासंभव विवरण प्रस्तुत करता है। आज उत्खनन प्रागैतिहासिक मानवशास्त्र की प्रमुख विधि बन गयी है। उत्खनन के माध्यम से प्राचीन निवास स्थलों, ग्रामों, नगरों को नवजीवन प्रदान किया जाता है। इनके द्वारा उनकी उत्पत्ति, उत्थान तथा पतन की कहानी को प्रकाश में लाया जाता है। दिनांक 24 अगस्त सन् 78 में विसुवियस पर्वत के ज्वालामुखी का ऐसा विस्फोट हुआ कि इटली का ऐश्वर्य संपन्न नगर पोंपाई का नामोनिशान मिट गया। परन्तु जब सन् 1738 ई. में उस स्थान की खुदाई की गई तब नाट्यशालाओं, भव्य अट्टालिकाओं तथा बाजारों से संपन्न इस नगर का विवरण सुलभ हो गया। संसार की प्राचीनतम नगरी का नाम जेरिको था। इस तथ्य का रहस्योद्घाटन उत्खनन के आधार पर किया गया। मनुष्य ने लगभग 8000 ई.पू. इस स्थान को नगर के रूप में आबाद किया था। 8000 वर्ष पूर्व नवपाषाणकालीन यह नगर अस्तित्व में आ गया था। इस नगर के निवासियों द्वारा पत्थर के प्रथम रक्षा-प्राचीर का निर्माण किया। यह नगर अनेक सभ्यताओं का केन्द्र रहा।

मेसोपोटामिया के प्राचीन नगर उर का उत्खनन सर लयोनार्ड वूली द्वारा कराया गया था। चतुर्थ सहस्राब्दी ईसा पूर्व के भारत, मिश्र, फिलीस्तीन तथा मेसोपोटामिया की सभ्यता का विवरण प्रस्तुत करना भी उत्खनन के कारण संभव हुआ। इन प्राचीन सभ्यताओं के बीच आपसी संबंध को भी उत्खनन में प्राप्त सांस्कृतिक सामग्रियों के आधार पर दर्शाया

गया है। उत्खनन के आधार पर जर्मनी के सुविख्यात पुरातत्व वैज्ञानिक हेनरी श्लीम ने होमर के महाकाव्यों की नगरी ट्रॉय के संबंध में जानकारी प्रदान की। सर आर्थर इवांस ने होमर पूर्व यूरोपीय सभ्यता (द्वितीय सहस्राब्दी ई.पू.) का विवरण भी उत्खनन के आधार पर दिया। इवांस महोदय की सर्वाधिक सफलता क्रीट की प्राचीन सभ्यता की खोज थी। भारत में भी समृद्ध हड़प्पा संस्कृति की खोज उत्खनन पर आधारित है। हड़प्पा, मोहनजोदड़ो, चांहुदारों, कलिबंगन, लोथल, रोपड़ इत्यादि स्थलों की खुदाई से इस सभ्यता की उत्पत्ति, विकास एवं पतन के संबंध में विवरण उपलब्ध हो पाया है। देश की आजादी के बाद पुरातात्विक खोज एवं उत्खनन के माध्यम से जो कार्य संपन्न किए गए हैं, उनसे भारतीय प्रागैतिहासिक एवं पुरातात्विक युगों का शृंखला चित्र दिनोंदिन सुस्पष्ट होते जा रहे हैं।

उत्खनन तकनीक का उपयोग केवल पुरातात्विक मानवशास्त्रीय अध्ययन तक ही सीमित नहीं है। पुरातत्व विज्ञान की खोज विधि की उपयोगिता इतिहास में भी है। ऐतिहासिक युगीन वैसे नगरों का उत्खनन द्वारा उद्धार किया जाता है जो पृथ्वी के गर्भ में पड़े रहते हैं।

हस्तकृतियों के अतिरिक्त पुरातात्विक मानवशास्त्री के लिए कई वैसी वस्तुओं के अवशेष भी महत्त्वपूर्ण होते हैं जो मानव निर्मित नहीं हैं। उदाहरण के लिए शंख एवं सीप मानव निर्मित नहीं है, लेकिन वे फ्रांस की प्रागैतिहासिक गुफाओं में पाए गए हैं। उन प्रागैतिहासिक स्थलों के मानवों द्वारा शंखों तथा सीपों को भूमध्य सागर से लाया गया था। इससे प्रागैतिहासिक कालीन फ्रांस तथा भूमध्य सागर के बीच आवागमन की उपस्थिति प्रमाणित होती है।

पुरातात्विक मानवशास्त्री के लिए नरकंकाल भी महत्त्वपूर्ण प्रमाण होते हैं। नरकंकालों के अध्ययन से मनुष्य के बनावट, जीवन, युद्ध, शवाधानिक संस्कृति इत्यादि पर प्रकाश पड़ता है। अन्य जानवरों के अस्थि अवशेष भी पुरातात्विक मानवशास्त्री के लिए महत्त्वपूर्ण होते हैं। क्योंकि मानव पशुं-पक्षियों की कई जातियों का सफाया भी कर देता है तथा उनके स्थान पर नए नस्ल के पशु-पक्षी लाकर आबाद भी करता है। जानवर अवशेषों से पशुपालन एवं शिकार संस्कृति पर प्रकाश पड़ता है।

पुरातात्विक मानवशास्त्रियों के लिए अवशेष के रूप में पाए जाने वाले परागकणों का भी विशेष महत्त्व होता है। क्योंकि परागकण के अवशेष उस समय के वातावरण पर प्रकाश डालते हैं तथा पौधा जगत के संबंध में जानकारी प्रदान करते हैं।

पुरातात्विक मानवशास्त्री के लिए भौगोलिक स्थिति की जानकारी भी महत्त्वपूर्ण होती है। भूमि की बनावट, मौसम, जलवायु इत्यादि की जानकारी प्रागैतिहासिक मानव के रहन-सहन, खान-पान तथा अर्थ व्यवस्था पर प्रकाश डालते हैं।

पुरातात्विक मानवशास्त्री के लिए अग्नि अवशेष भी महत्त्वपूर्ण होते हैं। इसके आधार पर आग के प्रयोग एवं उपयोग पर प्रकाश पड़ता है।

उपरोक्त विवरण से स्पष्ट होता है कि पुरातात्विक मानवशास्त्र की विषयवस्तु निम्नलिखित है—

(i) पृथ्वी के सतह अथवा गर्भ में पड़े हुए चल एवं अचल सांस्कृतिक अवशेष;
(ii) नरकंकाल;
(iii) जानवर अस्थियां;
(iv) शंख;
(v) परागकण अवशेष;
(vi) शंख, सीप, इत्यादि;
(vii) जलवायु एवं मौसम।

पुरातात्विक खोज एवं उत्खनन विधियों का विकास

मानव हृदय में अपने अतीत को जानने की नैसर्गिक जिज्ञासा देखी जाती है। यह जिज्ञासा प्राचीन कथाओं एवं काव्यों में उपलब्ध विवरणों का आश्रय पाकर प्रखर हो उठती है। प्राय: सभी देशों के प्राचीन साहित्य में मानव जाति के आदिकाल की गाथाएं उपलब्ध होती हैं। इनमें कुछ तो कपोल-कल्पित होती हैं, लेकिन कुछ का संबंध वास्तविकता से है। भारत और मेसोपोटामिया में प्रलय एवं जल-प्लावन की कथा मिलती है। बहुत दिनों तक इसे काल्पनिक माना जाता रहा। लेकिन जब मेसोपोटामिया में पुरातत्व वैज्ञानिकों को इस संबंध में प्रमाण मिला तब निश्चित हो गया कि इस कथा का आधार सत्य घटना है। भारतीय परंपरा के अनुसार मानव समाज का विकास चार युगों द्वारा हुआ है। ये चार युग सत्य युग, त्रेता युग, द्वापर युग तथा कलि युग हैं। प्रथम युग सर्वोत्तम था। इस युग में समाज सत्य और न्याय पर आधारित था। मनुष्य भी देव तुल्य थे। बाघ और बकरी एक ही घाट पर पानी पीते थे। लेकिन ज्यों-ज्यों समय बीतता गया मनुष्य की दशा एवं नैतिकता का ह्रास होता गया। इस प्रकार की कथाएं अन्यत्र भी मिलती हैं। यूनानवासियों ने अपने अतीत की गाथा को महाकाव्यों का रूप प्रदान किया। होमर ने ताम्र युग का उल्लेख किया। हैसियाड ने मानव समाज के विकास को पाँच युगों में विभाजित किया। प्रथम युग स्वर्ण एवं अमरत्व का था। इस युग में मानव सुखी एवं देवप्रिय था। दूसरा युग रजत युग था जिसमें मनुष्य की महानता में कमी आने लगी। तीसरा कांस्य युग था जिसमें संपूर्ण जगत कांस्य मानव से आबाद हो गया। इस युग के मानव कांसे के बने औजारों, बरतनों तथा अन्य उपकरणों का प्रयोग करते थे। चौथा युग महाकाव्य युग कहलाता है। इस युग के मानव कांस्यकालीन मानव से अच्छे थे। पांचवां युग लौह युग कहलाता है। इस युग में शोकग्रस्त मानव का राज्य हो गया। इस युग का मानव अपराध एवं हिंसा में रुचि लेने लगा।

अरस्तु, प्लेटो, टेसिटस, ल्युक्रेटियस जैसे यूरोपीय दार्शनिकों ने मनुष्य के आदि कालों का उल्लेख अपने-अपने ढंग से किया है। इसमें कवि तथा दार्शनिक ल्यूक्रेटियस

की देन महत्त्वपूर्ण मानी जाती है। उसने सभ्यता विकास के जिस क्रम का उल्लेख किया है, उसमें सच्चाई है। अपनी पुस्तक *द रेरम नैचुरा* (De Reram Natura) में उन्होंने इस मत का प्रतिपादन किया कि मानव समाज के विकास के आदिकाल में मानव अपने नाखून, दांत, पत्थर, लकड़ी इत्यादि का उपयोग करता था। तत्पश्चात् उसने तांबा का उपयोग करना सीखा। सबसे अंत में उसे लोहे के प्रयोग का ज्ञान प्राप्त हुआ।

इसमें दो मत नहीं है कि यूनान तथा रोम के विचारकों द्वारा मनुष्य के आदिकालीन जीवन के संबंध में रुचि दर्शायी गई, लेकिन उनके द्वारा कोई ऐसा प्रयास नहीं किया गया जिससे पुरातत्व विज्ञान का विकास हो पाता। उनका दृष्टिकोण दार्शनिक था। यूरोपीय मध्यकाल तक इस दिशा में कोई सार्थक प्रयास नहीं हो पाया था। जब धार्मिक पुनर्जागरण का युग आया तब यूरोप के प्रतिष्ठित युग में लोगों की अभिरुचि पुन: उत्पन्न हुई। हेरोडोट्स, प्लूटो, अरस्तु, ल्युक्रेटियस इत्यादि दार्शनिकों की रचनाओं का अध्ययन एवं मनन होने लगा। लोगों के सामने ऐसे प्राचीन अवशेष थे जिनके विषय में कौतुहल का समाधान करना था।

15वीं शताब्दी के अंतिम दशक में रोम के नागरिकों में प्राचीन वस्तुओं के संग्रह का शौक बढ़ा। इस युग के इटली में एक नए शब्द डिलेटांटी (Delettante) का प्रचलन हुआ। डिलेटांटी उन लोगों को कहा जाता था जिनकी अभिरुचि कलात्मक वस्तुओं में थी। इस वर्ग के लोगों की गणना पुरातत्व के जन्मदाताओं में की जाती है। 18वीं शताब्दी आते-आते इटलीवासियों का शौक ठंडा पड़ गया। रोम नगर के संग्रह बिखर गए। लेकिन फिर भी कलात्मक वस्तुओं का विशाल संग्रह हो चुका था। जोहन जोआचिन विंकेलमैनन (Johan Joachin Winkelmann) (1717–1768) ने जब अपनी पुस्तक *आर्ट हिस्ट्री* (1763-68) की रचना की तब उन्हें अधिकांश सामग्रियां रोम से ही उपलब्ध हुई थीं। विंकेलमैनन को पुरातत्व का जनक माना जाता है। हालांकि पुरातत्त्वशास्त्र के आधुनिक मापदंड के अनुसार उन्हें पुरातत्वशास्त्री नहीं कहा जा सकता है, लेकिन पुरातत्व के विकास में उनकी देन के महत्त्व की उपेक्षा नहीं की जा सकती है। उन्हीं के द्वारा इस दिशा में एक स्वस्थ परंपरा की शुरुआत की गई थी।

सोलहवीं और अठारहवीं शताब्दियों के बीच की अवधि में जब इटलीवासी प्राचीन वस्तुओं के संग्रह में लगे हुए थे, उन्हीं दिनों इंग्लैंड में प्राचीन वस्तुओं के अध्ययन हेतु एक अन्य प्रकार के विषय का प्रादुर्भाव हुआ। जान लिलैंड, जान स्टोव, विलियम कैमडेम, हम्फ्रेल्वीड तथा जान नार्डन प्रभृति तत्कालीन विद्वानों ने अपनी रचनाओं में भूतल रूप विवरण (Topographical Account) प्रस्तुत किए। इस कार्य के लिए उन्हें देश-देश के ऐतिहासिक महत्त्व के स्थानों की यात्राएं करनी पड़ी। जान लिलैंड ने वेल्स तथा इंगलैंड के ग्रामों, नगरों तथा प्रागैतिहासिक स्थानों का विवरण प्रस्तुत किया। इस कार्य के लिए उन्हें घूम-घूमकर सामग्रियों का संकलन करना पड़ा था। विलियम कैमडेम ने संपूर्ण ब्रिटिश

द्वीप समूह का भ्रमण करके जो पुरातात्विक ज्ञान संचित किया, उसका प्रकाशन 1586 ई. में ब्रिटानिका नामक ग्रंथ के रूप में किया गया। इन्हें ब्रिटिश पुरातत्वशास्त्र का जनक कहा जाता है। इस ग्रंथ का प्रकाशन अनेक विद्वानों को ब्रिटेन के प्राचीन अवशेषों के बारे में विवरण प्रस्तुत करने के लिए उत्प्रेरित किया। कैमडेन तथा उनके समकालीन विद्वानों के प्रयास से सन् 1572 ई. में प्राचीन राष्ट्रीय अवशेष के संरक्षण हेतु एक संस्था की स्थापना की गई। इस संस्था को बाद में जेम्स प्रथम द्वारा भंग कर दिया गया था। लेकिन इस संस्था द्वारा जो शोध निबंध लिखे गए थे उसका प्रकाशन *ए कलेक्शन आफ क्यूरियोज डिस्कवर्ड बाई एमिनेंट एंटिक्वेरिज* नाम से सन् 1620 ई. में किया गया।

17वीं शताब्दी इंग्लैंड में प्राचीन वस्तुओं के अध्ययन का शौक बना रहा। विलियम कैमडेन तथा लिलैंड ने जिस परंपरा का शुभारंभ किया उसका इस शताब्दी में विलियम डुग्डेल, थामस हेविंग्टन, राबर्ट प्लाट इत्यादि विद्वानों ने निर्वाह किया। ये विद्वान इतिहासज्ञ के साथ-साथ भूतल-रूपज्ञ भी थे। राबर्ट प्लाट ने *नेचुरल हिस्ट्रीज आफ स्टैफोर्डशायर एंड ऑक्सफोर्डशायर* नामक ग्रंथ की रचना की। एडवर्ड ल्वीड ने कैमडेन रचित *ब्रिटानिया* के संपादन का भार ग्रहण किया। इस कार्य को करने के लिए आपने पांच वर्षों तक वेल्स का भ्रमण किया था। इसी के साथ पुरातत्व में गंभीर क्षेत्र अध्ययन का जन्म हुआ।

17वीं शताब्दी में पुरातत्व विज्ञान के क्षेत्र में अंग्रेजों की एक और देन *क्यूरिओस* (Curios) का पहला संग्रह था। यह संग्रह अर्ल आफ आरुलैंड द्वारा किया गया था। दूसरा संग्रह ड्यूक आफ बकिंघम द्वारा किया गया। इन संग्रहों से प्रभावित होकर जेम्स प्रथम ने प्राचीन वस्तुओं के अध्ययन के लिए अपनी स्वीकृति प्रदान कर दी थी जिसे उन्होंने पहले अस्वीकार कर दिया था।

18वीं शताब्दी में प्राचीन वस्तुओं के अध्ययन को तीन बातों से विशेष बल मिला— (i) यूनानी सभ्यता की खोज; (ii) रोमांटिक आंदोलन; तथा (iii) प्रकृति के इतिहास का विकास। सन् 1750-1830 ई. की अवधि में अंग्रेज विद्वानों ने प्राचीन यूनान के अवशेषों को प्रकाश में लाए। इस नई खोज से संग्रहकर्त्ताओं तथा घुमकड़ों को यूनान जाकर वहां के अवशेषों पर टिप्पणियाँ लिखने, उनके चित्र बनाने तथा उत्खनन करने की प्रेरणा मिली।

जेम्स स्टुअर्ट (James Stuart) तथा एन. रेवेट (N. Revett) महोदय की सन् 1751-53 ई. की यात्राओं के साथ संग्रहकर्त्ताओं के एक महान युग का शुभारंभ हुआ। यह युग 19वीं सदी के आरंभ तक चला। चित्रकार स्टुअर्ट तथा वास्तुशिल्पी निकोलस ने तीन वर्षों तक एथेंस सागर में रहकर वहां के प्राचीन स्मारकों का अध्ययन करके विवरण प्रस्तुत किया। उनका विवरण *एंटिक्वीटीज आफ आयोनिया* नामक पुस्तक के रूप में प्रकाशित हुआ। राबर्ट वुड तथा जेम्स डाकिंस ने यूनान, एशिया माइनर, सीरिया, फिलस्तीन तथा मिश्र का भ्रमण करके जो सामग्रियां संकलित की उनका पुस्तक के रूप में प्रकाशन *रूईंस आफ पालमीरा एंड रूईंस आफ बाल्वेक* शीर्षक के अंतर्गत किया गया। 18वीं शताब्दी के

इन यात्रियों की उपलब्धियों ने लोगों को भूमध्यसागरीय सभ्यताओं की कलात्मक विशेषताओं से भिज्ञ कराया। अपने साथ ये लोग जो पुरातात्विक सामग्रियां लाए थे, वे सब पुरातात्विक संग्रहालयों की अमूल्य निधि बन गई।

पाश्चात्य जगत को मिश्र के गौरवशाली अतीत का वास्तविक ज्ञान 19वीं शताब्दी में प्राप्त हुआ। उस देश के पुरातात्विक अवशेषों में यूरोपीय जनता की रुचि जाग्रत करने का श्रेय नेपोलियन बोनापार्ट को जाता है। नेपोलियन के मिश्र पर आक्रमण करने के पूर्व यूरोपवासी उस देश के विषय में केवल इतना ही जानते थे कि वह अतीत में एक समृद्ध सभ्यता का केन्द्र था। परन्तु नेपोलियन के सैनिक अभियान ने मिश्र के सही रूप को यूरोपवासियों के समक्ष प्रस्तुत कर दिया। उस महान विजेता के हृदय में अतीत के प्रति स्वाभाविक जिज्ञासा थी। अत: मिश्र पर आक्रमण करने वाले सेना दलों में उसने एक ऐसा दल भी रखा जिसका काम उस देश के भूगोल तथा प्राचीन अवशेषों का अध्ययन करना था। मिश्र के अतीत गौरव का विवरण प्रस्तुत करने के लिए एक फ्रेंच-मिश्री (French-Egyptian) संस्था की स्थापना की गई। नेपोलियन की पराजय के बाद हालांकि इस संस्था को भंग नहीं किया गया, लेकिन प्राचीन वस्तुओं पर अंग्रेजों के अधिकार हो जाने के फलस्वरूप वे इंग्लैंड के संग्रहालय में पहुँच गईं।

प्राचीन वस्तुओं के अध्ययन संबंधी कार्य खर्चीले होते थे। अत: अंग्रेज शोधकर्त्ताओं ने स्वदेशी प्राचीन अवशेषों के अध्ययन पर ध्यान केन्द्रित करना शुरू कर दिया। प्राचीनकाल के कब्रों, किलों, पत्थरों के स्मारक, झोपड़ी इत्यादि के अध्ययन में अपनी अभिरुचि दर्शायी। इस प्रकार के कार्य में विलियम स्टुकेली (1687-1755 ई.) की देन सबसे महत्त्वपूर्ण है।

18वीं शताब्दी में अनेक संस्थाओं की स्थापना की गई जिनके माध्यम से प्राकृतिक इतिहास तथा पुरातन वस्तुओं के अध्ययन का मार्ग प्रशस्त हो गया। इन संस्थानों में सोसायटी आफ एंटिक्वेरिज आफ लंदन तथा सोसायटी आफ डिलेटैंटी का स्थान प्रमुख है। अब तक भूतत्व विज्ञान का सहयोग पुरातत्व को नहीं मिल पाया था।

19वीं शताब्दी के आरंभ में अंग्रेज विद्वानों की रुचि कला-वस्तुओं में घटने लगी। लेकिन जर्मनी के विद्वानों में इस विषय के प्रति आकर्षण उत्पन्न हुआ। अंग्रेज विद्वान पुरातन पुरातत्व के स्थान पर प्रागैतिहासिक वस्तुओं के अध्ययन पर ध्यान देने लगे। अत: प्राचीन स्थानों की खुदाई विलियम कनिंग्टन तथा सर रिचार्ड कोल्टहोर नामक विद्वानों द्वारा आरंभ की गई। उत्खननकर्त्ताओं में कोल्टहोर महोदय का नाम उल्लेखनीय है। आपने 379 कब्रों की सावधानीपूर्वक खुदाई की। आपने मूल तथा गौण कब्रों के बीच अंतर भी स्पष्ट किया। इस प्रकार क्षेत्र पुरातत्व शास्त्र की उत्पत्ति हुई। कोल्टहोर तथा हटिंगसन महोदय को इंग्लैंड में उत्खनन के जनक की संज्ञा से विभूषित करना सर्वथा उपयुक्त माना जायेगा।

19वीं शताब्दी के भूतत्वज्ञों द्वारा मानव अस्तित्व के प्रमाणों की उपलब्धियों ने तत्कालीन विचार जगत में क्रांतिकारी परिवर्तन किए। नई भूगर्भीय खोजों के फलस्वरूप

मनुष्य के इतिहास का काल लाखों वर्षों का हो गया। भूतत्व विज्ञान (भूगर्भशास्त्र) में प्रकृति की एकरूपता सिद्धांत (Uniformitarianism) को स्वीकार किया गया। इस सिद्धांत के अनुसार पृथ्वी के परतों का निर्माण उन्हीं प्रक्रियाओं द्वारा संपन्न हुआ है जो आज भी समुद्रों, नदियों तथा झीलों में गतिशील है। भूगर्भीय परतों के निर्माण की व्याख्या करना तब तक संभव नहीं जब तक हम यह नहीं मानते की एक ऐसी प्रक्रिया ने उनका निर्माण किया जो वर्तमान समय में भी सदृश साधनों द्वारा संपन्न हो रहा है। इस सिद्धांत ने मनुष्य के अस्तित्व की प्राचीनता को संदेह के घेरे से परे कर दिया।

प्राचीन वस्तुओं के संग्रह का जो शौक मनुष्य ने अपनाया था, उस कारण संग्रहित वस्तुओं का यत्र-तत्र बड़े-बड़े भंडार बन गए। इसका असली लाभ मनुष्य को डेनमार्क में बने भंडार से उपलब्ध हुआ। डेनमार्क के प्रोफेसर रैसमस न्येरप (Rasmus Nyerup) के प्रयासों से वहाँ की सरकारों ने स्वदेशी प्राचीन वस्तुओं के संरक्षण एवं संग्रह के उद्देश्य से एक सरकारी समिति का संगठन किया। कोपेनहेगेन के राष्ट्रीय संग्रहालय में इस संस्था द्वारा संग्रहीत वस्तुओं को रखा गया। इस संग्रहालय में प्राचीन वस्तुओं के संग्रह को देखकर तत्कालीन विद्वानों का ध्यान उनके अध्ययन तथा वर्गीकरण की ओर गया। अंततोगत्वा पुरातत्व के त्रियुग सिद्धांत (Three-Age-System) का प्रतिपादन किया गया। प्राय: इस सिद्धांत के जनक के रूप में सी.जी. थोमसेन (C.G. Thomsen) का नाम लिया जाता है, लेकिन वेडेल सिमोसेन ने सर्वप्रथम त्रियुग की धारणा की परिकल्पना की थी। उन्होंने सन् 1831 ई. में लिखा कि स्कैंडिनेविया के मूल निवासी सबसे पहले पत्थर और लकड़ी के हथियार तथा औजार का प्रयोग करते थे। तत्पश्चात् उन्हें तांबे के उपयोग का ज्ञान प्राप्त हुआ। कालांतर में वे लोहा का प्रयोग करने लगे। इस दृष्टिकोण से उनके इतिहास को पाषाण युग, ताम्र युग तथा लौह युग में विभाजित किया जा सकता है।

प्राचीन वस्तुओं के संग्रह एवं संरक्षण के लिए स्थापित डेनमार्क की राष्ट्रीय समिति के सचिव के रूप में सी.जी. थोमसेन प्रोफेसर न्येरप के उत्तराधिकारी थे। उन्हें राष्ट्रीय संग्रहालय का प्रथम संग्रहालयाध्यक्ष भी नियुक्त किया गया था। उन्होंने संग्रहालय की वस्तुओं को तीन वर्गों—पाषाण, ताम्र एवं लौह—में विभाजित किया। इस प्रकार त्रियुग व्यवस्था का सूत्रपात हुआ। मानव सभ्यता के विकास के तीन क्रमिक युगों का निर्धारण संभव हुआ। इस प्रकार पुरातत्वशास्त्र अतीत भौतिक संस्कृति का अध्ययन करता है। इसकी उत्पत्ति पुनर्जागरण काल में हुई। इस काल में विद्वानों ने शास्त्रीय मूलपाठों में वर्णित तथ्यों की छान-बीन तथा जोड़ने के लिए शास्त्रीय हस्तकृतियों का अध्ययन आरंभ किया। ज्ञानोदय काल में पुरातत्वशास्त्र इतिहास की दासी बनकर रहा। हालांकि पूर्वी यूरोप में लिखित साक्ष्य अत्यंत अपर्याप्त थे। पुरातत्वशास्त्र के स्वतंत्र अस्तित्व के लिए प्रागितिहास का अस्तित्व में आना अनिवार्य था। प्रागितिहास की उत्पत्ति के पश्चात् हस्तकृतियों को अतीत के एक मात्र प्रमाण के रूप में स्वीकार किया गया।

वैज्ञानिक समुदाय द्वारा 19वीं सदी के मध्य में प्रागितिहास के अस्तित्व को स्वीकार

किया गया। इस स्वीकृति को पहले के दशकों में किए गए पुरातात्त्विक कार्यों से आधार मिला था। सर्वप्रथम महत्त्वपूर्ण पुरातात्विक कालक्रम का विकास सी.जे. थोमसेन (Christian J. Thomsen) (1788–1865) द्वारा किया गया था। उनके पुरातात्विक कालक्रम को 'थ्री एज सिस्टम' के नाम से जाना जाता है। आप एक डैनिश संग्रहालयाध्यक्ष थे। आपने संग्रहालय की हस्तकृतियों को पाषाण, कांस्य तथा लौह कालक्रम में संगठित किया। आपने इन प्रागैतिहासिक कालों को पुन: कई उपकालों में उद्‌विकासीय क्रम में व्यवस्थित किया। आपने हस्तकृतियों के उद्‌विकासीय क्रम निर्धारण में हस्तकृतियों की शैली पर भी विशेष ध्यान दिया। आपने इस कालक्रम को म्यूजियम आफ नादर्न एंटिक्वीटिज, कापेनहैगेन में लागू किया। साथ ही साथ आपने इसे अपनी पुस्तक *गाइड बुक टू स्कैंडिनावियन एंटिक्वीटिज* (1836) में भी लागू किया। थॉमसेन के स्वदेशी मित्र जेन्स जे.ए. वार्से (J.A. Warssae) (1821–1885) ने थॉमसेन द्वारा स्थापित कार्यों को आगे बढ़ाया। आपने डैनिश सीप कुड़ा–करकट में हस्तकृतियों के स्तरीकरण का अध्ययन किया। आपने अपनी पुस्तक *प्राइमेवल एंटिक्वीटिज आफ डेनमार्क* (1843) में तीन काल व्यवस्था को संपूर्ण यूरोप पर लागू किया।

ब्रिटिश पुरातत्वशास्त्री डैनियल विलसन (Daniel Wilson) (1816–1892) ने अपनी पुस्तक *अर्कियोलोजी एंड प्रिहिस्टोरिक एनाल्स आफ स्काटलैंड* (1851) में तीन काल व्यवस्था को व्यवहार में लाया। विल्सन बाद में कनाडा चले गए थे। वस्तुत: उन्हीं के द्वारा प्रीहिस्ट्री (प्रागितिहास) शब्द को गढ़ा गया था। 1850 के दशक में झील किनारे स्थित प्राचीन निवास स्थलों का पुरातत्वशास्त्रीय परीक्षण स्काटलैंड में आरंभ हुआ। इस पुरातात्विक परीक्षण से यह पता चला कि उत्तर पाषाणकालीन यूरोप में पौधा पालन तथा पशुपालन अस्तित्व में था। कृषि कर्म तथा पशुपालन को पुरातत्वशास्त्रियों ने नवपाषाण युग के अंतर्गत रखा। इस प्रकार नवपाषाण युग को पुरातत्वशास्त्रियों ने अपने कालक्रम में शामिल किया।

आरंभिक पुरातत्वशास्त्र को कम समय की अवधि करीब 6000 वर्षों तक में ही बैठाना पड़ा था। क्योंकि अधिकांश ईसाई वैज्ञानिकों के विश्वास के अनुसार मानव इस पृथ्वी पर 6000 वर्ष पहले अस्तित्व में आया होगा। प्रागितिहास की अवधि को लंबा बनाने के लिए नवीन पुरातात्विक प्रमाणों की आवश्यकता थी। इस प्रकार के प्रमाण ब्रिटेन एवं फ्रांस के पाषाणकालीन गुफाओं तथा नदी वेदिकाओं के हिमनदीय जमावों से उपलब्ध हुए। उन स्थलों से मानव अस्थि अवशेषों तथा पाषाण अस्त्रों को विलुप्त प्रागैतिहासिक जानवरों के अवशेषों के साथ पाया गया। प्रागैतिहासिक जानवरों में मैमथ तथा वूली रायनोसिरस के अवशेष मिले थे। इन उपलब्धियों के आधार पर रूढ़िवादी ईसाइयों से मतभेद उभर कर सामने आया। रूढ़िवादियों के अनुसार ईश्वर ने मानव का निर्माण अन्य प्रकार के जीवों के सृजन के पश्चात् किया था। ईसाई धर्म ग्रंथ बाइबिल के अनुसार भी

मानव की उत्पत्ति की व्याख्या इसी ढंग से की गयी थी। रूढ़िवादी ईसाई नवीन पुरातात्विक खोजों को नहीं स्वीकार कर रहे थे। लेकिन गैर-रूढ़िवादी ईसाइयों ने इन खोजों को सहर्ष स्वीकार किया तथा प्रागितिहास की लंबी अवधि को अंगीकार किया।

सन् 1859 में ब्रिटिश भूगर्भवैज्ञानिक चार्ल्स लायेल (Charles Lyell) (1797-1875) ने उत्तरी फ्रांस के सोमे नदी घाटी में ख्याति प्राप्त वैज्ञानिकों के एक दल का पुरातात्विक नेतृत्व प्रदान किया। यहीं पर शौकीन पुरातत्वशास्त्री जैक्स बौचर डी क्रेवेकोयूर द पार्थस (Jacques Boucher de Crevecoeur de Parthes) (1788-1868) ने पाषाण उपकरणों की श्रृंखलाओं का पता लगाया था। इस अनुसंधान दल ने पार्थस द्वारा खोज किये गए उपकरणों को सही एवं प्रमाणिक बतलाया। इस अनुसंधान दल के कार्य से सर्वसम्मति एवं वैज्ञानिक दृष्टि से प्रागितिहास की लंबी अवधि को स्वीकार किया गया। इसके साथ ही प्रागैतिहासिक पुरातत्वशास्त्र नामक विज्ञान की स्थापना की गयी। इसके पश्चात् अनेक पुरातात्विक अनुसंधान कार्य आरंभ हुए। उन अनुसंधान कार्यों को लायन्स द्वारा प्रकाशित *जियोलाजिकल एनाल्स ऑफ एंटीक्वीटी आफ मैन* (1863) तथा जान लुबक द्वारा प्रकाशित *प्रीहिस्टोरिक टाइम्स* (1865) में शामिल किया गया। जान लुबक (John Lubbock) द्वारा पूर्व पाषाण काल (Palaeolithic) या प्राचीन पाषाण काल (Old Stone Age) तथा नव पाषाण काल (New Stone Age) जैसे शब्दों को जन्म दिया गया। 19वीं सदी के अंत के पहले पुरातत्वशास्त्रियों द्वारा पूर्व पाषाण युग के कालक्रम को स्थापित कर लिया गया था। साथ ही साथ यूरोपीय प्रागितिहास की सभी वृहत अवस्थाओं को भी स्थापित कर लिया गया था।

सांस्कृतिक उद्विकासवादियों के समान पुरातत्वशास्त्रियों ने प्रागितिहास के अतीत के पुनर्निर्माण हेतु तुलनात्मक विधि का प्रयोग किया। लुबक की पुस्तक प्रीहिस्टोरिक टाइम्स (1865) में वर्तमान आदिम जातियों की रीति-रिवाजों, प्रथाओं तथा अवशेषों का भी विवरण हमें प्राप्त होता है। लेकिन सांस्कृतिक उद्विकासवादियों की तुलना में पुरातत्वशास्त्री वर्तमान आदिम जातियों को प्रगति की योग्यता प्रदान करने में कम उदार हृदय के साबित हुए थे। लुबक का मानना था कि श्वेत यूरोपवासी भौतिक प्रगति के मुख्य लाभकर्त्ता थे जिसकी प्राप्ति लाखों वर्षों के मानव संघर्ष के फलस्वरूप हुई थी।

अपनी पुस्तक *हिस्ट्री आफ आर्कियोलोजिकल थौट* (1889) में ब्रुस ट्रिगर (Bruce Trigger) ने लुबक की मनोदशा को साम्राज्यवादी संश्लेषण बतलाया तथा उनके मनोभावों को यूरोपीय साम्राज्य विस्तार हेतु प्रजातिवाद की बुद्धिसंगत व्याख्या माना। प्रजातिवाद का निश्चित रूप से विस्तार हुआ था क्योंकि यूरोप के बाहर प्रागैतिहासिक अतीत श्वेत प्रजाति का नहीं था। वहां प्रागैतिहासिक गैर-श्वेत प्रजातियों की उपलब्धियों को बदनाम किया गया था। उत्तरी अमरीका में पुरातत्वशास्त्रियों द्वारा मिस्सीसिप्पी नदी घाटी में अमरीकी भारतीयों द्वारा निर्मित जटिल मिट्टी के टीलों को नहीं स्वीकार किया जा रहा था। उसके

स्थान पर टीला निर्माताओं के संबंध में पौराणिक कथाओं को प्रस्तावित किया गया। इन मनगढ़ंत कथाओं के अनुसार उन जटिल मिट्टी के टीलों के निर्माता प्राक् अमरीकी भारतीय प्रजाति रही होगी। उस प्रजाति का मध्य एवं दक्षिण अमरीका में प्रवसन अजटेक एवं इनकास के भव्य स्मारक के निर्माण हेतु हुआ था। उस प्रजाति का बाद में अमरीकी भारतीयों के रूप में अध:पतन हो गया था। इस विवाद से संबंधित आधारशिला प्रकाशन एफ्राम जी. स्वीयर (Ephraim G. Squier) (1821-1888) एवं एडविन एच. डेविस (Edwin H. Davis) द्वारा लिखित पुस्तक *एंशियंट मोनुमेंट्स आफ मिस्सीसिप्पी वैली* (1848) है।

अमरीका के समान अफ्रीका में भी प्रजातिवादी आचार-व्यवहार का बोलबाला था। अफ्रीका में पुरातत्वशास्त्रियों द्वारा पाषाण अवशेषों को राजा सोलोमन की रहस्यमय कृति बतलायी गयी। ब्रिटिश उपनिवेशवादी पूंजीपति सेसिल रोडेस (Cecil Rhodes) (1853-1902) ने इस मत का प्रतिपादन किया। उसने रोडेशिया को उपनिवेश बनाने के संबंध में इस मत को गले लगाया। यूरोपवासियों द्वारा सचमुच में ऐसा प्रचार किया गया कि वे पहले के श्वतों की भूमि का उद्धार कर रहे हैं। उपनिवेशवादी पुरातत्वशास्त्रियों द्वारा ऐसे ही मत का प्रचार--प्रसार सभी जगह किया गया। यूरोपीय पुरातत्वशास्त्रियों का सामना गैर-श्वेत देशज लोगों के साथ हुआ। 19वीं सदी मानवशास्त्र में प्रजातिवाद देशज था।

उत्खनन की वैज्ञानिक विधियों का विकास

पुरातात्विक मानवशास्त्र की एक अध्ययन विधि उत्खनन विधि है। उत्खनन की सभी वैज्ञानिक विधियों का विकास 19वीं शताब्दी तथा तत्पश्चात् हुआ है। इसकी नींव वस्तुत: उन पुरातत्वज्ञों ने रखी जो मिश्र और मेसोपोटामिया की प्राचीन ऐतिहासिक वस्तुओं को खोद-खोदकर इंग्लैंड और फ्रांस में स्थानांतरित करने के लिए बदनाम रहे हैं। इन विद्वानों में बोट्टा, लायर्ड रस्सम तथा बेलजोनी ड्राएटी का नाम अग्रगण्य है। इन अग्रगामी पुरातत्वज्ञों ने कई महत्त्वपूर्ण पुरातात्विक प्रमाणों को नष्ट किया, लेकिन इनके द्वारा उत्खनन की परंपरा का विकास किया गया। इसी क्रम में मरिएटी, कोंजे, न्यूटन, कार्टियस श्लीमन, पेट्री, पिटरिवर्स इत्यादि पुरातत्वज्ञों का प्रादुर्भाव हुआ जिनके द्वारा उत्खनन की वैज्ञानिक तकनीकों एवं विधियों को और विकसित किया गया।

उत्खनन में स्तरीकरण के सिद्धांत का विकास डेनमार्क तथा स्विटजरलैंड में हुआ। पुरातत्व के इतिहास में सर्वप्रथम वैज्ञानिक उत्खनन करने का श्रेय एक ऐसे व्यक्ति को जाता है जो पेशा से नहीं वरन् शौक से खुदाई करने वाला था। यही व्यक्ति आगे चलकर अमरीका का तीसरा राष्ट्रपति बना। अमरीका के भावी राष्ट्रपति टाम्स जैफरसन ने सन् 1784 ई. में वर्जिनिया में एक टीले का उत्खनन किया था। उसके विवरण का अवलोकन करने से पता चलता है कि वह बिल्कुल आधुनिक वैज्ञानिक उत्खननों के समान था। अपनी रिपोर्ट में

जैफरसन महोदय ने टीले की स्थिति, मानव आजीविकाओं के प्रमाण, स्तरीकरण के अवस्थान, अस्थि पंजरों के अवशेषों की विशेषताओं इत्यादि का समुचित उल्लेख किया है। उन्होंने तत्कालीन सिद्धांतों के आधार पर अपने प्रमाणों की विषयाश्रित व्याख्या प्रस्तुत की है। परन्तु जैफरसन महोदय की विधियों का किसी ने अनुसरण नहीं किया। व्यवहार में सर्वत्र अव्यवस्थित ढंग से ही बड़े-बड़े उत्खनन होते रहे हैं।

जैफरसन महोदय के पश्चात् यथार्थ रूप में वैज्ञानिक उत्खनन सन् 1851 में भारत गें कैप्टन मिडोज टेलर नामक एक अंग्रेज पदाधिकारी ने कराया। आप भी एक शौकिया उत्खनक थे।

वैज्ञानिक उत्खनन का आधार माना गया है, सेक्शनों अर्थात् उत्खनित खात की दीवारों का सूक्ष्मतापूर्वक निरीक्षण एवं पर्याप्त विवरण प्रस्तुत करना। प्रागैतिहासिक मानव की आबादी के किसी भी खंडहर के उत्खनन में विभिन्न मानव उपजीविकाओं के संचयों के परतों का वही महत्त्व होता है जो पुस्तक में विभिन्न पृष्ठों का। अतः स्तरक्रम को ठीक से समझना चाहिए।

वस्तुतः स्तर विन्यास ही आज के उत्खनन का आधार है। उत्खनन के इस पृष्ठ को टेलर महोदय ने बड़ी बारीकी से समझा था। टेलर महोदय ने भूतपूर्व हैदराबाद राज्य के अनेक महापाषाणिक शवाधानों का उत्खनन किया था।

फ्रांस में कर्नल स्टोफेले ने वैज्ञानिक उत्खनन को आगे बढ़ाया। इस व्यक्ति ने इस तथ्य को भलीभांति समझा कि जमीन को अगर एक बार भी खोदा जायेगा, तब उसका अमिट चिह्न रह जायेगा। मानव उपजीविकाओं के प्रमाण को हम सेक्संस में उपलब्ध कर सकते हैं।

उत्खनन की विधियों के विकास में जी. फायोरेल्ली (G. Fiorelli) और सी.टी. न्यूटन (C.T. Newton) को नहीं भूला जा सकता है। इन दोनों विद्वानों ने अपने उत्खनन में वैज्ञानिक सूझ-बूझ का परिचय दिया था। फयोरेल्ली ने फेंपाई नगर का विवरण उत्खनन के आधार पर प्रस्तुत किया। आपने सन् 1860 ई. में पोंपाई के उत्खनन में संपूर्ण मकान को खोद निकाला था। इनके पूर्व के उत्खननों में मकान की ऊपरी छत गिर जाया करती थी। आपने उत्खनन द्वारा निर्धन मनुष्यों के आवासों तथा अभिजात वर्ग के आवासों (भव्य अट्टालिकाओं) को सफलतापूर्वक खोद निकाला था।

सी.जी. न्यूटन ब्रिटिश संग्रहालय के पदाधिकारी थे। आपने सन् 1858-59 में स्नीडोस (Snidos) के एक प्राचीन यूनानी नगर की योजना का पुनर्निर्माण किया था। इनके पूर्व किसी नगर योजना का हूबहू पुनर्निर्माण नहीं किया गया था।

एलेक्जेंडर कोजे ने सन् 1873 ई. में सोमोथ्रेस में उत्खनन कार्य किया जिनका पूर्ण विवरण प्रकाशित हुआ। यह पुरातत्व के इतिहास में पहला आधुनिक उत्खनन विवरण माना जाता है। कोजे महोदय ने इस उत्खनन कार्य में वास्तुशास्त्री तथा फोटोग्राफर की सहायता ली थी।

सन् 1875-80 में जर्मनी की सरकार ने अर्नेस्ट कार्टियस के निर्देशन में औलंपिया का उत्खनन करवाया था जिस पर 30 पौंड खर्च हुए थे। उत्खनन में प्राप्त वस्तुओं के संरक्षण हेतु उसी स्थान पर एक संग्रहालय का निर्माण किया गया था।

उन्नीसवीं शताब्दी के अंतिम चतुर्थांश में हेइनरीच स्कीमैनन (Heinrich Schimann), पीटरिवर्स (Pittrivers) तथा फ्लींडर्स पेट्री (Flinders Petrie) ने उत्खनन की अधिकांश उत्खनन विधियों को विकसित किया।

स्कीमैनन जर्मनी के एक प्रसिद्ध व्यापारी थे। आपके द्वारा हिस्सारलिक की खुदाई अपने ढंग से की गई। यह शुष्क भूमि का एक टीला था। इसका उत्खनन आपने स्तरीकरण सिद्धांत के आधार पर किया था।

उत्खनन की तकनीक तथा रिकार्ड रखने के कार्य को सर्वप्रथम ठोस आधार प्रदान करने वाले जेनरल लेन फोक्स नामक एक अंग्रेज थे। 1880 ई. में आप रिवर्स नामक जमींदारी का स्वामी बने तथा (Pitt Rivers) के नाम से ख्याति प्राप्त की। आपने राथर्ली तथा वूडकट्स में पहाड़ियों पर बसे दो गाँवों का उत्खनन किया। उत्खनन के आधार पर आपने इस दोनों गाँवों का ऐतिहासिक पुनर्निर्माण किया। आपने स्तंभ गर्तों एवं कब्रों का उत्खनन किया।

सरफ्लिंडर्स प्रेट्री को मुख्यत: मिश्र एवं पैलेस्टाइन में किए गए उत्खननों से ख्याति मिली। लेकिन आपने अपने कार्यों का शुभारंभ दक्षिणी ब्रिटेन में किया था। आपके अनुसार पुरातत्वशास्त्र एक कष्ट साध्य एवं श्रम साध्य विषय है। आपके अनुसार पृथ्वी को एक-एक ईंच करके खुदाई की जानी चाहिए ताकि कोई अवशेष अनदेखा न रह जाए। अपने पुरातत्व की विधि एवं उद्देश्य के ऊपर 1904 में एक पुस्तक की रचना की।

भारतीय पुरातत्व शास्त्र का विकास

भारतीय पुरातत्व शास्त्र के विकास में 15 जून 1784 ई. का विशेष महत्त्व है। इसी दिन एक अंग्रेज जज सर विलियम जोन्स ने कलकत्ता में एशिएटिक सोसायटी आफ बंगाल की स्थापना की। इस संस्था के माध्यम से पुरातन वस्तुओं के अध्ययन के लिए विद्वानों में अभिरुचि जागृत की गई। एशिएटिक सोसायटी की ओर से एक जर्नल का प्रकाशन आरंभ हुआ तथा एक संग्रहालय का भी निर्माण किया गया। 19वीं शताब्दी के आरंभ में सरकार ने सर्वेक्षण कार्य की ओर ध्यान देना आरंभ किया। फ्रांसिस बुखन महोदय को इस कार्य में लगाया गया। आपने आठ वर्षों तक दिनाजपुर, रंगपुर, पूर्णिया, भागलपुर, बिहार, शाहाबाद और गोरखपुर जिलों का सर्वेक्षण कार्य पूरा किया।

सन् 1863 ई. में जेम्स प्रिंसेप महोदय एशिएटिक सोसायटी के सचिव नियुक्त हुए। उन्होंने ब्राह्मी तथा खरोष्ठी लिपियों को पढ़ा तथा अशोक एवं प्रियदर्शी को अभिन्न प्रमाणित

किया। आप मुद्राशास्त्र एवं अभिलेख के पंडित थे। प्रिंसेप महोदय ने उत्खनन के महत्त्व की ओर भी विद्वानों का ध्यान आकर्षित किया।

सन् 1861 ई. में भारत सरकार ने पुरातत्व विभाग की स्थापना करके उसका कार्य-भार एलैक्जैंडर महोदय को सौंपा। आपने पैदल, घोड़ा तथा बैलगाड़ी से यात्राएं की। कनिंघम की यात्राएं उत्तरी भारत तक सीमित रहीं तथा उनकी अभिरुचि ऐतिहासिक पुरातत्वशास्त्र में थी। रॉबर्ट ब्रूसफूटे (Robert Bruce Foote) ने 1863 ई. में दक्षिण भारत की यात्राएं कीं। आपकी अभिरुचि प्रागैतिहासिक पुरातत्वशास्त्र में थी। राबर्ट ब्रुसफूटे प्रथम पुरातत्वशास्त्री थे जिन्हें भारत में प्रथम पूर्व पाषाणकालीन उपकरणों को प्रतिवेदित करने का सुअवसर प्राप्त हुआ था। 1920 दशक के आरंभ में हड़प्पा एवं मोहनजोदड़ो की खोज की गई। इससे भारतीय पुरातत्वशास्त्र में अभिरुचि जागृत हुई।

1930 में बर्किट (Burkitt) निम्न कृष्णा घाटी से संकलित कामियाडे (Commiade) से संकलित पाषाण उपकरणों को प्रतिवेदित किया। आपने रिचार्डसन की रेखा में भारतीय प्लीस्टोसीन युग के कालक्रम को निर्धारित करने का प्रयास किया।

1939 में Deterra (डीटैरा) तथा Paterson (पैटर्सन) ने पंजाब के पोतवार क्षेत्र का वृहत भूगर्भीय अध्ययन करके इंग्लैंड के समान हिमयुगों को प्रकाश में लाया। भारतीय हिमयुगों एवं यूरोपीय हिमयुगों के बीच काल क्रमिक संबंध स्थापित किया गया।

उसी समय माइकेल टोड ने स्तरीकरण संदर्भ में बांबे के समीप खंडीवली से उच्च पूर्व पाषाणकालीन उपकरणों को प्रकाश में लाया।

1950 में स्टुअर्ट पिगौट की पुस्तक *प्रिहिस्टोरिक इंडिया* का प्रकाशन हुआ।

1961 में भारतीय पुरातत्व सर्वेक्षण विभाग द्वारा एक अंतरराष्ट्रीय सेमिनार का आयोजन किया गया था। यहाँ पुरातत्वशास्त्री तथा मानवशास्त्री साथ-साथ एक मंच पर इकट्ठा हुए।

1964 में डेक्कन कॉलेज, पुणे द्वारा भारतीय पुरातत्वशास्त्र पर उस समय तक किए गए सभी सामग्रियों को संकलित किया गया। 1965 में डी.डी. कोशांबी की पुस्तक *कल्चर एंड सिविलाइजेशन आफ एंशियंट इंडिया* का प्रकाशन हुआ। सुब्बाराव की पुस्तक *पर्सनालिटी आफ इंडिया* 1958 में प्रकाशित हुई। *पुरातत्व* नामक जर्नल का प्रकाशन 1967 में आरंभ हुआ। विश्वविद्यालय विभाग, संग्रहालय तथा अनुसंधान संस्थानों द्वारा अनुसंधान कार्य जारी रखे गए।

आजादी के बाद भारत के विभिन्न भागों में नदी घाटियों, टीलों, कब्रगाहों, गर्तवासों, गुफावासों तथा प्रागैतिहासिक स्थलों की खुदाई की गई। भारत के सभी क्षेत्रों से निम्न पूर्व पाषाणकालीन, मध्य पूर्व पाषाणकालीन, उच्च पूर्व पाषाणकालीन, मध्य पाषाणकालीन, नवपाषाण कालीन, ताम्र-कांस्य युगीन तथा लौहयुगीन स्थलों, उद्योगों तथा उपकरणों को प्रकाश में लाया गया है। इस प्रकार अब भारतीय पुरातात्विक/प्रागैतिहासिक मानवशास्त्र, मानवशास्त्र की एक स्थापित शाखा बन गई है।

प्रागैतिहासिक मानवशास्त्र की अनुसंधान विधियां

प्रागैतिहासिक मानवशास्त्र की अनुसंधान विधियां निम्नलिखित हैं--

1. अन्वेषण विधि (Exploration Method);
2. उत्खनन विधि (Excavation Method)।

1. अन्वेषण विधि—इस विधि को सतह अन्वेषण विधि भी कहा जाता है। एक प्रागैतिहासिक मानवशास्त्री के अध्ययन का उद्देश्य प्रागैतिहासिक मानवों द्वारा निर्मित तथा प्रयुक्त भौतिक सामग्रियों का अध्ययन करना होता है। उन सामग्रियों के अध्ययन के आधार पर वह उस समय के मानव की संस्कृति का ऐतिहासिक पुनर्निर्माण करता है। अत: एक प्रागैतिहासिक मानवशास्त्री को सर्वप्रथम प्रागैतिहासिक मानव के वास स्थानों की खोज करना होता है। प्रागैतिहासिक मानव जनसंख्या का वास स्थान गुफा, गर्त, पहाड़ पर गाँव, नदी घाटी में गाँव, टीला पर गाँव इत्यादि हो सकते हैं। अत: सर्वप्रथम एक प्रागैतिहासिक मानवशास्त्री को प्रागैतिहासिक स्थलों की खोज के लिए सर्वेक्षण करना पड़ता है। इसके लिए उसे नदी के उद्‌गम स्थलों, तटों, गुफाओं, टीलों, गाँवों, समुद्र तल इत्यादि का पैदल चलकर पता लगाना होता है। प्रागैतिहासिक स्थलों के सर्वेक्षण अकेले या अनुसंधान दल के साथ किया जा सकता है। वर्षा, हवा तथा पानी के कारण भूमि का कटाव होता है। जिसके चलते प्रागैतिहासिक वास स्थान के संबंध में प्रमाण उपलब्ध होते हैं।

आजकल प्रागैतिहासिक स्थलों के सर्वेक्षण हेतु पैदल, मोटरसाइकिल, स्कूटर, कार, हवाई जहाज तथा सैटेलाइट का प्रयोग किया जाता है। यह समय एवं संसाधन के ऊपर निर्भर करता है। प्रागैतिहासिक मानवशास्त्र के विद्यार्थियों को अन्वेषण विधि द्वारा क्षेत्र कार्य में प्रशिक्षण भी दिया जाता है। यह विधि सावधानीपूर्वक स्थल निरीक्षण पर निर्भर करता है।

अन्वेषण विधि में आकाशीय चित्रांकन विधि तथा भू-भौतिकी विधि को भी व्यवहार में लाया जाता है। आकाशीय छायांकन विधि द्वारा किसी प्रागैतिहासिक वासस्थान का आकाश से छायाचित्र ले लिया जाता है। इस चित्र की सहायता से उस प्रागैतिहासिक स्थल की विशेषताओं का पता लगाया जाता है। प्रागैतिहासिक स्थल की जिन विशेषताओं को हम अपनी आंखों से नहीं देख पाते हैं उन्हें फोटो द्वारा देखना संभव होता है।

प्रागैतिहासिक स्थल की चुंबकीय विशेषता, धातु सामग्री, मिट्टी के बरतन इत्यादि के संबंध में जानकारी प्राप्त करने के लिए विद्युत चुंबकीय निरूपक यंत्र (Electromagnetic detector) का सहारा लिया जाता है। इसके द्वारा कब्र की खुदाई में सहायता मिली है।

प्रागैतिहासिक स्थलों के अन्वेषण के आधार पर स्थल के संबंध में जानकारी प्रदान की जाती है। इसके द्वारा उस स्थल की स्थिति, आवागमन के साधन, सतह की बनावट, सतह से उपलब्ध सामग्रियों का विवरण, प्रागैतिहासिक वास स्थान की संभावना, स्थल का मानचित्र एवं छायाचित्र प्रस्तुत किया जाता है। साथ ही साथ खुदाई की संभावना पर प्रकाश

डाला जाता है। नदी वेदिका, समुद्र तल तथा स्तरीकरण की संभावना पर भी प्रकाश डाला जाता है।

किसी प्रागैतिहासिक स्थल से उपलब्ध कलाकृति एवं गैर-कलाकृति अवशेषों के अध्ययन के आधार पर उस स्थल के संस्कृति का काल निर्धारण किया जाता है। साथ ही साथ उस स्थल का अन्य स्थलों के साथ तुलनात्मक अध्ययन भी किया जा सकता है। एक ही स्थल से एक से अधिक संस्कृति के संबंध में प्रमाण उपलब्ध हो सकते हैं जिनके आधार पर विभिन्न संस्कृतियों के क्रम को निर्धारित किया जा सकता है। अन्वेषण विधि द्वारा गुफा, शैलाश्रय, गर्तवास, नदी घाटी, समुद्र तल तथा खुले आकाश के नीचे स्थित स्थलों का सर्वेक्षण किया जाता है।

प्रागैतिहासिक स्थल के अन्वेषण से उपलब्ध सामग्रियों की सूची संख्याक्रम द्वारा तथा नाम द्वारा बनाई जाती है। सभी सामग्रियों का चित्र लिया जाता है। उन्हें सुरक्षित उचित स्थल पर ले जाकर रखा जाता है। उन्हें सुरक्षित रखने के लिए कुछ रासायनिकों का भी प्रयोग किया जाता है।

2. उत्खनन विधि—एक प्रागैतिहासिक मानवशास्त्री को सतह उपलब्धि को सत्यापित करने तथा प्रागैतिहासिक संस्कृति के स्तर क्रम को निर्धारित करने के लिए उत्खनन विधि का सहारा लेना पड़ता है। प्रागैतिहासिक मानवशास्त्री प्रागैतिहासिक वास स्थलों की खुदाई करता है। ये स्थल गुफा, शैलाश्रय, गर्तवास, पहाड़ पर बसे गाँव के अवशेष, टीलों पर बसे गाँव के अवशेष, नदी घाटी में बसे गाँवों के अवशेष, कब्रगाह इत्यादि हो सकते हैं। सतह अन्वेषण द्वारा पता लगाए गए सभी स्थलों की खुदाई नहीं की जाती है। यह संभव भी नहीं है, और न ही इसके बारे में सलाह ही दी जा सकती है। किसी भी प्रागैतिहासिक स्थल की खुदाई के लिए निम्नलिखित बातों पर ध्यान देना चाहिए—

1. आवागमन की सुविधा।
2. समय की उपलब्धता।
3. मुद्रा की उपलब्धता।
4. पुरातात्विक संपन्नता।
5. उत्खनन उपकरण।
6. उत्खनन आदेश।
7. श्रमिकों की उपलब्धता।
8. अन्य स्टाफ की उपलब्धता।
9. मौसम की अनुकूलता।
10. तकनीकी दक्षता।
11. उत्खनन मार्गदर्शक की उपस्थिति।

उत्खनन के सफल संचालन के लिए उसका सुनियोजित होना अनिवार्य होता है। नियोजन के अभाव में उत्खनन स्थल अव्यवस्थित गड्ढों और खातों का समूह मात्र बन

जायेगा जिसका पर्यवेक्षण एवं रिकार्ड निर्माण दुष्कर होगा। अत: सोच-समझकर स्थल की विशेषताओं के अनुसार उत्खनन करना चाहिए। इसकी एक रूपरेखा बनाकर ढंग से पूरा करना चाहिए। सभी पहलुओं पर विचार किए बिना उत्खनन कार्य नहीं आरंभ करना चाहिए।

उत्खनन के लिए क्षेत्र का चुनाव, उत्खनन तकनीक का प्रयोग तथा उत्खनन का प्रकार संसाधन तथा उद्देश्यों पर निर्भर करता है। उत्खनन प्रारंभ करने के पहले परीक्षण खात (Trial Pits) का निर्माण लाभदायक होता है। परीक्षण खात की मदद से वृहत स्थल की विशेषताओं का पता लगाया जा सकता है। सांस्कृतिक स्तरक्रमों के संबंध में जानकारी उपलब्ध की जा सकती है। इसके द्वारा इस बात का भी पता लगाया जा सकता है कि वृहत उत्खनन की आवश्यकता है या नहीं। इन परीक्षण खातों से सतह उपलब्धि से ज्यादा सूचना प्राप्त की जा सकती है। परीक्षण खात की संख्या एक या एक से अधिक भी हो सकती है। परीक्षण खात आयताकार या वर्गाकार हो सकते हैं। वृहत उत्खनन में सीढ़ीनुमा खात ऊपर से लेकर अंत तक लगाया जाता है। खातों का आकार बहुत छोटा नहीं होना चाहिए। खातों का आकार ऐसा होना चाहिए ताकि उसमें बैठकर काम किया जा सके तथा सेक्शन बनाने में दिक्कत नहीं हो। चक्राकार कब्रों की खुदाई हेतु गोलाकार खात लगाए जाते हैं।

कोई भी स्थल वृहत उत्खनन के लिए उपयुक्त होगा या नहीं इस बात का निश्चय करने के उद्देश्य से वर्गाकार या लंबे परीक्षण खात लगाए जाते हैं। कभी-कभी परीक्षण खात से कोई परिणाम नहीं निकल पाते हैं तथा निराशा हाथ लगती है। परीक्षण खात के बगल में कोई महत्त्वपूर्ण अवशेष अछूता न रह जाये। प्राचीन नगर स्थलों में ऐसी संभावना रहती है। अत: इन स्थलों में सदा ग्रिड प्रणाली (Grid Method) उपयुक्त होता है। परीक्षण खात से स्तर विन्यास की जानकारी अवश्य मिल जाती है।

वृहत उत्खनन के लिए खातों का नियोजन इन बातों के आधार पर किया जाना चाहिए—

1. रिकार्ड निर्माण तथा नियंत्रण के लिए खातों को आसानी और स्पष्ट ढंग से उपविभाजित किया जा सके।
2. खातों का विस्तार किसी भी दिशा में संभव हो।
3. सेक्शन को उत्खनन पूर्ण होने तक सुरक्षित रखा जाये।
4. सभी खातों को मिलाकर क्षेत्रीय उत्खनन का रूप दिया जा सके।
5. खोदी गई मिट्टी को आसानी से निकाला जा सके।
6. खात इतने खुले हों कि निरीक्षण के समय पर्याप्त प्रकाश उपलब्ध हो सके।

उपर्युक्त सभी आवश्यकताओं की पूर्ति ग्रिड प्रणाली के उत्खनन से हो जाती है।

ग्रिड प्रणाली के निम्नलिखित लाभ हैं—

1. इसमें नियंत्रण और रिकार्ड दोनों स्थानीय हो जाते हैं।
2. पर्यवेक्षक को अपने उत्तरदायित्वों एवं कार्य क्षेत्रों का सही पता होता है।

3. उत्खनन वर्ग के चारों दिशाओं का सेक्शन तैयार करना संभव होता है।

4. सभी स्तरों को पृथक किया जा सकता है।

ग्रिड प्रणाली में उत्खनन स्थल को क्रम से वर्गाकार खातों में इस प्रकार विभाजित किया जाता है कि प्रत्येक खात के बीच एक मेढ़ विद्यमान हो। ये खातें रिकार्ड निर्माण तथा पर्यवेक्षण के लिए इकाइयों का काम करते हैं। कार्य की प्रगति के साथ किसी भी दिशा में पूरक खात लगाए जा सकते हैं। खात पर्यवेक्षक अपने खात की चारों दिशाओं का पूरा सेक्शन बनाता है। आवश्यकतानुसार अतिरिक्त सेक्शन भी बनाए जाते हैं। उत्खनन के अंतिम चरण पें संपूर्ण स्थल के स्तर विन्यास का परस्पर संबंध स्थापित किया जाता है।

वर्गाकार खात में एक भुजा की लंबाई गहराई के बराबर ली जाती है। यानी यदि 6 मीटर गड्ढा खोदना है तब वर्गाकार खात की प्रत्येक भुजा भी 6–6 मीटर होगी। खात ऐसा होना चाहिए जिससे काम आसानी से किया जा सके तथा उसमें प्रकाश उपलब्ध हो सके। मेढ़ की चौड़ाई एक मीटर या 2 फीट रखना चाहिए।

खुदाई के क्रम में उपलब्ध समस्त वस्तुओं अथवा अवशेषों की रिकार्डिंग स्तर के माध्यम से की जानी चाहिए।

लंबे खात—निश्चित उद्देश्यों को प्रमाणित करने के लिए जो लंबी खाइयाँ खोदी जाती हैं, उसे लंबे खात कहा जाता है। इस तरह की खाइयाँ प्राचीन नगरों के प्राचीरों के निर्माण कालक्रम निर्धारण के लिए बनाई जाती हैं। इन खाइयों को नगर की आबादी के कालक्रम स्थापित करने में भी मदद मिलती है।

खोदे जाने वाले क्षेत्र के आकार के अनुसार दो तरह के उत्खनन किए जाते हैं—(i) क्षैतिज उत्खनन (Horizontal Excavation); तथा (ii) लंबवत् उत्खनन (Verticle Excavation)।

1. क्षैतिज उत्खनन—इस प्रकार के उत्खनन में प्रागैतिहासिक स्थल के सतह की खुदाई क्षैतिज रूप से एक स्तर के बाद दूसरे स्तर तथा इसी प्रकार अन्य स्तरों को काट कर की जाती है। इस प्रकार के उत्खनन वृहत क्षेत्र की खोज हेतु किया जाता है। इसके द्वारा संपूर्ण भवन संरचना का पूर्णरूप से खोदकर निकाला जा सकता है। इस प्रकार के उत्खनन में नियंत्रण खात भी बनाए जाते हैं ताकि स्तर विन्यास को सुरक्षित रखा जा सके। स्थल के कुछ भाग को बिना खुदाई के छोड़ दिया जाता है ताकि भावी खुदाईकर्ता वहां खुदाई कर अपने अनुसंधान को आगे बढ़ा सकें।

2. लंबवत उत्खनन—इस प्रकार के उत्खनन में सांस्कृतिक निक्षेप में विभिन्न आकार के खात लंबवत रूप से एक स्तर से दूसरे स्तर तक खोदे जाते हैं। लंबवत खात को विभिन्न स्तरों से होते हुए अंतिम स्तर तक ले जाया जाता है। सांस्कृतिक निक्षेपों के कालक्रम तथा स्तरक्रम के पुनर्निर्माण हेतु नियंत्रण खातों का निर्माण किया जाता है।

उत्खनन में स्तर विन्यास पर विशेष ध्यान देना आवश्यक होता है। स्तर विन्यास

निर्माण में स्थान, समय तथा संस्कृति पर विशेष ध्यान दिया जाता है। स्तर विन्यास विवरण तथा व्याख्या के लिए संदर्भ प्रस्तुत करते हैं। संपूर्ण प्रागैतिहासिक संस्कृति का विवरण स्तर विन्यास पर आश्रित होता है। स्तर विन्यास के सिद्धांत के अनुसार सबसे नीचे का स्तर सबसे प्राचीन तथा सबसे ऊपर का स्तर सबसे नवीन होता है।

उत्खनन तथा उत्खनित स्थलों के प्रमाण के रूप में रिकार्ड निर्माण तथा उनका संरक्षण अनिवार्य होता है। सभी स्थलों के मानचित्र बना लेने के अतिरिक्त, उत्खनन की योजना शुरू होने से पहले तथा अंत होने तक बना ली जाती है। योजना निर्माण में कंपास, टेप, हैंड लेवल तथा सर्वेक्षण उपकरणों की सहायता ली जाती है। इस योजना के अंतर्गत स्थल की विस्तृत जानकारी प्रदान की जाती है। इसमें उत्खनित क्षेत्र की स्थिति, आवागमन के साधन, शहर, नदी, दीवार, हस्तकृतियों, कलाकृतियों, अन्य उपकरणों, जलवायु, पेड़-पौधे एवं पशु-पक्षी के अवशेष, कब्रगाह तथा संबंध उपलब्धियों के बारे में जानकारी प्रदान की जाती है। उत्खननकर्त्ता को उत्खनन से संबंधित आदि से अंत तक सभी तथ्यों के बारे में नोट तैयार करना पड़ता है। सेक्शंस तथा उप सेक्शंस को भी रेखाचित्र के माध्यम से तथा छायाचित्र के माध्यम से सुरक्षित कर लिया जाता है। प्रत्येक उत्खनित स्थल, सेक्शंस, उपसेक्शंस तथा अन्य सामग्रियों का छाया चित्रण अनिवार्य रूप से किया जाना चाहिए। उत्खनन में प्राप्त सभी अवशेषों को अच्छे ढंग से ब्रश से साफ किया जाना चाहिए। प्रत्येक की सूची पंजीयन पुस्तिका में बना ली जानी चाहिए। उन्हें कागज या कपड़े के थैले में रखकर भंडार स्थल पर रख दिया जाना चाहिए। अवशेषों की सुरक्षा हेतु विभिन्न प्रकार के रसायनों तथा पेंटों का प्रयोग किया जाना चाहिए।

उत्खनन के लिए विशेषज्ञों का दल होना चाहिए। दल के सभी सदस्यों को पूर्ण रूप से एक-दूसरे का सहयोग करना चाहिए। अन्यथा उत्खनन सफल नहीं हो सकता है।

डार्विनवाद

19वीं सदी मानवशास्त्र के प्रजातिवाद का संबंध संकीर्ण आशावाद एवं विकटोरियन समय के डार्विनवाद की श्रेष्ठता से था। डार्विनवाद का संबंध चार्ल्स डार्विन द्वारा प्रतिपादित जैविक उद्विकास सिद्धांत से है। चार्ल्स डार्विन के जैविक उद्विकास सिद्धांत को विक्टोरियन मनोभाव के आंशिक कारण एवं आंशिक प्रभाव के रूप में देखा जाता है। डार्विनवाद की लंबी जटिल कहानी की शुरुआत वैज्ञानिक क्रांति काल से मानी जा सकती है।

ईसाक न्यूटन का गतिशील ब्रह्मांड उद्विकास नहीं प्रदर्शित करता था। सार्वभौमिक गुरुत्वाकर्षण के कारण भ्रमणशील वस्तुओं का परिवर्तन नवीन वस्तुओं के रूप में नहीं होता था न ही वे नये तरीके से व्यवस्थित होती थीं। उद्विकास दूसरी तार्किक अवस्था के रूप में प्रकट हुआ। न्यूटनकाल के उद्विकासवादी वैज्ञानिकों में भूगर्भशास्त्रियों का नाम आता है जिनकी अभिरुचि पृथ्वी की उत्पत्ति एवं विकास में थी। मध्ययुगीन ब्रह्मांडशास्त्र

में पृथ्वी का विशेष महत्त्व था। क्योंकि पृथ्वी ब्रह्मांड का केन्द्र एवं लोगों का निवास स्थान था। पृथ्वी ईश्वर की सबसे श्रेष्ठ कृति थी। 17वीं सदी में ऐसे ही विचार प्रचलित थे। इसलिए भूगर्भशास्त्र को भी धार्मिक साहित्य के साथ सामंजस्य स्थापित करना पड़ा था। इस तरह का एक सामंजस्य थोमस बर्नेट (Thomas Burnett) (1635–1715) द्वारा अपनी पुस्तक द *सैकरेड थ्योरी आफ अर्थ* (1691) में स्थापित किया गया था। बर्नेट के अनुसार सृष्टि के पश्चात् पृथ्वी को ठंडा होना पड़ा था तथा भूमि के सतह समुद्र के ऊपर निर्मित हुए थे। पृथ्वी का आकार वृत्त के समान था। इसका निर्माण लोगों के लिए किया गया था। लेकिन लोगों द्वारा जमकर पापकर्म किया गया तथा उन्हें दंड भी भोगना पड़ा। दंड के रूप में विश्वव्यापी बाढ़ की स्थिति उत्पन्न हुई तथा संपूर्ण विश्व जलमग्न हो गया। केवल पर्वत अवशेष के रूप में रह गए।

एक दूसरा सामंजस्य विलियम विटसन (William Whiteson) (1667–1752) द्वारा अपनी पुस्तक *ए न्यू थ्योरी आफ द अर्थ* (1696) में स्थापित किया गया। विलियम विटसन के अनुसार सृष्टि के पश्चात् एक धूमकेतु पृथ्वी से होकर गुजरा जिसके कारण पृथ्वी पर धूल–गर्दा छा गया। धूल–गर्दा बाद में ठोस के रूप में गुरुत्वाकर्षण के कारण बदल गए। इसके बाद दूसरा धूमकेतु का उदय हुआ जिसके कारण जल की बूंद फैल गई, इसी के कारण बाइबिल में वर्णित जलमग्नता की स्थिति उत्पन्न हुई। विटसन एवं बर्नेट दोनों का सामंजस्य धर्म विज्ञान की दृष्टि से अशुभ थे, क्योंकि उनके अनुसार पृथ्वी की सृष्टि बहुत पहले हुई थी तथा पृथ्वी को अतिशय ईश्वरीय हस्तक्षेप से गुजरना पड़ा था।

जैसे–जैसे विज्ञान में विश्वास ईसाई धर्म में विश्वास का स्थान ग्रहण किया, एक बहुत जरूरी समस्या उठ खड़ी हुई। इसी वक्त भूगर्भ वैज्ञानिकों को समुद्री जीवन के अवशेष स्तरीय चट्टानों के बीच उपलब्ध हुए। इन स्तरित चट्टानों का निर्माण जल के अंदर हुआ था। लेकिन उपलब्धि के समय ये अवशेष जल से काफी ऊपर भूमि पर थे। अब यहां प्रश्न यह खड़ा हुआ कि कैसे ये अवशेष भूमि पर आए। इस प्रश्न का जवाब ढूंढ़ना अठारहवीं शताब्दी भूगर्भ वैज्ञानिकों की मुख्य पेशा बन गयी। एक आरंभिक व्याख्या के अनुसार उन अवशेषों को बाइबिल में वर्णित जलमग्नता तथा भूगर्भशास्त्रीय विघटन एवं स्थानांतरण का परिणाम माना गया, लेकिन शीघ्र ही समुद्र जीव अवशेष संबंधी स्तर भूगर्भशास्त्रीय दृष्टि से ज्यादा जटिल होते गए। अब भूवैज्ञानिकों के समक्ष केवल दो विकल्प रह गए थे—(i) या तो पृथ्वी पर जलमग्नता की स्थिति उत्पन्न हुई होगी; अथवा (ii) पृथ्वी की सतह ऊँची उठ गयी होगी। वैसे भूगर्भशास्त्री जिनका मानना था कि जलमग्नता के कारण समुद्री जीवन संबंधी अवशेष भूमि पर बिखर गए, उन्हें नैपचुनवादी (Naptunist) कहा गया। रोमनवासी अपने समुद्री देवता को नैपचुन कहते हैं। लेकिन वैसे भूगर्भशास्त्री जिनका मानना था कि समुद्र जीवन अवशेष भूमि पर पृथ्वी के सतह को उठ जाने के कारण आए, उन्हें वल्कनवादी (Vulcanists) कहा जाता है। रोमवासी अपने अग्निदेव को वल्कन कहते हैं। नैपचुनवादियों के अनुसार समुद्र के अंदर निर्मित स्तरीत

चट्टानों से उपलब्ध समुद्र जीव अवशेषों का निर्माण समुद्र के अंदर हुआ होगा। लेकिन जलमग्नता की स्थिति में वे फैल गए। वल्कनवादियों के अनुसार स्तरीय चट्टानों का निर्माण समुद्र जल के अंदर हुआ था लेकिन भूकंप एवं ज्वालामुखी के कारण पानी से बाहर भूमि पर आ गए। लेकिन जब वल्कनवादियों ने नैपचुनवादियों से यह प्रश्न किया कि जलमग्न की स्थिति के बाद सारा पानी कहां चला गया, तब नैपचुनवादियों के पास इस प्रश्न का कोई जवाब नहीं था। लेकिन तब तक भूकंप एवं ज्वालामुखी के संबंध में अधिक भूगर्भशास्त्रीय प्रमाण उपलब्ध नहीं थे, इसलिए वल्कनवादियों के मत को भी पूर्ण समर्थन प्राप्त नहीं था।

अंततोगत्वा वल्कनवादी भूगर्भशास्त्र की स्थापना जेम्स हट्टन (James Hutton) (1726-1797) द्वारा अपनी पुस्तक *थ्योरी ऑफ अर्थ* (1795) में की गयी। बाद में जान प्लेफेयर (John Playfair) (1748-1819) द्वारा अपनी पुस्तक *इलस्ट्रेसंस आफ हट्टोनियन थ्योरी आफ अर्थ* (1802) में इस सिद्धांत को लोकप्रिय बनाने का प्रयास किया गया। हट्टन-प्लेफेयर मॉडल के अनुसार सभी स्तरीय चट्टानों की उत्पत्ति सार्वभौमिक जल में नहीं हुई थी। वरन् जमीन से कुछ मलवा बहाकर जल में ले जाए गए होंगे। इसके कारण समुद्र की सतह पर परत दर परत जमा हो गए होंगे। इन्हें फिर ज्वालामुखी द्वारा पानी के ऊपर लाया गया होगा। इन भूगर्भशास्त्रीय प्रक्रियाओं को जारी रहने के संबंध में वैज्ञानिक अनुमान लगाना बड़ा कठिन है। हट्टन ने इन निरंतर भूगर्भशास्त्रीय क्रियाकलापों को संक्षिप्त में प्रारंभ के संबंध में कोई प्रमाण नहीं तथा अंत की कोई संभावना नहीं कहा है।

उपरोक्त सभी विवरणों का उल्लेख चार्ल्स लायल्स (Charles Lyells) की बहुखंडीय पुस्तक *प्रिंसिपुल्स आफ जियोलॉजी* (1830-1833) में मिलता है। चार्ल्स लायल द्वारा आधुनिक भूगर्भशास्त्र की स्थापना की गयी थी। लायल ने नैपचुनवादी तथा वल्कनवादी एजेंटों के संयोग पर विशेष बल देते हुए कहा कि इन एजेंटों द्वारा लंबी अवधि तक धीरे-धीरे कार्य जारी रखा गया। वायु तथा जल अपरदन जैसे वर्तमान एजेंट धीरे-धीरे कार्य किए थे, लेकिन उनके द्वारा प्रभावशाली परिवर्तन लाया गया था। आपने अपना निष्कर्ष प्रस्तुत करते हुए कहा कि पृथ्वी अति प्राचीन है। लायल के भूगर्भशास्त्र को एकरूपतावाद (Uniformitarianism) प्रकार के अंतर्गत रखा गया है। एकरूपतावाद सिद्धांत के अनुसार संपूर्ण इतिहास में एक ही प्रकार के गैर प्रभावशाली एजेंटों का बोलबाला रहा है। एकरूपतावाद के विपरीत अनर्थकरवाद (Catastrophism) का विकास हुआ। इस सिद्धांत के अनुसार भूगर्भशास्त्रीय परिवर्तन के एजेंट्स वर्तमान में ज्यादा प्रभावशाली रहे हैं। रूढ़िवादी ईसाई वैज्ञानिकों द्वारा एकरूपतावाद के स्थान पर अनर्थकरवाद में विश्वास व्यक्त किया गया। उनके अनुसार पृथ्वी की आयु अति प्राचीन न होकर नवीन है। क्योंकि बाढ़ जैसे विश्वव्यापी भूगर्भशास्त्रीय एजेंट्स तेजी से परिवर्तन लाते हैं। अनर्थकरवादी एवं लायल के समकालीन फ्रेंच जीवाश्मशास्त्री जार्ज क्यूवियर (George Cuvier) (1769-1832) ने जीवाश्म रिकार्ड में इस तरह के परिवर्तन को दर्शाया।.आपने जीवाश्म रिकार्ड को कुछ भाग्यशाली

जीवनस्वरूप के शृंखलाबद्ध अवशेष के पिंड का प्रमाण माना। क्यूवियर का अनर्थकरवाद प्रगतिशील था। क्योंकि यह सकारात्मक दिशा में परिवर्तन दर्शाता था। लेकिन क्यूवियर उद्विकासवादी नहीं था। क्योंकि उसके लिए परिवर्तन आवश्यक रूप से निरंतर नहीं था तथा परिवर्तन नहीं दर्शाता था। लायल का एकस्वरूपवाद कम प्रगतिशील था। अपने गुरु हट्टन के समान उसने रचनात्मक एवं विनाशकारी एजेंटों को संतुलित करते हुए दर्शाया। इसके कारण लंबी अवधि में संतुलन स्थापित हुआ। लायल एक भूगर्भशास्त्रीय उद्विकासवादी थे। क्योंकि उनके भूगर्भशास्त्रीय एजेंट्स परिवर्तन दर्शाते थे। हालांकि लायल ने जीव विज्ञान में एकरूपतावाद को समर्थन नहीं दिया था, लेकिन उनके मित्र चार्ल्स डार्विन ने एकरूपतावाद के विकासवाद तथा अनर्थकरवाद के प्रगतिवाद को जोड़कर जैविक उद्विकास सिद्धांत का प्रतिपादन किया।

जैविक उद्विकास के इतिहास में सबसे बड़ा विवाद का विषय मानव जाति (Species) की उत्पत्ति से संबंधित था। मानवजाति, पशु जाति या पौधा जाति अपने ही जाति के सदस्यों का एक समूह होता है जो आपस में ही प्रजनन करके अपनी नस्ल को बनाए रखते हैं। एक स्पेसिस के लोग आपस में प्रजनन करते हैं लेकिन दूसरे स्पेसिस के साथ प्रजनन नहीं करते हैं, लेकिन प्रश्न उठता है कि स्पेसिस कहां से आए? आरंभिक अवस्था में इनका निर्माण कैसे हुआ। ईसाई धर्म पर आधारित इस प्रश्न का परंपरागत वैज्ञानिक उत्तर ईश्वर द्वारा असंख्य स्पेसिस का सृजन था। इस मत के अनुसार उद्विकास द्वारा न तो नवीन स्पेसिस की उत्पत्ति होती है और न ही वे अस्तित्वहीन होते हैं। मध्ययुगीन दार्शनिकों द्वारा स्पेसिस को निश्चित रेखीय क्रमों में प्रदर्शित किया गया था। उन्हें ईश्वर की महान शृंखला (Great Chain of Being) बतलाया गया था, परंपरागत मत के अनुसार स्पेसिस यथार्थ थे, केवल लोगों के एक समूह का नाम ही मात्र नहीं थे। वे लोकोत्तर तथा आध्यात्मिक थे। परंपरागत सृष्टिवाद के प्रमुख उदाहरण कैरोलस लिनेईयस (Carolus Linnaeus) (1707–1775) थे। आप एक स्वेडिश जैविक वैज्ञानिक थे। आपने सजीवों का वर्गीकरण, वर्गीकरण विज्ञान की श्रेणियों के आधार पर किया। आपने द्विसंज्ञक वर्गीकरण (Binomial Classification) का विकास किया। अपनी पुस्तक *सिस्टम आफ नेचर* (1785) में लिनेईयस ने किंगडम, फाइला, जीनेरा इत्यादि जैसे वर्गीकरण विज्ञान के शब्दों की खोज की थी जिनका प्रयोग उद्विकासीय जीव विज्ञान में आज किया जाता है। आपने जीवन के अंतिम क्षण तक उद्विकास को स्वीकार नहीं किया तथा प्रबल सृष्टिवादी के रूप में अपना स्थान बनाए रखा।

ज्ञानोदय कालीन जीव वैज्ञानिकों द्वारा परंपरागत सृष्टिवादियों का एकाधिपत्य तोड़ा गया। ज्ञानोदय कालीन जीव वैज्ञानिकों का मत था कि स्पेसिस की उत्पत्ति ईश्वर से न होकर प्रकृति से हुई है। स्पेसिस परिवर्तन के अधीन थे। प्राकृतिक कारणों से कई स्पेसिस अस्तित्वहीन हो गए थे तथा कई नवीन स्पेसिस की उत्पत्ति हुई थी। स्पेसिस आवश्यक रूप से निश्चित रेखीय स्तरों में व्यवस्थित नहीं थे। ईश्वरीय अर्थ में वे सच्चाई नहीं थे।

वरन् वे नश्वर थे लेकिन सृष्टि की तस्वीर बदल दी थी। इस मत में विश्वास व्यक्त करने वाले जीव वैज्ञानिकों को परिवर्तनवादी, विकासवादी तथा अंत में उद्विकासवादी कहा गया।

डार्विन के पहले अनेक वैज्ञानिकों द्वारा जैविक उद्विकास सिद्धांत का प्रतिपादन किया गया था। उनमें जार्ज लुइस लेकरेले (George Luis Lecrele), काम्ट द बफन (Comte de Buffon) (1707-1778) तथा डार्विन के अपने दादा एरासमस डार्विन (Erasmus Darwin) (1731-1802) थे। सबसे प्रमुख प्राक् डार्विन उद्विकासवादी लैमार्क (Lamark) (1744-1829) थे। लैमार्क की पुस्तक *जुलोजिकल फिलोसोफी* (1809) डार्विन की पुस्तक *ओरिजिन आफ स्पेसिस* (1859) से 50 वर्ष पहले प्रकाशित हुई थी। लैमार्क का उद्विकासवादी दृष्टिकोण डार्विन से भिन्न था। इसे लंबी गर्दन वाले जिराफ के उदाहरण से समझा जा सकता है। लैमार्क के अनुसार लंबी गर्दन वाले जिराफ के पूर्वज छोटी गर्दन वाले थे। छोटी गर्दन वाले जिराफ सवाना जैसे घास मैदान में रहते थे जहां उन्हें पर्याप्त मात्रा में चारा वृक्षों के ऊपर हरी पत्तियों के रूप में उपलब्ध था। वृक्षों पर स्थित पत्ती रूपी चारा को पाने के लिए जिराफ ने अपनी गर्दन बढ़ाना शुरू किया। इसका प्रभाव आने वाले जिराफ की पीढ़ी पर पड़ा। अब जिराफ के बच्चों में लंबी गर्दन का विकास हुआ। लंबी गर्दन वाले जिराफ की पीढ़ियों ने चारे के लिए गर्दन को ऊपर की ओर बढ़ाने का प्रयास जारी रखा। इसके कारण आज भी जिराफ के बच्चों में लंबी गर्दन पाई जाती है। अगर जिराफ के पूर्वज अपनी गर्दन को नहीं लंबा बनाते, तब जिराफ के बच्चे भी छोटी गर्दन वाले ही जन्म लेते। लैमार्क यह नहीं सिद्ध कर सके कि पूर्वज जिराफ तथा उसके वर्तमान वंशज अलग-अलग स्पेसिस के थे। पूर्वज जिराफ के अस्तित्वहीन हो जाने की स्थिति में वह यह नहीं दर्शा सका कि दो समूह के सदस्य एक-दूसरे के साथ प्रजनन नहीं कर सकते थे। उसने ज्ञात स्पेसिस के बीच अंतर के आधार पर इस प्रकार का मत व्यक्त किया था।

लैमार्कवादी उद्विकास का गैर डार्विनवादी विशेषता उपरोक्त उदाहरण में आधुनिक जीवविज्ञान के विद्यार्थियों को (Inheritance of Acquired Characteristics) के नाम से ज्ञात है। उपरोक्त उदाहरण में लंबी गर्दन वाले जिराफ के बच्चों को लंबी गर्दन आनुवंशिकता के माध्यम से प्राप्त हुई। क्योंकि उनके माता-पिता द्वारा लंबी गर्दन को ग्रहण कर लिया गया था। आधुनिक जीव वैज्ञानिकों ने दर्शाया है कि उपार्जित विशेषताएं तब तक आनुवंशिक रूप से ग्रहण नहीं की जा सकती हैं, जब तक कि वे DNA में आनुवंशिक न हों। केवल पुनर्संयोजन की स्थिति छोड़कर DNA पीढ़ी-दर-पीढ़ी हस्तांतरित होते रहते हैं।

इस उदाहरण के अतिरिक्त लैमार्कवादी उद्विकास के गैर-डार्विनवादी विशेषताएं निम्नलिखित हैं—

1. जैवशक्तिवाद (Vitalism)—इस सिद्धांत के अनुसार उद्विकास स्वप्रेरित है।

2. सोद्देश्यवाद (Telelogy)—इस सिद्धांत के अनुसार उद्विकास का संबंध लंबी अवधि लक्ष्य से है।

3. नियत विकास (Orthogenesis)—इस सिद्धांत के अनुसार उद्‌विकास रेखीय दिशा में कार्य करते हुए होमो सेपियंस का जन्म दिया है। नैतिक दृष्टि से इन विशेषताओं द्वारा लैमार्कवादी उद्‌विकास डार्विनवादी उद्‌विकास की तुलना में ज्यादा ग्रहण योग्य है। आरंभिक 19वीं सदी में लैमार्क का उद्‌विकासवाद खूब लोकप्रिय हो गया था।

चार्ल्स डार्विन (Charles Darwin) (1809–1882) इंग्लैंड में उस समय पले-बढ़े जब विक्टोरियन युग का अंत हो रहा था। एक नौजवान के रूप में उनकी अभिरुचि चिकित्साशास्त्र में थी। लेकिन वे खून देखकर उसके सामने नहीं खड़े हो सकते थे। इसलिए उन्हें इडिनवर्ग के चिकित्सा स्कूल से बाहर कर उनका नामांकन क्रिस्टस कॉलेज कैंब्रिज में कर दिया गया था। कैंब्रिज में आप एक होनहार प्रकृतिवादी बन गए। उन्हें कैंब्रिज के सदस्यों से पूर्ण सहयोग तथा उत्साहवर्धन मिला था। उनके एक निर्माता ने उनके लिए जहाज एच.एम.एस. बिएगल पर उनकी प्रकृतिवादी के रूप में नियुक्ति की व्यवस्था की। यह जहाज विश्व की पांच वर्षीय यात्रा पर 1831 में रवाना हुआ था। बिएगल द्वारा यात्रा डार्विन के सिद्धांत निर्माण में महत्त्वपूर्ण भूमिका निभायी।

बिएगल की यात्रा इंग्लैंड से शुरू होने के पहले डार्विन ने लायल की पुस्तक *प्रिंसिपल आफ जियोलोजी* का अध्ययन किया था। अपनी यात्रा के क्रम में उन्होंने लायल द्वारा लिखित संपूर्ण पुस्तक का अध्ययन किया तथा एक जैविक प्रक्रिया की खोज हेतु उत्साहित हुए। यह जैविक प्रक्रिया भूगर्भशास्त्र के एकरूपतावाद प्रक्रिया के समान थी। जब बिएगल दक्षिण अमरीका के अटलांटिक तथा पेसिफिक किनारों से होकर गुजरा, उसने पौधों तथा जानवरों की विविधता को देखा। पशुओं तथा पौधों की विविधता का संबंध घनिष्ठ रूप से पर्यावरणीय संसाधन की विविधता से था। जब वे गैलापागोज द्वीप से गुजर रहे थे, तब उन्होंने तुती (गुलाब) तथा कछुआ के स्पेसिस में विविधता देखी। दक्षिण अमरीका के तुती तथा कछुआ के स्पेसिस भी उनसे भिन्न थे। वह यह सोचने पर विवश हुआ कि क्यों और कैसे ऐसी विविधताओं की उत्पत्ति होती है। जब बिएगल अपनी यात्रा समाप्त कर इंग्लैंड लौट गया, तब डार्विन पूर्ण रूप से एक उद्‌विकासवादी बन गए थे। आपने कई वर्षों तक वैज्ञानिक अनुसंधान करके प्रकृतिवादी के रूप में अपने स्थान को बरकरार रखा। आपने नवीन गैर-लैमार्कवादी उद्‌विकास की स्थापना की। आपने थोमस राबर्ट मालथस (Thomas Robert Malthus) (1766–1834) द्वारा लिखित पुस्तक *एन एसे आन द प्रिंसिपल आफ पोपुलेशन* (1798) का अध्ययन किया। मालथस एक आशावादी राजनीतिक सिद्धांतकार थे। आपने यह दर्शाया कि किस प्रकार दुनिया की जनसंख्या ज्यामितीय ढंग (2, 4, 8, 16, 32 इत्यादि) से बढ़ रही है, जबकि मनुष्य को जीवित रखने वाले वैश्विक संसाधन गणितीय ढंग से (2, 4, 6, 8, 10 इत्यादि) बढ़ रहे हैं। इसका निष्कर्ष यही था कि प्रत्येक जन्म लेने वाले अस्तित्व में नहीं बने रह सकते हैं। डार्विन मालथसवादी दृष्टिकोण को गले लगाया तथा इसका विरतार सभी जैविक स्वभाव के लिए किया। उसने कहा कि सभी जीवों में अस्तित्व के लिए संघर्ष (Struggle for Existence)

होता है। इस संघर्ष में वे ही विजयी होते हैं जो परिवर्तित पर्यावरण में अपने आपको अनुकूल बना लेते हैं। इस प्रकार उन्होंने योग्यतम की उत्तरजीविता (Survival of the Fittest) की अवधारणा का विकास किया।

यह जानने के पश्चात् कि किस प्रकार उद्विकास कार्य करता है, डार्विन ने उद्विकास के ऊपर अपनी पुस्तक की रचना का शुभारंभ किया। आपने इस पुस्तक पर नियमित रूप से कई वर्षों तक कार्य किया। 1858 में आपने अपने प्रकृतिवादी मित्र आल्फरेड रस्सेल वैलेस (Alfred Russel Vallace) (1823-1913) के पेसिफिक साउथ सी (Pacific South Sea) के अवलोकन के आधार पर प्रतिपादित प्राकृतिकवरण (Natural Selection) सिद्धांत के आधार पर उद्विकासवाद सिद्धांत की स्थापना की। प्राकृतिकवरण सिद्धांत को बाद में डार्विन ने अपने उद्विकासवाद सिद्धांत के लिए हुबहु उसी रूप में स्वीकार कर लिया। अपने मित्र से संबंध स्थापित हो जाने के बाद डार्विन ने अपनी पुस्तक *ओरिजिन आफ स्पेसिस* (1859) को अंतिम रूप दिया। सर्वप्रथम डार्विन एवं वैलेस द्वारा लिनेइएस समाज लंदन में संयुक्त रूप से अनुसंधान पत्र प्रस्तुत किया गया। इसके बाद ही *ओरिजिन आफ स्पेसिस* शीर्षक पुस्तक का प्रकाशन 1859 में हुआ। इस पुस्तक के प्रकाशन के बाद प्राकृतिकवरण द्वारा उद्विकासवाद सिद्धांत को डार्विनवाद कहा जाता है। प्राकृतिकवरण (Natural Selection) की अवधारणा स्वतंत्र रूप से डार्विन तथा वैलेस द्वारा प्रतिपादित किया गया था। लेकिन उद्विकासवाद का यह सिद्धांत डार्विनवाद का मुख्य आधार बना।

डार्विन के उद्विकासवाद सिद्धांत को समझने का सबसे अच्छा तरीका लैमार्कवाद सिद्धांत के विपरीत इसे जानना है। लैमार्क द्वारा लंबी गर्दन वाले जिराफ का उदाहरण प्रस्तुत किया गया था। लैमार्क ने यह दर्शाने का प्रयास किया था कि जो विशेषताएं माता-पिता द्वारा ग्रहण कर लिए जाते हैं, वे आनुवंशिक रूप से संतानों तक पहुंच जाते हैं। इस प्रकार ग्रहित तत्वों का पीढ़ी-दर-पीढ़ी स्थानांतरण होता जाता है। डार्विन द्वारा इस समस्या की व्याख्या दूसरे ढंग से की गई। डार्विन ने इस समस्या की व्याख्या करते हुए कहा कि छोटी गर्दन वाले जिराफ का एक समूह सवाना जैसे घास के मैदान में रहा करते थे। उन्हें अपने आपको जीवित रखने के लिए पेड़ की पत्तियों की आवश्यकता हुई। कुछ जिराफ की गर्दन दूसरों की तुलना में ज्यादा लंबी थी। ये जिराफ अन्य जिराफों की तुलना में लाभप्रद स्थिति में थे। अपनी लंबी गर्दन के कारण वे चारा प्रतियोगिता में सबसे उपयुक्त साबित हुए। इसके कारण वे ज्यादा स्वस्थ हो गए। उन्हें प्रजनन सफलता मिली, जिसके कारण आज उनकी संतानों की संख्या भी अधिक है। कालांतर में छोटी गर्दन वालों की तुलना में लंबी गर्दन वाले जिराफ के बच्चे अधिक हुए तथा जिराफ की जनसंख्या में औसत गर्दन वालों का विकास हुआ। इस प्रकार की उद्विकासीय प्रक्रिया के कारण लंबी गर्दन वाले जिराफ अस्तित्व में आए।

डार्विन ने इस तरह के परिवर्तन से जुड़ी हुई घटनाओं के क्रम को प्राकृतिकवरण

(Natural Selection) कहा। प्राकृतिकवरण या योग्यतम का अनुजीवन (Survival of the Fittest) की अवधारणा के अनुसार प्रकृति में वे ही प्राणी जीवित रहते हैं जो स्वयं को प्राकृतिक वातावरण के अनुकूल बना लेते हैं और शेष नष्ट हो जाते हैं। डार्विन के उद्विकासवाद सिद्धांत के अनुसार प्रत्येक प्राणी की संतान अपने माता-पिता के अनुरूप होती है। किन्तु वे आनुवंशिक होने के बावजूद कुछ बातों में माता-पिता से भिन्न होती हैं। उनके शारीरिक अवयव और स्वभाव माता-पिता से पूर्णतः नहीं मिलते हैं। प्रत्येक प्राणी को अपना अस्तित्व बनाए रखने के लिए अपने को प्राकृतिक परिस्थितियों के अनुकूल बनाना पड़ता है। डार्विन के अनुसार प्रत्येक नस्ल के प्राणियों में नवागंतुकों की संख्या उससे कहीं अधिक होती है जितनी की उदरपूर्ति प्रकृति कर सकती है। इसके फलस्वरूप प्राणियों में अपनी अस्तित्व रक्षा के लिए संघर्ष होता है। इसे डार्विन ने जीवन संघर्ष नियम (Struggle for Existence) कहा है। इस संघर्ष के कारण शरीर के जो अवयव नई प्राकृतिक परिस्थितियों में सहायक होते हैं वे लुप्त होने लगते हैं। ऐसे ही किसी निरंतर परिवर्तन के कारण ही प्राणियों का जाति परिवर्तन हो जाता है। दूसरे शब्दों में प्रकृति में केवल वे ही प्राणी जीवित रहते हैं तथा प्रजनन करते हैं जो स्वयं को प्राकृतिक परिस्थिति के अनुरूप बनाने में सफल होते हैं। इसका अर्थ हुआ कि प्रकृति लाभप्रद तत्वों का चयन करती है। ठीक उसी प्रकार जिस प्रकार मानव प्रजनक कृत्रिम रूप से लाभदायक पौधों तथा पशुओं को पौधापालन तथा पशुपालन के लिए चुनते हैं। दोनों ही परिस्थितियों में जीवधारियों को प्रकृति के साथ अनुकूलन करना पड़ता है। अपनी पुस्तक *ओरिजिन आफ स्पेसिस* में आपने पौधा तथा पशु जगत से ऐसे अनेक उदाहरण प्रस्तुत किए। आपके अनुसार जीवधारियों में शारीरिक एवं भ्रूणीय समानताएं, अपर्याप्त एवं अवशेषांगों की उपस्थिति, जीवाश्मों के रिकार्ड इत्यादि जैविक उद्विकासवाद सिद्धांत के संबंध में प्रबल प्रमाण प्रस्तुत करते हैं। डार्विन का उद्विकासवाद सिद्धांत वैज्ञानिक क्रांति के विस्तार का प्रतिनिधित्व करता है। डार्विन न्यूटन से भी आगे बढ़ गए थे। क्योंकि डार्विन ने दर्शाया कि विश्व की मौलिक संरचनाएं उद्विकसित हुई हैं।

ओरिजिन आफ स्पेसिस का प्रकाशन डार्विन के लिए नैतिक, धार्मिक तथा सामाजिक आलोचना लेकर उपस्थित हुआ। अनेक आलोचकों ने कहा कि डार्विन की पुस्तक होमो सेपियंस के उद्विकास के संबंध में जानकारी नहीं प्रदान करती है। डार्विन ने ऐसे भ्रममूलक विषय को कई वर्षों तक दबाए रखे। होमो सेपियंस उद्विकास के लिए सबसे बड़ी समस्या मानसिक एवं नैतिक गुणों का पाया जाना था। अधिकांश ईसाइयों का मानना था कि जानवरों में आध्यात्मिकता नहीं पाई जाती है। जानवर मानसिक तथा सामाजिक रूप से मानव से भिन्न थे तथा उनका संसार अलग था। क्या उद्विकास पशु जगत एवं मानव के बीच प्रचलित इस खाई को पाट सकता है। चार्ल्स लायल ने अपनी पुस्तक *जियोलोजिकल एविडेंस आफ एंटिक्वीटी आफ मैन* (1863) में मानव उद्विकास का वर्णन नवीन जीवन का प्राकृतिक छलांग के रूप में किया। आल्फ्रेड रस्सेल वैलेस ने असहमति व्यक्त करते

हुए कहा कि मानव की मानसिक एवं नैतिक श्रेष्ठता जानवरों के वरणात्मक लाभप्रद स्थिति के लिए सत्य नहीं है। इसलिए प्रथम स्थान में उस तरह का उद्विकास नहीं हो सका। उदाहरण के लिए क्यों जानवर कलात्मक, गणितीय तथा दर्शनशास्त्रीय होना चाहते हैं। वैलेस के अनुसार ईश्वरीय हस्तक्षेप इसके लिए उत्तरदायी रहा होगा। अन्य वैज्ञानिक डार्विन के मानव उद्विकास के मत से सहमत थे। उस समय तक मानव के बहुत कम जीवाश्म उपलब्ध हो पाए थे। मानव उद्विकासवादियों के लिए अभाग्यवश वे जीवाश्म न तो प्राचीन थे और न ही आदिम। इसके बावजूद थोमस हैनरी हक्सले (Thomas Henry Huxley) (1825-1895) ने अपनी पुस्तक *एविडेंस एज टू मैनस प्लेस इन नेचर* (1863) में डार्विनवाद का जोरदार बचाव करते हुए नर-वानरों एवं मानवों का वर्गीकरण, वर्गीकरण विज्ञान पद्धति को अपनाते हुए किया। आप डार्विन के प्रबल समर्थक थे। इसीलिए आपको डार्विन के बुलडाग के रूप में जाना जाता था।

मानव जीवाश्म के अभाव में प्रागितिहास का हस्तकृति रिकार्ड काफी महत्त्वपूर्ण साबित हुए। इसलिए मानव उद्विकासवादियों ने भी पुरातत्वशास्त्री जान लुबक (John Lubock) तथा सांस्कृतिक उद्विकासवादियों—मार्गन तथा टायलर के अध्ययनों को उदाहरण के रूप में प्रस्तुत किया।

अंततोगत्वा डार्विन ने मानव उद्विकास के संबंध में अपने विचारों को अपनी पुस्तक *डिसेंट आफ मैन* (1871) में प्रकाशित किया। इस पुस्तक के अतिरिक्त उनकी एक अन्य पुस्तक *द एक्सप्रेशन आफ इमोसंस इन मैन एंड एनिमल* (1872) में भी। डार्विन ने यह तर्क प्रस्तुत किया कि जानवर एवं मानव के बीच अंतर डिग्री का है, रूप का नहीं। मानव शारीरिक तत्वों के उद्विकास को प्रदर्शित करने के लिए डार्विन ने लिंगवरण (Sexual Selection) प्रक्रिया का उल्लेख किया। लिंगवरण प्रक्रिया तत्वों का उद्विकासीय अस्तित्व के लिए संघर्ष द्वारा अनुकूलनात्मक लाभप्रद स्थिति को नहीं दर्शाती हैं। वरन् यह प्रक्रिया एक लिंग के सदस्यों को दूसरे लिंग के सदस्यों की तुलना में ज्यादा आकर्षक बनाती है। इस प्रकार मानव में प्रजनात्मक सफलता बढ़ती है। डार्विन के अनुसार मानव बुद्धि का उद्विकास प्राकृतिक वरण प्रक्रिया द्वारा हुआ है। यहां सीधी आकृति (Errect Posture) का अर्ध उत्पाद है। सीधी आकृति के कारण मानव का हाथ स्वतंत्र हुआ और औजार बनाना संभव हुआ। मानव नैतिकता के उद्विकास को दर्शाने के लिए डार्विन ने समूह वरण (Group Selection) प्रक्रिया का उल्लेख किया। डार्विन के अनुसार नैतिकता का केन्द्र आत्मबलिदान है। आत्मबलिदान अथवा परोपकारिता के माध्यम से एक व्यक्ति दूसरों की भलाई के लिए सहर्ष अपने आपको बलि चढ़ा देता है। आत्मबलिदान का विकास समूह वरण प्रक्रिया के कारण हुआ। समूह के कोई एक व्यक्ति ने इसलिए बलिदान दिया होगा ताकि बलिदान से उसके समूह के अन्य सदस्यों को लाभ मिले। जब मानव बुद्धिमान बन गए तब बलिदान को स्थानीय समूह की परिधि से निकालकर समस्त मानवता के लिए विस्तार किया गया। अब उसके स्थान पर अमूर्त नैतिक नियम बनाए

गए। इस प्रकार नैतिकता आत्मबलिदान का विस्तार तथा समूह वरण प्रक्रिया का परिणाम है।

अगर आधुनिक विज्ञान की दृष्टि से देखा जाये तब डार्विन की व्याख्या जैविक तथा सांस्कृतिक उद्‌विकास को उलझाते हुए लगती है। इस संदर्भ में डार्विन भी अपने समकालीन विक्टोरियन वैज्ञानिकों से भिन्न नहीं थे। करीब-करीब सभी 19वीं सदी के मानव उद्‌विकासवादी वंशानुगतता या आनुवंशिकता के पक्षधर थे। पुरातत्वशास्त्र के प्रजातिवाद के समान जैविक मानव विज्ञान में भी प्रजातिवाद का बोलबाला था।

डार्विन तथा उनके समकालीन मित्रों द्वारा अनेक धार्मिक, नैतिक तथा सामाजिक मनोभावों को समर्थन नहीं दिया गया, जिन्हें आज डार्विनियन के नाम से जाना जाता है। डार्विन को बाईबल पर आधारित धार्मिक कट्टरता की चुनौती का सामना नहीं करना पड़ा था, क्योंकि 1860 के दशक में बाईबल को ऐतिहासिक यथार्थ नहीं माना जाने लगा था। उन्हें नैतिकता पर आधारित चुनौती का सामना करना पड़ा था। अगर मानव लोग उद्‌विकास की उपज हैं, ईश्वरीय सृष्टि की उपज नहीं, तब क्या नैतिक व्यवस्था को भी उद्‌विकासीय प्रक्रिया पर आधारित नहीं होना चाहिए। अगर ऐसा होता तो क्या यह उद्‌विकास को आंतरिक रूप से उद्देश्यपूर्ण बनाने का सबसे सरल तरीका नहीं होता। लेकिन समस्या यहां यह थी कि लैमार्कवादी उद्‌विकास के विपरीत डार्विनवादी उद्‌विकास में अंतिम उद्देश्य की कमी थी। यह अवसरवादी ढंग से एक समय एवं स्थान के संदर्भ में अनुकूलित विशेषताओं का चयन करता था। अगर डार्विनवादी उद्‌विकास को ईश्वरीय सृष्टि की दृष्टि से देखा जाये, तब प्राकृतिकवरण सिद्धांत बेबुनियाद हो जाता। ऐसा तर्क देना हमेशा संभव था कि अभाग्य क्षति की पूर्ति उद्‌विकासीय विजेताओं द्वारा की जाती थी। इनके द्वारा मानवता की प्रगति में अनोखा योगदान दिया जाता था। लेकिन यह स्थिति भौतिक रूप से स्वीकार करने योग्य नहीं थी। अनेक संदर्भ में डार्विनवादी उद्‌विकास को लैमार्कवादी उद्‌विकास के समर्थन में परित्याग करना आसान था। लैमार्क का उपार्जित शारीरिक लक्षणों की आनुवंशिकता (Inheritance of Acquired Characteristics) सिद्धांत ज्यादा मानवीय साबित होता है। इससे यह आशा जागृत होती है कि लोग अपने उद्‌विकासीय भाग्य का भार ग्रहण कर सकते हैं। उत्तर 19वीं सदी में अधिकांश वैज्ञानिकों के लिए, जो धार्मिक नैतिकता के साथ सामंजस्य स्थापित करना चाहते थे, लैमार्कवादी उद्‌विकास सिद्धांत विकल्प बनकर उभरा।

सामाजिक नैतिकता की चर्चा में सामाजिक डार्विनवादी शब्द का प्रयोग ऐतिहासिक दृष्टि से गलत प्रतीत होता है। सोशल डार्विनीयन शब्द के माध्यम से व्यक्त अधिकांश मनोवृत्तियां डार्विन से नहीं उत्पन्न होती हैं। वरन् वे मनोवृत्तियां हरबर्ट स्पेंसर से उत्पन्न होती हैं। हरबर्ट स्पेंसर सभी सांस्कृतिक उद्‌विकासवादियों में सबसे अधिक दार्शनिक तथा समाजशास्त्रीय थे। हरबर्ट स्पेंसर ने यह प्रस्तुत किया कि असमांगता समांगता से उद्‌विकसित हुई है। इस प्रकार आपने भव्य संश्लेषणात्मक दर्शनशास्त्र को बढ़ावा दिया। समांगता से

विविधता का उद्विकास हरबर्ट स्पेंसर का सार्वभौमिक सिद्धांत था। अगर उद्विकासीय जीव विज्ञान के प्रभाव क्षेत्र की चर्चा की जाय, तब स्पेंसर डार्विनवादी नहीं वरन् लैमार्कवादी दिखाई पड़ते हैं। लेकिन सामाजिक उद्विकास के प्रभाव क्षेत्र की दृष्टि से आप विश्वास करते थे कि प्रभावशाली व्यक्तिगत उद्यम का विकास हुआ है। स्पेंसर के अनुसार एक वैसी व्यवस्था जिसमें व्यक्ति अपनी अभिरुचि के लिए क्रियाशील रहते हैं, उसमें ज्यादा सामाजिक हितों की पूर्ति होती है। वहां कोई नैतिक निरपेक्ष नहीं होता है। इसके बदले में वहां शक्ति ही अधिकार होती है। स्पेंसर का मानना था कि मानव उद्विकास को स्वयं अपनी प्राकृतिक राह ढूंढने के लिए छोड़ दिया जाना चाहिए।

सामाजिक डार्विनवादियों में स्पेंसर का नाम अग्रगण्य है। आपने सामाजिक डार्विनवाद का प्रयोग सबसे अधिक प्रजातियों, वर्गों तथा यौन समूहों में व्याप्त सामाजिक असमानता को बुद्धि संगत बनाने के लिए किया था। डार्विन का बुलडाग हक्सले अज्ञेयवादी था। वह धर्म पर संदेह व्यक्त करता था। उनका विश्वास था कि विज्ञान को अपनी नैतिक तटस्थता को बरकरार रखना चाहिए। हक्सले ने, स्पेंसर तथा वैसे अन्य को जो सामाजिक नैतिकता को जैविक उद्विकास पर आधारित बतलाते थे, का भरपूर विरोध किया। इसके विपरीत उन्होंने जोर देकर कहा कि ब्रह्मांडीय घटना के कारण होमो सेपियंस का विकास एक ऐसे बिन्दु तक हुआ, जहां लोग यह समझने योग्य हैं कि उद्विकास का कोई अर्थ नहीं है। क्यों नहीं इस परिस्थिति का लाभ लेते हुए एक ऐसी नैतिकता का सृजन किया जाये जो उद्विकास से पूर्णत: स्वतंत्र हो तथा प्रकृति की कटुता के विपरीत हो। हक्सले तथा स्पेंसर के चरम छोरों के बीच सामाजिक डार्विनवाद के अनेक विवरण उपलब्ध हुए तथा प्रत्येक विवरण में सामाजिक डार्विनवाद की नयी परिभाषा प्रदान की गयी।

धार्मिक एवं सामाजिक नैतिकता के बीच डार्विन द्वारा प्रतिपादित उद्विकास से संबंधित प्राकृतिकवरण सिद्धांत को वृहत वैज्ञानिक गतिरोध का सामना करना पड़ा था। आरंभ से ही इस संबंध में बहुत कम प्रमाण उपलब्ध थे कि प्राकृतिकवरण द्वारा नयी-नयी स्पेसिस का विकास होता है। कृत्रिम प्रजनन द्वारा भी उपजातियों या विविधताओं के संबंध में प्रमाण उपलब्ध हो सके थे। दूसरी समस्या जीवाश्म रिकार्ड से संबंधित थी। डार्विन ने स्वीकार किया था कि जीवाश्म रिकार्ड अपर्याप्त एवं खाई युक्त थे। उनके हाथ विलुप्त कड़ी की समस्या जुड़ी हुई थी। कुछ वैज्ञानिकों द्वारा विलुप्त कड़ी की खाई को अनुमानिक उद्विकासीय क्रम के आधार पर पाटने का प्रयास किया गया। उदाहरण के लिए जैव आनुवंशिक नियम (Biogenetic Law)। इस नियम के अनुसार व्यक्तिवृत्त (Ontogeny) जातिवृत्त (Phylogeny) की पुनरावृत्ति है। यानी एक व्यक्ति का विकास एक स्पेसिस के उद्विकासीय वृद्धि की पुनरावृत्ति होता है। इस मत के प्रतिपादकों द्वारा भ्रूणीय तथा जीवाश्म शास्त्रीय समानता के संबंध में चरम कथन व्यक्त किए गए। इन वैज्ञानिकों द्वारा उद्विकास को अनुभवाश्रित विज्ञान की श्रेणी में नहीं रखा गया। दूसरी समस्या पृथ्वी की आयु से संबंधित थी। प्राकृतिकवरण द्वारा उद्विकास एक धीमी प्रक्रिया थी। जीवाश्म

रिकार्ड द्वारा दृष्टिगोचर परिवर्तनों को जानने के लिए अधिक समय की आवश्यकता थी। समकालीन भौतिकशास्त्री, जिनकी अभिरुचि भूगर्भशास्त्रीय परिवर्तन के एजेंट के रूप में ज्वालामुखी क्रियाकलापों में थी, ने मत व्यक्त किया कि अतीत में पृथ्वी अधिक गर्म थी तथा ज्वालामुखीय क्रियाकलाप ज्यादा प्रबल थे। एक चिंताजनक समस्या यहां यह थी कि ज्वालामुखीय क्रियाकलापों का संबंध जैविक उद्‌विकास से भी था। एक दूसरी समस्या जो डार्विन को परेशान कर रही थी वह थी समा लेने वाला प्रभाव (Swamping Effect)। स्वांपिंग इफेक्ट के अनुसार प्राकृतिकवरण के लिए कार्य करने वाले लघु विविधताओं को आनुवंशिकता द्वारा समा लिया जाता है, इसके कारण प्राकृतिकवरण की शुरुआत नहीं हो पाती है। यानी स्वांपिंग इफेक्ट प्राकृतिकवरण को रोक देता है। डार्विन इन सभी समस्याओं से अवगत थे। इसीलिए वे हतोत्साहित हो गए थे। प्राकृतिकवरण की पूर्ण क्षमता के संबंध में वे अपना विश्वास खो चुके थे। *ओरिजिन आफ स्पेसिस* नामक पुस्तक के बाद वाले संस्करण में उन्होंने उद्‌विकास की अन्य प्रक्रियाओं की ओर अपना ध्यान केन्द्रित किया जिनमें लैमार्क का इंहेरिटेंस आफ एक्वायर्ड कैरेक्टरस्टिक्स भी शामिल था।

2

शास्त्रीय सांस्कृतिक उद्विकासवाद

CLASSICAL CULTURAL EVOLUTIONISM

उद्विकास का अर्थ स्वरूप में परिवर्तन से है। यह एक ऐसी प्रक्रिया है जिसमें कुछ परिवर्तित हो जाते हैं तथा अन्य आंशिक रूप से वैसे ही रह जाते हैं। इसका संबंध प्रगति से है। इसमें निम्न अवस्था के स्थान पर उच्च अवस्था का निर्माण होता है। इसका स्थानीय पर्यावरण के साथ अनुकूलन भी होता है जिसके कारण इसके विविध रूप विभिन्न प्रकार के पर्यावरण में पाए जाते हैं।

उद्विकास घनिष्ठरूप से जीव विज्ञान से जुड़ा हुआ है। लेकिन इसका उपयोग प्राकृतिक तथा सामाजिक विज्ञानों में अतीत के पुनर्निर्माण हेतु किया जाता है। मार्क्स का द्वन्द्वात्मक भौतिकवाद सिद्धांत तथा ज्ञानोदय का सार्वभौमिक इतिहास योजना उद्विकासीय थे।

शास्त्रीय सांस्कृतिक उद्विकासवाद ज्ञानोदय के सार्वभौमिक इतिहासवाद की निरंतरता दर्शाता है। लेकिन यहां पर एक अंतर देखने को मिलता है। जहां अठारहवीं सदी के सार्वभौमिक इतिहासकारों ने आधुनिक पश्चिमी इतिहास पर अपना ध्यान केन्द्रित किया है, वहीं 19वीं सदी के शास्त्रीय उद्विकासवादी मानवशास्त्रियों ने प्रागितिहास में छिपे हुए गैर-पश्चिमी लोगों के इतिहास पर विशेष बल दिया है। प्रागितिहास का संबंध लेखन के विकास के पहले के काल से है। आदिम जातियों के एथनोग्राफिक जानकारी तथा नवपुरातत्वशास्त्र के प्रमाणों के आधार पर प्रागितिहास को स्वीकार किया गया। एथनोग्राफी तथा पुरातत्वशास्त्र दोनों ही संयुक्त रूप से 19वीं सदी के मानवशास्त्रियों को सांस्कृतिक उद्विकास की योजना को निर्मित करने के लिए विवश किया। शास्त्रीय सांस्कृतिक उद्विकास की योजना में प्रागैतिहासिक हस्तकृतियों के वर्णन को वर्तमान के आदिम लोगों की समान दिखने वाली हस्तकृतियों के साथ प्रकाश में लाया गया। इस प्रकार एथनोग्राफी के माध्यम से पुरातत्व को सहयोग प्रदान किया गया। इसको शास्त्रीय सांस्कृतिक उद्विकासवादियों की तुलनात्मक विधि के नाम से जाना जाता है।

सांस्कृतिक उद्विकासवाद एवं जैविक उद्विकासवाद

सांस्कृतिक उद्विकासवाद का स्वर्ण युग 1850 से 1900 A.D. रहा है। इसी अवधि में अमरीकी सांस्कृतिक उद्विकासवादी एल.एच. मार्गन की पुस्तक *लीग आफ ईराक्वीस* (1851) का प्रकाशन हुआ। जैविक उद्विकासवादी चार्ल्स डार्विन की पुस्तक *ओरिजिन आफ स्पेसिस* का प्रकाशन 1859 में हुआ। इसके पश्चात् ही अन्य सांस्कृतिक उद्विकासवादी मानवशास्त्रियों एडवर्ड बर्नेट टायलर, एच.जे.एस. मैन, जे.एफ. मैक्लैनन, जी.जे. फ्रेजर, जे.जे. बाचोफेन तथा एडाल्फ बैस्टियन की पुस्तकें प्रकाशित हुईं।

उद्विकासवादियों के बीच यह वाद-विवाद का विषय रहा है कि सांस्कृतिक उद्विकासवाद के ऊपर जैविक उद्विकासवाद का प्रभाव पड़ा था या नहीं। इस संबंध में विद्वानों का मत एक समान नहीं है। एक मत के अनुसार सांस्कृतिक उद्विकास के ऊपर जैविक उद्विकास का प्रभाव नहीं पड़ा था। क्योंकि अमरीकी उद्विकासवादी मानवशास्त्री एल.एच. मार्गन की पुस्तक *लीग आफ ईराक्वीस* का प्रकाशन चार्ल्स डार्विन की पुस्तक *ओरिजिन आफ स्पेसिस* के करीब आठ वर्ष पहले हुआ था। अत: सांस्कृतिक उद्विकासवाद का विकास स्वतंत्र रूप से हुआ था। एक दूसरे मत के अनुसार अधिकांश उद्विकासवादी मानवशास्त्रियों की पुस्तकें चार्ल्स डार्विन की पुस्तक के पश्चात् प्रकाशित हुई थीं। अत: सांस्कृतिक उद्विकास के ऊपर जैविक उद्विकास का प्रभाव कुछ न कुछ अवश्य पड़ा होगा।

जहां तक जैविक उद्विकास एवं सांस्कृतिक उद्विकास के बीच संबंध का सवाल है, इस प्रश्न पर उद्विकासवादियों के मत में समानता दिखती है। सभी उद्विकासवादी मानवशास्त्री इस तथ्य को स्वीकार करते हैं कि संस्कृति मानव की विशेष पहचान है। अन्य पशुओं में संस्कृति नहीं पाई जाती है। अत: संस्कृति के कारण ही मानव प्राणी जगत का स्वामी कहलाता है। संस्कृति के विकास हेतु मानवरूपी प्राणी में शारीरिक परिवर्तन हुआ। उसकी आकृति सीधी हुई, वह दो पैरों के सहारे चलने लगा, उसके दोनों हाथ काम करने के लिए स्वतंत्र हो गए। दोनों हथेलियों के अंगूठे एक-दूसरे के विपरीत विकसित हुए तथा उन्हें आसानी से घुमाया जा सकता था। सूक्ष्म तथा केन्द्रित की जाने वाली दृष्टि का विकास हुआ। मस्तिष्क की कपालीय क्षमता में विकास हुआ। श्वासनली, फैरिंक्स, जीभ, ओंठ, दांत तथा तालु के कारण उच्चारण का विकास हुआ। साथ ही साथ ध्वनि संयोग द्वारा संकेत का निर्माण हुआ। इन्हीं सब शारीरिक विशेषताओं के कारण मानव संस्कृति का निर्माण कर सका। आस्ट्रालो-पिथेसीनी परिवार का होमो हैविलिस प्रथम मानव था जिसने पाषाण औजारों का निर्माण कर संस्कृति की उत्पत्ति में महत्त्वपूर्ण भूमिका निभाई।

उपरोक्त विवरण से ज्ञात होता है कि सांस्कृतिक उद्विकास हेतु मानवसम (होमीनिडी) होना पूर्व शर्त्त थी। क्योंकि गैर-मानव प्राइमेट्स के मध्य संस्कृति नहीं पायी जाती है। इस दृष्टि से देखा जाए तब सांस्कृतिक उद्विकास जैविक उद्विकास का विस्तार दिखाई देता है।

लेकिन सांस्कृतिक उद्विकासवादियों ने संस्कृति को सामाजिक विरासत माना है, जैविक विरासत नहीं। सांस्कृतिक उद्विकासवादियों ने प्रागितिहास, पुरातत्वशास्त्र एवं सार्वभौमिक इतिहास के विस्तृत विचार पर अपना ध्यान केन्द्रित किया था। उन विद्वानों ने चार्ल्स डार्विन द्वारा प्रतिपादित उद्विकास के प्राकृतिकवरण सिद्धांत को अपना व्याख्यात्मक अस्त्र नहीं बनाया। अत: सांस्कृतिक उद्विकासवादियों को सामाजिक डार्विनवादी या सांस्कृतिक डार्विनवादी कहना उचित नहीं है।

यह सत्य है कि मानवसम (होमीनिडी) होना सांस्कृतिक उद्विकास के लिए आवश्यक था। लेकिन सांस्कृतिक उद्विकास जैविक उद्विकास का विस्तार केवल कालक्रम के अर्थ में है। सांस्कृतिक एवं जैविक उद्विकास के स्वभाव में गहरा मतभेद है।

जीव विज्ञान में ऐसा मान लिया जाता है कि सभी जैविक स्वरूप आनुवंशिक रूप से संबंधित है। उन स्वरूपों का विकास आवश्यक रूप से अभिसारी (Convergent) या अपसारी (Divergent) होता है। तैरना, उड़ना, चलना इत्यादि वर्ग होते हैं तथा पूर्णरूप से असामान्य होते हैं। आनुवंशिक रूप से उन्हें अभिसारी उद्विकास का उदाहरण मान लिया जाता है। लेकिन वे सत्य समानांतर नहीं होते हैं।

सांस्कृतिक उद्विकास में ऐसा माना जाता है कि विश्व के विभिन्न भागों के सांस्कृतिक प्रतिमानों में आनुवंशिक संबंध नहीं पाया जाता है। लेकिन फिर भी वे सार्वभौमिक क्रम का अनुपालन करते हैं। यहां विभिन्न क्षेत्रों के सांस्कृतिक प्रतिमानों में अंतर पर ध्यान नहीं दिया जाता है। उन्हें सांस्कृतिक उद्विकास में गौण मान लिया जाता है। 19वीं सदी के शास्त्रीय उद्विकासवादियों के साथ-साथ नव उद्विकासवादी लेस्ली ए. वाईट तथा वी. गार्डोन चाइल्ड ने भी अपनी अभिधारणाओं में स्थानीय वातावरण, उपक्षेत्र या क्षेत्र द्वारा उत्पन्न विभिन्नताओं पर अपना ध्यान नहीं केन्द्रित किया है। उद्विकासवादियों ने समग्र सांस्कृतिक उद्विकास की चर्चा की है, विशिष्ट या विशेष सांस्कृतिक उद्विकास की नहीं।

नव उद्विकासवादी वी. गार्डन चाइल्ड के अनुसार जैविक उद्विकास का स्वभाव अपसारी है, जबकि सांस्कृतिक उद्विकास का स्वभाव अभिसारी है। सांस्कृतिक उद्विकास में प्रसार का प्रचलन पाया जाता है, जबकि जैविक उद्विकास में प्रसार अज्ञात होता है। सांस्कृतिक सापेक्षवाद (Cultural relativism) तथा ऐतिहासिक विशिष्ट मुक्तिवाद (Historical Particularism) जैसे इतिहास जैविक उद्विकास के समान हैं। इनमें विभिन्नता या विचित्र प्रतिमानों को अपसारी विकास मान लिया जाता है तथा अंततोगत्वा उनके बीच आनुवंशिक संबंध मान लिया जाता है। लेकिन प्रसार की अवधारणा के कारण जैविक उद्विकास तथा सांस्कृतिक उद्विकास में अंतर प्राप्त होता है।

अमरीकी मानवशास्त्री ए.एल. क्रोबर के अनुसार सांस्कृतिक उद्विकास की प्रक्रिया संचयी (Additive) है, जबकि जैविक उद्विकास की प्रक्रिया स्थानापन्न (Substitutive) है। जैविक तथा सांस्कृतिक दोनों प्रकार के उद्विकासों में जटिलता एवं प्रगति पायी जाती है। लेकिन दोनों में जटिलता तथा प्रगति का स्वभाव अलग-अलग होता है। सापेक्षवादी

तथा उद्विकासवादी जटिलता पर नहीं वरन् भिन्नता या अपसार पर अलग-अलग मतभेद रखते हैं।

सांस्कृतिक उद्विकासवाद की मौलिक अभिधारणाएं

सांस्कृतिक उद्विकासवाद के मौलिक आधार तत्व निम्नलिखित हैं—

1. संस्कृति में उद्विकास हुआ है।
2. यह उद्विकास एक रेखीय क्रम में हुआ है।
3. उद्विकास की दिशा सरल से जटिल रही है।
4. उद्विकास के क्रम में संस्कृति निम्न अवस्था से उच्च अवस्था की ओर अग्रसर हुई है।
5. संस्कृति का उत्पत्ति स्थल एक न होकर अनेक रहा है।
6. मनुष्य की मानसिक समानता के कारण उद्विकास में सांस्कृतिक समानांतरवाद पाया जाता है।
7. सांस्कृतिक अवशेष संस्कृति की आरंभिक अवस्था होती है।
8. सांस्कृतिक उद्विकासवादी सार्वभौमिक ऐतिहासिक पुनर्निर्माण का पक्षधर रहा है।
9. उद्विकासवाद की तुलनात्मक विधि अस्तित्वहीनों एवं वर्तमान में अस्तित्व में बने हुए आदिम लोगों के बीच तुलना करके उद्विकासीय अवस्थाओं पर प्रकाश डालता है।
10. उद्विकासवाद निगमनिक दृष्टिकोण का सहारा लेता है।
11. सांस्कृतिक उद्विकासवादियों की अभिरुचि सांस्कृतिक संस्थाओं एवं विश्वास में थी। मार्गन तथा उनके समर्थक विद्वानों ने विवाह, परिवार तथा सामाजिक-राजनीतिक संगठनों के अध्ययन में अभिरुचि दर्शाया, जबकि टायलर तथा उनके समर्थकों ने धर्म, जादू, विज्ञान तथा अन्य वैचारिक व्यवस्था में अपनी अभिरुचि प्रदर्शित की।

उद्विकासवादी विचारकों के व्यक्तित्व एवं कृतित्व

सांस्कृतिक उद्विकासवाद की स्थापना एक ही साथ विश्व के तीन स्थानों—अमरीका, ब्रिटेन तथा जर्मनी—में हुई। अमरीका में उद्विकासवाद का समर्थन एल.एच. मार्गन ने दिया। ब्रिटेन में उद्विकासवाद का समर्थन एडवर्ड बर्नेट टायलर, एच.जे.एस. मैन, जे.एफ. मैक्लैनन तथा सर जेम्स फ्रेजर ने दिया। जर्मनी में उद्विकासवाद के समर्थन देने वाले जे.जे. बाचोफेन तथा एडाल्फ बैस्टियन थे। अब यहां उपरोक्त सभी उद्विकासवादियों के व्यक्तित्व एवं कृतित्व का विवरण नीचे दिया जा रहा है।

1. एल.एच. मार्गन (L.H. Morgan)

एल.एच. मार्गन का अवतार इस धराधाम पर सन् 1818 ई. में न्यूयार्क के अरोरा नामक स्थान पर हुआ था। रोचेस्टर में या उसके आस-पास आप पले तथा बड़े हुए। बड़े होकर रोचेस्टर में ही आपने वकालत का पेशा आरंभ किया। आप एक ऐसे भ्रातृक-सुलभ धर्म संघ से आते थे जिसे लीग आफ ईराक्वीस के नाम से जाना जाता था। धर्म संघ की रीति-रिवाजों को प्रमाणिक ठहराने के लिए आस-पास के ईराक्वीस जनजातियों का अध्ययन आरंभ हुआ। इसे बाद में ईराक्वीस द्वारा अपना लिया गया। इस समाज के द्वारा ईराक्वीस भारतीयों को अपनी स्थानीय भूमि संबंधी केसों की मांग कचहरी में उठाने के लिए प्रेरित किया गया।

अपने समकालीन अमरीकी साथियों के समान मार्गन भी क्लब, लाज तथा भ्रातृक सुलभ धर्म संघ की ओर आकर्षित हुए थे। अपने छात्र जीवन में आपने अभिभावक समूह (Guardian Knot) नामक संघ की स्थापना की थी। इस संघ का मुख्य लक्ष्य प्राचीन ग्रीक रीति-रिवाजों का अध्ययन करना था। लेकिन जब आपकी अभिरुचि ईराक्वीस में उत्पन्न हुई, तब उसका नाम बदलकर ग्रैंड आर्डर आफ ईराक्वीस रखा गया। आपका चुनाव इस संघ के प्रमुख के रूप में किया गया। इस संघ के सभी सदस्य अपने आपको योद्धा कहते थे। ये लोग ईराक्वीस भारतीयों की रीति-रिवाजों की चर्चा आपस में करते थे। इसी वक्त मार्गन की भेंट एक नौजवान सिनेका भारतीय से एक पुस्तक भंडार में हुई। इस नौजवान का गैर-भारतीय नाम अली पार्कर था। वह विधिशास्त्र का एक छात्र भी था। पार्कर के साथ मार्गन को भारतीय प्रधान तथा अन्य भारतीयों से मिलने का अवसर प्राप्त हुआ।

एक बार अली पार्कर को ग्रैंड आर्डर आफ ईराक्वीस में ईराक्वीस भारतीयों के रीति-रिवाज, विश्वास, पौराणिक कथाओं, गीत इत्यादि के ऊपर आख्यान देने के लिए आमंत्रित किया गया। लेकिन इस सभी विषयों से अलग हटकर पार्कर ने ईराक्वीस भारतीयों की दयनीय स्थिति के ऊपर अपना आख्यान प्रस्तुत किया। पार्कर का आख्यान ग्रैंड आर्डर आफ ईराक्वीस के सदस्यों को द्रवित कर दिया। आख्यान सुनने के पश्चात मार्गन ने निश्चय किया कि वह अपने गरीब भारतीयों बंधुओं को हर संभव मदद करेंगे। आपने ईराक्वीस भारतीयों को भूमि अधिकार दिलवाने के लिए सरकार के साथ अदालती लड़ाई लड़ने का निश्चय किया। साथ ही साथ आपने अनुभव किया की ईराक्वीस भारतीयों की अनेक परंपराएं विलोपन की स्थिति में पहुंच गयी हैं, अतः उनका अभिलेखन अनिवार्य था। इस प्रकार एक वकील से आपकी अभिरुचि मानवशास्त्र में जागृत हुई।

मार्गन का कृतित्व

एल.एच. मार्गन की प्रमुख कृतियां निम्नलिखित हैं—

1. 1851 : लीग आफ ईराक्वीस; रोचेस्टर : सेज एंड ब्रौस।

2. 1870 : सिस्टम्स आफ कंसैंग्विनिटी एंड अफिनिटी इन ह्यूमन फैमिली, वाशिंगटन : स्मिथोनियन इंस्टीट्यूट।

3. 1877 : एंशियंट सोसायटी, न्यूयार्क : वर्ल्ड पब्लिशिंग।

4. 1881 : हाउसेस एंड हाउस लाइफ आफ अमरीकन एबोरिजिन्स, वाशिंगटन, यू.एस. जियोलोजिकल सर्वे।

अपनी पुस्तक *लीग आफ ईराक्वीस* से संबंधित आंकड़ों के संकलन में मार्गन अपने द्विभाषी सूचना दाता पार्कर (1823-1895) पर विशेष रूप से आश्रित थे। पार्कर सूचनादाता के साथ-साथ मार्गन के सहयोगी भी थे। पार्कर अमरीकी एथनोग्राफी के इतिहास में सर्व प्रथम महत्त्वपूर्ण सूचनादाता थे। पार्कर के साथ घूम-घूमकर मार्गन ने ईराक्वीस भारतीयों का साक्षात्कार लिया तथा ईराक्वीस भारतीयों के नृत्य, खेल, धर्म, भाषा, भौतिक संस्कृति, सरकार तथा परिवार संगठन के ऊपर महत्त्वपूर्ण सूचनाओं को एकत्रित किया। सभी सूचनाओं को क्रमबद्ध ढंग से सजाकर आपने अपनी प्रथम पुस्तक *लीग ऑफ ईराक्वीस* को प्रकाशित किया। इस पुस्तक की गणना भारतीय जनजाति के ऊपर लिखित विश्व की प्रथम पुस्तक में की गयी। साथ ही साथ इसे प्राचीन जनजाति के सामान्य विवरण की सबसे अच्छी पुस्तक होने का गौरव भी प्राप्त हुआ।

मार्गन की अभिरुचि विशेषकर नातेदारी व्यवस्था में थी। वह यह जानने का प्रयास कर रहे थे कि किस तरह लोग एक-दूसरे से संबंधित रहते हैं। इसी विशेष अभिरुचि के कारण *लीग आफ ईराक्वीस* नामक उनकी पुस्तक प्रकाशित हुई। जब आप ईराक्वीस भारतीयों के मध्य विवाह नियम तथा मातृरेखीय वंशानुक्रम का अध्ययन कर रहे थे, तब आप उनकी नातेदारों के नामकरण की व्यवस्था की ओर आकृष्ट हुए। आपने पाया कि ईराक्वीस भारतीयों के बीच माता तथा मौसी दोनों को एक ही नातेदारी शब्द से संबोधित किया जाता है। उसी प्रकार पिता एवं चाचा को भी एक ही नातेदारी शब्द से बुलाया जाता है। दादा के सभी भाइयों को दादा तथा दादी की सभी बहनों को दादी से ही सूचित किया जाता है। दो बहनों के बच्चे एक-दूसरे को भाई या बहन से ही संबोधित करते हैं। मार्गन ने नातेदारों के नामकरण को इस व्यवस्था को वर्गात्मक व्यवस्था (Classificatory System) कहा। इस व्यवस्था में नातेदारों के एक वर्ग के लिए एक ही नातेदारी सूचक शब्द का प्रयोग किया जाता है। यह व्यवस्था सभ्य समाज की वर्णनात्मक व्यवस्था (Descriptive System) से बिल्कुल विपरीत थी जिसमें प्रत्येक व्यक्तिगत रिश्तेदारों के लिए अलग-अलग नातेदारी शब्द का प्रयोग किया जाता है। इस प्रकार मार्गन ने नातेदारी शब्दावली के उद्‌विकासीय रूप को प्रकाश में लाया। आपने दर्शाया कि वर्गात्मक व्यवस्था उद्‌विकसित व्यवस्था थी।

नातेदारी एवं परिवार संगठन के अध्ययन में मार्गन ने स्थानीय अनुवादक के सहयोग से साक्षात्कार के साथ-साथ वंशावलियों का भी संकलन किया था। ईराक्वीस भारतीयों के अध्ययन के साथ-साथ आपने पता लगाया कि ओजीबवा भारतीयों के मध्य

भी नातेदारी शब्दावली की वर्गात्मक व्यवस्था पायी जाती है। आपने अपना मत प्रकट किया कि इन दोनों भारतीय समाजों में वर्गात्मक व्यवस्था का आविष्कार दो बार नहीं हुआ होगा। यानी यह व्यवस्था भारतीय समाजों में विश्वव्यापी रही होगी। अगर यही व्यवस्था एशिया के भारतीय समाजों में प्रचलित हो तब इसका तात्पर्य यह निकाला जा सकता है कि अमरीकी भारतीयों की उत्पत्ति एशिया में हुई होगी। मार्गन के समय में इस प्रश्न का समाधान नहीं ढूंढा गया था।

अपनी परिकल्पना को सत्यापित करने के लिए मार्गन ने एक सात पृष्ठ की प्रश्नावली तैयार की। प्रश्नावली को विश्व के सभी देशों में स्मिथोनियन इंस्टीट्यूट की सहायता से भेजा गया। साथ ही साथ मार्गन ने अमरीका के विभिन्न भागों तथा कनाडा से पर्याप्त मात्रा में सूचनाओं का संकलन किया। प्रश्नावली से प्राप्त आंकड़ों के आधार पर आपने अपनी दूसरी पुस्तक *सिस्टम आफ कंसैंग्विटी एंड अफिनिटी इन ह्यूमन फैमिली* का प्रकाशन 1870 ई. में किया। प्रश्नावली को भारत के तमिलों के बीच भी भेजा गया था। वे लोग भी वर्गात्मक व्यवस्था को बनाए हुए थे। मार्गन खुशीपूर्वक अपनी परिकल्पना को सही पाया कि अमरीकी भारतीयों की उत्पत्ति एशिया में हुई है। इस पुस्तक में मार्गन ने विवाह को आधार बनाते हुए परिवार का उद्विकासीय स्वरूप प्रस्तुत किया है। आपके अनुसार परिवार नामक संस्था विकास की पांच प्रमुख अवस्थाओं से होकर गुजरी है। सर्वप्रथम समरक्त विवाही परिवार की उत्पत्ति हुई। विकास की दूसरी अवस्था में समूह विवाही (पुनालुएंट) परिवार अस्तित्व में आया। विकास की तीसरी अवस्था में बहुपति विवाही (सिंडेस्मियन) परिवार का जन्म हुआ। विकास की चौथी अवस्था में बहुपत्नी परिवार का उदय हुआ। विकास की अंतिम अवस्था में एक पति-पत्नी विवाही परिवार अस्तित्व में आया।

अपनी पुस्तक *एंशियंट सोसायटी* (1877) में मार्गन ने सांस्कृतिक उद्विकास की एक विस्तृत योजना प्रस्तुत की। आपकी संपूर्ण सांस्कृतिक उद्विकासीय योजना निम्नलिखित हैं—

मानव जातीय काल	:	तकनीकी विकास
निम्न आरण्यावस्था	:	वाणी का विकास एवं खाद्य संकलन
मध्य आरण्यावस्था	:	मछली मारण एवं आग का आविष्कार
उच्च आरण्यावस्था	:	धनुष एवं बाण का आविष्कार
निम्न असभ्यावस्था	:	मिट्टी के बरतन का आविष्कार
मध्य असभ्यावस्था	:	प्राचीन विश्व में पशुपालन तथा नवीन विश्व में कच्ची ईंट का मकान, पत्थर निर्मित ईंटों से बने भवन तथा सिंचाई द्वारा मकई की खेती
उच्च असभ्यावस्था	:	लोहा पिघलाना तथा लौह उपकरण का निर्माण
सभ्यावस्था	:	ध्वन्यात्मक अक्षरों एवं लेखन का विकास।

सांस्कृतिक उद्विकास की वृहत योजना को प्रस्तुत करने के लिए मार्गन ने आरण्यावस्था से प्रारंभ किया तथा असभ्यावस्था के माध्यम से सभ्यावस्था तक पहुंचा। आपने परस्पर असंगत ढंग से खाद्य संकलन तथा शिकार, पशुपालन एवं कृषि तथा राज्य की चर्चा की है। आपने आरण्यावस्था एवं असभ्यावस्था को पुनः तीन-तीन उपअवस्थाओं में विभाजित किया है।

मार्गन ने दर्शाया कि आरण्यावस्था एवं बर्बरावस्था में वर्गात्मक नातेदारी शब्दावली व्यवस्था की प्रधानता थी। सभ्यावस्था में वर्णनात्मक नातेदारी शब्दावली व्यवस्था का विकास हुआ। सभ्यावस्था में जब सामाजिक संबंध का नियंत्रण संपत्ति के आधार पर होने लगा, तब वर्णनात्मक पद्धति का विकास हुआ।

मार्गन ने नातेदारी प्रकारों को नातेदारी व्यवस्थाओं में विभाजित किया। आपने इसकी शुरुआत मलायन व्यवस्था से की जिसमें माता एवं पिता को माता तथा माता के भाई के बराबर समझा जाता है। मलायन व्यवस्था से उद्विकसित होकर ईराक्वीस व्यवस्था प्रकाश में आयी जिसमें सहोदरज एवं विलिंग सहोदरज अस्तित्व में आए। जब वंशानुक्रम के आधार पर सामाजिक संबंध का निर्धारण आरंभ हुआ तब एकपक्षीय नातेदारी व्यवस्था की उत्पत्ति हुई। यह व्यवस्था गोत्र एवं जनजाति के रूप में स्थापित हुई। आरण्यावस्था में वंशानुक्रम का निर्धारण महिला पक्ष से हुआ करता था। क्योंकि गर्भाधान के कारण मातृत्व का निर्धारण संभव था। बर्बरावस्था में पुरुष पक्ष से वंशानुक्रम का निर्धारण आरंभ हुआ। इसके परिणामस्वरूप मातृपक्षीय गोत्र के स्थान पर पितृपक्षीय गोत्र तथा मातृरेखीय जनजाति के स्थान पर पितृरेखीय जनजाति का उदय हुआ। सभ्यावस्था में पुरुष पक्ष से वंशानुक्रम निर्धारण को और बल मिला।

मार्गन की पुस्तक *हाउसेस एंड हाउस लाइफ इन अमरीका* (1881) गृह निर्माण पर परिवार संगठन एवं संरचना के प्रभाव का विवरण प्रदान करती है। इस पुस्तक में यह दर्शाया गया है कि गृह निर्माण का सीधा संबंध परिवार की संरचना एवं संगठन से है। परिवार जिस प्रकार का होता है, उसी के अनुरूप घर बनाया जाता है।

मार्गन के उद्विकासीय योजना का मौलिक अंश यह दर्शाता है कि मौलिक सांस्कृतिक परिवर्तन (Cultural Shift) प्रागैतिहासिक बर्बरावस्था से सभ्यावस्था में हुआ। मार्गन सभ्यावस्था की पहचान लेखन एवं नगर के विकास, स्मारकीय वास्तुशिल्प एवं राज्य के मानवशास्त्रीय प्रमाण चिह्न के आधार पर की है। यह व्यवस्था झुंड, जनजाति एवं जनजाति प्रधान के विपरीत थी। मार्गन के अनुसार यह सांस्कृतिक परिवर्तन उस वक्त अस्तित्व में आया होगा जब नगरों में पौधा पालन एवं पशुपालन की मांग के कारण नातेदारी संबंध की तुलना में क्षेत्रीय संबंध ज्यादा महत्त्वपूर्ण हो गया होगा। सामुदायिक संपत्ति की कीमत पर व्यक्तिगत संपत्ति का विकास कतिपय सुविधा प्राप्त समुदायों का जन्म दिया होगा। ये सुविधायुक्त समूह के लोग व्यक्तिगत संपत्ति को पुरुष पक्ष से उत्तराधिकार में प्राप्त किए होंगे। इस सांस्कृतिक परिवर्तन के कारण स्तरीत सामाजिक वर्गों का विकास हुआ होगा।

इन सामाजिक वर्गों के बीच युद्ध नीति तथा भौतिक संसाधनों की पहुंच एक समान नहीं थी। मार्गन के अनुसार प्राचीनता की शुरुआत में सभ्यावस्था आरण्यावस्था एवं बर्बरावस्था से बिल्कुल मौलिक रूप से भिन्न थी। मार्गन ने अपने समकालीन उद्‌विकासवादियों के समान वर्तमान के आदिम संस्कृति को प्रागैतिहासिक अतीत का अवशेष माना।

जब कार्ल मार्क्स तथा फ्रिडरिच एंजिल्स (Friedrich Angels) ने मार्गन की पुस्तक *एंशियंट सोसायटी* का अध्ययन किया तब उन विद्वानों ने अपने वर्ग पर आधारित असमानता के लिए मानवशास्त्रीय समर्थन को ढूंढ निकाला। इन विद्वानों के विचार के अनुसार वर्ग आधारित असमानता मानव स्वभाव में अंकित नहीं रहती है। कतिपय परिस्थिति के अधीन ज्यादा समतावादी (Egalitarian) राजनीतिक व्यवस्था कार्य कर सकती है। मार्क्स तथा एंजिल्स ने मार्गन की योजना को अपने द्वंद्वात्मक भौतिकवाद (Dialectical Materialism) सिद्धांत के विकास के लिए उदाहरण स्वरूप पेश किया। इन विद्वानों ने यह दर्शाया कि किस प्रकार संपत्ति नामक संस्था अस्तित्व में आई तथा कब और क्यों यह समाप्त हुई तथा विश्व साम्यवाद (Communism) की ओर अग्रसर हुआ। साम्यवाद की अवस्था में ही सही अर्थ में मानवता की शुरुआत हुई। जब मार्क्स की मृत्यु हो गई, तब उनके द्वारा छोड़े गए कार्यों को एंजिल्स ने पूरा किया।

अपनी पुस्तक *ओरिजिन आफ द फैमिली, प्राइवेट प्रोपर्टी एंड द स्टेट* (1884) में एंजिल्स ने मार्गन को उन गैर-मार्क्सवादियों के समूह में रखा जिनकी विचारधारा मार्क्सवादी कारण से संबंधित थी।

हालांकि आंशिक रूप से मार्गन के कार्य अभी भी बने हुए हैं, लेकिन अधिकांश आधुनिक मानवशास्त्री उन्हें नातेदारी अध्ययन के जनक (Father of Kinship Study) के रूप में स्वीकार करते हैं। उनके उन्नीसवीं सदी समकालीन मानवशास्त्री उनके कतिपय उद्‌विकासीय बिन्दुओं से भिन्न मत रखते हैं। मार्गन एवं अन्य उद्‌विकासवादियों के बीच मतभेद सांस्कृतिक अवस्थाओं एवं परिवर्तनों के कारणों के ऊपर केन्द्रित था। मार्गन ने समूह विवाह के सामान्य क्रम को प्रस्तावित किया था। समूह विवाह जटिल नातेदारी व्यवस्था से नियंत्रित नहीं होता था। लेकिन बाद में मातृपक्षीय एवं पितृपक्षीय वंशानुक्रम समूह से नियंत्रित होने लगा। हैनरी मैन (Henary Maine) ने अपनी पुस्तक *एंशियंट ला* (1861) में मार्गन के मत के विपरीत मत का प्रतिपादन करते हुए कहा कि परिवार का आरंभिक रूप पितृपक्षीय (Patrilineal) था। मैन ने प्रस्थिति समाज (Status Society) तथा संविदा समाज (Contract Society) के बीच अंतर को स्पष्ट किया। प्रस्थिति समाज परिवार आधारित होता है। इसमें सामूहिक संपत्ति पाई जाती है तथा इसमें सामाजिक नियंत्रण सामाजिक अभिमति (Social Sanction) द्वारा बनाए रखा जाता है। संविदा समाज में व्यक्तिगत संपत्ति पाई जाती है। इसमें व्यक्तिवाद पाया जाता है। यहां वैधिक अभिमति द्वारा सामाजिक नियंत्रण को बनाए रखा जाता है।

मैक्लैनन ने *प्रिमिटिव मैरेज* नामक अपनी पुस्तक में मार्गन के इस विचार का

समर्थन किया है कि समूह विवाह आरंभ में अस्तित्व में आया जिससे उद्विकसित होकर मातृवंशीय एवं पितृवंशीय वंश समूह बने। लेकिन मैक्लेनन मार्गन से भिन्न मत रखते थे कि किस प्रकार एक अवस्था से दूसरी अवस्था में परिवर्तन हुआ है। मार्गन के अनुसार समूह विवाह एक ऐसी अवस्था का प्रतिनिधित्व करता है जिसमें अस्तित्व के लिए कठिन संघर्ष करना पड़ता था। इसमें सभी जन्म लेने वाले व्यक्ति जीवित नहीं रहते थे। इस अवस्था में महिला शिशु की हत्या (Female infanticide) प्रचलित थी। पुरुष महिला अनुपात में असंतुलन के कारण बहुपति प्रथा (Polyandry) अस्तित्व में आयी। पुरुष दूसरे समूह की नारी का अपहरण भी करते थे। इसके कारण बहिर्विवाही प्रथा (Exogamy) अस्तित्व में आया।

जान जैकोब बाचोफेन ने अपनी पुस्तक *मदर राइट* (1861) में उसी प्रकार के विचार का प्रतिपादन किया था। ये सभी उद्विकासीय योजनाएं काल्पनिक थीं। कतिपय उदाहरणों के आधार पर उनका निगमन किया गया था।

2. एडवार्ड बर्नेट टायलर (E.B. Tylor) (1832-1911)

टायलर महोदय का जन्म इंग्लैंड के कैंबरवाल नामक स्थान में एक व्यवसायी परिवार में हुआ था। आपके पिता एक संपन्न पीतल संधानशाला के मालिक थे। आपके माता-पिता व्यवसाय के साथ-साथ हकीम का ज्ञान भी रखते थे। टायलर महोदय स्वच्छंद प्रवृत्ति के व्यक्ति थे। धार्मिक स्वतंत्रता के कारण आप विश्वविद्यालय शिक्षा से वंचित रह गए थे। आपने अपनी संक्षिप्त औपचारिक शिक्षा सोसायटी आफ फ्रेंड्स द्वारा संचालित एक विद्यालय में ग्रहण की थी। सोलह वर्ष की आयु में आपने पारिवारिक व्यवसाय में प्रवेश किया। तेईस वर्ष की अवस्था में आप अचानक बहुत अधिक बीमार पड़े। पिता के परामर्श पर आपने अपनी स्वास्थ्य लाभ यात्रा आरंभ की। आपने एक वर्ष छः माह की स्वास्थ्य लाभ यात्रा में यू.एस.ए., क्यूबा तथा मैक्सिको गए। क्यूबा में संयोगवश आपकी भेंट हेनरी क्रीस्टी (Henary Christy) से हुई। क्रीस्टी एक संपन्न व्यवसायी था लेकिन बाद में ख्याति प्राप्त पुरातत्वज्ञ बन गया था। क्रीस्टी एक पुरातात्विक अभियान में भाग लेने मैक्सिको जा रहा था। उसने टायलर को भी उस अभियान में शामिल होने के लिए राजी किया। क्रीस्टी के विद्वतापूर्ण अनुभव एवं परिपक्व निर्देशन में टायलर ने सुविचारित अवलोकन तथा संतुलित निर्णय निर्माण के लिए अंतरदृष्टि का विकास किया। उसी आधार पर आपने मैक्सिको का प्रागैतिहासिक पुनर्निर्माण किया। इस घटना के बाद आपने एक जगत प्रसिद्ध उद्विकासीय मानवशास्त्री के रूप में स्थान पाया। आपको ब्रिटिश मानवशास्त्र का संस्थापक माना जाता है, क्योंकि आपके द्वारा सांस्कृतिक मानवशास्त्र विषय की स्थापना 1884 ई. में ऑक्सफोर्ड विश्वविद्यालय लंदन में की गई थी। आप अमरीकी मानवशास्त्री लुईस हेनरी मार्गन (Luis Henary Morgan) के समकालीन थे।

आपके प्रमुख कृतित्व निम्नलिखित थे—

1. 1861 : अनाहुअक : एंशियंट एंड मार्डन।

2. 1865 : रिसर्चेज इन टु अर्लि हिस्ट्री आफ मैन काइंड एंड डेवलपमेंट आफ सिविलाइजेशन।

3. 1871 : प्रिमिटिव कल्चर।

4. 1881 : एंथ्रोपोलोजी : एन इंट्रोडक्शन टु द स्टडी आफ मैन एंड सिविलाइजेशन।

हालांकि टायलर को ब्रिटेन में सांस्कृतिक मानवशास्त्र के जनक के रूप में स्थान प्राप्त है, लेकिन पश्चिम में टायलर महोदय को आदि प्रकार के आर्मचेयर मानवशास्त्री के रूप में जाना जाता है। आपने अपनी उद्विकासीय योजना का सूत्रीकरण तर्क एवं एथनोग्राफिक तथा पुरातात्विक आंकड़ों के आधार पर किया था। संस्कृति के पुनर्निर्मित करने में आपने सांस्कृतिक तत्वों के बीच सहसंबंध स्थापित किया तथा अतीत के स्वरूप को अवशेष (Survivals) की अवधारणा के आधार पर जानने का प्रयास किया। टायलर महोदय ऑक्सफोर्ड विश्वविद्यालय में मानवशास्त्र के प्रोफेसर 1884 में बने थे तथा उनके द्वारा एंथ्रोपोली नामक पाठ्य पुस्तक की रचना 1881 ई. में की गई थी। आपके द्वारा सबसे पहले संस्कृति की बौद्धिक एवं मानवशास्त्रीय परिभाषा अपनी पुस्तक *प्रिमिटिव कल्चर* (1871) में दी गई। आपके कार्यकाल में मानव विज्ञान ने साईंस आफ कल्चर की उपाधि प्राप्त की। ये सारी उपलब्धियां आपके साथ जुड़ी हुई थीं।

टायलर महोदय द्वारा प्रकाशित प्रथम पुस्तक का शीर्षक *अनाहुअक : एंशियंट एंड मार्डन* है। इस पुस्तक का प्रकाशन 1861 ई. में हुआ था। इस पुस्तक को मैक्सिको मेक्सिकन के नाम से भी जाना जाता है। यह पुस्तक मैक्सिकन भारतीयों के ऐतिहासिक एवं सांस्कृतिक पुनर्निर्माण से संबंधित है। टायलर महोदय ने मैक्सिको निवासियों के समकालीन भौतिक एवं अभौतिक अवशेषों के विद्वतापूर्ण अवलोकन के पश्चात् इस निष्कर्ष को प्रतिपादित किया कि मैक्सिको की संस्कृति आदिम अवस्था से उद्विकसित होकर सभ्यावस्था में पहुंची है। मैक्सिको के ऐतिहासिक तथा सांस्कृतिक पुनर्निर्माण में आपने अनेक अनुसंधान तकनीकों को प्रयोग में लाया। आपने वर्तमान अवस्था को आरंभिक अवस्था के विपरीत रखते हुए दोनों के बीच तुलनात्मक अध्ययन किया। दूसरी विधि में आपने सांस्कृतिक तत्वों के बीच सह-संबंध दर्शाया तथा उनके अतीत को जानने के लिए अवशेष की अवधारणा (Concept of Survivals) का विकास किया। आपके अनुसार अवशेष वे प्रक्रिया, प्रथा, परंपरा, रिवाज, कानून, खेल, कथा, विचार इत्यादि हैं जो आदत के वशीभूत प्रचलित हैं। अवशेष भौतिक एवं अभौतिक दोनों प्रकार के होते हैं। इन भौतिक एवं अभौतिक अवशेषों का अतीत में महत्त्वपूर्ण प्रकार्य रहा होगा। लेकिन वर्तमान में वे प्रकार्यहीन होकर आदतवश प्रचलित है। अवशेष आरंभिक अवस्था के परिचायक हैं। वे अतीत के द्योतक हैं। वर्तमान से उनकी तुलना करके संस्कृति एवं सांस्कृतिक संस्थाओं की उद्विकासात्मक अवस्थाओं को प्रकाश में लाया जा सकता है।

टायलर द्वारा प्रकाशित दूसरी पुस्तक का शीर्षक *रिसर्चेज इन टु अर्ली हिस्ट्री आफ मैन काइंड एवं डिवलपमेंट आफ सिविलाइजेशन* है जिसका प्रकाशन 1865 ई. में हुआ था। इस पुस्तक में मनुष्य की मानसिक समानता (Psychic Unity of Mankind) को आधार बनाते हुए आपने एक रेखीय उद्विकास का सिद्धांत प्रतिपादित किया है। जब आप सभ्यता के विकास के बारे में सोच रहे थे तब आपके मस्तिष्क में यह प्रश्न उधेड़-बुन कर रहा था कि आदिम और सभ्य के जीवन में अंतर की व्याख्या किस ढंग से की जाये। क्या सभ्य एवं आदिम जीवन में अंतर को प्रगति (Progress) के आधार पर या अध:पतन (Degeneration) के आधार पर व्याख्या की जाये। आपने इसके लिए अवशेष की अवधारणा के आधार पर विकास की अवस्थाओं का निर्माण किया। विभिन्न अवस्थाओं के बीच तुलनात्मक अध्ययन के आधार पर आपने दर्शाया कि आदिम आरंभिक अवस्था तथा विकसित अवस्था दर्शाते हैं। इन दोनों आरंभिक आदिम (Savage) तथा विकसित सभ्य (Civilized) के बीच में असभ्यावस्था (Uncivilised) रही होगी। अत: आदिम और सभ्य लोगों के बीच में अंतर का कारण आदिम का सभ्य के रूप में प्रगति है, न कि सभ्य का आदिम के रूप में अध:पतन है। अत: मानव के आरंभिक इतिहास एवं सभ्यता के विकास के ऊपर अनुसंधान कार्य यह निष्कर्ष प्रस्तुत करते हैं कि वर्तमान सभ्यावस्था (Civilisation), आरण्यावस्था (Savagery) का असभ्यावस्था (Barbarism) द्वारा उद्विकसित होने का परिणाम है।

इस पुस्तक में टायलर महोदय ने एक-दूसरे अनुसंधान प्रश्न का हल ढूंढने का प्रयास किया है। एक और प्रश्न जो उनके मस्तिष्क में घूम रहा था वह था क्यों विश्व की संस्कृतियों में समानता पाई जाती है। विश्व के सभी ज्ञात संस्कृतियों में धर्म, भाषा, परिवार, विवाह, कला, औजार इत्यादि क्यों पाए जाते हैं। जबकि सभी संस्कृतियां अलग-अलग स्थानों में विकसित हुई हैं तथा उनके बीच कोई ऐतिहासिक संबंध भी नहीं था। टायलर के अनुसार ऐसा संस्कृति के स्वतंत्र विकास (Undependent development) के कारण संभव हुआ। स्वतंत्र विकास के कारण संस्कृति समानांतर रूप से विश्व के सभी मानव वास स्थानों पर विकसित हुई। इसे सांस्कृतिक समानांतर वाद (Cultural Parallelism) कहा जाता है। इसके अनुसार संस्कृति का एक उद्गम (Single Origin) न होकर बहु-उद्गम (Multiple Origin) रहा है।

टायलर के अनुसार स्वतंत्र उद्विकास, सांस्कृतिक समानांतरवाद, एक रेखीय उद्विकास तथा बहुउद्गम का कारण मनुष्य की मानसिक समानता रही होगी। मनुष्य की मानसिक समानता की अवधारणा के अनुसार समान पर्यावरण में मानव का व्यवहार समान रहता है जिसके कारण समान संस्कृति का विकास होता है। समान पर्यावरण के कारण आरंभ में सभी स्थान के मानव आरण्यावस्था में रहे तथा उसी के अनुरूप अपनी संस्कृति का विकास किए। समान पर्यावरण के कारण ही सभी स्थान के मानव कृषि तथा पशुपालन का ज्ञान अर्जित कर असभ्यावस्था में प्रवेश किए। समान पर्यावरण के कारण ही सभी

स्थान के मानवने कृषि सभ्यता का विकास किया, नगर का निवासी बने तथा कृषि राज्य की स्थापना की। इस तरह टायलर महोदय ने यह प्रस्तुत किया कि विश्व के सभी स्थानों के मानव समान रूप से प्रगति के योग्य थे। समान रूप से सभी स्थान की संस्कृति सरल से जटिल दिशा की ओर उद्‌विकसित हुई।

टायलर महोदय की सर्वाधिक लोकप्रिय पुस्तक *प्रिमिटिव कल्चर* (1871) है। इस पुस्तक को मानवशास्त्र के गौरव ग्रंथ के रूप में स्वीकार किया जाता है। यह पुस्तक टायलर के दो प्रमुख योगदानों के लिए प्रसिद्ध है—

1. संस्कृति की परिभाषा (Definition of Culture)
2. धर्म की उत्पत्ति एवं विकास (Origin and Development of Religion)

1. संस्कति की परिभाषा—संस्कृति शब्द का प्रयोग आरंभ से ही विभिन्न विद्वानों के लेखन में हो रहा था, लेकिन संस्कृति की वैज्ञानिक एवं मानवशास्त्रीय परिभाषा नहीं प्रदान की जा रही थी। टायलर महोदय द्वारा सर्वप्रथम संस्कृति की वैज्ञानिक एवं मानवशास्त्रीय परिभाषा प्रदान की गई।

> "Culture or Civilisation is that complex whole which includes knowledge, belief, art, law, morals, customs and any other capabilities and habits acquired by man as a member of society."

आपके अनुसार संस्कृति वह जटिल समग्रता है जिसके अंतर्गत ज्ञान, विश्वास, कला, कानून, नैतिकता, रीति-रिवाज तथा अन्य गुणों एवं आदतों का समावेश होता है जिसे मनुष्य सामाजिक सदस्य होने के नाते प्राप्त करता है। टायलर द्वारा प्रदत्त संस्कृति की इस परिभाषा से संस्कृति की दो प्रमुख विशेषताएं प्रकाश में आती हैं—

(i) संस्कृति सीखी जाती है (Culture is acquired)
(ii) संस्कृति एक जटिल समग्रता है (Culture is a complex whole)

1. संस्कृति सीखी जाती है—टायलर के अनुसार संस्कृति एक सामाजिक विरासत है। इसे व्यक्ति अपनी मां के गर्भ से लेकर नहीं आता है। इसे वह अपने जन्म के बाद समाज-परिवार में समाजीकरण प्रक्रिया द्वारा ग्रहण करता है। संस्कृति समाज में सीखी जाती है। इसे आनुवंशिक रूप से नहीं प्राप्त किया जाता है।

2. संस्कृति एक जटिल समग्रता है—संस्कृति एक जटिल समग्रता है। ज्ञान, विश्वास, नैतिकता, कला, कानून, मनोवृत्ति, रीति रिवाज, आदत तथा अन्य सभी गुण जिसे हम समाज में प्राप्त करते हैं, इसके अंग है। ये सभी अंग समग्रता में जुड़े रहते हैं। इन सभी अंगों का मुख्य कार्य संस्कृति की समग्रता को बनाए रखना है।

इसी पुस्तक में टायलर ने जादुई धार्मिक विश्वासों एवं संस्थाओं के उद्‌विकास को प्रकाश में लाया है। आपका यह दृष्टिकोण जान लुबाक (John Luback) के समान था। जान लुबाक ने अपनी पुस्तक *द ओरिजिन आफ सिविलाइजेशन* (1870) में जादू तथा धर्म

की उद्विकासीय योजना पर प्रकाश डाला था। लुबाक की योजना नास्तिकता (Atheism) से प्रारंभ होती थी तथा विश्वव्यापी ईश्वर में अंत होती थी। उद्विकासीय दर्शनशास्त्री तथा प्रिंसिपल आफ सोसियोलोजी (1870) के लेखन हर्बट स्पेंसर ने जादू तथा धर्म के उद्विकास के संबंध में उसी प्रकार का दृष्टिकोण अपनाया था। टायलर-स्पेंसर का संश्लेषण जादू तथा धर्म के उद्विकास के माध्यम से शास्त्रीय सांस्कृतिक उद्विकास पर प्रकाश डालता है।

टायलर स्पेंसर संश्लेषण में धर्म या आदिधर्म की उत्पत्ति तब हुई जब आरंभिक प्रागैतिहासिक मानवों ने प्राकृतिक उलझनों को समाधान करने का प्रयास किया। प्रागैतिहासिक मानवों ने बादलों को प्रकट एवं अप्रकट होते हुए देखा होगा। सूर्य को उदय एवं अस्त होते हुए देखा होगा। वे लोग चट्टानों एवं पर्वतों को नहीं घूमते हुए देखा होगा। इन प्राकृतिक घटनाओं को देखकर आरंभिक प्रागैतिहासिक मानवों ने सोचा होगा कि क्यों कुछ प्राकृतिक वस्तुएं जीवित एवं सक्रिय रहती हैं तथा अन्य नहीं। प्रागैतिहासिक मानवों ने इसका उत्तर आत्मा या जीवात्मा (Soul) में ढूंढा। आत्मा अदृश्य एवं प्रसरण वाली अलौकिक शक्ति है। यह शक्ति सजीवों को जीवित रखती है। इसकी उपस्थिति मात्र से जीवधारी क्रियाशील रहते हैं। वे चलते हैं, बोलते हैं, खाना खाते हैं तथा सक्रिय रहते हैं। ज्योंहि यह अलौकिक शक्ति उनसे अलग हो जाती है, जीवधारी मर जाते हैं। इस प्रकार जीवधारी को जीवित रहने का आधार आत्मा की उपस्थिति है।

प्रागैतिहासिक मानवों ने मानव जीवधारी को दो तरह से सक्रिय रहते हुए अनुभव किया होगा। स्वप्न में वे लोग अपने आपको दूसरे स्थान की यात्रा करते हुए पाए होंगे। लेकिन स्वप्न टूटने के बाद वे लोग अपने आपको दूसरे स्थान पर पाए होंगे। लोग एक ही शरीर से एक ही समय में दो स्थान पर नहीं रहे होंगे। अत: लोगों को विश्वास का विस्तार शारीरिक एवं गैर-शारीरिक या अलौकिक शक्ति के रूप में हुआ होगा। अलौकिक शक्ति का विस्तार ही आत्मा की अवधारणा प्राप्त किया होगा। मृत्यु का अवलोकन आत्मा की उपस्थिति के विश्वास को और मजबूती प्रदान किया होगा। जब लोग मरते होंगे तब आरंभ में वे उसी जीवित रूप से दिखते होंगे। लेकिन वे बाद में निष्प्राण लगने लगते होंगे। क्योंकि वे न उठते होंगे, न बोलते होंगे, न चलते होंगे, न खाते होंगे तथा धीरे-धीरे उनका शरीर भी नष्ट हो जाता होगा। इस प्रकार मृत्यु के अवलोकन से आत्मावाद या जीववाद में और गहरा विश्वास उत्पन्न हुआ होगा, क्योंकि अदृश्य आत्मा को शरीर से निकल जाने के कारण मृत्यु हुई होगी। प्रागैतिहासिक मानवों ने पुन: सोचा होगा कि आत्मा कहां जाती है। क्योंकि कुछ आत्माएं स्वप्न में प्रकट होती होंगी, लेकिन कुछ आत्माएं स्वप्न में नहीं आती होंगी। ऐसी आत्माओं के लिए ऐसा विश्वास व्यक्त किया गया होगा कि वे मृत्यु के बाद दूसरे लोक में जाकर रहने लगती हैं। लेकिन जो आत्माएं स्वप्न में प्रकट होती होंगी, उनके बारे में विश्वास उत्पन्न हुआ होगा कि आत्माएं पृथ्वी पर भ्रमण करती हैं। इस प्रकार भूत-प्रेत के संबंध में विश्वास उत्पन्न हुआ होगा। साथ ही साथ परोपकारी (Benevolent) तथा अपकारी (Malevolent) आत्मा में विश्वास जागृत हुआ होगा।

अगर आत्मा मृत्यु के बाद भी जीवित रहती है, तब क्या उनसे संपर्क एवं संबंध नहीं स्थापित किया जा सकता है। टायलर-स्पेंसर संश्लेषण में आत्मा से संपर्क एवं संबंध स्थापित करने के लिए जादुई-धार्मिक विशेषज्ञ की उत्पत्ति हुई होगी। इसके कारण जादूगर (Sorcer) तथा शामन (Shaman) का जन्म हुआ होगा। गैर-शिक्षित तथा नातेदारी आधारित संस्कृति में आत्माओं के साथ पूर्वज का संबंध स्थापित हुआ होगा तथा उनकी अकलमंदी तथा बुद्धिमानी की पूजा आरंभ हुई होगी। इस प्रकार गैर-शिक्षित तथा नातेदारी आधारित संस्कृति में पूर्वज पूजा अस्तित्व में आया होगा। लेकिन किस प्रकार पूर्वजों—आत्मा-प्रेतात्मा—के अलौकिक विश्व की कल्पना की गई होगी? टायलर स्पेंसर संश्लेषण के अनुसार इस अलौकिक विश्व की कल्पना इस पृथ्वी पर उनके जीवन के प्रतिबिंबन से ही संभव थी। जब संस्कृति का उद्विकास हुआ, तब जीवन के बाद की प्रतिमा या मूर्ति का उद्विकास हुआ। यही कारण है कि प्रागैतिहासिक एवं आदिम संस्कृति में अनेक समान वर्ग के वंश समूह एवं गोत्र समूह में समान वर्ग के अनेक देवी-देवता, आत्मा तथा प्रेतात्मा की पूजा होने लगी। इस प्रकार बहुदेववाद (Polytheism) प्रकाश में आया तथा अनेक देवी-देवताओं की पूजा होने लगी। सभ्यावस्था में जब संस्कृति वर्ग आधारित बन गई, तब देवी-देवताओं के लिए भी कई वर्गों का निर्माण हुआ। लेकिन जब सभ्यावस्था में राज्य की उत्पत्ति हुई तथा सत्ता एक सम्राट या पुजारी राजा के हाथ में आयी, तब देवी-देवताओं की संख्या भी घट कर एक हो गई। उदाहरण के लिए विश्वव्यापी ईसाई धर्म के राजा। इस प्रकार विक्टोरियन इंग्लैंड में एकेश्वरवाद (Monotheism) का विकास हुआ। यह धर्म का सबसे उद्विकसित स्वरूप था। इसका उद्विकास क्रमिक सांस्कृतिक परिवर्तन से हुआ था। इसकी शुरुआत आदिम आत्मावाद (Primitive Animism) की अवधारणा से प्रागैतिहासिक काल में हुई थी। बाद में बहुदेववाद (Polytheism) अस्तित्व में आया। लेकिन सबसे विकसित अवस्था में एकेश्वरवाद का विकास हुआ। इस प्रकार धर्म का वर्तमान स्वरूप सांस्कृतिक उद्विकासीय प्रक्रिया की देन है। यह विभिन्न कालों में विभिन्न अवस्थाओं से होकर गुजरा है। आत्मावाद, बहुदेववाद तथा एकेश्वरवाद इसकी प्रमुख क्रमिक उद्विकसित अवस्थाएं हैं।

उद्विकास के कारण निरंतरता एवं परिवर्तन की घटनाएं घटित होती हैं।

जैविक उद्विकास में होमो सेपियंस पूर्वज स्पेसिस के शारीरिक तत्वों को प्राप्त किया जिसमें नर-वानर एवं बंदरों के समान प्राक् मानव स्पेसिस के तत्व शामिल हैं। यह सुझाव कि मानवता भी आंशिक रूप से पशु जगत से संबंधित है अनेक लोगों को आंतरिक नकारात्मक प्रतिक्रिया के लिए उकसाया। उसी प्रकार विक्टोरियन इंग्लैंड में सांस्कृतिक उद्विकासवाद के संस्थापक स्पेंसर एवं टायलर को भी आलोचना का सामना करना पड़ा था। क्योंकि इन विद्वानों ने विचार व्यक्त किया था कि ईसाई धर्म की जड़ भी अन्य लोगों के विश्वास के समान आदिम रहा है। मानव विज्ञान के प्रति उसी समय से उग्र धारणा बनी थी।

टायलर की चौथी एवं अंतिम पुस्तक का शीर्षक *एंथ्रोपोलोजी : स्टडी आफ मैन एंड सिविलाइजेशन* (1881) है। इस पुस्तक में टायलर महोदय ने मानवशास्त्र की समग्रता पर प्रकाश डाला है। इस पुस्तक में मानव की प्राचीनता पर प्रकाश डालते हुए उसकी प्रागैतिहासिक विशेषताओं को प्रकाश में लाया गया है। इस पुस्तक में मानव की प्रजाति, प्रवसन एवं अन्य प्राणियों के साथ संबंध की चर्चा करके शारीरिक मानवशास्त्र को मानवशास्त्र की समग्रता में शामिल किया गया। गूंगे-बहरों के बीच संवाद विनिमय तथा संचारण व्यवस्था के ऊपर चर्चा इस पुस्तक के एक अध्याय में की गई है। भाषाई मानवशास्त्र के ऊपर उनका यह एक अतिमहत्त्वपूर्ण योगदान है। सांकेतिकता की प्रकृति तथा मानव जीवन के ऊपर उसके प्रभाव संबंधी टायलर के अंतर्दृष्टि को सांस्कृतिक मानवशास्त्र में उनका एक अनोखा योगदान माना जाता है।

इस पुस्तक में टायलर ने संस्कृति की ऐतिहासिक निरंतरता पर प्रकाश डाला है। विभिन्न प्रकार के भौतिक एवं अभौतिक अवशेषों का एकरेखीय क्रम में तुलना करके टायलर महोदय ने विचार व्यक्त किया है कि मानव जातीय विकास की तीन प्रमुख अवस्थाएं—आरण्यावस्था, असभ्यावस्था तथा सभ्यावस्था रही हैं। उन्होंने इन ऐतिहासिक अवस्थाओं को ऐतिहासिक प्रक्रियाओं को संचालित करने वाला नियम नहीं बतलाया। वरन् उन्होंने अनुभाविक सामान्यीकरण (Empirical Generalisation) पर विशेष रूप से प्रकाश डाला है। इसके आधार पर एथनोग्राफर संस्कृति की निरंतरता एवं परिवर्तन को समझने का प्रयास करता है।

हालांकि टायलर महोदय की आलोचना आर्मचेयर मानवशास्त्री के रूप में की जाती है, लेकिन विश्व मानवशास्त्र उनका सदैव आभारी रहेगा जिन्होंने इस विषय को सबसे प्रथम ब्रिटेन में एक बौद्धिक विषय के रूप में मान्यता दिलवाई है। आप मानवशास्त्र में सर्वप्रथम प्राध्यापक के पद पर आसीन हुए तथा सर्वप्रथम मानवशास्त्र विषय के ऊपर पाठ्य पुस्तकों की रचना की।

3. जेम्स फ्रेजर (James Frazer) (1854-1941)

फ्रेजर का जन्म एक व्यावसायिक घराने में हुआ था। आपके पिता एक संपन्न औषधि एवं रसायन कंपनी के साझेदार थे। आपकी माता एक संपन्न व्यवसायी की पुत्री थी। आपने कैम्ब्रिज विश्वविद्यालय, लंदन से पुरातन साहित्य एवं दर्शन की पढ़ाई की थी। आपके अंदर मानवशास्त्र में अभिरुचि जागृत करने का श्रेय दर्शनशास्त्री जेम्स वार्ड को जाता है। रॉबर्टसन स्मिथ ने आपको मानवशास्त्र में अध्ययन के लिए उत्प्रेरित किया था। स्मिथ को गिरिजाघर महाविद्यालय में शिक्षक पद से हटा दिया गया था, क्योंकि उनका अध्ययन तुलनात्मक धर्म से संबंधित था तथा अपधर्म दर्शाता था। स्मिथ को कैंब्रिज विश्वविद्यालय में सादर आमंत्रित किया गया था। यहीं पर स्मिथ की भेंट फ्रेजर से हुई। स्मिथ उस वक्त

एनसायक्लोपेडिया ऑफ ब्रिटेनिका के नौवें संस्करण में व्यस्त थे। स्मिथ ने फ्रेजर को भी एक शोधपत्र लिखने के लिए आमंत्रित किया। यह शोधपत्र मानवशास्त्रीय विषय टोटमिज्म एवं टैबू से संबंधित था जिसका प्रकाशन *एनसायक्लोपेडिया ऑफ ब्रिटानिका* में 1888 में हुआ था। इसके पहले सन् 1883 ई. में फ्रेजर ने एक मानवशास्त्रीय शोधपत्र प्रस्तुत किया था जिसका शीर्षक सरटेन व्यूटियल कस्टम्स था। इस शोधपत्र में आदिम मानव के आत्मावाद सिद्धांत का विस्तृत वर्णन किया गया था।

फ्रेजर की सर्वाधिक लोकप्रिय एवं ख्याति प्राप्त पुस्तक का शीर्षक *गोल्डन बाउ* है, जिसका सर्वप्रथम प्रकाशन 1890 में तीन खंडों में हुआ था। बाद में इसका दूसरा संस्करण दो खंडों में 1900 में निकला था। इस पुस्तक का तीसरा संस्करण 1912 से 1915 के बीच बारह खंडों में हुआ था। इस पुस्तक में टायलर महोदय के समान फ्रेजर महोदय ने भी मानसिक प्रक्रिया के उद्विकास में अभिरुचि प्रदर्शित की थी। आपके अनुसार मानसिक प्रक्रिया के उद्विकास के फलस्वरूप जादू, धर्म तथा विज्ञान की उत्पत्ति हुई। फ्रेजर की उद्विकासीय योजना में जादू सर्वप्रथम अस्तित्व में आया। जादू संपर्क एवं अनुकरण पर आधारित था। अत: संपर्कात्मक (Sympathetic) एवं अनुकरणात्मक (Imitative) जादू अस्तित्व में आया।

जादूगरों को ऐसा विश्वास था कि वे विशेष तत्वों को साथ लेकर प्रकृति का नियंत्रण कर सकते थे। जहां प्रत्यक्ष संपर्क का अभाव था वहां दूसरी वस्तु से सामंजस्य स्थापित कर नियंत्रण में लाया जा सकता था। जब जादू विफल हो गया, तब जादूगर धर्म की ओर मुड़े। धर्म मानवता की भावना पर आधारित था। साथ ही साथ इसमें ऐसा विश्वास उत्पन्न हुआ होगा कि लोग प्रकृति को नियंत्रित नहीं कर सकते हैं। लेकिन प्रार्थना, पूजा, पाठ, बलि, अनुष्ठान जैसे कार्यों के द्वारा ईश्वर को हस्तक्षेप करने के लिए आग्रह किया जा सकता है। अंतिम अवस्था में जब विश्व के संबंध में सत्य घटनाओं की जानकारी बढ़ी होगी तब धर्म के स्थान पर विज्ञान की उत्पत्ति हुई होगी। विज्ञान भी जादू के समान प्रकृति पर नियंत्रण रखता है, लेकिन वैसा नियंत्रण जो कार्य करता था। टायलर के एकेश्वरवाद के समान फ्रेजर का विज्ञान सबसे उद्विकसित अवस्था का प्रतिनिधित्व करता था। इस प्रकार टायलर के समान फ्रेजर ने भी यही दर्शाया कि वर्तमान अतीत की उपज थी।

4. आर.आर. मैरेट (R.R. Marret) (1866-1943)

आपका जन्म लंदन में हुआ था तथा आप टायलर महोदय के शिष्य थे। सन् 1936 में आपके द्वारा सांस्कृतिक मानवशास्त्र में टायलर के योगदानों को दर्शाते हुए एक ग्रंथ-सूची प्रकाशित की गई थी। आपके द्वारा एक पुस्तक का प्रकाशन किया गया था जिसका शीर्षक *थ्रेसहोल्ड आफ रेलिजन* था। यह पुस्तक 1909 में प्रकाशित हुई थी। इस पुस्तक में आपने अपने गुरु टायलर महोदय द्वारा प्रतिपादित आत्मावाद की अवधारणा का परिवर्तित रूप

प्रकाश में लाया। आपने आत्मावाद की आलोचना करते हुए कहा कि आदिम मानव की नियति प्राकृतिक घटनाओं से निर्देशित एवं नियंत्रित हुआ करती थी। अत: आदिम धर्म को जीवित सत्तावाद (Animatism) के संदर्भ में समझना चाहिए। मैरेट के अनुसार जीवित सत्तावाद की अवधारणा यह दर्शाती है कि प्रत्येक भौतिक वस्तुओं एवं प्राणियों के पीछे एक अवैयक्तिक शक्ति पाई जाती है। यह शक्ति भौतिक एवं शारीरिक शक्ति से भिन्न होती है। यह शक्ति बुरे एवं भले सभी रूपों में कार्य करती है।

5. सर हेनरी जेम्स सुमर मैन (Sir Henary James Summer Maine) (1822-1888)

हेनरी सुमर मैन का जन्म स्कॉटलैंड में हुआ था। आपने अलबेनी से कानून की शिक्षा प्राप्त की थी। आप पेशा, शिक्षा एवं प्रशिक्षण से एक सफल वकील थे। आपने इंग्लैंड में तुलनात्मक विधि संग्रह (Comparative Juris Prudence) की स्थापना की थी। कुछ समय के लिए आप ऑक्सफोर्ड विश्वविद्यालय में विधिशास्त्र के प्राध्यापक भी रहे थे। आप आदिम कानून के अध्ययन करने भारत भी आए थे। सन् 1869 में आपको कलकत्ता विश्वविद्यालय का कुलपति बनाया गया था।

कृतित्व

आपके प्रमुख कृतित्व निम्नलिखित हैं—

1. 1861 : एंशियंट लॉ।
2. 1883 : अर्लि लॉ एंड कस्टम।
3. 1871 : विलेज कम्युनिटीज इन इस्ट एंड वेस्ट।
4. 1875 : अर्लि हिस्ट्री आफ इंस्टिट्यूशन।
5. 1890 : पोपुलर गवर्मेंट।

योगदान

उद्विकासीय योजना में मैन का प्रमुख योगदान परिवार का उद्विकास है। जहां उनके सभी समकालीन उद्विकासवादियों ने मातृरेखीय परिवार को परिवार का आरंभिक स्वरूप तथा पितृरेखीय परिवार को परिवार का सबसे उद्विकसित स्वरूप माना है। मैन ने यह दर्शाया कि परिवार का आरंभिक स्वरूप पितृरेखीय रहा है तथा मातृरेखीय परिवार का विकास बाद में हुआ है।

आप पेशे से वकील थे। एक वकील के रूप में आपकी अभिरुचि कानून के उद्विकास में थी। आदिम कानून तथा आधुनिक कानून में अंतर जानने की इच्छा आप में

थी। लेकिन सबसे बड़ी बाधा लिखित प्रमाण का अभाव था। क्योंकि लिखित प्रमाण के पहले कानून का क्या स्वरूप था, इसके संबंध में निश्चयपूर्वक कुछ भी नहीं कहा जा सकता था। इस समस्या के समाधान के लिए आपने एक शोध विधि का विकास किया। रोमन कानून में दक्षता हासिल करने के कारण आप कानून में होने वाले परिवर्तनों का अवलोकन किया। आपके अनुसार कानून का प्रारंभिक स्वरूप अभी भी वैधिक कल्पना (Legal Fiction) के रूप में प्रचलित था। इसे उन्होंने कानून का अवशेष माना तथा आरंभिक अवस्था के रूप में चिह्नित किया। वैधिक कल्पना के आधार पर आपने कई प्रकार की उद्विकासीय योजनाओं का प्रतिपादन अपनी पुस्तक *एंशियंट लॉ* में किया। उदाहरण के लिए नातेदारी संगठन से प्रादेशिक संगठन, प्रस्थिति समाज से संविदा समाज, सामूहिक संपत्ति से व्यक्तिगत संपत्ति तथा नागरिक कानून से अपराधिक कानून। इन सभी में नातेदारी संगठन से प्रादेशिक संगठन का उद्विकास मानवशास्त्रियों को विशेष रूप से आकर्षित किया है। क्योंकि इसका संबंध आरंभिक परिवार संगठन से है।

अपनी उद्विकासीय योजना की परिवार का आरंभिक स्वरूप पितृसत्तात्मक एवं पितृरेखीय रहा था, मैन ने रोमन कानून की एक वैधिक कल्पना को प्रकाश में लाया। रोमन कानून में एक वैधिक कल्पना प्रचलित थी कि पिता पैट्रियापोटेस्टाज था। रोम शब्द पैट्रियाज पोटेस्टाज का अर्थ था कि पिता के पास असीम शक्ति थी। वह अपनी असीम शक्ति का प्रयोग पत्नी एवं बच्चों पर करता था। जिस समय मैन रोमन कानून का अध्ययन कर रहे थे उस समय पिता के पास ऐसी असीम शक्ति नहीं थी। लेकिन वैधिक कल्पना अवशेष के रूप में प्रचलित थी। वैधिक कल्पना के आधार पर आप इस निष्कर्ष पर पहुंचे कि परिवार का स्वरूप आरंभ में पितृसत्तात्मक, पितृरेखीय एवं पितृस्थानीय था। मातृसत्तात्मक, मातृरेखीय तथा मातृ स्थानीय परिवार का विकास बाद में हुआ। चूंकि उस आरंभिक अवस्था में यथार्थ सरकार एवं विधान का अभाव था। अत: पितृसत्तात्मक परिवार राजनीतिक संगठन का आरंभिक रूप भी था। जब आदिम मानव धीरे-धीरे आम भूमि पर एकत्रित होने लगे तब क्षेत्रीय या प्रादेशिक अवधारणा विकसित होने लगी। जब एक क्षेत्र विशेष की सभी आदिम जनसंख्या एक आम सत्ता को स्वीकार करने लगी तब राज्य की उत्पत्ति हुई। इस प्रकार राज्य नातेदारी संगठन का उद्विकसित स्वरूप है। आपके इस मत को आपके समकालीन सभी मानवशास्त्रियों ने समर्थन किया है।

6. जान फारगुसन मैक्लैनन (John Fargusan Mclennan) (1827-1881)

आपका जन्म स्कॉटलैंड में हुआ था। आप भी पेशे से एक सफल वकील थे। वकील होने के नाते आपकी अभिरुचि विवाह के उद्विकास में जागृत हुई। इस प्रकार पेशा एवं अभिरुचि में आप मैन के समान थे।

कृतित्व

आपके कृतित्व निम्नलिखित रहे हैं—

1. 1865 : प्रिमिटिव मैरेज : एन इंक्वायरी इन टु द ओरिजिन आफ फार्म आफ कैपचर इन मैरेज सेरेमनी
2. 1876 : स्टडी इन एंशियंट हिस्ट्री।

योगदान

आपका प्रमुख योगदान विवाह की उद्विकासीय योजना है। आपके विवाह की उद्विकासीय योजना का प्रमुख आधार कन्या अपहरण (Bride Capture) है। कन्या अपहरण प्रथा आज भी समकालीन समाजों में अभिनय के रूप में प्रचलित है। आपने अफ्रीका की कालमुख जनजाति के बीच वधू मूल्य (Bride Price) तथा कन्या अपहरण (Bride Capture) की प्रथा को प्रचलित पाया। इस समाज में कन्या मूल्य के अभाव में कन्या अपहरण द्वारा विवाह रचाया जाता था। कन्या को घोड़े पर बैठाकर अभिनयात्मक ढंग से अपहरण किया जाता था। आपने इस तरह की प्रथा का अवलोकन वेल्स जनजाति के बीच भी किया था। इस जनजाति में अपहरण के अभिनय करते वक्त दूल्हा पक्ष को दुल्हन पक्ष के साथ युद्ध करना पड़ता था। युद्ध में वर पक्ष को वधू पक्ष को परास्त करके कन्या का अपहरण करना पड़ता था। इसके बाद वर एवं कन्या के बीच विवाह संपन्न होता था। मैक्लैनन ने उपरोक्त उदाहरणों के आधार पर यह दर्शाने का प्रयास किया कि कन्या अपहरण प्रथा आरंभिक वधू मूल्य का सांस्कृतिक अवशेष है।

उनके दिमाग में यह प्रश्न बारंबार उपस्थित हो रहा था कि आखिर कन्याओं का अपहरण क्यों आरंभ हुआ होगा। आपने इस समस्या का समाधान स्त्री की संख्या में कमी के आधार पर किया। इसके लिए आपने महिला शिशु हत्या प्रथा (Female Infanticide) का उदाहरण प्रस्तुत किया। इस प्रथा में भोजन के अभाव में महिला शिशुओं को वध करके जठराग्नि को शांत की जाती थी। देखने में यह एक असभ्य एवं निर्दयतापूर्ण व्यवहार लगता है। लेकिन उस परिस्थिति में इस प्रथा का सामाजिक मूल्य था। मानव छोटे-छोटे झुंडों में रहता था। समूह विवाह अस्तित्व में था। भोजन पानी के लिए समूह को कठिन संघर्ष करना पड़ता था। इस अस्तित्व के संघर्ष में महिला शिशुओं को समाज पर बोझ समझा गया होगा। अतः भुखमरी की स्थिति में उनके मांस को खाकर अस्तित्व की रक्षा की गई होगी। इस प्रथा के कारण समूह में महिला-पुरुष अनुपात अप्रत्याशित ढंग से प्रभावित हुआ होगा। अब महिला की संख्या पुरुष की संख्या की तुलना में काफी घट गई थी। इस समस्या के समाधान के लिए बहुपति प्रथा (Polyandry) का विकास हुआ। लेकिन यह समाज की आरंभिक अवस्था नहीं थी। आरंभ में विवाह तथा नातेदारी प्रथा अस्तित्व में नहीं थी।

आरंभ में कामाचार या यौनाचार (Promiscuity) की अवस्था थी। इस अवस्था में पितृत्व का निर्धारण संभव नहीं था, लेकिन जन्म देने के आधार पर मातृत्व का निर्धारण संभव था। इस प्रकार मातृरेखीयता का विकास हुआ। वंशानुक्रम निर्धारण में मातृत्व एक विकास की अवस्था बना।

मैक्लैनन के अनुसार विकास की दूसरी अवस्था बहुपति प्रथा थी। इसमें कम यौनाचार था। यह अधिक नियंत्रित था। मैक्लैनन ने बहुपति प्रथा के दो प्रकारों का उल्लेख किया है। एक प्रकार को आपने तिब्बती बहुपति प्रथा कहा तथा दूसरे को नायर बहुपति प्रथा नाम दिया। तिब्बती बहु पति प्रथा में एक महिला से विवाहित सभी पुरुष आपस में भाई होते हैं। नायर बहुपति प्रथा में एक महिला से विवाहित सभी पुरुष आपस में भाई नहीं होते। इस प्रकार आपने भ्रातृक (Fraternal or adelphic) तथा अभ्रातृक (non-fraternal or non-adelphic) बहुपति प्रथा को प्रकाश में लाया। बहुपति प्रथा में पत्नी को बारी-बारी से सभी भाइयों के निवास स्थान पर जाना पड़ता था। इस प्रकार पितृ स्थानीय परिवार अस्तित्व में आया। **पितृपक्षीय वंश एवं पितृ पक्षीय वंशानुक्रम का विकास हुआ। जब कृषि अवस्था में मानव ने प्रवेश किया तथा अन्न की समस्या का समाधान हो गया तब अधिक उत्पादन के लिए अधिक मानवशक्ति की आवश्कता हुई। इसलिए बहुपत्नी विवाह अस्तित्व में आया। लेकिन जब मानव जब सभ्यावस्था द्वारा नगर का निवासी बना, तब एक पति-पत्नी विवाह अस्तित्व में आया।**

7. जान जैकब बाचोफेन (J.J. Bachofen) (1815-1877)

आप मार्गन, मैन तथा मैक्लैनन के समान एक अधिवक्ता थे। आपको महाद्वीपीय शास्त्रीय उद्विकासवादी कहा जाता है। आप अपने समकालीन मार्गन तथा मैक्लैनन के समान यह विचार रखते थे कि प्रारंभ में नातेदारी का निर्धारण मातृरेखीय था। पितृरेखीय नातेदारी निर्धारण का विकास बहुत बाद में हुआ।

एक स्विस अधिवक्ता के रूप में आपको आदिम एथनोग्राफी सर्वे करने का मौका मिला। आदिम एथेनोग्राफी सर्वेक्षण के क्रम में आपने पाया कि प्राचीन समाजों में बच्चों का नामकरण माता से किया जाता था। विभिन्न एथनोग्राफी के अध्ययन से पता चला कि अभी भी अनेक समाज ऐसे हैं जहां यह प्रथा पाई जाती है। इस आधार पर आप निष्कर्ष पर पहुंचे कि आरंभ में समाज मातृ सत्तात्मक, मातृरेखीय तथा मातृवंश नामिक रहा होगा। पितृसत्तात्मक, पितृरेखीय एवं पितृनामिक समाज बाद में अस्तित्व में आया।

बाचोफेन ने पाया कि मातृ सत्तात्मकता विकास की दूसरी अवस्था रही होगी। इसके पहले यौनाचार या यौन साम्यवाद की अवस्था रही होगी। आपने यौन साम्यवाद की अवस्था का निगमन मंदिर वेश्यावृत्ति (Temple Prostitution) तथा पत्नी आतिथ्य प्रथा (Wife hospitality) के आधार पर किया। मंदिर में पुजारिनों को पुजारियों के समक्ष

आत्मसमर्पण करना पड़ता था। पत्नी आतिथ्य प्रथा में पत्नी को अतिथि के समक्ष अतिथि सत्कार के रूप में समर्पण करना पड़ता था। इस तरह प्रारंभिक अवस्था में महिलाओं को केवल यौन वस्तु माना जाता था।

अपनी पुस्तक *मदर राइट* (1861) में आपने यह दर्शाया कि आरंभिक नारी मुक्ति आंदोलन के माध्यम से महिलाएं अपने अधिकार के प्रति सचेत हुईं। इस तरह मातृसत्तात्मक समाज अस्तित्व में आया। लेकिन महिलाएं ज्यादा दिनों तक इस अधिकार को अपने पास नहीं रख सकीं। क्योंकि गर्भवती तथा शिशुपालन की अवस्था में उन्हें पुरुषों पर आश्रित होना पड़ता था। पुरुष ने इस स्थिति का लाभ उठाया। आरंभ में पुरुष सहकष्टी (Couvade) प्रथा के माध्यम से यह दर्शाने में सफल हुए कि शिशु जन्म में उनकी भी भागीदारी है। इस प्रथा के माध्यम से उन्हें पिता के अधिकार प्राप्त हुए। लेकिन जब समाज पूर्ण रूप से पिता प्रधान बन गया तब इस प्रथा को छोड़ दिया। इस प्रकार बाचोफेन ने अपनी उद्‌विकासीय योजना में यह दर्शाया कि समाज का उद्‌विकास मातृसत्तात्मकता से पितृसत्तात्मकता की दिशा में हुआ है।

8. एडाल्फ बैस्टियन (Adolf Bastian) (1826-1905)

आप जर्मनी के दूसरे एथनोग्राफर थे। आपने मनुष्य की मानसिक समानता (Psychic Unity of Mankind) को उचित बतलाया। अनुभववादी होने के कारण आपने लैमार्क एवं डार्विन द्वारा प्रतिपादित जैविक उद्‌विकास के सिद्धांत को खारिज कर दिया, क्योंकि उनके अनुभव बतलाते थे कि किसी ने भी स्पेसिस को बदलते हुए नहीं देखा था। आपने जर्मन भाषा में दो पुस्तकों की रचना की थी। जर्मन भाषा में प्रकाशित अपनी पुस्तकों में आपने यह दर्शाया कि सामाजिक उद्‌विकास को संस्कृति के उद्‌विकास के संदर्भ में दर्शाया जा सकता है। आपने उद्‌विकास को जानने के लिए विभिन्नता पर नहीं वरन् समानता पर ध्यान केन्द्रित किया। आपके अनुसार संस्कृति में समानता मानव के मानसिक समानता के परिणाम हैं। आपके अनुसार नियंत्रित संख्या में मानव जाति के लिए कुछ विचार आम विचार थे। आपने मौलिक विचार को प्राथमिक विचार कहा। इस तरह के विचार विभिन्न पर्यावरण में रह रहे लोक समाजों के विचार रहे होंगे। इस प्रकार वे लोक विचार बन गए। उनका यह विचार अमरीकी मानवशास्त्रियों के संस्कृति क्षेत्र (Culture Area) के समान था। क्योंकि एक भौगोलिक क्षेत्र में एक समान विचार का विकास हुआ। इसी आधार पर संस्कृति क्षेत्र की अवधारणा विकसित की गई। कोई भी भौगोलिक क्षेत्र विशुद्ध नहीं रह गया होगा क्योंकि प्रसार, प्रवसन तथा आवागमन के द्वारा उनके बीच विचारों का मिश्रण बना होगा। इस प्रकार आप अपने समकालीन उद्‌विकासवादियों की तुलना में उद्‌विकास की जटिलता से अधिक परिचित थे।

3

प्रसारवाद
DIFFUSIONISM

मानवशास्त्र में प्रसारवाद संप्रदाय की उत्पत्ति उद्विकासवाद सिद्धांत की प्रतिक्रिया के फलस्वरूप हुई थी। यह संप्रदाय भी एक ही साथ विश्व के तीन स्थानों—अमरीका, ब्रिटेन तथा जर्मनी—में अस्तित्व में आया था। इस तरह स्थान के आधार पर प्रसारवादी मानवशास्त्रियों को तीन उपसंप्रदायों—अमरीकी, ब्रिटिश तथा जर्मन—में विभाजित किया जाता है। हालांकि प्रसारवाद के इन तीनों उपसंप्रदाय उद्विकासवाद के प्रबल आलोचक एवं विरोधी रहे हैं, लेकिन इन तीनों उपसंप्रदायों के बीच कुछ मौलिक अंतर पाया जाता है। उसकी चर्चा बाद में की जायेगी।

शास्त्रीय उद्विकासवादियों द्वारा उद्विकासवाद सिद्धांत की व्याख्या हेतु जर्मन भूगोलवेत्ता तथा एथनोग्राफर एडोल्फ बास्टियन द्वारा प्रतिपादित मनुष्य की मानसिक समानता की अवधारणा को गले लगाया गया था। इस अवधारणा के अनुसार सभी आदिम एवं सभ्य लोग सांस्कृतिक परिवर्तन की समान मौलिक क्षमता रखते हैं। आदिम लोग सभ्य लोगों की तुलना में कम विकसित इसलिए नहीं हुए कि आदिमता उनके स्वभाव में व्याप्त थी, वरन् उनके कम विकसित होने का कारण दूसरे लोगों के संपर्क से विकास का अवरुद्ध हो जाना था अथवा उनके कम विकसित होने का कारण यह था कि वे लोग दूसरे समूह की तुलना में देर से विकास करना शुरु किया था। मनुष्य की मानसिक समानता सिद्धांत अठारहवीं सदी के ज्ञानोदय विश्वास का निरंतरण था जिसके अनुसार सभी व्यक्ति प्रगति के योग्य थे।

मनुष्य की मानसिक समानता सिद्धांत के साथ स्वतंत्र आविष्कार (Independent Invention) का सिद्धांत भी उद्विकासवाद के साथ घनिष्ठ रूप से जुड़ गया था। स्वतंत्र आविष्कार की अवधारणा के अनुसार सभी लोग सांस्कृतिक रूप से एक समान सृजनशील होते हैं। इस सिद्धांत के अनुसार अगर विभिन्न लोगों को एक समान अवसर दिया जाये तब वे स्वतंत्र रूप से समान विचार एवं हस्तकृतियों का सृजन करते हैं। वे लोग ऐसा बिना किसी संपर्क के करते हैं। इस तरह स्वतंत्र आविष्कार सांस्कृतिक परिवर्तन की एक व्याख्या था। स्वतंत्र आविष्कार के विपरीत सिद्धांत प्रसारवाद था। इसके अनुसार आविष्कार

की उत्पत्ति केवल एक बार किसी एक स्थान पर हुई है। वहां से तत्व प्रसरण अथवा प्रवसन द्वारा दूसरे स्थानों में पहुंचे हैं। प्रसारवाद गैर-समतावादी था। क्योंकि इसके अनुसार केवल कुछ ही लोग सांस्कृतिक ढंग से सृजनशीलता के योग्य थे। अन्य लोग उनकी नकल करते थे। जब शास्त्रीय उद्विकासवाद आरंभिक बीसवीं सदी में दृश्य से ओझल हो गया था तब प्रसारवाद ने उनका स्थान ग्रहण कर लिया था।

प्रसारवाद की सरल अवधारणा संस्कृति क्षेत्र (Culture Area) है। संस्कृति क्षेत्र की अवधारणा का विकास अमरीकी मानवशास्त्री क्लार्क विसलर (1870-1947) द्वारा की गई थी। नवविश्व गौरव से उत्साहित होकर विसलर यूरोपीय मानवशास्त्रियों को यह दर्शाना चाह रहे थे कि अमरीकी भारतीय समूह एक समान नहीं थे। अत: आपने अमरीकी भारतीय समूहों को कई सांस्कृतिक क्षेत्रों में विभाजित कर दिया था। आपने प्रत्येक सांस्कृतिक क्षेत्र के लिए एक संस्कृति केन्द्र (Culture Centre) की अवधारणा का विकास किया जहां समूह के सबसे महत्त्वपूर्ण तत्वों की उत्पत्ति हुई थी तथा जहां से वे बाहर की ओर प्रसरित हुए थे। क्लार्क विसलर के नेतृत्व का अनुसरण करते हुए अनेक अमरीकी मानवशास्त्रियों ने संस्कृति क्षेत्र की अवधारणा का प्रयोग आंकड़ों को संगठित करने, तत्वों को सूचीबद्ध करने तथा संग्रहालय को प्रदर्शित करने के लिए किया था। अमरीकी प्रसारवाद संप्रदाय को संस्कृति क्षेत्र संप्रदाय भी कहा जाता है।

प्रसारवाद की यूरोपीय व्याख्या सैद्धांतिक रूप से ज्यादा उग्र थी। इसकी एक प्रसिद्ध व्याख्या सूर्य केन्द्रीय (Heliocentrism) थी। जिसका विकास ब्रिटिश एवं कामनवेल्थ मानवशास्त्रियों ग्राफ्टन इलियट स्मिथ (1871-1937), विलियम पेरी (1887-1949) तथा अपने बौद्धिक जीवन के कुछ भाग में डब्ल्यू.एच.आर. रिवर्स द्वारा किया गया था। स्मिथ तथा उनके साथी सिद्धांतकार महापाषाण (Megaliths) के प्रति ज्यादा आकर्षित थे। यूरोपीय पिरामिडों के प्रति उनका विशेष आकर्षण था जिसे उन लोगों ने सूर्य पूजा संप्रदाय से संबंधित बतलाया था। पिरामिडों एवं महापाषाणों के बीच समानता को दर्शाते हुए उन विद्वानों ने अपना मत प्रकट किया कि विश्व सभ्यता का विकास मिस्र में 400 B.C. में हुआ था। यहीं से विश्व सभ्यता अनेक स्थानों में प्रसरित हुई। लेकिन कुछ स्थानों के देशज निवासी के बीच यह नहीं पहुंच सकी क्योंकि वे आत्मसातकरण के योग्य नहीं थे। स्मिथ रिवर्स एवं पेरी को भी इस मत के लिए परिवर्तित कर दिए थे जिनकी पुस्तक *द चिल्ड्रेन आफ सन्* (1923) इस सैद्धांतिक व्यापार का मूल विषय बनी थी। ब्रिटिश प्रसारवाद संप्रदाय को अखिल मिस्र (Pan Egyptian) संप्रदाय के नाम से भी जाना जाता है।

प्रसारवाद की दूसरी चरम व्याख्या संस्कृति चक्र (Kulturkreis) संप्रदाय है। संस्कृति चक्र की अवधारणा आंशिक रूप से जर्मन मानवजाति शास्त्री फ्रिडरिच रैटजेल (Friedrich Ratzil 1844-1904) के मानव-भूगोल (Anthropo-Geography) ली गई थी। लोगों के साथ भौगोलिक पड़ोसियों के संबंध में अभिरुचि लेते हुए मानव-भूगोलवेत्ताओं ने एडाल्ड बैस्टियन द्वारा प्रतिपादित मनुष्य की मानसिक समानता सिद्धांत को अस्वीकार कर

दिया था। रैटजेल के अनुसार प्रसरण के बाद सांस्कृतिक तत्वों का परिवर्तन स्थानीय पर्यावरण के साथ अनुकूलन के कारण होता है। इस प्रक्रिया में स्त्रोतों का प्रच्छादन (Masking) हो जाता है। इस समस्या के समाधान के लिए उन्होंने स्वरूप के मानक (Criteria of Form) का आह्वान किया। स्वरूप के मानक का तात्पर्य था कि समान तथा प्रकार्यात्मक ढंग से व्यर्थ तत्व वे हैं जो संभवत: प्रसरित हुए थे। रैटजेल के शिष्य लिओ फ्रोबेनियस (Leo Frobanius) (1873-1938) ने भौगोलिक सांख्यिकी का प्रयोग प्रसरण प्रतिमान के अध्ययन को आगे बढ़ाने के लिए किया। इस प्रकार संस्कृति चक्र संप्रदाय में स्वरूप का मानक एवं भौगोलिक सांख्यिकी को शामिल किया गया। इस संयुक्त दृष्टिकोण का प्रयोग फ्रिट्ज ग्रैबनर (1877-1934) तथा बिलहेल्म स्कमीड (1868-1954) द्वारा किया गया था। अपनी पुस्तक *द मेथड आफ एथनोलोजी* (1911) में ग्रैबनर ने इस मत का प्रतिपादन किया कि प्रारंभिक विचार (Seminal ideas) के साथ आदिम झुंडों का फैलाव विश्व में चारों ओर जटिल प्रतिमान के रूप में परस्पर व्यापी एवं पारस्परिक क्रिया के संकेन्द्रित चक्रों में हुई है। स्कमीड ने अपनी पुस्तक *द ओरिजिन आफ आइडिया आफ गौडर* (1926-1955) में यह वर्णन किया है कि किस प्रकार एकेश्वरवाद का मौलिक विचार प्रसरण के माध्यम से अध:पतन की ओर उन्मुख हुआ है।

सूर्य केन्द्रीय एवं संस्कृति चक्र दृष्टिकोण कुछ पुरातत्वशास्त्रियों एवं सांस्कृतिक मानवशास्त्रियों को आकर्षित किया है। इन दोनों दृष्टिकोणों की अंतर्धारा इस आनुवंशिक विश्वास में निहित थी कि कतिपय प्रजातियां दूसरों की तुलना में सांस्कृतिक आविष्कार की क्षमता अधिक रखती हैं। आनुवंशिकतावाद एवं प्रजातिवाद की मनोवृत्ति को आरंभिक बीसवीं सदी के मानवशास्त्रियों ने विरोध किया था। यही कारण था कि प्रसारवाद सिद्धांत व्यापक समर्थन नहीं प्राप्त कर सका तथा राष्ट्रीय समाजवाद (National Socialism) या नाजीवाद (Nazism) के बाद यह सिद्धांत सैद्धांतिक मुख्य धारा से विमुख होकर समाप्त हो गई थी।

प्रसारवाद की मौलिक अभिधारणाएं

प्रसारवाद की मौलिक अभिधारणाएं निम्नलिखित थीं—

1. मानव मौलिक रूप से अआविष्कारशील (Uninventive) रहा है। वह आविष्कार की तुलना में आविष्कृत तत्वों को ग्रहण करने में अभिरुचि रखता है। अत: महत्त्वपूर्ण आविष्कार एक ही बार किसी एक स्थान पर हुए हैं। वहां से प्रसार द्वारा आविष्कृत तत्व दूसरे स्थान पर पहुंचे हैं।

2. सांस्कृतिक तत्वों की हमेशा प्रगति नहीं हुई है, वरन् उनका अध:पतन भी हुआ है। अध:पतन सांस्कृतिक प्रसार के संबंध में महत्त्वपूर्ण सूचना प्रदान करते हैं।

3. समीपस्थ सांस्कृतिक क्षेत्रों के सांस्कृतिक तत्वों में समानता तथा दूरस्थ सांस्कृतिक क्षेत्रों के सांस्कृतिक तत्वों में असमानता भी सांस्कृतिक तत्वों के प्रसरण के बारे में ज्ञानवर्द्धन करते हैं।

4. सांस्कृतिक तत्वों का प्रसरण संपर्क, आवागमन, आपसी लेन-देन तथा प्रवसन के कारण होता है।

5. प्रसार के क्रम में सांस्कृतिक तत्वों का स्थानीय पर्यावरण के साथ अनुकूलन होता है जिसके कारण उनके रूप में परिवर्तन आ जाता है तथा मूलरूप से भिन्न दिखने लगते हैं।

6. कोई भी समूह किसी दूसरे समूह के तत्वों का तभी ग्रहण करता है जब वह उसके लिए लाभकारी होता है।

7. सांस्कृतिक प्रसार समतावादी नहीं है, क्योंकि इसमें सभी लोगों की समान योग्यता नहीं प्रकाश में आती है। आविष्कारक योग्य एवं नकलकर्त्ता या ग्रहणकर्त्ता अयोग्य लगते हैं।

8. सांस्कृतिक प्रसार की प्रक्रिया हमेशा उच्च संस्कृति से निम्न संस्कृति या विकसित संस्कृति से अविकसित संस्कृति की ओर रहती है।

9. सांस्कृतिक प्रसार ग्रहण करने वाले समूह में परिवर्तन लाते हैं। कभी-कभी यह परिवर्तन आसानी से हो जाता है, लेकिन कभी-कभी परिवर्तन को रुकावट का सामना करना पड़ता है।

10. सांस्कृतिक प्रसार की कुछ अवरोधक भी हैं। जैसे नदी, पहाड़, झरना, समुद्र, मरुस्थल, यातायात एवं आवागमन के साधन का अभाव।

11. संस्कृति में वृद्धि का एक कारण प्रसार भी है।

सांस्कृतिक प्रसार प्रक्रिया से संबंधित कारक

सांस्कृतिक प्रसार प्रक्रिया से संबंधित निम्नलिखित कारकों का योगदान महत्त्वपूर्ण होता है—

1. संबंध एवं आवागमन
2. नवतत्व संबंधी आवश्यकता एवं इच्छा
3. पुराने तत्वों के साथ प्रतिस्पर्धा
4. नवतत्व लाने वालों के प्रति श्रद्धा एवं पहचान।

1. ग्राफ्टन एलिअट स्मिथ (Grafton Elliot Smith) (1871-1937)

आप पेशा से शरीरशास्त्री (Anatomist) थे। अपनी वैज्ञानिक उपलब्धियों के कारण आप

अपने मित्रों के बीच प्रशंसनीय स्थान रखते थे। एक शरीरशास्त्री के रूप में आपको मिस्र भ्रमण का मौका मिला और आप मिस्र सभ्यता के प्रशंसक बन गए। आप मिस्र के पिरामिड संरचना एवं सूर्य पूजा से काफी प्रभावित हुए थे। जब आप कैम्ब्रिज लौटकर आए तब आपने अंग्रेजी महापाषाणों का गौर से अवलोकन किया। मिस्र के पिरामिडों एवं अंग्रेजी महापाषाणों की संरचना में समानता देखकर आप आश्चर्यचकित रह गए। आप पिरामिडों एवं महापाषाणों के बीच समानता के आधार पर ऐतिहासिक संबंध ढूंढने लगे। गहन विचार मंथन के बाद आप इस निष्कर्ष पर पहुंचे कि इंग्लैंड में महापाषाण संरचना के तत्व मिस्र से प्रसरित हुए होंगे। अंग्रेजी महापाषाण मिस्र के पिरामिडों के अनुकरण थे। आपने अपने अनुसंधान को आगे जारी रखा। आपने पाया कि पिरामिड संरचना पूरे विश्व में प्रचलित थी। आपने माया के पिरामिड, जापान के पगोड़ा, कंबोडिया तथा बालानिज के मंदिर तथा अमरीकन भारतीयों के कब्र टीलों का तुलनात्मक अध्ययन किया तथा सभी के बीच ऐतिहासिक संबंध पाया। आप इस निष्कर्ष पर पहुंचे की प्राचीन मिस्र आरंभिक सभ्यता का केन्द्र था, जहां से स्मारक तथा महापाषाण के तत्व संसार के अन्य भाग में पहुंचे थे। अपनी पुस्तक *ओरिजिन आफ सिविलाईजेशन* (1928) में आपने इजिप्ट (मिस्र) को आरंभिक विश्व सभ्यता का केन्द्र बतलाया है जहां से सांस्कृतिक तत्वों का प्रसार पूरे विश्व में हुआ है।

आपके अनुसार प्राचीन मिस्रवासी नदी में बांध बनाकर नहर एवं नालियों को जन्म दिया तथा व्यवस्थित ढंग से अन्न का उत्पादन सिंचाई विधि से कृषि द्वारा किया। उन्होंने कृषि, हल, चाक, बरतन, गाड़ी, वस्त्र इत्यादि के आविष्कार किए। उनके द्वारा योजनाबद्ध ढंग से नगर का निर्माण किया गया। व्यापार को बढ़ावा दिया गया। कानून, सरकार तथा धर्म संबंधी संस्थाओं का विकास उनके द्वारा किया गया। वे लोग सूर्यदेव की पूजा करने लगे। वे लोग अपने मृतकों का अंतिम संस्कार करने लगे। उनके राजा धीरे-धीरे सूर्यदेव के प्रतीक हो गए। उनके द्वारा जहाजरानी का विकास किया गया तथा बहुमूल्य पत्थर एवं धातु की खोज में दूर-दूर की यात्राएं की गईं। उनके अनुकरणकर्त्ता इतने कमजोर साबित हुए कि वे लोग अपनी सभ्यता को मिस्र की ऊंचाई तक नहीं ले जा सके।

स्मिथ इस तथ्य से पूर्णरूपेण परिचित थे कि मानव सभ्यता से ज्यादा प्राचीन है तथा अभी भी अनेक मानव जातियां हैं जिनके द्वारा सभ्यता को नहीं अपनाया गया है। अत: वे लोग मिस्र सभ्यता से बाहर थे। मिस्र सभ्यता का प्रभाव उन पर लेशमात्र भी नहीं पड़ा था। स्मिथ ने मिस्र सभ्यता से बाहर वैसे लोगों को स्वाभाविक मानव या प्राकृतिक मानव (Natural Man) कहा। आपने उनके सांस्कृतिक तत्वों को नकारात्मक तत्वों का संग्रह बतलाया। क्योंकि उनके पास गृह, वस्त्र, सरकार, आभूषण तथा कब्रगाह का अभाव था।

स्वाभाविक मानवों के जीवन में क्रांति उस वक्त आई, जब उनके बीच मिस्र सभ्यता के तत्वों का संचार हुआ। यह संचार प्रसार एवं प्रवसन के माध्यम से संभव हुआ होगा।

इस प्रकार स्मिथ के आक्रमण से शास्त्रीय उद्विकासवादियों द्वारा प्रतिपादित स्वतंत्र

उद्विकास, संस्कृति की बहुउत्पत्ति, मनुष्य की मानसिक समानता, प्रगति एवं अवशेष की अवधारणा ध्वस्त हो गई।

आपकी पुस्तक *डिफ्यूजन आफ कल्चर* (1933) मिस्र के संबंध में आपके विचारों का संकलन है जिसमें मिस्र के सांस्कृतिक तत्वों का प्रसार दर्शाया गया है। आप मिस्र को छोड़कर किसी और स्थान को संस्कृति के जन्मदाता मानने को तैयार नहीं थे। इसलिए आपकी आलोचना मिस्रवादी के रूप में की जाती है।

2. विलियम जेम्स पैरी (William James Perry) (1899-1950)

आप स्मिथ के सिद्धांत के प्रबल समर्थक थे। एक बार आप पुरातात्विक खुदाई में भाग लेने के लिए कैरो गए। वहां पर आप सूर्य मंदिर के अवशेषों को देखकर अत्यंत आकर्षित हुए। आपको सूर्य मंदिर के अवशेष आकर्षित कर लिखित रूप देने को विवश किया। वहीं पर आपने सूर्य पूजा पर पुस्तक रचना का मत बनाया। कैरो वासियों से आप पूछकर अधिक-से-अधिक सूर्य पूजा से संबंधित सामग्रियों का संकलन किया। सभी एकत्रित सामग्रियों का संकलन कर आपने *चिल्ड्रेन आफ सन* (1923) में एक पुस्तक की रचना की। इस पुस्तक में आपने कैरो वासियों को सूर्यपुत्र के रूप में प्रदर्शित किया। यह पुस्तक प्रकाशन के बाद इतनी लोकप्रिय हुई कि इसका पुनर्प्रकाशन कई बार किया गया। आपने स्पष्ट रूप से विचार व्यक्त किया कि सूर्यपूजा एवं सूर्य मंदिर आरंभिक पूजा एवं मंदिर के प्रतीक हैं। ये तत्व सर्वप्रथम मिस्र में ही अस्तित्व में आए तथा यहीं से उनका प्रसार विश्व के अन्य भागों में हुआ है। कैरो वासियों के विश्वास प्रथा में उनके राजा के रूप में सूर्यदेव का अवतार होता था।

3. विलियम एच.आर. रिवर्स (William H.R. Rivers) (1864-1922)

आप पेशा से एक चिकित्सक थे। आप सुप्रसिद्ध टोरेस स्ट्रेट अनुसंधान यात्रा (1898) के एक सदस्य भी थे। प्रोफेसर एस.सी. हड्डन इस अभियान दल के नेता थे। यह अभियान दल विश्व का प्रथम बहुविषयक अनुसंधान दल था जिसे प्रशांत महासागर में यात्रा करनी थी। इस अभियान दल का मुख्य कार्य प्रशांत महासागर क्षेत्र की जनजातियों के सभी पहलुओं पर सामग्री एकत्रित करना था। रिवर्स ने अपने शिष्य सी.एस. मेयर्स एवं मैक्डागल के साथ आदिम समाज की मनोवैज्ञानिक क्षमता की जांच की थी। इस अनुसंधान दल के अनुभव के आधार पर आपने *ए जिनोलोजिकल मेथड आफ क्लेक्टिंग वाइटल स्टैटिस्टिक्स* (1900) शीर्षक अनुसंधान पत्र का प्रकाशन रायल एंथ्रोपोलोजिकल इंस्टिट्यूट आफ ग्रेट ब्रिटेन नामक शोध जर्नल में किया था। रिवर्स अपने अध्ययन में वंशावली, नातेदारी शब्द तथा संबंधित अधिकार, दायित्व, कर्त्तव्य, प्रास्थिति इत्यादि की भूमिका पर विशेष योगदान दिए

थे। वंशावली अध्ययन आपने मार्गन के इराक्वीस अध्ययन से ग्रहण किया। लेकिन आपने वंशावली सारणी में संकेतों का प्रवेश कराया तथा इसे अधिक मानवशास्त्रीय बनाया।

आप 1906 ई. में दक्षिण भारत के बहुपतिक जनजातीय समुदाय टोडा का अध्ययन करने आए थे। आपने टोडा की बहुपतिक संस्कृति एवं भैंस संस्कृति का विवरण अपनी पुस्तक *द टोडा* (1906) में किया है। इस विनिबंध के प्रकाशन तक आपके ऊपर प्रसारवाद का प्रभाव नहीं परिलक्षित होता है। अगर ऐसा होता तो वे टोडा के ऊपर हिन्दू धर्म के प्रभाव का उल्लेख अवश्य करते। लेकिन आपने अपनी पुस्तक में ऐसा कुछ भी नहीं दर्शाया है। सन् 1910 तक आप अपने आपको कभी प्रसारवाद से संबंधित नहीं प्रस्तुत किया था।

1909 में आप ने प्रोफेसर टायलर के सम्मान में एक शोधपत्र लिखा था जिसका शीर्षक *ओरिजिन आफ क्लासिफिकेटरी सिस्टम आफ रिलेशनशिप* था। लेकिन इसमें भी आपने अपने आपको प्रसारवादी नहीं घोषित किया।

लेकिन 1911 में आप ब्रिटिश विज्ञान प्रगति संघ, खंड एच के अध्यक्षीय भाषण में आपने *एथनोलोजिकल एनालिसिस आफ कल्चर* शीर्षक एक शोधपत्र प्रस्तुत किया। इस अवसर पर आपने अपने आपको प्रसारवादी होने की घोषणा की।

सन् 1912 में आपने अध:पतन दर्शाते हुए एक शोधपत्र तैयार किया जिसका शीर्षक *डिस्अपियरेंस आफ यूजफुल आर्ट्स* था। इस शोधपत्र में आपने अध:पतन का वर्णन किया तथा दर्शाया कि सांस्कृतिक तत्वों का सदैव प्रगति नहीं होती है, उनका अध:पतन भी होता है तथा वे अस्तित्वहीन भी हो जाते हैं।

अध:पतन एवं अआविष्कारशीलता को प्रदर्शित करते हुए आपने अपनी पुस्तक *हिस्ट्री आफ मलेनेशियन सोसायटी* (1914) की रचना की थी। इस पुस्तक में आपने दर्शाया कि मलेनेशियन समाज में कभी दोंगी एक प्रमुख सांस्कृतिक तत्व था। लेकिन जिस समय आप अध्ययन कर रहे थे उस समय उन द्वीपवासियों के पास दोंगी नहीं था। यह स्पष्ट रूप से सांस्कृतिक तत्वों का अध:पतन दर्शा रहा था।

रिवर्स ने आस्ट्रेलियाई निवासियों के बीच पांच प्रकार के कब्र संस्कार पाया। इस लघु भौगोलिक क्षेत्र के समांग निवासियों के बीच पांच विभिन्न प्रकार के कब्रगाहों का प्रचलित रहना यह दर्शाता है कि उनके बीच लघु क्रमिक प्रवसन आवश्यक रूप से हुआ है।

लोगों के बीच शारीरिक भिन्नता का वर्णन पुरुषों की नौका यात्रा के आधार पर किया गया। पुरुष नौका लेकर दूसरे क्षेत्रों में जाते थे। वहां के स्थानीय महिला से विवाह करते थे। इस कारण उनकी संताने उनसे भिन्न हो गईं। विवाह के बाद बाहरी पुरुष भी पत्नी की भाषा सीखे होंगे। अब पुरुष आतिथेय संस्कृति के साथ घुल-मिल गए होंगे। वे लोग अपनी सभी परंपरा छोड़ दिए होंगे, लेकिन कब्र संस्कार एवं परंपरा को नहीं छोड़ा होगा। यही कारण था कि उनके बीच विभिन्न प्रकार के कब्रगाह पाए जाते थे।

4. फ्रिडरिक रैटजेल (Friedrick Ratzel) (1844-1904)

आप मूलत: एक प्राणीविज्ञानी थे। शीघ्र ही आप भूगोल विषय के प्रति आकर्षित हुए। लेकिन भूगोल से भी आप मानवशास्त्र की ओर आकर्षित हुए। आपको जर्मन प्रसारवाद संप्रदाय का जनक माना जाता है। आपने मानव-भूगोल (Anthropo-Geographia) के ऊपर अनेक पुस्तकों की रचना की थी।

आपकी सुप्रसिद्ध पुस्तक *एंथ्रोपोजियोग्राफी* का प्रकाशन 1882 ई. में हुआ था। इस पुस्तक में आपने मानवशास्त्र तथा भूगोल के बीच संबंधों की चर्चा विस्तारपूर्वक की है। साथ ही साथ आपने क्षेत्रीय तथा सामाजिक भूगोल में अंतर को भी दर्शाया है।

आपकी दूसरी प्रसिद्ध पुस्तक का शीर्षक *वोलकर कुंडे* है जिसे 'हिस्ट्री आफ मैन काइंड' के नाम से जाना जाता है। यह पुस्तक सन् 1885-88 के बीच तीन भागों में प्रकाशित की गई थी। बाद में इसे 1894-96 के बीच दो भागों में प्रकाशित किया गया था।

आपने स्वरूप के मानक (Criteria of Form) की अवधारणा का विकास किया। आपका मानना था कि प्रसार के बाद संस्कृतियों में स्थानीय पर्यावरण के साथ अनुकूलन के कारण परिवर्तन होता है। इसके कारण उनके स्रोतों का प्राच्छादन (Masking) हो जाता है। प्राच्छादन की समस्या का समाधान स्वरूप के मानक के आधार पर किया जा सकता है। इसके अनुसार समान एवं प्रकार्यात्मक ढंग से बेकार तत्वों का कभी प्रसार हुआ होगा। लेकिन स्थानीय पर्यावरण के साथ उनका अनुकूलन हुआ होगा। जिसके कारण उनके रूप में परिवर्तन हो गया। परिवर्तित रूप प्रयोग में थे, जबकि आरंभिक रूप प्रकार्यात्मक ढंग से बेकार हो गए थे। अत: स्वरूप के मानक के आधार पर प्रसार को समझा जा सकता है।

5. लियो फ्रोबेनियस (Leo Frobenius) (1873-1938)

आप रैटजेल के एक शिष्य थे। आपने रैटजेल द्वारा प्रतिपादित प्रसारवाद सिद्धांत को आगे बढ़ाया। आपने रैटजेल द्वारा प्रतिपादित स्वरूप के मानक के स्थान पर भौगोलिक सांख्यिकी की अवधारणा का विकास किया। भौगोलिक सांख्यिकी के आधार पर आपने प्रसार प्रतिमान को आगे बढ़ाने का प्रयास किया। भौगोलिक सांख्यिकी से उनका संबंध समान सांस्कृतिक तत्वों की संख्या से था।

आपने भौगोलिक सांख्यिकी के अतिरिक्त एक-दूसरे मानक का विकास किया जिसे जैविक या विकासात्मक मानक कहा जाता है। इसका तात्पर्य यह था कि विकास की चर्चा करते समय आंतरिक परिवर्तनों पर भी ध्यान दिया जाना चाहिए। क्योंकि जब लोगों का प्रवास भिन्न स्थानों में होता है तब उनकी संस्कृति को वहां के पर्यावरण के साथ अनुकूलन करना पड़ता है। इस अनुकूलन की स्थिति में कुछ तत्व परिवर्तित होकर अस्तित्व में बने रहते हैं, जबकि कुछ तत्व प्रकार्यहीन होकर अपना अस्तित्व खो देते हैं।

इस प्रकार मात्र समानता नहीं वरन् अनुकूलन को भी ऐतिहासिक संबंध के संकेतक में शामिल किया जाना चाहिए।

आपने अपने आपको रैटजेल के समान केवल भौतिक तत्वों के प्रसार तक ही नहीं सीमित रखा, वरन् आपने अभौतिक तत्व जैसे पौराणिक कथा के प्रसार को भी अपने सिद्धांत में शामिल किया। आपने अफ्रीका तथा इंडोनेशिया की परंपरागत कथाओं का तुलनात्मक अध्ययन किया तथा पाया कि इंडोनेशिया की सभी पौराणिक कथाएं संबंधित थी तथा एक काव्य का निर्माण करती थीं। लेकिन अफ्रीका की पौराणिक कथाएं अलग-अलग प्रकट होती थीं। अत: इंडोनेशिया गृह भूमि रही होगी जहां से उनका प्रवसन हुआ होगा। आपके अनुसार उच्च संस्कृति जन्मदाता थी, जबकि निम्न संस्कृति अनुसरणकर्त्ता।

6. फ्रिट्ज ग्रैबनर (Frietz Graebner) (1877-1934)

आप जर्मनी के एक संग्रहालय के संग्रहालयाध्यक्ष थे। लेकिन आप संस्कृति चक्र संप्रदाय के नेता के रूप में उभर कर सामने आए थे। आपके द्वारा संस्कृति चक्र अध्ययन प्रणाली का विकास अपनी पुस्तक *मेथड्स डर एथनोलोजी* (1911) में किया गया था। आपने इस पुस्तक में संस्कृति चक्र के मानक से संबंधित दो नियमों को प्रकाश में लाया है। ये दोनों नियम हैं—

(i) स्वरूप का मानक (Criteria of Form) तथा (ii) परिमाण का मानक (Criteria of Quantity)।

स्वरूप का मानक—यह दर्शाता है कि दो तत्वों के बीच समानता, जो प्रकृति की देन नहीं हैं, प्रसार के कारण होती है। लेकिन प्रसार के क्रम में तत्वों की मूल संरचना में परिवर्तन आ जाता है, क्योंकि उन्हें स्थानीय पर्यावरण के साथ अनुकूलन करना पड़ता है। परिवर्तित स्वरूप अपनी उपयोगिता के कारण अस्तित्व में बने रहते हैं, लेकिन गैर-परिवर्तित या मौलिक स्वरूप प्रकार्यहीन होकर अस्तित्वहीन हो जाते हैं। अत: स्वरूप का मानक प्रसार के संबंध में सबल प्रमाण प्रस्तुत करता है।

परिमाण का मानक—इस नियम के अनुसार जैसे-जैसे समानता प्रदर्शित करने वाले तत्वों की संख्या में वृद्धि होती जाती है, वैसे-वैसे उन तत्वों के बीच ऐतिहासिक संबंध की संभावना बढ़ती जाती है।

ग्रैबनर के अनुसार आरंभिक मानव ने सर्वप्रथम भाषा एवं अस्त्र जैसे संस्कृति के आधार का विकास किया होगा। इसके बाद छोटे-छोटे झुंडों में विभाजित होकर प्रवसन के माध्यम से विभिन्न दिशाओं में पहुंचा होगा। प्रवसित स्थान में सभी झुंडों ने अपनी-अपनी संस्कृति का अलग विकास किया होगा। यह आरंभिक संस्कृति थी। इसके सदस्य भिन्न-भिन्न दिशाओं में प्रवसित होकर धीरे-धीरे सभी महादेश में फैल गए। संस्कृति के चक्र का निर्धारण करना सांस्कृतिक इतिहासकार का काम है।

ग्रैबनर तथा उसके समर्थक संबंध निर्धारण से संतुष्ट नहीं थे। वे लोग कालक्रम के पुनर्निर्माण में अभिरुचि लेने लगे थे। ओसिएनिया में किए गए अध्ययन के आधार पर आपने सांस्कृतिक विकास के छ: क्रमिक स्तरों को प्रकाश में लाये हैं, जो निम्नलिखित हैं—

1. तास्मानियाई संस्कृति (प्राचीनतम) (Tasmanian Culture Oldest)
2. आस्ट्रेलियाई घुमक्कड़ संस्कृति (Australian Boomerang Culture)
3. टोटेम शिकारी संस्कृति (Totemic Hunter Culture)
4. द्विश्रेणिक उद्यान विज्ञानी (Two Class Horticulturists)
5. मलेनेशियाई धनु-संस्कृति (Malenisian Bow Culture)
6. पोलिनेशियाई पितृरेखीय संस्कृति (नवीनतम) (Polynesian Patrilineal Culture, Recent)

उपरोक्त स्तरों के निर्माण करने के पश्चात् आपने प्रसार को मुख्यत: दो भागों में विभाजित किया—(i) प्राथमिक प्रसार (Primary diffusion) तथा (ii) द्वितीयक प्रसार (Secondary diffusion)

तास्मानियाई संस्कृति को प्राचीनतम होने के कारण आपने प्राथमिक प्रसार का उदाहरण माना है। लेकिन संस्कृति के जटिल तत्व द्वितीयक प्रसार के कारण संपूर्ण आस्ट्रेलिया में फैल गए।

7. विलहेल्म स्कमीड (Wilhelm Schmidt) (1868-1954)

आप ग्रैबनर के समर्थक थे। आपने विश्व संस्कृति के इतिहास को प्रवसन के आधार पर समझने का प्रयास किया है। आपके अनुसार संस्कृति प्रवसन से संबंधित चार प्रमुख वृहत श्रेणी के चक्र निम्नलिखित हैं—

1. आदिम संस्कृति चक्र (Primitive Culture Kreise)
2. प्राथमिक संस्कृति चक्र (Primary Culture Kreise)
3. द्वितीयक संस्कृति चक्र (Secondary Culture Kreise)
4. तृतीयक संस्कृति चक्र (Tertiary Culture Kreise)

इन प्रत्येक संस्कृति चक्र के उपचक्र भी निर्धारित किए गए थे। आदिम संस्कृति चक्र के निम्नलिखित उपचक्र थे—

1. बर्हिविवाही चक्र : एशिया तथा अफ्रीका के पिग्मी
2. आर्कटिक चक्र : स्किमो
3. अंटार्टिक चक्र : बुशमैन।

प्राथमिक संस्कृति चक्र के उपचक्र निम्नलिखित हैं—

1. पितृसत्तात्मक पशुपालक भ्रमणकारी

2. बर्हिविवाही पितृरेखीय टोटमिक उच्च शिकारी

3. बर्हिविवाही मातृरेखीय ग्राम निवासी उद्यान कृषक।

द्वितीय संस्कृति चक्र के दो उपचक्र निम्नलिखित हैं—

1. स्वतंत्र पितृरेखीय व्यवस्था—भारत, सूडान, पश्चिम एशिया, दक्षिणी यूरोप, पोलिनेशिया।

2. स्वतंत्र मातृरेखीय व्यवस्था—हिन्दचीन, मलेशिया, दक्षिण अमरीका।

तृतीयक संस्कृति चक्र के अंतर्गत स्कमीड ने एशिया, यूरोप तथा अमरीका की प्राचीन उच्च सभ्यता को रखा है।

कृतित्व

आपके प्रमुख कृतित्व निम्नलिखित हैं—

1. द ओरिजिन आफ आइडिया आफ गौड, 12 भागों में 1926-1955 के बीच।
2. हाई गौड इन नार्थ अमरीका, 1934।
3. कल्चरल हिस्टोरिकल मेथड आफ एथनोलोजी, 1939।

8. क्लार्क विसलर (1870-1947)

आप फ्रांज बोआस के एक शिष्य थे। आप फ्रांज बोआस के प्राकृतिक इतिहास दृष्टिकोण से काफी प्रभावित थे। आप उद्‌विकासवादियों के विरोधी थे। क्योंकि उन लोगों ने आम अमरीकी तथा अमरीकी भारतीयों के समान योग्यता की चर्चा की थी। नवीन विश्व के गौरव से उत्साहित होकर आपने दर्शाया कि सभी क्षेत्रों के अमरीकी भारतीयों की संस्कृति एक समान नहीं है। समीपस्थ क्षेत्रों के लोगों के बीच सांस्कृतिक तत्वों की समानता अधिक पाई गई। लेकिन दूरस्थ क्षेत्रों के सांस्कृतिक तत्वों में विभिन्नता अधिक पाई गई। इस तरह संस्कृति क्षेत्र की अवधारणा अमरीकी मानवशास्त्री विसलर की देन है। विसलर ने संस्कृति क्षेत्र अध्ययन की कार्यप्रणाली विकसित की थी।

संस्कृति क्षेत्र शब्द को सर्वप्रथम बौद्धिक व्यवहार में लाने वाले ओलिस टी. मैसन थे। मैसन ने 1895 ई. में एक अनुसंधान पत्र लिखा था जिसका शीर्षक इंफ्लुएंस आफ एन विरानमेंट अपआन ह्यूमन इंडस्ट्रीज फार आर्टस था। इस शोधपत्र में आपने अठारह अमरीकी-भारतीय पर्यावरण का उल्लेख किया था।

विसलर तथा क्रोबर द्वारा मैसन के प्रस्तावित अमरीकी-भारतीय पर्यावरण को और परिष्कृत किया गया था।

संस्कृति क्षेत्र दृष्टिकोण सांस्कृतिक आधार पर भौगोलिक क्षेत्रों को विभाजित करता है। इस प्रकार सांस्कृतिक तत्वों के अनुसार सामाजिक समूह का पता चलता है।

आपके द्वारा प्रतिपादित भोजन क्षेत्र एवं संस्कृति क्षेत्र की सूची निम्नलिखित है—

भोजन क्षेत्र	संस्कृति क्षेत्र
1. कैरिबियन	1. स्किमो
2. बाइसन	2. ग्रेटप्लेंस
3. सालमन	3. नार्थ पेसिफिक कास्ट
4. वाइल्ड सीड्स	4. कैलिफोर्निया
5. इस्टर्न मेज	5. साउथ, ईस्ट एंड ईस्टर्न वुडलैंड
6. इंटेंसिव एग्रिकल्चर	6. साउथ वेस्ट, मेक्सिको, पेरू
7. मानियक	7. आमेजन रिजन
8. गुआनको	8. गुआनको

कृतित्व

आपके प्रमुख कृतित्व निम्नलिखित हैं—

1. 1917 : अमरीकन इंडियंस : एन इंट्रोडक्शन टु द एंथ्रोपोलोजी आफ न्यू वर्ल्ड
2. 1922 : द अमरीकन इंडियंस
3. 1923 : मैन एंड कल्चर
4. 1926 : द रिलेशन ऑफ नेचर टु मैन इन एबोरिजनल अमेरिका।
5. 1929 : एन अमेरिकन इंट्रोडक्शन टु सोशल एंथ्रोपोलोजी।

4

अमरीकी मानवशास्त्र

AMERICAN ANTHROPOLOGY

1. फ्रांज बोआस (1858-1942)

हालांकि अमरीकी मानवशास्त्र की स्थापना में पुरातन उद्‌विकासवादी मानवशास्त्री एल.एच. मार्गन के योगदानों को नकारा नहीं जा सकता है। लेकिन फिर भी उन्हें अमरीकी मानवशास्त्र का जनक नहीं माना जाता है। अमरीकी मानवशास्त्र के जनक के रूप में फ्रांज बोआस को स्थान प्राप्त हुआ है। इसका कारण यह है कि फ्रांज बोआस ने मानवशास्त्र विषय की पढ़ाई अमरीका में आरंभ की तथा अपने अनेक शिष्यों को मानवशास्त्र विषय में प्रशिक्षित किया। उनके शिष्यों द्वारा अमरीका के कई विश्वविद्यालयों में मानवशास्त्र की पढ़ाई की शुरुआत की गई। फ्रांज बोआस को अमरीका मानवशास्त्र के जनक के रूप में इसलिए भी स्थान प्राप्त हुआ, क्योंकि वे मानवशास्त्र विषय का विकास समग्रता में करना चाहते थे। आप मानवशास्त्र को समग्रता में जानने के लिए सांस्कृतिक मानवशास्त्र, शारीरिक मानवशास्त्र, प्रागैतिहासिक मानवशास्त्र तथा भाषायी मानवशास्त्र के अध्ययन पर अपने शिष्यों को उत्प्रेरित करते थे।

बोआस का जन्म एवं शिक्षा जर्मनी में हुई थी। जर्मनी से ही आप पीएच.डी. की उपाधि अर्जित की। आपके पीएच.डी. शोध प्रबंध का शीर्षक ''वर्ण का प्रकाशीय गुण था'' (Optical Properties of Colour)।

आपने उत्तरी कनाडा के देशज लोगों के अध्ययन के लिए उनके बीच यात्रा की। आप स्थानीय देशज लोगों के रंग के संबंध में अवबोधन की जानकारी प्राप्त करना चाहते थे। यहाँ पर आप सेंट्रल स्किमो जनजाति के संपर्क में आए। आप भूगोल की ओर आकर्षित हुए तथा बाद में चलकर आपकी अभिरुचि मानवशास्त्र में जागृत हुई।

आपने अपनी दूसरी यात्रा संयुक्त राष्ट्र की की थी, जहाँ आपने न्यूयार्क नगर में निवास किया। यहाँ पर आप शिकागो फिल्ड म्यूजियम आफ नेचुरल हिस्ट्री में संग्रहालयाध्यक्ष बनने के पूर्व तक रहे। फिल्ड म्यूजियम में कार्य करते हुए आपने प्रशांत महासागर के उत्तरी

पश्चिमी तट से आकर्षक एवं प्रभावशाली कलाकृतियों तथा हस्तकृतियों का संकलन किया था। यहाँ पर आपने क्वाकिउटल जनजाति के मध्य एथनोग्राफिक तथा भाषायी तत्वों के ऊपर क्षेत्र कार्य किया। क्वाकिउटल के साथ-साथ अन्य स्थानीय समूहों में भी आपने क्षेत्र कार्य किया। संग्रहालय के पदाधिकारियों के साथ मतभेद हो जाने के कारण आपने शिकागो छोड़ कर क्लार्क विश्वविद्यालय में अपना योगदान दिया। कुछ समय बाद आप न्यूयार्क लौट गए तथा कोलंबिया विश्वविद्यालय में मानवशास्त्र के अध्यक्ष के रूप में योगदान दिया। यहाँ पर आपने करीब 50 वर्षों तक कार्य किया।

फ्रांज बोआस मौलिक रूप से सांस्कृतिक मानवशास्त्री थे। लेकिन आपने मानवशास्त्र की किसी भी महत्त्वपूर्ण शाखाओं को अछूता नहीं छोड़ा। आपका भाषायी मानवशास्त्र, शारीरिक मानवशास्त्र तथा पुरातात्विक मानवशास्त्र में भी अनोखा योगदान रहा है। आप एक असाधारण, स्व-अनुशासित बहुप्रज्ञ विद्वान थे। आपने 700 से भी अधिक अनुसंधान पत्रों का प्रकाशन किया था। आपने दर्जनों पुस्तकों की रचना की थी। आपने अमरीकन एंथ्रोपोलोजिकल एसोसिएशन नामक संगठन की स्थापना की थी तथा इस संगठन के माध्यम से अमरीकन एंथ्रोपोलोजिस्ट नामक जर्नल का प्रकाशन आरंभ किया था।

आपने अपने अनेक शिष्यों को मानवशास्त्र में प्रशिक्षित किया। सामान्य मानवशास्त्र तथा एथनोग्राफी में एम. हर्षकोविट्स, ई.ए. होबेल, आल्फ्रेड लुइस क्रोबर तथा राबर्ट लोवी का नाम उनके शिष्यों में आता है। मनोवैज्ञानिक मानवशास्त्र में उनकी शिष्या रुथबेनेडिक्ट तथा मार्गरेट मिड रही हैं। अमरीकन इंडियन स्टडीज में उनके शिष्य एलेक्जैंडर गोल्डन वाइजर, पौल रेडिन तथा क्लार्क विसलर रहे हैं। मानवशास्त्रीय भाषा विज्ञान में उनके शिष्य एडवार्ड सापिर रहे हैं।

जब उनके शिष्यों ने विभिन्न विश्वविद्यालयों में मानवशास्त्र विभागों की स्थापना की, तब फ्रांज बोआस का मानवशास्त्रीय दृष्टिकोण का व्यापक प्रसार अमरीका में हुआ। हर्षकोविट्स नार्थ वेस्टर्न यूनिवर्सिटी, सापिर शिकागो यूनिवर्सिटी, क्रोबर और लोवी कैलिफोर्निया विश्वविद्यालय में मानवशास्त्र विभाग को स्थापित कराया।

उपरोक्त सभी प्रकार के प्रभावशाली योगदानों के बावजूद भी बोआस के संबंध में ऐसा कहा जाता है कि उन्होंने कोई मानवशास्त्रीय संप्रदाय की स्थापना नहीं की। इसका कारण यह था कि बोआस ने नवीन सिद्धांत निर्माण को प्राथमिकता नहीं दी। वरन् आपने अपना अधिकांश समय पहले से चले आ रहे मानवशास्त्रीय सिद्धांतों की आलोचना में व्यतीत किया।

बोआस के मानवशास्त्रीय दृष्टिकोण की अपनी विशेषता थी। प्रथम एवं सबसे प्रथम बोआस एक अनुभववादी थे। अपने से पहले के मानवशास्त्रियों की तुलना में वे ज्यादा उत्साही अनुभववादी थे। आपने विलुप्त हो रही स्थानीय उत्तरी अमरीकी भारतीयों की संस्कृतियों को जितना अधिक से अधिक संभव हुआ उनको अभिलेखित करने का प्रयास किया। यूरो-अमरीकी संस्कृति को आत्मसात करने के कारण अमरीकी भारतीय संस्कृति

का क्षय हो रहा था। बचाओ एथनोग्राफी (Salvage Ethnography) अभियान से उत्साहित होकर अनेक छात्रों द्वारा मानवशास्त्र विषय को अध्ययन के लिए अपनाया गया। आप एक चतुर आगमिकवादी (Arch inductivists) थे। आपने मानवशास्त्रियों से आग्रह किया कि तथ्यों को अपने आप कहने दें। उनके संबंध में अपना अनुमान नहीं थोपें। आपने निगमनिक दृष्टिकोण (Deductive approach) को अस्वीकार किया। आप शास्त्रीय सांस्कृतिक उद्विकासवादियों की तुलनात्मक विधि के आलोचक थे। शास्त्रीय सांस्कृतिक उद्विकासवादियों ने वर्तमान में प्रचलित एथनोग्राफिक सूचनाओं का अनावश्यक प्रयोग अतीत के पुनर्निर्माण हेतु किया था। बोआस के अनुसार कोई भी व्यक्ति अब पाषाणकाल में नहीं रह रहा था। आपने उद्विकासीय व्याख्या को एकपक्षीय माना। आपने मानवशास्त्रियों को सांस्कृतिक परिवर्तन की व्याख्या हेतु प्रसार को स्वीकार करने के लिए उत्साहित किया। आपकी अभिरुचि सांस्कृतिक विकास की विस्तृत कहानी जानने में थी। आपके मानवशास्त्रीय दृष्टिकोण को ऐतिहासिक पक्षपात (Historical Particularism) के नाम से जाना जाता है। आपके दृष्टिकोण को ऐतिहासिक इसलिए कहा जाता है क्योंकि आपने वर्तमान का वर्णन अतीत के शब्दों में किया। पुन: उनके दृष्टिकोण को पक्षपात इसलिए कहा जाता है क्योंकि आपने प्रत्येक संस्कृति के इतिहास को अपने आप में विचित्र बतलाया।

आप ज्ञानोदय समतावादी परंपरा के उत्तराधिकारी थे जिसकी उत्पत्ति 19वीं सदी में उग्र राष्ट्रीयता, आनुवंशिकता तथा प्रजातिवादी विचार के कारण हुई थी। 19वीं सदी में अमरीकी मानवशास्त्र में प्रजातिवाद का बोलबाला था। सामुएल जार्ज मर्टन (Samuel George Merton) (1799-1851), जोसिआह क्लार्क नाट (Josiah Clark Nott) (1804-1873) तथा अन्य अमरीकी संप्रदाय के विद्वानों ने प्रजातीय बहुविधवाद (Polygenism) की अवधारणा को प्रचारित-प्रसारित किया। इस अवधारणा के अनुसार प्रजातियाँ अनेक हैं तथा सभी प्रजातियों की उत्पत्ति अलग-अलग हुई है। अमरीकी स्कूल बहुप्रजातिवाद श्यामदास (Black Slave) प्रथा की सुरक्षा हेतु प्रयोग में लाया था। फ्रांज बोआस ने अपना मत प्रकट करते हुए कहा कि आनुवंशिकता को पर्यावरण प्रभावित करता है जिसके कारण सांस्कृतिक भिन्नता प्रकाश में आती है। एक यहूदी के रूप में पूर्वाग्रह का सामना करते हुए तथा ईसाई पर्यावरण में पलते हुए फ्रांज बोआस ने दृढ़ निश्चय के साथ मानवशास्त्र विषय को बौद्धिक विषय बनाने में महत्त्वपूर्ण योगदान दिया। उन्होंने विश्व को यह दर्शाया कि प्रजाति, भाषा तथा संस्कृति कार्य-कारण ढंग से जुड़े हुए नहीं हैं। उन्होंने इसे कपाल आकार के शारीरिक मानवशास्त्रीय अध्ययन के आधार पर दर्शाया। 19वीं सदी मानवशास्त्र में कपाल आकार को निश्चित माना जाता था, चूंकि कपाल में मस्तिष्क का स्थान होता है, अत: इसे बुद्धि का निश्चित साधन मान लिया गया था। कपालिक सूची (Cephalic Index) से संबंधित विशाल आंकड़ों के संकलन तथा सांख्यिकीय तकनीक के प्रयोग के आधार पर बोआस ने यह दर्शाया कि किस प्रकार कपाल आकार में परिवर्तन एक ही पीढ़ी में हुआ है। प्रवासियों के अमरीका में जन्म लेने वाले बच्चे स्वास्थ्य, पोषण

तथा अन्य सांस्कृतिक परिस्थितियों के कारण काफी लाभप्रद स्थिति में थे। यह अध्ययन आधुनिक मानवशास्त्र में प्रजातिवाद को समाप्त करने वाला एक युगांतकारी घटना के रूप में जाना जाता है।

बोआस भौतिकशास्त्र से मानवशास्त्र में आए थे, अत: उनसे उम्मीद की जाती थी कि वे मानव विज्ञान को प्राकृतिक विज्ञान के समान मॉडल बनाना चाहेंगे। लेकिन ऐसा नहीं हो सका। वे जर्मनी में नवकांतवादियों से प्रभावित थे। कांत का मानना था कि अनुभव दिमाग के सहज श्रेणियों द्वारा छनकर बाहर निकलता है। नवकांतवादी दार्शनिकों ने कांतवादी दर्शन का पुनर्सूत्रीकरण किया। इस नवीन सूत्रीकरण के अनुसार दो प्रकार के विज्ञान होते हैं—(i) प्राकृतिक विज्ञान तथा (ii) मानवीय विज्ञान। प्राकृतिक विज्ञान प्राकृतिक घटनाओं का अध्ययन करता है, जबकि मानवीय विज्ञान मानसिक घटनाओं का अध्ययन करता है। प्राकृतिक विज्ञान का लक्ष्य नोमोथेटिक या व्याख्यात्मक सामान्यीकरण तथा नियमों की खोज करना है। मानवीय विज्ञान का लक्ष्य आइडियोग्राफिक या विशेष घटनाओं का वर्णन करना होता है। जब बोआस ने भौतिकशास्त्र से मानवशास्त्र में प्रवेश किया तब उनके दिमाग में नोमोथेटिक तथा आइडियोग्राफिक लक्ष्य के बीच अंतर व्याप्त था। उन्होंने सामान्यीकृत एवं विशिष्टीकृत व्याख्या के बीच अंतर को समझते हुए संस्कृति को मानसिक निर्माण के रूप में पहचान दिलवाई। इस प्रकार मनोवैज्ञानिक मानवशास्त्र तथा संज्ञानात्मक मानवशास्त्र की उत्पत्ति हेतु उन्होंने मार्ग प्रशस्त किया। फ्रांज बोआस के कृतित्व निम्नलिखित हैं—

1. 1888 : सेंट्रल स्किमो
2. 1905 : क्वाकिडटल टेक्स्ट
3. 1911 : माइंड आफ प्रिमिटिव मैन
4. 1927 : एंथ्रोपोलोजी एंड मार्डन लाइफ
5. 1927 : प्रिमिटिव आर्ट्स
6. 1940 : रेस, लैंगुएज एंड कल्चर।

2. आल्फ्रेड लुईस क्रोबर (1876-1960)

क्रोबर का प्रथम प्रेम साहित्य था। लेकिन जब उनकी भेंट फ्रांज बोआस से हुई, तब वे मानवशास्त्र की तरफ सम्मोहित हो गए। आपने फ्रांज बोआस के मार्गदर्शन में पीएच.डी. कार्य किया। चूंकि आपकी पृष्ठभूमि साहित्य की थी, अत: आपने अपना पीएच.डी. शोध प्रबंध अमरीकी भारतीय शैली प्रतिमानं या संरूपण अध्ययन पर प्रस्तुत किया। सन् 1901 में आपने कैलिफोर्निया स्थित अकादमी आफ साईंसेस म्यूजियम में संग्रहालयाध्यक्ष का पद प्राप्त किया। उसके बाद आप कैलिफोर्निया विश्वविद्यालय, बर्कले में मानव विज्ञान विषय के प्राध्यापक बने। यहाँ से आपने 1946 में अवकाश ग्रहण किया।

क्रोबर महोदय के प्रमुख कृतित्व निम्नलिखित हैं—

1. 1923 : एंथ्रोपोलोजी
2. 1925 : हैंडबुक आफ इंडियंस आफ कैलिफोर्निया
3. 1939 : कल्चरल एंड नेचुरल एरियाज आफ नेटिव नार्थ अमरीका
4. 1944 : कनफिग्रेशन आफ कल्चर ग्रोथ
5. 1952 : द नेचर आफ कल्चर
6. 1957 : स्टाइल एंड सिविलाइजेशन
7. 1963 : एंथ्रोपोलोजिस्ट लुक्स एट हिस्ट्री।

हालांकि लोवी बोआस के मानवशास्त्र से जुड़े रहे। लेकिन क्रोबर बोआस के मानवशास्त्र से अलग हो गए थे। क्रोबर द्वारा प्रतिपादित अधिसावयवी (Superorganic) की अवधरणा में यह स्पष्ट रूप से प्रकट होता है।

अधिसावयवी की अवधारणा हबर्ट स्पेंसर से प्रारंभ हुई तथा क्रोबर के बाद लेस्ली वाइट द्वारा पुनः अपनाई गई थी। सुपर आर्गेनिक की अवधारणा आनुवंशिकी के ऊपर पर्यावरण, प्रकृति के ऊपर प्रशिक्षण तथा जीवविज्ञान के ऊपर संस्कृति के प्रभाव का प्रतिनिधित्व करती है। यह अवधारणा यह भी प्रतिनिधित्व करती है कि मानवशास्त्र मनोविज्ञान एवं जीवविज्ञान से पृथक है। क्रोबर महोदय द्वारा सुपर आर्गेनिक की अवधारणा का विकास सर्वप्रथम 1917 में अपने एक शोधपत्र में किया गया था। इस शोधपत्र का प्रकाशन *अमरीकन एंथ्रोपोलोजिस्ट* नामक जर्नल में हुआ था। इस शोधपत्र में आपने संस्कृति की उस शक्ति पर प्रकाश डाला जिसके कारण मानव व्यवहार को आकार प्राप्त होता है। आपका यह मत इतिहास के महान मानव सिद्धांत (Great Man Theory) से भिन्न था। महान मानव सिद्धांत में व्यक्तियों को शक्तिशाली दर्शाया गया था। लेकिन आपने सुपर आर्गेनिक सिद्धांत में संस्कृति को शक्तिशाली के रूप में प्रस्तुत किया। आपके अनुसार महान मानव सही समय एवं सही स्थान में महान थे। लेकिन संस्कृति सभी कालों एवं सभी स्थानों में महान रही है।

क्रोबर ने कोई भी सांस्कृतिक नियम का प्रतिपादन नहीं किया जिसके द्वारा व्यवहार नियंत्रित होते हैं। आपने सांस्कृतिक नियम के स्थान पर संस्कृति प्रतिमान (Culture Pattern) या संस्कृति संरूपण (Culture Configuration) की अवधारणा का विकास किया। सांस्कृतिक प्रतिमान की शक्ति की व्याख्या हेतु आपने फैशन का चुनाव किया। फैशन कलात्मक वस्तुएं होती हैं जो फैशन उद्योग की उपज होती हैं। आपने कहा कि फैशन परिवर्तन के ग्राफ के द्वारा प्रदर्शित किया जा सकता है। आपके अनुसार लोग सोच सकते हैं कि वे सृजनशील, प्रतिभा संपन्न तथा व्यवहार कौशल हैं, लेकिन वे सभी संस्कृति की रचना या सृष्टि होते हैं। लोग परिवर्तन को लागू करते हैं जिसके लिए सांस्कृतिक समय तैयार हो जाता है। यह सुपर आर्गेनिक का एक उदाहरण है। कुछ लोग मानव विज्ञान को वैज्ञानिक तो कुछ लोग मानववादी मानते हैं। सुपर आर्गेनिक की अवधारणा क्रोबर के लिए

एक अप्रत्याशित स्थिति थी। चूंकि आप साहित्य के विद्यार्थी थे, अत: आपने संस्कृति को सुपर इंडिविजुल तथा सुपर आर्गेनिक के रूप में व्याख्या प्रस्तुत की थी। इसका सीधा अर्थ था कि संस्कृति व्यक्ति तथा सायवय के ऊपर है। क्रोबर फ्रांज बोआस के शिष्य थे। फ्रांज बोआस एक तरफा विश्लेषण के खिलाफ थे।

अपने संपूर्ण बौद्धिक जीवन में क्रोबर सुपर आर्गेनिक तथा फ्रांज बोआस के परंपरागत दृष्टिकोणों के बीच भ्रमण करते रहे। सन् 1944 में उन्होंने *कंफिग्रेशन आफ कल्चर ग्रोथ* शीर्षक पुस्तक का प्रकाशन किया। इस पुस्तक की रचना में आप कई वर्षों तक दिन-रात काम करते रहे थे। यह पुस्तक विश्व की वृहत सभ्यताओं का सर्वेक्षण है। इसमें क्रोबर ने यह जानने का प्रयास किया था कि क्या सभ्यता विकास का कोई पूर्णरूप से प्रतिमान पाया जाता है। उनकी उपलब्धि वृहत रूप से नकारात्मक थी। प्रत्येक सभ्यता का अपना विचित्र प्रक्षेप पथ अथवा प्रतिमान था। इसके द्वारा फ्रांज बोआस द्वारा प्रतिपादित सांस्कृतिक सापेक्षवाद सिद्धांत को ऐतिहासिक मोड़ दिया गया था।

इस पुस्तक के बाद क्रोबर ने सुपर आर्गेनिक के विचार त्याग दिए थे। आप फ्रांज बोआस के सांस्कृतिक सापेक्षवाद तथा ऐतिहासिक पक्षपात के समर्थक बन गए थे। लेकिन क्रोबर द्वारा संरूपणवाद (Configurationism) की अवधारणा ने धीरे-धीरे मनोवैज्ञानिक मानवशास्त्र के विकास में महत्त्वपूर्ण योगदान दिया था।

3. राबर्ट लोवी (1883-1957)

राबर्ट लोवी की आरंभिक अभिरुचि भाषा एवं विज्ञान में थी। लेकिन जब वे फ्रांज बोआस के संपर्क में आए, तब आपने मानवशास्त्र को अंगीकार किया। आपकी भेंट फ्रांज बोआस से न्यूयार्क में हुई थी। आपने फ्रांज बोआस के मार्गदर्शन में अमरीकी भारतीयों के बीच क्षेत्र कार्य किया तथा अपना पीएच.डी. शोध प्रबंध जमा किया। 1907 में आपको कोलंबिया विश्वविद्यालय से पीएच.डी. की उपाधि प्रदान की गई। 1917 में आपने कैलिफोर्निया विश्वविद्यालय, बर्कले में मानवशास्त्र विभाग में पद ग्रहण किया। आप इस विश्वविद्यालय में अपने पद पर अवकाश प्राप्ति सन् 1950 तक बने रहे।

लोवी की प्रथम महत्त्वपूर्ण पुस्तक *प्रिमिटिव सोसायटी* (1920) है। इस पुस्तक में आपने सांस्कृतिक उद्विकासीय दृष्टिकोण की आलोचना की। आप विशेषकर लेविस हैनरी मार्गन के आलोचक थे। बोआस का अनुसरण करते हुए लोवी ने भी सांस्कृतिक उद्विकासवादियों की एकपक्षीय व्याख्या को अस्वीकार किया। आप उग्रप्रसारवाद के भी समर्थक नहीं थे। आपके अनुसार संस्कृति का कोई एक निर्णायक नहीं है। अपनी दूसरी पुस्तक *हिस्ट्री आफ एथनोलोजिकल थ्योरी* (1937) में आपने किसी भी प्रकार के सैद्धांतिक उग्रवाद को स्वीकार नहीं किया। आपने किसी भी प्रकार के सैद्धांतिक उग्रवाद के विरुद्ध मानवशास्त्रियों को सचेत भी किया। आपने सांस्कृतिक उद्विकासवादियों के

एथनोग्राफिक विश्लेषण को अस्वीकार करते हुए उन्हें बोआस के ऐतिहासिक पक्षपात के ढांचे में ढालने का प्रयास किया।

मनोवैज्ञानिक मानवविज्ञान (Psychological Anthropology)

मनोवैज्ञानिक मानवविज्ञान में योगदान को अमरीकी मानवशास्त्र की महत्त्वपूर्ण उपलब्धि मानी जाती है। इसे मानवशास्त्रीय सिद्धांत में अमरीकी योगदान के रूप में जाना जाता है। अमरीकी मानवशास्त्रियों द्वारा संस्कृति एवं व्यक्तित्व संप्रदाय (Culture and Personality School) की स्थापना की गई थी। इस संप्रदाय की जड़ फ्रांज बोआस के इस शिक्षण में निहित है कि संस्कृति एक मानसिक घटना है। फ्रांज बोआस के संस्कृति संबंधी इस मत को लोकप्रिय बनाने का श्रेय उनकी शिष्या मार्गरेट मीड एवं रुथबेनेडिक्ट (Ruth Benedict) को जाता है। इस संप्रदाय को मानवशास्त्रियों द्वारा सिगमंड फ्रायड (Sigmund Freud) की आलोचना से और बल मिला तथा मनोवैज्ञानिक मानव विज्ञान (Psychological Anthropology) का बौद्धिक विकास किया गया।

आरंभिक मानवशास्त्री संस्कृति एवं व्यक्तित्व (Personality) के बीच संबंध को जानने के प्रति विशेष रूप से इच्छुक थे। वे लोग यह जानने की अभिरुचि रखते थे कि व्यक्तियों का संस्कृति में क्या योगदान है तथा संस्कृति का व्यक्तियों के व्यक्तित्व निर्मित करने में क्या योगदान है। इस प्रकार वे लोग व्यक्ति एवं संस्कृति के पारस्परिक योगदानों को जानने में अभिरुचि रखते थे। मनोवैज्ञानिक मानवशास्त्रियों ने जाना कि व्यक्ति एवं संस्कृति के बीच संबंध एक संस्कृति से दूसरे संस्कृति से भिन्न होता है। फ्रांज बोआस के प्रभाव में आकर मानवशास्त्रियों ने अपने क्षेत्र कार्य में भावना, मनोवृत्ति तथा अन्य प्रकार के मनोवैज्ञानिक अवस्थाओं को शामिल किया तथा उन्हें प्रकाशित किया। इस प्रकार अब मानव विज्ञान ज्यादा सक्रिय एवं व्यस्त हो गया था। क्योंकि इसके साथ मानवोचित आकृति जुड़ गई थी।

4. मार्गरेट मीड (Margaret Mead) (1901-1978)

सबसे पहले संस्कृति एवं व्यक्तित्व के बीच संबंधों के ऊपर अध्ययन की शुरुआत मार्गरेट मीड द्वारा की गई थी। आप एक बौद्धिक माता-पिता की संतान थी। अकाल प्रौढ़ मार्गरेट मीड फिलाडेल्फा के इर्द-गिर्द बड़ी हुई थी। आपने एक वर्ष तक अमरीकन मिडवेस्ट के एक कॉलेज में अध्ययन किया। इसके बाद आप कोलंबिया विश्वविद्यालय से संबद्ध बनार्ड कॉलेज में शिक्षा ग्रहण की। यह कॉलेज ज्यादा महानगरीय स्वभाव का था। आप एक महत्त्वाकांक्षी व्यक्तित्व की थी। आप एक महत्त्वाकांक्षी कवयित्री एवं लेखिका भी थीं। लेकिन जब आपको आभास हुआ कि आपमें व्यावसायिक सफलता की क्षमता नहीं है, आपने साहित्य से अपना नाता तोड़ लिया। उसके बाद आप बोआस तथा उनके

सहयोगियों से जुड़ गईं। आप रुथ बेनेडिक्ट से ज्यादा प्रभावित हुई थीं। रुथ बेनेडिक्ट ने आपको मानवशास्त्र के महत्त्व को बतलाते हुए आपको मानवशास्त्र के प्रति आकर्षित किया था। बोआस उस समय मानवशास्त्र के प्रयोग द्वारा वंशानुगत सिद्धांतों विशेषकर फ्रायडियन मनोविज्ञान का विरोध करने में व्यस्त थे। उस समय फ्रायडियन मानव विज्ञान बौद्धिक लोकप्रियता ग्रहण कर रहा था। फ्रायड ने प्रतिपादित किया था कि मानव मनोवैज्ञानिक विकास की कतिपय अवस्थाएं प्रकृति द्वारा निर्धारित होती हैं तथा वे विश्वव्यापी हैं। बोआस ने फ्रायड के सिद्धांत से असहमति व्यक्त करते हुए विचार व्यक्त किया कि फ्रायड का सिद्धांत संस्कृति आबद्ध (Culture bound) या मानवजाति केन्द्रिक (Ethnocentric) था। बोआस ने मार्गरेट मीड को व्यक्तिगत विकास के एक मनोवैज्ञानिक अवस्था का चुनाव अध्ययन के लिए करने को कहा। उन्होंने एक गैरपश्चिमी संस्कृति के अध्ययन करने का सुझाव दिया तथा यह दर्शाने को कहा कि गैरपश्चिमी समाजों में इसकी अभिव्यक्ति पश्चिमी समाजों से भिन्न है।

मीड का कृतित्व

मीड के प्रमुख कृतित्व निम्नलिखित हैं—

1. 1928 : कमिंग आफ एज इन सेमोआ
2. 1930 : ग्रोइंग अप इन न्यूगिनिया
3. 1935 : सेक्स एंड टेंपरामेंट इन थ्री प्रिमिटिव सोयटिज
4. 1937 : कोओपरेशन एंड कंपटीशन इन प्रिमिटिव पिपुल
5. 1939 : फ्रोम द साउथ सी
6. 1942 : एंड कीप योर पाउडर ड्राई
7. 1949 : मेल एंड फिमेल
8. 1951 : ग्रोथ आफ कल्चर : ए फोटोग्राफिक स्टडी आफ बालानिज
9. 1953 : द स्टडी आफ कल्चर एट ए डिस्टेंस
10. 1955 : कल्चरल पैटर्न एंड टेकनिकल चेंज
11. 1956 : न्यू लाइफ फार द ओल्ड
12. 1964 : कंटिन्यूटी इन कल्चरल इवोलुशन।

फ्रांज बोआस से प्रेरित एवं उत्साहित होकर मीड ने दक्षिण प्रशांत महासागर में एक द्वीप समूह का चुनाव अध्ययन के उद्देश्य से किया। उस द्वीप समूह को सेमोआ कहा जाता था। आपने सेमोआ की किशोरियों का चुनाव अपने अध्ययन के लिए किया। एक धर्म प्रचारक परिवार के साथ आप सेमोआ द्वीपवासियों के साथ महीनों रहीं। आपने गाँव-गाँव में घूम करके सेमोअन किशोरियों का साक्षात्कार लिया। इस मार्गप्रदर्शक क्षेत्र कार्य के परिणामों को आपने पुस्तक के रूप में प्रकाशित कराया जिसका शीर्षक *कमिंग आफ एज*

इन सेमोआ (1928) है। इस पुस्तक को सर्वकालीन चिर प्रतिष्ठित पुस्तक के रूप में मान्यता प्राप्त है। कमिंग आफ एज इन सेमोआ के माध्यम से मीड ने यह सूचना उपलब्ध कराई कि सेमोअन किशोरियों के बीच किशोरावस्था मनोवैज्ञानिक ढंग से तनावरहित एवं कठिनाई रहित बालिका अवस्था से नारी अवस्था में परिवर्तन दर्शाती थी। किशोरावस्था में सेमोअन किशोरियों को लैंगिक जागरूकता की स्वाभाविक परीक्षा एवं कष्ट से मुक्त रखा जाता था। क्योंकि सेमोअन किशोरियां अपने समकालीन अमरीकी किशोरियों की तुलना में बालिका अवस्था में लैंगिक रूप से उन्मुक्त होती थीं। इससे यह निष्कर्ष निकाला गया कि किशोरावस्था एक तनाव एवं तूफान की अवस्था नहीं है। किशोरावस्था का कष्ट आनुवंशिक स्वभाव का नहीं है। अगर अमरीकी नवयुवजन लिंग के प्रति उन्मुक्त मनोवृत्ति रखें तब उन्हें किशोरावस्था कष्टमय नहीं लगेगा। मीड की यह पुस्तक अविलंब व्यावसायिक सफलता प्राप्त की। क्योंकि निर्भीक एवं विवादास्पद उद्घोषण के कारण यह पुस्तक बौद्धिकजनों को विशेष रूप से आकर्षित की थी। इस किताब के प्रकाशन के बाद मीड आजीवन उदार मामलों के प्रवक्ता के रूप में अपने पेशा को जारी रखे रहीं।

मीड की दूसरी पुस्तक *ग्रोइंग अप इन न्यू गिनिया* (1930) है। यह पुस्तक न्यू गिनिया की मानस जनजाति के शिशुओं के समाजीकरण से संबंधित है। इस पुस्तक में उन प्रक्रियाओं का वर्णन है जिनके माध्यम से मानस जनजाति के बच्चे अपनी संस्कृति को सीखते हैं। इस पुस्तक का संबंध समाजीकरण प्रक्रिया से है जिसके माध्यम से मानस जनजाति के शिशु बाल्यावस्था से किशोरावस्था में प्रवेश करते हैं। वास्तव में इस पुस्तक में मानस जनजाति के शिशु के व्यक्तित्व के विकास में संस्कृति की शिक्षाप्रद भूमिका का वर्णन है। इस अध्ययन में आपने फ्रेंच मानवशास्त्री लेवी-ब्रुहोल के उस उद्घोषण का परीक्षण किया जिसमें उन्होंने दर्शाया है कि आदिम मानसिकता में जीववादी तत्व बचपनावस्था के विचार तरीका के समान थे। अत: वे माता-पिता की तुलना में आदिम बच्चों में ज्यादा सुस्पष्ट थे। मीड ने अपने अध्ययन में पाया कि मानस शिशु अपने माता-पिता की तुलना में कम जीववादी थे। वे अमरीकी शिशुओं की तुलना में भी कम जीववादी थे। अत: जीववादी विचार का भी आनुवंशिक आधार नहीं होता है। मानस शिशु कल्पना रहित खेल के जीवन प्रदर्शित करते हैं।

मार्गरेट मीड की तीसरी पुस्तक *सेक्स एंड टेंमपरामेंट इन प्री प्रीमिटिव सोसायटी आफ न्यू गिनिया* है। इस पुस्तक में आपने व्यक्तित्व निर्माण के ऊपर संस्कृति के प्रभाव का विवरण दिया है। आपने व्यक्तित्व के निर्माण में लिंग की भूमिका को प्रकाश में लाया है। आपने एक ही भौगोलिक क्षेत्र न्यू गिनिया में स्थित तीन जनजातीय समाज के पुरुष एवं महिला व्यक्तित्व का तुलनात्मक अध्ययन किया। आपने तीनों समुदायों में पुरुष एवं महिला के व्यक्तित्व में अंतर पाया। उस अंतर का कारण आपने संस्कृति में ढूंढने का प्रयास किया। आपके अनुसार अध्ययन में शामिल तीनों जनजातीय समुदायों की संस्कृति अलग-अलग रहने के कारण उन तीनों समुदायों के पुरुष एवं महिला व्यक्तित्व में अंतर पाया जाता है।

मुंडुगुमार, अरापेश तथा टिशांबुली ये तीनों जनजातीय समुदाय एक ही भौगोलिक क्षेत्र न्यू गिनिया में रहती हैं। लेकिन तीनों समुदायों के पुरुषों एवं महिलाओं के स्वभाव अलग-अलग हैं। मुंडुगुमर जनजाति में पुरुष एवं महिला दोनों का स्वभाव उग्र (Aggressive), अरापेश जनजाति में पुरुष एवं महिला दोनों का स्वभाव नमनशील (Submissive) है। टिशांबुली में महिला का स्वभाव उग्र (Aggressive) तथा पुरुष का स्वभाव विनम्र (Submissive) पाया जाता है। जब मीड ने तीनों समुदायों के पुरुष एवं महिला के स्वभाव के कारण ढूंढने का प्रयास किया तब उन्होंने इसके लिए संस्कृति को उत्तरदायी माना। क्योंकि संस्कृति के अनुसार ही लिंग भूमिका का निर्धारण तीनों समुदायों के बीच होता था। उसी के अनुसार समाजीकरण किया जाता था।

मीड ने पाया कि मुंडुगुमार जनजाति के बीच एक ऐसी सांस्कृतिक प्रथा प्रचलित है जिसमें एक पिता को यह अधिकार प्राप्त है कि वह अपनी पुत्री का विनिमय अपनी दूसरी पत्नी प्राप्ति के लिए कर सकता है। इस प्रथा के कारण संपूर्ण मुंडुगुमार परिवार के लोग शंकालु, झगड़ालु, असहयोगी, ईष्यालु हो जाते हैं। क्योंकि यह प्रथा पति-पत्नी, पिता-पुत्र, माता-पुत्री तथा भाई-बहन के बीच झगड़ा लगा देती है। माता सोचती है कि पुत्री बड़ी होने पर उसके लिए सौतन लायेगी। अत: पुत्री के प्रति उसका स्वाभाविक प्रेम समाप्त हो जाता है। इसके कारण महिला शिशु हत्या की घटना भी घटित होती है। पिता-पुत्र के बीच भी स्वाभाविक प्रेम नहीं रह जाता है, क्योंकि पुत्र सोचता है कि अगर सभी पुत्रियों का विनिमय पिता अपनी पत्नी के लिए कर लेगा तब उसके पास अविवाहित रहने के सिवा और कोई चारा नहीं रह जायेगा। भाई-बहन के बीच भी स्वाभाविक प्रेम नहीं रह जाता है, क्योंकि भाई सोचता है कि बहन बड़ी होकर उसके लिए सौतेली मां घर में लायेगी। इस सांस्कृतिक प्रथा के कारण पुरुष एवं महिला दोनों ही स्वभाव से उग्र हो जाते हैं।

उसी भौगोलिक पर्यावरण में एक दूसरा जनजातीय समुदाय अरापेश रहता है। इस समुदाय में पुरुष एवं महिला दोनों का स्वभाव विनम्र रहता है। इस समुदाय के परिवार के सदस्य शंकालु, ईष्यालु, झगड़ालु, निर्दयी तथा असहयोगी मुंडुगुमार समुदाय के समान नहीं होते हैं। इस समुदाय के सदस्य सहयोगी, दयावान, शांत प्रवृत्ति तथा नमनशील होते हैं। इस समुदाय की संस्कृति पिता को परिवार के सदस्यों के ऊपर नियंत्रण रखने का अधिकार देता है, लेकिन उन्हें पुत्री के बदले में पत्नी लाने का अधिकार नहीं देता है। इसलिए परिवार का कोई भी सदस्य किसी से झगड़ा नहीं करता है, ईर्ष्या नहीं करता है, वरन् एक-दूसरे को हर तरह से सहयोग करता है।

उसी भौगोलिक क्षेत्र में एक तीसरा जनजातीय समुदाय टिशांबुली रहता है। टिशांबुली समुदाय में महिला का स्वभाव उग्र तथा पुरुष का स्वभाव विनम्र होता है। इसका कारण यह है कि इस समाज का स्वरूप मातृसत्तात्मक है। स्त्रियां पति चयन एवं पति परिवर्तन के लिए स्वतंत्र रहती हैं। एक ही साथ उनके कई पति भी होते हैं। ऐसी स्थिति में उन्हें इस सांस्कृतिक व्यवस्था के अनुसार अनुकूलन करना होता है। अनुकूलन प्राथमिक संस्था

परिवार एवं विवाह के द्वारा होता है। पत्नी घर की मालकिन होती है। पति घर के दास होते हैं। घर साफ रखना, पानी लाना, भोजन बनाना तथा शिशु की देख-रेख करना उनके घरेलू कार्यों में शामिल है। पत्नी साज-शृंगार करके अपनी सहेलियों के साथ गप-शप करती रहती हैं। उसके आदेश से पति सब काम करते रहता है। इस सांस्कृतिक प्रथा इस समुदाय के पुरुषों को विनम्र तथा महिलाओं को उग्र बना देती है।

इन अध्ययनों में मीड ने अपना दूसरा पति एक आस्ट्रेलियाई मानवशास्त्री रेव फार्चुन (Reo Fortune) का सहयोग प्राप्त किया था। अपने बाद के अध्ययन में आपने अपने तीसरे पति ब्रिटिश मानवशास्त्री ग्रेगोरी बैटिसन (Gregory Bateson) का सहयोग प्राप्त किया था।

कमिंग आफ एज इन सेमोआ से लेकर सेक्स एंड टेंपरामेंट इन थ्री प्रीमिटिव सोसायटीज के प्रकाशन तक मीड ने परंपरागत मानवशास्त्रीय तकनीकों के आधार पर क्षेत्र से सूचना संकलित की थी। आपने क्षेत्र भ्रमण किया था, तथ्यों का अवलोकन किया, पुरुष तथा महिला सूचनादाताओं का साक्षात्कार लिया, परिवार जनगणना किया तथा चयनित केस स्टडी लिया था। आप अपने अध्ययन में गुणात्मक एवं गुणपरक आंकड़ों पर ज्यादा केन्द्रित रही थीं। सांख्यिकी का प्रयोग न करने के कारण आपकी आलोचना भी की गई थी।

सन् 1982 में मीड के देहांत के बाद आस्ट्रेलियाई एथनोग्राफर डेरेक फ्रीमैन (Derek Freeman, b. 1916) ने मार्गरेट मीड के सेमोअन अध्ययन का आलोचनात्मक विवरण प्रकाशित किया। इसका शीर्षक *द मेकिंग एंड अनमेकिंग आफ एन एंथ्रोपोलोजिकल मिथ* था। इसमें फ्रीमैन ने मीड द्वारा अपनाई गई अध्ययन पद्धति को छिछला बतलाया। मीड ने सेमोआ के इतिहास को अपने अध्ययन में नहीं शामिल किया था क्योंकि सेमोअन का इतिहास लैंगिक हिंसा एवं उथल-पुथल का रहा है। लेकिन मीड के एथनोग्राफिक विवरण में सेमोआ को शांति योग्य लैंगिक स्वर्ग के रूप में दर्शाया गया है। फ्रीमैन के अनुसार मीड बोआस की देशज शिकार बन गई थी जिन्होंने उसे दूर शोध कार्य के लिए भेजा तथा जैसा चाहते थे वैसा निष्कर्ष निकलवाया। फ्रीमैन की इस आलोचना से मीड के समर्थकों एवं गैर-समर्थकों के बीच वाद-विवाद होना आरंभ हो गया था।

सन् 1936 में मीड ने अपने तीसरे पति ग्रेगोरी बैटिसन के साथ इंडोनेशिया के बालानिज के मध्य अध्ययन किया था। दंपति अपने साथ छायाचित्रण (Photography) तथा फिल्म निर्माण संबंधी उपकरण लेकर गए थे। अध्ययन अवधि में 25000 अचल चित्र तथा 16 एम.एम. के 22,000 फुट फिल्म प्रदर्शित किया गया था। इस प्रकार मीड ने एथनोग्राफिक अध्ययन की एक नई तकनीक का आविष्कार किया जिसे छायाचित्रण तकनीक के नाम से जाना जाता है। आपने दृश्य मानवशास्त्र (Visual Anthropology) नामक एक नई मानवशास्त्रीय शाखा की स्थापना पर भी प्रकाश डाला। इस अध्ययन पर आधारित आपकी पुस्तक का प्रकाशन 1951 में हुआ था जिसका शीर्षक *ग्रोथ आफ कल्चर : ए फोटोग्राफिक स्टडी आफ बालानिज चाइल्डहुड* था।

मीड की पुस्तक *कोओपरेशन एंड कंपिटिशन एमांग प्रिमिटिव पिपुल* का प्रकाशन 1937 ई. में हुआ था। इस पुस्तक में आपने दर्शाया कि सहयोग एवं प्रतिस्पर्द्धा सांस्कृतिक एवं पर्यावरणीय कारकों की देन है। इस पुस्तक में आपने इस परिकल्पना को गलत सिद्ध किया कि आदिम समुदाय सहयोगी थे, प्रतियोगी नहीं। आपने अध्ययन के लिए तेरह सांस्कृतिक समूहों का चुनाव किया था। इन तेरह समुदायों का चयन विभिन्न आर्थिक स्तरों तथा पार-सांस्कृतिक ढंग से किया गया था। तेरह समुदायों के बीच तुलनात्मक अध्ययन से यह पता चला कि प्रतियोगी एवं सहयोगी प्रकृति निर्माण की व्याख्या सभ्यता की व्याख्या से संभव नहीं है। इसे संस्कृति में अंतर के आधार पर वर्णन किया जा सकता है। शिकार, खाद्य-संकलन तथा मत्स्यमारण पर आधारित समुदायों में भी प्रतियोगी एवं सहयोगी व्यवहार पाए जाते हैं। उदाहरण के लिए अमरीका के डकोय जनजाति का स्वभाव, सहयोगी, मानस जनजाति का स्वभाव प्रतियोगी तथा स्किमो का स्वभाव व्यक्ति परक है। कृषि स्तर में भी अरुंटा जनजाति सहयोगी हैं, फिलिपीन की इफगो जनजाति प्रतियोगी है तथा ओजीबवा व्यक्तिपरक हैं।

मीड ने राष्ट्रीय चरित्र अध्ययन के ऊपर भी योगदान दिया है। आपकी पुस्तक *एंड कीप योर पाउडर ड्राई : एन एंथ्रोपोलोजिस्ट लुक एट अमरीका* (1942) तथा मेल एंड फिमेल (1949) राष्ट्रीय चरित्र अध्ययन के ऊपर अनोखा योगदान है।

मार्गरेट मीड तथा रोधा मेट्राक्स की पुस्तक *स्टडी आफ कल्चर एट ए डिस्टेंस* (1953) राष्ट्रीय अध्ययन की पद्धति से संबंधित महत्त्वपूर्ण पुस्तक है। यह पद्धति द्वितीय विश्व युद्ध के समय कैदी बनाए गए दुश्मन राष्ट्र के व्यक्तियों के अध्ययन पर दुश्मन राष्ट्र की संस्कृति को प्रकाश में लाने से संबंधित है।

मार्गरेट मीड ने मानस का अध्ययन 1930 में किया था तथा पुन: मानस का अध्ययन 1955 ई. में किया। मानस के पुनर्अध्ययन के आधार पर आपने अपनी पुस्तक *न्यू लाइफ फार द ओल्ड : स्टडी इन कल्चरल ट्रांसफोरमेशन* (1956) को प्रकाशित कराया।

मीड ने सांस्कृतिक उद्विकास में निरंतरता को दर्शाने के लिए एक तृतीय दृष्टिकोण का सुझाव दिया है। यह दृष्टिकोण पिता पीढ़ी एवं संतान पीढ़ी के बीच तुलनात्मक अध्ययन पर आधारित है। दो पीढ़ी में होने वाले परिवर्तन एवं निरंतरता के आधार पर आपने अपनी पुस्तक *कंटिन्यूटी इन कल्चरल इवोलुशन* का प्रकाशन 1964 में किया था।

5. रूथ बेनेडिक्ट (Ruth Benedict) (1837-1948)

आप एक प्रसिद्ध शल्य चिकित्सक पिता की संतान थीं। जब आप मात्र दो वर्ष की थीं तब आपके पिता का अचानक निधन हो गया था। इस घटना के बाद आपकी मां पारिवारिक कृषि पेशा छोड़कर मध्य-पश्चिम जाकर शिक्षिका के रूप में काम करने लगी। बाद्र में वे बुफैलो पब्लिक लाइब्रेरी में पुस्तकालयाध्यक्ष बनीं। पिता की मृत्यु के बाद आपकी मां को

वित्तीय संकट का सामना करना पड़ा। लेकिन इसके बावजूद बेनेडिक्ट ने 1909 में बसार कॉलेज से स्नातक की डिग्री प्राप्त की। 1918 में आपने वैवाहिक जीवन में प्रवेश किया। 1919 में आपको न्यू स्कूल फार सोशल रिसर्च में मानवशास्त्र विषय में नामांकन हेतु आमंत्रित किया गया। यहां पर आपकी भेंट फ्रांज बोआस से हुई। बोआस ने आपको कोलंबिया विश्वविद्यालय आने को कहा। आप भी पहले एक व्यावसायिक कवयित्री एवं लेखिका बनना चाहती थीं। लेकिन फ्रांज बोआस के संपर्क में आने के बाद आपने वैसा विचार त्याग दिया। आपने मानवशास्त्र का चुनाव पेशा के रूप में किया। बेनेडिक्ट ने क्रोबर के मार्गदर्शन में क्षेत्र कार्य किया। क्रोबर के मार्गदर्शन में आप संरूपणवाद (Configurationalism) से परिचित हुईं। इसके बाद आप कोलंबिया विश्वविद्यालय आयीं तथा फ्रांज बोआस के साथ शिक्षण कार्य करने लगीं। जब मीड कोलंबिया विश्वविद्यालय आयी थीं, तब आप पहले से वहां मौजूद थीं। दोनों के बीच बाद में काफी घनिष्ठ संबंध स्थापित हुआ। आपने मीड तथा अन्य विद्यार्थियों को प्रशिक्षित किया था।

कृतित्व

आपका प्रमुख कृतित्व निम्नलिखित है—

1. 1934 : पैटर्न आफ कल्चर
2. 1946 : क्रिस्जैनथेमम एंड सोर्ड।

मीड के समान आप भी संस्कृति एवं व्यक्तित्व के बीच संबंधों में अभिरुचि रखती थीं। लेकिन जहां मीड ने व्यक्तियों के व्यक्तित्व को सांस्कृतिक ढंग से नियंत्रित होते हुए दर्शाया, आपने संपूर्ण संस्कृति के व्यक्तित्वों की चर्चा की। आप संस्कृति के ऊपर व्यक्तित्व के प्रभाव को दर्शाने में अभिरुचि रखती थीं। बेनेडिक्ट के अनुसार प्रत्येक संस्कृति के पास अपना व्यक्तित्व संरूपण होता है। इस संरूपण को आपने गेस्टाल्ट या जेनियस (Gestalt or Genius) कहा। इस दृष्टिकोण का विवरण आपने अपनी पुस्तक *पैटर्न आफ कल्चर* में विस्तारपूर्वक किया है। कई दशकों तक आपकी यह पुस्तक सम्मान प्राप्त करती रही। इस पुस्तक में आपने तीन संस्कृतियों के व्यक्तित्व के बीच तुलना की है। इस अध्ययन में शामिल तीन सांस्कृतिक समूहों में प्रशांत महासागर के उत्तर-पश्चिम की क्वाकिउटल जनजाति, अमरीकन साउथ-वेस्ट की जुनी जनजाति तथा दक्षिण प्रशांत महासागर की डाबु जनजाति थीं।

जर्मन दर्शनशास्त्री फ्रिडरिच नीटसे (Friedrich Nietzsche) (1844-1900) से डायोनायसियन शब्द उधार लेते हुए, आपने क्वाकिउटल संस्कृति का चरित्र चित्रण डायोनायसियन (Dionysean) के रूप में किया। इस संस्कृति के लोगों में ईर्ष्या, शंका, झगड़ा, असहयोग, अहंकार, महत्त्वाकांक्षा, उग्रता, दिव्य दर्शन के लिए स्वकष्ट एवं पोटलैच जैसी प्रथा पाई जाती हैं जिसमें भौतिक वस्तुओं का उपभोग एवं विनाश उत्कृष्ट ढंग से

किया जाता है। क्वाकिउटल संस्कृति के ये सारे चरित्र ग्रीक देवता डायोनायसियस के समान हैं जो कष्ट, दुख, तकलीफ, लड़ाई, झगड़ा इत्यादि के देवता हैं।

आपने ज़ुनी संस्कृति का चरित्र चित्रण अपोलोनियन (Appollonean) के रूप में किया है। ये लोग सहयोगी, शांत एवं विनम्र होते हैं। इनमें निम्न भाव के उत्सव एवं अनुष्ठान पाए जाते हैं। निम्न भाव अनुष्ठान के द्वारा इनको लैंगिक लाइसेंस प्राप्त हो जाता है। आपने रियो फार्चुन के अध्ययन को आधार बनाकर डोबु संस्कृति का चरित्र-चित्रण पारानोआय (Paranoid) के रूप में किया। इनके बीच भूत-प्रेत, डाईन, ओझा, गुणी, शमन इत्यादि से संबंधित विश्वास प्रचलित थे। ये लोग शंकालु प्रवृत्ति के होते हैं तथा चुकंदर या शकरकंद की चोरी में लिप्त रहते हैं। सभी लोग एक-दूसरे पर शक करते हैं।

उपरोक्त तीनों संस्कृतियों के चरित्रों के बीच तुलना करके आपने स्पष्ट रूप से यह दर्शाया कि किस प्रकार विभिन्न आदर्शक व्यक्तित्वों को आकार देने में संस्कृति की शक्ति महत्त्वपूर्ण योगदान देती है। इसके कारण विचलन का विभिन्न परिभाषा प्राप्त होती है। फ्रांज बोआस की विशिष्ट शैली में आपने इस निष्कर्ष पर पहुंचा जो एक संस्कृति के लिए विचलन था वह दूसरी संस्कृति के लिए आदर्शक था। अत: विचलन का नियंत्रण प्रकृति या स्वभाव से नहीं होता है।

संस्कृति प्रतिमान नामक पुस्तक की सफलता के बाद बेनेडिक्ट ने मानवशास्त्र के लिए बोआसियन आदेश का पालन करते हुए सांस्कृतिक सापेक्षवाद (Cultural relativism) को आगे बढ़ाया तथा मानवजातीय केन्द्रीयता (Ethnocentrism) एवं प्रजातिवाद का विरोध किया। आपने दर्शाया कि प्रजाति की अवधारणा वैज्ञानिक दृष्टि से कमजोर एवं राजनीतिक ढंग से विनाशकारी है। इसी दृष्टिकोण के आधार पर आपने *रेस, साईंस एंड पोलिटिक्स* (1945) नामक पुस्तक की रचना की थी।

द्वितीय विश्वयुद्ध के समय आपने अन्य अमरीकी मानवशास्त्रियों के साथ मिलकर नाजीवाद (Nazism) एवं अक्ष शक्तियों (Axis Powers) को पराजित करने में अमरीकी संघीय सरकार को मदद पहुंचाया था। इसके लिए आपने रुथ बेनेडिक्ट तथा अन्य मानवशास्त्रियों के साथ सरकारी युद्ध कार्यालय वाशिंगटन डी.सी. में दिन-रात कार्य किया था। इसी नैतिक देशभक्ति प्रयास के फलस्वरूप आगने अपनी पुस्तक *क्रिस्जैनथेमम एंड सोर्ड* (1946) का प्रकाशन किया। यह पुस्तक जापान के राष्ट्रीय चरित्र का अध्ययन प्रस्तुत करती है। द्वितीय विश्वयुद्ध के समय अन्य राष्ट्रीय चरित्र अध्ययनों को *स्टडी आफ कल्चर एट ए डिस्टेंस* के नाम से जाना जाता है क्योंकि वे सारे अध्ययन क्षेत्र कार्य के लाभ लिए बिना किए गए थे। लेकिन राष्ट्रीय चरित्र अध्ययन उस समय अपनी मानवशास्त्रीय साख को खो दिया जब मानवशास्त्रियों ने वयस्कों के सांस्कृतिक व्यवहार निर्मित करने वाले बाल्यावस्था के व्यक्तित्व की योग्यता को भव्य बतलाया। इस दृष्टि से एक कुख्यात केस जियोफ्रे गोरर का था जिन्होंने जापान की सम्मोहन एवं विवश संस्कृति को अपरिपक्व मलत्याग प्रशिक्षण से संबंधित दर्शाया। आपने रसिया की विक्षिप्त एवं अवसादक संस्कृति

को लंबी अवधि तक शिशु को वस्त्र बंधन से संबंधित बतलाया। मनोवैज्ञानिक दृष्किोण की यह सैद्धांतिक भ्रष्टता आंशिक रूप से सिगमंड फ्रायड के मनोविज्ञान के अविचारी प्रयोग के कारण संभव हुई थी।

6. सिगमंड फ्रायड (Sigmund Freud) (1858-1939)

सिगमंड फ्रायड एक नैदानिक मनोवैज्ञानिक (Clinical Psychologist) थे। आप अपने रोगियों को मानसिक रोग से मुक्ति दिलाने का प्रयास करते थे। आप एक प्रकार के मानवशास्त्री तब बने जब आपने मानसिक रोगों की उत्पत्ति के संबंध में अनुमान लगाना प्रारंभ किया। व्यंग्यपूर्ण ढंग से मनोवैज्ञानिक मानवशास्त्रियों ने फ्रायड के अधिकांश मानवशास्त्रीय कल्पनाओं को अस्वीकार कर दिया था। लेकिन उनकी रोग विषयक अनेक अंतर्दृष्टि को स्वीकार किया गया था।

फ्रायड का जन्म विएना के एक मध्यम वर्गीय परिवार में हुआ था। उनकी बचपनावस्था पिता के सख्त अनुशासन में व्यतीत हुई थी। 1880 दशक में आप जब चिकित्सा विज्ञान के छात्र थे, तब आपकी अभिरुचि मूलभूत चिकित्सा प्रयोगों में जागृत हुई। उन प्रयोगों में हिस्टीरिया (Hysteria) एक मनोवैज्ञानिक अवस्था, जिसकी पहचान रुग्ण या संवेदनहीन भावुकता से की जाती है तथा जिसका उपचार सम्मोहन विद्या (Hypnosis) द्वारा किया जाता है। सम्मोहन विद्या में हिस्टीरिया रोग से ग्रसित रोगी अपने कुछ अनुभवों का स्मरण करता है। अक्सर ही यह अनुभव उसकी बाल्यावस्था से संबंधित होता है। लेकिन उसके लिए अभिघातक (Traumatic) रहे थे। उस अभिघातक अनुभव को सम्मोहन विद्या द्वारा जागृत किया जाता है। रोगी सम्मोहित होकर बकने लगता है। इसके बाद वह जागृत हो जाता है तथा ऐसा व्यवहार करता है जैसे अब वह हिस्टीरिया रोग से ग्रसित नहीं है। फ्रायड के लिए इस तरह के प्रयोग मानसिक अवचेतन (Sub-conscious) के अस्तित्व की ओर इंगित करते थे। मनोवैज्ञानिक रोग से ग्रसित रोगी अपने आपको समाज के नैतिक नियमों के विरोध प्रदर्शित करने वाली क्रियाओं एवं विचारों से अलग कर लिए थे। लेकिन बाद में यह विरोध उनके मस्तिष्क में अवचेतन अवस्था में घर कर गया होगा, क्योंकि नैतिक बल के आगे उन्हें दमित कर दिया गया होगा। इस प्रकार के विरोध अवसाद का रूप ग्रहण कर लिया होगा। फ्रायड उन निर्णायकों के संबंध में यह पता लगाना चाहते थे कि उन विरोधों को रोगी चिकित्सीय ढंग से किस प्रकार खंडित करते हैं। इसके लिए फ्रायड ने स्वप्न (Dream) का अध्ययन आरंभ किया। शास्त्रीय फ्रायडियन मनोविज्ञान में स्वप्न अवचेतन मस्तिष्क की अभिव्यक्ति होते हैं। सांकेतिक दृष्टि से स्वप्न वैसी इच्छाओं की अभिव्यक्ति होते हैं जिन्हें समाज स्वीकृति नहीं प्रदान करता है। फ्रायड अवचेतन की खोज स्वप्न संकेतों का अर्थ को जानकर करना चाहते थे। वे संकेत ज्यादातर लैंगिक (Sexual) थे। क्योंकि फ्रायड के अनुसार लिंग संबंधित इच्छाओं को समाज ने सबसे ज्यादा बलपूर्वक

अस्वीकार किया था। अत: सबसे ज्यादा उनका ही विरोध हुआ था। इसलिए सबसे अधिक लिंग संबधी इच्छाएं ही दमित हुई थीं। अत: व्यक्ति के अंदर विरोध करने वाली तथा दमित होने वाली लिंग इच्छा ही रही थी। जिसका प्रस्फुटन हिस्टीरिया से ग्रस्त रोगी में होता है या स्वप्न में होता है। फ्रायड ने अपने इस मत का प्रतिपादन अपनी प्रथम पुस्तक *इंटरप्रिटेशन आफ ड्रीम* (1900) में किया था।

बाद में फ्रायड कला, साहित्य, धर्म एवं राजनीति की व्याख्या भी उसी ढंग से करने लगे जिस ढंग से उन्होंने स्वप्न का विश्लेषण किया था। फ्रायड के ये विचार तथा इनसे जुड़ी संस्थाएं सांकेतिक रूप से वैसी भावनाओं की अभिव्यक्ति दर्शाते हैं जिनकी अभिव्यक्ति यथार्थ में संभव नहीं। वे भी दमित इच्छाओं की ओर इशारा करते हैं। अंततोगत्वा फ्रायड का मनोवैज्ञानिक रूप से रोगग्रस्त तथा स्वस्थ लोगों के बीच विभेद अस्पष्ट रह गया। लेकिन फ्रायड के अनुसार अवचेतन विश्वव्यापी रूप में प्रचलित था। आपने अवचेतन को तीन स्तरों में विभाजित किया—(i) काम तत्व (Id, Libido), (ii) अहं (Ego) तथा (iii) पराहं (Super ego, couscine)।

आपके अनुसार इद कामनाओं का स्रोत है। अहं बाह्य जगत का अनुभव करता है। पराहं इद को मोनिटर करता है तथा अहं एवं सामाजिक आदर्शों के बीच मध्यस्थता का काम करता है। फ्रायड के अनुसार अहं एवं पराहं का निर्माण संस्कृति द्वारा किया जाता है। इसीलिए वे काम तत्व अथवा कामेच्छा रोक देते हैं। लेकिन कामेच्छा मानव स्वभाव की एक पाशविक भाग है। इसके साथ अनुभूति, भूख एवं इच्छा जुड़ी रहती है। फ्रायडियन मनोविज्ञान का मूल विषय अवचेतन की जांच करना है। उसके आधार पर दमित विरोध का पता लगाया जाये तथा रोगी को विरोध के संबंध में जानकारी दी जाए ताकि रोगी चिकित्सीय साधनों से ठीक हो सके।

मानव स्वभाव का फ्रायडियन तस्वीर निराशावादी था। इसके अनुसार प्रत्येक व्यक्ति का जन्म मनोवैज्ञानिक सुरंग क्षेत्र के संघर्ष में हुआ है। कुछ लोग इस सुरंग क्षेत्र के साथ समझौता अच्छे ढंग से करते हैं। वे लोग संघर्ष की अनदेखी करते हुए मनोवैज्ञानिक रूप से स्वस्थ जीवन व्यतीत करते हैं। कुछ लोग उतने भाग्यशाली नहीं होते हैं, संघर्ष की अनदेखी नहीं कर पाते हैं तथा मनोवैज्ञानिक रोग से ग्रसित हो जाते हैं। उन्हें चिकित्सीय साधनों से ठीक किया जाता है। अपने नैदानिक दृष्टिकोण को स्थापित करने के बाद फ्रायड आश्चर्यचकित थे कि क्यों यह मानव जीवन की कठिनाई युक्त अवस्था अस्तित्व में आयी होगी। इसका उत्तर फ्रायडियन मोड़ के साथ मानवशास्त्रीय था।

फ्रायड ने अपने मानवशास्त्र को अपनी त्रय पुस्तकों—*टोटम एंड टैबू* (1918), *द फ्यूचर आफ एन इलुशन* (1928) तथा *सिविलाइजेशन एंड इट्स कंटिनेट्स* (1930)— में अभिव्यक्त किया है। उनकी मुख्य अंतर्दृष्टि यह थी कि लोग वर्तमान में संघर्ष इसलिए करते हैं, क्योंकि मानव ने प्राचीनकाल में संघर्ष अनुभव किए थे। प्रजातीय स्मृति (Racial memory) के रूप में प्रत्येक व्यक्ति इसे दोहराते हैं।

फ्रायड का विवरण सुखद कामेच्छा सिद्धांत से प्रारंभ होता है। इस सिद्धांत के अनुसार लोग मनोलैंगिक आनंद लेना चाहते हैं तथा मनोलैंगिक कष्ट को दूर करना चाहते हैं। लेकिन संस्कृति मनोलैंगिक सिद्धांत का विरोध करती है। क्योंकि अगर प्रत्येक व्यक्ति इसी तरह से मनोलैंगिक इच्छाओं की संतुष्टि करेगा तो समाज में अराजकता की स्थिति उत्पन्न हो जायेगी। समाज में विघटन की स्थिति उत्पन्न हो जायेगी। अधिकांश लोग इस तथ्य को स्वीकार कर लेते हैं कि वे प्रत्यक्ष रूप से मनोलैंगिक कामनाओं की संतुष्टि नहीं पायेंगे। हालांकि उनकी यह इच्छा उनमें तनाव उत्पन्न करती रहती है। बदले में वे अपनी उन इच्छाओं को स्वप्न चित्र में परिष्कार करते हैं तथा कामेच्छा की यथार्थता से बचना चाहते हैं। ये लोग यथार्थ सिद्धांत (Reality Principle) पर काम करते हैं। ये लोग प्रौढ़ होते हैं तथा अनुभव करते हैं कि आनंद सिद्धांत पर काम करना कष्ट को आमंत्रित करना है। मनोवैज्ञानिक रूप से अप्रौढ़ लोग मनोलैंगिक आनंद सिद्धांत की ओर आकर्षित हो जाते हैं तथा संघर्ष का अनुभव करते हैं तथा दमन का शिकार हो जाते हैं। वे मानसिक रोग से ग्रसित हो जाते हैं। फ्रायड के अनुसार सबसे कम सभ्य संस्कृति सबसे कम दमित तनाव अनुभव करती है। फ्रायड के अनुसार सभ्यता मानव जैविक स्वभाव के विपरीत है। क्योंकि सभ्यता पाशविक मौलिक आवश्यकताओं को पालतू बनाती है। इस प्रकार सभ्यता का निर्माण परिष्कृत इच्छाओं (Sublimated desire) पर हुआ है। मानव उद्विकास की व्याख्या फ्रायड एक कहानी के आधार पर करते हैं। इस कहानी की शुरुआत आदिम परिवार (Primeval Family) से होती है। फ्रायड के अनुसार आदिम युगीन मानव परिवार एक विवाही था। इसका आकार एकांकी था। लेकिन अनियंत्रित लिंग इस आदिम युगीन परिवार की पहचान थी। यह परिवार कई तरह की समस्याओं का सामना कर रहा था तथा लंबी अवधि तक अपने स्वरूप को नहीं बरकरार रख सका। इस आदिम युगीन परिवार में कुछ लोग अपनी मां के साथ कामेच्छा रखने लगे। लेकिन मात्र उनके तानाशाही पिता को ही लैंगिक पहुंच की प्राथमिकता प्राप्त थी। इसका घोर रूप से विरोध पुत्रों द्वारा किया गया। हालांकि वे अपने पिता को उतना ही प्यार भी करते थे तथा आदर भी देते थे। यह उभयभावी (Ambivalent) भावना पुत्र-पिता विरोध का महत्त्वपूर्ण स्रोत बना। अपनी मनोलैंगिक इच्छाओं की संतुष्टि में विफल पुत्रों ने एकजुट होकर अपने पिता की हत्या कर दी। इस प्रकार आदिम पितृहंता (Primeval Parricide) की घटना घटित हुई। यह घटना मनोलैंगिक कामनाओं की असंतुष्टि का परिणाम था।

बाद में चलकर वृहत समाज पितृहत्या को मनोलैंगिक कामना के रूप में पहचान किया। इसे समाज के लिए घातक एवं अहितकर माना गया तथा इस तरह की घटना की पुनरावृत्ति पर रोक लगाया गया। इस घटना के लिए पुत्रों को अपंग पश्चाताप हुआ। इस घटना की पुनरावृत्ति नहीं हो इसलिए संस्कृति द्वारा प्रतिबंध लगाया गया जिसे निषेध (Taboo) के नाम से जाना जाता है। संस्कृति द्वारा सामाजिक रूप से अस्वीकृत हत्या पर निषेध लगाया गया तथा निकटाभिगमन (Incest) के ऊपर भी प्रतिबंध लगाया गया।

क्योंकि निकटाभिगमनों द्वारा ही विघटनकारी लैंगिक भावनाओं को जन्म दिया जाता था। वृहत समूह द्वारा टोटम नामक वस्तु का आविष्कार किया गया जिसकी पूजा सामूहिक रूप से की जाने लगी। इसको पिता का रूप प्रदान किया गया। इस पिता रूपी टोटम की पूजा द्वारा पुत्रों की उभयभावी भावना खत्म हो गई। फ्रायड के लिए इन्हीं क्रियाओं से मानव इतिहास की टोटमिक अवस्था निर्मित हुई। इस टोटमिक अवस्था का साथ पराअहं द्वारा दिया गया। इसके द्वारा यह सुनिश्चित किया गया कि कामेच्छा को दोष द्वारा दमित कर दिया गया।

पुरुषों के लिए इन सबों का मनोवैज्ञानिक विरासत मातृरति संकुल (Oedepus Complex) था। इसका नामकरण लैउस (Laius) के एक पौराणिक ग्रीक पुत्र के आधार पर किया गया था। जिसने अपनी पिता की हत्या कर दी थी तथा उसके बाद अपनी मां से विवाह करने गया था। इस संकुल की पहचान पुरुष की अनिर्णीत दोष प्रेरणा के रूप में की गई थी। इस संकुल के अनुसार पुरुष अपनी माता के साथ वासना की संतुष्टि की इच्छा रखते थे।

महिलाओं के लिए पुरुषों के मातृरति संकुल के विपरीत मनोवैज्ञानिक विरासत पितृरति संकुल (Electra Complex) था। इस मनोवैज्ञानिक संकुल का नामकरण अगामेमनन (Agamemnon) के एक पौराणिक ग्रीक पुत्री के आधार पर किया गया था। वह पुत्री अपने पिता से वासना की संतुष्टि की इच्छा रखती थी। अपनी पिता की हत्या के बदले में उसने अपनी माता की हत्या करने का प्रयास किया था।

मातृरति संकुल तथा पितृरति संकुल समतुल्य नहीं थे। क्योंकि फ्रायड के अनुसार पुरुष कामुकता एवं महिला कामुकता में मौलिक अंतर थे। अंतिम बीसवीं सदी नारीवाद दृष्टिकोण से फ्रायड का सिद्धांत लिंगवादी के रूप में प्रकट होता है। फ्रायड के सिद्धांत के संदर्भ में सबसे उपयुक्त अवलोकन कि प्रत्येक व्यक्ति मानवता के मानसिक विकास से अपने आपको मुक्त करता है, उन्नीसवीं सदी सांस्कृतिक उद्विकासीय मानवशास्त्र में विकृतीकरण के रूप में प्रकट होता है।

फ्रायड द्वारा वैयक्तिक मनोविज्ञान. में किया गया आरंभिक अध्ययन सामाजिक वैज्ञानिकों के लिए विशेष महत्त्वपूर्ण रहा है। उन्होंने मनोगतिक व्यवस्था का वर्णन किया जिसमें अनुकूलन की समस्या पर व्यक्तियों की प्रतिक्रिया को लिपिबद्ध किया जा सका। मनोगतिक व्यवस्था के आधार पर यह दर्शाना संभव हो पाया कि किस परिस्थिति में व्यक्ति का चरित्र निर्माण होता है। अनेक मनोवैज्ञानिकों ने मनोगति विज्ञान (Psychodynamics) तथा मनोविश्लेषण (Psychoanalysis) को एक साथ रखा है। लेकिन मनोगतिकी एक सामूहिक सिद्धांत या विधि नहीं है।

फ्रायड की पहली अवधारणा के अनुसार व्यक्तियों का ग्रहीत चरित्र उनकी संतान तक आनुवंशिक रूप से पहुंचता है। फ्रायड का यह सिद्धांत लैमार्क के जैविक उद्विकास सिद्धांत के समान है। इस अवधारणा के अनुसार जो समकालीन मानव में अचेतन

(Unconscious) है, वह आदिम मानवों में सचेतन (Conscious) था। फ्रायड के सिद्धांत के अनुसार मातृरति संकुल की उत्पत्ति आदि पितृहत्या के कारण हुई, व्यक्ति के अंदर अव्यक्तता (Latency) हिम युग का पुनरावर्तन है, परम प्रसाद (Pacherist) आदिम टोटम भोज की पुनरावृत्ति है तथा वोलोचित भय (Infantile to fobia) टोटमवाद की आवृत्ति है।

फ्रायड द्वारा प्रतिपादित उद्विकास की अवधारणा किसी को स्वीकार नहीं है। क्योंकि आपने मानव का विकास उसी रेखा पर दर्शाया था जिस पर एक शिशु बालक बनता है तथा बालक युवा बनता है। आपने समकालिक आदिम मानव को बाल्यावस्था के रूप में तथा पश्चिमी मानव को युवावस्था के रूप में दर्शाया था। जिस प्रकार युवावस्था बगैर बाल्यावस्था के नहीं प्राप्त की जा सकती है, उसी प्रकार संस्कृति को भी पूर्वनिर्धारित जीव विज्ञानीय अवस्थाओं से होकर गुजरना पड़ता है। आदिम मानवों की आदत का अध्ययन मनोविश्लेषणात्मक विधि से किया जा सकता है।

अनेक तरह से फ्रायडियन सिद्धांत एक विशेष प्रकार के मानवशास्त्र का प्रतिनिधित्व करता था जिसको बोआस तथा उनके शिष्य पराभूत करना चाहते थे। फ्रायड का विचार अति काल्पनिक, अति सामान्यीकृत, उद्विकासीय, आनुवंशिक, लिंगवादी, प्रजातिवादी, मानव जाति केन्द्रित तथा गैर पश्चिमी युवाओं को पश्चिमी शिशुओं से संबंध दर्शाने वाला था। फ्रांज बोआस ने मार्गरेट मीड का प्रयोग करके फ्रायड के इस सिद्धांतों को अस्वीकृत कर दिया कि किशोरावस्था की मनोलैंगिक अशांति विश्वव्यापी है। ब्रिटिश सामाजिक मानवशास्त्री का भी समान विचार था तथा उसने भी फ्रायड के सिद्धांत को अस्वीकार कर दिया था। मैलिनोवस्की ने अनुभव के आधार पर दर्शाया कि दक्षिण प्रशांत महासागर के मातृपक्षीय ट्रोब्रियंड द्वीपवासियों के लिए मातृरति संकुल महत्त्वहीन था। क्योंकि ट्रोब्रियंड द्वीपवासियों की मातृसत्तात्मक एवं मातृपक्षीय व्यवस्था में परिवार का शासन पिता के पास न होकर माता के भाई यानी मामा के पास पाया जाता था। इस तरह के अनुसंधान यह दर्शाते थे कि अगर मानवशास्त्र के लिए फ्रायडियन सिद्धांत का कोई भी भाग निकाला जाता है तब संपूर्ण सैद्धांतिक महल की पुनर्संरचना पार-सांस्कृतिक विचारों (Cross-Cultural Variables) के द्वारा करना होगा।

मनोवैज्ञानिक मानवशास्त्र का विकास

फ्रायडियन सिद्धांत को आपत्तिजनक एवं कालदोषीय पाने पर भी बोआसियन मानवशास्त्रियों ने उसी वक्त उस सिद्धांत को प्रेरणादायक एवं रमणीय भी बतलाया। मानव विज्ञान के समान फ्रायडियन मनोविज्ञान भी रूढ़िभंजक (Iconoclastic) था। यह लोगों को उन विचारों एवं व्यवहारों को विश्लेषित करने के लिए बाध्य करता है जिन्हें अक्सर ही स्वीकृत की श्रेणी में रखा जाता है। यह व्यक्तित्व के बारे में विचारधारा की एक संस्था थी जिसमें मानव विज्ञान अपनी विशेष दक्षता का दावा नहीं कर सकता था। मनोवैज्ञानिक

मानवशास्त्री फ्रायडियन सिद्धांत की ओर 1930 के दशक में आकर्षित हुए। मनोवैज्ञानिक मानवशास्त्रियों द्वारा फ्रायडियन सिद्धांत में अनेक तरह के परिवर्तन लाए गए। मनोवैज्ञानिक मानवशास्त्रियों द्वारा फ्रायड के मानसिक उद्विकास (Psychic evolution) की अवधारणा का परित्याग कर दिया गया था। उनके द्वारा प्रतिपादित मनोलैंगिक कामना की अवधारणा को समाप्त किया गया। सांस्कृतिक सापेक्षवाद के शब्दों में उनके सिद्धांत को प्रस्तुत किया गया। मनोवैज्ञानिक मानवशास्त्रियों द्वारा रोगग्रस्त व्यक्तित्व के स्थान पर सामान्य व्यक्तित्व के विकास के ऊपर विशेष बल दिया गया। इस आधार पर मनोवैज्ञानिक मानवशास्त्र में नव फ्रायडियन अवस्था की शुरुआत हुई। इस अवस्था की पहचान व्यक्तित्व विकास के पार-सांस्कृतिक अध्ययन के रूप में की जाती है। इसमें प्रारंभिक बाल्यावस्था अनुभवों के ऊपर विशेष रूप से ध्यान दिया जाता है।

7. अब्राम कार्डिनर (Abram Kardiner) (1891-1981)

फ्रायडियन मानवशास्त्र के प्रमुख सैद्धांतिक शिल्पी अब्राम कार्डिनर थे। आप एक मनोविश्लेषक थे। आपने फ्रायड के अधीन अध्ययन किया था। लेकिन आपने अनुभव किया था कि फ्रायड का सिद्धांत संस्कृतिबद्ध (Culture bound) है। यह सिद्धांत फ्रायड की अपनी बाल्यावस्था की आंशिक उपज थी तथा जिसे अच्छी तरह से जांचने की आवश्यकता थी। इस कार्य को पूरा करने के लिए आपने 1930 के दशक में न्यूयार्क शहर में मानवशास्त्रियों के एक कार्यशाला का आयोजन किया। इस सेमिनार में रुथ बेनेडिक्ट, रुथबेंजेल, एडवार्डसापिर, लिंटन तथा कोराडु-बोआस मुख्य मानवशास्त्री प्रतिभागी थे। इस सेमिनार का उद्देश्य एक सैद्धांतिक ढांचा तैयार करना था जिसके आधार पर विभिन्न सांस्कृतिक अनुभवों द्वारा विभिन्न प्रकार के व्यक्तित्वों का पोषण किस प्रकार किया जाता है कि जांच की जा सके। इस सेमिनार के निष्कर्ष के आधार पर कार्डिनर ने एक अनुसंधान मॉडल निर्मित किया। इस अनुसंधान मॉडल के तीन प्रमुख तत्व थे—

(i) प्राथमिक सांस्कृतिक संस्थाएं (Primary Cultural Institutions)
(ii) द्वितीयक सांस्कृतिक संस्थाएं (Secondary Cultural Institutions)
(iii) मौलिक व्यक्तित्व संरचना (Basic Personality Structure)

प्राथमिक सांस्कृतिक संस्थाएं—प्राथमिक सांस्कृतिक संस्थाओं के रूप में उन संस्थाओं की पहचान की गई जिनका संबंध घनिष्ठ रूप से शिशु पालन से था तथा जिनसे शिशु पालन व्यवहार प्रभावित होते थे। उदाहरण के लिए स्तनपान, दूध-छुड़ाई तथा शिशुओं की नित्य देख रेख।

द्वितीय सांस्कृतिक संस्थाएं—द्वितीय संस्थाओं के रूप में उन वृहत संस्थाओं की पहचान की गई जिनका संबंध समाज के धर्म एवं राजनीति से था।

मौलिक व्यक्तित्व संरचना—मौलिक व्यक्तित्व संरचना का निर्माण प्राथमिक

संस्थाओं द्वारा होता है। लेकिन उसे द्वितीयक संस्थाओं के ऊपर प्रक्षिप्त (Projected) कर दिया जाता है। मौलिक व्यक्तित्व प्रकार लोगों को विश्व के साथ सामना करने में मदद पहुंचाती है। यह विश्व को लोगों के समक्ष परिचित एवं सांस्कृतिक ढंग से अनुकूलित के रूप में प्रस्तुत करता है। इस प्रकार मौलिक व्यक्तित्व संरचना दृष्टिकोण को कार्डिनर ने मनोगतिक दृष्टिकोण बतलाया।

मनोगतिक अनुसंधान का मुख्य लक्ष्य प्राथमिक संस्थाओं, द्वितीयक संस्थाओं तथा मौलिक संरचना को स्वतंत्र रूप से मूल्य निर्धारित करना है तथा उनके बीच कार्डिनर मॉडल के आधार पर सह-संबंध दर्शाना है। मौलिक व्यक्तित्व संरचना के मूल्यांकन हेतु मनोगतिक मानवशास्त्री चिकित्सकीय परीक्षणों (Clinical Tests) का प्रयोग करते हैं। उदाहरण के लिए टीएटी (TAT), रोर्सचाच (Rorschach) तथा स्याही धब्बा (Inkblot) इत्यादि। इन परीक्षणों के माध्यम से मौलिक व्यक्तित्व संरचना को कागज के ऊपर प्रक्षेपित किया जाता है।

इस प्रकार कार्डिनर एक नवफ्रायडियन थे। नव फ्रायडियन शब्द का प्रयोग उन मनोवैज्ञानिकों के लिए किया जाता था जो फ्रायड के कुछ सिद्धांत का समर्थन करते थे तथा अन्य को अस्वीकार करते थे। आपके अनुसार जीवन के आरंभिक काल व्यक्तित्व निर्माण के लिए महत्त्वपूर्ण नहीं थे। इस प्रकार आपने फ्रायड के मातृरति संकुल तथा संस्कृति की लैंगिक अवधारणा को अस्वीकार किया। लेकिन आपने फ्रायडियन सिद्धांत के अनुकूलनात्मक (Adaptational) अवधारणा को स्वीकार किया।

कृतित्व

आपके प्रमुख कृतित्व निम्नलिखित हैं—

1. 1939 : द इंडिविजुअल एंड हिज सोसायटी
2. 1945 : सायकोलोजिकल फ्रंटियर्स आफ सोसायटी
3. 1961 : दे स्टडीड मैन।

नवफ्रायडियन दृष्टिकोण के अंतर्गत अब्राम कार्डिनर ने मनोसांस्कृतिक विश्लेषण का सिद्धांत प्रतिपादित किया था। सन् 1936 में आपने न्यूयार्क शहर में एक सेमिनार आयोजित किया था जिसमें मानवशास्त्रीय प्रतिभागियों ने भी भाग लिया था। इस सेमिनार का आयोजन कोलंबिया विश्वविद्यालय में किया गया था। कार्डिनर ने इस कार्यशाला में प्राप्त सभी शोध पत्रों को पुस्तक के रूप में संपादित किया था, जिसका शीर्षक *इंडिविजुअल एंड हिज सोसायटी* (1939) था।

इस संपादित पुस्तक में मानवशास्त्रीय आंकड़ों के मनोगतिकीय प्रयोग हेतु तीन प्रकार की तकनीकों का विकास किया गया था, जो निम्नलिखित हैं—

1. समाज में प्रचलित अनुकूलनात्मक (Homoeostatic) प्रक्रियाओं का वर्णन;

2. अनुकूलनात्मक प्रतिमान पर आधारित मौलिक व्यक्तित्व प्रकार का वर्णन;

3. सांस्कृतिक परिवर्तन का विवरण।

कार्डिनर ने लिंटन के साथ एक पुस्तक की रचना की जिसका शीर्षक सायकोलोजिकल फ्रंटियर्स आफ सोसायटी (1945) है। इस पुस्तक में मौलिक व्यक्तित्व प्रकार की अवधारणा का विकास किया गया है। ये दोनों विद्वान इस तथ्य से भलीभाँति अवगत थे कि चरित्र में वैयक्तिक अंतर प्रत्येक समाज में पाया जाता है। लेकिन इसके बावजूद उस समाज के सदस्यों के व्यक्तित्व में आम विशेषताएं पाई जाती हैं। इसका सीधा तात्पर्य था कि व्यक्तित्व का संस्कृति के साथ अनुकूलन होता है। व्यक्तित्व का संस्कृति के साथ अनुकूलन सांस्कृतिक संस्थाओं के माध्यम से होता है। सांस्कृतिक संस्थाएं भी दो स्तर की होती हैं—प्राथमिक तथा द्वितीयक। प्राथमिक संस्थाओं में स्तनपान, दूध-छुड़ाई तथा शिशु देख-रेख से संबंधित संस्थाएं आती हैं। इन संस्थाओं के बिना व्यक्ति का बाल्यावस्था में जीवित रहना संभव नहीं है। बाल्यावस्था के बाद एक व्यक्ति का अनुकूलन धर्म एवं राजनीति से जुड़ी संस्थाओं से होता है। इस दोनों प्रकार की संस्थाओं के बीच मौलिक व्यक्तित्व निर्मित होता है तथा व्यक्ति अपने विश्व के साथ सामंजस्य स्थापित करता है।

कार्डिनर ने प्राथमिक संस्थाओं की कोई सूची नहीं उपलब्ध कराई है। लेकिन उनका संबंध परिवार संगठन, समूह निर्माण, पोषण, स्तनपान, दूध-छुड़ाई, लालन-पालन, बच्चों की उपेक्षा, लिंग प्रशिक्षण तथा जीवन निर्वाह संबंधी प्रक्रियाओं से था। द्वितीयक संस्थाओं के अंतर्गत उसने निषेध, धर्म, धार्मिक कृत्य, लोक कथा तथा सोचने की विधि इत्यादि को शामिल किया है। बाल्यावस्था के अनुशासन द्वारा निर्मित मौलिक व्यक्तित्व समूह जीवन-मरण संबंधी सिद्धांत, भावना एवं ज्ञान के रूप में व्यक्त होता है।

कार्डिनर तथा लिंटन द्वारा प्रतिपादित मौलिक व्यक्तित्व संरचना को मारक्वेसा द्वीपवासियों की संस्कृति के उदाहरण द्वारा समझा जा सकता है। मारक्वेसा पोलिनेशिया का एक द्वीप है। इस द्वीप में अकाल के कारण भूखमरी की स्थिति बन जाती थी। इस समस्या का समाधान महिला शिशु हत्या (Female infantycide) की प्रथा द्वारा की जाती है। इस सांस्कृतिक व्यवहार द्वारा मारक्वेसा द्वीपवासी अपनी जनसंख्या को खाद्य आपूर्ति के अनुकूल बनाते हैं। इस प्रकार महिला शिशु हत्या सामाजिक-सांस्कृतिक अनुकूलन का विवरण प्रस्तुत करता है।

किसी भी अनुकूलनात्मक प्रक्रिया में एक समस्या का समाधान दूसरी अमौलिक समस्या को जन्म देता है। मारक्वेसा द्वीपवासियों के बीच महिला शिशु हत्या द्वारा जनसंख्या का अनुकूलन महिला-पुरुष अनुपात को प्रभावित करता है। जिसके कारण यहां बहुपति प्रथा प्रचलित है। यह कोई आदर्श स्थिति नहीं है, लेकिन परिस्थितिवश उन्हें इस प्रथा का पालन करना पड़ता है तथा इस प्रथा के साथ अनुकूलन करना पड़ता है। यहां सभी पुरुषों को समान लिंग अवसर नहीं मिलता है। इस आवश्यक समझौता का प्रभाव मारक्वेसा द्वीपवासियों के व्यक्तित्व पर स्पष्ट रूप से दिखाई देता है। एक विवाही परिवार में भी

महिला को पति तथा बच्चों के बीच समय विभाजन की समस्या का सामना करना पड़ता है। लेकिन बहुपति विवाही परिवार में औरत को समय विभाजन की समस्या का और अधिक सामना करना पड़ता है। चूंकि इस प्रकार के परिवार में पत्नी को अपने अनेक पतियों को संतुष्ट करना पड़ता है। अत: वह बच्चों पर उतना समय नहीं दे पाती है। बच्चों को मां की उपेक्षा का शिकार होना पड़ता था। माता अपना अधिकांश समय अपने आपको सुसज्जित करने तथा पतियों को संतुष्ट करने में व्यतीत करती हैं। इस मातृक उपेक्षा की क्षतिपूर्ति मुख्यपति एवं गौणपतियों के प्यार से की जाती है। यह बच्चों के अस्तित्व में बने रहने के लिए न्यूनतम शर्त है। यह बच्चों को परंपरा की शिक्षा देने के लिए भी अनिवार्य है। पतियों को भी महिला की उपेक्षा का शिकार होना पड़ता है। लेकिन इस प्रथा के साथ वे अनुकूलन बाल्यावस्था से ही करते हैं। पतियों में महिला के प्रति ईर्ष्या के भाव उत्पन्न होते हैं, लेकिन सामाजिक हित में उन्हें दबा दिया जाता है। सभी पति पर्व-त्योहार एवं सामाजिक अनुष्ठान-उत्सव पर पत्नी के पास नहीं जाते हैं। यह व्यवहार आम ईर्ष्या का भाव दर्शाता है। यह भाव मारक्वेस द्वीपवासियों की लोक कथाओं, लोक गीतों, कहावतें, मुहावरे, बुझौनिया, पहेली इत्यादि में मिलते हैं।

मारक्वेसा द्वीप समाज में पति-पत्नी विभेद के कुछ सकारात्मक परिणाम भी मिलते हैं। यहां प्रतिबंध एवं अनुशासन में कमी पायी जाती है। यौन व्यवहार में बचपन से ही स्वच्छंदता शामिल रहता है। इसके कारण नपुंसकता की घटना घटित होती है। इस प्रकार मारक्वेसा द्वीप समाज का मौलिक व्यक्तित्व संरचना भोजन में कमी के कारण बाल्यावस्था में अनुशासन की कमी तथा बहुपति प्रथा समान यौन अवसर में कमी प्रदर्शित करती है। इन सामाजिक-सांस्कृतिक संस्थाओं के साथ मारक्वेसा द्वीप समाज के लोगों का अनुकूलन होता है जिसके कारण उनमें मौलिक व्यक्तित्व प्रकार का विकास होता है। इस प्रकार मारक्वेसा द्वीप समाज के व्यवहार प्रतिमान अनुकूलनात्मक प्रक्रिया की देन हैं।

कार्डिनर का मौलिक व्यक्तित्व प्रकार एक गतिशील मॉडल प्रस्तुत करता है। प्राथमिक संस्थाओं में परिवर्तन मौलिक व्यक्तित्व संरचना में परिवर्तन लाता है। इसके कारण द्वितीयक संरचनाओं में भी परिवर्तन लाया जाता है। उदाहरण के लिए अगर महिलाओं को घर से बाहर दूर काम करने जाना पड़ता है तब बच्चों की देख-रेख बूढ़े लोगों को करना पड़ता है। इस परिस्थिति के कारण अनेक प्रकार के तनाव का विकास होता है। शिशु में माता के प्रति संदिग्ध भाव उत्पन्न हो जाता है। यही भाव वहां के लोक साहित्य में प्रचलित हो जाते हैं।

8. कोराडु-बोआस (Cora Du-Bois) (1903-1991)

कोराडु-बोआस ने सबसे पहले क्रमिक ढंग से मनोगतिक अनुसंधान कार्य को आगे बढ़ाया था। मनोगतिक अनुसंधान के ऊपर कार्डिनर ने दो बार मानवशास्त्रीय सेमिनार का आयोजन

किया था। दोनों ही बार कोराडु-बोआस ने सेमिनार में अपनी प्रतिभागिता दर्शायी थी। सेमिनार में मनोगतिक अध्ययन के ऊपर क्षेत्र कार्य करने की आवश्यकता महसूस की गई थी। मनोगतिक अनुसंधान में सामाजिक अनुकूलन का अध्ययन किया जाता है। सामाजिक अनुकूलन में वैयक्तिक सदस्यों के जीवन पर कुछ सामाजिक संस्थाओं के प्रभाव का अध्ययन किया जाता है।

सन् 1937 में कोराडु-बोआस ने क्षेत्र कार्य के लिए एलोर द्वीप प्रस्थान किया था। आप एलोर द्वीपवासियों के बीच निम्नलिखित उद्देश्यों की पूर्ति हेतु गई थीं—

1. एलोर संस्कृति के संस्थापक समूहों को निर्धारित करना तथा उनका विवरण प्रस्तुत करना;
2. एलोर संस्कृति के जीवन में सकारात्मक ढंग से भाग लेना;
3. एलोर संस्कृति के वैयक्तिक सदस्यों की जीवनी को मनोविश्लेषणात्मक ढंग से लिपिबद्ध करना;
4. चयनित व्यक्तियों के ऊपर मनोवैज्ञानिक प्रक्षेपीय तकनीक का प्रयोग करना।

इस प्रकार आपने परंपरागत एथनोग्राफी का विशाल संग्रह किया। आपने स्वप्न तथा चित्रांकण के आधार पर आठ लंबी जीवनवृत्तों का संग्रह किया था। एलोर द्वीप डच इस्ट इंडिज में पड़ता है। आपके द्वारा रोर्सचाच प्रोफाइल, शिशु चित्रांकण तथा मनोवैज्ञानिक जीवनवृत्तों (Life histories) का संकलन किया था। इन सभी मनोवैज्ञानिक परीक्षणों को रोग विषयक विशेषज्ञों के पास न्यूयार्क भेजा गया था। रोग विषयक विशेषज्ञों के निष्कर्षानुसार मौलिक एलोर व्यक्तित्व छिछला, उदासीन तथा भाव शून्य था। इसका विकास आरंभिक बाल्यावस्था में मातृक उपेक्षा के अनुभव के कारण हुआ था। एलोरिज माताएं अपना अधिकांश समय घर से बाहर खेतों में काम करते हुए व्यतीत करती हैं। यह उपेक्षा शिशुओं को सिखाती है कि उनकी भावनात्मक आवश्यकताओं की संतुष्टि माताओं से नहीं होगी। इसके कारण एलोर धर्म में निम्न अपेक्षा प्रक्षेपित की जाती थी। इसकी पहचान गैर-प्रतिनिधिक देवी-देवता एवं असावधानीपूर्वक पुतला निर्माण द्वारा की जाती है। इस तरह के प्रक्षेपण से स्वरूप पाकर एलोर द्वीपवासी का धर्म बच्चों को मातृक उपेक्षा से अनुकूलन करने में मदद पहुँचाता है। कोराडु-बोआस की पुस्तक, *द पिपुल आफ एलोर* (1944) मनोगतिक मानव विज्ञान का सैद्धांतिक उच्च बिंदु था।

मनोगतिक मानव विज्ञान का सैद्धांतिक निम्न बिंदु राष्ट्रीय चरित्र अध्ययन था। राष्ट्रीय चरित्र अध्ययन मानव विज्ञान एवं फ्रायडियन सिद्धांत के गंभीर सम्मिश्रण का अंत था। 1950 के दशक से प्रारंभ होकर सामाजिक वैज्ञानिक अनुसंधान विधि में नवाकारण एवं सांख्यिकी का प्रयोग सामाजिक मानवशास्त्रियों को फ्रायडियन मनोविज्ञान से अपना संबंध विच्छेद करने के लिए बाध्य किया, क्योंकि फ्रायडियन मनोविज्ञान अनुभवाश्रित विज्ञान की दृष्टि से अपरिभाषित एवं अअन्वेषणीय अवधारणों से भरपूर था।

9. जान वाइटिंग एवं इरविन चाइल्ड (John Whiting and Irvin Child)

अब नई पीढ़ी के मानव वैज्ञानिक मानवशास्त्रियों का उदय हुआ है जिनके द्वारा मानव विज्ञान की उन प्राचीन अवधारणाओं से शुद्ध करने का प्रयास किया गया है। इन विद्वानों द्वारा सांख्यिकी का प्रयोग पार-सांस्कृतिक सामान्यीकरण (Cross-Cultural Generalisation) के लिए किया गया। इस नवीन दिशा में अग्रगामी प्रयास जान वाइटिंग (John Whiting) तथा इरविन चाइल्ड (Irvin Child) की पुस्तक *चाइल्ड ट्रेनिंग एंड पर्सनालिटी : ए क्रोस कल्चरल स्टडी* (1956) है। वाइटिंग एवं चाइल्ड ने पार-सांस्कृतिक आंकड़ों को अन्य स्त्रोतों, विशेषकर न्यू ह्यूमन रिलेशंस एरिया फाइल्स (NHRAF) येल विश्वविद्यालय से प्राप्त किया। उन आंकड़ों को सांख्यिकीय ढंग से बड़ी चतुराईपूर्वक काम में लाया तथा महत्त्वपूर्ण पार-सांस्कृतिक संस्था संघों को दर्शाया। सांख्यिकीय ढंग से महत्त्वपूर्ण एक पार-सांस्कृतिक संघ का विवरण मार्विन हैरिस द्वारा अपनी पुस्तक *राइज आफ एंथ्रोपोलोजिकल थ्योरी* में किया गया है। उस पार-सांस्कृतिक संघ में निम्नलिखित सांस्कृतिक तत्व शामिल थे—

1. लंबी अवधि तक स्तनपान; 2. लंबी अवधि तक प्रसवकालीन लैंगिक संबंध निषेध; 3. बहुपत्नी प्रथा; 4. शिशुओं का माता के साथ सोना; 5. पितृरेखीयता एवं पितृस्थानीयता; तथा 6. प्रबल पुरुष यौवनारंभ अनुष्ठान।

सांख्यिकी में संघ आवश्यक रूप से कारण में समाविष्ट नहीं होते हैं। लेकिन सांख्यिकीय संघ कारण के बारे में सुझाव व्यक्त कर सकते हैं तथा कार्य-कारण संबंध की खोज को समीप लाने में मदद पहुंचा सकते हैं। मानवशास्त्रियों ने वाइटिंग एवं चाइल्ड के तत्वों को घटनाओं के कार्य-कारण शृंखला में जोड़ने में सफल हुए हैं। मानवशास्त्रियों ने लंबी अवधि तक स्तनपान को प्रोटिन नामक पोषकीय तत्व के लिए हितकर बतलाया है। प्रबल पुरुष यौवनारंभ अनुष्ठान को माता-पुत्र के बीच घनिष्ठ संबंध को तोड़ने के लिए पुरुष प्रधान समाज की संस्कृति से संबंधित बतलाया गया। वाइटिंग तथा चाइल्ड ने कार्डिनर के मनोगतिक मॉडल को परिवर्तित कर दिया तथा उसके वृहत तत्वों का पुनर्नामकरण किया। इन विद्वानों ने कार्डिनर के प्राथमिक सांस्कृतिक संस्थाओं का नामकरण भरण-पोषण व्यवस्था (Maintenance System) रखा।

द्वितीयक संस्थाओं का नामकरण प्रक्षेपीय व्यवस्था (Projective System) के रूप में किया गया। मौलिक व्यक्तित्व संरचना का नामकरण व्यक्तित्व विचर (Personality variables) के रूप में किया गया।

कमिंग आफ एज इन सेमोआ (1928) से लेकर चाइल्ड ट्रेनिंग एंड पर्सनालिटी : ए क्रॉस कल्चरल स्टडी (1953) तक यानी 25 वर्षों में मनोवैज्ञानिक मानवशास्त्र का उत्विकास प्री-फ्रायडियन, फ्रायडियन एवं पोस्ट-फ्रायडियन अवस्थाओं के माध्यम से हुआ। इस नाम के मानवशास्त्र की शुरुआत मानववादी के रूप में हुआ। इसके द्वारा

अमरीकावासियों को सांस्कृतिक एवं व्यक्तित्व की दृष्टि से ज्यादा सहनशील दर्शाया गया। लेकिन इसका अंत बीसवीं सदी के मध्य में हो गया। क्योंकि इसके स्थान पर सामाजिक विज्ञान में मनोवैज्ञानिक रूप से पृथक नेतृत्व उभर कर सामने आया।

10. लिंटन (Linton) (1893-1953)

आप पेशा से एक पुरातत्वशास्त्री थे। आपकी नियुक्ति पुरातत्व शास्त्री के रूप में हवाई स्थित बिशप संग्रहालय में हुई थी। इस संग्रहालय द्वारा आपको अध्ययन के लिए सन् 1920-22 में मारक्वेसा द्वीप भेजा गया। मारक्वेसा द्वीपवासियों को देखकर आपकी अभिरुचि मानवशास्त्र की ओर जागृत हुई। आप कार्डिनर के एक निकट सहयोगी थे। आप भी फ्रायड के लैंगिक सिद्धांत के स्थान पर अनुकूलनात्मक सिद्धांत से प्रभावित थे। आपका प्रमुख कृतित्व निम्नलिखित है—

1. 1936 : द स्टडी आफ मैन
2. 1937 : कल्चरल बैकग्राउंड आफ पर्सनालिटी।

जैसा कि ऊपर बतलाया जा चुका है, लिंटन मौलिक रूप से एक पुरातत्वशास्त्री थे। इसलिए उनकी प्रथम पुस्तक *स्टडी आफ मैन* में पुरातत्वशास्त्र की झलक मिलती है। आपकी अभिरुचि आरंभ में संस्कृति के भौतिक एवं ऐतिहासिक पहलू में थी। लेकिन बाद में आप इन पहलुओं से असंतुष्ट हो गए थे। आप कार्डिनर के संपर्क में आने के बाद व्यक्तित्व अध्ययन की ओर आकर्षित हुए थे।

लिंटन की दूसरी ख्याति प्राप्त पुस्तक *कल्चरल बैकग्राउंड आफ पर्सनालिटी* (1937) है। इस पुस्तक में आपने सर्वप्रथम संस्कृति एवं व्यक्तित्व को परिभाषित किया है।

संस्कृति की परिभाषा

लिंटन ने संस्कृति को परिभाषित करते हुए कहा कि संस्कृति ज्ञान, मनोवृत्ति तथा स्वाभाविक व्यवहार प्रतिमान का कुल योग है जो समाज के सदस्यों द्वारा संचारित होता है।

आपने व्यवहार के आधार पर संस्कृति को तीन भागों में विभाजित किया है—

1. यथार्थ संस्कृति (Real Culture)
2. आदर्श संस्कृति (Ideal Culture)
3. संस्कृति निर्माण (Culture Construct)

1. यथार्थ संस्कृति—समाज के सदस्यों का जो यथार्थ व्यवहार है उसे यथार्थ संस्कृति कहा जाता है। यह संस्कृति आदर्श संस्कृति से भिन्न होती है। उदाहरण के लिए प्रत्येक समाज में वृद्धजनों को सम्मान प्राप्त है। लेकिन कोई समाज इसके विपरीत व्यवहार करता है। इसे ही यथार्थ संस्कृति कहा जाता है।

2. आदर्श संस्कृति—प्रत्येक समाज के लिए कुछ आदर्शक व्यवहार होते हैं। सभी समाज अपने सदस्यों से उम्मीद करते हैं कि वे अपने समाज के आदर्श व्यवहार को बनाए रखे। जैसे माता-पिता की सेवा करना, बच्चों को प्यार करना, बड़ों का आदर करना।

3. संस्कृति निर्माण—इसका संबंध संस्कृति के संबंध में जो लिखा गया है उससे है। संस्कृति का निर्माण संस्कृति के विद्वान द्वारा ही संभव है।

यथार्थ संस्कृति समाज के सदस्यों के व्यवहार का कुल योग होता है। यह व्यवहार समाज में सीखी जाती है। अतः इसका संबंध जीवन जीने से है।

आदर्श संस्कृति का निर्माण दार्शनिक परंपराओं से होता है। संस्कृति निर्माण का संबंध संस्कृति के अध्ययन एवं अभिलेखन से है।

आपने सांस्कृतिक सार्वभौमिकता, सांस्कृतिक विकल्पता एवं सांस्कृतिक विशिष्टता के बीच अंतर स्पष्ट करने का प्रयास किया है।

सांस्कृतिक सार्वभौमिकता (Cultural Universals)

संस्कृति के कुछ तत्व ऐसे हैं जो प्रायः सभी संस्कृति में पाए जाते हैं। उदाहरण के लिए वस्त्र, घर, घरेलू उपकरण, आभूषण, युद्ध उपकरण, विवाह, परिवार, भाषा, धर्म, नातेदारी, आर्थिक संगठन, राजनीतिक संगठन इत्यादि। जो तत्व विश्व के सभी संस्कृतियों में पाए जाते हैं उन्हें सांस्कृतिक सार्वभौम कहा जाता है।

सांस्कृतिक विकल्पता—संस्कृति के कुछ तत्व ऐसे हैं जिनमें विकल्प की गुंजाइश रहती है। उदाहरण के लिए लोग अनेक धार्मिक विश्वासों में से किसी एक का चुनाव अपने लिए कर सकते हैं। कोई पैदल चल सकता है तो कोई जहाज से यात्रा कर सकता है। इस प्रकार संस्कृति के कुछ तत्व विकल्प के रूप में पाए जाते हैं। उन्हें सांस्कृतिक विकल्प कहा जाता है।

सांस्कृतिक विशिष्टता—संस्कृति के कुछ तत्व ऐसे होते हैं जो विशिष्टता दर्शाते हैं। उदाहरण शिशु पालन के तत्व नारी विशिष्टता दर्शाते हैं। उसी तरह संस्कृति के कुछ तत्व आयु, लिंग, धर्म, भाषा, पेशा इत्यादि के आधार पर विशिष्टता दर्शाते हैं। सांस्कृतिक विशिष्टता सभी समूहों के लिए आवश्यक नहीं होती है। यह कुछ समूह की विशिष्टता होती है।

लिंटन ने संस्कृति प्रतिमान को तीन भागों में विभाजित किया है—

(i) सामान्य सांस्कृतिक प्रतिमान (General Cultural Pattern)

(ii) उपसंस्कृति प्रतिमान (Sub-Culture Pattern)

(iii) विपरीत-संस्कृति प्रतिमान (Contra-Culture Pattern)

सामान्य सांस्कृतिक प्रतिमान का निर्माण कई उप-सांस्कृतिक प्रतिमानों से हुआ रहता है। उदाहरण के लिए आयु, लिंग, धर्म, पेशा इत्यादि पर आधारित प्रतिमान

उप-सांस्कृतिक प्रतिमान कहलाते हैं। बौद्ध संस्कृति भारतीय संस्कृति का उप-सांस्कृतिक प्रतिमान है। लेकिन जब सांस्कृतिक प्रतिमान प्रचलित सामान्य प्रतिमानों से भिन्न होता है तब उसे विपरीत-संस्कृति प्रतिमान कहा जाता है।

व्यक्तित्व की परिभाषा—आपके अनुसार व्यक्तित्व एक व्यक्ति के अंदर संगठित कुल व्यवहारों का योग होता है।

मैलिनोवस्की के समान लिंटन ने संस्कृति को आवश्यकता की देन बतलाया। आपके अनुसार आवश्यकता की संतुष्टि मानव एवं संस्कृति के अस्तित्व को बरकरार रखती है।

लिंटन ने आवश्यकता को दो प्रकार की श्रेणियों में विभाजित किया है—

(i) जैविक या शारीरिक आवश्यकता (Biological/Physical need);

(ii) मानसिक आवश्यकता (Psychic need)।

लिंटन के अनुसार इन दोनों प्रकार की आवश्यकताओं की संतुष्टि आरंभ से ही आवश्यक होती है। एक शिशु को मां के स्तनपान के साथ-साथ उसके प्यार की भी आवश्यकता होती है। प्यार के अभाव में बच्चा असामान्य हो सकता है।

लिंटन के अनुसार मानसिक आवश्यकताओं की संतुष्टि तीन प्रकार की प्रक्रियाओं द्वारा संभव है—

1. भावनात्मक प्रतिक्रिया (Emotional response);
2. लंबी अवधि सुरक्षा (Long term Protection);
3. नए-नए अनुभव (New Experience)।

एक व्यक्ति समलाक्षणिक प्रतिक्रिया (Simultaneous response) द्वारा अनेक आवश्यकताओं की संतुष्टि करता है।

एक व्यक्ति अपनी प्रतिक्रिया को तीन प्रकार से व्यक्त करता है—

1. अनुकरण द्वारा (By Immitation);
2. परीक्षण एवं दोष विधि द्वारा (By trial and error method);
3. बौद्धिक विधि द्वारा (By intellectual method)।

11. राबर्ट रेडफिल्ड (Robert Redfield) (1897-1958)

आपका जन्म 4 दिसंबर सन् 1897 को शिकागो में हुआ था। आपके पिता शिकागो के एक सुप्रसिद्ध न्यायविद थे। आपकी आरंभिक शिक्षा शिकागो विश्वविद्यालय के अधीन सिस्टम स्कूल में हुई थी। सन् 1920 ई. में आपको शिकागो विश्वविद्यालय से कानून की उपाधि प्रदान की गई। उसके बाद आपने कुछ समय के लिए वकालत की पेशा आरंभ की। सन् 1923 में आपको मैक्सिको जाने का अवसर प्राप्त हुआ। वहां पर आपने मैक्सिकी भारतीयों का अवलोकन किया। उसके बाद आपकी अभिरुचि मानवशास्त्र में विकसित हुई। मैक्सिको

से लौटने के बाद आपने शिकागो विश्वविद्यालय से 1928 में मानवशास्त्र की डिग्री प्राप्त की। इसके बाद आपकी नियुक्ति शिकागो विश्वविद्यालय के समाजशास्त्र तथा मानवशास्त्र विभाग में प्रशिक्षक के रूप में हुई। इसके बाद आपने शिकागो विश्वविद्यालय से पीएच.डी. की डिग्री प्राप्त की। अब आप मानवशास्त्र एवं समाजशास्त्र विभाग के असिस्टेंट प्रोफेसर बने। 1930 में जब मानवशास्त्र एवं समाजशास्त्र विभाग का विभाजन हुआ तब आप मानवशास्त्र विभाग शिकागो विश्वविद्यालय में एसोसिएट प्रोफेसर बने। सन् 1934 में आप सामाजिक विज्ञान संकाय के अध्यक्ष बने। सन् 1946 में आप मानवशास्त्र विभाग शिकागो विश्वविद्यालय के अध्यक्ष बने।

कृतित्व

आपके प्रमुख कृतित्व निम्नलिखित हैं—

1. 1938 : टेपोज लैन
2. 1934 : चान कौम
3. 1941 : फोक कल्चर आफ यूकाटाम
4. 1953 : प्रिमिटिव वर्ल्ड एंड इट्स ट्रांसफोरमेशन
5. 1955 : द लिटल कम्यूनिटी : भिव पाइंट फार द स्टडी आफ ह्यूमन होल
6. 1955 : थिंकिंग अबाउट सिविलाइजेशन
7. 1956 : पिजेंट सोसायटी एंड कल्चर।

योगदान—आपके प्रमुख योगदानों की चर्चा निम्नलिखित शीर्षकों के अंतर्गत की जा सकती है।

1. ग्राम अध्ययन में योगदान;
2. कृषक समाज के अध्ययन में योगदान;
3. लोक-नगरीय सातत्य की अवधारणा;
4. सभ्यता अध्ययन में योगदान;
5. लघु समुदाय की अवधारणा।

ग्राम अध्ययन में योगदान—द्वितीय विश्वयुद्ध के बाद अमरीकी मानवशास्त्रियों द्वारा जनजाति अध्ययन से हटकर ग्राम अध्ययन की परंपरा विकसित की गई। मानवशास्त्रियों द्वारा पार-सांस्कृतिक विश्लेषण में अभिरुचि जागृत हुई।

मानवशास्त्रियों द्वारा संस्कृति को नमनशील बतलाया गया। संस्कृति में अंतर के साथ-साथ कुछ आम पृष्ठभूमि भी पाया गया। अब लोक समाज, कृषक समाज, नगरीय समाज तथा उद्योग पर आधारित शहरीय एवं महानगरीय समाज का अध्ययन आरंभ हुआ। ये सारे अध्ययन परसंस्कृतिग्रहण (Acculturation) से संबंधित थे। इसमें यह दर्शाने का प्रयास किया गया कि किस प्रकार लोक समाज, कृषक समाज का सदस्य बना, किस

प्रकार कृषक समाज नगरीय समाज का सदस्य बना तथा किस प्रकार आदिम समाज आधुनिक समाज का सदस्य बना। इसमें यह भी जानने का प्रयास किया गया कि किस प्रकार प्रवासी परिवर्तित वातावरण में अपने आपको अनुकूलित किए।

सन् 1927-28 में रेडफिल्ड ने मैक्सिको ग्राम टेपोजलैन की यात्रा अपने अध्ययन के लिए किया था। यह एक मैक्सिको का परंपरागत ग्राम है। इस ग्राम समाज की परंपरा को आपने लोक समाज की परंपरा के रूप में चिह्नित किया। इस ग्राम के लोक समाज की विशेषताओं को आपने अपनी पुस्तक के रूप में प्रकाशित किया जिसका शीर्षक *टोपेजलैन : ए मैक्सिको विलेज* है। आपने इस मैक्सिको ग्राम टोपेजलैन को लोक समाज के आदर्श प्रकार (Ideal Type) के रूप में प्रस्तुत किया। इस ग्राम के लोक समाज को आपने नगरीय समाज का ध्रुवीय विपरीत माना।

रेडफिल्ड के अनुसार लोक समाज को कतिपय विशेषताओं के आधार पर पहचाना जा सकता है। ऐसे समाज लघु, पृथक, गैर-शिक्षित तथा समांग होते हैं। इनमें समूह एकता का भाव प्रबल होता है। यहाँ जादू की प्रधानता पाई जाती है। इसकी परंपरा साधारण होती है। यह समाज नातेदारी पर आधारित होता है। लौकिकता के ऊपर धर्म की प्रधानता पाई जाती है। इस समाज की अर्थव्यवस्था अस्तित्व अभिमुख होती है। परिवार समूह क्रिया की इकाई होता है। इनकी पहचान सरल तकनीकी से होती है। इनमें पारस्परिकता पाई जाती है।

कृषक समाज के ऊपर योगदान—सन् 1930 में रेडफिल्ड ने अपने सहयोगी अलफाउजा विलारोजा के साथ एक कृषक ग्राम चानकौम का अध्ययन किया। उस अध्ययन के आधार पर आपने अपनी पुस्तक *चानकौम* का प्रकाशन सन् 1934 ई. में किया। आपके अनुसार कृषक समाज की अपनी विशेषता होती है। उनके लिए भूमि मात्र पृथ्वी का टुकड़ा नहीं वरन् माता समान होती है। वे अपनी भूमि को माता समान पूजते हैं तथा माता के रूप में उसे आदर एवं श्रद्धा दर्शाते हैं। जिस प्रकार माता अपने शिशुओं का लालन पालन करती हैं, उसी प्रकार धरती रूपी माता अपनी संतानों को जन्म से मरण तक पोषण करती है। स्वाभाविक है कि जो स्थान एक मां के लिए एक व्यक्ति के हृदय में होता है, वही स्थान कृषक समाज के सदस्यों का अपनी भूमिरूपी माता के प्रति रहता है।

रेर्डफिल्ड के अनुसार कृषक समाज लोक समाज से भिन्न होता है, क्योंकि कृषक समाज नगरीय बाजार समाज से जुड़ा रहता है। लेकिन अन्य विशेषताओं में कृषक समाज लोक समाज के समीप रहता है। कृषक समाज में कुछ विशेषताएं लोक समाज की होती हैं तथा कुछ विशेषताएं नगरीय समाज की होती हैं। यह समाज लोक समाज एवं नगरीय समाज के बीच में आता है।

सन् 1956 में रेडफिल्ड ने अपनी पुस्तक *पिजेंट सोसायटी एंड कल्चर* शीर्षक पुस्तक को प्रकाशित कराया। आप कृषक ग्राम चानकौम का अध्ययन 1930 में किए थे। पुन: आपने उसी कृषक ग्राम चानकौम का अध्ययन 1948 में किया। आपने इंग्लैंड के

लघु समुदाय की अवधारणा—रेडफिल्ड ने अपनी पुस्तक *लिटल कम्यूनिटी : भिव पाइंट फार द स्टडी आफ ह्यूमन होल* (1955) में लघु समुदाय की अवधारणा का विकास किया है। लघु समुदाय साथ रहने वाले व्यक्तियों का एक समूह होता है। इस समूह में सामुदायिक जीवन की सभी विशेषताएं पाई जाती हैं। सामुदायिक क्रियाकलापों में इस समुदाय के सदस्यों की पूर्ण भागीदारी रहती है। यह समुदाय समग्र होता है। इसका अध्ययन समग्र समाज के अध्ययन के बारे में महत्त्वपूर्ण सूचना देता है। पृथकता, लघुता, समांगता तथा आत्म निर्भरता इसकी प्रमुख विशेषता होती है। जिस प्रकार पदार्थ का छोटा कण परमाणु कहलाता है, लेकिन तत्व के सभी गुण उसमें विद्यमान रहता है। उसी प्रकार लघु समुदाय समाज का परमाणु होता है। इसमें एक समाज के सभी गुण विद्यमान रहते हैं। लघु समुदाय की अवधारणा जनजातीय, जातीय गाँवों के अध्ययन में विशेष मदद पहुंचायी है।

5

फ्रेंच मानवशास्त्र

FRENCH ANTHROPOLOGY

1. इमायल दुर्खिम (Emile Durkheim) (1858-1917)

जब फ्रांज बोआस एवं उनके शिष्यों द्वारा उत्तरी अमरीका में अपने ट्रेडमार्क के मानवशास्त्र को प्रचारित किया जा रहा था, फ्रांस एवं ब्रिटेन में एक दूसरे मार्का का मानवशास्त्र आकार ले रहा था। जब फ्रेंच मानवशास्त्र अपनी 20वीं सदी की पहचान बना रहा था, तब यह अपनी 19वीं सदी के पैतृक सिद्धांत को अस्वीकार नहीं कर सका। हालांकि यहां शास्त्रीय उद्विकासवाद सिद्धांत कभी भी सचमुच में अपना प्रभाव नहीं स्थापित कर पाया था। 20वीं सदी फ्रेंच मानवशास्त्र की सैद्धांतिक स्थापना 19वीं सदी समाजशास्त्री इमायल दुर्खिम में निहित पायी जाती है। इमायल दुर्खिम का प्रभाव 20वीं सदी ब्रिटिश मानवशास्त्र खासकर रैडक्लिफ ब्राउन पर विशेष रूप से पड़ा था। इस प्रकार इमायल दुर्खिम 20वीं सदी के फ्रेंच मानवशास्त्र तथा ब्रिटिश मानवशास्त्र के सैद्धांतिक प्रणेता थे। 20वीं सदी के फ्रेंच मानवशास्त्र को संरचनात्मक मानवशास्त्र (Structural Anthropology) तथा ब्रिटिश मानवशास्त्र को सामाजिक मानवशास्त्र (Social Anthropology) के नाम से जाना जाता है।

दुर्खिम ने अपने समाजशास्त्रीय सिद्धांतों का प्रतिपादन अपने द्वारा लिखित चार पुस्तकों में किया है। उनके चारों प्रमुख कृतित्व निम्नलिखित हैं—

1. डिविजन आफ लेबर इन सोसायटी, 1893।
2. द रूल्स आफ सोसियोलोजिकल मेथड, 1895।
3. सुसाइड, 1897।
4. द एलिमेंट्री फार्म्स आफ रेलिजियस लाइफ, 1912।

अपनी पुस्तक डिविजन आफ लेबर इन सोसायटी में दुर्खिम ने संस्कृति की विविधता एवं एकता (एकीकरण) की खोज की है। आपके अनुसार संस्कृति के एकीकरण के दो प्रतिमान हैं—(i) यांत्रिक एकीकरण प्रतिमान (Mechanical Integration), तथा (ii) जैविक एकीकरण प्रतिमान (Organic Integration)।

दुर्खिम के अनुसार प्राचीन तथा ज्यादा आदिम संस्कृतियों में विविधता कम एवं समांगता ज्यादा थी। उनके बीच श्रम विभाजन का अभाव था। चूंकि इस प्रकार के समाजों में सभी व्यक्ति एक समान थे, अत: उनमें एकता स्थापित थी। दुर्खिम ने इस प्रकार के एकीकरण प्रतिमान को यांत्रिक एकीकरण प्रतिमान (Mechanical Integration) बतलाया है। दूसरी तरफ नवीन ज्यादा सभ्य संस्कृतियों में ज्यादा विविधता पाई जाती है। उनमें असमांगता अधिक रहती है तथा उनमें श्रम का अधिक विभाजन पाया जाता है। ऐसी संस्कृतियों में लोगों के बीच एकता विभिन्नता के कारण बनी रहती है। उनकी दृष्टि में लोग ऐसी संस्कृतियों में अलग-अलग कार्य करते हैं, लेकिन उनमें आपसी निर्भरता बनी रहती है तथा आपसी सामंजस्य स्थापित रहता है। यह ठीक उसी प्रकार से होता है जिस प्रकार से शरीर के विभिन्न अंगों के बीच सामंजस्य जीवधारी के अस्तित्व को बनाए रखने के लिए होता है। दुर्खिम ने इस प्रकार के एकीकरण प्रतिमान को जैविक एकीकरण प्रतिमान (Organic Solidarity) बतलाया। दुर्खिम के अनुसार सामाजिक एकीकरण दो विभिन्न संगठनात्मक ढंग से विपरीत तरीकों द्वारा प्राप्त किया जा सकता था। आपने परिवर्तन के स्थान पर एकीकरण को व्याख्यात्मक सूत्र बनाया। आपने सामाजिक गतिकी (Social Dynamics) के स्थान पर अगस्त काम्ट के समान सामाजिक स्थैतिकी (Social Statics) को प्राथमिकता प्रदान की थी।

दुर्खिम के समाज का दृष्टिकोण कार्ल मार्क्स से बिल्कुल भिन्न था। मार्क्स ने सामाजिक एकता को क्षणिक बतलाया तथा समाज को वर्ग संघर्ष युक्त दर्शाया था। मार्क्स के अनुसार राज्य धीरे-धीरे कमजोर हो गए जिसके कारण साम्यवाद का जन्म हुआ था। लेकिन दुर्खिम के अनुसार जैविक एकीकरण में ज्यादा वृद्धि के कारण सामाजिक रूप से स्वतंत्र अंगों को नियंत्रण में लाने के लिए ज्यादा सरकार की आवश्यकता थी। जैविक एकता में वृद्धि के कारण व्यक्तियों को एक वृहत सामाजिक सच्चाई में डुबकी लगानी पड़ी। इसके कारण व्यक्तिगत अंत:क्रिया के स्थान पर सामाजिक अंत:क्रिया अस्तित्व में आई। सामाजिक अंत:क्रिया ही सामाजिक जीवन का निर्णायक बना। सामाजिक अंत:क्रिया के अध्ययन हेतु समाजशास्त्र का विकास हुआ।

अपनी पुस्तक *रूल्स आफ सोसियोलोजिकल मेथड* में दुर्खिम ने समाजशास्त्र के लिए सैद्धांतिक स्वरूप स्थापित किया। सामाजिक अंत:क्रियाओं को सामाजिक सच्चाई (Social Facts) के रूप में विचार किया जाना चाहिए। उनकी व्याख्या अन्य सामाजिक सच्चाइयों से संबंध दर्शाते हुए की जानी चाहिए। उनकी व्याख्या जीव विज्ञान एवं मनोविज्ञान से संबंध दर्शाकर नहीं की जानी चाहिए। आपके अनुसार समाज का क्षेत्र अद्वितीय है। आपके अनुसार सामाजिक सच्चाइयां सामूहिक चेतना या समूह मस्तिष्क (Social Consciousness) का सामूहिक प्रतिनिधित्व (Collective Representation) होती है। यह अवधारणा तार्किक थी, अनुभवाश्रित नहीं। 20वीं सदी फ्रेंच मानवशास्त्र के निर्माण में तर्कणावाद को विशेष स्थान प्राप्त हुआ है।

अपनी पुस्तक *सुसाइड* में दुर्खिम ने यह दर्शाने का प्रयास किया है कि किसी एक विशेष प्रकार की सामाजिक सच्चाई की व्याख्या हेतु उनका समाजशास्त्रीय नियम किस प्रकार लाभप्रद है। आपने आत्महत्या की सच्चाई का इसलिए चुनाव किया, क्योंकि यह एक व्यक्तिवादी क्रिया है। लेकिन इसकी व्याख्या समाजशास्त्रीय ढंग से की जा सकती है। आत्महत्या का सामाजिक विस्तार पाया जाता है। दुर्खिम ने आत्महत्या के प्रकारों का संबंध सामाजिक एकीकरण प्रतिमानों के साथ दर्शाया। आपके अनुसार यांत्रिक एकीकरण प्रतिमान वाले समाजों में परोपकार प्रकार की आत्महत्या पायी जाती है। यहां आत्महत्या करने वाला व्यक्ति अपने आपको समूह के हित में शामिल कर लेता है। उसे लगता है कि उसकी आत्महत्या से उसके समूह को लाभ पहुंचेगा तथा वह अपने समूह के साथ हमेशा जुड़ा रहेगा। आपके अनुसार जैविक एकीकरण प्रतिमान वाले समाजों में अहंवादी आत्महत्या (Egoistic Suicide) का प्रचलन पाया जाता है। यहां एक व्यक्ति आत्महत्या कर अपने अहं को संतुष्ट करता है। वह अपने आपको आत्महत्या द्वारा श्रेष्ठ साबित करता है। आपके अनुसार जिस समाज में न तो यांत्रिक एकीकरण और न ही जैविक एकीकरण प्रतिमान पाया जाता है, उस समाज में मानदंडहीन आत्महत्या (Anomei Suicide) का प्रचलन रहता है।

अपनी पुस्तक *एलिमेंट्री फार्म आफ रेलिजियस लाइफ* में दुर्खिम ने धर्म की सामाजिक उत्पत्ति पर प्रकाश डाला है। दुर्खिम के अनुसार धर्म की उत्पत्ति का तात्पर्य वैसा नहीं है जैसा शास्त्रीय सांस्कृतिक उद्‌विकासियों ने प्रस्तुत किया है। इसका तात्पर्य ऐतिहासिक विशिष्ट मुक्तिवादियों के समान भी नहीं है। क्योंकि इन दोनों का धर्म की उत्पत्ति का दृष्टिकोण बहुकालिक अथवा ऐतिहासिक था। दुर्खिम के अनुसार धर्म की उत्पत्ति का संबंध यहां समूह मस्तिष्क से है। आपके अनुसार धर्म का मौलिक स्वरूप लोगों के सामूहिक चेतना या समूह मस्तिष्क का सामूहिक प्रतिनिधित्व था। लोगों ने सामूहिक चेतना तथा सामूहिक प्रतिनिधित्व के माध्यम से नैतिक सिद्धांतों को धार्मिक अर्थ के साथ जोड़ दिया। इसके बाद उन नैतिक सिद्धांतों को सामाजिक सच्चाई प्रदान किया गया ताकि उन्हें आकर्षक बनाया जाये। अनुभववादियों ने दुर्खिम के तर्क को सामूहिक चेतना प्रदर्शन करने के लिए चक्रीय, सामूहिक तथा प्रातिनिधिक माना है। इसी के आधार पर सामूहिक प्रतिनिधित्व को माना गया है। लेकिन दुर्खिम अनुभववाही नहीं थे। आप एक तर्कवादी थे। आपका मानना था कि ज्ञान को अवलोकन से मुक्त या स्वतंत्र होना चाहिए। तर्कणावाद को फ्रेंच मानवशास्त्र द्वारा अपनाया गया, जब लेवी-स्ट्रास ने दुर्खिम के एलिमेंट्रीफार्म आफ रेलिजियस लाइफ के स्थान पर एलिमेंट्री स्ट्रक्चर आफ किनशिप का विकास किया।

दुर्खिम के अनुसार धर्म एवं अंततोगत्वा समाज की उत्पत्ति व्यक्तियों के ऊपर सामाजिक अनुष्ठानों के प्रभाव के कारण हुई है। उनकी अवधारणा के अनुसार आदिम मानव अपने साथियों के साथ अंत:क्रिया करने में बुदबुदाहट का अनुभव करते हैं। उन्हें एक बाह्य शक्ति का अनुभव होता है। यह शक्ति सभी व्यक्तियों से बाहर की होती है। जब

अनुष्ठान संपन्न हो गया होगा, तब वृहत गोत्र समूह छोटे-छोटे झुंडों में बिखर गए। सभी झुंड अपने-अपने अस्तित्व के लिए सांसारिक क्रियाकलाप करने लगे। उदाहरण के लिए खाद्य संकलन, शिकार, मत्स्यपालन, पशुचारण इत्यादि। इस प्रकार दो प्रकार के क्रियाकलाप आदिम मानवों के बीच अस्तित्व में आए। प्रथम अनुष्ठानिक क्रियाकलाप तथा द्वितीय सांसारिक क्रियाकलाप। सांसारिक क्रियाकलाप का संबंध दैनिक क्रियाकलापों से था। जबकि अनुष्ठानिक क्रियाकलाप का संबंध विशेष उत्सव से था। विशेष उत्सव के समय सभी झुंड एकत्रित होकर सामूहिक रूप से अनुष्ठान में भाग लेते होंगे। इस प्रकार आपने पवित्र (Sacred) एवं अपवित्र (Profane) दो विपरीतार्थक अवधारणाओं को जन्म दिया। आपके अनुसार पवित्र की उत्पत्ति अपवित्र से हुई है। पवित्र और अपवित्र के बीच अंतर विश्वास के कारण पैदा होता है। जब किसी वस्तु के साथ विशेष विश्वास जुड़ जाता है, तब वह वस्तु पवित्र की श्रेणी में आ जाती है। पवित्र की श्रेणी में आने से पहले प्रत्येक वस्तु अपवित्र होती है। विश्वास एवं अनुष्ठान दोनों मिलकर किसी वस्तु को पवित्र अथवा अपवित्र की श्रेणी में स्थान दिलवाते हैं। दैनिक सांसारिक क्रियाकलाप को अपवित्र की श्रेणी में स्थान प्राप्त होता है। लेकिन अनुष्ठानिक अवसरों एवं क्रियाकलापों को पवित्र की श्रेणी में स्थान मिलता है। आपके अनुसार अनुष्ठान के अवसर पर बुदबुदाहट की संवेदना टोटम में स्थान पाती है। इस प्रकार टोटम प्रथम पवित्र तथा धार्मिक वस्तु बना। दुर्खिम ने टोटमिक वस्तुओं को धर्म का सबल प्रतिनिधित्व या प्राथमिक स्वरूप (Elementary Forms) बतलाया। अनुष्ठान के अभाव में भी सबल भावना वाले इन वस्तुओं के प्रति प्राथमिक स्वरूप चेतना प्रदान करता है। इस प्रकार टोटम के द्वारा सामूहिक एकता एवं एकीकरण बरकरार रहता है। कुछ विद्वानों ने दुर्खिम के समाज की अवधारणा को ईश्वर की अवधारणा से संबंधित दर्शाने का प्रयास किया है। एलिमेंट्री फार्म्स आफ रेलिजियस लाइफ में ईश्वर एवं समाज की अवधारणा को एक दूसरे से संबंधित दर्शाया गया है।

2. मार्सेल मौस (1872-1950)

फ्रेंच मानवशास्त्र की परंपरा को दुर्खिम के शिष्य एवं भतीजा मार्सेल मौस द्वारा पूरा किया गया। मौस ने अपने चाचा दुर्खिम के समान सामाजिक सच्चाइयों (Social Facts) को प्राथमिक संरचना (Elementary Structure) के रूप में परिणत किया। मौस ने अपने विचारों को अपनी पुस्तक *द गिफ्ट* (1924) में प्रस्तुत किया है। मौस ने दुर्खिम के समूह के मस्तिष्क की अवधारणा को व्यक्तियों के मस्तिष्क में परिणत किया। मौस के अनुसार व्यक्तिगत मस्तिष्क की प्राथमिक संरचना समूह मस्तिष्क की प्राथमिक संरचना से पहले अस्तित्व में आ जाती है। समूह मस्तिष्क की प्राथमिक संरचना विश्व की प्राथमिक संरचना से पहले अस्तित्व में आ जाती है। मौस की अभिरुचि उपहार देने की प्रथा की प्राथमिक संरचना में थी। आपके अनुसार उपहार देने की प्रथा आपसी विनिमय की प्रथा है।

प्राथमिक संरचना के अनुसार पारस्परिकता (Reciprocity) का संबंध देने, प्राप्त करने तथा लौटाने से है। आपसी विनिमय एक गहरी मानसिक संरचना है। इस तर्क में सभी लोगों की साझेदारी रहती है। आर्थिक मानवशास्त्रियों के अनुसार पारस्परिकता गैर-बाजार आर्थिक निष्पादन से जुड़ी हुई है। लेकिन मौस ने पारस्परिकता को सामाजिक संगठन तथा नातेदारी को नियंत्रित करने वाला एक विश्वव्यापी सिद्धांत बतलाया। इसी मत को विस्तारपूर्वक लेवी-स्ट्रास द्वारा अपनाया गया है।

3. लेवि-स्ट्रास

क्लायड लेवि-स्ट्रास (ज. 1908) को फ्रेंच संरचनात्मक मानवशास्त्र का गुरु माना जाता है। उनकी गणना 20वीं सदी के प्रख्यात मानवशास्त्रियों में होती है। लेविस्ट्रास ने फ्रेंच एथनोग्राफी तथा मार्सेल मौस की परंपरा को आगे बढ़ाया। ब्राजील में फील्डवर्क का अनुसरण करते हुए आपने मानवशास्त्रीय सिद्धांत की ओर अपना ध्यान केन्द्रित किया। आपने अपनी पुस्तक *एलिमेंट्री स्ट्रक्चर आफ किनशिप* (1949) तथा *स्ट्रक्चरल एंथ्रोपोलोजी* (1958) का प्रकाशन किया। इन दोनों पुस्तकों में नातेदारी का जटिल विश्लेषण पारस्परिकता के एक पहलू—नारी का पारस्परिक विनिमय—के आधार पर किया।

दुर्खिम के सामाजिक एकीकरण की परंपरा को अपनाते हुए लेवि-स्ट्रास ने यह दर्शाने का प्रयास किया कि सामाजिक समूहों के बीच पारस्परिक विनिमय सहबंध (Alliance) को प्रोत्साहित करता है तथा आगे बढ़ाता है। इसके कारण सामाजिक अंत:क्रिया सरल बन जाती है तथा समाज में एकीकरण स्थापित होता है। लेवि-स्ट्रास के अनुसार विभिन्न सामाजिक समूहों में सहबंध की स्थापना उपहार स्वरूप नारी विनिमय के कारण होती है। लेवि-स्ट्रास ने अपने मत का प्रतिपादन करते हुए दर्शाया है कि मानव मस्तिष्क में उपहार विनिमय की विशेषता या संरचना स्वाभाविक होती है। यह संरचना द्वैत (Duality) के विश्वव्यापी तर्क द्वारा परिचालित होती है। इसे दोहरा प्रतिरोध (Binary Opposition) कहा जाता है। लेवि-स्ट्रास ने दोहरा प्रतिरोध के संबंध में ज्ञान संरचनात्मक भाषा विज्ञान के प्रेग संप्रदाय से ग्रहण किया जिसके प्रणेता भाषा विज्ञानी रोमन जैकोबसन (Roman Jacobson) थे। रोमन जैकोबसन द्वारा ध्वनिग्राम (Phonemes) की अवधारणा का सूत्रबद्ध किया गया था। संरचनात्मक भाषा विज्ञान में ध्वनिग्राम अल्पतम विरोधात्मक ध्वनि युग्म होते हैं जिनसे भाषाई अर्थ की रचना होती है। संरचनात्मक मानव विज्ञान में दोहरा प्रतिरोध मानसिक निर्माण के विरोधात्मक युग्म होते हैं जिनसे सामाजिक अर्थ का सृजन होता है। जीवन-मृत्यु, संस्कृति-प्रकृति, स्वयं-अन्य, इत्यादि जैसे कुछ दोहरा प्रतिरोध हैं जिनके संबंध में लेवि-स्ट्रास विस्तारपूर्वक चर्चा किए हैं। दोहरा प्रतिरोध के साथ तत्वों के बीच संबंध उतना ही महत्त्वपूर्ण होता है जितना तत्व स्वयं महत्त्वपूर्ण होते हैं। इस संबंध को माध्यम द्वारा बनाया रखा जाता है। उदाहरण के लिए नातेदारी समूहों के बीच दोहरा

प्रतिरोध में नारी विनिमय को माध्यम बनाया जाता है। नातेदारी समूहों के बीच दोहरा प्रतिरोध में स्वयं *बनाम* अन्य दोहरा प्रतिरोध का रूपांतरण होता है। संरचनावाद में दोहरा प्रतिरोध अर्थ से जुड़ी हुई श्रेणियों की तार्किक व्यवस्था का अंग होते हैं। उनके द्वारा सामाजिक क्रियाकलाप को संरचना तथा अवधारणात्मक स्वरूप प्रदान किया जाता है।

लेवि-स्ट्रास ने सामाजिक संगठन की व्याख्या उसी ढंग से की है जिस ढंग से भाषा विज्ञानी भाषा की व्याख्या करते हैं। यहां पर स्वरूप एवं विषयवस्तु दोनों को समान रूप से महत्त्व दिया गया है। नातेदारी की प्राथमिक संरचना में लेवि-स्ट्रास ने यह दर्शाने का प्रयास किया है कि वे नातेदार समूह जो आपस में नारी विनिमय करते हैं, वे आपस में एक स्वरूप या संबंध का निर्माण करते हैं। साथ ही साथ विनिमय में प्राप्त उन महिलाओं के साथ भी संबंध का निर्माण करते हैं। यह संबंध समूहों के बीच मध्यस्थता स्थापित करने में सहायक होता है। यह एक-दूसरे को पास लाने में मदद करता है। महिला विनिमय में चार प्रकार के उलझे संबंध होते हैं—भाई एवं बहन, पति एवं पत्नी, पिता एवं पुत्र, माता के भाई या 'मामा' तथा बहन का पुत्र या 'भगिना'। इनमें से प्रत्येक संबंध या तो सकारात्मक होता है या नकारात्मक होता है। सकारात्मक संबंध एकता एवं खुशी को बढ़ावा देते हैं। जबकि नकारात्मक संबंध ईर्ष्या एवं विरोध को बढ़ावा देते हैं। लेवि-स्ट्रास के अनुसार मस्तिष्क सकारात्मक एवं नकारात्मक संबंध को संतुलित करता है। एक दिए हुए विनिमय व्यवस्था में दो प्रकार के संबंध सकारात्मक तथा दो प्रकार के संबंध नकारात्मक होने चाहिए। संबंध की विषयवस्तु एक संस्कृति से दूसरी संस्कृति में बदलती रहती है, लेकिन उनके तर्क का स्वरूप या संरचना समान रहती है।

लेवि-स्ट्रास ने अपनी संरचनात्मक योजना में नारी के पारस्परिक विनिमय के दो स्वरूपों को प्रस्तुत किया है। एक स्वरूप को उन्होंने *सीमित विनिमय* (Restricted Exchange) तथा दूसरे को *सामान्य विनिमय* (Generalised Exchange) बतलाया है। सीमित विनिमय दो नातेदार समूहों के बीच संतुलित विलिंग सहोदरज़ विवाह (Cross-Cousin Marriage) द्वारा संबंध का सृजन करता है। विलिंग सहोदरज विवाह में एक समूह के भाई-बहन अपने विलिंग सहोदरजों से विवाह करते हैं। विलिंग सहोदरज दूसरे समूह में विपरीत लिंग के माता-पिता से संबंधित होते हैं। ये लोग आपस में ममेरा, फुफेरा भाई-बहन होते हैं।

सामान्य विनिमय दो से अधिक नातेदार समूहों के बीच असंतुलित विलिंग सहोदरज विवाह के द्वारा एक संबंध का निर्माण करता है। इस तरह के विलिंग सहोदरज विवाहों में एक समूह के भाई-बहनों का विनिमय दो समूहों के बीच प्रत्यक्ष रूप से नहीं होता है। वरन् वे अन्य समूहों से गुजरने के बाद अपने समूहों में वापस लौटते हैं। लेवि-स्ट्रास के अनुसार सामान्य विनिमय सीमित विनिमय की तुलना में ज्यादा भाईचारा एवं सहानुभूति लाता है, क्योंकि यह अनेक नातेदार समूहों के बीच सहबंध का सृजन करता है।

लेवि-स्ट्रास के अनुसार सामान्य विनिमय दो प्रकार के होते हैं—

1. मातृपक्षीय विलिंग सहोदरज विवाह द्वारा निर्मित सामान्य विनिमय; तथा
2. पितृपक्षीय विलिंग सहोदरज विवाह द्वारा निर्मित सामान्य विनिमय।

इसमें मातृपक्षीय विलिंग सहोदरज विवाह द्वारा निर्मित सामान्य विनिमय ज्यादा भाईचारा को बढ़ावा देता है। मातृपक्षीय विलिंग सहोदरज विवाह माता के भाई के लड़का-लड़की के साथ विवाह को कहा जाता है। इसमें सामान्य विनिमय का लंबा चक्र होता है। पितृपक्षीय विलिंग सहोदरज विवाह पिता की बहन के लड़का-लड़की के साथ विवाह को कहा जाता है। इसमें सामान्य विनिमय का लघु चक्र होता है। लंबा चक्र लघु चक्र की तुलना में ज्यादा भाईचारा का सृजन करता है, क्योंकि यह कई नातेदार समूहों को शामिल करते हुए सहबंध का निर्माण करता है। लेवि-स्ट्रास के अनुसार इसी अंतर के कारण एथनोग्राफिक रिकार्ड में पितृपक्षीय विलिंग सहोदरज विवाह की तुलना में मातृपक्षीय विलिंग सहोदरज विवाह ज्यादा प्रतिवेदित है।

नातेदारी के अतिरिक्त लेवि-स्ट्रास ने अनेक सांस्कृतिक क्षेत्रों का विश्लेषण संरचनात्मक मानवशास्त्र में किया है। आपने भोजन प्राथमिकता तथा पौराणिक कथाओं का संरचनात्मक विश्लेषण प्रस्तुत किया है। उत्तरी अमरीकी भारतीयों के बीच प्रचलित चालाक भेड़िया की पौराणिक कथा का विश्लेषण करते हुए लेवि-स्ट्रास ने सदृश दोहरा प्रतिरोध (Analogous Binary Oppositions) के दो युग्मों को स्थापित किया है। कृषि *बनाम* युद्ध एवं जीवन *बनाम* मृत्यु। आपके अनुसार आखेट कृषि एवं युद्ध के बीच मध्यस्थता का काम करता है। यहां आखेट मानव जीवन को सुरक्षित रखता है, लेकिन पशु-पक्षियों के जीवन को ले लेता है। भेड़िया समान सफाई करने वाला जानवर एक दूसरा दोहरा प्रतिरोध के युग्म की मध्यस्थता करता है। ये दोहरा प्रतिरोध युग्म है। तृणभक्षी *बनाम* मांसभक्षी। यह दोहरा प्रतिरोध युग्म भी जीवन *बनाम* मृत्यु दोहरा प्रतिरोध युग्म के समान है। अत: भेड़िया को चालाक होना चाहिए।

अपनी पुस्तक *रा एंड कुक्ड* (Raw and Cooked) (1969) में लेवि-स्ट्रास ने भोजन की संरचना का विश्लेषण प्रस्तुत किया है। आपने कच्चा एवं पक्का भोजन को दोहरा प्रतिरोध युग्म के रूप में प्रस्तुत किया। भोजन के इस दोहरा प्रतिरोध युग्म को प्रकृति *बनाम* संस्कृति के रूप में समझा जा सकता है। उबाला हुआ भोजन रिश्तेदारों को दिया जाता है, जबकि सेंका हुआ भोजन अन्य लोगों को दिया जाता है। ऐसा इसलिए किया जाता है क्योंकि रिश्तेदार संस्कृति से जुड़े हुए होते हैं, जबकि अन्य लोग प्रकृति से जुड़े होते हैं। यहां भोजन मध्यस्थ का काम करता है।

एडमंड लिच द्वारा धर्म का संरचनात्मक विश्लेषण प्रस्तुत किया गया है। लिच के अनुसार धर्म जीवन *बनाम* मरण रूपी संरचनात्मक प्रतिरोध की खाई को पाटने के लिए अस्तित्व में आया है। जीवन-मरण के बीच की खाई को दूसरे विश्व की अवधारणा द्वारा भरा गया है।

संरचनात्मक मार्क्सवाद

फ्रेंच संरचनात्मक मानवशास्त्र की एक प्रमुख सैद्धांतिक शाखा संरचनात्मक मार्क्सवाद है।

लेवि-स्ट्रास से प्रभावित होकर 1970 के दशक में संरचनात्मक मार्क्सवाद का विकास हुआ जिसके माध्यम से मार्क्सवाद को अमूर्त रूप दिया गया है। द्वंद्वात्मक भौतिकवाद सिद्धांत को द्वंद्वात्मक विचारधारा की संरचना द्वारा फिर से प्रकाश में लाने का प्रयास किया गया है। व्यवहार के विपरीत विचारधारा को मार्क्सवादी वर्ग चेतना (Class Consciousness) एवं वर्ग सामाजिक संबंध की अवधारणा से सूचित किया गया है। वर्ग चेतना एवं सामाजिक संबंध को उत्पादन के साधन में निहित दर्शाया गया है। इस आशय को विस्तृत रूप से संरचनात्मक मार्क्सवादियों द्वारा प्रस्तुत किया गया है। संरचनात्मक मार्क्सवाद का नेतृत्व मौरिस गुडेलियर (Maurice Gudelier) द्वारा किया गया है। संरचनात्मक मार्क्सवाद का विकास 1960 के दशक में आर्थिक रूढ़िवादियों (Economic Formalists) तथा आर्थिक यथार्थवादियों (Economic Substantivists) के मध्य वाद-विवाद के कारण हुआ। आर्थिक रूढ़िवादियों के अनुसार पश्चिमी आर्थिक अवधारणाएं गैर-पश्चिमी अर्थशास्त्र पर भी लागू होता है। इसके विपरीत आर्थिक यथार्थवादियों के अनुसार पश्चिमी आर्थिक अवधारणाएं गैर-पश्चिमी अर्थव्यवस्था पर नहीं लागू होती हैं। स्काट कूक सदृश रूढ़िवादी के अनुसार अर्थशास्त्र की परंपरागत पश्चिमी परिभाषा—दुर्लभ संसाधनों को असीमित आवश्यकताओं में बंटवारा—गैर पश्चिमी अर्थशास्त्र पर भी लागू होता है। जार्ज डाल्टन (George Dalton), कार्ल पोनानी (Karl Ponani) तथा मार्शल शाहलिंस (Marshal Shahlins) जैसे यथार्थवादियों ने इससे असहमति व्यक्त करते हुए कहा कि पश्चिमी आर्थिक अवधारणाएं गैर-पश्चिमी अर्थशास्त्र पर नहीं लागू होती हैं। उनके अनुसार रूढ़िवादी मानवजाति केन्द्रिक थे। उनके अनुसार पूंजीवादी अवधारणा वैसी अर्थव्यवस्था में नहीं लागू होती है जहां बाजार का अभाव है तथा राज्य रूपी राजनीतिक संगठन नहीं है। यथार्थवादियों के अनुसार संस्कृति में लोग नातेदारी द्वारा नियंत्रित होते हैं। वे लोग भौतिकवादियों के समान व्यवहार नहीं करते हैं। न ही वे लोग अधिक से अधिक लाभ लेने के लिए रणनीति बनाते हैं। उन लोगों के आर्थिक निष्पादन का प्राथमिक महत्त्व सामाजिक होता है। कुछ यथार्थवादियों का कहना है कि आर्थिक शोषण तब तक अस्तित्व में नहीं आता है, जब तक कि लोग शोषित नहीं अनुभव करते हैं। इस विचार को आगे बढ़ाते हुए जोनाथन फ्रिडमैन (Jonathan Friedman) ने छिपी हुई संरचना, जिसे द्वंद्वात्मक संरचना नाम दिया गया, का पता लगाने का प्रयास किया। फ्रिडमैन ने पाया कि पूंजीवादी अर्थव्यवस्था की संरचना मुद्रा के लिए पूजित वस्तु है। जबकि गैर-पूंजीवादी अर्थव्यवस्था की संरचना सामाजिक एवं धार्मिक है।

शाहलिंस ने अपनी पुस्तक *आइलैंड्स आफ हिस्ट्री* (1987) में संरचना की अवधारणा को आगे बढ़ाते हुए कहा कि संरचना ऐतिहासिक रूप से सांस्कृतिक व्यवस्था का वस्तुनिष्ठ संबंध है। संरचनात्मक मार्क्सवाद का मुख्य उद्देश्य द्वंद्वात्मक भौतिकवाद सिद्धांत को द्वंद्वात्मक आदर्शवाद सिद्धांत में बदल देना है। साथ ही साथ यह दर्शाना है कि आर्थिक निष्पादन की संरचना की उत्पत्ति विचारधारा की संरचना से हुई है।

6

ब्रिटिश मानवशास्त्र

BRITISH ANTHROPOLOGY

ब्रिटेन में आरंभिक बीसवीं सदी अग्रगणी मानवशास्त्रियों में बाउनिसला कास्पर मैलिनोवस्की तथा आल्फ्रेड रेजिनाल्ड रैडक्लिफ-ब्राउन का नाम प्रमुख रूप से लिया जाता है। अपने व्यक्तित्व एवं बुद्धि से इन दोनों विद्वानों ने अमरीकी मानवशास्त्र से हटकर ब्रिटिश मानवशास्त्र को पहचान दिलवायी थी। इन दोनों विद्वानों का सैद्धांतिक मार्ग उन्नीसवीं सदी ब्रिटिश मानवशास्त्रियों से बिल्कुल भिन्न था। पृथक रूप से कार्य करते हुए लेकिन इमायल दुर्खिम से प्रभावित होकर इन दोनों विद्वानों ने ब्रिटिश मानवशास्त्र की स्थापना की। ब्रिटिश मानवशास्त्र के प्रमुख वाद (Ism) में प्रकार्यवाद (Functionalism) तथा संरचना प्रकार्यवाद (Structural functionalism) का प्रमुख स्थान प्राप्त है। प्रकार्यवाद एवं संरचना प्रकार्यवाद दुर्खिम के जैविक अनुरूपता (Organismic Analogy) की अवधारणा पर आधारित थे। दुर्खिम की जैविक अनुरूपता की अवधारणा के अनुसार समाज एक जीवधारी के समान है जिसके विभिन्न अंग संरचनात्मक एवं संगठनात्मक रूप से व्यवस्थित रहते हैं। सामाजिक एवं जैविक घटनाओं के बीच अनुरूपता की जड़ वैज्ञानिक क्रांति में निहित थी। वैज्ञानिक क्रांति ने सामाजिक वैज्ञानिकों को प्राकृतिक विज्ञान के समान अपने मॉडल को विकसित करने के लिए प्रोत्साहित किया। यह डार्विनवाद के रूप में अस्तित्व में आया था। डार्विनवाद ने जैविक उद्विकास एवं सामाजिक उद्विकास दोनों का ध्यान आकर्षित किया। प्राणिशास्त्रीय जीवधारा के पास संरचना एवं प्रकार्य दोनों पाए जाते हैं। जैविक संरचना का वैज्ञानिक अध्ययन आकारिकी (Morphology) कहलाता है, तथा जैविक प्रकार्य का वैज्ञानिक अध्ययन दैहिकी (Physiology) कहलाता है। एक निष्कर्ष के रूप में इसे भी स्वीकार किया गया था कि समाज का अध्ययन सामाजिक उद्विकास को शामिल करके करना चाहिए। लेकिन मैलिनोवस्की, रैडक्लिफ-ब्राउन तथा उनके समर्थकों ने उद्विकास को उन्नीसवीं सदी मानवशास्त्र तक ही सीमित रखा तथा जैविक अनुरूपता की व्याख्या करने की इच्छा नहीं जताई। बीसवीं सदी ब्रिटिश मानवशास्त्र का झुकाव अऐतिहासिक या समकालिक विवरण की ओर था, ऐतिहासिक या समय के साथ परिवर्तन से नहीं।

ब्रिटिश मानवशास्त्रियों के समाज के प्रति समझ अमरीकी मानवशास्त्रियों के संस्कृति के प्रति समझ से बिल्कुल अलग थी। अमरीकी मानवशास्त्रियों ने संस्कृति को आर्थिक, सामाजिक, राजनीतिक तथा धार्मिक धारणा एवं व्यवहार के रूप में समझा था। उन विद्वानों ने संस्कृति के ऐतिहासिक (Diachronic) एवं समकालीन (Synchronic) विस्तारों को प्रकाश में लाया था। ठीक इसके विपरीत ब्रिटिश मानवशास्त्रियों ने अधिक संकीर्ण ढंग से समकालीन समाज के अध्ययन के ऊपर ध्यान केन्द्रित किया था। सामाजिक संरचना समाज का आधार पत्थर था। जबकि सामाजिक प्रकार्य संरचनात्मक समग्रता को बनाए रखने में दिया जाने वाला योगदान था। वास्तविक सामाजिक क्रिया का परिणाम सामाजिक संरचना में संतुलन बनाए रखना था। जैविक अनुरूपता की दृष्टि से सामाजिक क्रिया का मुख्य प्रकार्य संरचनात्मक स्वास्थ्य में संतुलन बनाए रखना था। दुर्खिम महोदय की विचारधारा से प्रभावित होकर प्रकार्यवाद एवं संरचना प्रकार्यवाद नामक जुड़वां सिद्धांत ने ब्रिटिश मानवशास्त्रियों को स्थिर एवं संतुलित समाज को देखने के लिए उत्प्रेरित किया। उनका यह दृष्टिकोण उद्‌विकासवादियों एवं मार्क्सवादियों से भिन्न था। उद्‌विकासवादियों ने संस्कृति को परिवर्तन-अभिमुख दर्शाया था तथा मार्क्सवादियों ने इसे संघर्षरत माना था। ब्रिटिश मानवशास्त्री अमरीकी मानवशास्त्री के ऐतिहासिक पक्षपात से भी भिन्न मत रखते थे। ब्रिटिश मानवशास्त्री ऐतिहासिक पक्षपातियों के विपरीत वर्तमान-अभिमुख दृष्टिकोण रखते थे तथा उनकी अभिरुचि भौतिक संस्कृति में नहीं थी। अमरीकी मानवशास्त्री भौतिक संस्कृति के ऊपर विशेष ध्यान दिये, क्योंकि उनका घनिष्ठ संबंध पुरातत्वशास्त्रियों से था।

1. ब्राउनिसला कास्पर मैलिनोवस्की (Brownislaw Kaspar Malinowski) (1884-1942)

मैलिनोवस्की का जन्म एवं लालन-पालन पोलैंड में हुआ था। आपने लंदन स्कूल आफ इकोनामिक्स में मानवशास्त्र का अध्ययन किया। इस प्रकार आप ब्रिटिश मानवशास्त्र के दृश्य पर प्रकट हुए। सन् 1914 में आपको न्यू गिनिया क्षेत्र कार्य के लिए भेजा गया। लेकिन चूंकि प्रथम विश्व युद्ध प्रारंभ हो गया था, अतः आपको ट्रोब्रिएंड द्वीप में ही रुक जाना पड़ा। ब्रिटिश सरकार ने आपको ट्रोब्रिएंड द्वीपवासियों के अध्ययन के लिए अनुमति प्रदान की। यहां आपने चार वर्षों की लंबी अवधि तक एक ही क्षेत्र ट्रोब्रिएंड द्वीप में लगातार क्षेत्र कार्य किया। ट्रोब्रिएंड द्वीपवासियों के एथनोग्राफिक अध्ययन के आधार पर आपने अपनी पुस्तक *आर्गोनौट्स आफ वेस्टर्न पेसिफिक* (1922) का प्रकाशन किया। इस पुस्तक की गणना आरंभिक पुरातन एथनोग्राफी के रूप में की जाती है।

ट्रोब्रिएंड द्वीप में क्षेत्र कार्य करने के बाद आप लंदन स्कूल आफ इकोनामिक्स लौट आए। 1920 से 1930 के दशक में आपने द्वितीय पीढ़ी के ब्रिटिश मानवशास्त्रियों को प्रशिक्षित किया। आपने कुछ समय के लिए येल विश्वविद्यालय अमरीका में मानव विज्ञान

पढ़ाया था। आपके द्वारा लिखित पुस्तकों का शीर्षक उत्सुकता उत्पन्न करने वाला तथा दिलचस्प था।

कृतित्व

आपके प्रमुख कृतित्व निम्नलिखित हैं—

1. 1924 : क्राइम एंड कस्टम इन सेवेज सोसायटी।
2. 1927 : सेक्स रिप्रेशन इन सेवेज सोसायटी।
3. 1929 : सेक्सुअल लाइफ आफ सेवेज।
4. 1944 : फ्रिडम एंड सिविलाइजेशन।
5. 1944 : साईंटिफिक थ्योरी आफ कल्चर।
6. 1945 : डायनामिक्स आफ कल्चर चेंज।
7. 1962 : सेक्स कल्चर एंड मिथ।
8. 1967 : ए डायरी इन द स्ट्रिक्ट सेंस आफ द टर्म।

योगदान

आपके प्रमुख योगदानों की चर्चा निम्नलिखित उपशीर्षकों में विभाजित करके की जा सकती है—

1. क्षेत्र कार्य विधि
2. एथनोग्राफी लेखन
3. संस्कृति की अवधारणा
4. प्रकार्यवाद सिद्धांत
5. आवश्यकता सिद्धांत
6. आर्थिक मानवशास्त्र
7. सांस्कृतिक परिवर्तन

क्षेत्रकार्य विधि (Fieldwork Method)—हालांकि मैलिनोवस्की ने मानवशास्त्र को संस्कृति के तुलनात्मक विज्ञान (Comparative Science of Culture) के रूप में परिभाषित किया था, लेकिन वह उद्विकासीय मानवशास्त्रियों द्वारा व्यवहृत तुलनात्मक विधि के प्रबल आलोचक थे। आप विशेषकर अवशेष की अवधारणा (Concept of Culture) के आलोचक थे। अवशेष की अवधारणा उद्विकासीय मानवशास्त्रियों की तुलनात्मक विधि का आधार था जिसके द्वारा संस्कृति का ऐतिहासिक पुनर्निमाण किया गया था। आपके अनुसार संस्कृति का कोई भी तत्व प्रकार्यहीन होकर अस्तित्व में नहीं बना रह सकता है। आपने प्रसारवादियों की भी आलोचना की जिन्होंने सांस्कृतिक तत्वों के

बीच ऐतिहासिक संबंध ढूंढने का प्रयास किया था। आपके अनुसार ऐतिहासिक संबंध ढूंढने के बजाय तत्वों की उत्पत्ति एवं अस्तित्व पर ध्यान देना ज्यादा हितकर होता। आपने प्रतिमानवादियों की भी आलोचना की जिन्होंने संस्कृति को अपोलोनियन एंड डायोनायसियन जेनियस प्रतिमान में विभाजित किया था। आपके अनुसार संस्कृति के दो ही प्रतिमान नहीं होते हैं। इसके अनेक प्रतिमान हो सकते हैं। उपरोक्त सभी सिद्धांतों की आलोचना आपने अपनी एथनोग्राफिक विधि के आधार पर किया था।

मैलिनोवस्की ने अपनी एथनोग्राफिक विधि में सहभागी अवलोकन तकनीक (Participant Observation Technique) को शामिल किया। इस तकनीक के आधार पर एक अनुसंधानकर्त्ता उस समाज के सदस्य के रूप में सूचना समुदाय के सदस्यों के साथ साझेदारी करके संकलित करता है। यहां पर अवलोकन के साथ-साथ सूचनाओं में उसकी साझेदारी एवं प्रतिभागी भी रहता है। आपके द्वारा विकसित क्षेत्रकार्य विधि के निम्नलिखित प्रमुख अंग हैं—

1. सहभागी अवलोकन तकनीक का प्रयोग (Use of Participant Observation Technique);
2. सूचनाओं की सत्यता का परीक्षण (Cross-verification of informations);
3. मूल सूचनादाता का प्रयोग (Use of Key informant);
4. एथनोग्राफिक कथनों या लोक साहित्यों का संकलन (Collection of Ethnographic Statement);
5. स्थानीय भाषा की जानकारी एवं प्रयोग (Use of Native Language);
6. स्थैतिक अभिलेखन (Static Documentation);
7. दैनिकी लेखन (Diary Writing)।

1. सहभागी अवलोकन तकनीक का प्रयोग—मैलिनोवस्की के अनुसार मानवशास्त्रीय अनुसंधान में क्षेत्र कार्य से आंकड़ों का संकलन सहभागी अवलोकन तकनीक के आधार पर किया जाना चाहिए। इस तकनीक के माध्यम से आंकड़ों का संकलन मात्र अवलोकन से नहीं वरन् उस समाज के सदस्यों के साथ सूचनाओं में साझेदारी के आधार पर किया जाता है। यह तकनीक अनुसंधानकर्त्ता को उस समुदाय के सदस्य के रूप में रहने, सोचने, बातचीत करने, अनुभव करने तथा सूचनाओं के आदान-प्रदान संवाद विनिमय द्वारा करने की कला सिखाती है। इस तकनीक में सूचनादाता एवं अनुसंधानकर्त्ता दोनों समुदाय के सदस्य के रूप में रहते हैं। दोनों के बीच सामुदायिक सदस्य का रिश्ता स्थापित हो जाता है, अनुसंधानकर्त्ता एवं सूचनादाता का नहीं।

2. सूचनाओं की सत्यता का परीक्षण—मैलिनोवस्की इस तथ्य से परिचित थे कि सामुदाय के सदस्य होने के नाते भी उस समुदाय के सदस्य बातचीत करते समय झूठ सूचना प्रदान कर देते हैं। अतः सूचनाओं की सत्यता का परीक्षण अनिवार्य रूप से किया जाना चाहिए। इसके लिए एक ही सूचना के संबंध में कई सदस्यों से बातचीत करके सत्यता की खोज की जानी चाहिए।

3. मूल सूचनादाता का प्रयोग—मैलिनोवस्की के अनुसार प्रत्येक समुदाय में कुछ व्यक्ति प्रमुख पद धारण करते हैं। जैसे परिवार के मुखिया, वंश प्रधान, गोत्र प्रधान, गांव प्रधान, अंतर ग्राम संघ प्रधान, जनजाति प्रधान, पुजारी इत्यादि। इन लोगों का उपयोग मूल सूचनादाता के रूप में किया जाना चाहिए।

4. एथनोग्राफिक कथनों का संकलन—मैलिनोवस्की के अनुसार लोक कथा, गाथा, गीत, संगीत, कहावत, मुहावरा, पहेली, बुझोनिया, हंसी-मजाक जैसे लोक साहित्यों में एथनोग्राफिक कथन निहित रहते हैं। इन कथनों का संकलन क्षेत्रकार्य में किया जाना चाहिए। ये कथन उस समुदाय के जीवन के संबंध में महत्त्वपूर्ण सूचना प्रदान करते हैं।

5. स्थानीय भाषा की जानकारी एवं प्रयोग—मैलिनोवस्की के अनुसार क्षेत्रकार्य में स्थानीय भाषा की जानकारी एवं प्रयोग लाभ कर होता है। अतः स्थानीय भाषा के ऊपर विशेष ध्यान दिया जाना चाहिए।

6. स्थैतिक लेखन—मैलिनोवस्की के अनुसार सूचनाओं का स्थैतिक अभिलेखन एक कदम के बाद दूसरे कदम का अनुसरण करते हुए किया जाना चाहिए तथा सत्यता की जांच करते हुए किया जाना चाहिए। गिनने, मापने, तौलने जैसी परिमाणात्मक आंकड़ों को भी शामिल किया जाना चाहिए।

7. दैनिकी लेखन—मैलिनोवस्की के अनुसार क्षेत्र कार्य के आधार पर डायरी प्रतिदिन लिखना चाहिए। इसमें क्षेत्र कार्य की सफलता, विफलता, समस्याएं एवं उनके समाधान के लिए उठाए गए उपायों का उल्लेख आवश्यक रूप से किया जाना चाहिए।

क्षेत्रकार्य एवं दैनिकी लेखन के संबंध में विस्तारपूर्वक जानकारी मैलिनोवस्की की मृत्यु पश्चात् उनकी पत्नी द्वारा प्रकाशित पुस्तक *ए डायरी इन स्ट्रिक्ट सेंस आफ द टर्म* (1967) में प्राप्त होती है। इस पुस्तक में ट्रोब्रिएंड द्वीप समूह में एक क्षेत्र कार्यकर्त्ता के रूप में बिताए हुए दिनों का चिंतामग्न एवं विचारदायक विवरण मिलता है।

आपने अपने सहभागी अवलोकन तकनीक के प्रयोग द्वारा ट्रोब्रिएंड द्वीपवासियों के ऊपर एथनोग्राफिक समझ प्राप्त की थी। इस तकनीक में आंतरिक विषयनिष्ठ सहभागी तथा बाह्य वस्तुनिष्ठ अवलोकन का चातुर्य संश्लेषण प्रस्तुत किया जाता है।

एथनोग्राफिक कार्य के ऊपर योगदान—मैलिनोवस्की द्वारा ट्रोब्रिएंड द्वीपवासियों के एथनोग्राफी के ऊपर महत्त्वपूर्ण योगदान दिया गया है। आपने ट्रोब्रिएंड द्वीपवासियों के बीच सहभागी अवलोकन तकनीक के माध्यम से अध्ययन किया तथा उनकी सामाजिक एवं सांस्कृतिक जीवन के बारे में अनुभव किए। उसके आधार पर आपने ट्रोब्रिएंड द्वीपवासियों की सांस्कृतिक जीवन को अभिलेखित करके उनके एथनोग्राफी का प्रकाशन किया है।

अपनी पुस्तक *फैमिली एमांग द आस्ट्रेलियन एबोरिजिंस* (1913) में आपने परिवार के प्रकार, संगठन एवं प्रकार्य का उल्लेख किया है। आपने यह दर्शाने का प्रयास किया है कि किस प्रकार परिवार संगठित रूप से कार्य करता है तथा सदस्यों की विभिन्न आवश्यकताओं

की पूर्ति करता है। परिवार समुदाय की समग्रता को बनाए रखने में भी महत्त्वपूर्ण योगदान देता है।

आपने अपनी पुस्तक *आर्गोनोट्स आफ वेस्टर्न पेसिफिक* (1922) में कुला प्रदेश के भू-दृश्य, प्रत्येक द्वीपवासियों की शारीरिक विशेषताएं, सामाजिक संगठन, आर्थिक संगठन तथा राजनीतिक संगठन का उल्लेख इस पुस्तक में किया गया है। कुला विनिमय की प्रथा, रिवाज, वस्तुओं के आदान-प्रदान, अतिथि सत्कार तथा विदाई का विवरण प्राप्त होता है। इस पुस्तक में आपने कुलारिंग का उत्कृष्ट विवरण प्रस्तुत किया है। कुलारिंग एक सामाजिक-आर्थिक विनिमय के रूप में कार्य करता है। आपने गैर-पश्चिमी मातृरेखीय संस्कृति के संदर्भ में फ्रायडियन मनोविज्ञान की खोज की है।

अपनी पुस्तक *क्राइम एंड कस्टम इन सेवेज सोसायटी* (1924) में आपने रीति-रिवाज को ही कानून बतलाया। आपके अनुसार नागरिक कानून से ही अपराधिक कानून की उत्पत्ति हुई है। रीति-रिवाजों का नहीं पालन करने वालों को अपराधी कहा गया तथा समाज द्वारा उन्हें दंड दिया गया एवं दंड देने का नियम बनाया गया। रीति-रिवाज नागरिक कानून के आदिम रूप थे। उनको नहीं मानने के संदर्भ में आपराधिक कानून अस्तित्व में आया। समाज द्वारा स्थापित नियमों को न मानना एक आपराधिक क्रिया थी। इस पर अंकुश लगाने के लिए समाज दंड का स्वरूप निर्धारित किया।

अपनी पुस्तक *सेक्स रिप्रेशन इन सेवेज सोसायटी* (1927) में आपने ट्रोब्रिएंड द्वीपवासियों के बीच लिंग दमन की संस्कृति का उल्लेख किया है। आपके अनुसार ट्रोब्रिएंड द्वीपवासियों को कुलारिंग के अंतर्गत लंबी यात्रा करनी पड़ती है। इस यात्रा में महीनों या सालों लग जाते हैं। ऐसी स्थिति में कुला यात्रा पर निकले पुरुषों को अपनी कामेच्छाओं को दमित करना पड़ता है। कुला यात्रा में उनकी लिंग की संतुष्टि नहीं हो पाती है। उन्हें अपनी कामवासना को दबाकर यात्रा करनी पड़ती है। विवाहित महिलाओं को भी अपने भाइयों के नियंत्रण में रहना पड़ता है। अत: जब तक उनके पति कुला यात्रा से वापस नहीं आते, तब तक उन्हें भी अपनी लैंगिक इच्छाओं को दमित करके रखना पड़ता है। इस प्रकार कुला यात्रा, लिंग दमन प्रथा से भी संबंधित है।

आपने अपनी पुस्तक *द सेक्सुअल लाइफ आफ सेवेज* (1929) में ट्रोब्रिएंड द्वीपवासियों के लैंगिक जीवन का उल्लेख किया है। आपके अनुसार ट्रोब्रिएंड द्वीपवासियों की संस्कृति अपने सदस्यों को लैंगिक जीवन के संबंध में शिक्षा देती है। यौवनारंभ होते ही लड़की-लड़कों को मामा के घर भेज दिया जाता है। मामी भांजा-भांजी को हंसी-मजाक द्वारा यौन शिक्षा देती है। अपनी भांजी-भांजा का विवाह कराना मामा का दायित्व होता है। यौवनारंभ में विपरीत लिंग के प्रति आकर्षण को बुरा नहीं माना जाता है। इस अवधि में स्थापित शारीरिक संबंध को भी उतना बुरा नहीं माना जाता है। लेकिन विवाह के बाद अतिरिक्त यौन संबंध को समाज बुरा मानता है तथा उस पर अंकुश लगाने के लिए दंड देता है।

अपनी पुस्तक *कोरल गार्डेन एंड देयर मैजिक* (1935) में आपने ट्रोब्रिएंड द्वीपवासियों के बीच प्रचलित बागवानी एवं कृषि का उल्लेख किया है जिसमें याम फसल लगाया जाता है। फसल तैयार होने पर भाई अपनी बहन के हिस्से को उसके घर पहुंचा देता है। इसे यूरिगुबु प्रथा कहा जाता है। आपने यह दर्शाया है कि ट्रोब्रिएंड द्वीपवासियों की खेती एवं बागवानी जादुई धार्मिक क्रियाओं से मिला हुआ है। खेती की प्रत्येक अवस्था में जादुई-धार्मिक क्रियाओं का सहयोग लिया जाता है। आपने याम फसल उगाने वालों तथा मछली मारने वालों के बीच मूक विनिमय प्रथा का विवरण प्रस्तुत किया है जिसे वासी कहा जाता है।

आपकी पुस्तक *फ्रीडम एंड सिविलाइजेशन* (1944) इस तथ्य को प्रमाणित करता है कि आदिम जीवन में स्वच्छंदता अधिक है, लेकिन सभ्य जीवन में स्वच्छंदता नहीं है। इस प्रकार सभ्यता स्वच्छंदता के ऊपर अंकुश लगाकर हमारे व्यवहारों को नियंत्रित करती है।

आपकी पुस्तक *साईंटिफिक थ्योरी आफ कल्चर* (1944) संस्कृति की परिभाषा, आवश्यकता सिद्धांत एवं प्रकार्यात्मक सिद्धांत का विवरण प्रस्तुत करती है।

आपनी पुस्तक *डायनामिक्स आफ कल्चर चेंज* (1955) अफ्रीका के प्रजातीय संबंधों में परिवर्तन की खोज करती है। आपके अनुसार अफ्रीकी प्रजातीय समूहों में धर्म प्रचारक, व्यापारी, प्रशासक इत्यादि के माध्यम से परिवर्तन लाए गए हैं। अफ्रीकी समाज भी गतिशील रहा है। यूरोपीय क्रियाकलापों से संगठित रूप में अफ्रीकी समाज में परिवर्तन लाया गया है। यहां सांस्कृतिक परिवर्तन को सांस्कृतिक क्रियाओं के साथ पारस्परिक क्रिया करना पड़ता है।

संस्कृति की अवधारणा—अपनी पुस्तक *साईंटिफिक थ्योरी आफ कल्चर एंड अदर एसेज* (1944) में आपने स्पष्ट रूप से संस्कृति की व्याख्या की है। इससे पहले आपने सभी एथनोग्राफिक अध्ययनों में संस्कृति का स्थैतिक अभिलेखन प्रस्तुत किया है। लेकिन स्पष्टरूप से संस्कृति की परिभाषा एवं अवधारणा आपकी पुस्तक साईंटिफिक थ्योरी आफ कल्चर में ही प्राप्त होती है।

आपने संस्कृति को एक यंत्रावली, साधन, युक्ति इत्यादि के रूप में देखा तथा परिभाषित किया। आपके अनुसार संस्कृति एक यंत्रावली है, या साधन है जिसके द्वारा मानव रूपी जीवधारियों की आवश्यकताओं की संतुष्टि की जाती है। इस प्रकार संस्कृति मानव जीवधारियों की आवश्यकता पूर्ति का एक यंत्र अथवा साधन है। संस्कृति मानवरूपी जीवधारी की आवश्यकता पूर्ति कर उसे अस्तित्व में बनाई हुई हैं। इस प्रकार आपने संस्कृति की मानवतावादी एवं प्रकार्यवादी परिभाषा प्रदान की है।

उपरोक्त परिभाषा के आधार पर आप इस प्रश्न का समान ढूंढने में सफल हुए कि आखिर मानव क्यों संस्कृति का निर्माण किया तथा क्यों संस्कृति के तत्व अस्तित्व में बने रहते हैं? इन प्रश्नों का समाधान उद्‌विकासवादी तथा प्रसारवादी मानवशास्त्रियों द्वारा नहीं किया गया था। उद्‌विकासवादियों ने संस्कृति को ऐतिहासिक प्रक्रिया मानते हुए उसके

स्वरूप का निर्धारण आदिमवस्था से सभ्यावस्था तक प्रगति को ध्यान में रखकर किया था। प्रसारवादियों ने विभिन्न स्थान के सांस्कृतिक तत्वों के बीच ऐतिहासिक संबंध ढूंढने का प्रयास किया था। लेकिन उद्‌विकासवादियों तथा प्रसारवादियों ने संस्कृति के अऐतिहासिक एवं समकालीन पहलू पर ध्यान नहीं दिया था। मैलिनोवस्की ने संस्कृति के अऐतिहासिक तथा समकालीन पक्ष का उत्तर प्रकार्य के आधार पर दिया। आपके अनुसार प्रकार्य के कारण संस्कृति अतीत में अस्तित्व में आई, वर्तमान में अस्तित्व में है तथा भविष्य में भी अस्तित्व में बनी रहेगी। जब तक संस्कृति के साथ प्रकार्य जुड़ा हुआ है, वह अस्तित्वहीन नहीं होगी। लेकिन ज्योंहि किसी तत्व का प्रकार्य समाप्त हो जायेगा, वह अस्तित्वहीन हो जायेगा। आपके अनुसार संस्कृति का मुख्य प्रकार्य मानवरूपी जीवधारी की आवश्यकताओं की पूर्ति कर उसे जीवित रखना रहा है। मानवरूपी जीवधारी इसलिए अस्तित्व में बना हुआ है, क्योंकि उसकी समस्त आवश्यकताओं की संतुष्टि संस्कृति करती रही है।

प्रकार्यवाद सिद्धांत—मैलिनोवस्की के सांस्कृतिक प्रकार्यवाद सिद्धांत एक इंजन के अवलोकन पर आधारित है। आपने एक इंजन को अंगों की समग्रता के रूप में अवलोकन किया। आपने देखा कि एक इंजन का निर्माण अनेक कल-पुर्जों से हुआ है। सभी कल-पुर्जे इंजन के विभिन्न अंग होते हैं। ये सभी अंग अलग-अलग कार्य करते हैं, लेकिन उनमें पारस्परिक निर्भरता बनी रहती है। पारस्परिक निर्भरता के कारण उनमें प्रकार्यात्मक एकता स्थापित रहता है। इंजन के सभी अंगों का पारस्परिक कार्य इंजन को गति प्रदान करना तथा गतिशील रखना है। इसी आधार पर आपने संस्कृति को एक यंत्रावली माना तथा उसका प्रमुख कार्य मानव की आवश्यकताओं की संतुष्टि कर गतिशील रखना बतलाया।

आपके सांस्कृतिक प्रकार्यवाद सिद्धांत की मौलिक अभिधारणाएं निम्नलिखित हैं—

1. संस्कृति का निर्माण विभिन्न तत्वों से हुआ है जिसे संस्था के नाम से जाना जाता है।
2. सभी तत्वों द्वारा अलग-अलग प्रकार्य किए जाते हैं।
3. अलग-अलग प्रकार्य किए जाने पर भी तत्वों के बीच पारस्परिक निर्भरता बनी रहती है।
4. सभी सांस्कृतिक तत्वों का मुख्य प्रकार्य मानव जीवधारी को जीवित रखकर संस्कृति को अस्तित्व में बनाए रखना है।

आवश्यकता सिद्धांत—आपने सांस्कृतिक प्रकार्यवाद सिद्धांत की और स्पष्ट रूप से व्याख्या करने के लिए आवश्यकता सिद्धांत का विकास किया। आपने एक मानव व्यक्ति की आवश्यकताओं को तीन स्तरों में विभाजित किया। आपके अनुसार मानव व्यक्ति की आवश्यकताओं को तीन स्तरों के द्वारा प्रस्तुत किया जा सकता है। आपके अनुसार आवश्यकता के तीन स्तर निम्नलिखित हैं—

1. प्राथमिक या जैविक आवश्यकता (Primary or Biological need);

2. द्वितीयक या व्युत्पन्न आवश्यकता (Secondary or Derived need);

3. तृतीयक या समाकलनात्मक आवश्यकता (Tertiary or Integrative need)।

मनोवैज्ञानिक फ्रायड के समान आपका मानना था कि मानवरूपी व्यक्ति के पास मौलिक जैविक आवश्यकता होती है। जैसे लिंग एवं भूख। संस्कृति मानव व्यक्ति की इन मौलिक आवश्यकताओं की संतुष्टि करती है। इस तरह संस्कृति का सर्वप्रथम कार्य जैविक आवश्यकताओं को संतुष्ट करना है। प्राथमिक आवश्यकताओं की संतुष्टि हेतु द्वितीयक स्तर की सहायक या व्युत्पन्न आवश्यकताओं का जन्म होता है। व्युत्पन्न आवश्यकताओं की संतुष्टि व्युत्पन्न सांस्कृतिक अनुक्रियाओं से की जाती है। व्युत्पन्न आवश्यकताएं समाकलनात्मक आवश्यकताओं को जन्म देती है। समाकलनात्मक आवश्यकताओं की संतुष्टि समाकलानात्मक सांस्कृतिक अनुक्रिया से की जाती है। आपने आवश्यकताओं एवं सांस्कृतिक अनुक्रियाओं के तीनों स्तरों को सारणी के माध्यम से प्रस्तुत किया है। इसके संबंध में विवरण नीचे दिया जा रहा है।

प्राथमिक/मौलिक/जैविक आवश्यकता	प्राथमिक/मौलिक सांस्कृतिक अनुक्रिया
1. चयापचय (Metabolism)	कमिसारियत (Commissariat)
2. प्रजनन (Reproduction)	नातेदारी (Kinship)
3. शारीरिक आराम (Body Comfort)	आश्रय (Shelter)
4. सुरक्षा (Safety)	संरक्षण (Protection)
5. गति (Movement)	क्रियाकलाप (Activities)
6. वृद्धि (Growth)	प्रशिक्षण (Training)
7. स्वास्थ्य (Health)	स्वास्थ्य विज्ञान (Hygiene)

द्वितीयक/सहायक/व्युत्पन्न आवश्यकता	द्वितीयक सांस्कृतिक अनुक्रियाएं
1. सांस्कृतिक उपकरण, उत्पादन, वितरण, उपभोग, यातायात, व्यापार, बाजार तथा नवीकरण	अर्थशास्त्र
2. मानव व्यवहार, कानून, नैतिकता तथा रीति-रिवाज संबंधी क्रियाएं एवं प्रावधान	सामाजिक नियंत्रण
3. परंपरागत शिक्षण संस्थाएं	शिक्षा
4. प्रभुत्व तथा शक्ति संचालन	राजनीतिक संगठन

तृतीयक/समाकलनात्मक आवश्यकताएं	तृतीयक/समाकलानात्मक सांस्कृतिक अनुक्रिया
सामाजिक संगठन एवं एकीकरण से जुड़ी हुई संस्थाएं जिनके द्वारा संगठित एवं एकीकृत रूप से आवश्यकताओं की संतुष्टि की जाती है।	जादू, धर्म, विज्ञान, कला, पौराणिक कथा, परंपरा इत्यादि।

बाहरी व्यक्ति होने के कारण मैलिनोवस्की को स्वयं अपनी तीनों स्तर की आवश्यकताओं की संतुष्टि नहीं हो रही थी। अत: अपने व्यक्तिगत अनुभव के आधार पर उसने आवश्यकता सिद्धांत का प्रतिपादन किया था। आपने व्यक्तिगत रूप से अनुभव किया था कि बाहरी व्यक्ति होने के नाते उनकी जैविक आवश्यकताओं तथा अन्य द्वितीयक एवं तृतीयक स्तर की आवश्यकताओं की संतुष्टि ट्रोब्रिएंड द्वीप संस्कृति नहीं कर रही थी। एक तर्क यह भी मैलिनोवस्की के संबंध में दिया जाता है कि चूंकि उनकी स्वयं जैविक आवश्यकता की संतुष्टि ट्रोब्रिएंड द्वीप संस्कृति में नहीं हो रही थी, अत: उन्होंने ट्रोब्रिएंड द्वीपवासियों के लैंगिक जीवन के संबंध में बहुत कुछ लिखा है।

आर्थिक मानवशास्त्र में योगदान—मैलिनोवस्की को आर्थिक मानवशास्त्र का जनक कहा जाता है। क्योंकि आपने ट्रोब्रिएंड एथनोग्राफी के माध्यम से ट्रोब्रिएंड द्वीपवासियों के बीच प्रचलित श्रम विभाजन, उत्पादन, उपभोग, विनिमय, बाजार, पारस्परिकता, उपहार विनिमय जैसी सांस्कृतिक एवं आर्थिक संस्थाओं के ऊपर महत्त्वपूर्ण योगदान दिया है। आपने अपने ट्रोब्रिएंड एथनोग्राफी में यह दर्शाया है कि ट्रोब्रिएंड द्वीपवासियों की अर्थव्यवस्था आदिम अर्थव्यवस्था की श्रेणी में आती है। उनके बीच उत्पादन, विनिमय, उपभोग, बाजार, पारस्परिकता एवं अतिथि सत्कार के अपने सांस्कृतिक नियम थे। उन नियमों का पालन करते हुए ट्रोब्रिएंड अर्थव्यवस्था सुसंगठित रूप से कार्य कर रही थी। उनकी अर्थव्यवस्था अस्तित्व के लिए थी, लाभ के लिए नहीं। परिवार को सुचारू रूप से चलाने के लिए श्रम विभाजन था। मजदूरी का भुगतान नहीं किया जाता था। विभिन्न वस्तुओं एवं सेवाओं का विनिमय पारस्परिकता के नियम के अंतर्गत होता था।

आर्थिक मानवशास्त्र के अध्ययन में आपके प्रमुख योगदान निम्नलिखित हैं—

1. 1912 : द इकोनामिक आस्पेक्ट्स आफ इंटिच्यूमा सेरेमनी।
2. 1913 : फैमिली एमांग आस्ट्रेलियन एबोरिजिन्स।
3. 1915 : नेटिव्स आफ मैलु।
4. 1918 : फिशिंग इन द ट्रोब्रिएंड आइलैंड्स।
5. 1920 : कुला : द सरकुलेटिंग एक्सचेंजेज आफ वैल्यू एवल्स इन द आर्चिपिलागो आफ ईस्टर्न न्यू गिनिया।
6. 1921 : द प्रिमिटिव इकोनामिक्स आफ ट्रोब्रिएंड आइलैंड्र्स।
7. 1922 : आर्गोनाट्स आफ वेस्टर्न पेसिफिक।
8. 1935 : कोरल गार्डेन एंड देयर मैजिक।

अपने लेख 'द इकोनामिक आस्पेक्ट्स आफ इंटिच्युमा सेरेमनीज' में आपने धार्मिक कृत्यों के साथ-साथ श्रम विनिमय एवं श्रम सहयोग की चर्चा की है।

अपनी पुस्तक *फैमिली एमांग आस्ट्रेलियन एबोरिजिंस* (1913) में आपने परिवार एवं विवाह नामक संस्थाओं के आर्थिक कार्यों एवं श्रम विभाजन का उल्लेख किया है।

अपने प्रतिवेदन 'द नेटिव्स आफ मैलु' में आपने समूह तथा व्यक्ति के बीच भूमि के वितरण को प्रकाश में लाया है।

अपने लेख 'फिशिंग एमांग ट्रोब्रिएंड आइलैंड' में आपने मछली मारण संबंधी स्वामित्व तथा विनिमय की चर्चा की है।

अपने लेख 'कुला' (1920) तथा अपनी पुस्तक *आर्गोनाट्स आफ वेस्टर्न पेसिफिक* (1922) में आपने कुला विनिमय का विवरण प्रस्तुत किया है।

अपनी पुस्तक *कोरल गार्डेन एंड देयर मैजिक* में आपने वासी प्रथा, उरीगुबु प्रथा, पोकला प्रथा तथा चोवला प्रथा का विवरण दिया है।

कुला विनिमय—कुला विनिमय प्रथा व्यापक रूप से न्यू गिनिया, ट्रोब्रिएंड द्वीप, एंपलेट द्वीप तथा डोबु के मध्य पाई जाती है। इन आदिम समाजों की संस्कृतियां भिन्न-भिन्न हैं, लेकिन कुला प्रथा में इन सभी संस्कृतियों के लोग शामिल होते हैं तथा अपना-अपना सहयोग देते हैं। कुला विनिमय प्रथा का केवल आर्थिक प्रकार्य ही नहीं है। वरन् इसका उत्सविक एवं समारोहिक महत्त्व है। इस प्रथा के साथ सामाजिक, सांस्कृतिक, आर्थिक, राजनीतिक, जादुई, धार्मिक, यात्रा एवं मनोरंजन संबंधी क्रियाकलाप शामिल रहते हैं। कुला यात्रा के लिए नए-नए डोंगी का निर्माण किया जाता है। कुला यात्रा की सफलता के लिए तरह-तरह की जादुई एवं धार्मिक क्रियाएं संपन्न की जाती हैं। कुला यात्रा में दोंगी चालन तथा दोंगी निर्माण के विशेषज्ञ शामिल रहते हैं। कुला यात्रा के दिन उत्सव का माहौल रहता है। उस दिन बाजार का आयोजन होता है। कुला यात्रा में भाग लेने वालों को सौलवा तथा मबाली के साथ-साथ अन्य सामग्रियां रखनी पड़ती हैं। खाने-पीने के समान पर्याप्त मात्रा में रखना पड़ता है। समुद्री तूफान से बचने का सामान रखना पड़ता है। समुद्र यात्रा में शत्रुओं से बचने का सामान भी रखना पड़ता है। यात्रा के समय समुदाय के सभी सदस्य उपस्थित होते हैं। वे लोग कुला यात्रियों की शुभ यात्रा एवं सकुशल वापसी की कामना करते हैं। वे लोग कुला यात्री को उपहार भी देते हैं। समुदाय का मुखिया कुला यात्री को शुभकामना देता है। वह सफल यात्रा के लिए जादुई एवं धार्मिक क्रिया भी करता है। कुला यात्री वापस लौटकर मुखिया को उपहार देते हैं। दोंगी बनाने वालों को भी उपहार दिया जाता है। इस अवसर पर नृत्य संगीत का आयोजन किया जाता है।

कुला प्रथा में प्रत्येक सक्षम व्यक्ति शंख के आभूषण द्वारा दूसरे लोगों के साथ संबंध स्थापित करते हैं। ये शंख के आभूषण दो प्रकार के होते हैं—(i) लाल शंख का हार जिसे सौलवा (Soulwa) कहा जाता है एवं (ii) श्वेत शंख का बाजूबंद जिसे म्वाली (Mwali) कहा जाता है। कुला विनिमय करने वाले दोनों पक्ष एक ही वस्तु का विनिमय नहीं करते हैं। प्रत्येक व्यक्ति यदि हार प्राप्त करता है तो बाजूबंद देता है या बाजूबंद प्राप्त करता है तब हार देता है। इस प्रकार से विनिमय एक व्यक्ति से दूसरे व्यक्ति के बीच होते रहता है। इस विनिमय प्रथा में एक रिंग स्थापित हो जाता है।

कुला विनिमय एक निश्चित क्रम में होता है। सौलवा सदैव घड़ी के कांटे के क्रम में (Clockwise) तथा म्वाली सदैव इसके विपरीत (Anti Clockwise) क्रम में परिभ्रमण करता है। इस प्रथा में प्रत्येक सहभागी व्यक्ति के दो प्रकार के साझेदार होते हैं। एक वे व्यक्ति जिनको वह सौलवा देता है तथा म्वाली प्राप्त करता है। दूसरा वे व्यक्ति जिनको वह म्वाली देता है तथा सौलवा प्राप्त करता है। इसे नीचे दिए गए चित्र से समझा जा सकता है।

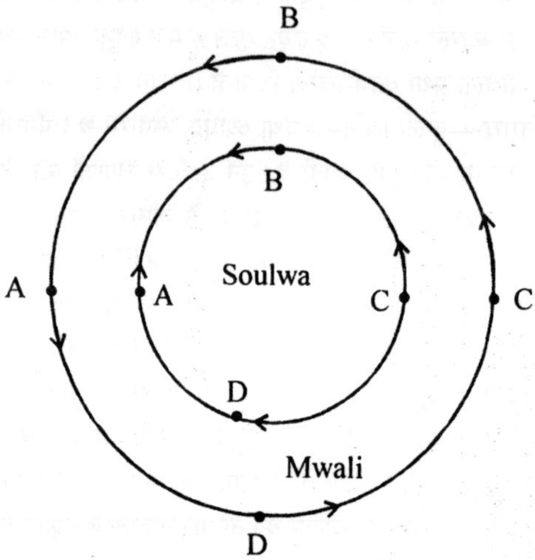

उपरोक्त चित्र से स्पष्ट होता है कि A सौलवा B को देता है तथा उससे म्वाली प्राप्त करता है। पुनः A म्वाली D को देता है तथा उससे सौल्वा प्राप्त करता है।

कुला विनिमय ट्रोब्रिएंड द्वीप समूह में चार प्रकार से होता है, जो निम्नलिखित है—

1. एक ही समुदाय के विभिन्न व्यक्तियों के बीच में
2. दो पड़ोसी द्वीप के समुदायों में
3. दो समुद्र पार के नजदीक समुदायों में
4. दो समुद्र पार के दूरस्थ समुदायों में।

कुला विनिमय में प्राप्त सौलवा एवं म्वाली जैसी वस्तुओं का व्यापारिक महत्त्व नहीं होता है। लेकिन उन्हें विनिमय में प्राप्त करना सामाजिक पद एवं प्रतिष्ठा से जुड़ा हुआ रहता है। कोई भी व्यक्ति कुला वस्तु को अधिक समय तक नहीं रख सकता है। वह कुछ समय तक अपने पास रखता है। पर्व-त्योहार पर उसे धारण करता है तथा इसके बाद उन्हें लौटा देता है। एक बार कुला संबंध में बंध जाने पर यह संबंध हमेशा जारी रहता है। कुला रिश्तेदार एक दूसरे को अतिथि सत्कार करते हैं, मदद करते हैं तथा सुरक्षा प्रदान करते हैं। कुला यात्रा 100 मील से भी अधिक रहती है।

वासी प्रथा—ट्रोब्रिएंड द्वीपवासियों के बीच समुद्र तटवर्ती गांवों तथा समुद्र तट से

दूरस्थ गांवों के बीच मछली एवं याम का मूक विनिमय (Mock Exchange) होता है। इसे वासी प्रथा के नाम से जाना जाता है। इस प्रथा में समुद्र तट पर स्थित गांव के लोग मछली पकड़ने का काम करते हैं। समुद्र तट से दूर गांव के लोग याम नामक फसल की खेती करते हैं। दोनों प्रकार के गांवों के बीच बिना कहे सुने मछली और याम का विनिमय होता है। समुद्र तटवर्ती गांव के लोग मछली पकड़कर चुपके से याम पैदा करने वाले गांव के बीच एक निश्चित एवं सुरक्षित स्थान पर रख देते हैं। याम फसल पैदा करने वाले गांव के मुखिया उसको सभी परिवारों में विभाजित कर देते हैं। पुनः याम वाले गांव के लोग याम को ले जाकर तटवर्ती गांव के बीच में एक सुरक्षित स्थान पर रख देते हैं। समुद्र तटवर्ती गांव का मुखिया याम को विभिन्न परिवारों में वितरित कर देता है। इस प्रकार दो विभिन्न आर्थिक क्रियाकलाप वाले गांवों में मूक रूप से मछली एवं याम का विनिमय होता है। इसे ही स्थानीय भाषा में वासी प्रथा कहा जाता है।

उरीगुबु प्रथा—ट्रोब्रिएंड द्वीपवासियों के बीच प्रचलित इस प्रथा का संबंध भी आर्थिक क्रियाकलाप से है। इस प्रथा में एक भाई याम फसल कट जाने के बाद उसका कुछ अंश अपनी विवाहित बहन के घर भेजता है। यह अंश कुल फसल का एक-एक चौथाई भाग होता है। यह विवाहित बहन का हिस्सा होता है। अगर एक से अधिक विवाहित बहनें होती हैं तब एक-चौथाई फसल को ही सभी बहनों के बीच बराबर-बराबर बांट दिया जाता है।

पोकला तथा योवला—उपहार विनिमय का एक अन्य तरीका पोकला है। जब कोई व्यक्ति ग्राम प्रधान या मुखिया को कोई वस्तु उपहार स्वरूप देता है, तब इसे पोकला कहा जाता है। लेकिन जब मुखिया या ग्राम प्रधान किसी सदस्य को उपहार स्वरूप कुछ देता है तब इसे योवला कहा जाता है।

सांस्कृतिक परिवर्तन के ऊपर योगदान—मैलिनोवस्की द्वारा प्रकार्यवाद सिद्धांत की स्थापना की गई थी। इसका संबंध अऐतिहासिक एवं समकालीन विवरण से था। लेकिन मैलिनोवस्की ने स्वीकार किया कि संस्कृति गतिहीन नहीं वरन् गतिमान है। आपने स्वीकार किया कि वर्तमान में नए-नए आविष्कार के कारण नए-नए तकनीक, यंत्र, विश्वास, विचार उत्पन्न हो रहे हैं तथा संस्थाओं में उन्हें सकारात्मक स्थान प्राप्त हो रहा है। इस प्रकार सुनियोजित आविष्कार, क्रांति, बौद्धिक परिवर्तन नवसृजित आवश्यकता के परिणाम होते हैं। इस प्रकार प्रकार्य की दृष्टि से वे महत्त्वपूर्ण होते हैं। इस प्रकार संस्कृति गतिशील होती है। गतिशीलता की दृष्टि से ज्ञान, विश्वास, शिक्षा, सामाजिक नियंत्रण, अर्थव्यवस्था, नैतिकता, सृजनात्मकता एवं कलात्मकता के आधार पर संस्कृति का विश्लेषण किया जा सकता है। अपनी मृत्यु के पश्चात् प्रकाशित पुस्तक *डायनामिक्स आफ कल्चर चेंज* में आपने यह दर्शाया कि गैर-पश्चिमी अफ्रीकी समाज में ईसाई धर्म प्रचारक तथा पश्चिमी प्रशासक द्वारा सुसंगठित ढंग से परिवर्तन लाया गया है। अतः संगठित क्रियाकलाप को परिवर्तन की घटना से जोड़कर देखा जाना चाहिए।

2. आल्फ्रेड रेजिनाल्ड रैडक्लिफ-ब्राउन (Alfred Reginald Radcliffe-Brown) (1881-1955)

ब्रिटिश सामाजिक मानवशास्त्र के आदि प्रतिनिधि रैडक्लिफ-ब्राउन थे। आप प्रकृति विज्ञान में प्रशिक्षित थे। लेकिन बाद में आपने मानवशास्त्र में प्रवेश किया। जब आप कैंब्रिज में प्रकृति विज्ञान में अध्ययन कर रहे थे, तब आप मानवशास्त्रियों के एक अध्ययन दल से प्रभावित हुए थे। यह अध्ययन दल उन्नीसवीं सदी के अंत में एक अंतर विषयक खोज दल के रूप में उत्तरी प्रशांत महासागर के टोरेस स्ट्रेप्ट क्षेत्र में आस्ट्रेलिया तथा न्यू गिनिया के मध्य आदिम लोगों के ऊपर सर्वेक्षण कार्य किया था। विलियम एच.आर. रिवर्स इस खोज दल के एक प्रमुख सदस्य थे। रिवर्स महोदय द्वारा नातेदारी एवं सामाजिक संगठन के अध्ययन हेतु मार्गन के समान केवल वंशावली तकनीक का प्रयोग ही नहीं किया गया, वरन् उसका विस्तृत सांकेतिक रूप भी प्रदान किया गया। वंशावली सारणी तकनीक के आधार पर रिवर्स ने यह दर्शाने का प्रयास किया कि गैर-पश्चिमी सामाजिक संगठन की गांठ नातेदारी है। रैडक्लिफ-ब्राउन, रिवर्स के एक शिष्य ने वंशावली सारणी के माध्यम से बंगाल की खाड़ी में स्थित अंडमान द्वीपवासी ओंगे जनजाति का अध्ययन किया। ओंगे जनजाति के ऊपर उनके मोनोग्राफ का प्रकाशन 1922 में *अंडमानिज आयलैंडर्स* शीर्षक के अंतर्गत हुआ। इस मोनोग्राफ की गणना एक भारतीय जनजाति के ऊपर लिखित शास्त्रीय मोनोग्राफों में की जाती है।

कृतित्व

आपके प्रमुख कृतित्व निम्नलिखित हैं—

1. 1922 : द अंडमान आई लैंडर्स।
2. 1948 : नेचुरल साईंस आफ सोसायटी।
3. 1950 : एन इंट्रोडक्शन टु अफ्रिकन सिस्टम आफ मैरेज एंड किनशिप।
4. 1952 : स्ट्रक्चर एंड फंक्शन इन प्रिमिटिव सोसायटी।
5. 1958 : मेथड्स इन सोशल एंथ्रोपोलोजी।

योगदान

आपने प्रमुख योगदानों की चर्चा निम्नलिखित उपशीर्षकों में विभाजित करके की जा सकती है—

1. सामाजिक संरचना की अवधारणा;
2. सामाजिक संरचना एवं सामाजिक संगठन;

3. सामाजिक संरचना एवं इतिहास;
4. सामाजिक संरचना एवं धर्म;
5. सामाजिक संरचना एवं सामाजिक सांस्कृतिक व्यवस्था;
6. संरचना प्रकार्यवाद सिद्धांत;
7. संरचना-प्रकार्यवाद सिद्धांत की आलोचना;
8. मैलिनोवस्की तथा रैडक्लिफ ब्राउन के प्रकार्यवाद में अंतर।

सामाजिक संरचना की अवधारणा—रैडक्लिफ-ब्राउन द्वारा सामाजिक संरचना शब्द का प्रयोग सर्वप्रथम सन् 1914 ई. में बर्मिंघम में सामाजिक मानवशास्त्र के ऊपर आयोजित एक सेमिनार में किया गया था। लेकिन आपके द्वारा सामाजिक संरचना की अवधारणा का विकास सन् 1940 ई. में ग्रेट ब्रिटेन के रायल एंथ्रोपोलोजिकल इंस्टिट्यूट के अपने अध्यक्षीय भाषण में किया गया था। इस भाषण में आपने सामाजिक संरचना की अवधारणा के आधार पर मानवशास्त्र के विद्यार्थियों को समाज एवं संस्कृति के विद्यार्थियों में विभाजित किया। आपके अनुसार मानवशास्त्र के विद्यार्थी, जो समाज की संरचनात्मक व्यवस्था का अध्ययन करते हैं, उन्हें सामाजिक मानवशास्त्री के रूप में पहचान मिलनी चाहिए। उनकी पहचान संस्कृति के अध्ययन करने वाले विद्यार्थियों से भिन्न होनी चाहिए। इस तरह आपने सामाजिक मानवशास्त्र की स्थापना पर विशेष बल दिया जिसके अंतर्गत सामाजिक संस्थाओं की संरचना, संगठन एवं प्रकार्य का अध्ययन किया जाना चाहिए।

अपनी पुस्तक *स्ट्रक्चर एंड फंकशन इन प्रिमिटिव सोसायटी* (1952) में आपने सामाजिक संरचना एवं उसकी प्रकार्यात्मक विशेषताओं को प्रकाश में लाया है। आपके अनुसार सामाजिक संरचना के अंग व्यक्ति होते हैं, लेकिन सामाजिक संरचना एक अमूर्त व्यवस्था होती है। क्योंकि संरचना संस्था द्वारा परिभाषित एवं नियमित संबंधों की क्रमिक व्यवस्था होती है। व्यक्तियों के बीच पाए जाने वाले वास्तविक संबंध से ही संरचना का निर्माण होता है। आपके अनुसार सामाजिक जीवन की निम्नलिखित संरचनात्मक विशेषताएं होती हैं—

1. सामाजिक समूह का अस्तित्व—उदाहरण के लिए परिवार, वंश, गोत्र, गोत्र दल, अर्द्धजनजाति एवं जनजाति।

2. समूह की आंतरिक संरचना—उदाहरण के लिए परिवार की आंतरिक संरचना का निर्माण पति, पत्नी एवं बच्चों से होता है।

3. सामाजिक वर्ग—उदाहरण के लिए कृषक, दस्तकार, श्रमिक, बंटाईदार, पुरोहित, खुटकट्टीदार, भुईहार इत्यादि।

4. सामाजिक भेदभाव—सामाजिक संरचना में लिंग, जाति, वर्ग, वर्ण इत्यादि के आधार पर भेदभाव पाया जाता है।

5. द्विकीय संबंध—जैसे मालिक, मजदूर।

6. समूह एवं व्यक्ति के बीच पारस्परिक क्रिया—जैसे सहयोग, संघर्ष, समझौता इत्यादि।

7. संरचनात्मक निरंतरता—सामाजिक संरचना का निर्माण समूह से तथा समूह का निर्माण व्यक्तियों से होता है। व्यक्ति मरणशील होते हैं, लेकिन नए-नए व्यक्ति जन्म भी लेते रहते हैं। इस तरह जन्म मरण, प्रवास, प्रवसन इत्यादि से संरचनात्मक परिवर्तन होता है, लेकिन संरचना के मौलिक इकाई परिवार, वंश, गोत्र, जाति, जनजाति इत्यादि निरंतर कार्य करते रहते हैं। इस तरह संरचनात्मक निरंतरता सदैव बनी रहती है।

8. सामाजिक संरचना दो प्रकार की होती है—(i) सामान्य सामाजिक संरचना (General Social Structure); तथा (ii) वास्तविक सामाजिक संरचना (Real Social Structure) यथार्थ सामाजिक संरचना में व्यक्ति तथा समूह समय के साथ बदलते रहते हैं। नए व्यक्ति जन्म, विवाह तथा प्रवास द्वारा सदस्यता ग्रहण करते हैं। मृत्यु, विवाह तथा प्रवास द्वारा सदस्यता का परित्याग भी करते हैं। इस प्रकार यथार्थ सामाजिक संरचना सदैव परिवर्तन के अधीन रहता है। लेकिन सामान्य सामाजिक संरचना लंबी अवधि तक स्थिर रहती है। जैसे परिवार, वंश, गोत्र इत्यादि।

सामाजिक संरचना एवं इतिहास—हालांकि रैडक्लिफ-ब्राउन का संरचनात्मक दृष्टिकोण अऐतिहासिक (Synchronic) था। लेकिन आप इस मत में विश्वास रखते थे कि सामाजिक संरचना का अध्ययन ऐतिहासिक एवं अऐतिहासिक दोनों ढंग से किया जाना चाहिए। समाज के ऐतिहासिक अध्ययन से तात्पर्य समय एवं स्थान के संदर्भ में समाज के ऊर्ध्व अध्ययन (Vertical Study) से है। समाज के अऐतिहासिक अध्ययन का तात्पर्य समाज का अध्ययन अब एवं वर्तमान के संदर्भ में है। इसे क्षैतिज अध्ययन (Horizontal Study) भी कहां जाता है।

सामाजिक संरचना एवं धर्म—रैडक्लिफ-ब्राउन के अनुसार धर्म सामाजिक संरचना का एक अभिन्न अंग है। धर्म मानव व्यक्तियों को एक समूह के रूप में एकत्रित करता है। मानव व्यक्तियों को धर्म मानदंड एवं मूल्य के आधार पर नियंत्रित करता है। लेकिन सामाजिक संरचनात्मक दृष्टि से धर्म का अध्ययन करते समय धार्मिक कृत्य एवं अनुष्ठान पर विशेष बल दिया जाना चाहिए। धार्मिक कृत्य एवं अनुष्ठान के समय ही व्यक्ति एवं समूह के बीच अंत:क्रिया होती है। यही अंत:क्रिया समाज को संरचनात्मक-प्रकार्यात्मक ढंग से समझने का अवसर प्रदान करती है।

सामाजिक संरचना एवं सामाजिक-सांस्कृतिक व्यवस्था—सामाजिक संरचना सामाजिक-सांस्कृतिक व्यवस्था से संबंधित होती हैं। सामाजिक संरचनात्मक व्यवस्था का अनुकूलन होता है। उसका अनुकूलन पारिस्थितिकी एवं संस्कृति के साथ होता है। इस तरह संपूर्ण सामाजिक व्यवस्था के तीन अनुकूलन से जुड़े हुए पहलू होते हैं—सामाजिक संरचनात्मक, पारिस्थितिकी एवं संस्कृति। सामाजिक संरचना एक व्यवस्था होती है जिसके द्वारा सामाजिक जीवन में क्रमबद्धता लाई जाती है। पारिस्थितिकी एक साधन है जिसके

द्वारा सामाजिक व्यवस्था का पर्यावरण के साथ अनुकूलन होता है। संस्कृति एक युक्ति है जिसके द्वारा एक व्यक्ति आचरण एवं मानसिक विशेषता ग्रहण कर सामाजिक जीवन में भाग लेने योग्य बनता है।

संरचना-प्रकार्यवाद सिद्धांत—रैडक्लिफ-ब्राउन ने संरचना-प्रकार्यवाद सिद्धांत का विकास समाज को एक जीवधारी के समान मानते हुए किया था। आप दुर्खिम से पूर्णत: प्रभावित थे। आपके संरचना प्रकार्यवाद सिद्धांत की मौलिक अभिधारणाएं निम्नलिखित हैं—

1. जिस प्रकार एक जीवधारी का निर्माण विभिन्न अंगों से हुआ है, उसी प्रकार समाज का निर्माण भी विभिन्न अंगों से हुआ है। समाज के विभिन्न अंगों को संस्था, समूह, समुदाय इत्यादि नामों से जाना जाता है।

2. जिस प्रकार जीवधारी के सभी अंग भिन्न-भिन्न कार्य करते हैं, उसी प्रकार समाज के विभिन्न अंग भिन्न-भिन्न कार्य करते हैं।

3. जिस प्रकार जीवधारी के सभी अंगों के बीच भिन्न कार्य करते हुए भी आपसी निर्भरता बनी रहती है। उसी प्रकार समाज के अंगों के बीच भिन्न कार्य करते हुए भी आपसी निर्भरता बनी रहती है।

4. जिस प्रकार जीवधारी के सभी अंगों का मुख्य कार्य जीवधारी को गतिशील बनाए रखना है, उसी प्रकार समाज के विभिन्न अंगों का संयुक्त प्रकार्य समाज को गतिशील रखना है।

आपके अनुसार सामाजिक संरचना की दृष्टि से प्रकार्य का तात्पर्य किसी संस्था द्वारा समाज की समग्रता को बनाए रखने में दिया जाने वाला योगदान से होता है। इस तरह सामाजिक संरचना के प्रत्येक तत्व सामाजिक समग्रता को बनाए रखने के लिए क्रियाशील रहते हैं। चूंकि आपने संरचना के साथ-साथ प्रकार्य की अवधारणा को भी जोड़ दिया था, अत: आपको संरचना-प्रकार्यवादी एवं आपके सिद्धांत को संरचना प्रकार्यवाद सिद्धांत के नाम से जाना जाता है।

संरचना प्रकार्यवाद सिद्धांत की आलोचना—संरचना-प्रकार्यवाद के विरुद्ध अंकित मुख्य आलोचनाएं निम्नलिखित हैं—

1. समाज को जीवधारी के समान देखना गलत है, क्योंकि जीवधारी के शरीर की संरचना परिवर्तनशील है, जबकि समाज की संरचना अपरिवर्तनशील है।

2. यह अवधारणा अऐतिहासिक एवं अपरिवर्तनशील है।

3. यह सिद्धांत कारण एवं प्रकार्य (Cause and Function) के बीच भ्रम फैलाता है।

4. इसमें सामाजिक संघर्ष की चर्चा नहीं की गई है।

5. इसमें सामाजिक असंतुलन को उपेक्षित किया गया है।

संरचना-प्रकार्यवाद सिद्धांत का महत्त्व—यह सिद्धांत हमारे लिए निम्नलिखित कारणों से महत्त्वपूर्ण है—

1. यह समाज के बारे में सम्यक् ज्ञान तथा नियम का आधार प्रदान करता है।

2. इसके आधार पर सामाजिक घटनाओं का अवलोकन एवं विश्लेषण किया जा सकता है।

3. इस सिद्धांत के आधार पर सामाजिक तथ्यों का विवेचन आसानी से किया जा सकता है।

मैलिनोवस्की एवं रैडक्लिफ-ब्राउन के प्रकार्यवाद में अंतर—मैलिनोवस्की द्वारा प्रतिपादित प्रकार्यवाद की अवधारणा रैडक्लिफ-ब्राउन द्वारा प्रतिपादित प्रकार्यवाद की अवधारणा से बिल्कुल भिन्न थे। मैलिनोवस्की के प्रकार्यवाद की जड़ जीव विज्ञान में निहित है, जीवधारी की अनुरूपता में नहीं। रैडक्लिफ-ब्राउन के प्रकार्यवाद को संरचना प्रकार्यवाद (Structural-Functionalism) के नाम से जाना जाता है, जबकि मैलिनोवस्की का प्रकार्यवाद जीव वैज्ञानिक प्रकार्यवाद (Biological Functionalism) के नाम से जाना जाता है। फ्रायड के समान मैलिनोवस्की का मानना था कि प्रत्येक मानव व्यक्ति के पास मौलिक आवश्यकता होती है। जैसे भूख एवं लिंग। इनकी संतुष्टि के लिए सांस्कृतिक संस्थाएं होती हैं। आवश्यकता के तीन स्तर—प्राथमिक, द्वितीय एवं तृतीयक—होते हैं। उनकी संतुष्टि के लिए तीन स्तर की सांस्कृतिक अनुक्रियाएं होती हैं। रैडक्लिफ-ब्राउन के अनुसार एक संस्था द्वारा सामाजिक संरचना को बनाए रखने में दिया जाने वाला योगदान ही प्रकार्य कहलाता है।

३. ई.ई. ईवांस प्रिट्चार्ड (E.E. Evance Pritchard) (1906-1973)

आप रैडक्लिफ ब्राउन एवं मैलिनोवस्की के समर्थक थे। आपने अफ्रीकी समाज में क्षेत्रकार्य किया था तथा अपनी अनेक पुस्तकों की रचना की थी। आपकी पुस्तक द *नूअर* (1940) संरचना-प्रकार्यवाद का उपयुक्त उदाहरण प्रस्तुत करती है। आपके अनुसार नूअर समाज की सामाजिक संरचना एवं प्रकार्य वधू मूल्य प्रथा में निहित है। आपके अनुसार नूअर के बीच वधू मूल्य प्रथा प्रचलित है। इसमें 40 मवेशियों को वधू मूल्य के रूप में देना पड़ता है। 40 मवेशियों को जुटाना लड़के के पिता के लिए अकेले संभव नहीं हैं। अत: परिवार के अवाले मातृक एवं पितृक रिश्तेदारों को इसमें शामिल किया जाता है। सभी मातृक एवं पितृक रिश्तेदार अपनी हैसियत एवं पद के अनुसार मवेशी का योगदान देते हैं। इस प्रकार वर पक्ष के सभी रिश्तेदारों के योगदान से 40 मवेशी वधू मूल्य के रूप में देने के लिए इकट्ठा किया जाता है। कन्या पक्ष वधू मूल्य में प्राप्त उन 40 मवेशियों को कन्या के मातृक एवं पितृक रिश्तेदारों के बीच अपनी हैसियत के अनुसार वितरित कर देता है। इस

प्रकार वधू मूल्य प्रथा का सामाजिक संरचनात्मक एवं प्रकार्यात्मक उपयोगिता नूअर के लिए है।

अपने मित्र मेयर फोर्टेस के साथ लिखित पुस्तक *अफ्रीकन पोलिटिकल सिस्टम* (1940) में आपने अफ्रीकन समाज में प्रचलित राजनीतिक व्यवस्था पर प्रकाश डाला है। यह एक संपादित पुस्तक है, जिसमें अफ्रीकी समाज पर अध्ययन के आधार पर लिखे गए मानवशास्त्रियों के लेख प्रकाशित किए गए हैं। इस पुस्तक की गणना सर्वाधिक विवादास्पद पुस्तक के रूप में की जाती है। यह पुस्तक अफ्रीकी एथनोग्राफी के ऊपर मानवशास्त्रियों के लेखों का संकलन है। इस पुस्तक में शामिल कुछ लेखों में उद्विकासवादी मानवशास्त्रियों द्वारा प्रतिपादित अवधारणाओं को खंडित किया गया है। उद्विकासवादियों के अनुसार नातेदारी संगठन से ही राज्य की उत्पत्ति हुई है। अफ्रीकी एथनोग्राफी का सहारा लेकर ब्रिटिश मानवशास्त्रियों ने दर्शाया कि राजनीतिक संगठन का संबंध अधिक जनसंख्या से नहीं है। कई ऐसे अफ्रीकी समाज थे जिनकी जनसंख्या कम थी लेकिन उनके मध्य राजनीतिक संगठन था। इसके विपरीत कई अफ्रीकी जनजातियां ऐसी थीं जिनके पास वृहत जनसंख्या थी लेकिन राजनीतिक संगठन का अभाव था।

ब्रिटिश सामाजिक मानवशास्त्र के आलोचक मानवशास्त्री *अफ्रीकन पोलिटिकल सिस्टम* शीर्षक पुस्तक का प्रयोग इस दृष्टिकोण की कमजोरी को उजागर करने के लिए किए हैं। उनके अनुसार ब्रिटिश सामाजिक मानवशास्त्र यह दर्शाने में विफल रहा कि अफ्रीकी एथनोग्राफी अपवाद के रूप में उपनिवेशवाद एवं दास प्रथा द्वारा उत्पन्न विकार है।

ब्रिटिश मानवशास्त्र की आलोचना प्रत्यक्ष अथवा अप्रत्यक्ष रूप से ब्रिटिश शासन नीति के समर्थन करने के कारण की गई है। यह नीति एथनोग्राफिक समझ एवं ज्ञान पर आश्रित थी। इसके द्वारा ब्रिटिश शासकों को स्थानीय नेताओं को बदलने, संयुक्त रूप से ग्रहण करने तथा सहयोग प्राप्त करने में मदद मिली थी।

आप द्वितीय पीढ़ी के ब्रिटिश मानवशास्त्री थे। आपने रैडक्लिफ-ब्राउन के सैद्धांतिक पदचिह्नों का अनुसरण किया था। आपने रैडक्लिफ-ब्राउन के मानवशास्त्रीय दृष्टिकोण को और विस्तार प्रदान किया था।

सामाजिक एथनोग्राफी *द नूअर* के लेखक के रूप में आपने ब्रिटिश सामाजिक मानवशास्त्र को और सांस्कृतिक दिशा प्रदान की। आपने यह दर्शाने का प्रयास किया कि संरचना धरातल पर सामाजिक व्यवस्थाएं नहीं हैं, वरन् यह सामाजिक व्यवस्थाओं का संज्ञानात्मक मानचित्र है।

आपने अपनी पुस्तक *सोशल एंथ्रोपोलोजी* (1951) में सामाजिक मानवशास्त्र को परिभाषित करते हुए कहा कि सामाजिक मानवशास्त्र समाज का अध्ययन आचार या सांकेतिक व्यवस्था के संदर्भ में करता है, प्राकृतिक व्यवस्था के संदर्भ में नहीं। यह शास्त्र सामाजिक क्रियाकलापों के बीच सामंजस्य स्थापित करता है, संबंध नहीं। इसके अंतर्गत

व्याख्या की जाती है, विश्लेषण नहीं। अतः सामाजिक मानव विज्ञान को विज्ञान की श्रेणी में न रखकर कला की श्रेणी में रखा जाना चाहिए।

4. मेयर फोर्टेस (Mayer Fortes) (1902-1973)

आप रैडक्लिफ-ब्राउन के एक निकट सहयोगी थे। आप रैडक्लिफ-ब्राउन के संरचना-प्रकार्यवाद सिद्धांत से पूर्ण प्रभावित तथा पूर्ण समर्थक थे। आपने रैडक्लिफ-ब्राउन द्वारा स्थापित ब्रिटिश मानवशास्त्र को और आगे बढ़ाया। आप दूसरी पीढ़ी के ब्रिटिश मानवशास्त्री थे। आपने रैडक्लिफ-ब्राउन के इस मत का समर्थन किया कि संरचना-प्रकार्यवादियों का दृष्टिकोण सदैव संक्षिप्त तथा सुसंगत होना चाहिए। इसका उद्देश्य सामान्य नियम की खोज होनी चाहिए। इस सामान्य नियम की खोज में इतिहास की मदद नहीं ली जानी चाहिए। इसके अंतर्गत सामाजिक विश्लेषण को भूत (अतीत) को गौण कर दिया जाना चाहिए। इसमें जरा भी संदेह नहीं किया जाना चाहिए कि सामाजिक नियम अस्तित्व में नहीं रहता है। क्योंकि सामाजिक जीवन निरुद्देश्य नहीं होता है। चूंकि सामाजिक जीवन निरुद्देश्य नहीं होता है, अतः सामाजिक नियम भी अस्तित्व में बने रहते हैं। सामाजिक नियम समाज से आदर्शपूर्वक पृथक की गई विशेषताएं होती हैं।

आपने इवांस प्रिट्चार्ड के साथ *अफ्रिकन पोलिटिकल सिस्टम* (1940) नामक पुस्तक का संपादन किया था। इस पुस्तक के संबंध में विवरण इवांस प्रिट्चार्ड के योगदान के साथ दिया गया है।

आपने अपनी पुस्तक *वेब आफ किनशिप अमांग टैलेंसी* (1949) में टैलेंसी की नातेदारी संरचना का उल्लेख किया है। इसके पूर्व आपने टैलेंसी के ऊपर अपनी पुस्तक *द डायनामिक्स आफ क्लानशिप एमांग द टैलेंसी* (1945) भी प्रकाशित किया था।

5. एस.एफ. नैडल (S.F. Nadel)

आप भी द्वितीय पीढ़ी के ब्रिटिश सामाजिक मानवशास्त्री थे। आपने रैडक्लिफ-ब्राउन के संरचना—प्रकार्यवाद सिद्धांत का पूर्ण समर्थन किया था। आपने सामाजिक संरचना सिद्धांत का समर्थन अपनी पुस्तक *थ्योरी आफ सोशल स्ट्रक्चर* (1957) में किया है। आपने सामाजिक संरचना की अवधारणा विकसित करने के पूर्व समाज को देखने का दृष्टिकोण विकसित किया। आपके अनुसार समाज को दो दृष्टिकोणों के आधार पर देखा जा सकता है—

1. क्रिया जैसे नातेदारी एवं अर्थव्यवस्था,
2. समूह जैसे परिवार, वंश, गोत्र।

आपके अनुसार कुछ सामाजिक एवं सांस्कृतिक तथ्य ऐसे होते हैं जो सामाजिक

तथा सांस्कृतिक योजना के बाहर दिखाई देते हैं। उन्हें स्वतंत्र क्रियाएं (Action Autonomous) कहा जाता है।

आपके अनुसार संरचना के तीन प्रमुख तत्व हैं—(i) लोगों का समूह; (ii) संस्था; एवं (iii) पारस्परिक क्रियाओं का संस्थागत प्रतिमान। संस्थागत नियम से समाज में क्रमबद्धता आती है। व्यक्ति संस्था के नियमों के अनुसार सामाजिक संरचना में क्रिया करता है। वह एक कर्त्ता के रूप में प्रकट होता है। अत: सामाजिक संरचना को क्रिया एवं कर्त्ता के रूप में देखा जाना चाहिए।

6. रेमंड फर्थ (Raymond Firth)

ब्रिटिश सामाजिक मानवशास्त्र के प्रभावशाली योगदानकर्त्ताओं में एक नाम फर्थ का भी आता है। आपने अपने लेखन से ब्रिटिश सामाजिक मानवशास्त्र को खूब समृद्ध बनाया है।

कृतित्व

आपके प्रमुख कृतित्व निम्नलिखित हैं—

1. 1921 : प्रिमिटिव इकोनामिक्स आफ न्यूजिया लैंड माओरी।
2. 1957 : मैन एंड कल्चर : एन इवैल्यूएशन आफ वर्क आफ मैलिनोवस्की।
3. 1936 : वी द टिकोपिया।
4. 1964 : एसेज आन सोशल स्ट्रक्चर एंड वैल्यू।

योगदान

आपने अऐतिहासिक संरचना-प्रकार्यवाद को अपना समर्थन नहीं दिया है। आपने प्रत्यक्ष व्यवहार में अंतर को परिवर्तन प्रक्रिया की खोज के लिए अवलोकित एवं लिपिबद्ध करने के ऊपर विशेष बल दिया। अपनी पुस्तक *वी द टिकोपिया* (1936) में आपने ऐतिहासिक एवं आर्थिक विस्तारों को सामाजिक संरचना एवं प्रकार्यवाद में शामिल किया। आपके अनुसार समाज में निर्णय निर्माण शक्ति की आशा में नहीं किया जाता है। वरन् निर्णय निर्माण के पीछे लक्ष्य प्राप्त करने की क्षमता रहती है। उन लक्ष्यों का सूत्रीकरण समाज या उपसमाज करता है। उसी समाज या उपसमाज से व्यक्ति आते हैं। उपसमूह आपस में आंतरिक रूप से एक-दूसरे से संबंधित एवं संरचित होते हैं। वे समग्र समाज की संरचना प्रदर्शित करते हैं। एक व्यक्ति एक ही समय विवाह, परिवार, नातेदारी, पेशा, अर्थशास्त्र, पद, वर्ग, धर्म इत्यादि के आधार पर कई वर्गों का सदस्य होता है। इस प्रकार एक व्यक्ति की सदस्यता एक ही वर्ग तक सीमित नहीं रहती है, वरन् उसकी सदस्यता कई वर्गों तक

1. सार्वभौमिक सामाजिक मूल्य—उदाहरण के लिए कुशल शिल्पियों की पूछ सभी जगहों में होती है। अत: कुशल शिल्पियों का सामाजिक मूल्य होता है।

2. विशिष्ट सामाजिक मूल्य—जाति, धर्म, लिंग के आधार पर प्राप्त मूल्य विशिष्ट सामाजिक मूल्य होते हैं।

3. उपार्जित सामाजिक मूल्य—नौकरशाह, डॉक्टर, इंजीनियर, प्रोफेसर, राष्ट्रपति, प्रधानमंत्री, मंत्री आदि उपार्जित सामाजिक मूल्य हैं।

4. प्रदत्त सामाजिक मूल्य—जन्म के आधार पर प्राप्त सामाजिक मूल्य को प्रदत्त सामाजिक मूल्य कहा जाता है। वंशानुगत राजा का पद प्रदत्त सामाजिक मूल्य कहलाता है।

9. आर.के. मर्टन (R.K. Merton)

मर्टन ने अपनी पुस्तक *सोशल थ्योरी एंड सोशल स्ट्रक्चर* (1957) में मैलिनोवस्की द्वारा प्रतिपादित संस्कृति की अनिवार्यता, सार्वभौमिकता एवं प्रकार्यात्मक समाकलन की अवधारणा का विरोध किया है। मैलिनोवस्की ने दर्शाया था कि ट्रोब्रिएंड द्वीपवासियों के बीच जादू अनिवार्य प्रकार्य करता है। यह एक निश्चित आवश्यकता की पूर्ति करता था जो आदिम सभ्यता के अन्य कारकों से संभव नहीं था। ट्रोब्रिएंड द्वीपवासियों में जादू का अधिक प्रचलन था क्योंकि वे नौका द्वारा समुद्र की लंबी यात्रा करते थे। उनके बीच जादू के प्रकार्यात्मक विकल्प उपलब्ध नहीं थे। अत: उनके बीच जादू अनिवार्य आवश्यकताओं की पूर्ति करता था। वे तूफान में नौका का नियंत्रण जादू से ही किया करते थे, क्योंकि उनके पास आधुनिक वैज्ञानिक उपकरण उपलब्ध नहीं थे। मर्टन के अनुसार समाज में प्रकार्यात्मक विकल्प (Functional Alternatives) पर्याप्त मात्रा में उपलब्ध हो जाते हैं। मर्टन एक समाजशास्त्री थे जिनका संबंध जटिल समाजों से रहा था। जटिल समाजों में प्रकार्यात्मक विकल्प मौजूद रहते हैं। लेकिन सरल समाजों में प्रकार्यात्मक विकल्प की संभावना क्षीण रहती है। मर्टन द्वारा प्रतिपादित प्रकार्यात्मक विकल्प की अवधारणा अमरीकी राजनीति संरचना से संबंधित है।

अपनी पुस्तक *सोशल थ्योरी एंड सोशल स्ट्रक्चर* में आपने प्रकार्य (Function) को परिभाषित करते हुए कहा कि प्रकार्य वे अवलोकित परिणाम हैं जो एक निश्चित व्यवस्था के समायोजन या अनुकूलन के लिए बनाए जाते हैं।

इस पुस्तक में आपने प्रकार्य शब्द की वृहत व्याख्या की है। आपके अनुसार प्रकार्य शब्द का प्रयोग पांच भिन्न अर्थों में हुआ है—

1. सामाजिक उत्सवों के लिए;
2. व्यापार के लिए;
3. सामाजिक स्थिति के लिए;
4. एक चर का दूसरे चर के साथ संबंध दर्शाने के लिए;

5. शरीर के संचालन में अंगों द्वारा दिए जाने वाले योगदान के लिए।

प्रकार्य को प्रकट करने के लिए कई अन्य शब्द जैसे उपयोगिता, उद्देश्य, प्रेरणा, लक्ष्य तथा परिणाम आदि का प्रयोग हुआ है। मर्टन ने प्रकार्यात्मक विश्लेषण के लिए एक रूप तालिका प्रस्तुत किया है। प्रकार्य के अध्ययन के संदर्भ में आपने प्रकार्य (Function) तथा अकार्य (Dysfunction) तथा प्रकट (Manifesto) एवं अप्रकट (Latent) प्रकार्य की अवधारणा का जन्म दिया है।

प्रकार्य एवं अकार्य—मर्टन के अनुसार प्रकार्य वे अवलोकित परिणाम हैं जो सामाजिक व्यवस्था के अनुकूलन या समायोजन का काम करते हैं। अगर सामाजिक संरचना की कोई इकाई उस संरचना के अनुकूलन या समायोजन में सहयोग देती है, तब हम उसे प्रकार्य कहेंगे। लेकिन अगर वह इकाई सामाजिक अनुकूलन या समायोजन में बाधा उत्पन्न करती है, तब हम उसे अकार्य कहते हैं।

प्रकट एवं अप्रकट प्रकार्य—मर्टन ने प्रकट एवं अप्रकट प्रकार्य के बीच भेद स्पष्ट करने का प्रयास किया है। उनके अनुसार प्रकार्य वे प्रत्यक्ष दृष्टिगोचर होने वाले परिणाम हैं जो सामाजिक व्यवस्था में अनुकूलन या समायोजन लाते हैं। वे उस व्यवस्था में शामिल सदस्यों द्वारा मान्य होते हैं।

अप्रकट प्रकार्य सामाजिक व्यवस्था में समायोजन या अनुकूलन तो लाते हैं लेकिन व्यवस्था में शामिल सदस्यों द्वारा मान्य नहीं होते हैं।

10. जार्ज पीटर मर्डाक (George Peter Murdock)

आप एक अमरीकी मानवशास्त्री थे। आपने ब्रिटिश संरचना-प्रकार्यवाद का समर्थन अमरीका में दिया था। आपकी पुस्तक *सोशल स्ट्रक्चर* (1949) संरचना-प्रकार्यवाद सिद्धांत के लिए बहुत चर्चित रही है। इस पुस्तक में आपने ऐतिहासिक प्रकार्यात्मक, मनोवैज्ञानिक तथा सांख्यिकीय विधि का एक साथ प्रयोग करके पार-सांस्कृतिक तुलनात्मक विश्लेषण प्रस्तुत किया है। आप येल विश्वविद्यालय अमरीका में ह्यूमन रिलेशन एरिया फाइल (HRAF) संस्थान के निदेशक थे। इसमें विश्व स्तर के एथनोग्राफिक आंकड़ों के वर्गीकरण की व्यवस्था थी। प्रकाशित एवं अप्रकाशित स्रोतों से प्राप्त आंकड़ों का क्षेत्रानुसार विशाल भंडार यहां स्थापित किया गया था। इसका उद्देश्य शोधकर्त्ता को आसानीपूर्वक विश्व की सभी संस्कृतियों के संबंध में जानकारी प्रदान करना था। इस पुस्तक में आपने 150 समाजों का तुलनात्मक अध्ययन किया था।

मर्डाक का दृष्टिकोण निकटाभिगमन निषेध (Incest Taboo) की व्याख्या से प्रकट होता है। नाभिकीय परिवारों के बीच निकटाभिगमन निषेध एक सार्वभौमिक सच्चाई है। प्रत्येक ज्ञात समाज में निकटाभिगमन निषेध का विस्तार पिता-पुत्री, माता-पुत्र तथा भाई बहन तक आवश्यक रूप से पाया जाता है। लेकिन निकटाभिगमन निषेध का विस्तार

प्रत्येक जगह एक समान नहीं है। कहीं-कहीं इसके विस्तार के अंतर्गत मातृक-भाई बहन आते हैं तो कहीं-कहीं इसके अंतर्गत पितृक भाई-बहन आते हैं। अनेक विद्वानों ने इस विचित्र घटना की उत्पत्ति के संबंध में व्याख्या करने का प्रयास किया है। कुछ विद्वानों के मतानुसार निकटाभिगमन नैसर्गिक था। उस स्थिति में निषेध की आवश्यकता नहीं थी तथा विस्तार की व्याख्या भी नहीं हो सकती थी। अन्य विद्वानों के अनुसार लोग लंबी अवधि तक एक दूसरे के निकट रहने के कारण लिंग संबंधी अभिरुचि खो दी होगी। लेकिन यह मत भी असत्य प्रतीत होता है।

मर्डाक ने समस्या की जटिलता को समझते हुए दर्शाया कि इस समस्या का समाधान मात्र मानवशास्त्र से संभव नहीं है। आपने सिगमंड फ्रायड द्वारा प्रतिपादित निकटाभिगमन निषेध की सार्वभौमिकता की व्याख्या को उचित ठहराया। फ्रायड ने यह दर्शाने का प्रयास किया था कि नाभिकीय परिवार की रचना इस प्रकार की जाती है कि उससे मातृरति का जन्म होता है। इस प्रकार नैसर्गिक विमुखता के स्थान पर बच्चा अपनी माता से कामवासना ग्रहण करता है। बाद में प्रबल एवं कठिन सामाजिक प्रशिक्षण उसकी इच्छा को दबाने में सफल होता है। उसे निकटाभिगमन निषेध की शिक्षा दी जाती है। इसका अनुपालन नहीं करने पर दंड का भय रहता है। मर्डाक ने निकटाभिगमन निषेध को प्रकार्यवाद से जोड़ते हुए कहा कि बगैर निकटाभिगमन निषेध के परिवार रूपी संस्था लैंगिक प्रतिस्पर्धा के कारण कमजोर हो जाती तथा ऐसी स्थिति में संपूर्ण समाज के लिए खतरा उत्पन्न हो जाता। लेकिन यहां यह अविश्लेषित रह गया कि क्यों निकटाभिगमन का विस्तार नाभिकीय परिवार से बाहर हुआ।

ह्यूमन रिलेशन एरिया फाइल से प्राप्त आंकड़ों का प्रयोग करते हुए आपने दर्शाया कि मातृरेखीय परिवार में निकटाभिगमन निषेध का विस्तार मातृ संबंधियों की दिशा में था, जबकि पितृरेखीय परिवार में इसका विस्तार पितृ संबंधियों की दिशा में था। युग्मवंशानुक्रम की स्थिति में मातृक एवं पितृक दोनों रिश्तेदारों की दिशा में इसका विस्तार था।

मानवशास्त्रियों को सामाजिक संरचना का नातेदारी पहलू बहुत आकर्षित किया था। मर्डाक की पुस्तक *सोशल स्ट्रक्चर* नातेदारी अध्ययन में एक नए आयाम का योगदान दिया है।

अमरीकी मानवशास्त्र के रूप में आपने अऐतिहासिक प्रकार्यवाद की आलोचना की है, लेकिन ऐतिहासिक प्रकार्यवाद को स्वीकार किया है।

11. फ्रेड एगान (Fred Eggan) (1906-1991)

आपने आंशिक रूप से संरचना-प्रकार्यवाद को स्वीकार किया था तथा ऐतिहासिक विशिष्ट मुक्तिवाद के ऐतिहासिक संदर्भ को शामिल किया। आपने ऐतिहासिक शोध को फिर से स्थापित किया था। आपने अपने अनुसंधान में सरंचना-प्रकार्यात्मक तथा ऐतिहासिक

पक्षपात दृष्टिकोण का विवेकपूर्ण विश्लेषण प्रस्तुत किया था। नियंत्रित तुलनात्मक विधि का प्रयोग करते हुए आपने क्रो शब्दावली में होने वाले परिवर्तनों का अध्ययन किया तथा उस आधार पर व्याख्या करने का प्रयास किया। आपने यह दर्शाने का प्रयास किया कि समूह की दूरी तथा प्रभाव श्रेणी मिलकर क्रो शब्दावली व्यवस्था में परिवर्तन दर्शाते हैं। इसके कारण मातृरेखीय प्रकार से पितृरेखीय ओमहा प्रकार में परिवर्तन हुआ है। आपने अपना यह दृष्टिकोण अपनी पुस्तक *अमरीकन इंडियन पर्सपेक्टिव फार द स्टडी आफ सोशल चेंज* (1966) में प्रदर्शित किया है।

12. क्लाइड क्लुखौन (Clyde Kluckhohn)

क्लुखौन ने नवाहो जादू-टोना का अध्ययन करके प्रकार्य को परिभाषित करने का प्रयास किया है। आपके अनुसार संस्कृति का कोई भी दिया हुआ अंश प्रकार्यात्मक होता है, क्योंकि वह एक प्रक्रिया दर्शाता है। यह प्रक्रिया व्यक्ति के अनुकूल होता है। आपके अनुसार ऐतिहासिक तथा प्रकार्यात्मक दृष्टिकोण एक-दूसरे के विकल्प नहीं वरन् एक-दूसरे के पूरक होते हैं। लेकिन आपने यह नहीं स्पष्ट किया कि ऐतिहासिक एवं प्रकार्यात्मक दृष्टिकोण दोनों का समाकलन कैसे प्राप्त किया जा सकता है।

7

मैक्स वेबर की विरासत

LEGACY OF MAX WEBER

मैक्स वेबर (Max Weber) (1864-1920)

फ्रेंच समाजशास्त्री दुर्खिम जैविक अनुरूपता का प्रयोग सामाजिक समूहों के बीच एकता को समझने के लिए किया था। मार्क्स ने जीवन की भौतिक शर्त को मानव इतिहास को आगे ले जाने वाला इंजन के समान समझा था। इन दोनों सिद्धांतकारों का मानना था कि व्यक्तियों के बाहर जो बल (एक तरफ मनोसामाजिक तथा दूसरी तरफ द्वंद्वात्मक) क्रियाशील रहते हैं, उन्हीं के अनुकूल सांस्कृतिक अर्थ का निर्माण होता है तथा सामाजिक संबंध की संरचना बनती है। इन दोनों सिद्धांतकारों के सिद्धांतों में व्यक्ति के सृजनात्मक एजेंसी के लिए कोई स्थान नहीं था। दुर्खिम तथा मार्क्स दोनों की आलोचना अपने सिद्धांतों के विषयों को समांग आलसी के रूप में दर्शाने के कारण की गई है। दुर्खिम तथा मार्क्स ने व्यक्तियों को मस्तिष्करहित तथा निरंतर उन बलों को आज्ञा पालनकर्त्ता के रूप में प्रयोग किया था जिनके कारण उनके अस्तित्व के सभी पक्ष नियंत्रित होते थे।

दुर्खिम तथा मार्क्स के विपरीत उनके समकालीन जर्मन सिद्धांतकार मैक्स वेबर (Max Weber) ने व्यक्तियों को सामाजिक एवं सांस्कृतिक स्वरूप के सृजन, पालन एवं नवाचार के लिए क्रियाशील एवं चिंतनशील बतलाया। यही कारण है कि मैक्स वेबर के कार्यों को ''आदर्शवादी'' या ''विज्ञानवादी'' के नाम से जाना जाता है। मैक्स वेबर का आदर्शवाद सिद्धांत मार्क्स के भौतिकवाद सिद्धांत से बिल्कुल विपरीत है। लेकिन इस तरह का लक्षण-विवरण भ्रामक है। क्योंकि कोई भी ज्ञात समाज में उत्पादन एवं प्रजनन के बीच संबंध का आधार कभी भी सृजनात्मक एजेंसी नहीं होता है। लेकिन वेबर ने आदर्शवाद तथा भौतिकवाद के विरोधात्मक बलों का संश्लेषण बड़े ही प्रभावपूर्ण ढंग से प्रस्तुत किया है।

संपूर्ण 20वीं सदी के मानवशास्त्रीय लेखन में मैक्स वेबर का गहरा प्रभाव पड़ा है। राजनीतिक अर्थशास्त्र एवं उत्तर-आधुनिकतावाद के उदय के बाद मानवशास्त्र में उनका कार्य महत्त्वपूर्ण हो गया है।

मैक्स वेबर के दो प्रमुख कृतित्व निम्नलिखित हैं—

1. प्रोटेस्टैंट एथिक्स एंड द स्पिरिट आफ कैपिटालिज्म, 1920।
2. द सोशियोलोजी आफ रेलिजन, 1922।

वेबर ने यह जानने का प्रयास किया कि किस प्रकार समाज का विकास समय के साथ हुआ है। आपकी रणनीति को उद्विकासवादी कहा जाता है। लेकिन आपकी उद्विकासीय रणनीति का कोई भी संबंध अपने समकालीन 19वीं सदी के एकरेखीय उद्विकासवादी मानवशास्त्रियों से नहीं था। आपने अपनी उद्विकासीय योजना को एक रेखीय क्रम—आरण्यावस्था, बर्बरावस्था, सभ्यावस्था—द्वारा नहीं प्रस्तुत किया था। आपने अपनी सैद्धांतिक योजनाओं में अस्तित्व में बने हुए विश्वासों एवं संरचनाओं को विशेष ऐतिहासिक संदर्भ में प्रस्तुत किया है। यही कारण है कि आपको बहुरेखीय उद्विकासवादी के रूप में पहचान बनती है। आपका उद्विकासवाद सिद्धांत मानव जीवन की महान विविधता को प्रस्तुत करता है। लेकिन आपने उन विविधताओं को सख्त यूरोप केन्द्रित मानदंड एवं मूल्य के पैमाने पर नहीं देखा।

मैक्स वेबर की योजना के मूल तत्वों को निम्नलिखित ढंग से प्रस्तुत किया जा सकता है—

जटिल समाज की उत्पत्ति प्रगतिशील विशिष्टिकरण तथा श्रम के तीव्रीकरण के कारण हुई है। प्रगतिशील विशिष्टिकरण तथा श्रम तीव्रीकरण द्वारा सामाजिक तथा आर्थिक वर्गों के कई स्तर अस्तित्व में आए। जिस प्रकार एक सामाजिक एवं ऐतिहासिक पर्यावरण जटिलता की ओर बढ़ते हैं, उसी प्रकार इन वर्गों की भौतिक असमानता भी जटिलता की ओर अग्रसर होती है। शासक विशिष्ट वर्ग एवं सैनिक वर्ग तथा गैर-विशेष सुविधा प्राप्त दस्तकार एवं व्यापारी वर्ग के बीच असमानता और जटिल होती गई। दस्तकार एवं व्यापारी वर्ग सामाजिक-राजनीतिक शक्ति से कटते चले गए। उनके बीच आर्थिक सीमांतीकरण के प्रति जागरूकता बढ़ी। विश्व के प्रति अनुभव तथा उम्मीद के बीच अंतर (क्या है तथा क्या होना चाहिए) के कारण अशुभ या ईश शास्त्र (Theodicy) की समस्या उत्पन्न हुई। ईश शास्त्र की व्याख्या स्पष्ट रूप से धार्मिक ढांचा के अंतर्गत मैक्स वेबर ने की है। ईश शास्त्र शब्द को ईसाई धर्म शास्त्र से मैक्स वेबर द्वारा उधार लिया गया था। ईश शास्त्र के आधार पर आपने विश्व में अशुभ या अहितकर का वर्णन एवं विश्लेषण किया था तथा उचित ठहराया था। ईश्वर को विश्वव्यापी होते हुए भी अशुभ भी विश्वव्यापी रहा है। वेबर के मॉडल में यह विचार महत्त्वपूर्ण स्थान रखता है।

वेबर के अनुसार धर्म एक इंजन है जो सामाजिक परिवर्तन को समय के द्वारा आगे ले जाता है। व्यापारी वर्ग की निराशा तथा शक्ति का स्थानांतरण विश्व के प्रकट संवेदनहीनता के संबंध में गहरा भय उत्पन्न किया। अगर कोई एक शुभ एवं शक्तिशाली देवी-देवता के अनुसार रहता है तथा सभी अनुष्ठानों एवं स्वीकृत व्यवहारों का पालन करता है, तब क्यों विश्व इतना अधिक समस्याग्रस्त रहा है। इस प्रकार का उभय संकट एक दृढ़ प्रतिज्ञा हेतु

आवाज उठाया। इस प्रस्तावना के अनुसार विश्व से मुक्ति या मोक्ष प्राप्ति की आवश्यकता जतायी गई। अपने सामाजिक परिवर्तन के इस सूत्रीकरण को अपनाते हुए वेबर ने विश्वास व्यक्त किया कि मोक्ष की प्राप्ति इस विश्व के संबंध में विश्वासों की मौलिक पुनर्संरचना के माध्यम से की जाती है। विश्वासों की मौथ्लक पुनर्संरचना आचार शास्त्रीय व्यवहारों को स्वीकृति प्रदान करती है जिसके कारण लोग नई दृष्टि से सहमत होते हैं।

आंतरिक-सांसारिक तपस्या (Inner Worldly Asceticism) इस प्रक्रिया की केन्द्रीय प्रवृत्ति होती है। क्योंकि यह लोगों को सांसारिक भ्रष्ट आचरण से दूर रखती है तथा मानवीय क्रियाकलापों में लीन रखती है। वेबर के अनुसार आंतरिक सांसारिक तपस्या बाह्य सांसारिक तपस्वी (योगी/योगिन) का विरोध करती है। बाह्य सांसारिक योगी, तपस्वी सामाजिक विश्व एवं उसके प्रभाव से अलग हो जाते हैं। उनका वास स्थान मठ, मंदिर, पहाड़, जंगल, मरुस्थल इत्यादि हो जाता है। उन स्थानों पर सांसारिक शक्ति का नियंत्रण नहीं रहता है। अपने आपको भ्रष्ट आचरण से दूर रखकर आंतरिक सांसारिक तपस्वी पवित्र रहते हैं तथा सदाचारी कहलाते हैं। जुडेव ईसाई स्तर से सांसारिक जीवन के अन्य गैर-भ्रष्ट आचरणों का पालन कर वे सदाचारी बने रहते हैं। निर्णायक ढंग से पश्चिमी समाज के लिए, अधर्म की इस सूची से भौतिक संपन्नता को केवल बाहर रखा गया है, वरन् इसे ईश्वरीय इच्छा में शामिल किया गया है।

इस प्रकार के पुनर्सूत्रीकरण तथा नवीकरण रचनात्मक व्यक्तियों द्वारा संभव होता है। इन रंचनात्मक व्यक्तियों (Creative Individuals) को करिश्माई भविष्यवक्ता कहा जाता है। ये लोग विश्वास एवं क्रिया को पुन: एकीकरण प्रदान करते हैं इन्हें ईश्वरीय सत्य का दर्शन होता है। ये लोग मानवता के मनोवैज्ञानिक समरसता को बनाए रखने में सहायक होते हैं।

वेबर के लिए इस प्रक्रिया का साकार रूप कैल्विनवादी (Calvinist) प्रोटेस्टैंट धर्म (Protestantism) है। यह नगरीय व्यापारी वर्ग का धर्म था। इस धर्म के द्वारा ईश्वर एवं लोगों के बीच नवीन संबंध को बुद्धि संगत व्याख्या प्रदान की गई। इस प्रकार फ्रेंच धर्म विज्ञानी (French Theologian) जान कैल्विन (1509-1564) को देवदूत कहा जाता है जिन्होंने मानव जीवन को नवीन दृष्टि प्रदान की। ईश्वर द्वारा प्रकटित प्रतिज्ञापत्र में कैल्विन ने यह दर्शाया कि ईश्वर ने लोगों को अपने कठिन श्रम द्वारा इस पृथ्वी पर स्थित स्वर्ग को आनंदित करने के लिए भेजा है। इसे धर्मशास्त्र द्वारा स्वीकृत तथा ईश्वरीय आज्ञा का पालन बतलाया गया। इस मॉडल में मध्य वर्ग—व्यापारी एवं दस्तकार—के स्थान को उच्च दर्शाया गया है। उनके स्थान को आचार शास्त्रीय ढंग से श्रेष्ठ बतलाया गया। उनके ऊपर शासक वर्ग का वैचारिक प्रमुख नहीं रह गया। नगरीय व्यापारी तथा दस्तकार अपने आपको विश्वासी (आस्तिक) समुदाय मानने लगे तथा कतिपय आचार शास्त्रीय मत के आधार पर एकजूट हुए। उनका आस्तिक व्यवहार भौतिक रूप से पुरस्कृत तथा भावनात्मक ढंग से संतुष्ट जीवन प्रदान किया। व्यापारी वर्ग अपनी भौतिक संपन्नता को ईश्वर की कृपा मानते हैं तथा विपन्नता को ईश्वर का कोप समझते हैं।

इस प्रकार 16वीं सदी के पुनर्जागरण व्यापार संस्कृति संसार में क्रियाकलाप की रूप रेखा बनी। अगर लोग ईश्वर द्वारा स्वीकृत मार्ग का अनुसरण करते हैं तथा ईश्वर सम्मत व्यवहार करते हैं, तब उन्हें भौतिक संपन्नता की प्राप्ति होती है। उनकी भौतिक संपन्नता को ईश्वर द्वारा न्यायोचित ठहराया जाता है। इस प्रकार अंततोगत्वा औद्योगिक पूंजीवाद का वैश्वीक विजय हुआ।

वेबर के सामाजिक उद्‌विकास सिद्धांत नवीन पीढ़ी के मानवशास्त्रियों के लिए विशेष लाभप्रद था। क्योंकि आजकल समाज एवं संस्कृति को ज्यादातर मानवशास्त्री दुर्खिम के स्थैतिक आदिम जैविक सिद्धांत को अस्वीकार करते हैं। आजकल मानवशास्त्री अपने आपको अधिकतर व्यक्तियों के रचनात्मक एजेंसी से संबंधित मुद्दों पर केन्द्रित किए हैं। इसके अंतर्गत व्यक्ति किस प्रकार अपने सांस्कृतिक संसार का निर्माण करते हैं तथा सांस्कृतिक संसार में रहते हैं, के ऊपर विशेष ध्यान दिया जा रहा है। साथ ही साथ संस्कृति में तथा संस्कृतियों के बीच संघर्ष तथा सर्वानुमति किस प्रकार अस्तित्व में बने रहते हैं, इस पर भी विशेष ध्यान दिया जाता है।

वेबर के मत को मानवशास्त्रीय विश्लेषण में स्थान देने वाले प्रमुख मानवशास्त्री अंथोनी एफ.सी. वैलेस (Anthony F.C. Vallace) हैं। वैलेस ने ईराक्वीस भारतीयों के ऐतिहासिक एथनोग्राफी का वर्णन अपनी पुस्तक, *द डेथ एंड रिबर्थ आफ सेनेका* (1972) में किया है। आपने अपनी दूसरी पुस्तक *रेलिजन : एंथ्रोपोलोजिकल मिव* (1966) में पुनर्जागरण आंदोलन की अवधारणा का प्रयोग धर्म के अध्ययन में किया है। इन दोनों पुस्तकों में मैक्स वेबर के विचारों से सहमति दर्शाते हुए वैलेस ने कहा कि सांस्कृतिक संकट के अवसर पर करिश्माई देवदूत नवीन एवं संतोषप्रद धार्मिक विश्वदृष्टिकोण को समाज के सदस्यों के लिए बुद्धि संगत बनाता है।

वेबर के सिद्धांत को आधार बनाकर एक दूसरे मानवशास्त्री पीटर वर्सले (Peter Worsley) ने अपनी पुस्तक *ट्रंपेट सैल साउंड* (1968) की रचना की है। इस पुस्तक में इंडोनेशिया तथा न्यू गिनिया के देशज लोगों के बीच अनेक प्रकार के करिश्माई देवदूतों को नौभार पूजा पद्धति में नेतृत्व प्रदान करते हुए दर्शाया गया है।

वैलेस तथा वर्सले के अध्ययन में काफी समानता है। दोनों के अध्ययन में परीक्षित सामाजिक सांस्कृतिक संदर्भ वैसे थे जिनमें उपनिवेशवादी शक्तियां आर्थिक राजनीतिक एवं सांस्कृतिक तनाव उत्पन्न कर रही थीं। उपनिवेशवादी शक्तियों द्वारा देशज सामाजिक व्यवस्था को तोड़ा जा रहा था। दोनों ही परिस्थिति में पुनर्जागरण सामाजिक आंदोलन उपनिवेशवाद के प्रभाव को बुद्धि संगत बना रहा था, उपनिवेशवाद के प्रभाव के अंतर्गत एक विश्वासी अलौकिक शक्ति या एजेंट के संबंध में देशज विश्व दृष्टिकोण का विकास किया गया। इस दृष्टिकोण के अनुसार अगर विश्वव्यापी ईश्वर सम्मत मार्ग एवं व्यवहार का अनुसरण किया जाये, तब समाज में सुख-शांति की स्थापना होगी। इस प्रकार समाज में सामंजस्य स्थापित हो जाता है।

जीन तथा जॉन कोमारापस (Jean and John Comaraff's) ने अपनी पुस्तक *आफ रिभीलेशन एंड रिवोलुशन* (1991) में उपनिवेशवाद के प्रभाव का विश्लेषण दक्षिणी अफ्रीका के संदर्भ में किया है। आपने मानवीय एजेंसी के द्वारा लाए गए परिवर्तनों का विवेचन प्रस्तुत किया है। वेबर द्वारा प्रतिपादित आदर्शवाद एवं भौतिकवाद का संश्लेषण मार्क्स द्वारा प्रतिपादित सिद्धांत से भी ज्यादा लाभप्रद दिखता है। यह संश्लेषण संस्कृति को भौतिक संबंध तक ले जाती है।

8

संज्ञानात्मक मानवशास्त्र

COGNITIVE ANTHROPOLOGY

संज्ञानात्मक मानवशास्त्र मानवशास्त्रीय विचारधारा का एक संप्रदाय है। इस संप्रदाय का संबंध लोक वर्गीकरण एवं अर्थगत क्षेत्र से है। इस संप्रदाय का उद्भव 1950 के दशक में हुआ था। यह संप्रदाय अमरीकी मानवशास्त्र के संस्थापक फ्रांज बोआस द्वारा प्रतिपादित ऐतिहासिक पक्षपात की अवधारणा की प्रतिक्रिया के रूप में अस्तित्व में आया।

संज्ञानात्मक मानवशास्त्र का सैद्धांतिक पक्ष एटिक के विपरीत एमिक है। एमिक्स तथा एटिक्स के बीच अंतर स्पष्ट करने का प्रयास सर्वप्रथम भाषा वैज्ञानिक केनेथ पाइक द्वारा 1954 में किया गया था। केनेथ पाइक ने भाषा विज्ञान में प्रचलित फोनेमिक्स तथा फोनेटिक्स के बीच अंतर पर विस्तारपूर्वक प्रकाश डाला था। भाषा विज्ञान में फोनेमिक्स भाषाई अर्थ के अध्ययन को कहा जाता है। जबकि भाषाई ध्वनियों के अध्ययन को फोनेटिक्स कहा जाता है।

भाषा वैज्ञानिक भाषा का अध्ययन वाणी समुदाय की सहभागिता एवं अवलोकन के आधार पर करते हैं। भाषा वैज्ञानिक के लिए वाणी समुदाय अध्ययन सामग्री प्रदान करते हैं। कौन सी वाणी महत्त्वपूर्ण है इसे पता लगाने के लिए भाषा वैज्ञानिक को भाषा या बोली बोलने वालों पर निर्भर होना पड़ता है।

भाषा विज्ञान में फोनेटिक्स भाषा वैज्ञानिक का दृष्टिकोण प्रस्तुत करता है। यहां भाषा वैज्ञानिक भाषा बोलने वाला नहीं होता है, वह भाषा का अध्ययन करने वाला होता है। वह भाषा समुदाय का सदस्य नहीं होता है। वह भाषा समुदाय के लिए बाहरी व्यक्ति होता है। यहां भाषा वैज्ञानिक के अध्ययन का आधार वाक् अंगों एवं शारीरिक अंगों की गति तथा उनसे जुड़ी हुई ध्वनि रहती है। इनका अध्ययन अवलोकन द्वारा संभव होता है।

फोनेमिक्स वाणी समुदाय के सदस्यों का दृष्टिकोण प्रस्तुत करता है। यहां भाषा वैज्ञानिक वाणी समुदाय के सदस्य के रूप में सहभागिता प्रदर्शित करता है। वह भाषा का अध्ययन वाणी समुदाय के सहभागी के रूप में करता है। यहां भाषा वैज्ञानिक बाहरी नहीं होता है, वरन् वह भी भाषा समुदाय का सदस्य होता है। यहां भाषा वैज्ञानिक वाणी समुदाय

के सदस्य के रूप में व्यवहार करता है तथा भाषा की संरचना एवं अर्थगत क्षेत्र का पता लगाता है।

फोनेटिक्स से एटिक्स तथा फोनेमिक्स से एमिक्स को अलग करके पाइक ने उन्हें दृष्टिकोण के रूप में प्रयोग किया। उन्होंने एमिक्स तथा एटिक्स के बीच प्रचलित अंतर को मानवशास्त्रीय क्षेत्र कार्य से संबंधित दर्शाया। उन्होंने यह दर्शाया कि मानवशास्त्रीय क्षेत्र कार्य की सहभागी अवलोकन तकनीक की व्याख्या भाषा विज्ञान की एटिक्स तथा एमिक्स तकनीक के आधार पर की जा सकती है। पाइक ने सहभागी (Participant) का संबंध एमिक तकनीक से दर्शाया। क्योंकि इसका लक्ष्य मानवशास्त्रियों को स्थानीय लोगों के अनुसार सोचने तथा व्यवहार करने योग्य बनाना होता है। पाइक के अनुसार अवलोकन का संबंध एटिक से होता है क्योंकि इसका लक्ष्य मानवशास्त्रियों को समुदाय के सदस्यों से अलग करके रखना है ताकि वे स्वतंत्रतापूर्वक अवलोकन कर सके।

पाइक के अनुसार एमिक दृष्टिकोण में चीजों को स्थानीय लोगों की दृष्टि से देखा जाता है तथा सोचा जाता है। इसके कारण पार-सांस्कृतिक समझ बढ़ती है तथा मानवजाति केन्द्रीयता को समाप्त करने में मदद मिलती है। सांस्कृतिक सापेक्षवाद की अवधारणा के अनुसार संस्कृतियों को किसी एक मूल्य के आधार पर नहीं मापा जा सकता है। हालांकि पाइक मानवशास्त्र में एमिक तथा एटिक दृष्टिकोण की वकालत करते हैं, लेकिन एमिक दृष्टिकोण को प्राथमिकता देते हैं।

एमिक-एटिक दृष्टिकोण के अतिरिक्त संज्ञानात्मक मानवशास्त्र का दूसरा क्षेत्र सापीर-ह्वर्फ परिकल्पना है। सापीर (Sapir) एक मानवशास्त्रीय भाषा वैज्ञानिक थे। बेंजामिन ली ह्वर्फ (Benzamin Lee Whorf) सापीर के एक निकट सहयोगी थे। सापीर रुथ बेनेडिक्ट तथा मार्गरेट मीड के मित्र थे। मीड तथा बेनेडिक्ट के समान आरंभ में सापीर भी कविता लेखन का कार्य किया करते थे। वे कविता के माध्यम से संस्कृति एवं व्यक्तित्व के बीच संबंधों की खोज किया करते थे। कलात्मक तथा गणितात्मक ढंग से प्रभावित होकर सापीर ने अपने जीवन का अधिकांश भाग भाषा के अध्ययन में व्यतीत किया था। सापीर ने सबसे पहले कैनाडा और फिर शिकागो विश्वविद्यालय में मानवशास्त्रीय भाषा वैज्ञानिक के रूप में अपने बौद्धिक जीवन की शुरुआत की थी। आप मानवशास्त्रीय भाषा वैज्ञानिक के रूप में अंत में येल विश्वविद्यालय में स्थापित हुए थे।

ह्वर्फ हाई फोर्ड के एक इंशोरेंस कंपनी में कार्यरत थे। यह स्थान येल से ज्यादा दूर नहीं था। सापीर की भेंट यहीं पर ह्वर्फ से हुई थी। ह्वर्फ भाषा एवं संस्कृति के बीच संबंधों को जानने की इच्छा रखते थे। उन्होंने अपने इस दर्शन को खूब प्रचारित तथा प्रसारित किया था। आपकी यही अभिरुचि सापीर महोदय के समीप लाई थी। आप सापीर के एक घनिष्ठ सहयोगी बन गए थे।

सापीर-ह्वर्फ परिकल्पना के अनुसार भाषाओं तथा संस्कृतियों की मानसिक संरचना के बीच सहसंबंध पाया जाता है। भाषा की संरचना संस्कृति की संरचना को प्रभावित करती

है। सापीर और ह्वर्फ संस्कृति के ऊपर भाषा के प्रभाव को जानना चाहते थे। संस्कृति के ऊपर भाषा के प्रभाव को दर्शाने के लिए ह्वर्फ तथा सापीर ने होपी जनजाति की भाषा तथा स्टैंडर्ड एवरेज यूरोपीन (SAE) भाषा का उदाहरण प्रस्तुत किया। इन दोनों विद्वानों ने जब दोनों भाषाओं की सांस्कृतिक विशेषताओं का तुलनात्मक अध्ययन किया तब पाया कि दोनों भाषाओं में लोग चीजों एवं घटनाओं की अभिव्यक्ति अलग-अलग ढंग से करते हैं। दोनों भाषाओं के अपने-अपने शब्दकोष थे जिनके माध्यम से वे चीजों एवं घटनाओं के बारे में वर्णन करते थे तथा आपस में संवाद विनिमय करते हैं। प्रत्येक भाषा का उस समुदाय के लिए विशेष महत्त्व होता है क्योंकि उस समुदाय के लोग अपने विश्व को उसी भाषा के आधार संकेत एवं विशेषता प्रदान करते हैं। इस तरह भाषा प्रत्येक समुदाय की सांस्कृतिक विशेषता बन जाती है। विभिन्न भाषाओं के बीच तुलनात्मक अध्ययन दर्शाता है कि प्रत्येक भाषा के प्रयोगकर्त्ता के पास अपने-अपने शब्दकोष होते हैं जिनके माध्यम से वाणी समुदाय के लोग विचार विनिमय तथा घटनाओं एवं चीजों का वर्णन करते हैं। अत: कोई भी भाषा दूसरी भाषाओं की तुलना में कम महत्त्व नहीं रखती है। अत: सापेक्षवाद की दृष्टि से किसी भाषा को विकसित-अविकसित, संपन्न-विपन्न, ऊंच-नीच इत्यादि की दृष्टि से नहीं देखा जा सकता है। भाषा न अमीर होती है, न गरीब होती है, न ऊंच होती है और न ही नीच होती है, न विकसित होती है और न ही अविकसित, न शिष्ट होती है और न ही अशिष्ट। अत: यह नहीं कहा जा सकता है कि स्टैंडर्ड एवरेज यूरोपीयन भाषा संपन्न, शिष्ट, विकसित तथा ऊंच है और होपी भाषा विपन्न, अशिष्ट, अविकसित तथा नीच है। ह्वर्फ तथा सापीर ने इसे भाषाई सापेक्षवाद (Linguistic Relativism) की संज्ञा प्रदान की। इसे ही ह्वर्फ-सापीर परिकल्पना (Whorf-Sapir Hypothesis) के नाम से जाना जाता है।

सापीर तथा ह्वर्फ ने पाया कि एस.ए.ई. (Standard Average European) भाषाओं में समय की अवधारणा को वस्तुनिष्ठ (Objective) की दृष्टि से देखा जाता है। इसे परिमाणात्मक ढंग से व्यक्त किया जाता है। जैसे 10 दिन, 15 दिन, 20 दिन, एक माह, एक वर्ष, इत्यादि। लेकिन होपी भाषा में समय को व्यक्तिनिष्ठ (Subjective) दृष्टि से देखा जाता है। जहां एस.ए.ई. भाषाओं में समय को परिमाणात्मक ढंग से व्यक्त किया जाता है, वहीं होपी भाषा में समय के साथ परिमाणात्मक विवरण का अभाव पाया जाता है। यहां समय का अर्थ एक व्यक्ति द्वारा देर किए जाने से लगाया जाता है। उदाहरण के लिए वह देर कर दिया, कब आयेगा, कब जायेगा, एस.ए.ई. भाषाओं में परिमाणात्मक संज्ञाओं का खूब प्रयोग किया जाता है। जैसे पानी, भोजन, तेल इत्यादि। इसको व्यक्ति विशेष के लिए कुछ या एक गिलास पानी इत्यादि के रूप में प्रयोग किया जाता है। लेकिन होपी भाषाओं में परिमाणात्मक संज्ञाओं का अभाव पाया जाता है। यहां प्रत्येक संज्ञा को व्यक्ति विशेष के लिए प्रयोग में लाया जाता है। जैसे खाना खिलाओ, भोजन-पानी कराओ इत्यादि। होपी भाषा में बिना परिमाण के व्यक्तिनिष्ठ बनाया जाता है।

एस.ए.ई. भाषा के प्रयोगकर्त्ता आकाश की अवधारणा को वस्तुनिष्ठ बनाते हैं। ये लोग आकाशीय रूपांतरण की व्याख्या वाक्य पटुता के आधार पर करते हैं। जैसे यह बिन्दु विचारणीय है या यह विचार ग्रहण करने योग्य है। इसी तरह के वाक्य पटुता के आधार पर ये लोग सीधे निष्कर्ष पर पहुंचते हैं। इसके विपरीत होपी भाषा के प्रयोगकर्त्ता आकाश को विशेष वाणी का अंग मानते हैं। विशेष वाणी के अंग द्वारा ये लोग आकाश की अवधारणा को व्यक्तिनिष्ठ बनाते हैं। इसे टेंसर (Tensors) कहा जाता है।

होपी तथा एस.ए.ई. भाषा के बीच प्रचलित विभेदों को होपी तथा एस.ए.ई. भाषा की संरचना में प्रचलित विभेदों के आधार पर समझा जा सकता है। एस.ए.ई. भाषा में हम वस्तुनिष्ठता पाते हैं, जबकि होपी भाषा में हम व्यक्तिनिष्ठता पाते हैं। वस्तुनिष्ठता एवं व्यक्ति निष्ठता के आधार इन दोनों भाषाओं की संरचना में अंतर को समझा जा सकता है।

फ्रेंच संरचनावादियों के समान सापीर तथा ह्वर्फ भी मानते थे कि संस्कृति लोगों के मस्तिष्क में वर्गात्मक तर्कशास्त्र के रूप में पाई जाती हैं। वर्गात्मक तर्कशास्त्र से ही अर्थ की उत्पत्ति होती है। विभिन्न संस्कृतियों में अलग-अलग आशय (Meaning) व्यवस्था पाई जाती है यानी सभी भाषाओं में एक ही ढंग से चीजों एवं घटनाओं के संबंध में आशय निकाला जाता है। पार-सांस्कृतिक तुलना तथा संचारण हेतु उनका विशेष महत्त्व होता है।

संज्ञानात्मक मानवशास्त्र 1960 के दशक में उन मानवशास्त्रियों के प्रयास से अस्तित्व में आया जो अमरीकी मानवशास्त्र के संस्थापक फ्रांज बोआस की परंपरा से असंतुष्ट हो चुके थे। उदासीन होने के बाद उन विद्वानों द्वारा यथार्थता, व्यक्तिनिष्ठता तथा एमिक दृष्टिकोणों का सहारा लेते हुए संज्ञानात्मक मानवशास्त्र नामक संप्रदाय की स्थापना मानवशास्त्र के अंतर्गत की गई। इस संप्रदाय को अमरीका में एथनो साईंस, एथनोलिंग्विस्टिक्स तथा निव एथनोग्राफी के नाम से जाना जाता है। इस संप्रदाय के मानवशास्त्री भाषा विज्ञान की तकनीक तथा दृष्टिकोण से प्रभावित थे। इस संप्रदाय के विद्वानों द्वारा देशज संज्ञान, अवबोधन तथा अर्थगत ज्ञान को जानने तथा समझने का प्रयास किया गया था। इस संप्रदाय के विद्वानों में हैराल्ड कांकलिन (Harald Conklin), चार्ल्स फ्रेक (Charles Frake) तथा वार्ड गुथ एनफ (Ward Good Enough) विशेष स्थान रखते हैं। इनके द्वारा अंगीय विश्लेषण तकनीक (Componential Analysis Technique) का विकास किया गया था। इस तकनीक के माध्यम से आशय का लोक वर्गीकरण प्रस्तुत किया गया। आशय का लोक वर्गीकरण लिनियन (Lennaean) वर्गीकरण पद्धति के समान थी। लिनियन वर्गीकरण पद्धति में सजीवों का वर्गीकरण जैविक आधार पर किया जाता है। इस पद्धति का विकास पश्चिमी जीव विज्ञान में किया गया था। लोक वर्गीकरण पद्धति में चीजों एवं घटनाओं का वर्गीकरण सांस्कृतिक आधार पर किया जाता है। अंगीय विश्लेषण तकनीक का मुख्य उद्देश्य इन श्रेणियों का पता लगाना है। देशज सूचनादाताओं के साक्षात्कार लेने के बाद अंगीय विश्लेषण तकनीक द्वारा सांस्कृतिक व्याकरण या अर्थगत क्षेत्र का नक्शा तैयार किया जाता है। भाषा वैज्ञानिक मानवशास्त्री के समान अंगीय विश्लेषण तकनीक में

स्थानीय लोगों के साक्षात्कार के समय वैषम्य ध्वनि का प्रयोग करते हैं तथा सूचनादाताओं से पूछते हैं कि क्या वैषम्य ध्वनि अर्थयुक्त है।

संज्ञानात्मक मानवशास्त्री इस विचार से सहमत हैं कि संस्कृति विचार एवं व्यवहार की औपचारिक व्यवस्था है। पश्चिमी जीव विज्ञान में लिनियन वर्गीकरण पद्धति को सही तथा सजीव वस्तुओं के लोक वर्गीकरण पद्धति को गलत कहा जाता है। लेकिन संज्ञानात्मक मानवशास्त्र में सभी प्रकार के वर्गीकरण पद्धति को सांस्कृतिक ढंग से आश्रित दर्शाया जाता है।

संज्ञानात्मक मानवशास्त्र की लोकप्रियता 1960 के दशक में बढ़ी तथा इसके बाद इसका पतन होना आरंभ हो गया। नवसांस्कृतिक उद्विकासवाद तथा सांस्कृतिक भौतिकवाद इस सिद्धांत के प्रबल विरोधी थे।

संज्ञानात्मक मानवविज्ञान संस्कृति को भौतिक घटना के समूह के रूप में व्याख्या नहीं करता है, वरन् यह उन तरीकों का विश्लेषण करता है जिनके माध्यम से वे मस्तिष्क में संगठित होते हैं। यह स्थानीय लोगों के मस्तिष्क में चीजों एवं घटनाओं के श्रेणीकरण में निहित ज्ञान को ढूंढने का प्रयास करता है। यह स्थानीय संस्कृति को अनुसंधानकर्त्ता के पूर्वाग्रह से मुक्त रखता है। यहां अनुसंधानकर्त्ता को स्थानीय लोगों द्वारा साझेदारी की गई सूचनाओं पर निर्भर करना पड़ता है।

यह मानवशास्त्र यह जानने का प्रयास करता है कि कौन-कौन सी भौतिक वस्तुएं लोगों के लिए महत्त्वपूर्ण हैं। उस समुदाय के लोग उन भौतिक वस्तुओं को किस प्रकार विचित्र ढंग से अपने मस्तिष्क में संगठित करते हैं। इन प्रश्नों के समाधान से यह ज्ञात होता है कि विभिन्न संस्कृतियां अपनी-अपनी भौतिक घटनाओं को भिन्न-भिन्न ढंग से संरचित एवं संगठित करती हैं। यही कारण है कि विभिन्न संस्कृतियों में भिन्न-भिन्न घटनाओं का भिन्न-भिन्न संज्ञानात्मक संगठन एवं संरचना पाई जाती है। यही कारण है कि प्रत्येक संस्कृति अपने-आप में विचित्र होती है।

एस. टेलर ने अपनी पुस्तक *कंसेप्ट एंड थ्योरी आफ नालेज* (1966) में उदाहरण प्रस्तुत करते हुए कहा कि अमरीकी लोगों के लिए बूंद, ओला, बर्फ इत्यादि के अलग-अलग अर्थ होते हैं। लेकिन दक्षिण भारत की कोया जनजाति के लिए वे अलग अर्थ नहीं रखते हैं। वे बूंद, ओला, बर्फ, ओस इत्यादि के लिए एक ही शब्द मंकु का प्रगोग करते हैं। कोया जनजाति के लोग बांस को आठ प्रकार में विभाजित करते हैं, लेकिन अमरीकी लोग सभी बांस को बंबु (Bamboo) कहकर पुकारते हैं। आठ प्रकार के बांस का महत्त्व अमरीकी लोगों के लिए नहीं होता है। कोया जनजाति के लोग भिन्न सहोदरजों के लिए भिन्न नाम का प्रयोग करते हैं। लेकिन अमरीकी लोग सभी सहोदरजों को एक ही नाम कजन से पुकारते हैं। इस तरह प्रत्येक संस्कृति में प्रत्येक घटनाओं का मानसिक संगठन होता है। संस्कृति मात्र इन घटनाओं का संकलन नहीं है। अतः प्रत्येक संस्कृति के अलग सिद्धांत होते हैं।

अब यहां प्रश्न यह उठाया जाता है कि किस प्रकार मानवशास्त्री घटनाओं के श्रेणीकरण की मानसिक प्रक्रिया का अध्ययन कर सकता है। संज्ञानात्मक मानवशास्त्री इन प्रश्नों का समाधान लोगों द्वारा प्रयोग में लाए जाने वाली भाषा के आधार पर ढूंढने का प्रयास किया है। प्रत्येक संस्कृति के लोग वस्तुओं को विभिन्न श्रेणियों में वर्गीकी विधि का अनुसरण करते हुए विभाजित करते हैं, यह जुड़वां सिद्धांत अंतर्भाव (Inclusion) एवं विरोध (Contrast) से बंधा हुआ रहता है। इसका अर्थ यह हुआ कि वस्तुएं एक स्तर पर एक-दूसरे के विपरीत होती हैं, लेकिन दूसरे स्तर पर वे अंतर्भाव प्रक्रिया द्वारा जुड़े रहते हैं। इसे फर्निचर के उदाहरण से समझा जा सकता है। फर्निचर शब्द कई वस्तुओं का समूह प्रदर्शित करता है, जैसे टेबल, कुर्सी, डेस्क, बेंच, खाट, स्टूल, पलंग, सोफा इत्यादि आते हैं। इससे पता चलता है कि इन वस्तुओं में कुछ समान तत्व पाए जाते हैं। अतः उन्हें एक ही श्रेणी फर्निचर के अंतर्गत रखा गया है। लेकिन अंग्रेजी भाषा का ज्ञान रखने वाले लोग अच्छी तरह से जानते हैं कि किस प्रकार टेबल, डेस्क से भिन्न है, किस प्रकार पलंग सोफा से भिन्न है, किस प्रकार कुर्सी स्टूल से भिन्न है। संज्ञानात्मक मानवशास्त्र भाषा में निहित श्रेणियों का पता भाषा के प्रयोगकर्त्ता से लगाते हैं। यहां लोक समाज द्वारा व्यवहार में लाए जाने वाले वर्गीकरण के ऊपर विशेष ध्यान दिया जाता है। यहां देशज लोगों के अर्थगत व्यवहार का अध्ययन किया जाता है। इससे उस देशज समाज के आंतरिक पक्ष को समझने तथा विश्लेषण करने के लिए कई तरह के अध्ययन किए गए हैं। उनमें से एक अध्ययन हैराल्ड कांकलिन द्वारा हानुनू वर्ण वर्ग का है। जब हैराल्ड काकलिन हानुनू के बीच मानव जाति वनस्पति शास्त्रीय अध्ययन कर रहे थे, तब उन्होंने हानुनू द्वारा प्रयोग में लाए गए वर्ण वर्गों का अध्ययन किया। अपने अध्ययन का प्रकाशन आपने 1955 ई. में किया था। आपने पाया कि हानुनू वर्ण को चार वर्गों में विभाजित करते हैं। प्रत्येक शब्द के साथ मा उपसर्ग लगाते हैं जिसका अर्थ रखना या दर्शाना होता है।

जैसे—

मा-बिरु—अंधेरा या कालापन

मा-लागटी—हल्कापन या उजालापन

मा-रारा—लालीपन

मा-लाटु—हरापन

हानुनू के वर्ण शब्दों को अंग्रेजी भाषा में black, white, green, red, yellow इत्यादि कहा जाता है। हानुनू के वर्ण वर्गीकरण के चार प्रकार दर्शाता है कि मा-विरु केवल काला रंग नहीं दर्शाता है, वरन् यह शब्द गहरा नीला, बैंगनी, हरा तथा भूरे रंग के बारे में भी कहता है। मा-लागटी के उजला रंग के बारे में नहीं कहता है, वरन् यह उन सभी रंगों के बारे में कहता है जिनमें हलकापन रहता है। मा-बिरु तथा मा-लागटी एक दूसरे के विपरीतार्थक शब्द हैं। उसी प्रकार मा-रारा तथा मा-लाटु भी एक दूसरे के विपरीत हैं। मा-रारा केवल लाल रंग नहीं बतलाता है, वरन् इसके अंदर वे सारे रंग आते हैं जिनमें

लालीपन रहती है। मा-लाटु केवल हरा रंग नहीं बतलाता है, वरन् उन सभी रंगों को बतलाता है जिनमें हरापन रहता है। इस प्रकार चार वर्ण वर्गों के माध्यम से हानुनू रंग की चर्चा करते हैं।

संज्ञानात्मक मानवशास्त्र में एक दूसरा महत्त्वपूर्ण अध्ययन चार्ल्स फ्रेक द्वारा किया गया है। आपके द्वारा सुबानु संस्कृति का अध्ययन संज्ञानात्मक दृष्टिकोण के आधार पर किया गया है। सुबानु फिलीपींस के निवासी हैं, सुबानु रोगों को अपनी भाषा की श्रेणियों में व्यक्त करते हैं तथा बातचीत में उन्हीं श्रेणियों को प्रयोग में लाते हैं। वे लोग बीमारी तथा उपचार की चर्चा अपनी भाषा में करते हैं। इसके लिए वे श्रेणियों का प्रयोग करते हैं। सुबानू के रोग वर्गीकरण में नुका (चर्मरोग), समाद (घाव) तथा पासुर (फोड़ा) के अलग-अलग अर्थ होते हैं। नुका कई तरह का होता है जैसे पुगु (खुजली), मेनगेवेग (जलन), बेलदुत (फोकचा) तथा बुनी (रिंग वर्म) इत्यादि। फोकचा को पुनः छिछलापन या गहरापन के आधार पर वर्गीकृत किया जा सकता है। कठोरता के आधार पर उसे नरम या कठोर में विभाजित किया जा सकता है। विस्तार के लिए उसे एक या बहु वर्गों में विभाजित किया जा सकता है। एक बाह्य अवलोकनकर्त्ता के लिए ये सारे चर्म रोग की श्रेणी में आते हैं। लेकिन स्थानीय सुबानु के लिए ये सभी रोग अलग-अलग हैं। इसलिए उन्हें अलग-अलग नामों से पुकारा जाता है। सुबानु समाज में रोग निदान अपने आप में अंत नहीं है। वरन् यह सांस्कृतिक रूप से रोग उपचार की दिशा में एक संज्ञानात्मक कदम है। इसी कदम के द्वारा वे बीमारी के इलाज में देशी दवाओं में से किसी एक को विकल्प के रूप में चुनते हैं तथा प्रसाद के रूप में ग्रहण करते हैं। पश्चिमी चिकित्साशास्त्र के लिए सुबानों के बीमारियों की पहचान तथा वर्गीकरण प्रकाशन के लिए एक शोधपत्र हो सकता है। लेकिन सुबानो समाज के लिए यह संज्ञानात्मक आधार एवं अर्थगत क्षेत्र हो सकता है।

जार्ज गुड एनफ (1956) ने अर्थगत विश्लेषण को देशज संस्कृति प्रतिमान अध्ययन में शामिल किया। इसके लिए उन्होंने एक विधि का विकास किया जिसे अंगीय विश्लेषण विधि (Componential Analysis Method) या विशिष्ट विशेषता विश्लेषण विधि (Distinctive Feature Analysis) नाम दिया गया। इस विधि से नातेदारी शब्दावली का अंगीय विश्लेषण किया जाता है। उदाहरण के लिए अगर आयु एवं लिंग को नातेदारी शब्दावली के अर्थगत विश्लेषण के लिए चुना जाता है, तब दादा शब्द एक वृद्ध पुरुष तथा पोती शब्द एक युवती को व्यक्त करता है। दादा और पोती शब्द एक-दूसरे के विपरीत हैं। यहां विरोध (Opposition) आयु (वृद्ध-जवान) तथा लिंग (पुरुष-महिला) के रूप में पाते हैं। इसे दोहरा विरोध (Binary Opposition) कहा जाता है। इस प्रकार का विश्लेषण एक संस्कृति के लिए विचित्र होता है। अंग्रेजी शब्द कजन लिंग भेद नहीं दर्शाता है। यह शब्द एक व्यक्ति के चाचा-चाची की संतानों के लिए प्रयोग में लाया जाता है। लेकिन भारतीय हिन्दी शब्द भतीजा-भतीजी लिंग भेद दर्शाता है। इस तरह अंगीय विश्लेषण विधि

विभिन्न संस्कृतियों के बीच प्रचलित अर्थगत विभिन्नताओं का पता लगाने में सहायक होती है।

संज्ञानात्मक मानव विज्ञान संस्कृति की एक नई अवधारणा को प्रस्तुत किया है। यहां संस्कृति की पहचान ज्ञान बोध के आधार पर किया जाता है। यह विज्ञान मानव विज्ञान को प्राकृतिक विज्ञान नहीं मानता है। यह मानव विज्ञान को औपचारिक विज्ञान मानता है। इसके अनुसार संस्कृति एक प्राकृतिक घटना नहीं है, वरन् यह एक मानसिक घटना है। यह मानवशास्त्र पार-सांस्कृतिक तुलना (Cross-Cultural Comparison) तथा ज्ञान के विश्वव्यापी सिद्धांत की स्थापना पर विशेष बल देता है। इस विज्ञान में भौतिक घटनाओं के मानसिक प्रतिनिधित्व पर विशेष योगदान दिया गया है।

उपरोक्त सभी योगदानों के बावजूद संज्ञानात्मक मानव विज्ञान को अनेक प्रकार की आलोचनाओं का सामना करना पड़ा है। यह मानव विज्ञान भाषा के अशाब्दिक व्यवहारों को अपने अध्ययन से अलग रखता है। यह इस विज्ञान की सबसे बड़ी कमजोरी है। मारविन हैरिस इस संप्रदाय के सबसे बड़े आलोचक हैं। उनके अनुसार यह विज्ञान सांस्कृतिक अधिकार को स्वीकार नहीं करता है। सांस्कृतिक अधिकार क्षेत्र से बाहर होता है। कविता, कला, साहित्यिक आलोचना, युगांत विज्ञान, परंपरागत दर्शनशास्त्र तथा धर्म विज्ञान को उप-सांस्कृतिक विभिन्नता के रूप में उपेक्षा नहीं की जा सकती है।

इस विज्ञान को स्थानीय सूचनाओं के ऊपर अतिनिर्भरता तथा एमिक दृष्टिकोण पर अतिआश्रितता के कारण भी आलोचना का शिकार होना पड़ा है। यह संभव है कि व्यक्तिगत सूचना किसी घटना के प्रति भेदभाव रखता हो।

संज्ञानात्मक मानव विज्ञान को उद्विकास विरोधी एवं तुलनात्मक विरोधी के रूप में आलोचना की जाती है।

ऊपर वर्णित सभी आलोचनाओं के बावजूद संज्ञानात्मक मानव विज्ञान का विशेष महत्त्व रहा है। यह संस्कृति के अर्थगत तथा संज्ञानात्मक क्षेत्र को प्रकाश में लाया है। यह विज्ञान संस्कृति एवं मानव विज्ञान के बीच सेतु का निर्माण करता है।

9

सांस्कृतिक नव-उद्विकासवाद

CULTURAL NEOEVOLUTIONISM

जब अमरीकी मानवशास्त्र के जनक फ्रांज बोआस का निधन हो गया, तब धीरे-धीरे अमरीकी मानवशास्त्र के ऊपर उनका प्रभाव भी समाप्त होने लगा। उत्तर फ्रांज बोआस काल में ऐतिहासिक विशिष्ट मुक्तिवाद मानवशास्त्रीय दृश्य से ओझल होने लगा। अब कई मानवशास्त्रीय सिद्धांतों की भीड़ इकट्ठा हो गई। उनमें से एक सिद्धांत पार-सांस्कृतिक सामान्यीकरण से संबंधित था। इसे नोमोथेटिक (सामान्य नियमात्मक) मानवशास्त्र कहा जाता है। यह मानवशास्त्र आइडियोग्राफिक (विशिष्ट विवरणात्मक) मानवशास्त्र से भिन्न दृष्टिकोण रखता था। फ्रांज बोआस आइडियोग्राफिक मानवशास्त्र के समर्थक थे। पार-सांस्कृतिक सामान्यीकरण की खोज में जार्ज पिटर मर्डाक (George Peter Murdock) द्वारा 1940 के दशक में येल विश्वविद्यालय में ह्यूमन रिलेशन एरिया डेवलपमेंट फाइल की स्थापना से विशेष बल मिला। इसका प्रयोग 1950 के दशक में वाइटिंग तथा चाइल्ड (Whiting and Child) की पुस्तक *चाइल्ड ट्रेनिंग एंड पर्सनालिटी* में किया गया है। नवीन नोमोथेटिक सिद्धांत को सांस्कृतिक नव-उद्विकासवाद के नाम से जाना जाता है। इसके अंतर्गत 19वीं सदी शास्त्रीय सांस्कृतिक उद्विकासवाद का पुनर्सूत्रीकरण किया गया था।

नव सांस्कृतिक उद्विकासवाद चार अमरीकी मानवशास्त्रियों के मस्तिष्क की उपज था। इन चारों मानवशास्त्रियों के नाम लेस्ली वाइट, जूलियन स्टीवार्ड, मार्शल शाहलिंस तथा एल मैन सर्विस हैं। इन अमरीकी मानवशास्त्रियों ने ब्रिटिश नव उद्विकासवादी वी गौर्डेन चाइल्ड से प्रेरणा ग्रहण की थीं।

1. लेस्ली ए. वाईट

अमरीका में सांस्कृतिक नव-उद्विकासवाद सिद्धांत की उत्पत्ति लेस्ली ए. वाईट (1900-1975) द्वारा की गई। वाईट का प्रशिक्षण बोआस की परंपरा में हुआ था। लेकिन आपने

मिशिगन विश्वविद्यालय की अपनी लंबी अवधि में बोआस की परंपरा को तोड़ा। वाइट के नव-सांस्कृतिक उद्‌विकास संबंधी विचारों का विवरण हमें उनके दो प्रमुख कृतित्व से मिलता है—

1. साईंस आफ कल्चर (1949),
2. द इवोलुशन आफ कल्चर (1959)।

वाइट के अनुसार संस्कृति एक अद्वितीय व्यवस्था है। यह व्यवस्था क्रोबर के अधिसावयवी अवधारणा के समान है। सांस्कृतिक नियम संस्कृति विज्ञान (Culturology) के समान संस्थापित रहते हैं। इस प्रणाली की धुरी ऊष्मा गतिकी (Thermodynamics) है। ऊष्मागतिकी ब्रह्मांड में ऊर्जा के स्वरूपों में परिवर्तन का अध्ययन करता है।

वाइट ऊष्मा गतिकी के द्वितीय नियम (Second Law) से प्रभावित थे। इस नियम के अनुसार ब्रह्मांड संरचनात्मक तथा सक्रिय ढंग से गतिशील है, लेकिन अव्यवस्था (Entropy, disorder) बढ़ रही है। वाइट के अनुसार जैविक उद्‌विकास विपरीत दिशा में कार्य करता है। यह नकारात्मक एंट्रोपी (Entropy) को ग्रहण करता है तथा एक ऐसी व्यवस्था का जन्म देता है जिसके द्वारा ज्यादा जटिल स्वरूपों की रचना होती है। सांस्कृतिक उद्‌विकास होमो सेपियंस तथा पूर्वज स्पेसिस के केस में जैविक उद्‌विकास का स्थान ग्रहण करता है तथा इसी प्रवृत्ति को आगे बढ़ाता है। सांस्कृतिक उद्‌विकास की व्याख्या हेतु वाइट ने एक ऊष्मागतिक नियम का सूत्रीकरण किया है। इस नियम के अनुसार जैसे-जैसे प्रतिवर्ष प्रति व्यक्ति ऊर्जा अधिग्रहण की मात्रा बढ़ती जाती है अथवा जैसे-जैसे प्रति व्यक्ति प्रतिवर्ष इस ऊर्जा को कार्य में लगाए रखने के साधनों की क्षमता बढ़ती जाती है, वैसे-वैसे संस्कृति का विकास होता है। इस नियम के सूत्र निम्नलिखित हैं—

$$C = E \times T$$

जहां C = संस्कृति
E = ऊर्जा
T = शिल्पशास्त्र

इस प्रकार ऊर्जा तथा समय के शिल्पशास्त्र का गुणनफल संस्कृति के बराबर होता है।

वाइट ने संस्कृति उद्‌विकास की चार अवस्थाओं का उल्लेख किया है। चारों अवस्थाओं का संबंध चार प्रकार की क्रांतियों से है—

1. प्रथम क्रांति के कारण उपकरण का आविष्कार हुआ। इसलिए इस क्रांति को उपकरण आविष्कार क्रांति कहा जाता है।
2. द्वितीय क्रांति का नवपाषाणयुगीन क्रांति कहा जाता है।
3. तृतीय क्रांति को जीवाश्म ईंधन क्रांति कहा जाता है।
4. चतुर्थ क्रांति को परमाणविक क्रांति कहा जाता है।

उपकरण आविष्कार क्रांति के कारण मानव शरीर में भोजन कैलोरी प्राप्त करने की क्षमता का विकास हुआ।

नवपाषाण युगीन क्रांति के कारण भोजन ऊर्जा के ऊपर नियंत्रण में वृद्धि हुई। इसका कारण पशुपालन तथा कृषि का आविष्कार था।

जीवाश्म ईंधन क्रांति के परिणामस्वरूप जीवाश्म ईंधनों से उत्पन्न ऊर्जा के ऊपर नियंत्रण स्थापित हुआ।

परमाणविक क्रांति के कारण परमाणविक ऊर्जा के नियंत्रित करने वाले साधनों का विकास हुआ।

प्रथम क्रांति की अवधि सबसे अधिक रही है। मनुष्य अपनी उत्पत्ति काल से लेकर 8000 वर्ष ईसा पूर्व तक पाषाण उपकरण निर्माण क्रांति जारी रही।

नवपाषाण कालीन कृषि तथा पशुपालन क्रांति की शुरुआत आज से करीब 8000 वर्ष ई.पू. हुई तथा यूरोप के औद्योगिक क्रांति की शुरुआत से पहले तक जारी रही।

जीवाश्म ईंधन क्रांति की शुरुआत अठारहवीं शताब्दी ईसा बाद हुई तथा बीसवीं सदी तक रही।

परमाणविक क्रांति की शुरुआत बीसवीं सदी में हुई तथा अब तक जारी है।

इन सभी क्रांतियों के मध्य संस्कृति का उद्‌विकास होता रहा। क्योंकि प्रत्येक क्रांति में नवीन ऊर्जा स्रोत को नियंत्रित करने के लिए तकनीकी तंत्रों का विकास किया गया।

वाईट के ऊष्मागतिकीय प्रणाली का अभिन्न अंग संस्कृति के केक स्तर मॉडल (Layer-cake Model) था। इस मॉडल के अनुसार संस्कृति के तीन स्तर हैं—

(i) तकनीकी तंत्र एवं अर्थ-व्यवस्था का स्तर

(ii) सामाजिक एवं राजनीतिक संगठन का स्तर

(iii) वैचारिकी का स्तर।

वैचारिकी का स्तर सबसे ऊपर तथा तकनीकी तंत्र एवं अर्थ-व्यवस्था का स्तर सबसे नीचे रहता है। इन दोनों स्तरों के मध्य में सामाजिक एवं राजनीतिक संगठन का स्तर रहता है।

सांस्कृतिक उद्‌विकास में सबसे निचला तकनीकी तंत्र एवं अर्थव्यवस्था का स्थर निर्णायक भूमिका निभाता है। इसका कारण यह है कि तकनीकी तंत्र एवं ऊर्जा का नवाचार होते रहता है।

तकनीकी तंत्र एवं अर्थव्यवस्था के ऊपर वैचारिकी की तुलना में ज्यादा प्राथमिकता देने का उद्देश्य सांस्कृतिक परिवर्तन को दर्शाना है। वाईट एक सांस्कृतिक भौतिकवादी थे। भौतिकवाद के कुछ तत्व वे मार्क्सवाद से ग्रहण किए थे। उन तत्वों की खोज आपने अपनी सोवियत संघ (अब संघ टूट गया है) की यात्रा से की थी। आपने 1920 के दशक में सोवियत यूनियन की यात्रा की थी।

मार्क्स के अतिरिक्त आप पर एल.एच. मार्गन का भी प्रभाव पड़ा था। आपने मार्गन की खोज की तथा उनको सांस्कृतिक उद्विकासवादी के रूप में स्थान दिलाया। आपने फ्रांज बोआस को इसके लिए दोषी ठहराया जिन्होंने मार्गन को सदा अमरीकी मानवशास्त्र से उपेक्षित रखा था। वाईट ने फ्रांज बोआस की आलोचना उनकी मृत्यु के बाद की थी। लेकिन यह आलोचना डेरेक फ्रीमैन द्वारा मार्गरेट मीड की आलोचना से भी तीखी थी।

जब वाईट मिशिगन विश्वविद्यालय में नव सांस्कृतिक उद्विकासवाद को स्थापित कर रहे थे, इलिनायस विश्वविद्यालय में जूलियन एच. स्टीवार्ड उनके प्रतिद्वंद्वी के रूप में सबल हो रहे थे। स्टीवर्ड को आधुनिक सांस्कृतिक पारिस्थितिकी का जनक कहा जाता है। स्टीवार्ड ने इस विश्वविद्यालय में अनेक राजनीतिक तथा बौद्धिक मानवशास्त्रियों को प्रशिक्षित किया था, उनके शिष्यों में मर्टन फ्रायड, एड्रिव वायदा, एरिक वोल्फ, एल मैन एवं सर्विस का नाम प्रमुख है।

सन् 1936 में स्टीवार्ड ने झुंड के सामाजिक एवं आर्थिक आधार पर एक लेख लिखा। इस लेख में स्टीवार्ड ने झुंड को परिभाषित किया तथा इसे बाद में सर्विस द्वारा प्रस्तुत जनजाति, जनजाति प्रधान एवं राज्य की अवधारणा से अलग किया। आपने तीन प्रकार के झुंड का उल्लेख किया—

(i) मातृरेखीय झुंड (Matrilineal Band)

(ii) पितृरेखीय झुंड (Patrilineal Band)

(iii) मिश्रित झुंड (Composite Band)।

आपने प्रत्येक प्रकार के झुंड को एक विशेष प्रकार की पारिस्थितिकी से संबंधित दर्शाया। स्टीवार्ड का यह दृष्टिकोण कतिपय बोआस के समर्थकों को मानवशास्त्रीय विश्लेषण के लिए अपने उदार दृष्टिकोण को पुन: विचार करने के लिए बाध्य किया। उन विद्वानों द्वारा सांस्कृतिक पारिस्थितिकी को अपनाया गया। सांस्कृतिक पारिस्थितिकी दृष्टिकोण के आधार पर उत्तर-पूर्वी समुद्र तट पर स्थित पोटलैच प्रथा की व्याख्या आरंभ हुई। इस प्रथा को रूथ बेनेडिक्ट ने सामाजिक प्रस्थिति के लिए खर्चीली प्रवृत्ति के रूप में दर्शाया था। लेकिन हेलेन कोरडे (Helen Corde) तथा वेने सुटल्स (Wayne Suttles) ने इसे पारिस्थितिकीय ढंग से अनुकूलनात्मक तथा पुन:वितरणात्मक भोज के रूप में प्रस्तुत किया।

सांस्कृतिक परिस्थिति वैज्ञानिक के रूप में स्टीवार्ड प्राथमिक रूप से उद्विकासवादी नहीं थे। न तो उनकी अभिरुचि उद्विकास में थी और न ही वे वाईट के समर्थक थे। वे वाइट से अपनी दूरी बनाए हुए थे। आपने वाईट मार्का उद्विकास को सार्वभौमिक उद्विकास कहा तथा आपने मार्का उद्विकास को बहुरेखीय उद्विकास बतलाया। 19वीं सदी मार्का उद्विकास को आपने एक रेखीय उद्विकास बतलाया। आपने अपने आपको विशिष्टवादी तथा वाईट को सामान्यवादी कहा। 19वीं सदी शास्त्रीय उद्विकासवाद के अनुसार संस्कृति में प्रगति विभिन्न अवस्थाओं के माध्यम से हुई है। लेकिन उन अवस्थाओं

का क्रम एक रेखीय रहा है। जबकि स्टीवार्ड के अनुसार उद्विकास की शाखाएं विभिन्न दिशाओं में फैली। क्योंकि विभिन्न प्रकार की पारिस्थितिकी में संस्कृति को अनुकूलित होना पड़ा है। विविध पारिस्थितिकी के साथ अनुकूलन के कारण संस्कृति का उद्विकास एक दिशा में न होकर कई दिशाओं में हुआ है।

कई वर्षों तक वाईट एवं स्टीवार्ड के मध्य सांस्कृतिक उद्विकासवाद सिद्धांत को लेकर मतभेद बना रहा। स्टीवार्ड के अनुसार वाईट इतने अधिक सामान्यवादी थे कि उन्होंने किसी भी घटना को विशेष ढंग से नहीं विश्लेषित किया। वाईट के अनुसार स्टीवार्ड इतना अधिक विशिष्टवादी थे कि उन्हें उद्विकासवादी नहीं कहा जा सकता है। 1960 में स्टीवार्ड के शिष्य सर्विस तथा वाईट के शिष्य शाहलिंस द्वारा दोनों विद्वानों के मध्य चले आ रहे विवादों को सुलझाया गया।

2. शाहलिंस तथा सर्विस

मार्शल शाहलिंस तथा एल मैन सर्विस मिशिगन विश्वविद्यालय में साथी रह चुके थे। आप दोनों ने अपने गुरु वाईट के साथ कार्य किया था। बाद में सर्विस स्टीवार्ड के साथ इलिनायस विश्वविद्यालय में कार्य किया। स्टीवार्ड के शिष्य के रूप में सर्विस ने सामाजिक समूह निर्माण के सामाजिक आधार में अपनी अभिरुचि बरकरार रखी। आपने अपनी पुस्तक *प्रिमिटिव सोशल आर्गेनाइजेशन* (1962) में अपने सैद्धांतिक सूत्र को प्रतिपादित किया। आपने जनजाति, जनजाति प्रधान तथा राज्य जैसे आदिम सामाजिक संगठन का उल्लेख इस पुस्तक में किया है।

शाहलिंस ने अपना कार्य आर्थिक मानवशास्त्र में जारी रखा। आप उद्विकासवाद एवं भौतिकवाद के प्रबल समर्थक थे। लेकिन 1960 दशक के अंत में आपने फ्रेंच संरचनात्मक एवं ऐतिहासिक विश्लेषणों को जोड़ने का कार्य आरंभ किया। 1960 में आपने सर्विस के साथ *इवोलुशन एंड कल्चर* नामक पुस्तक का सर्जन किया। इस पुस्तक में शाहलिंस तथा सर्विस ने स्टीवार्ड तथा वाईट के विचारों के बीच सामंजस्य स्थापित करने का प्रयास किया। इस समय संस्कृति एवं जीवन विज्ञान को एकसमान मानने की परंपरा थी। शाहलिंस तथा सर्विस को भी मानना था कि जैविक उद्विकास के समान सांस्कृतिक उद्विकास के भी दो विस्तार होते हैं—(i) सामान्य उद्विकास; तथा (ii) विशेष उद्विकास। सामान्य उद्विकास के विस्तार को वाईट ने स्वीकार किया था तथा आपने उद्विकास को लंबी अवधि प्रगति की प्रक्रिया बतलाया। विशेष उद्विकास के विस्तार को स्टीवार्ड ने स्वीकार किया। स्टीवार्ड की स्थानीय अनुकूलन की अवधारणा डार्विन के प्राकृतिक वरण के समान था। शाहलिंस तथा सर्विस के अनुसार वाईट तथा स्टीवार्ड द्वारा प्रतिपादित सामान्य उद्विकास एवं विशेष उद्विकास की अवधारणा एक-दूसरे के विरोधी नहीं, वरन्

पूरक हैं। इसलिए वाईट तथा स्टीवार्ड भी एक-दूसरे के पूरक थे, विरोधी नहीं। सर्विस तथा शाहलिंस दस साल तक मिशिगन में साथ-साथ कार्य किए। वाईट के साथ मिलकर शाहलिंस तथा सर्विस ने उद्‌विकासात्मक त्रिशासन का निर्माण किए।

मिशिगन संप्रदाय अनेक उद्‌विकासवादियों एवं पारिस्थितिकी वैज्ञानिकों को प्रभावित किया। उदाहरण के लिए एलेक्जैंडर अल्लांड, राबर्ट कार्नेइरो, यहूदी कोहेन इत्यादि। इन विद्वानों ने नोमोथेटिक मानवशास्त्र को जीवित रखा। इन विद्वानों द्वारा सांस्कृतिक मानवशास्त्र में नोमोथेटिक दृष्टिकोण को अपनाने की वकालत की गई।

वाईट के नवसांस्कृतिक उद्‌विकासवाद का वृहत प्रभाव प्रागैतिहासिक पुरातत्वशास्त्र के ऊपर पड़ा था। प्रागैतिहासिक पुरातत्वशास्त्र की उत्पत्ति मध्य 19वीं सदी में हुई थी। अपने स्थापना काल से लेकर वाईट तक यह विज्ञान कई अवस्थाओं से होकर प्रगति की थी। प्रगति की उन अवस्थाओं को सांस्कृतिक मानवशास्त्र के विकास से जोड़ा गया था। उस समय तक प्रकार्यवादी पुरातत्वशास्त्र मार्क्सवादी पुरातत्वशास्त्र, सांस्कृतिक-ऐतिहासिक पुरातत्वशास्त्र अस्तित्व में आ गए थे।

3. बेटी मेगर्स

पुरातत्वशास्त्री बेटी मेगर्स (Betty Megers) वाईट के ऊष्मागतिक सूत्र से काफी प्रभावित थी। आप वाईट की एक शिष्या भी थीं। सांस्कृतिक-ऐतिहासिक दृष्टिकोण को आपने अउत्पादक बतलाया तथा आपने वाईट के सांस्कृतिक उद्‌विकास के सूत्र को पुरातत्व शास्त्र की व्याख्या हेतु प्रयोग में लाया। बेटी एक महिला पुरातत्वशास्त्री थी। आपके अनुसार अगर एक पुरातत्वशास्त्री तकनीकी तंत्र (Technology, T) तथा पर्यावरण (Environment, E) को जान जाए, तब वह संस्कृति (Culture, C) का निर्माण कर सकता है।

4. लेविस बिनफोर्ड

पुरातत्वशास्त्र के इस विचार को वाईट के एक अन्य शिष्य लेविस बिनफोर्ड ने और आगे बढ़ाया। बिनफोर्ड को 1960 के दशक के नवपुरातत्वशास्त्र का प्रणेता माना जाता है।

बिनफोर्ड प्राचीन संस्कृति-ऐतिहासिक पुरातत्व की छत्रछाया में बड़े हुए। लेकिन जब आप वाईट के संपर्क में आए, आपने अपना विचार परिवर्तित कर वाईट के सूत्र को पुरातत्व शास्त्र के लिए उपयोगी बतलाया। बिनफोर्ड के अनुसार पुरातत्व शास्त्र मानवशास्त्र का अभिन्न अंग है। क्योंकि पुरातत्व शास्त्र एवं मानवशास्त्र के उद्देश्य एक समान होते हैं। दोनों शास्त्रों द्वारा संस्कृतियों के बीच समानता एवं विविधता की व्याख्या की जाती है। व्याख्या करने का तात्पर्य यहां सांस्कृतिक व्यवस्था एवं उद्‌विकास के संबंध में सामान्यीकरण

करना है। बिनफोर्ड के अनुसार संस्कृति में परिवर्तन प्राकृतिक वातावरण एवं अन्य संस्कृतियों दोनों के साथ प्रतिक्रिया के फलस्वरूप होता है। लेकिन परिवर्तन की व्याख्या करने में संस्कृति का कुछ अंग दूसरों की तुलना में ज्यादा महत्त्वपूर्ण साबित होते हैं। आपने संस्कृति को साझेदारी मूल्य (Shared Value) की अवधारणा के रूप में नहीं स्वीकार किया है। संस्कृति को साझेदारी मूल्य के रूप में समझने का प्रयास बोआस के शिष्य मार्गरेट मीड एवं क्लायड क्लुखौन द्वारा किया गया था। इन विद्वानों के लिए संस्कृति लोकाचार (Ethos) है, अमूर्त है, लेकिन बिनफोर्ड ने संस्कृति को वाईट के केक-लेयर मॉडल के अनुसार समझने का प्रयास किया है। आपके अनुसार पुरातत्वशास्त्र में कलाकृतियां भौतिक संस्कृति की वस्तुओं के रूप में वाईट के तीनों स्तरों को प्रदर्शित करती हैं। इससे अतीत में संस्कृति के एक संतुलित तस्वीर उभर कर सामने आती है। इस प्रकार की क्षमता को प्राप्त करने के लिए पुरातत्वशास्त्री को मानवजाति शास्त्री के रूप में प्रशिक्षित किया जाना चाहिए। ताकि वे जान सकें कि कलाकृतियां वर्तमान में किस ढंग से कार्य करती हैं तथा उनका अतीत में क्या कार्य रहा होगा। बिनफोर्डस के प्रभाव के अधीन नवीन पुरातत्वशास्त्र में 19वीं सदी तुलनात्मक विधि को पुनर्जीवित किया गया।

पुरातत्वशास्त्र को वैज्ञानिक बनाते हुए बिनफोर्ड ने अनेक नोमोथेटिक युक्तियों का प्रयोग किया था। एक युक्ति को काल्पनिक-निगमनात्मक मॉडल के नाम से जाना जाता है। इस मॉडल का विकास विज्ञान के दर्शनशास्त्री कार्ल जी. हेमपेल ने किया था। यह मॉडल वैज्ञानिकों नियम के अनुकूल कल्पना करने के लिए दिशा-निर्देश प्रदान करता है। ताकि विशेष पारिस्थितिकी का निगमन किया जा सके, अनुमान लगाया जा सके तथा बाद में अनुभवाश्रित सच्चाई के साथ तुलना की जा सके।

एक अन्य युक्ति सामान्य व्यवस्था सिद्धांत (General System Theory) है। यह संस्कृति के लिए एक नियंत्रण एवं संप्रेषण मॉडल (Cybernetic Model) है। जिसमें पुनर्निवेशन पाश (Feedback Loof) एवं धनात्मक (Positive) शामिल रहते हैं। इसके सहारे व्यवस्था को बनाए रखा जाता है। इसमें ऋणात्मक (Negative) या सिस्टम चेंजिंग कार्य कारण श्रृंखला (Cause Effect Chain) होती है। बिनफोर्ड संस्कृति की मनोवैज्ञानिक व्याख्या के आलोचक थे। वाईट एवं क्रोबर के समान आपने इतिहास के महान मानव सिद्धांत को अस्वीकार कर दिया। आपके अनुसार मानव व्यवहार का नियंत्रण नियम से होता है जिसके बारे में व्यक्ति अवगत नहीं होते हैं तथा जिन पर उनका बहुत कम नियंत्रण रहता है।

अति-वैज्ञानिक, गैर-मानववादी तथा प्रत्यक्ष मनोवृत्ति के कारण नव-सांस्कृतिक उद्विकासवाद तथा नव-पुरातत्वशास्त्र कई मानवशास्त्रियों के लिए कड़ुआ टेबलेट बन गया जिसे वे अपने गले से नीचे नहीं उतार सकते हैं। सांस्कृतिक प्रक्रिया से जुड़े होने के कारण नवपुरातत्व शास्त्र को प्रोसेसुअल आर्कियोलोजी (Processual Archaeology) कहा जाता है। इसे नोमोथेटिक निव आर्कियोलोजी भी कहा जाता है। 1980 के दशक में

प्रोसेसुअल आर्कियोलोजी को अनेक तरह की आलोचनाओं का सामना करना पड़ा था। उनके सबसे अधिक आलोचक उत्तर-प्रोसेसुअल आर्कियोलोजिस्ट थे। पोस्ट प्रोसेसुअल आर्कियोलोजी को कंटेस्चुअल आर्कियोलोजी भी कहा जाता है।

5. वी. गार्डन चाइल्ड (V.G. Childe) (1892-1957)

आप पेशा से एक ब्रिटिश पुरातत्वशास्त्री थे। पूर्व तथा यूरोप से प्राप्त पुरावशेषों का तुलनात्मक अध्ययन करके आपने सांस्कृतिक उद्विकासवाद सिद्धांत को पुनर्जीवित किया। इस प्रकार आप एक सांस्कृतिक नवउद्विकासवादी बने।

आपके प्रमुख कृतित्व निम्नलिखित हैं—

1. 1925 : द डान आफ वेस्टर्न सिविलाइजेशन।
2. 1934 : लाइट आन मोस्ट एंशियंट ईस्ट।
3. 1946 : ह्वाट हैपेंड इन हिस्ट्री।
4. 1951 : सोशल इवोलुशन।
5. 1951 : मैन मेक्स हिमसेल्फ।
6. 1953 : ह्वाट इज हिस्ट्री।

आपने अपनी पुस्तक *सोशल इवोलुशन* (1951) में सांस्कृतिक उद्विकासवाद को पुनर्जीवन प्रदान किया। शास्त्रीय उद्विकासवादियों को आर्मचेयर मानवशास्त्री के रूप में आलोचना की गई थी। उनके निगमनिक दृष्टिकोण की भी आलोचना की गई थी। पुरातत्वशास्त्री होने के नाते आपने तथ्यपरक घटनाओं का विश्लेषण करके सामाजिक उद्विकास को प्रकाश में लाया।

आपने अपने निष्कर्ष में दर्शाया कि पुरातात्विक प्रमाण यह दर्शाते हैं कि विश्व स्तर पर कुछ घटनाएं सामान्य रूप से घटित हुई हैं। उन घटनाओं का काल क्रमिक अध्ययन दर्शाता है कि संस्कृति का उद्विकास सार्वभौमिक रूप से हुआ है। इस प्रकार आपने सार्वभौमिक उद्विकासवादी (Universal Evolutionist) की श्रेणी में अपना स्थान प्राप्त किया।

आपके अनुसार सार्वभौमिक उद्विकास का संबंध विश्व स्तर पर घटित हुई क्रांतियों से है। आपके अनुसार विश्व स्तर पर तीन महत्त्वपूर्ण क्रांतियां हुई हैं—

1. कृषि क्रांति (Agricultural Revolution);
2. नगरीय क्रांति (Urban Revolution);
3. औद्योगिक क्रांति (Industrial Revolution)।

कृषि क्रांति नवपाषाणकाल में अस्तित्व में आयी। इस क्रांति की अवधि सबसे लंबी थी।

नगरीय क्रांति की शुरुआत तो कांस्यकाल से ही हो गयी थी। प्रागैतिहासिक नगर के बाद प्राथमिक नगरीकरण की प्रक्रिया आरंभ हुई तथा धार्मिक प्रशासनिक केन्द्र के रूप में कई नगर अस्तित्व में आए।

इंग्लैंड में औद्योगिक क्रांति के बाद औद्योगीकरण ने संपूर्ण विश्व को प्रभावित किया।

आजकल हम चौथी क्रांति के दौर से गुजर रहे हैं जिसे संचार क्रांति, सूचना क्रांति या ज्ञान क्रांति के नाम से जाना जाता है।

इस तरह निष्कर्ष के रूप में कहा जा सकता है कि सांस्कृतिक उद्‌विकास की समान घटनाएं विश्व स्तर पर घटित हुई हैं। विश्व के सभी स्थान के मानव खाद्य संकलन, कृषि एवं पशुपालन, नगरीयकरण, औद्योगीकरण के दौर से गुजरे हैं तथा वर्तमान में ज्ञान क्रांति युग में पदार्पण हुआ है।

आपने सांस्कृतिक उद्‌विकास की इन कालक्रमिक अवस्थाओं का निर्माण प्रागैतिहासिक एवं पुरातात्विक प्रमाणों के आधार पर किया है।

आपकी उद्‌विकासीय अवस्थाओं से सब कोई सहमत है। सभी लोग सहर्ष स्वीकार करते हैं कि आरंभ में मानव खाद्य संकलन एवं शिकार पर आश्रित था। इसके बाद कृषक एवं पशु पालक अस्तित्व में आए। इसके बाद मानव नगर निवासी बना। औद्योगिक क्रांति के बाद मानव औद्योगिक नगरीय समाज का सदस्य बना। सूचना क्रांति के बाद सूचना आधारित समाज अस्तित्व में आया।

10

सांस्कृतिक पारिस्थितिकी एवं सांस्कृतिक भौतिकवाद

CULTURAL ECOLOGY AND CULTURAL MATERIALISM

सांस्कृतिक पारिस्थितिकी (Cultural Ecology)

जूलियन एच. स्टीवार्ड को आधुनिक पारिस्थितिकी का संस्थापक माना जाता है। आप अमरीकी मानवशास्त्र के संस्थापक फ्रांज बोआस के शिष्य थे। आपने अमरीका के इलिनायस नामक विश्वविद्यालय में काफी लंबी अवधि तक प्रोफेसर के रूप में कार्य किया था। इस विश्वविद्यालय में आपने अनेक शिष्यों को मानवशास्त्र एवं सांस्कृतिक पारिस्थितिकी में प्रशिक्षित किया था। इस विश्वविद्यालय में आपने सांस्कृतिक पारिस्थितिकी नामक संप्रदाय की स्थापना की थी। आपके विचार में सांस्कृतिक पारिस्थितिकी वैज्ञानिक (Nomothetic) मानव विज्ञान को प्रोत्साहित करता है। यह प्रकृति एवं संस्कृति के बीच संधि की वकालत करता है तथा मानव विज्ञान में सामान्य दृष्टिकोण का विकास करता है। यह मानव विज्ञान का प्राणि विज्ञान, प्राकृतिक विज्ञान, जनसंख्या विज्ञान तथा रसायन विज्ञान जैसे नोमोथेटिक विज्ञानों के साथ संबंध स्थापित कराता है।

आपने सांस्कृतिक पारिस्थितिकी की अवधारणा का विकास अमरीकी मानवशास्त्री ए.एल. क्रोबर तथा क्लार्क विसलर की संस्कृति क्षेत्र (Culture area) की अवधारणा से ग्रहण किया था। क्रोबर तथा क्लार्क विसलर द्वारा प्रतिपादित संस्कृति क्षेत्र की अवधारणा में यह दर्शाया गया था कि प्रत्येक भौगोलिक क्षेत्र में निवास करने वाली मानव जातियों को उस क्षेत्र विशेष के पर्यावरण के साथ अनुकूलन करना पड़ता है। पर्यावरण के साथ अनुकूलन ही सांस्कृतिक पारिस्थितिकी का मूल विषय बना।

सांस्कृतिक पारिस्थितिकी के अंतर्गत संस्कृति एवं पर्यावरण के बीच अंत:क्रिया का परीक्षण किया जाता है। इसके अंतर्गत यह जानने का प्रयास किया जाता है कि किस प्रकार संस्कृति पर्यावरण को अपने अनुकूल बनाती है तथा किस प्रकार पर्यावरण संस्कृति को अपने अनुकूल बनाता है। इस प्रकार पर्यावरण एवं संस्कृति दोनों एक-दूसरे को प्रभावित

करते हैं। दोनों एक-दूसरे से पृथक नहीं हैं। एक-दूसरे से संबंधित हैं। इसी का परीक्षण सांस्कृतिक पारिस्थितिकी के अंतर्गत किया जाता है।

आपके अनुसार यह विश्व कई प्रकार के भौगोलिक पर्यावरण में विभाजित है। जैसे पहाड़ी, पठारी, वन, समतल, समुद्र, मरुस्थल, द्वीप इत्यादि। इन सभी प्रकार के भौगोलिक पर्यावरणों में एक समान प्रकार की संस्कृति का विकास नहीं होता है। वरन् इन सभी प्रकार के पर्यावरणों में अलग-अलग प्रकार की संस्कृति का विकास हुआ है। संस्कृति में यह विभिन्नता पर्यावरण में विभिन्नता के कारण उत्पन्न हुई है। विभिन्न प्रकार के पर्यावरण में विभिन्न प्रकार की मिट्टी, नदी, पहाड़, झील, झरना, जलवायु, पेड़-पौधे, पशु-पक्षी इत्यादि पाए जाते हैं। इन सभी प्राकृतिक वस्तुएं उस प्रदेश में रहने वाले लोगों की संस्कृति का अंग बन जाती हैं। उनका घर-मकान, खान-पान, बात-व्यवहार इत्यादि उन प्राकृतिक वस्तुओं के इर्द-गिर्द घूमता है। इस प्रकार वे प्राकृतिक वस्तुएं उन लोगों के जीवन जीने के तरीकों में शामिल हो जाती है तथा उन लोगों की संस्कृति को एक विशेष पहचान दिलवाती हैं। इसे ही अनुकूलन कहा जाता है। अनुकूलन के माध्यम से ही एक पर्यावरण में पाई जाने वाली प्राकृतिक वस्तुएं वहां के लोगों की संस्कृति में स्थान प्राप्त करती हैं तथा उन लोगों की सांस्कृतिक वस्तुएं उस विशेष पर्यावरण में अपना स्थान प्राप्त करती हैं।

आपने सांस्कृतिक पारिस्थितिकी के परीक्षण में तीन प्रक्रियाओं का उल्लेख किया है, जो निम्नलिखित हैं—

1. उत्पादन तकनीकी तथा पर्यावरण के बीच संबंधों का विश्लेषण;
2. एक विशेष क्षेत्र का विशेष तकनीकी द्वारा उपयोग से उत्पन्न व्यवहार प्रतिमान का परीक्षण;
3. उपरोक्त दोनों प्रकार के परीक्षणों का समाज के अन्य पहलुओं पर प्रभाव।

सांस्कृतिक पारिस्थितिकी का आधार बनाकर आपने एकरेखीय उद्‌विकास की अवधारणा के स्थान पर बहुरेखीय उद्‌विकास की अवधारणा का प्रतिपादन किया था। आपके अनुसार संस्कृति एवं पर्यावरण के बीच अनुकूलन के कारण विश्व में कई प्रकार की संस्कृतियां अस्तित्व में आईं। अत: उन क्षेत्रों में सांस्कृतिक उद्‌विकास का क्रम एक-रेखीय न होकर बहुरेखीय रहा है। बहुरेखीय उद्‌विकास का परीक्षण विभिन्न क्षेत्रों के सीमित समानांतरों के बीच तुलनात्मक अध्ययन के आधार पर किया जा सकता है।

आपके अनुसार समान तकनीकी तंत्र वाले एवं पर्यावरण वाले समाज सामाजिक तथा राजनीतिक संगठन में भी समानता दिखलाते हैं। इस प्रकार बहुरेखीय उद्‌विकास एक कार्यप्रणाली के रूप में पर्यावरण तथा तकनीकी तंत्र के बीच अंत:क्रिया की खोज करता है। इस क्रिया विधि द्वारा पार-सांस्कृतिक (Cross-Cultural) सामान्यीकरण को प्रदर्शित किया जा सकता है।

सांस्कृतिक पारिस्थितिकी के अंतर्गत आपने मानव तथा उसके वास स्थान के बीच अंतर संबंधों की चर्चा की है। मानव जिस स्थान पर रहता है उसके आस-पास के

पर्यावरण का प्रयोग वह उत्पादन के लिए करता है। पर्यावरण से उत्पादन लेने के लिए वह तकनीकी तंत्र का विकास करता है। तकनीकी तंत्र के माध्यम से ही पर्यावरण से विभिन्न प्रकार की वस्तुओं का उत्पादन किया जाता है। पर्यावरण कच्चे माल उत्पादन के लिए प्रदान करता है। लेकिन इसका अर्थ यहाँ यह कदापि नहीं लगाना चाहिए कि उत्पादन एवं तकनीकी तंत्र पर संस्कृति का नियंत्रण नहीं रहता है। वरन् मानव तकनीकी तंत्र का विकास एवं उसके आधार पर उत्पादन अपनी संस्कृति के अनुरूप ही करता है। किसी वास स्थान की विशेषताएं उस समाज की सामाजिक-सांस्कृतिक विशेषताओं के लिए महत्त्वपूर्ण होती हैं। दैहिक तत्व-धर्म, नातेदारी, तकनीकी, राजनीति इत्यादि पर्यावरण से प्रभावित होते हैं। यह विश्लेषणकर्त्ता का काम है कि वह वास-स्थान तथा संस्कृति के बीच अंतर संबंधों की जानकारी प्राप्त करे। क्योंकि प्रत्येक पर्यावरण में वास स्थान एवं संस्कृति के बीच अनुकूलन होता है।

आपने संस्कृति तथा पारिस्थितिकी के बीच अनुकूलन को लेयर-केक मॉडल के माध्यम से प्रदर्शित करने का प्रयास किया है। आपके द्वारा प्रतिपादित केक-लेयर मॉडल से संबंधित चार प्रक्रियाएं निम्नलिखित हैं—

1. द्वितीयक विशेषताएं	प्रसरण माध्यम से ऐतिहासिक भिन्नता की स्वतंत्रता।
2. संस्कृति क्रोर	अनुभवाश्रित ढंग से तकनीकी तथा आर्थिक कारकों में संबंध।
3. तकनीकी-आर्थिक कारक	अस्तित्व, तकनीकी, आर्थिक व्यवस्था।
4. प्राकृतिक पर्यावरण	पेड़-पौधा, पशु-पक्षी, खनिज तत्व, पर्यावरण।

सांस्कृतिक पारिस्थितिकी को अनेक प्रकार की आलोचनाओं का सामना करना पड़ा है। इसके विरुद्ध अंकित मुख्य आलोचनाएं निम्नलिखित हैं—

1. पारिस्थितिकी भौतिक तत्वों के अपने महत्त्व पर प्रकाश नहीं डालता है।

2. पारिस्थितिकी में अस्तित्व की चर्चा की जाती है, लेकिन यह स्वास्थ्य, लोग, प्रजनन इत्यादि की चर्चा नहीं करता है।

3. पारिस्थितिकी में अनुकूलनात्मक यंत्रावली की चर्चा की जाती है, लेकिन इससे यह नहीं स्पष्ट हो पाता है कि यह यंत्रावली क्या है ? यह निर्णय निर्माण, प्राकृतिकवरण या कुछ और है।

नव सांस्कृतिक पारिस्थितिकी (New Cultural Ecology)

1960 के दशक के अंतिम वर्षों में पारिस्थितिकीय मानवशास्त्र के अंतर्गत नवीन सिद्धांत का उदय हुआ, जिसे नव सांस्कृतिक पारिस्थितिकी अथवा पारिस्थितिकीय प्रकार्यवाद (Ecological Functionalism) कहा जाता है। इस नवीन सिद्धांत के संस्थापक वायदा एवं रैपापोर्ट (Vayada and Rappaport) हैं। इस नवीन सांस्कृतिक पारिस्थितिकी के

अंतर्गत अध्ययन की इकाई संस्कृति को नहीं मानी जाती है, वरन् इसमें अध्ययन की इकाई जनसंख्या को मानी जाती है। इस सिद्धांत में रेखीय कार्य-कारण सिद्धांत के ऊपर नहीं वरन् साइबरनेटिक्स के ऊपर विशेष ध्यान दिया जाता है। नव सांस्कृतिक पारिस्थितिकी में अनुष्ठान तथा जनसंख्या नियंत्रण जैसे तत्वों के ऊपर ध्यान केन्द्रित किया जाता है।

नव सांस्कृतिक पारिस्थितिकी को पारिस्थितिकीय प्रकार्यवाद या नव प्रकार्यवाद के नाम से भी जाना जाता है। यहां इस बात पर विशेष ध्यान दिया जाता है कि किस प्रकार विभिन्न तत्व अपने संसाधन के अनुरूप जनसंख्या संतुलन को बनाए रखने में योगदान देते हैं। इस प्रकार इसके अंतर्गत संसाधन के अनुकूलनात्मक नियंत्रण को विशेष महत्त्व दिया जाता है।

नवसांस्कृतिक पारिस्थितिकी के ऊपर तीन विद्वानों—रैपापोर्ट, वायदा एवं नेटिंग (Netting) का महत्त्वपूर्ण योगदान रहा है। इन सभी में रैपापोर्ट का नाम विशेष रूप से लिया जाता है। आपने अपनी पुस्तक *पिग्स फार द एंसेस्टर्स : रिचुअल इन द इकोलोजी आफ न्यू गिनिया पिपुल* (1968) पारिस्थितिकी एवं संरचना प्रकार्यवाद के बीच संबंध स्थापित करने का प्रयास किया। न्यूगिनी की तसेंबा जनजाति के लोग सूअर पालन का कार्य करते हैं। उनका प्राथमिक संसाधन सूअर होता है। न्यूगिनी की टसेंबा जनजाति के बीच सूअर भी उन्हीं वस्तुओं का उपयोग करता है जिसे वे लोग करते हैं। टसेंबा जनजाति के लोग अधिक से अधिक अन्न का उत्पादन करते हैं ताकि उन्हें सूअर को खिलाकर सूअर की जनसंख्या को बनाए रखा जा सके। उनकी सांस्कृतिक व्यवस्था में सूअर को वधू मूल्य के रूप में दिया जाता है अथवा युद्ध के अंत में बलि दिया जाता है। अत: वे लोग सूअर की उतनी संख्या को बनाए रखते हैं। जितना उनको जरूरी होता है। सूअर की जनसंख्या को बनाए रखना उनकी अनिवार्यता होती है। इसे एक चक्र द्वारा बनाए रखा जाता है। इस चक्र में युद्ध, सूअर बलि तथा सूअर की पुनर्वृद्धि शामिल रहती है। इस चक्र के पूरा होने में दस या ग्यारह वर्षों का समय लग जाता है। इस धर्म तथा सूअर बलि साइबरनेटिक या गैर-उत्पादक कारक हैं। लेकिन इनके द्वारा पारिस्थितिकीय व्यवस्था में संतुलन बनाए रखा जाता है।

रैपापोर्ट संस्कृति को इकोसिस्टम (पारिस्थितिकीय व्यवस्था) का प्रकार्य मानते हैं। इनके दृष्टिकोण का केन्द्रीय विषय कार्य करने की क्षमता एवं ऊर्जा व्यय है। आप समाज के मूलभूत संरचना में अधिक विश्वास रखते थे। वायदा रैपापोर्ट के गुरु थे जिन्होंने न्यू गिनिया में अपना अध्ययन किया था। वायदा ने जोर देकर कहा था कि किसी समाज के अध्ययन हेतु इकाई के रूप में जनसंख्या का चुनाव किया जाना चाहिए, संस्कृति का नहीं। वायदा के विचार को पूर्ण स्वीकृति तथा सहमति उनके शिष्य रैपापोर्ट द्वारा दी गई थी।

नेटिंग ने अपनी पुस्तक *कल्चरल इकोलोजी* (1977) में नव सांस्कृतिक पारिस्थितिकी के संबंध में निम्नलिखित अवधारणाओं का उल्लेख किया है—

1. इकोसिस्टम एप्रोच—यह दृष्टिकोण नवपारिस्थितिकी का मुख्य विषय है।

इसमें उद्‌विकसित तथा अनुकूलित प्रतिक्रियाओं का परीक्षण भौतिक पर्यावरण के संबंध में किया जाता है।

2. इथनो इकोलोजी—यह प्राकृतिक घटनाक्रम के संबंध में स्थानीय लोगों की विचारधारा है। इसके अंतर्गत पर्यावरण के स्थानीय वर्गीकरण एवं विभेदों का अध्ययन किया जाता है, जैसे पेड़, पौधा, पशु, पक्षी, नदी, पहाड़, झील, झरना इत्यादि।

3. ऐतिहासिक पारिस्थितिकी—इसके अंतर्गत संस्कृति एवं पर्यावरण के आपसी संबंधों का अध्ययन किया जाता है तथा एक-दूसरे पर पड़ने वाले प्रभावों का अध्ययन किया जाता है।

सांस्कृतिक भौतिकवाद (Cultural Materialism)

सांस्कृतिक भौतिकवाद एक प्रकार का सिद्धांत है। यह सिद्धांत एमिक संदर्भ को एटिक संदर्भ से तथा मानसिक संदर्भ को व्यवहारात्मक संदर्भ से अलग करता है। इस सिद्धांत के संस्थापक अमरीकी मानवशास्त्री मार्विन हैरिस हैं। यह संप्रदाय मानवशास्त्र में सामान्यीकरण की वकालत करता है। इस सिद्धांत की झलक हमें हैरिस की पुस्तक *नेचर आफ कल्चरल थिंग्स* (1964), *द राइज आफ एंथ्रोपोलोजिकल थ्योरी* (1968) तथा *कल्चरल मेटेरियलिज्म* (1979) में मिलती है। हैरिस सांस्कृतिक भौतिकवाद की अवधारणा के आधार पर मानव विज्ञान को अमरीकी मानव विज्ञान के संस्थापक फ्रांज बोआस की बपौती से स्वतंत्र कराना चाहते थे। हैरिस नव-गैर वैज्ञानिक या विज्ञान विरोधी मनोदशा के प्रसार को भी रोकना चाहते थे।

सांस्कृतिक भौतिकवाद की अवधारणा मानव विज्ञान में वैज्ञानिक मानवशास्त्र के लिए एक केन्द्रीय समस्या को संबोधित करती है। इसकी अवधारणा के अनुसार लोग वैज्ञानिक परीक्षण के लिए व्यक्ति एवं वस्तु दोनों होते हैं। लोग अपने बारे में सोच सकते हैं तथा कह सकते हैं। यह उसी प्रकार से होता है जिस प्रकार से एक वैज्ञानिक किसी वस्तु के बारे में सोचता है तथा कहता है। अब प्रश्न यह उठता है कि सत्य ज्ञान कहां पर निहित होता है। हैरिस इस प्रश्न का उत्तर मानसिक संदर्भ *बनाम* व्यवहारात्मक संदर्भ तथा एमिक *बनाम* एटिक संदर्भ के आधार पर देते हैं। मानसिक संदर्भ का संबंध लोगों की सोचावट से है। व्यवहारात्मक संदर्भ का संबंध लोगों की क्रिया एवं क्रियाकलाप से है। एमिक संदर्भ का संबंध सहभागिता से है, जबकि एटिक संदर्भ का संबंध अवलोकन से है।

विभेद के इन दोनों प्रकार के युग्मों को मिला देने से चार प्रकार के ज्ञान शास्त्रीय संदर्भ प्राप्त होते हैं, जो निम्नलिखित हैं—

1. एमिक व्यवहारात्मक संदर्भ
2. एमिक मानसिक संदर्भ
3. एटिक व्यवहारात्मक संदर्भ

4. एटिक मानसिक संदर्भ

1. एमिक व्यवहारात्मक संदर्भ—एमिक व्यवहारात्मक संदर्भ में लोग जो अपने व्यवहार के संबंध में सोचते हैं उसे प्रस्तुत किया जाता है, उसी का वर्णन किया जाता है।

2. एमिक मानसिक संदर्भ—एमिक मानसिक संदर्भ में लोग जो अपने विचार के संबंध में सोचते हैं, उसका वर्णन किया जाता है।

3. एटिक व्यवहारात्मक संदर्भ—एटिक व्यवहारात्मक संदर्भ का संबंध अवलोकनकर्त्ता द्वारा लोगों के व्यवहार के ऊपर किए गए अवलोकन तथा अवलोकन के आधार पर वर्णन से है।

4. एटिक मानसिक संदर्भ—एटिक मानसिक संदर्भ का संबंध एक अवलोकनकर्त्ता द्वारा लोगों के विचार के संबंध में किए गए अवलोकन तथा उस अवलोकन के आधार पर वर्णन से है।

हालांकि चारों प्रकार के संदर्भ संभव हैं, लेकिन उनमें से दो संदर्भ जटिल हैं। उनके संबंध में विशेष सावधानी बरतने की आवश्यकता है। एमिक व्यवहारात्मक संदर्भ जटिल हैं; क्योंकि लोगों के बीच गलत चेतना जागृत हो सकती है तथा लोग स्वयं अपने ही व्यवहार का गलत अर्थ लगा लेते हैं। एटिक मानसिक संदर्भ भी जटिल होता है क्योंकि अवलोकनकर्त्ता के लिए यह पता लगा पाना कठिन होता है कि किसी दूसरे के मस्तिष्क में क्या हो रहा है। हैरिस के अनुसार एमिक मानसिक संदर्भ तथा एटिक व्यवहारात्मक संदर्भ में ऐसी जटिलता नहीं पाई जाती है। अतः इनके द्वारा ज्यादा लाभप्रद सूचना प्राप्त की जा सकती है।

हैरिस के वैज्ञानिक मानवशास्त्र में एमिक तथा एटिक दोनों व्यवहार का महत्त्वपूर्ण स्थान प्राप्त है। लेकिन उन्हें पृथक रखना चाहिए तथा उनकी अपनी संचालनात्मक परिभाषा तथा आंकड़े की भाषा होनी चाहिए। लेकिन अंत में एटिक संदर्भ ही श्रेष्ठ होता है। एमिक संदर्भ में स्थानीय सूचनादाता ही अंतिम जज होता है जो वैधता की जांच स्वयं करता है। एटिक संदर्भ में अंतिम निर्णय अवलोकनकर्त्ता के पास रहता है जो वैज्ञानिक अवलोकन द्वारा अपने निष्कर्ष तक पहुंचता है। स्थानीय लोग तथा वैज्ञानिक दोनों वस्तुनिष्ठ हो सकते हैं। लेकिन जब स्थानीय लोग वस्तुनिष्ठ होते हैं तब वे स्वयं वैज्ञानिक बन जाते हैं। हैरिस के अनुसार वस्तुनिष्ठता केवल अंतर वैयक्तिक निष्ठता नहीं है। यह केवल संस्कृति की आपसी जानकारी भी नहीं है। इसे एक दूसरे की संस्कृति में प्रतिभागी बनने की क्षमता के रूप में भी नहीं देखा जा सकता है। केवल एक ही वस्तुनिष्ठ सत्य है, वह है विज्ञान की एटिक सत्यता।

नवउद्विकासवादी लेस्ली ए. वाइट के समान हैरिस भी संस्कृति को कई स्तरों में विभाजित करते हैं। उन सांस्कृतिक स्तरों के आधार पर विश्वव्यापी प्रतिमान का निर्माण होता है। हैरिस के संस्कृति के विश्वव्यापी प्रतिमान निम्नलिखित हैं—

1. उत्पादन का तरीका;

2. प्रजनन का तरीका;
3. घरेलू अर्थव्यवस्था;
4. राजनीतिक अर्थव्यवस्था;
5. व्यवहारात्मक अधिसंरचना।

इन सभी प्रत्येक स्तरों में एटिक व्यवहारात्मक संदर्भ तथा एमिक मानसिक संदर्भ होता है। एटिक व्यवहारात्मक संदर्भ का पक्ष लेते हुए हैरिस ने उत्पादन तथा प्रजनन के तरीके को एटिक व्यवहारात्मक मूलभूत संरचना के साथ जोड़ा। आपने घरेलू अर्थ व्यवस्था तथा राजनीतिक अर्थव्यवस्था को एटिक व्यवहारात्मक अधिसंरचना में शामिल किया। आपके अनुसार मानसिक तथा एमिक अधिसंरचना विश्वव्यापी प्रतिमान के सभी स्तरों पर लागू होते हैं।

सांस्कृतिक भौतिकवाद का कोर मूलभूत संरचनात्मक नियतिवाद (Infrastructural Determinism) है। इसका विकास स्वयं हैरिस ने किया है। इसकी अवधारणा के अनुसार संस्कृति सबसे पहले एटिक मूलभूत संरचना में बदलती है। इसके बाद ही संस्कृति एटिक संरचना एवं अधिसंरचना में प्रतिध्वनित होती है। सबसे अंत में संस्कृति एमिक अधिसंरचना को प्रभावित करती है।

हैरिस के शब्दावली में सांस्कृतिक भौतिकवाद का विपरीतार्थक शब्द सांस्कृतिक आदर्शवाद है। सांस्कृतिक आदर्शवाद की अवधारणा के अनुसार सांस्कृतिक परिवर्तन सर्वप्रथम एमिक अधिसंरचना में आता है। इसके बाद में एटिक अधिसंरचना एवं संरचना के द्वारा प्रतिध्वनित होकर सबसे अंत में एटिक मूलभूत संरचना को प्रभावित करता है। उदारवादी मानवशास्त्री कभी सांस्कृतिक भौतिकवादी तथा कभी सांस्कृतिक आदर्शवादी के रूप में व्यवहार करता है। ऐसे लोग संस्कृति की चर्चा अच्छे ढंग से नहीं कर पाते हैं।

हैरिस ने सांस्कृतिक भौतिकवाद की अवधारणा का विकास मार्क्स के भौतिकवाद के आधार पर किया था। लेकिन मार्क्स का भौतिकवाद द्वंद्वात्मक भौतिकवाद (Dialectical Materialism) पर आधारित था, जबकि हैरिस का भौतिकवाद सांस्कृतिक भौतिकवाद (Cultural Materialism) पर आधारित है। हैरिस के अनुसार मार्क्स तथा एंजिल्स (Marx and Angeles) ने अपने सिद्धांत से प्रजनन के तरीके को अलग कर दिया था। उन विद्वानों द्वारा व्यवहारात्मक तथा मानसिक एवं एमिक तथा एटिक संदर्भ को भ्रमित कर दिया था। उन विद्वानों ने हेगलियन द्वंद्वात्मकता पर सवार होकर द्वंद्वात्मक भौतिकवाद सिद्धांत का प्रतिपादन किया था। यह सिद्धांत वैज्ञानिक सिद्धांत पर आधारित न होकर अलौकिक सिद्धांत पर आधारित था। अतः द्वंद्वात्मक भौतिकवाद के स्थान पर सांस्कृतिक भौतिकवाद ज्यादा उपयुक्त लगता है।

सांस्कृतिक भौतिकवाद ही ज्यादा उपयुक्त क्यों लगता है ?, इस प्रश्न के उत्तर में हैरिस का कहना है कि ऐसा इसलिए क्योंकि संस्कृति एवं प्रकृति के मध्य प्राथमिक अंतर

मूलभूत संरचना की होती है। मूलभूत संरचना ही वह स्थान होती है जहां लोग अपनी संस्कृति के उपयोग करने के लिए बाध्य होते हैं ताकि अच्छे ढंग से प्रकृति के साथ अनुकूलन हो सके और लोग सही ढंग से जी सकें। मानवशास्त्र में सांस्कृतिक भौतिकवाद के समर्थक नवउद्विकासवाद तथा नवपुरातत्व शास्त्र रहे हैं।

हैरिस के अनुसार एक मानवशास्त्री का प्रथम कार्य व्यवहारों एवं विचारों में समानता तथा विभिन्नता का कार्य-कारण विवरण देना है। इस विवरण को मूलभूत संरचना (Infrastructure), संरचना (Structure) तथा अधिसंरचना (Superstructure) के माध्यम से प्रस्तुत किया जा सकता है।

मूलभूत संरचना के अंतर्गत दो तरह के विचार एवं व्यवहार आते हैं—(i) उत्पादन का तरीका (Mode of Production) तथा (ii) प्रजनन विधि (Mode of reproduction)।

संरचना के अंतर्गत भी दो तरह के विचार एवं व्यवहार आते हैं—(i) घरेलू अर्थव्यवस्था (Domestic Economy) तथा (ii) राजनीतिक अर्थव्यवस्था (Political Economy)।

अधिसंरचना के अंतर्गत भी दो तरह के विचार एवं व्यवहार आते हैं—(i) व्यवहारात्मक (Behavioural) तथा (ii) मानसिक (Mental)।

इस प्रकार सांस्कृतिक भौतिकवाद के तीन उपादान होते हैं—(i) मूलभूत संरचना; (ii) संरचना; तथा (iii) अधिसंरचना।

हैरिस द्वारा प्रतिपादित सांस्कृतिक भौतिकवाद की अवधारणा मार्क्स, जूलियन एच. स्टीवार्ड तथा लेस्ली ए. वाईट से प्रभावित थी। अगर सचमुच में कहा जाये तब हैरिस का सांस्कृतिक भौतिकवाद मार्क्स, वाइट तथा स्टीवार्ड के दृष्टिकोणों का संश्लेषण था।

मार्क्स तथा वाइट के समान हैरिस ने समाज को तीन स्तरीय व्यवस्था के रूप में देखा। मार्क्स से आपने इंफ्रास्ट्रक्चर, स्ट्रक्चर तथा सुपर स्ट्रक्चर की अवधारणा को प्राप्त किया था, लेकिन द्वंद्ववाद को छोड़ दिया था। स्टीवार्ड से आपने सांस्कृतिक अनुकूलन की अवधारणा ग्रहण की थी, लेकिन आपने संस्कृति को व्यवस्था के रूप में देखा, तत्वों के संकलन के रूप में नहीं।

मार्क्स की दिशा में सांस्कृतिक भौतिकवाद भी स्वीकार करता है कि समाज-सांस्कृतिक व्यवस्था के तीन महत्त्वपूर्ण स्तर होते हैं—इंफ्रास्ट्रक्चर, स्ट्रक्चर एंड सुपर स्ट्रक्चर।

1. मूलभूत संरचना (Infrastructure)—मूलभूत संरचना के दो प्रमुख विधियां हैं—(i) उत्पादन विधि तथा (ii) प्रजनन विधि।

(i) उत्पादन विधि—इसके अंतर्गत आपने अस्तित्व की रक्षा हेतु प्रयोग में लाए जाने वाले तकनीकी एवं व्यवहार आते हैं।

(ii) प्रजनन विधि—इसके अंतर्गत जनसंख्या को नियंत्रित करने वाले तकनीकी तथा व्यवहार आते हैं।

2. संरचना (Structure)—इसके दो प्रमुख तत्व हैं—

(i) घरेलू अर्थव्यवस्था (Domestic Economy)—इसके अंतर्गत एक ऐसा समूह आता हैं जिसके सदस्यों के बीच घनिष्ठ संबंध रहता है। इस समूह द्वारा प्रजनन, उत्पादन, समाजीकरण, शिक्षा, घरेलू नियंत्रण इत्यादि कार्य किए जाते हैं।

(ii) राजनीतिक अर्थव्यवस्था—यह समूह छोटा या बड़ा हो सकता है। लेकिन इस समूह के सदस्यों के बीच बिना किसी भावनात्मक वचनबद्धता की अंत:क्रिया होती है। इस समूह के द्वारा भी उत्पादन, प्रजनन, समाजीकरण, शिक्षा तथा सामाजिक अनुशासन जैसे कार्य संपन्न किए जाते हैं।

3. अधिसंरचना (Superstructure)—इसके भी दो प्रमुख तत्व होते हैं—(i) व्यवहार संरचना (Behavioural Structure) तथा (ii) मानसिक संरचना (Mental Structure)।

(i) व्यवहार संरचना—इसके अंतर्गत कला, संगीत, नृत्य, साहित्य, अनुष्ठान, खेल-कूद, आदत तथा विज्ञान आते हैं।

(ii) मानसिक संरचना—इसके अंतर्गत मूल्य, भावना एवं परंपरा आते हैं।

मूलभूत संरचनात्मक नियतिवाद (Infrastructural Determinism)

सांस्कृतिक भौतिकवाद सिद्धांत इस मत का प्रतिपादन करता है कि उत्पादन विधि तथा प्रजनन विधि संरचना का निर्धारण करते हैं। इस सिद्धांत के अंदर मूलभूत संरचना को प्राथमिकता इसलिए दी गई है क्योंकि मूलभूत संरचनात्मक व्यवहारों के माध्यम से ही समाज पर्यावरण के साथ अनुकूलन करता है। अत: मानवशास्त्रीय अध्ययन का मुख्य केन्द्र मूलभूत संरचना होना चाहिए। चूंकि मानव विज्ञान एक विज्ञान है तथा विज्ञान का लक्ष्य नियम के समान सामान्यीकरण का पता लगाना रहता है। अत: मानवशास्त्र में मूलभूत संरचना के माध्यम से ही नियम समान सामान्यीकरण का पता लगाया जा सकता है।

सांस्कृतिक भौतिकवाद का यह कहना कदापि नहीं है कि मूलभूत संरचना में परिवर्तन सभी व्यवस्था में परिवर्तन लाता है। इसका यह भी नहीं मानना है कि संरचना एवं अधिसंरचना उदासीन अभिकारक हैं। अगर संरचना एवं अधिसंरचना का परिवर्तन मूलभूत संरचना में परिवर्तन के अनुकूल नहीं होता है, तब संरचनात्मक तथा अधिसंरचनात्मक परिवर्तन भी ठीक से नहीं काम करते हैं। मूलभूत संरचनात्मक नियतिवाद तीनों स्तरों—मूलभूत संरचना, संरचना एवं अधिसंरचना—के मध्य संभावित संबंधों की चर्चा करता है।

सांस्कृतिक भौतिकवाद आंकड़ों के संकलन एवं संगठन के लिए एमिक तथा एटिक विश्लेषण पर विशेष ध्यान देता है। एमिक विश्लेषणकर्त्ता सूचनादाताओं की व्याख्या पर निर्भर रहता है। अगर सूचनादाता किसी विवरण या व्याख्या से सहमत होता है तब इसे एमिक रूप से सही माना जाता है। एटिक विश्लेषणकर्त्ता केवल सूचनादाताओं पर ही

निर्भर नहीं होता है वरन् वह अनेक अवलोकनकर्त्ताओं की व्याख्या पर भी आश्रित होता है। एमिक तथा एटिक विश्लेषण मानसिक एवं व्यवहारात्मक विश्लेषण का योगदान देते हैं। अतः विचार एवं व्यवहार एमिक या एटिक हो सकता है। सांस्कृतिक भौतिकवाद केवल एमिक विश्लेषण को अस्वीकृत करता है। इसके अनुसार एमिक तथा एटिक विश्लेषण सांथ-साथ किया जाना चाहिए।

सांस्कृतिक भौतिकवाद के ऊपर सबसे उपयुक्त हैरिस का अनुसंधान पत्र 'कल्चरल एकोलोजी आफ इंडियाज सैकरेड कैटल' (1966) है। यह शोधपत्र सांस्कृतिक भौतिकवाद का सबसे अच्छा उदाहरण प्रस्तुत करता है। इस शोधपत्र में आपने दर्शाया है कि हिन्दू लोग गौमांस नहीं खाते, क्योंकि गोवध तथा गोमांस खाना हिन्दुओं के लिए वर्जित है। यह निषेध स्थानीय पर्यावरण के लिए अर्थपूर्ण होता है। क्योंकि इस मवेशी का महत्त्व स्थानीय लोगों के लिए कई तरह से होता है। अतः यह धार्मिक निषेध बुद्धिसंगतता का अच्छा उदाहरण है। भौतिक अर्थ में यह मवेशी प्रदत्त संसाधनों का संरक्षण है। हैरिस के अनुसार कोई भी मवेशी पारिस्थितिकीय दृष्टि से बेकार नहीं होता है। क्योंकि वे सभी इकोसिस्टम के अभिन्न अंग होते हैं। अतः उनका मूल्यांकन केवल बाजार मूल्य पर नहीं होना चाहिए। गाय से गोबर, दूध, बछड़ा, बैल, मूत्र इत्यादि प्राप्त होते हैं। इन सभी गाय से प्राप्त भौतिक वस्तुओं का सांस्कृतिक मूल्य स्थानीय लोगों के लिए होता है। गोबर खाद एवं घर आंगन की लिपाई-पुताई में काम आता है। बछड़ा बड़ा होकर बैल बनता है, खेत जोतता है तथा गाड़ी खींचता है। गोबर से गोइठा बनाया जाता है जो खाना पकाने के काम में आता है। दूध को सबसे पौष्टिक आहार माना जाता है। यह कई तरह की बीमारियों की दवा भी होता है। गोमूत्र का उपयोग पूजा-पाठ के अवसर पर किया जाता है। गोबर से गणेश बनाकर पूजा की जाती है। इस प्रकार स्थानीय भारतीय पर्यावरण में गाय एक भौतिक वस्तु मात्र नहीं होती है, वह एक सांस्कृतिक वस्तु होती है। वह एवं उससे प्राप्त होने वाली सभी वस्तुओं का सांस्कृतिक महत्त्व होता है। यही कारण है कि हिन्दुओं के बीच गोमांस खाना वर्जित है।

मानव भौतिकवाद (Human Materialism)

फ्लोरिडा विश्वविद्यालय अमरीका के एक विद्वान पाल मगनारेला ने मानव भौतिकवाद की अवधारणा का विकास किया है। उन्होंने अपनी पुस्तक *ह्यूमन मेटेरियलिज्म* (1993) में मानव भौतिकवाद की अवधारणा का विकास किया है। मारविन हैरिस द्वारा प्रतिपादित सांस्कृतिक भौतिकवाद, मूलभूत संरचना, संरचना तथा अधिसंरचना को सुरक्षित रखते हुए मगनारेला ने मानव भौतिकवाद की अवधारणा का विकास किया। आपने सांस्कृतिक भौतिकवाद में मानव भौतिकवाद का योगदान दिया। आपके द्वारा मूलभूत संरचना में आर्थिक एवं राजनीतिक पद पर आसीन व्यक्तियों को शामिल किया। उदाहरण के लिए

चमत्कारी नेता महात्मा गांधी, हिटलर, हजरत मोहम्मद इत्यादि। इन नेताओं द्वारा समाज एवं संस्कृति में महत्त्वपूर्ण योगदान दिया गया है। आपने जोर देकर कहा कि सामाजिक विज्ञान में व्यक्ति स्तर के प्रयोजन मूलकता की स्थापना की जानी चाहिए। मानव भौतिकवाद मानव व्यवहार को अपने प्रभावशाली पर्यावरण संदर्भ में प्रस्तुत करता है। यह महत्त्वपूर्ण ढंग से मानव विचारधारा के ऊपर अपना ध्यान केन्द्रित करता है। साथ ही साथ यह विशेष रूप से सामाजिक नेता की योजना, चतुराई तथा कार्यक्रम पर अपना पक्ष रखता है। मगनारेला के मानव भौतिकवाद मॉडल को निम्नलिखित ढंग से प्रस्तुत किया जा सकता है—

1. मूलभूत संरचना—इसके निम्नलिखित महत्त्वपूर्ण तत्व हैं—

(i) भौतिक—तकनीकी, उपकरण, उत्पादन विधि, पर्यावरणीय संसाधन एवं कारक।

(ii) मानव—जनसंख्या शास्त्र, प्रवसन, लोगों की मनोवैज्ञानिक एवं जीव वैज्ञानिक विशेषताएं।

(iii) सामाजिक—स्वामित्व एवं उत्पादन बल का नियंत्रण।

2. सामाजिक संरचना—इसके महत्त्वपूर्ण तत्व निम्नलिखित हैं—

(i) परिवार तथा नातेदारी व्यवस्था;

(ii) सामाजिक संगठन;

(iii) राजनीतिक, आर्थिक एवं धार्मिक संगठन;

(iv) कार्य संबंध।

3. अधिसंरचना—इसके निम्नलिखित तत्व हैं—

(i) विभिन्न सामाजिक संरचना तथा संगठन से जुड़े हुए विचारधारा, अनुष्ठान तथा संकेत।

(ii) प्रतिद्वंद्वी, अल्पसंख्यक तथा सीमित लोगों द्वारा समर्थित विचारधारा, अनुष्ठान एवं संकेत।

11

जैवकृत मानवविज्ञान

BIOLOGISED ANTHROPOLOGY

मानव विज्ञान को समग्रता में जानने के लिए सामाजिक-सांस्कृतिक मानवविज्ञान, शारीरिक-जैविक मानवविज्ञान, प्रागैतिहासिक/पुरातात्विक मानवविज्ञान तथा भाषाई मानवविज्ञान के संबंध में ज्ञान अर्जित करना आवश्यक होता है। हालांकि अमरीका में मानवशास्त्र विषय के अंतर्गत इन चारों शाखाओं की पढ़ाई अनिवार्य रूप से होती थी, लेकिन सामाजिक-सांस्कृतिक मानवशास्त्र अन्य सभी शाखाओं पर अपना प्रभाव रखता था। सबसे अधिक संख्या में मानवशास्त्री विद्वान इसी उपक्षेत्र में आते थे। शारीरिक मानवशास्त्र एवं सांस्कृतिक मानवशास्त्र के बीच संबंधों पर विशेष ध्यान नहीं दिया जाता था। शारीरिक मानवशास्त्र की प्राय: अवहेलना की जाती थी। लेकिन 1960 के बाद शारीरिक मानवशास्त्र एवं सांस्कृतिक मानवशास्त्र के बीच संबंधों में सुधार होना आरंभ हुआ। इस प्रकार दोनों महत्त्वपूर्ण शाखाओं के बीच संबंध में सकारात्मक परिवर्तन आया।

इस सकारात्मक परिवर्तन का मुख्य कारण जैविक मानवशास्त्र के अंतर्गत मानव व्यवहार के जैविक आधार में अभिरुचि का उत्पन्न होना था। समाज जीव वैज्ञानिकों के प्राथमिक अवलोकन में कई लोकप्रिय विषयों को जन्म मूलक (आनुवंशिक) माना गया था। उदाहरण के लिए मानवीय उग्रता, क्षेत्रीगता तथा कामुकता से संबंधित आनुवंशिक या जन्ममूलक कारक। इस तरह की शैली का उदाहरण रॉबर्ट आर्डरे (Robert Ardrey) की पुस्तक *अफ्रीकन जीनेसिस* (1961), तथा *टेरिटोरियल इंपेरेटिव* (1966) एवं देशमंड मोरिस (Desmund Moris) की पुस्तक *नेकेड एप* (1967) है। इन पुस्तकों के लेखकों को सामाजिक-सांस्कृतिक मानवशास्त्री तथा शारीरिक मानवशास्त्री दोनों अस्वीकार कर दिए थे। क्योंकि इनमें वैज्ञानिकता का पूर्णत: अभाव था। इनका दृष्टिकोण नंगी नकल (Naked Apery) पर आधारित था। हालांकि नंगी नकल की आलोचना करते हुए कुछ मानवशास्त्री यह सोचने को विवश हो गए कि मानवीय स्वभाव के जैविक आधार की सच्चाई क्या होगी। 1960 के दशक में ही प्रजाति के जैविक आधार के संबंध में मानवशास्त्रीय ढंग से दो महत्त्वपूर्ण विवाद खड़े हो गए थे। जैविक मानवशास्त्री कार्लेटन कून

(Karleton Conn) की पुस्तक *द ओरिजिन आफ रेस* का प्रकाशन 1963 ई. में हुआ था। इस पुस्तक में कून ने यह प्रस्ताव रखा कि होमो सेपियंस स्पेसिस की पांच भौगोलिक प्रजातियां पाई जाती हैं। उन पांचों भौगोलिक प्रजातियों की उत्पत्ति एवं उद्विकास होमो इरेक्टस से हुआ है। कौकासायड (श्वेत प्रजाति) ने सबसे पहले सेपियंस की अवस्था प्राप्त की तथा निग्रो प्रजाति ने सबसे अन्त में सेपियंस की अवस्था प्राप्त की। उस वक्त कार्लेटन कून को वैज्ञानिक प्रजातिवाद (Scientific racism) का समर्थक माना गया था और उनकी आलोचना की गई थी।

मानवशास्त्रीय ढंग से दूसरा महत्त्वपूर्ण विवाद शैक्षणिक मनोवैज्ञानिक आर्थर जेनसन (Arther Jenson) के इस प्रस्ताव से उत्पन्न हुआ कि बौद्धिक क्षमता में अंतर का आधार भी जन्म मूलक (आनुवंशिक) है। अमरीकी श्यामों तथा श्वेतों के बीच प्रचलित औसत 15 बिन्दू बौद्धिक क्षमता (IQ) के अंतर को शिक्षा के माध्यम से नहीं दूर किया जा सकता है। इस प्रस्ताव को भी मानवशास्त्रियों द्वारा अस्वीकार कर दिया गया है। प्रजातिवाद के आलोचकों द्वारा जेनसेनवाद कहा जाने लगा। लेकिन कतिपय मानवशास्त्रियों द्वारा जेनसेन के निष्कर्ष को सही ठहराया गया। उनके अनुसार जेनसेन की आलोचना वैचारिक मतभेद के कारण की गई, न कि वैज्ञानिक आधार पर। मानव व्यवहार के जैविक आधार को वैज्ञानिक परीक्षण की विषयवस्तु के रूप में कुछ वैज्ञानिकों द्वारा स्वीकार किया जाने लगा।

आर्डरी, मोरिस, कून तथा जेनसेन द्वारा प्रस्तावित वैज्ञानिक तथा राजनीतिक विवादों के कारण सांस्कृतिक तथा जैविक मानवशास्त्री एक-दूसरे से ज्यादा निकट आ गए। इसके कारण नव शारीरिक/नव जैविक मानवशास्त्र की स्थापना हुई। नवशारीरिक मानवशास्त्र का संबंध नव सांस्कृतिक मानवशास्त्र से नहीं था। इसका संबंध नव पुरातत्वशास्त्र से भी नहीं था। एस. वाशवर्न ने शारीरिक मानवशास्त्रियों को उद्विकासवाद के संश्लेषणात्मक सिद्धांत को स्वीकार करने के लिए प्रोत्साहित किया। संश्लेषणात्मक सिद्धांत के अंतर्गत डार्विनवाद एवं मेंडलवाद के संश्लेषण को अपनाने का सुझाव व्यक्त किया गया। इस संश्लेषण को जीव वैज्ञानिकों द्वारा 1930 के दशक में ही स्वीकार किया गया था। लेकिन जैविक मानवशास्त्र में इसे 1960 के दशक में स्वीकार किया गया। संश्लेषणात्मक सिद्धांत के आधार पर जैविक मानवशास्त्र के अंतर्गत स्वरूप के स्थान पर जैविक प्रक्रिया का अध्ययन आरंभ हुआ। साथ ही साथ प्रतीकात्मक एवं वर्गात्मक विचारों को परित्याग करने का सुझाव दिया गया। जैविक मानवशास्त्रियों की मनोदशा में यह बदलाव सांस्कृतिक मानवशास्त्रियों द्वारा सहर्ष स्वीकार करने योग्य हुआ। क्योंकि विशुद्ध प्रजातियों के संबंध में विचार जैविक मानवशास्त्रियों द्वारा छोड़ दिया गया था। इसी वक्त जैविक मानवशास्त्रियों द्वारा सिक्लसेल अनेमिया (Sickle Cell Anemea) तथा लैक्टोज (मिल्क सुगर) के भौगोलिक वितरण की सांस्कृतिक व्याख्या के ऊपर भी काम किया गया। इन व्याख्यात्मक सफलताओं के परिणामस्वरूप जैविक-सांस्कृतिक मानवशास्त्र (Bio-Cultural Anthropology) नामक नवीन क्षेत्र की उत्पत्ति हुई। इस मानवशास्त्र का मुख्य लक्ष्य

हैं कि सभी जानवर अपनी-अपनी योग्यता को अधिकतम करने के लिए व्यवहार करते हैं, लेकिन वे अपने संबंधी की योग्यता को बढ़ाने के लिए भी व्यवहार करते हैं। आधुनिक सिद्धांत के अनुसार योग्यता के कई स्तर होते हैं। अगर योग्यता किसी व्यक्ति से संबंधित है तब इसे व्यक्तिगत योग्यता (Individual Fitness) कहा जाता है। अगर इसका संबंध माता-पिता एवं संतान से होता है, तब इसे सम्मिलित योग्यता (Inclusive Fitness) कहा जाता है। अगर योग्यता का संबंध रिश्तेदारों से रहता है, तब इसे रिश्तेदार वरण (Kin Selection) कहा जाता है। लेकिन अगर योग्यता का संबंध अपने समूह से रहता है, तब इसे समूह वरण (Group Selection) कहा जाता है।

समाज-जीवन वैज्ञानिकों का संबंध परोपकारिता (Altruism), चरम समाजिकता (Eusociality), सहयोग (Cooperation), आदान-प्रदान (Reciprocation), स्वार्थी (Selfish) तथा द्वेष (Spite) जैसे व्यवहारों से रहता है।

परोपकारिता (Altruism)

यह एक प्रकार का सामाजिक व्यवहार है जो डार्विन द्वारा प्रतिपादित व्यक्तिगत योग्यता की कटौती करते हुए प्रापक की योग्यता को बढ़ाता है। डार्विन के अनुसार व्यक्तियों द्वारा केवल अपने लाभ के लिए व्यवहार किया जाता है। लेकिन परोपकारिता या स्वार्थहीनता जैसे व्यवहार यह दर्शाता है कि व्यक्ति अपने संबंधियों को लाभ पहुंचाने के लिए वैसा व्यवहार करते हैं। लेवोनटिन (1970) ने खरगोश के ऊपर अवलोकन करके यह दर्शाया कि कभी-कभी एक खरगोश दूसरे संबंधित खरगोश को लाभ पहुंचाने के लिए अपना भोजन एवं आवास का बलिदान देता है। दूसरे संबंधित व्यक्तियों के प्रजनन को सहायता पहुंचाने के लिए व्यक्तिगत प्रजनन में कटौती करना परोपकारिता या स्वार्थहीनता कहलाती है।

चरम सामाजिकता (Eusociality)

जब कोई व्यक्ति किसी दूसरे संबंधित व्यक्ति के प्रजनन को बढ़ाने के लिए जननीय सुविधा का परित्याग करता है, तब इसे चरम सामाजिकता कहा जाता है। इसे सामाजिकता का चरम कहा जाता है। मधुमक्खी का छत्ता इसका उचित उदाहरण है जहां रानी मधुमक्खी के प्रजनन को बढ़ाने के लिए अन्य महिला मधुमक्खियां अपने-अपने जननीय सुविधा का बलिदान देती हैं। वे सब स्वयं बांझ रहकर भी रानी मधुमक्खी के प्रजनन में सहायता करती हैं।

सहयोग (Cooperation)

संबंधित जानवर विपत्ति के समय एक दूसरे की सहायता करते हैं। पक्षियों एवं वानरों में सहयोगी शिशुपालन पाया जाता है। भेड़ियों, जंगली कुत्तों, मगरमच्छों, सील मछलियों,

वालरसों तथा अन्य परभक्षी जानवरों में सहयोगी शिकार किया जाता है। एक ही तरह की चिड़ियों का झुंड सांपों को घेर कर आक्रमण कर देता है। एक ही समूह के बंदरों द्वारा सामूहिक रूप से परभक्षियों का सामना किया जाता है। सहयोग एक सामूहिक क्रिया है जिसमें सभी व्यक्तियों को लाभ मिलता है।

आदान-प्रदान (Reciprocation)

जानवरों में भी सहायता एवं सेवा का आदान-प्रदान होता है। डोलफिंस बीमार डोलफिंस को पानी के सतह पर लाता है ताकि वह सांस ले सके। दूसरे अवसर पर जब सेवा देने वाला डोलफिंस बीमार पड़ता है तब उसे भी समूह के डोलफिंस से उसी प्रकार की सेवा प्रदान की जाती है। बबुन, लंगूर, जेबरा, पक्षी इत्यादि अपने संबंधित व्यक्तियों के समूह के बच्चों की देख-रेख करते हैं। इसमें सहायता देने वाला तथा सहायता पाने वालों दोनों को लाभ मिलता है, लेकिन एक ही अवसर पर नहीं, वरन् विभिन्न अवसर पर।

स्वार्थ एवं द्वेष

जानवर स्वार्थी भी होते हैं तथा बदला भी लेते हैं। स्वार्थी व्यवहार में प्रारंभिक लाभ में रहता है तथा प्राप्य घाटे में रहता है। लंगूर समूहों में जब नया नर लंगूर पुराने लंगूर को पराजित कर समूह एवं अंत:पुर का स्वामी बनता है, तब वह मां के दूध पर पल रहे बच्चों को जान से मार देता है। बच्चों की मृत्यु के बाद लंगूर मादाओं का दूध बंद हो जाता है तथा वे डिंब उत्सर्जित करने लगती हैं। समूह का स्वामी नर उनसे अब अपनी संतान उत्पन्न करता है। यह एक स्वार्थपूर्ण व्यवहार है।

कुछ जानवर अपनी योग्यता को नष्ट करके दूसरों की योग्यता को भी नष्ट कर देते हैं। इस तरह के व्यवहार को द्वेषपूर्ण व्यवहार कहा जाता है। दो भैंसों के बीच की लड़ाई इसी श्रेणी का व्यवहार है।

उपरोक्त विवरण से यह स्पष्ट होता है कि समाज जीव विज्ञान सामाजिक व्यवहार के जैविक आधार का अध्ययन करता है।

समाज-जीव वैज्ञानिक परीक्षण

समाज-जीवविज्ञान एक प्रकार का परीक्षण है जिसमें सामाजिक व्यवहार के जैविक आधार का पता लगाया जाता है। सामाजिक व्यवहार के जैविक आधार के परीक्षण करने वाले मानवशास्त्रियों द्वारा एक संप्रदाय की स्थापना की गई है जिसे समाज-जीव विज्ञान के नाम से जाना जाता है। सामाजिक व्यवहार के जैविक आधार का पता लगाने के लिए रिश्तेदार वरण (Kin Selection) तथा सम्मिलित योग्यता (Inclusive fitness) जैसे

उद्‌विकासीय सिद्धांत का अनुसरण किया जाता है। इस संप्रदाय की स्थापना 20वीं सदी के अंत में हुई। हालांकि यह दृष्टिकोण एडवार्ड ओ विल्सन की पुस्तक *सोशियो बायोलॉजी : द न्यू सिंथेसिस* के प्रकाशन के पश्चात् ही विवादास्पद हो गया था, लेकिन समाज-जीव विज्ञान एक अनुसंधान परीक्षण एवं कला है। इसका संबंध डार्विनवाद एवं नव-डार्विनवाद से है। यह दृष्टिकोण सामाजिक-सांस्कृतिक जीवन की कई गुत्थियों को जैविक घटनाओं के आधार पर सुलझाने का प्रयास करता है।

डार्विन के प्राकृतिक वरण सिद्धांत (Theory of Natural Selection) के अनुसार वैसी विविधता वाले व्यक्ति जो अपने-आपको पर्यावरण के अनुकूल बना लेते हैं वे दूसरों की तुलना में ज्यादा उत्पादन करते हैं। दूसरे शब्दों में कहा जा सकता है कि वे व्यक्ति दूसरे व्यक्तियों की तुलना में योग्यतम होते हैं। योग्यतम होने के कारण उनको प्रजनन का ज्यादा अवसर प्राप्त होता है। समाज-जीव वैज्ञानिकों के अनुसार मानव भी अन्य प्राणियों की भांति एक प्राणी है, अतः मानव के ऊपर भी डार्विनवाद की उद्‌विकासीय प्रक्रिया समान रूप से लागू होती है। अतः मानवों में भी जो व्यक्ति अपनी विविधता को पर्यावरण के साथ अनुकूलन करने में सफल हुए हैं, उन्हें ही प्रजनन में ज्यादा अवसर प्राप्त हुआ है।

समाज-जीव वैज्ञानिकों द्वारा दो प्रमुख पुस्तकों का प्रकाशन 1975 तथा 1976 में किया गया था। एडवार्ड ओ विल्सन की पुस्तक *सोशियो बायोलॉजी : द न्यू सिंथेसिस* का प्रकाशन 1975 ई. में हुआ था। एक अन्य समाज-जीव वैज्ञानिक रिचार्ड डावकिंस की पुस्तक *सेल्फिश जींस* का प्रकाशन 1976 में हुआ था। इन्हीं दोनों पुस्तकों के प्रकाशन से मानवशास्त्र में समाज-जीव विज्ञान की स्थापना हुई थी। इन विद्वानों ने अपने सिद्धांतों में सामाजिक व्यवहारों को विशेष प्रकार के जींस तथा उद्‌विकासीय प्रक्रिया द्वारा नियंत्रित होते हुए दर्शाया। इन विद्वानों द्वारा यह स्थापित करने का प्रयास किया गया कि प्रजनन सफलता भावी पीढ़ियों में विशेष प्रकार के जींस की आवृत्ति को बढ़ा देती है। प्रजनन द्वारा संवाहक जींस पीढ़ियों में पहुंचते हैं।

एडवार्ड ओ विल्सन हारवार्ड विश्वविद्यालय में एक कीट वैज्ञानिक थे। आपका जन्म 1929 में हुआ था। आत्म बलिदान या परोपकारिता की उद्‌विकासीय समस्या के ऊपर आप कार्य कर रहे थे। परोपकारिता अथवा आत्मबलिदान का जैविक आधार क्या हो सकता है ? इसे आपने मधुमक्खी की छत्तादानी के अवलोकन के आधार पर समझने का प्रयास किया। मादा मधुमक्खियां रानी मधुमक्खी को सुरक्षा प्रदान एवं प्रजनन में सहायता करने के लिए सदैव बलिदान देने के लिए तैयार रहती हैं। रानी मधुमक्खी के प्रजनन को बनाए रखने के लिए अन्य मादा मधुमक्खियां बांझ रह जाती हैं। इस प्रकार वे रानी मधुमक्खी की प्रजनन योग्यता बनाए रखने के लिए अपनी प्रजनन योग्यता को नष्ट कर देती हैं। चींटी समूह में भी अन्य चींटियां रानी चींटी को प्रजनन में सहायता प्रदान करने के लिए सदैव बलिदान देने को तैयार रहती हैं। अब समस्या यह सामने आई कि आत्म बलिदान की इन घटनाओं को डार्विनवादी उद्‌विकासीय सिद्धांत के माध्यम से किस प्रकार विश्लेषित

किया जाये। डार्विन का प्राकृतिक वरण सिद्धांत मधुमक्खी तथा चींटी समूह पर भी लागू होना चाहिए। लेकिन ऐसी स्थिति में ऐसी क्रिया का परिणाम उत्तरदायी जींस का रूपांतरण अथवा निष्कासन के रूप में होना चाहिए। लेकिन इसके बावजूद भी आत्मबलिदान की घटना जारी रहती है।

आरंभ में समाज-जीव वैज्ञानिकों द्वारा समूहवरण की चर्चा की गई थी। समूहवरण की घटना में व्यक्ति अपने समूह कल्याण हेतु आत्मबलिदान देते हैं या परोपकार करते हैं। आत्मबलिदानी या परोपकारी व्यक्ति को समूह के सदस्यों के रूप में अप्रत्यक्ष रूप से लाभ मिल जाता है। हालांकि यह प्रक्रिया कभी भी युक्तिसंगत नहीं थी।

1970 के दशक में कुछ आनुवंशिक वैज्ञानिकों ने रिश्तेदार वरण (Kin Selection) की चर्चा आरंभ की। यही प्रक्रिया विल्सन की पुस्तक *सोशियो बायोलॉजी : द न्यू सिंथेसिस* का प्रमुख आधार बनी थी।

विल्सन ने परोपकारिता अथवा आत्मबलिदान की समस्या का समाधान अस्तित्व के बाहर इसे परिभाषित करते हुए किया है। आपके अनुसार आत्मबलिदान भी वास्तव में स्वार्थहीन नहीं होता है। आत्मबलिदान भी स्वार्थयुक्त होता है। इसकी व्याख्या शामिल योग्यता या अनुकूल योग्यता (Inclusive Fitness) के आधार पर की जा सकती है। आपके अनुसार अनेक अधिकांश व्यवहारों का आनुवंशिक आधार अनेक जींस क्रियाओं के परिणाम होते हैं। आनुवंशिक रिश्तेदारों बीच इस प्रकार के जींस की साझेदारी रहती है। इस प्रक्रिया के द्वारा जो रिश्तेदार आत्मबलिदान करता है उसका जींस भावी पीढ़ियों में पहुंचता है। इस प्रकार आत्मबलिदान के बावजूद भी उस व्यक्ति का जींस भावी पीढ़ियों में बना रहता है। यहां आत्मबलिदान का जैविक आधार यह दर्शाता है कि आत्मबलिदान एक स्वार्थ रहित घटना नहीं है, वरन् यह एक स्वार्थयुक्त प्रक्रिया है।

उपरोक्त आधार पर समाज जीवविज्ञान को कुनबा परस्ती का जीव विज्ञान (Biology of Nepotism) कहा जाता है। समाज-जीव वैज्ञानिकों के अनुसार जींस व्यक्तियों को अपने रिश्तेदारों के पक्ष में अधिक व्यवहार करने के लिए बाध्य करता है। इतना ही नहीं यह हमें समीपस्थ रिश्तेदारों के पक्ष में अधिक तथा दूरस्थ रिश्तेदारों के पक्ष में कम व्यवहार करने के लिए उत्प्रेरित करता है। अत: एक रिश्तेदार के प्रति दूसरे रिश्तेदार का व्यवहार नातेदारी समीपता या दूरी पर निर्भर करता है। एक व्यक्ति का गैर-रिश्तेदारों की तुलना में अपने रिश्तेदारों के प्रति ज्यादा अनुकूल व्यवहार देखा जाता है। इन सभी क्रियाओं के पीछे स्वार्थी जींस का काम होता है। इसी आधार पर व्यक्ति अपनी अनुकूलन योग्यता तथा सफलता अधिक से अधिक प्राप्त करता है। उद्विकासवादी जीव वैज्ञानिक रिचार्ड डावकिंस ने अपनी पुस्तक *सेल्फिश जींस* (1976) में इस तरह के अनेक विचारों को शामिल किया है।

समाज-जीव वैज्ञानिकों के लिए एक व्यक्ति का जीवन युद्ध नीतिक विकल्पों का

इस अंतर में घटना क्रिया वैज्ञानिक (Phenomenologist) तथा दार्शनिक हर्सेल ने अपना अवलोकन जोड़ते हुए कहा कि प्राकृतिक विज्ञान सांस्कृतिक जीवन के अध्ययन के लिए उपयुक्त नहीं है। क्योंकि सांस्कृतिक जीवन का अर्थ होता है, जिसे व्यक्ति निष्ठता के द्वारा जिए गए अनुभव के रूप में समझा जा सकता है। शास्त्रीय सांकेतिक तथा व्याख्यात्मक मानवशास्त्री परंपराओं के द्वारा अनुभवाश्रित अनुसंधान के ऊपर अपना विशेष ध्यान देते थे। नव सांकेतिक तथा व्याख्यात्मक मानवशास्त्री अपने शास्त्रीय सहयोगियों के विपरीत भौतिकी तथा पारिस्थितिकीय परंपराओं पर ध्यान देते हुए यह दर्शाने का प्रयास किए हैं कि सामाजिक तथा सांस्कृतिक विश्व सांकेतिक नेटवर्क द्वारा एक दूसरे से जुड़े हुए हैं। प्रत्येक संकेत सांस्कृतिक अर्थ के संवाहक होते हैं।

विक्टर टर्नर (1920-1989)

विक्टर टर्नर सांकेतिक मानवशास्त्र के संस्थापक थे। आपने इस संप्रदाय की स्थापना ग्रेट ब्रिटेन में की थी। आप फ्रेंच समाजशास्त्री इमायल दुर्खिम से काफी प्रभावित थे। इमायल दुर्खिम की सामाजिक एकता की अवधारणा से आप अत्यंत प्रभावित थे। आपने यह जानने का प्रयास किया कि किस प्रकार संकेत किसी समाज में क्रियाशील रहता है। संरचना-प्रकार्यवादियों ने यह दर्शाया था कि जैविक एकता संस्थाओं के माध्यम से बनी रहती है। संस्थाओं द्वारा समाज में औपचारिक संबंधों का जन्म दिया जाता है। लेकिन टर्नर महोदय ने संरचना प्रकार्यवादियों के विपरीत दुर्खिम द्वारा प्रतिपादित सामाजिक एकता (Social Solidarity) को स्वीकार किया। दुर्खिम के अनुसार सामाजिक एकता सांकेतिक तार्किक व्यवस्था का प्रकार्य है जिसके द्वारा समाज के लोगों के बीच एकता बनी रहती है। टर्नर ने अपने सांकेतिक मानवशास्त्रीय दृष्टिकोण में दुर्खिम के इस मत को स्वीकृति प्रदान की। टर्नर का सांकेतिक मानवशास्त्र लेवि-स्ट्रास के संरचनावाद के समान है। इस प्रकार टर्नर महोदय का सांकेतिक मानवशास्त्र इमायल दुर्खिम तथा लेवि-स्ट्रास दोनों से प्रभावित था। दुर्खिम तथा लेवि-स्ट्रास के अनुसार सांस्कृतिक वैषम्य तथा अनुकूलता सार्वभौमिक मानसिक संरचना होती है। इन्हीं पर संस्कृतियों का निर्माण होता है। लेकिन टर्नर के अनुसार सामाजिक एकता संदिग्ध होती है तथा इसे स्थायी नहीं माना जा सकता है। दुर्खिम के अनुसार आदिम मानवों के बीच सामाजिक एकता आदिम मनोवैज्ञानिक आवश्यकता के कारण स्थापित हुई। लेकिन टर्नर के अनसार लोग सामाजिक जीवन को संरचित करने के लिए उन प्राकृतिक बलों के विपरीत बाह्य किए जाते हैं जिनके द्वारा उनके अस्तित्व को खतरा पैदा होता है। संकेत प्राथमिक वाहन होता है जिनके माध्यम से एकता संगठित की जाती है। संकेतों को लोग अपने-अपने उद्देश्यों की प्राप्ति हेतु उपकरण के रूप में प्रयोग करते हैं। इस प्रकार संकेतों के माध्यम से सामाजिक व्यवस्था स्थापित होती है। दूसरे अर्थों में कहा जा सकता है कि संकेतों के माध्यम से सामाजिक व्यवस्था का जन्म होता है।

दुर्खिम के सिद्धांत के अतिरिक्त विक्टर टर्नर अर्नाल्ड वान गेन्नेप से प्रभावित हुए थे। गेन्नेप ने अपनी पुस्तक *द राइट्स आफ पैसेज* (1959) में इस मत का प्रतिपादन किया था कि संकेत व्यक्तियों को एक अवस्था से दूसरी अवस्था तक की यात्रा कराते हैं। इस यात्रा की तीन प्रमुख अवस्थाएं होती हैं—

(i) समूह से अलगाव;

(ii) नवीन अवस्था में प्रवेश;

(iii) संस्थापन तथा पुनर्संस्थापन।

गेन्नेप से प्रभावित होकर विक्टर टर्नर ने संकेत की अवधारणा की व्याख्या प्रस्तुत की। आपने संकेतों को प्रक्रिया के सिद्धांत के रूप में देखा। टर्नर का यह सिद्धांत अल्पतम (Liminal) की अवधारणा के समान है। टर्नर के अनुसार अनुष्ठान में अल्पतम प्रत्यक्ष अवधि शामिल रहता है जिसमें सामाजिक संरचना की सभी धारणाएं विनष्ट हो जाती हैं। इसमें एक संरचना विरोधी अवधि अस्तित्व में आती है। उदाहरण के लिए इसे नरबलि तथा अन्य दीक्षा अनुष्ठानों के अवसर पर देखा जा सकता है। संरचना विरोधी अनुष्ठानिक अव्यवस्था सामान्य पहचान तथा भूमिका को उलट-पलट देती है। इस अनुष्ठानिक अव्यवस्था में मर्द का रूपांतरण औरत में तथा राजा का रूपांतरण नौकर के रूप में हो जाता है। टर्नर के अनुसार इस प्रकार के संरचना विरोधी कार्यकला इसलिए संभव हो पाता है क्योंकि यह अल्पतम अवस्था होती है। इस अल्पतम अवस्था में दैनिक संरचना की सीमा समाप्त हो जाती है तथा नवीन सृजनात्मक संभावनाएं उत्पन्न हो जाती हैं। इस सिद्धांत का मूल विषय यह है कि अनुष्ठानिक अल्पतम की अवस्था में भी समाज के सदस्य अपनी संरचनात्मक एकता को बनाए रहते हैं। साथ ही साथ अपनी संरचनात्मक एकता में पूर्ण आस्था व्यक्त करते हैं। इस नवस्थापित एकता के कारण समाज अल्पतम अवस्था के क्रांतिकारी प्रभाव को नहीं अपनाते हैं तथा समाज के साथ अपनी एकता को बनाए रखते हैं।

विक्टर टर्नर महोदय का सांकेतिक दृष्टिकोण अपने अमरीकी समकालीन ग्रीट्ज महोदय के व्याख्यात्मक दृष्टिकोण से भिन्न भी था। ग्रीट्स महोदय के समान टर्नर महोदय संकेतों अथवा प्रतीकों को संस्कृति का संवाहक (Vehicle) नहीं मानते थे। आपके अनुसार संकेतों या प्रतीकों को संस्कृति का संवाहक कहना उचित नहीं है। क्योंकि प्रतीक या संकेत संस्कृति के संचालक (Operator) होते हैं। सामाजिक प्रक्रिया के संचालन में उनका महत्त्वपूर्ण योगदान रहता है। संकेत भौतिक तत्वों का आकर्षण नहीं होते, वरन् वे भागीदारी अर्थों की सांकेतिक व्यवस्था प्रस्तुत करते हैं। यही मानवीय संबंधों का केन्द्र होता है। इस प्रकार संकेत मानवीय संबंधों को बनाए रखने तथा समाज को गतिमान रखने अपना महत्त्वपूर्ण योगदान देते हैं।

टर्नर महोदय के अनुसार संकेत समाज के संचालक के रूप में अपनी व्यवस्था तथा संदर्भ द्वारा सामाजिक परिवर्तन उत्पन्न करते हैं। सामाजिक परिवर्तन लोगों को सामाजिक मानदंड पालन के लिए एकजुट करता है। यह संघर्ष को समाप्त करता है तथा कर्त्ताओं की स्थिति में परिवर्तन लाता है।

ब्रिटिश मानवशास्त्री विक्टर टर्नर द्वारा सामाजिक परिवर्तन तथा निरंतरता के द्वंद्वात्मक अध्ययन हेतु सामाजिक नाटक (Social Drama) की अवधारणा का विकास किया गया था। टर्नर के अनुसार सामाजिक नाटक सामाजिक प्रक्रिया की एक स्वत: इकाई है। यह मानव समाज के सभी व्यक्तियों की सच्चाई है। इस नाटक को चार प्रक्रियाओं के माध्यम से समझा जा सकता है। टर्नर द्वारा प्रतिपादित सामाजिक नाटक की चार प्रक्रियाएं निम्नलिखित हैं—

1. दरार (Breach);
2. संकट (Crisis);
3. सुधार (Redress);
4. पुनर्एकीकरण (Reunification)।

1. दरार—सामाजिक नाटक की यह प्रथक प्रक्रिया है। इसके द्वारा सामाजिक संबंध में दरार उत्पन्न होती है। सामाजिक संबंध विच्छेद हो जाता है।

2. संकट—सामाजिक नाटक की दूसरी प्रक्रिया संकट है। संकट का समाधान सामान्य विधि से किया जा सकता है।

3. सुधार—सामाजिक नाटक की तीसरी प्रक्रिया सुधार है। इसके द्वारा दरार एवं संकट को समाप्त कर संबंधों में सुधार लाया जाता है।

4. पुनर्एकीकरण—सामाजिक नाटक की यह चौथी एवं अंतिम प्रक्रिया है। इसका संबंध सुधार हो जाने के बाद पुनर्एकीकरण से है। इसमें फूट की पहचान कर उसे पाटने का प्रयास किया जाता है। सामाजिक नाटक वैसे समूह में संपन्न होता है जिसके सदस्य सामान्य मूल्य तथा अभिरुचि में साझेदारी रखते हैं तथा जिनके पास आम साझेदारी का इतिहास रहता है।

टर्नर का कृतित्व

टर्नर के प्रमुख कृतित्व निम्नलिखित हैं—

1. 1967 : द फोरेस्ट आफ सिंबल्स : आस्पेक्ट्स आफ एनडेम्बु रिचुअल्स। इथिका : कार्नेल यूनिवर्सिटी प्रेस।
2. 1969 : द रिचुअल प्रोसेस : स्ट्रक्चर एंड एंटी स्ट्रक्चर, न्यूयार्क।

क्लीफोर्ड ग्रीट्ज (Clifford Greetz) (ज. 1926)

आप एक अमरीकी मानवशास्त्री थे। आपने संस्कृति के लक्षण वैज्ञानिक (Semiotic) सिद्धांत का प्रतिपादन करते हुए सांकेतिक मानवशास्त्र के स्थान पर व्याख्यात्मक मानवशास्त्र की स्थापना की थी। आपके अनुसार संस्कृति का लक्षण वैज्ञानिक सिद्धांत सामाजिक

परिचालन तथा अनुष्ठान संपन्नता पर आश्रित है। ग्रीट्ज महोदय मैक्स वेबर से प्रभावित थे। मैक्स वेबर ने सामाजिक संरचना के विपरीत सामाजिक अर्थ को व्याख्यात्मक अस्त्र बनाया था। आपने जोर देकर कहा कि सामाजिक संरचना (Social Structure) के स्थान पर सामाजिक अर्थ (Social Meaning) के ऊपर विशेष ध्यान दिया जाना चाहिए। सामाजिक अर्थ को ही व्याख्या का आधार बनाया जाना चाहिए। सामाजिक अर्थ को ही आधार बनाते हुए ग्रीट्ज महोदय ने अपने समकालीन ब्रिटिश मित्र द्वारा प्रतिपादित सांकेतिक मानवशास्त्र के स्थापन पर व्याख्यात्मक मानवशास्त्र का विकास किया था। आपने संस्कृति के संचालन (Operation) के ऊपर ध्यान केन्द्रित करते हुए संस्कृति के संवाहन को व्याख्या का आधार बनाया। आप संकेतों या प्रतीकों को टर्नर के समान संस्कृति के संचालक (Operator) नहीं मानते थे। आप संकेतों एवं प्रतीकों को संस्कृति का संवाहक (Vehicle) मानते थे। आपकी अभिरुचि उन तरीकों में नहीं थी जिनके द्वारा संकेत समाज में संचालित होते हैं। ग्रीट्ज के अनुसार संस्कृति कोर में नैतिक मूल्यों का एक समुच्चय विश्व जैसा है उसके अनुरूप उसको सुरक्षित रखता है। यह समुच्चय यह भी विचार व्यक्त करता है कि विश्व कैसा होना चाहिए। इस प्रकार व्याख्यात्मक मानवशास्त्र यह दर्शाता है कि किस प्रकार जीया हुआ अनुभव संकेत की लोक व्यवस्था में जुड़कर दुनिया को बोधगम्य बनाता है।

ग्रीट्ज के समकालिक टर्नर सामाजिक संचालन पर अपना ध्यान केन्द्रित किए हुए थे। उन्होंने यह जानने का प्रयास किया था कि किस प्रकार संकेत समाज के संचालन में अपना योगदान देते हैं। लेकिन ग्रीट्ज का मानना था कि संकेत सामाजिक प्रक्रिया तथा समाज के संचालन में भूमिका नहीं निभाते हैं। वे तो संस्कृति के संवाहक होते हैं। वे संस्कृति को गतिमान रखते हैं। संस्कृति के संवाहन में संकेतों का अर्थ होता है। संकेतों के अर्थ के आधार पर ही संस्कृति की व्याख्या की जानी चाहिए। यहाँ इस बात पर ध्यान देना चाहिए कि किस प्रकार संकेत किसी संस्कृति में संवाहक का काम करते हैं। यह जानने का प्रयास होना चाहिए कि किसी समुदाय के सदस्य अपनी दुनिया को संकेतों के माध्यम से कैसे देखते हैं, कैसे अनुभव करते हैं तथा कैसे सोचते हैं।

ग्रीट्ज के अनुसार संस्कृति की व्याख्या सामान्य नियम की खोज के आधार पर नहीं की जानी चाहिए। संस्कृति की व्याख्या संकेतों में निहित अर्थों के आधार पर की जानी चाहिए। क्योंकि संस्कृति बाह्य संकेतों के माध्यम से व्यक्त होती है। समाज संकेतों को व्यवहार में लाता है, उसे मस्तिष्क में बंद नहीं रखता है। आपके अनुसार संस्कृति ऐतिहासिक ढंग से हस्तांतरित होने वाली अर्थ प्रतिमान होती है। यह संकेतों में निहित रहती है। संकेतों के माध्यम से समाज के सदस्यों के बीच बातचीत होती है, संवाद विनिमय होता है, विचार एवं भावनाओं की अभिव्यक्ति की जाती है। संकेतों के माध्यम से ही संस्कृति एक पीढ़ी से दूसरी पीढ़ी तक हस्तांतरित होती है। इसके आधार पर ज्ञान तथा मनोभावना जीवन से संबंधित होते हैं, समाज संकेतों को अपनी दुनिया, लौकिकता, मूल्य, मानदंड तथा संस्कृति के अन्य पहलुओं को व्यक्त करने के लिए प्रयोग में लाता है। संकेत संस्कृति के संवाहक

होते हैं। उनका अध्ययन अपने आप में नहीं किया जाना चाहिए। संकेतों के अध्ययन द्वारा यह जानने का प्रयास किया जाना चाहिए कि वे हमें संस्कृति के बारे में क्या बतलाते हैं। संकेत व्यक्तियों में उन तरीकों का विकास करता है जिसके आधार पर वे सामाजिककर्त्ता के रूप में अपनी दुनिया को देखते हैं, सोचते हैं तथा अनुभव करते हैं। इस प्रकार संस्कृति को सामाजिककर्त्ता के रूप में जीए हुए अनुभव के रूप में परिभाषित किया जाना चाहिए। ग्रीट्ज संस्कृति को सामाजिक घटना क्रिया मानते हैं। यह अंतर व्यक्तिनिष्ठ संकेतों एवं अर्थों की साझेदारी व्यवस्था होती है।

ग्रीट्ज ने अपनी पुस्तक *द इंटरप्रिटेशन आफ कल्चर* (1973) में एथनोग्राफिक विधि का विकास किया है। आपने एथनोग्राफिक विधि का विकास करते हुए सघन वर्णन (Thick description) तकनीक की वकालत की है। आपके अनुसार एक एथनोग्राफर के लिए थिक डिस्क्रिप्शन तकनीक संस्कृति की व्याख्या में अनोखा योगदान दे सकती है। इस तकनीक द्वारा संस्कृति के मूलपाठ को जाना जा सकता है। इस तकनीक के माध्यम से मानवजीवन को विस्तारपूर्वक जाना जा सकता है। क्योंकि इस तकनीक द्वारा हमें वैसी सूचनाओं की जानकारी मिलती है, जो विश्व को बोधगम्य व्यवहार प्रदान करती है।

ग्रीट्ज की थिक डिस्क्रिप्शन तकनीक के अनुसार व्याख्यात्मक मानवशास्त्र के निम्नलिखित लक्ष्य होते हैं—

1. सामाजिक मानवशास्त्र एथनोग्राफी पर आधारित है।
2. एथनोग्राफी संस्कृति का अभिलेखन होता है।
3. संस्कृति संकेतों पर आधारित होती है।
4. संकेत सामुदायिक व्यवहारों को नियंत्रित करते हैं।
5. संकेत अपनी भूमिका से अर्थ प्राप्त करते हैं।
6. संकेत सामाजिक जीवन व्यवस्था प्रतिमान को बनाए रखने में महत्त्वपूर्ण योगदान देते हैं।
7. चूंकि संस्कृति एवं व्यवहार एक दूसरे से घनिष्ठ रूप से जुड़े रहते हैं, अत: उन्हें पृथकता में नहीं अध्ययन किया जा सकता है।
8. उपरोक्त तकनीकों की मदद से संस्कृति का सघन विवरण (Thick description) प्रस्तुत किया जा सकता है।
9. थिक डिस्क्रिप्शन एक प्रकार की व्याख्या है। स्थानीय लोगों के बारे में यह व्याख्या अनुसंधानकर्त्ता द्वारा की जाती है। इसके लिए अनुसंधानकर्त्ता स्थानीय समुदाय द्वारा प्रयोग में लाए गए संकेतों एवं प्रतीकों का अध्ययन करता है। यहां अनुसंधानकर्त्ता स्थानीय लोगों के अनुसार सोचता है तथा व्याख्या प्रस्तुत करता है।
10. थिक डिस्क्रिप्शन मानवशास्त्रीय सिद्धांत के आधार पर संभव है।

थिक डिस्क्रिप्शन की व्याख्या हेतु ग्रीट्ज ने एक उदाहरण प्रस्तुत किया। यह उदाहरण ब्लिंक (Blink) तथा विंक (Wink) के बीच अंतर पर आधारित है। ब्लिंक थिन

13

राजनीतिक अर्थव्यवस्था

POLITICAL ECONOMY

मानवशास्त्र में राजनीतिक अर्थव्यवस्था का एक संप्रदाय के रूप में उदय 1970 के दशक में हुआ था। इस संप्रदाय के विद्वानों द्वारा वैश्वीक पूंजीवाद के स्थानीय सामाजिक सांस्कृतिक प्रभाव को अपनी विचारधारा की विषयवस्तु बनाया गया था। इस प्रकार की विचारधारा के कारण मानवशास्त्र में आलोचनात्मक संप्रदाय का उदय हुआ। आलोचनात्मक संप्रदाय को ही राजनीतिक अर्थव्यवस्था के नाम से जाना जाता है।

1950 के दशक से ही मानवशास्त्रीय विद्वान मानवशास्त्र विषय के अंतर्गत आदिम, स्वसमग्र तथा ग्रामीण समुदायों के ऊपर किए जा रहे अध्ययन से संतुष्ट नहीं थे। विशेषकर अमरीका में राबर्ट रेडफिल्ड द्वारा महान परंपरा (Great Tradition) तथा साधारण परंपरा (Little Tradition) के बीच सैद्धांतिक विभेद को प्रकाश में लाया गया। आपके अनुसार महान परंपरा साक्षर, धार्मिक तथा नगरीय समाज की परंपरा है। इसके विपरीत साधारण परंपरा मौखिक, जादुई तथा ग्रामीण समाज की परंपरा है। हालांकि इस सैद्धांतिक विभेद को प्रकाश में आने पर भी विकसित एवं अविकसित विश्व एक दशक बाद तक सिद्धांत निर्माण के अधीन रहा।

राजनीतिक अर्थव्यवस्था नामक संप्रदाय की उत्पत्ति प्रभावशाली अर्थशास्त्री आंद्रे गुंडर फ्रैंक (Andre Gunder Frank) के 1960 दशक के लेखन से मानी जा सकती है। 1960 दशक में फ्रैंक ने आधुनिकीकरण कार्यक्रम की आलोचना आरंभ कर दी थी। फ्रैंक ने वैश्वीक पूंजीवादी कार्यक्रम को हितैषी कम तथा अनर्थकर ज्यादा बतलाया था। आपके अनुसार पूंजीवादी कार्यक्रम के माध्यम से पश्चिमी देश विकासशील राष्ट्रों के संपर्क में आए। पश्चिमी देशों द्वारा विकासशील देशों को सैटेलाइट पर आश्रित बना दिया गया पश्चिमी देश विकासशील देशों को सैटेलाइट देकर बदले में वस्तुओं एवं श्रम को कम कीमत पर प्राप्त किए। फ्रैंक के शब्दों में किसी देश को पिछड़ा होने का कारण स्थानीय पारिस्थितिकी नहीं, वरन् पूंजीवादी शोषण है।

इतिहासकार इमामुल वालर स्टेइन (Immamuel Waller Stein) द्वारा यूरो-अमरीकी विश्व अर्थव्यवस्था की ऐतिहासिक उत्पत्ति की पहचान की गई। इस अर्थव्यवस्था में यूरो-अमरीका के बुर्जुआ पूंजीवादियों द्वारा बाह्य अथवा अन्य देशों के सर्वहारा द्वारा उत्पन्न लाभ को अपना लिया जाता है। फ्रैंक के समान वालर स्टेइन ने सर्वहारा को भी विश्व की असमान विनिमय व्यवस्था में शामिल दर्शाया। इस असमान अर्थव्यवस्था में यूरो-अमरीकी समाज बाह्य जनसंख्या में प्रवेश कर गया है। यूरो-अमरीका द्वारा बाह्य जनसंख्या को आर्थिक रूप से अधीन बना लिया गया है। यूरो-अमरीका बाहरी जनसंख्या के उत्पादों का आर्थिक रूप से शोषण करता है।

राजनीतिक अर्थव्यवस्था की उत्पत्ति के कारण उस काल के वृहत बौद्धिक वातावरण का निर्माण हुआ। इसके परिणामस्वरूप संपूर्ण पश्चिमी समाज में वृहत पैमाने पर मुक्तिदायक आंदोलन का उदय हुआ। उदाहरण के लिए संस्कृति विरोधी आंदोलन, महिला सशक्तीकरण आंदोलन, उपनिवेश विरोधी आंदोलन इत्यादि। इन मुक्ति आंदोलनों का दार्शनिक आधार बौद्धिक जगत द्वारा ही तैयार किया गया था। इसका प्रभाव तत्कालीन बौद्धिक विमर्श पर व्यापक रूप से पड़ा था।

सामाजिक-सांस्कृतिक मानवशास्त्रियों के लिए यह अवधि आत्म विश्लेषण करने की थी। क्योंकि सामाजिक-सांस्कृतिक मानवशास्त्र पश्चिमी उपनिवेश एवं आर्थिक साम्राज्यवाद के पड़ने वाले विश्व पर प्रभावों की व्याख्या करने में विफल रहा था। सामाजिक-सांस्कृतिक मानवशास्त्र द्वारा मानवशास्त्रीय ज्ञान के उत्थान एवं उपनिवेशीय मिलन के बीच संबंध को भी उपेक्षित किया गया था। प्रायः सभी एथनोग्राफिक मूलपाठों का लेखन कार्य स्थानीय लोगों के राजनीतिक एवं सैनिक सत्ता के अधीन संपन्न हुआ था। यूरोपीय-अमरीकी श्वेतों द्वारा एथनोग्राफी के मूलपाठ का लेखन किया गया था। अनेक एथनोग्राफिक समुदाय कैदी थे तथा वैश्वीक पूंजीवाद एवं सैनिकवाद पर आश्रित थे। भय के साथ मानवशास्त्री इस तथ्य से परिचित हुए कि उनका विषय अनजाने में उपनिवेशीय उद्यम सह-अपराधी रहा है। यह विषय उन लोगों के शोषण एवं उत्पीड़न से बढ़ा है जिनका अध्ययन बौद्धिक एथनोग्राफर द्वारा सुनियोजित ढंग से सहानुभूतिपूर्वक किया गया है।

आचारशास्त्रीय धर्म संकट से भयभीत होकर मानवशास्त्रियों ने सामाजिक-सांस्कृतिक सिद्धांत के रूढ़िवादी दृष्टिकोणों को अस्वीकार करने लगे। इस कार्य के लिए फ्रेंच समाजशास्त्री दुर्खिम के संरचना या जैविक सादृश की अवधारणा को आधार बनाया गया। इसी आधार पर फ्रेंच तथा ब्रिटिश मानवशास्त्रियों की आलोचना आरंभ कर दी गईं। उसके बाद के वर्षों में मानवशास्त्रीय ज्ञान तथा सच्चाई मूल्य से संबंधित अनेक अवधारणाओं की आलोचना मानवशास्त्रियों तथा अन्य के द्वारा आरंभ की गई। आरंभिक मानवशास्त्रियों द्वारा आदिवासियों के संबंध में आदिम, समयरहित तथा आत्मनिर्भर जैविक समुदाय के रूप में एथनोग्राफिक विवरण दिया गया था। लेकिन वे एथनोग्राफिक विवरण उन विद्वानों की कल्पना पर

आधारित थे। ऐसा तर्क दिया गया कि मानव समाजों का गहनतापूर्वक अध्ययन पश्चिमी बुर्जुआ संस्कृति की कार्टेसियन अभिधारणा के संदर्भ में की जानी चाहिए। इस अवधारणा के अनुसार इसमें संदेह नहीं है कि कभी समय रहित अपरिवर्तनशील आदिम समाज के लोग रहे होंगे। लेकिन बाद में वे लोग भी भौतिक रूप से संपन्न, साक्षर, सभ्य तथा औद्योगिक समाज के संपर्क से लाभ अवश्य अर्जित किए होंगे। इस प्रकार मस्तिष्क एवं बात, शरीर तथा आत्मा एवं विषय तथा वस्तु के बीच मौलिक दोहरापन पाया जाता है। इसके कारण बहुत दिनों से चली आ रही अनुभवाश्रित अनुसंधान की अवधारणा के ऊपर भी प्रश्न चिह्न लगने लगा। ऐसा माना जाने लगा कि विश्व को सुगमता तथा अधैर्यपूर्वक देखने का प्रयास किया गया। एथनोग्राफी के लेखक भी पूर्ण रूप से पक्षपात रहित तथा वस्तुनिष्ठ नहीं थे। इन कालदोषीय दृष्टिकोणों के स्थान पर अनेक विद्वान वर्ग संघर्ष अभिरुचि तथा वैश्वीक पूंजीवादी इतिहास में छिपी हुई शक्ति एवं आश्रितता को दर्शाने लगे। इस इतिहास के निर्माण में मानवशास्त्र ने भी अपना महत्त्वपूर्ण योगदान दिया था। सामाजिक प्रक्रिया, शक्ति, संघर्ष एवं सत्तावादी ज्ञान के इन उत्तर-संरचनात्मक संदर्भ में राजनीतिक अर्थशास्त्र नामक संप्रदाय का जन्म हुआ। यह संप्रदाय संस्कृति को धन एवं शक्ति के असमानता के आधार पर स्वरूप प्राप्त करते हुए दर्शाता है। कार्ल मार्क्स के लेखन से प्रभावित होकर यह संप्रदाय भौतिकवादी दिखाई पड़ता है। क्योंकि मानव अस्तित्व की भौतिक स्थिति सामाजिक संबंध की स्थिति को निर्धारित करती है। सांस्कृतिक भौतिकवाद में उत्पादन एवं प्रजनन की रीति-रिवाज (इंफ्रास्ट्रक्चर) संस्कृति का प्राथमिक निर्णायक होता है। लेकिन राजनीतिक अर्थव्यवस्था के अनुसार भौतिक स्थिति संस्कृति का निर्णायक होती है। इस प्रकार राजनीतिक अर्थव्यवस्था नामक संप्रदाय मार्क्सवादी विचारधारा से प्रभावित था।

विचारधारा विचारों की निर्मित प्रणाली होती है। अतः उन पर सिद्धांतकारों की अभिरुचि का प्रभाव पड़ता है। राजनीतिक अर्थव्यवस्था संप्रदाय के विद्वानों की अभिरुचि इसमें थी कि एक समाज किस प्रकार अपने आपको दूसरों से अलग करता है। इस संप्रदाय के अनुसार समाज आयु, लिंग, मानवजातीयता, सामाजिक-आर्थिक आधार इत्यादि पर विभेद उत्पन्न करता है। जो वर्ग धन उत्पादन के साधनों का नियंत्रण करता है, वही वर्ग ज्ञान उत्पादन पर भी नियंत्रण रखता है। जब विश्व संबंधी ज्ञान पर प्रश्न चिह्न लगाया जाता है, तब विचारधारा अपनी स्वेच्छाचारिता खो देती है। तब इसे प्रकृति के रूप में देखा जाता है। उस समय विचारधारा समाज के किसी एक समूह की अभिरुचि में नहीं शामिल होती है। विचारधारा समाज की प्रबल संदर्भ बन जाती है। इस स्थिति में विचारधारा शक्ति संपन्न तथा शक्तिहीन दोनों द्वारा मान्य होती है। चुनौती विहीन वैश्वीक पूंजीवाद जैसी प्रबल विचारधारा एक ही साथ आर्थिक एवं राजनीतिक अभिरुचि को कुछ समय के लिए पुनरावर्तन करती है। यह शक्ति संबंध की असमानता को झूठ साबित कर देती है।

राजनीतिक अर्थशास्त्री इसे अधिपत्य (Hegemony) कहते हैं। अधिपत्य की अवधारणा के अनुसार एक सामाजिक समूह दूसरे सामाजिक समूह के ऊपर एक विशेष विश्वास तथा राजनीतिक एवं आर्थिक परिस्थिति सौंप देता है।

इस प्रकार राजनीतिक अर्थशास्त्र के हाथों में संस्कृति की अवधारणा के ऊपर पुनर्विचार किया गया है। इस पुनर्कल्पना के अनुसार अभौतिक एवं अधिभौतिक (Metaphysical) संस्कृति के संबंध में कोई भी विचारधारा अध्ययन के लिए वस्तुनिष्ठ एवं मूर्त व्यवस्था नहीं हो सकती है। संस्कृति को अध्ययन के लिए भेदरहित एवं एकीकृत नहीं माना जा सकता है।

आधुनिक सिद्धांतकारों ने संस्कृति के अस्तित्व की कल्पना को ही अस्वीकार कर दिया है। उनके अनुसार संस्कृति संदिग्ध है। किस सामाजिक एवं ऐतिहासिक परिस्थिति में कोई अभिरुचि या क्रियाकलाप अस्तित्व में आते हैं, किस प्रकार वे नए अर्थ एवं व्यवहार प्राप्त करते हैं, उनके प्रति दूसरों से क्या प्रतिक्रिया व्यक्त की जाती है, किस प्रकार उन्हें प्राप्त किया जाता है, किस प्रकार स्वीकृति प्रदान की जाती है तथा किस प्रकार उनमें परिवर्तन लाया जाता है, इन सभी प्रश्नों का उत्तर राजनीतिक अर्थशास्त्र संप्रदाय के विद्वानों द्वारा दिया गया है। इस सिद्धांत से प्रभावित होकर मानवशास्त्रियों ने व्यवहार में मानवशास्त्र को परंपरागत समुदाय अध्ययन की पीढ़ी से ऊपर उठाया है। समुदाय अध्ययन पीढ़ी के मानवशास्त्री समुदाय संस्कृति को समयरहित, अपरिवर्तनशील तथा स्वतंत्र रूप से देखते थे। लेकिन 1970 तथा 1980 दशक के मानवशास्त्रियों ने स्थानीय संस्कृति के ऊपर वृहत स्तर के क्षेत्रीय, राष्ट्रीय तथा अंतर्राष्ट्रीय राजनीतिक आर्थिक प्रभावों के ऊपर विशेष ध्यान दिया। इसके अंतर्गत वैश्वीकरण प्रक्रिया पर विशेष ध्यान दिया गया। एरिक वोल्फ (Eric Wolf), सिडने मिंज (Sidney Minz) तथा विलियम रोसेबेरी (William Roseberry) ने इस समस्या को विशेष रूप से प्रकाश में लाया।

वैश्वीक एवं स्थानीय संस्कृति को एक–दूसरे में व्याप्त हो जाने के कारण संस्कृति के परिवर्तनशील चरित्र प्रकाश में आया है। लेकिन अनेक मानवशास्त्रियों के लिए यह अनेक प्रश्न भी खड़ा करता है। अगर अन्य संस्कृति (Other Culturc) का एथनोग्राफिक प्रतिनिधित्व पश्चिमी समाज की वस्तुनिष्ठ सच्चाई, मानदंड, मूल्य एवं कल्पना को प्रतिबिंबित नहीं करता है, तब किस प्रकार नवीन पीढ़ी के मानवशास्त्री अपने आपको सांस्कृतिक पक्षपात से स्वतंत्र कर पायेंगे। इस परिस्थिति में यथार्थ एवं अर्थपूर्ण संस्कृति का विवरण देना संभव नहीं है। क्योंकि अन्य संस्कृति यूरोपीय तथा अमरीकी संस्कृति से बिल्कुल भिन्न है। उन्हें सभ्य बनाने की आवश्यकता है।

मार्क्सदर्शन से प्रभावित होने के कारण राजनीतिक अर्थशास्त्र को भी मानवजातीय पक्षपात से ऊपर नहीं माना जा सकता है। क्योंकि इसका भी मानना है कि संस्कृति भौतिकवादी शक्ति संघर्ष की उपज है। यह आश्चर्यजनक ढंग से पश्चिमी समाज का

विश्लेषण है। मानवशास्त्री प्रश्न करने लगे हैं कि क्या यह जरूरी है या आचारशास्त्रीय ढंग से ठीक है किसी एक कारण या कारणों के प्रतिमान को औद्योगिक पूंजीवाद, उपनिवेशवाद, वैज्ञानिक प्रगति, उत्तर ज्ञानोदय विचारधारा एवं संस्कृति के बीच संबंधों के लिए उत्तरदायी माना जाये। इन प्रश्नों का विशेष महत्त्व है, क्योंकि इन प्रश्नों से यह पता चलता है कि मानवशास्त्री क्या करना चाहते हैं। यह एक ऐसा मॉडल प्रस्तुत करता है जिससे यह दर्शाया जा सकता है कि लोग किस प्रकार एक-दूसरे से तथा विश्व से अंतर संबंध बनाए रखते हैं। अधिकांश मानवशास्त्री अनुभव किए हुए हैं कि मानवशास्त्र को आधुनिकतावादी विरासत से कैसे बाहर निकाला जाये।

14

आधुनिकता

MODERNITY

विश्व में एक समय ऐसा था जब धर्म के नाम पर आदमी की बलि चढ़ा दी जाती थी। संपूर्ण घटना के लिए ईश्वर को उत्तरदायी माना जाता था। राजधर्म तथा परंपरा आपस में जुड़ गए थे। इसके पश्चात् ज्ञानोदय (Enlightment) आया। अब परंपरा बीमार हो गयी। परंपरा को तर्क के आधार पर अस्वीकार किया जाने लगा। अंधविश्वासों का अंत होने लगा। सभी घटनाओं को ज्ञान तथा तर्क के आधार पर समझने का प्रयास किया जाने लगा। इस प्रकार ज्ञानोदय के साथ-साथ आधुनिकता एवं आधुनिकवाद आया। यह 18वीं से 19वीं शताब्दी की बात है। आधुनिकता के साथ-साथ औद्योगिकता तथा पूंजीवाद अस्तित्व में आया। सामंतवादी व्यवस्था समाप्त होने लगी और उदारवादी प्रजातांत्रिक व्यवस्था का उदय हुआ। इसके फलस्वरूप आधुनिक समाज सामाजिक संबंधों को राष्ट्रीय तथा अंतरराष्ट्रीय धरातल प्रदान किया। उपभोक्तावाद तथा बाजारवाद का विकास हुआ। अंतरराष्ट्रीय बाजार का प्रादुर्भाव हुआ। अब मानव की जीवनशैली में बदलाव आया। शक्ति की राजनीति ने विश्व स्तर पर अपना स्थान बनाने में सफलता पायी। साम्राज्यवाद तथा आर्थिक प्रतियोगिता के बीच चोली-दामन का संबंध स्थापित हो गया।

और तब आधुनिक समाज ने एक और करवट ली। इसने उत्तर-आधुनिकता की ओर अपना मुंह मोड़ा। आज संपूर्ण यूरोप तथा अमरीका का आधुनिक समाज उत्तर-आधुनिक बन गया है। विकासशील देशों में भी उत्तर-आधुनिकता ने दस्तक दे डाली है। हालांकि हेबरमा जैसे अनेक विद्वान यह मानने को तैयार नहीं हैं कि आधुनिकता पूरी तरह आकर चली गयी है। कई विकासशील देशों में तो आधुनिकता हाल ही में आयी है। फिर आज संपूर्ण विश्व में उत्तर-आधुनिकता जैसी बात एवं शब्द सुनने को मिल रहा है।

उत्तर-आधुनिकता आज विश्व में विवादास्पद स्थिति में है। इसके संबंध में कोई निश्चित तस्वीर हमारे सामने उभरकर नहीं आयी है। उत्तर-आधुनिकता की संपूर्ण अवधारणा अभी धुंध और कोहरे में ढकी हुई है। लेकिन इतना अवश्य प्रतीत होता है कि उत्तर-आधुनिकता समाजशास्त्रीय सिद्धांतों के महान वृत्तांतों को समाप्त करने पर तुली हुयी है।

विश्व में जो आधुनिकता का स्वरूप बना वह प्रजातंत्र तथा पूंजीवाद से जुड़ा हुआ था। आधुनिक क्रांतिकारी मूल्यों ने राजनीतिक परिवर्तन के साथ-साथ सामाजिक, सांस्कृतिक तथा आर्थिक आधुनिकता को बढ़ाया दिया। जहां कहीं भी विश्व में पूंजीवादी व्यवस्था ने अपना पैर फैलाया, वहां पारंपरिकता तथा आधुनिकता के मध्य संघर्ष आरंभ हुआ। इसके कारण परंपरा का आधुनिकीकरण आरंभ हुआ।

3. पूंजीवाद के जवाब में समाजवाद का जन्म

जहां पश्चिमी यूरोप में पूंजीवादी व्यवस्था के माध्यम से आधुनिकता को गति प्रदान की गयी, वहीं पूर्वी यूरोप में समाजवादी व्यवस्था द्वारा आधुनिकता को गति प्रदान की गयी। समाजवादी व्यवस्था का जन्म पूंजीवादी व्यवस्था की प्रतिक्रिया के फलस्वरूप हुआ, लेकिन आधुनिकता को दोनों प्रकार की व्यवस्थाओं में उचित स्थान प्राप्त हुआ। पूंजीवाद तथा समाजवाद परस्पर विरोधी होते हुए भी अपने-अपने ढंग से आधुनिकता को अंगीकार किया।

4. उदारवादी विचारधारा की विजय

उदारवाद की जड़ें ज्ञानोदय में निहित हैं। यह अपने मूल में प्रजातंत्र का पोषक है। यह सामंतवाद एवं राजशाही का शत्रु है। आधुनिकता को स्थापित करने में उदारवादी विचारधारा की भूमिका महत्त्वपूर्ण रही है। उदारवादी विचारधारा के कारण ही आधुनिकता का विस्तार हुआ है। जब वियतनाम युद्ध में अमरीका को पराजय का सामना करना पड़ा तथा जापान की अभूतपूर्व प्रौद्योगिकी के कारण अमरीकी अर्थ व्यवस्था को मुंह की खानी पड़ी, तब यह उदारवाद की विचारधारा बलवती हो गयी। इस घटना के साथ ही 1980 के दशक में कुछ ऐसी पुस्तकें प्रकाशित हुईं जिनसे यह धारणा बलवती हो गयी कि प्रजातंत्र तथा उदारवाद के माध्यम से ही आधुनिकता को स्थापित किया जा सकता है।

उदारवादी विचारकों के विद्योचित लेखन के साथ-साथ अमरीकी विचारक फ्रांसिस फुकुयामा (Francis Fukuyama) का *द एंड आफ हिस्ट्री* (1989) शीर्षक लेख संपूर्ण विश्व को आश्चर्यचकित कर दिया। यह लेख नेशनल इंटरेस्ट में प्रकाशित हुआ था। इस लेख में फुकुयामा ने अमरीकी शक्ति में आयी कमी को उदारवाद तथा आधुनिकता से संबंधित बतलाया। फुकुयामा ने अपने लेख के माध्यम से यह स्थापित किया कि अब विश्व के इतिहास पर विराम लग गया है तथा इतिहास का अवसान हो गया है। इसका तात्पर्य यह था कि विचारधारा का जो उद्‌विकास प्रारंभ हुआ था, वह पूरा हो गया। अब संपूर्ण विश्व में पश्चिमी उदारवादी प्रजातांत्रिक व्यवस्था स्थापित हो गयी। इसके आगे और कोई ऐतिहासिक घटना नहीं घटने वाली है। इसके आगे और कोई विचारधारा तथा

व्यवस्था की शुरुआत नहीं होगी। इस प्रकार विश्व में इतिहास का अंत हो गया। अब संपूर्ण विश्व इससे सहमत है कि उदारवाद प्रजातंत्र तथा आधुनिकता वैध जीवन प्रणालियां हैं।

फुकुयामा ने अपनी अवधारणा के समर्थन में अनेक उदाहरण प्रस्तुत किए। उन्होंने कहा कि समाजवादी विचारधारा की जड़ें उखड़ गयी हैं। धार्मिक चुनौतियां बौनी पड़ गयी हैं। वैश्वीकरण के आगे राष्ट्र–राज्य की सीमा सिकुड़ गयी है। ये सब प्रमाण इस तथ्य को प्रस्तुत करते हैं कि अब विश्व का इतिहास आगे नहीं बढ़ सकता है और न ही वह पीछे मुड़ सकता है। इस प्रकार इतिहास का अंत आज के इतिहास का मुहावरा बन गया है तथा उदारवाद का राजनीतिक दर्शन आधुनिकता का मुहावरा बन गया है।

5. 1989–90 ई. का योगदान

ऐसी बात नहीं है कि चमत्कारी मार्ग को अपनाते हुए आधुनिकता विश्व के पटल पर एकाएक प्रकट हुयी। आधुनिकता के उद्‌विकास का एक लंबा इतिहास है। औद्योगिक क्रांति से अपना सफर शुरू करते हुए आधुनिकता सामंतवाद का पतन तथा पूंजीवाद के उदय के पड़ाव पर पहुंची है। हाल ही में घटित विश्व की दो घटनाओं ने आधुनिकता को और तीव्रता प्रदान की है।

1980–1990 के दशक में यूरोप तथा अमरीका में बड़े–बड़े क्रांतिकारी परिवर्तन आए। सन् 1991 के अगस्त माह में सोवियत रूस में ऐसे क्रांतिकारी परिवर्तन हुए जिससे संपूर्ण समाजवादी देशों की तस्वीर बदल गयी। समाजवादी देशों का अगर सच कहा जाए तो विघटन हो गया।

सन् 1989–90 में पोलैंड, हंगरी, पूर्वी जर्मनी, बुलगारिया, चेकोस्लोवाकिया और रूमानिया जैसे पूर्वी यूरोपीय देशों में ऐसे राजनीतिक परिवर्तन हुए जिससे संपूर्ण विश्व आश्चर्यचकित रह गया। ऐसे परिवर्तन की कल्पना भी नहीं की जा सकती थी। बर्लिन की दीवारें ढाह दी गयी। देखते–देखते समाजवादी देश ताश के पत्तों की तरह बिखर गए। अब दुनिया प्रजातांत्रिक पूंजीवादी दुनिया तथा समाजवादी दुनिया में विभाजित नहीं रह गयी। अब विश्व में दो ध्रुवीय व्यवस्था नहीं रह गयी। अब विश्व एक ध्रुवीय रह गया। एक ध्रुवीय विश्व प्रजातांत्रिक पूंजीवादी व्यवस्था में सिमट गया है।

1989–90 की विश्व में घटित घटनाओं ने यह साबित कर दिया कि प्रजातांत्रिक पूंजीवादी व्यवस्था पर आधारित आधुनिकता ही विश्व की नियति बन गयी है। लेकिन आधुनिकता का यह अंतिम पड़ाव हो, इसे निश्चितपूर्वक नहीं कहा जा सकता है। अब तो अनेक विचारक ऐसे मानने लगे हैं कि औद्योगिक क्रांति से निकली तथा पूंजीवाद से पनपी यह आधुनिकता अपने अगले पड़ाव पर पहुंच रही है। इस पड़ाव को उत्तर–आधुनिकता के नाम से जाना जाता है।

आधुनिकता : अर्थ एवं परिभाषा (Modernity : Meaning and Definition)

आधुनिकता का अर्थ इतिहास के एक निश्चित काल से है। लेकिन आधुनिकता को केवल ऐतिहासिक काल से ही जोड़ना उचित नहीं है। यह सत्य है कि इतिहास की तीन प्रमुख अवस्थाएं—प्राचीनकाल, मध्यकाल तथा आधुनिककाल—हैं। जार्ज रिटजर जैसे विद्वान के अनुसार आधुनिकता का संबंध विचारधारा एवं कतिपय मूल्यों से है। पहले समाज में धार्मिक मूल्यों का विशेष स्थान प्राप्त था। लेकिन बाद में चलकर समाज धर्मनिरपेक्ष बन गया। इस प्रकार धार्मिक समाज का धर्मनिरपेक्ष समाज में रूपांतरण ही आधुनिकता कहलाता है। दूसरे शब्दों में कहा जा सकता है कि समाज परंपरागत अवस्था से आधुनिक अवस्था में औद्योगीकरण के माध्यम से आया है। आधुनिकता का यह अर्थ मूल्य एवं विचारधारा प्रधान है।

अगर सच कहा जाए तो आधुनिकता का संबंध एक विशेष प्रकार की संस्कृति से है। आधुनिकता में सामाजिक, आर्थिक तथा राजनीतिक व्यवस्थाओं के बीच संबंध स्थापित होता है। इस संबंध के कारण एक विशेष प्रकार की संस्कृति का विकास होता है। आधुनिकता में सांस्कृतिक बहुलता रहती है। इसके अंतर्गत अनेक जातियां, भाषाएं तथा सांस्कृतिक क्षेत्र आते हैं। इस प्रकार आधुनिकता में लचीलापन रहता है। यह हमेशा नयी-नयी आविष्कारों में लगी रहती है। आधुनिक काल का सौंदर्य बोध बड़ा ही परिष्कृत होता है। इसकी पोप संस्कृति बड़ी ही जादुई होती है। आधुनिकता औद्योगिक अर्थव्यवस्था का दर्पण होता है। लेकिन जब यही आधुनिकता अधिक विकसित हो जाती है, तब इसे उत्तर-आधुनिकता कहा जाता है।

ब्रिटिश समाजशास्त्री एंथोनी गिडेंस (Anthony Giddens) ने अपनी पुस्तक द *कंसिक्वेंसेस आफ माडर्निटी* (1990) में आधुनिकता की परिभाषा चार मौलिक संस्थाओं के संदर्भ में करते हैं। आपके अनुसार आधुनिकता की पहली संस्था पूंजीवाद है। इसके अंतर्गत वस्तुओं का उत्पादन, निजीकरण तथा श्रमिक वर्ग आते हैं।

आधुनिकता की दूसरी संस्था उद्योगवाद है। इसके अंतर्गत ऊर्जा का विकास, तकनीकी विकास, आवागमन के साधन, संचार व्यवस्था तथा घरेलू जीवन आते हैं।

आधुनिकता से संबंधित तीसरी संस्था निगरानी तथा नियंत्रण रखने वाली संस्था है। इसके अंतर्गत प्रशासनिक व्यवस्था तथा सैन्य व्यवस्था आती है।

आधुनिकता से जुड़ी हुई चौथी संस्था राष्ट्र-राज्य है। आधुनिकता का केन्द्र समाज न होकर राष्ट्र या राज्य होता है।

इस प्रकार एंथोनी गिडेंस के अनुसार आधुनिकता उपरोक्त चार संस्थाओं—पूंजीवाद, उद्योगवाद, प्रशासनिक शक्ति तथा राष्ट्र-राज्य—का योग है।

गिडेंस के अनुसार आधुनिक समाज प्रतिबिंब (Reflex) समाज है। आधुनिक समाज में समय तथा स्थान दोनों सिकुड़ गए हैं। समय सीमा तो आधुनिक समाज में इतनी

सिकुड़ गयी है कि लोग बिजली की गति से एक-दूसरे से संबंध रखते हैं। देखते ही देखते संचार साधनों के माध्यम से संपर्क स्थापित हो जाता है, व्यापार-सौदा तय हो जाता है, साक्षात्कार हो जाता है तथा नियुक्ति हो जाती है।

समय के साथ-साथ स्थान भी सिमटकर रह गया है। पिता मुंबई में, पुत्र दिल्ली में तथा पुत्रवधू बंगलौर में रहकर काम करते हैं। बेटा-बेटी देहरादून में पढ़ते हैं। वे दूर रहकर भी पल-पल एक-दूसरे के साथ हैं। ऐसी संचार-व्यवस्था विकसित हो गयी है जिसके द्वारा दुनिया को मुट्ठी में कैद कर लिया गया है।

गिडेंस के अनुसार आधुनिकता की सबसे बड़ी खासियत इसका प्रतिबिंब स्वरूप है। अब दुनिया के सारे देशों की पत्नियां विवाह विच्छेद को जानने लगी हैं। वे सोचती है कि अगर दूसरे देश की पत्नियां विवाह विच्छेद के लिए स्वतंत्र हैं तो इस देश की पत्नियां क्यों नहीं ऐसा कर सकती हैं। कहने का तात्पर्य यहाँ यह है कि संचार माध्यमों के द्वारा दुनिया का प्रतिबिंब अब छोटे-से-छोटे समाज पर भी पड़ने लगा है। यही आज के आधुनिक समाज का प्रतिबिंब स्वरूप है।

गिडेंस आधुनिकता के विश्लेषण करते वक्त एक और कारक पर अपना ध्यान केन्द्रित किया है। यह कारक भी समय-स्थान के साथ घनिष्ठ रूप से जुड़ा हुआ है। इसे असन्निहित (Disembeded Factor) कहा जाता है। आधुनिक समाज में सामुदायिक जीवन पद्धति नहीं होती है। पहले लोग समुदाय के साथ पर्व-त्योहार, हंसी-खुशी, सुख-दुख इत्यादि मनाते थे। लेकिन अब लोग समुदाय से हटकर इन सबको मनाते हैं। इस प्रकार पर्व-त्योहार, हंसी-खुशी, जन्म-मरण, सुख-दुख सब आधुनिकता में पहुंचकर निजी जीवन का रुख अपना लेती हैं।

अब हम गिडेंस द्वारा प्रदत्त आधुनिकता के लक्षणों को निम्न ढंग से दर्शा सकते हैं—

(1) पूंजीवाद; (2) उद्योगवाद; (3) प्रशासनिक शक्ति; (4) राष्ट्र-राज्य; (5) प्रतिबिंब समाज; (6) असन्निहितता।

आधुनिकता तथा आधुनिक समाजशास्त्रीय विचारक

सन् 1960 के बाद पूरे विश्व में एक नया परिवर्तन दिखायी दिया। विश्व के समाजवादी देशों द्वारा त्वरित विकास का कार्यक्रम तैयार किया गया। इसका प्रभाव अमरीका तथा पश्चिमी यूरोप पर पड़ा। मार्क्सवादी विकास योजनाओं के विकल्प के रूप में अमरीका में विशेषज्ञों का एक दल अस्तित्व में आया। इस दल ने आधुनिकता को दूसरे देशों में फैलाने का दायित्व अपने कंधों पर लिया।

सैद्धांतिक स्तर पर टालकोट पारसंस (Talcott Parsons) ने स्थापित किया कि आधुनिकता मूल्यों की एक गठरी है। अतः समाज में जितना अधिक विभेदीकरण होगा, समाज उतना ही अधिक आधुनिक होगा। आधुनिकता की इसी परिभाषा के ऊपर ध्यान

केन्द्रित कर प्रतिमान विचर (Pattern Variable) की अवधारणा का विकास किया। उनका कहना था कि किसी भी कार्य को करने से पहले दुविधा या असमंजस की स्थिति आती है। क्रिया करने से पहले व्यक्ति अपने मूल्यों के अनुसार निर्णय लेता है कि किसे करना चाहिए अथवा किसे नहीं करना चाहिए। प्रतिमान विचर ही समाज को परंपरागत या आधुनिक बना देते हैं। इस प्रकार पारसंस के अनुसार आधुनिक समाज वह है जिसमें भावात्मक तटस्थता, विशिष्टता, सर्वव्यापकता, उपलब्धि तथा सामूहिकता के मूल्य होते हैं। पारसंस इन्हीं मूल्यों के आधार पर आधुनिकता को परिभाषित करते हैं। उल्रीच बेक (Ulrich Beck) आधुनिकता को अलग ढंग से देखते तथा परिभाषित करते हैं। आपके अनुसार आधुनिकता की संस्कृति खतरे की संस्कृति है। बेक के अनुसार शास्त्रीय अथवा पुरातन युग की आधुनिकता औद्योगिक आधुनिकता थी। लेकिन आधुनिक युग की आधुनिकता खतरे की आधुनिकता है। आज की आधुनिकता 19वीं शताब्दी की आधुनिकता से बिल्कुल भिन्न है। आधुनिक आधुनिकता में व्यक्तिकरण अधिक है। यह व्यक्ति नियंत्रण से बाहर है। इस व्यक्ति का व्यवहार जाति, धर्म, भाषा, क्षेत्र इत्यादि से प्रभावित नहीं है। ऐसे व्यक्ति समाज के लिए खतरा बनते जा रहे हैं। क्योंकि उनके पास अधिक से अधिक संचित धन है। ये लोग उद्योगपति हैं, व्यापारी हैं, सौदागर हैं। इनके व्यवहार से समाज पर क्या नकारात्मक प्रभाव पड़ रहा है, इससे इनको कुछ लेना-देना नहीं है। इस प्रकार एक ऐसा खतरनाक समाज अस्तित्व में आ गया है जिससे आने वाली पीढ़ियों को अपने अस्तित्व बचाने का खतरा उत्पन्न हो गया है। बेक के अनुसार आज हम जिस आधुनिकता में अपना जीवनयापन कर रहे हैं, वह कुछ और नहीं वरन् प्रकृति का राजनीतिकरण है। कारखानों तथा प्रदूषण का जो विभत्स चेहरा हमारे सामने है, वह जानलेवा खतरे के समान है।

जार्ज रिटजर (George Ritzer) ने मार्क्स तथा वेबर द्वारा प्रतिपादित बुद्धिसंगत (Rationality) की अवधारणा को अपनाते हुए आधुनिकता को परिभाषित करने का प्रयास किया है। वेबर अपनी बुद्धिसंगत की अवधारणा का विकास धर्म तथा शक्ति के अध्ययन के आधार पर किया था। आप आधुनिकता को आवश्यक रूप से बुद्धिसंगत मानते थे। आपने बुद्धिसंगत यानी विवेक को संरचनात्मक स्तर पर परीक्षण किया था। आपके अनुसार नौकरशाही एक बुद्धिसंगत संरचना है। उसी प्रकार धर्म भी एक औपचारिक बुद्धिसंगत संरचना है। इस प्रकार नौकरशाही तथा धर्म दोनों में आपने विवेक को उचित स्थान दिलवाया। इस प्रकार विवेक अनेक औपचारिक प्रकार का होता है। वेबर की इसी अवधारणा को रिटजर और आगे बढ़ाते हैं। रिटजर के अनुसार विवेक आज कई स्वरूपों में हमें उपलब्ध होता है। आपने उदाहरण के रूप में फास्ट फूड रेस्टोरेंट तथा क्रेडिट कार्ड को प्रस्तुत किया। रेस्टोरेंट तथा क्रेडिट कार्ड दोनों ही विवेक के आधार पर संचालित होते हैं। इसी तरह अमरीकीकरण भी एक औपचारिक विवेक है। इसके पीछे ठोस आर्थिक तर्क पाया जाता है। ये सब आज आधुनिकता के अच्छे उदाहरण हैं। इस प्रकार रिटजर की दृष्टि में आधुनिकता विकसित विवेक है।

जिगमंट बाउमैन (Zygmunt Bauman) ने आधुनिकता की एक और विभत्स तस्वीर को प्रस्तुत किया है। आपके अनुसार कभी-कभी संरचनात्मक औपचारिक विवेक समाज को विध्वंस के कगार पर पहुंचा देता है। उदाहरण के लिए नाजियों द्वारा दूसरे विश्वयुद्ध में हजारों यहूदियों को जर्मनी के गैस चैंबर में सदा के लिए सुला देना।

बाउमैन ने आधुनिकता के एक विध्वंस पिरामिड का निर्माण किया था। उसी प्रकार 11 सितंबर 2001 को अमरीका के न्यूयार्क तथा वाशिंगटन पर हमला भी विवेकपूर्ण विध्वंस का उदाहरण है। बाउमैन का मानना है कि नौकरशाही तटस्थ नहीं होती है। यह गोली से भरी बंदूक होती है, जिसे जिधर चाहो उधर चलाया जा सकता है। यहां यह नहीं देखा जाता कि गोली चलाने से जनता की हानि होगी। यहां राजनीतिक उद्देश्य की पूर्ति पर ध्यान दिया जाता है।

उपरोक्त विवरण से यह ज्ञात होता है कि आधुनिकता बुद्धि एवं विवेक से जुड़ी हुई है। यह प्रजातंत्र, पूंजीवाद तथा औद्योगीकरण के साथ जुड़ी हुई है। लेकिन अब इसकी व्याख्या फास्ट फूड रेस्टोरेंट, क्रेडिट कार्ड तथा विध्वंस के संदर्भ में की जाने लगी है।

आधुनिकता अपने परिवेश में बहुत व्यापक है। संसार में कोई एक आधुनिकता नहीं है। विश्व में बहु-आधुनिकता है। इसे इस ढंग से भी कहा जा सकता है कि आधुनिकता तो एक है पर इसके पहलु अनेक हैं। खैर जो भी हो, आधुनिकता का जो भी स्वरूप हमारे सामने आता है, उसमें पूंजीवाद, औद्योगीकरण, प्रजातंत्र तथा विवेक केन्द्रीय लक्षण के रूप में दिखायी अवश्य पड़ते हैं।

आधुनिकता की प्रमुख विशेषताएं (Chief Characteristics of Modernity)

विभिन्न विचारकों के मत जानने के पश्चात् आधुनिकता की निम्नलिखित विशेषताएं प्रकट होती हैं—

1. आधुनिकता व्यापक है;
2. आधुनिक समाज का आविर्भाव 19वीं सदी में हुआ है;
3. आधुनिकता उद्विकास का परिणाम है;
4. आधुनिकता राष्ट्रीय एवं अंतरराष्ट्रीय प्रक्रियाओं के कारण विकसित हुई है;
5. आधुनिकता पूंजीवाद, औद्योगीकरण तथा धर्मनिरपेक्षता है;
6. आधुनिकता में उपभोक्ता वस्तुओं की अधिकता तथा अनेक जीवन शैलियां हैं;
7. आधुनिकता सभी सामाजिक संबंधों और संघर्षों की शक्ति है;
8. आधुनिकता नवीनतम भी है;
9. आधुनिकता एकाकीपन, प्रतियोगी तथा उत्तेजित असंतोष है;
10. वैश्वीकरण आधुनिकता का चेहरा-मोहरा है;
11. आधुनिकता तकनीकी तंत्र है;
12. वैश्वीकरण, उदारीकरण तथा निजीकरण आधुनिकता के भाई-बंधु हैं।

दिपांकर गुप्ता ने आधुनिकता की परिभाषा देने से पूर्व दो प्रश्नों को सामने रखा— 1. क्या तकनीकी यंत्र को अधिकाधिक प्राप्त करना, महंगी जीवन पद्धति को अपनाना, तड़क-भड़क वाली बस्तियों में रहना आधुनिकता है ? 2. या दूसरे लोगों के प्रति हमारी कैसी भावनाएं एवं अभिवृत्तियां हैं, वे आधुनिकता को निश्चित करती हैं ? इन प्रश्नों के उत्तर को लेकर हमारे बीच अनेक प्रकार की भ्रांतियां व्याप्त हैं। अतः उनका समाधान यहां अनिवार्य प्रतीत होता है।

आधुनिकता के संबंध में जो गलतफहमियां हैं, उन्हें दिपांकर गुप्ता ने निम्नलिखित ढंग से प्रस्तुत किया है—

1. जो समकालीन है, वह अनिवार्यरूप से आधुनिक नहीं है—दिपांकर गुप्ता के अनुसार समकालीन को आधुनिक समझना बहुत बड़ा भ्रम है। उदाहरण के लिए रूढ़िवाद एवं वैश्वीकरण दोनों समकालीन हैं, लेकिन दोनों आधुनिकता नहीं दर्शाते। उसी प्रकार छुआछूत तथा उदारीकरण दोनों समकालीन हैं, लेकिन दोनों आधुनिकता नहीं हैं।

2. आधुनिकता बहुआयामी नहीं हो सकती—लोगों को ऐसी धारणा है कि आधुनिकता बहुआयामी है। इसके अनेक स्वरूप एवं पहलू होते हैं। आधुनिकता के अनेक पहलू एवं स्वरूप हो सकते हैं। लेकिन इसका अर्थ यह नहीं कि आधुनिकता बहु-आधुनिकता नहीं है। अगर आधुनिकता के बहुआयामी तथ्य को स्वीकार कर लिया जाये तब आधुनिकता प्रत्येक व्यक्ति की संपत्ति बन जायेगी तथा संसार में अनेकानेक आधुनिकताएं प्रकट हो जायेंगी। अतः आधुनिकता बहुआधुनिकता नहीं हो सकती है।

3. तकनीकी यंत्र ही आधुनिकता नहीं है—आम लोगों के बीच यह धारणा प्रचलित रहती है कि तकनीकी यंत्र की उपस्थिति ही आधुनिकता है। लेकिन केवल नई तकनीकी को ही आधुनिकता नहीं कहा जा सकता। तकनीकी तंत्र के साथ जुड़े हुए मानव मूल्य ही आधुनिकता का परिचायक हैं।

4. केवल उपभोक्तावाद आधुनिकता नहीं है—सार्वभौमिक स्तर पर आधुनिकता घनिष्ठ रूप से उपभोक्तावाद से जुड़ी हुयी है। आधुनिकीकरण पूंजीवाद की अवधारणा पर खड़ा होता है। पूंजीवाद तथा उपभोक्तावाद साथ-साथ चलते हैं। लेकिन भारत जैसे देश में उपभोक्तावाद ने गरीब को और गरीब बना दिया है। अतः केवल उपभोक्तावाद आधुनिकता नहीं है।

5. हिंसक व्यवहार आधुनिकता नहीं है—आज समाज में एक ऐसा वर्ग अस्तित्व में आ गया है जो हिंसा करना अपनी शान समझता है। वे हिंसक व्यवहार के माध्यम से अपनी ताकत को प्रदर्शित करते हैं। वे कानून को भी अपनी जेब में रखते हैं। लेकिन ऐसे हिंसक व्यवहार आधुनिकता नहीं है।

6. आधुनिकता परंपरागत नेता तथा राजनीतिज्ञों की दास नहीं है—यह सत्य है कि हमारे यहां आधुनिकता परंपरागत नेताओं तथा राजनीतिज्ञों की पकड़ में रही है। लेकिन इसका अर्थ यह कदापि नहीं है कि आधुनिकता राजनीतिज्ञों की संपत्ति है। यह उनकी दास है।

आधुनिकता संबंधी प्रचलित भ्रांतियों की चर्चा करने के पश्चात् दिपांकर गुप्ता ने भारतीय संदर्भ में आधुनिकता के निम्नलिखित लक्षण बतलाए हैं—

1. व्यक्ति की मानमर्यादा;
2. सार्वभौमिक मापदंडों का पालन;
3. व्यक्तिगत उपलब्धि का ऊँचा स्थान;
4. सार्वजनिक जीवन में जिम्मेदारी।

अगर आधुनिकता के उपरोक्त लक्षण भारतीय समाज में आ जाते हैं तब हम समझ सकते हैं कि भारत में आधुनिकता है। तकनीकी यंत्र आए अथवा न आए। आधुनिकता का संबंध मात्र उच्च स्तर की प्रौद्योगिकी, उपभोक्तावाद तथा उच्च संचार व्यवस्था से नहीं है। हमारे देश के संदर्भ में आधुनिकता समानता के व्यवहार, मान-सम्मान तथा आदर-भाव में निहित है। पश्चिमी जीवनशैली का अनुकरण पश्चिमी विषैलीकरण का उदाहरण है, आधुनिकता का नहीं।

दिपांकर गुप्ता ने आधुनिकता के एक और लक्षण को अपनी परिभाषा में शामिल किए हैं। इसे अंतर-आत्मपरकता (Inter-Subjectivity) या व्यक्तियों के बीच होने वाली व्यक्ति निष्ठा कहते हैं। गुप्ता के अनुसार आधुनिकता की दशा वह होती है जहां लोग आपस में समानता तथा भाईचारा के व्यवहार से बंधे होते हैं। अंतर-आत्मपरकता के कारण एक व्यक्ति दूसरे व्यक्ति के जीवन में भागीदारी रखता है। इस तरह का व्यवहार पारानुभूति या समानुभूति (Empathy) से प्रेरित होता है।

भारत की आधुनिकता में प्रजातांत्रिक व्यवस्था कमजोर हो गयी है। हमारे यहां का प्रजातंत्र एवं पूंजीवाद अमीरों के हक में है। क्योंकि यहां प्रत्येक वस्तु धन से खरीदी जा सकती है। यहां व्यक्ति की उपलब्धि कोई अर्थ नहीं रखती है।

आधुनिकता के सिद्धांत (Theories of Modernism)

आज पूरे विश्व के सिद्धांतकारों के बीच बहस चल रही है। कुछ सिद्धांतकारों का कहना है कि समकालीन समाज आधुनिक समाज है। इसमें पूंजीवाद है, औद्योगिक क्रांति है तथा बुद्धि संगतता है। दूसरी विचारधारा इसके विपरीत है। इस विचारधारा का मानना है कि आधुनिक समाज समाप्त हो गया है। इसका स्थान उत्तर-आधुनिक समाज ने ले लिया है। जहां आधुनिकतावादी अपने सिद्धांत का प्रतिपादन करते हैं, उत्तर-आधुनिकतावादी अपने सिद्धांत का। आधुनिकता से संबंधित कुछ प्रमुख सिद्धांत निम्नलिखित हैं—

1. ज्ञानोदय सिद्धांत (Theory of Enlightment)

आधुनिकता की समुचित व्याख्या ज्ञानोदय सिद्धांत द्वारा की जा सकती है। ज्ञानोदय एक

ऐतिहासिक घटना है। इस घटना ने आधुनिकता को जन्म दिया है। सन् 1636 में ईसाक न्यूटन की पुस्तक *प्रिंसिपल आफ मैथेमैटिक्स* प्रकाशित हुई। इस पुस्तक ने यूरोप के परंपरागत समाज में तूफान उत्पन्न कर दिया। न्यूटन ने धर्म के प्रति अविश्वास व्यक्त किया। उन्होंने कहा कि सत्य को जानने का एकमात्र सही रास्ता विज्ञान है। उनके अनुसार वस्तुनिष्ठावाद ही ज्ञान का स्रोत है। न्यूटन की विचारधारा ने लोगों के मत में परंपरागत सत्य के प्रति अविश्वास पैदा किया। ज्ञानोदय काल वस्तुतः विज्ञान का क्रांतिकाल है जिसमें अनेक विद्वानों द्वारा यूरोप में बौद्धिक उपलब्धियां प्राप्त की गयी थीं।

न्यूटन के समकालिक विचारक जॉन लॉक ने (1689) समाज को देखने के लिए मानवीय समझ को बढ़ावा दिया। इसी समय ब्रिटेन और फ्रांस में रुसो, मानटेस्क्यू, वाल्टेयर तथा डैविड ह्यूम द्वारा अपने-अपने सिद्धांतों का प्रतिपादन किया गया। एडम स्मिथ की पुस्तक द *वेल्थ आफ नेशन* प्रकाशित हुई। इस पुस्तक में स्मिथ ने प्रतिपादित किया कि बाजार में आदमी का व्यवहार विवेकपूर्ण या तार्किक होता है। वह किसी वस्तु को खरीदने से पहले अधिकतम लाभ या उपयोग की बात करता है। उसने यह भी कहा कि श्रम विभाजन जितना अधिक होता है, उत्पादन उतना ही बढ़ता है।

ज्ञानोदय सिद्धांत का केन्द्रीय दर्शन तर्क था। यह तर्क जीवन के प्रत्येक क्षेत्र से संबंधित था। जहां विज्ञान एवं समाज विज्ञान में समाज को देखने का तरीका बदल गया था, दर्शनशास्त्र में भी एक नयी चहल पहल आ गयी थी। जर्मन दर्शनशास्त्री ईम्मान्यूअल कांत ने अपना विचार व्यक्त करते हुए कहा कि स्थान और समय अपने आप में कुछ नहीं हैं। मनुष्य उन्हें जो अर्थ प्रदान करता है, वही सही है। अगर देखा जाए तो समय और स्थान दोनों ही व्यक्तिनिष्ठ हैं। वस्तुएं जैसी दिखायी देती हैं, वैसी नहीं हैं। वस्तुएं जैसी हैं, उन्हें वैसा समझना ही विज्ञान है। यही सत्य है।

ज्ञानोदय काल ने आधुनिकता को जन्म दिया। क्योंकि अब मनुष्य पहली बार सोचने को विवश हुआ कि ज्ञान की उत्पत्ति कहां से है। ज्ञान का दर्शन ज्ञानोदय काल का मुख्य विषय था। यहां मुख्य बात थी कि हम वस्तु को कैसे जानते हैं तथा उसके बारे में क्या जानते हैं। यह संपूर्ण क्षेत्र दर्शन का था। एक ओर तर्क तथा विवेक पर बल दिया जा रहा था तो दूसरी ओर आनुभाविकता के ऊपर। इन दोनों परंपराओं के समर्थक एवं विरोधी थे। इसी बहस ने आधुनिकता को जन्म दिया। अतः ज्ञानोदय के सिद्धांतकारों का कहना है कि आधुनिकता का आधार तर्क, ज्ञान, आनुभाविक और विज्ञान है।

ज्ञानोदय नामकरण 18वीं शताब्दी में यूरोप के बौद्धिक इतिहास के लिए किया गया है। इसकी शुरुआत न्यूटन की पुस्तक *प्रिंसिपल आफ मैथेमैटिक्स* (1636) से मानी जाती है। यह अवधि फ्रेंच क्रांति की शुरुआत (1789) तक रही है। इसी विचारधारा के कारण आधुनिकता की अवधारणा विकसित हुई। मानवशास्त्र में संस्कृति की अवधारणा भी ज्ञानोदय की देन है।

पीटर हैमिल्टन ने यह सुस्पष्ट किया कि आधुनिकता की सही परिभाषा ज्ञानोदयकाल में हुई, वैज्ञानिक तथा वैचारिक क्रांति के द्वारा दी जा सकती है। दूसरे शब्दों में कहा जा सकता है कि ज्ञानोदय ही आधुनिकता के विश्लेषण का सही सिद्धांत है। पीटर हैमिल्टन के अनुसार इस सिद्धांत की प्रमुख विशेषता निम्नलिखित है—

1. **तर्क**—ज्ञानोदय के संदर्भ में आधुनिकता विवेकपूर्ण व्यवहार है।

2. **आनुभाविकता**—यह व्यवहार तार्किक तथा अनुभवाश्रित होता है।

3. **विज्ञान**—ज्ञानोदय के संदर्भ में आधुनिकता विज्ञान पर आधारित है।

4. **सार्वभौमिकतावाद**—ज्ञानोदय के संदर्भ में आधुनिकता सार्वभौमिक घटना है।

5. **प्रगति**—ज्ञानोदय के संदर्भ में आधुनिकता का संबंध प्रगति से है।

6. **व्यक्तिवाद**—ज्ञानोदय के संदर्भ में आधुनिकता व्यक्तिवादी है। इस विचारधारा का विकास विभिन्न व्यक्तियों द्वारा समाज के संदर्भ में किया गया है।

7. **उदारता**—ज्ञानोदय के संदर्भ में आधुनिकता का संबंध उदारता से है।

8. **स्वतंत्रता**—ज्ञानोदय की दृष्टि में आधुनिकता का संबंध स्वतंत्रता से है। ज्ञानोदय द्वारा सामंतवाद तथा परंपरावाद का विरोध किया गया था।

9. **मनुष्य की प्रकृति में एकरूपता**—ज्ञानोदय द्वारा मनुष्य की प्रकृति में एकरूपता लायी गयी है। स्वतंत्रता, प्रजातंत्र तथा उदारवाद को बढ़ावा देकर मनुष्य की प्रकृति में एकरूपता लाने का प्रयास किया गया।

10. **धर्म निरपेक्षता**—ज्ञानोदय की दृष्टि में आधुनिकता का घनिष्ठ संबंध धर्मनिरपेक्षता से है।

आधुनिकता के ज्ञानोदय सिद्धांत की आलोचना कई विद्वानों द्वारा की गयी है। उत्तर आधुनिकतावादी विचारक जीन फ्रांसकोस ल्योटार्ड के अनुसार आधुनिकता के ज्ञानोदय सिद्धांत को नहीं स्वीकार किया जा सकता है। आपके अनुसार यह सिद्धांत उच्च वर्ग द्वारा निम्न वर्ग के शोषण का अवसर प्रदान करता है।

एडार्नो थियोडार विसेन ग्रंड तथा मैक्स होखाइमर के अनुसार ज्ञानोदय में द्वन्द्वात्मकता अधिक पायी जाती है। इसमें पारंपरिकता तथा आधुनिकता के बीच द्वन्द्व होते रहता है। इस प्रकार ज्ञानोदय द्वन्द्व का पोषक है। इन दोनों विद्वानों द्वारा उदारीवादी पूंजीवाद की जमकर आलोचना की गयी है। इन विद्वानों के अनुसार ज्ञानोदय की द्वंद्वात्मकता तथा तर्क का पतन हो गया है। ज्ञानोदय में मार्क्सवाद पर आधारित प्रगति का विचार भ्रामक है। क्योंकि अब जनसमाज का निर्माण हो चुका है। इस समाज में पूर्व वैचारिक विभाजनों का कोई महत्त्व नहीं है तथा व्यक्ति की स्वतंत्रता वस्तुपरक सामाजिक संबंधों के विरुद्ध है।

स्टुअर्ट हाल के अनुसार ऐतिहासिक दृष्टि से आधुनिकता के ज्ञानोदय सिद्धांत को एक सफल सिद्धांत माना जा सकता है, क्योंकि इस सिद्धांत के निर्माताओं ने पहली बार ईश्वर से अपना पिंड छुड़ाया। इस युग के दार्शनिकों ने दृढ़तापूर्वक बतलाया कि सृष्टि ईश्वर की देन है, लेकिन समाज मानव निर्मित है। समाज के निर्माण में ईश्वर का कोई

स्थान नहीं है। इस युग के दार्शनिकों के अनुसार तर्क ही सत्य को खोजने का एक मात्र विकल्प है। इस सत्य को स्वीकार करते हुए स्टुअर्ट हाल ने ज्ञानोदय सिद्धांत की आलोचना समाज की समांगता के आधार पर करते हैं। आपका मानना है कि दुनिया भर के समाजों में कभी भी समांगता नहीं आ सकती है। जब तक सांस्कृतिक सापेक्षवाद की समस्या बनी रहती है, तब तक ज्ञानोदय की समानता या समांगता स्थापित नहीं हो सकती है। ज्ञानोदय सिद्धांत के समर्थक भी स्वीकार करते हैं कि समाज में जो सांस्कृतिक सापेक्षता देखने को मिलती है, वह संज्ञानात्मक सापेक्षता नहीं हो सकती है। विविधता तो केवल ऊपरी है। वास्तव में संस्कृति संज्ञानात्मक रूप से समान ही होती है।

जुर्गेन हैबरमास (Jurgen Habermas) ने उत्तर आधुनिकतावादी विचारकों द्वारा ज्ञानोदय सिद्धांत के विरुद्ध अंकित आलोचनाओं का जवाब देने का प्रयास किया है। आप ज्ञानोदय सिद्धांत के प्रबल समर्थक माने जाते हैं। आपका कहना है कि ज्ञानोदय की सबसे बड़ी उपलब्धि तर्कसंगतता या विवेक है। यही आज विज्ञान तथा वैज्ञानिक सिद्धांत का आधार है। आलोचकों का कहना है कि ज्ञानोदय संपूर्ण रूप से एक दकियानूसी विचारधारा है। लेकिन ज्ञानोदय ने ही सर्वप्रथम इस विचार को प्रतिपादित किया कि आधुनिकता में सार्वभौमिकता और समानता है। निकट भविष्य में आधुनिकता अपने इस लक्ष्य को प्राप्त कर लेगा। हैबरमास ने स्वयं ज्ञानोदय सिद्धांत में सुधार किया है। आपका कहना है संचारात्मक तर्क द्वारा समानता तथा सार्वभौमिकता के लक्ष्यों को प्राप्त किया जा सकता है। अगर अर्थपूर्ण ढंग से अंत:क्रियाएं की जाएं तब मनुष्य के संबंध स्वतंत्रता प्रदान कर सकते हैं।

किसी भी सिद्धांत की तरह ज्ञानोदय का आधुनिकता सिद्धांत भी सभी दृष्टिकोण से पूर्ण नहीं है। इसमें भी अभाव, विरोध एवं असंगतियां हैं। फिर भी ज्ञानोदय ने तर्क की अवधारणा को विकसित किया। इसने तत्व मीमांसा को अस्वीकार करके आधुनिकता की अवधारणा को प्रतिपादित किया। ज्ञानोदय ने पहली बार एक विवेकपूर्ण व्यक्ति को स्थापित किया। पहली बार मस्तिष्क तथा भौतिक वस्तु को पृथक किया गया। यह पहली बार था कि ज्ञानोदय ने व्यक्ति को प्रभुता संपन्न प्रास्थिति प्रदान की। सामाजिक प्रक्रियाओं में ईश्वर और आध्यात्मिकता के स्थान पर व्यक्ति आ गया। ज्ञानोदय काल में ही परंपरागत समाज आधुनिक समाज के रूप में आया।

2. परंपरा-आधुनिकता सातत्य सिद्धांत

19वीं शताब्दी के अंत में फर्दिनंद टानिज जैसे विद्वान ने आधुनिकता की उत्पत्ति एवं विकास को परंपरा आधुनिकता सातत्य के आधार पर जानने का प्रयास किया है। आपके अनुसार परंपरा घनिष्ठ रूप से आधुनिकता से जुड़ी हुई है। यह सत्य है कि पारंपरिकता तथा आधुनिकता का विकास दो विभिन्न कालों तथा परिस्थितियों में हुआ है, लेकिन इसका अर्थ यह कदापि नहीं निकालना चाहिए कि परंपरा तथा आधुनिकता एक दूसरे से बिल्कुल

पृथक हैं। वरन् पारंपरिकता एवं आधुनिकता एक-दूसरे पर आश्रित, एक-दूसरे से संबंधित तथा एक दूसरे के पूरक हैं। यानी पारंपरिकता एवं आधुनिकता के बीच सातत्य अथवा निरंतरण बना रहता है। यही कारण है कि पारंपरिकता में आधुनिकता तथा आधुनिकता में पारंपरिकता अपना महत्त्वपूर्ण स्थान बनाए रखती है।

यूरोप में सामंतवाद के पतन के पश्चात् परंपराएं महत्त्वपूर्ण हो गयी थीं। इस काल में राज्य और धर्म के बीच अटूट संबंध स्थापित हुआ। चर्च के आदेश पर ही राज्य व्यवस्था चलती थी। लेकिन विज्ञान के आविष्कार के पश्चात् धर्म का प्रभाव घटने लगा। अब लोगों की सोच तार्किक एवं प्रत्यक्षवादी हो गयी। इसी काल में भाप तथा इंजन के आविष्कार ने औद्योगीकरण को गति प्रदान किया। संपूर्ण यूरोप तथा अमरीका में उद्योग धंधे ऐसे फैले कि कुटीर व्यवसाय समाप्ति के कगार पर पहुंच गया। इसी वक्त प्रथम विश्वयुद्ध आरंभ हो गया। बहुत बड़ी संख्या में ग्रामीण जनता का प्रवसन शहरों में हुआ। यह ऐतिहासिक स्थानांतरण की घटना थी। इस घटना के कारण परंपरा को झटका तथा आधुनिकता को विकास का अवसर प्राप्त हुआ। परिवर्तन के इस प्रक्रिया को टानीज ने सातत्य के आधार पर समझने तथा समझाने का प्रयास किया है। पहले समाज को एकसूत्र में बांधे रखने का काम परंपरा द्वारा किया जाता था। लेकिन औद्योगीकरण तथा वैज्ञानीकरण के फलस्वरूप आधुनिकता का जन्म हुआ। अब समाज को एक सूत्र में बांधे रखने का काम आधुनिकता ने किया।

परंपरा-आधुनिकता सातत्य की अवधारणा को और सुस्पष्ट करने के लिए टानीज ने जेमेइंस्शाफ्ट (Gemeinschaft) तथा गेसेल्लशाफ्ट (Gesellschaft) की अवधारणा विकसित की। इन दोनों अवधारणाओं के माध्यम से आपने यह प्रस्तुत किया कि औद्योगीकरण तथा नगरीकरण का मुख्य लक्ष्य मानव समुदायों को परंपरा से आगे बढ़ाकर आधुनिकता के स्तर तक लाना था। टानीज के जेमेइंस्शाफ्ट का तात्पर्य परंपरागत समुदाय से तथा गेसेल्लशाफ्ट का संबंध आधुनिक समाज से है।

टानीज के अनुसार जेमेइंस्शाफ्ट यानी परंपरागत समुदाय की निम्नलिखित विशेषताएं पायी जाती हैं—

1. लघु आकार
2. स्थिर जनसंख्या
3. जन्म आधारित प्रस्थिति
4. परिवार, नातेदारी तथा धर्म का विशेष स्थान
5. परंपरागत मूल्यों का विशेष स्थान
6. भावनात्मक अभिवृत्तियां
7. जनजातीय तथा ग्रामीण समाज।

टानाजी के अनुसार परंपरागत समाज पूर्व-औद्योगिक समाज होता है। लेकिन औद्योगीकरण, नगरीकरण तथा धर्म निरपेक्षीकरण के माध्यम से परंपरागत समाज में आधुनिकता का आगमन हुआ। टानीज के अनुसार गेसेल्लशाफ्ट यानी आधुनिक समाज

की निम्नलिखित विशेषताएं पायी जाती हैं—

1. जटिल श्रम विभाजन;
2. अवैयक्तिक संबंध;
3. गैर-भावनात्मक संबंध;
4. औपचारिक संबंध;
5. प्रतियोगिता की प्रधानता;
6. आर्थिक वर्ग आधारित समाज;
7. विशालकाय जनसंख्या;
8. अभिजात वर्ग;
9. आधुनिक मूल्यों की प्रधानता;
10. अर्जित प्रस्थिति की प्रधानता;
11. नगरीय समाज टानीज ने परंपरागतता एवं आधुनिकता के बीच संबंध को निरंतरता में देखते हैं।

यांत्रिक एवं सावयवी समाज की अवधारणा

एक उद्‌विकासवादी सिद्धांतकार के रूप में दुर्खिम का कहना है कि मानवसमाज विकास की प्राथमिक अवस्था में यांत्रिक यानी पारंपरिक होता है। लेकिन श्रम विभाजन तथा स्तरीकरण की जटिलता के परिणामस्वरूप समाज सावयवी यानी आधुनिक बन जाता है।

अपनी पुस्तक द *डिविजन आफ लेबर इन सोसायटी* (1947) में दुर्खिम ने दो तरह की सामाजिक एकता को स्वीकार किया है—(i) यांत्रिक एकता; तथा (ii) सावयवी एकता।

यांत्रिक एकता वस्तुतः समानता की एकता है। इसमें स्तरीकरण का अभाव रहता है। यह एकता समाज के लोगों को सामूहिकता के साथ जोड़े रहती है। लोग भावनात्मक रूप से एक-दूसरे से जुड़े रहते हैं। उनके संवेग एक दूसरे से अलग नहीं होते हैं। उनके मूल्यों में प्रगाढ़ साझेदारी होती है। एक ही वस्तु को समाज के सभी लोग पवित्र मानते हैं। इसमें समांगता होती है, स्तरीकरण का अभाव होता है। दुर्खिम के अनुसार यह परंपरागत या पूर्व-औद्योगिक समाज की विशेषता होती है। दुर्खिम की भाषा में यह समाज यांत्रिक समाज होता है। यांत्रिक समाज की एकता निम्नलिखित कारकों पर निर्भर करती है—

1. सामूहिक चेतना
2. दमनकारी कानून
3. आचार संहिता

इन कारकों के माध्यम से यांत्रिक समाज में एकता बनी रहती है। जिस तरह किसी यंत्र के सभी पूर्जे एक-दूसरे पर निर्भर तथा एक-दूसरे से संबंधित होते हैं, उसी प्रकार यांत्रिक समाज के सदस्य एक-दूसरे से संबंधित तथा एक-दूसरे पर आश्रित होते हैं।

दुर्खिम के अनुसार उद्योगीकरण तथा मशीनीकरण के कारण यांत्रिक समाज सावयवी समाज में परिणत हो गया। यांत्रिक समाज का श्रम विभाजन सरल था। यह आयु तथा यौन पर आधारित था। इसमें विशेषज्ञता का अभाव था। लेकिन सावयवी समाज जटिल समाज बन गया। श्रम विभाजन यहां आयु तथा यौन के अनुसार न होकर योग्यता के अनुसार होने लगा। विशेषज्ञता का बोलबाला बढ़ गया। स्तरीकरण का विकास हुआ। नौकरशाही अस्तित्व में आया। वर्ग व्यवस्था जटिल हो गयी। संबंध अवैयक्तिक तथा औपचारिक हो गए। जनसंख्या घनत्व में वृद्धि हुई। दुर्खिम के अनुसार सावयवी यानी आधुनिक समाज में एकता संविदा व्यवस्था, योग्यता आधारित श्रम विभाजन तथा स्तरीकरण एवं जनसंख्या घनत्व के माध्यम से बनी रहती है। दुर्खिम के अनुसार जटिल श्रम विभाजन, वर्ग-व्यवस्था एवं स्तरीकरण समाज को विखंडित नहीं करते वरन् प्रकार्य द्वारा इसे जोड़े रहते हैं।

3. वेबर का सिद्धांत

वेबर ने आधुनिकता की व्याख्या हेतु मुक्ति अथवा स्वतंत्रता का चयन किया है। आपके अनुसार आदमी को परंपराओं से मुक्त कराने में विवेक तथा तर्क की महत्त्वपूर्ण भूमिका रही है। विवेक एवं तर्क अर्थात बुद्धिसंगतता के कारण ही आधुनिकता आयी। आपने एक ऐसे आधुनिक समाज का मॉडल प्रस्तुत किया जो नौकरशाही तथा बुद्धिसंगतता पर आधारित है। आपके अनुसार ज्यों-ज्यों बुद्धिसंगतता का विकास होता गया, त्यों-त्यों आदमी परंपराओं से मुक्त होता गया। आपके अनुसार आधुनिकता के निम्नलिखित लक्षण हैं—

1. वैज्ञानिक प्रत्यक्षवाद
2. पूंजीवाद
3. बाजारवाद
4. वर्ग या स्तरीकरण
5. बुद्धिसंगतता या विवेक एवं तर्क
6. राजनीतिक वैचारिकी

अपने सिद्धांत की व्याख्या करने में आपने धर्म का सहारा लिया तथा इस मत को प्रतिपादित किया कि ईसाई धर्म का काल्विनवाद पूंजीवाद का समर्थन करती है। इस प्रकार धर्म भी बुद्धिसंगत रूप से आधुनिकता का समर्थन करता है तथा पूंजीवाद को बढ़ावा देता है।

वेबर के आधुनिकता सिद्धांत को कार्ल मार्क्स के संदर्भ में अच्छा से समझा जा सकता है। मार्क्स तथा वेबर दोनों ने आधुनिक समाज की व्याख्या पूंजीवाद के संदर्भ में किया है। लेकिन दोनों विद्वानों के दृष्टिकोण में अंतर हैं। मार्क्स उत्पादन के साधनों पर विशेष बल देते हैं। आपके अनुसार बुर्जुआ वर्ग उत्पादन साधनों का स्वामी है। उत्पादन शक्तियां उसके हाथों में है। सर्वहारा वर्ग अपने श्रम को बेचता है। लेकिन वेबर पूंजीवाद

की व्याख्या बाजार के संदर्भ में करते हैं। बाजार पूंजीवाद के माध्यम से मानव के जीवन में अनेक प्रकार का अवसर प्रदान करता है। इन अवसरों पर अमीर तथा गरीब दोनों की समान साझेदारी होती है। आपके अनुसार वर्ग बाजार से भिन्न होता है। वर्ग आय समूह होता है जिसके पास योग्यता एवं कुशलता होती है। वेबर के अनुसार आधुनिक समाज विवेक की देन है तथा पूंजीवाद इसका मुख्य आधार।

4. जार्ज सीम्मेल का सिद्धांत

सीम्मेल ने आधुनिकता की व्याख्या शहर तथा मुद्रा के संदर्भ में की है। अपनी पुस्तक *फिलोस्फी आफ मनी* में आपने आधुनिकता और मुद्रा के बीच संबंधों की चर्चा निम्नलिखित ढंग से की है—

1. मुद्रा से मनुष्य की अनंत आवश्यकताओं की पूर्ति होती है तथा उसके पास शक्ति आ जाती है। इस शक्ति को आपने प्रभु प्रकाश (Epiphany) की संज्ञा प्रदान की है।

2. मुद्रा के कारण सामंतवादी समाज पूंजीवादी बन गया। इसके कारण लोगों के बीच खुशहाली आ गयी। साथ ही साथ इसके कारण अलगाववादी प्रवृत्ति का भी जन्म हुआ। पूंजीवादी व्यवस्था में व्यक्ति मुख्य धारा से कटा-कटा रहता है।

3. मुद्रा के कारण दो प्रकार की संस्कृति विकसित होती है—(i) त्रासदी की संस्कृति तथा (ii) वस्तुनिष्ठ संस्कृति। त्रासदी की संस्कृति (Tragedy Culture) का विकास अलगाववादी प्रवृत्ति के कारण होती है। वस्तुनिष्ठ संस्कृति (Objective Culture) कुछ मुट्ठीभर लोगों की संस्कृति होती है जो सुखमय जीवन व्यतीत करते हैं।

4. औद्योगीकरण के कारण बड़ी मात्रा में मुद्राएं शहर में पायी जाती हैं। इस तरह आधुनिकता शहर से धीरे-धीरे गांवों की ओर अपना कदम रखती हैं।

आधुनिकता के समकालीन सिद्धांत

आज यूरोप तथा अमरीका का समाज 18वीं शताब्दी का समाज नहीं है। उस समय के समाज का अब स्वरूप बदल गया है। अब नयी अर्थव्यवस्था आ गयी है। वैश्वीकरण एक नयी शक्ति के रूप में उभरकर आयी है। समय तथा स्थान अब सिकुड़ गए हैं। इसके कारण आधुनिकता के शास्त्रीय सिद्धांत अब प्रासंगिक नहीं रह गए। टानीज, वेबर, दुर्खिम तथा सीम्मेल के सिद्धांत पर अब प्रश्नचिह्न लगने लगे हैं। उत्तर-आधुनिकता की चुनौती ने तो आधुनिकता के अस्तित्व पर ही संकट ला दिया है। लेकिन उत्तर-आधुनिकता द्वारा लाए गए संकट का सामना कतिपय समकालीन सिद्धांत कर रहे हैं। यहां उन्हीं समकालीन सिद्धांतों की चर्चा पुस्तक में की जा रही है।

I. आधुनिकता की कुंजी विवेक है

जार्ज रिटजर आधुनिकता के समकालीन सिद्धांतकारों में से एक हैं। आपने मैक्स वेबर के द्वारा प्रतिपादित विवेक की अवधारणा को नए ढंग से प्रस्तुत किया है। आपके अनुसार जिसे विवेक, बुद्धि तथा तर्क कहा जाता है, उसके अनेक स्वरूप हैं। उदाहरण के लिए समकालीन समाज में अमरीकीकरण, मैक्डोनाल्डाईजेशन तथा फास्टफूड फैशन और कुछ नहीं वरन् विवेक का भिन्न-भिन्न रूप हैं। आपने आधुनिकता को तीन ढंग से प्रस्तुत किया है—

(i) अतिबुद्धिसंगतता (Hyperrationality);
(ii) मैक्डोनाल्डाइजेशन (McDonaldization);
(iii) अमरीकीकरण (Americanisation)।

अतिबुद्धिसंगतता—रिटजर के अनुसार बुद्धिसंगतता आधुनिक समाज की सबसे बड़ी विशेषता है। वेबर ने बुद्धिसंगतता के चार प्रकारों का उल्लेख किया है—

1. औपचारिक बुद्धिसंगतता
2. वास्तविक बुद्धिसंगतता
3. सौद्धंतिक बुद्धिसंगतता
4. व्यवहारिक बुद्धिसंगतता

औपचारिक बुद्धिसंगतता के अंतर्गत विभिन्न प्रकार की संरचनाएं आती हैं, जैसे नौकरशाही, नेतृत्व, क्रिया आदि। विभिन्न प्रकार की संरचना में व्यक्ति अपने विवेक से क्रिया करता है। विभिन्न साधनों का प्रयोग कर वह अपने साध्य को प्राप्त करता है। साधन-साध्यों के बीच तार्किक संबंध रहता है।

वास्तविक बुद्धिसंगतता के अंतर्गत मानक और मूल्यों की प्रभुता होती है। यहां व्यक्ति साधन-साध्य की प्राप्ति मानक और मूल्य के आधार पर करता है।

सैद्धांतिक बुद्धिसंगतता में व्यक्ति विवेकपूर्ण संज्ञानात्मक प्रक्रियाओं का प्रयोग करता है तथा उस आधार पर साधन-साध्य की प्राप्ति करता है।

व्यवहारिक बुद्धिसंगतता में साधन-साध्य के चयन का आधार दैनिक कार्य होता है। इसके माध्यम से दैनिक कार्यों को पूरा किया जाता है।

इन सभी प्रकार की बुद्धिसंगतताओं में वेबर औपचारिक बुद्धिसंगतता को आधुनिकता की कुंजी मानते हैं।

वेबर के अनुसार आधुनिक समाज वस्तुतः औपचारिकता का समाज है। बुद्धिसंगत समाज का सबसे अच्छा उदाहरण नौकरशाही है। इस व्यवस्था के कुछ वस्तुनिष्ठ नियम होते हैं।

रिटजर वेबर की बुद्धिसंगतता में अतिबुद्धि संगतता का योगदान देते हैं। आपके अनुसार आज के आधुनिक समाज में बुद्धिसंगतता अति अवस्था में पहुंच गयी है। अति

बुद्धिसंगतता की स्थिति में चारों रूपों—औपचारिक, वास्तविक, सैद्धांतिक तथा व्यवहारिक का समावेश एक साथ हो जाता है। आप अति बुद्धिसंगतता को स्पष्ट करने के लिए जापान के ऑटोमोबाइल उद्योग की चर्चा करते हैं। जापान के इस उद्योग में चारों प्रकार की बुद्धिसंगतता का समावेश हो गया है। इसके कारण इस उद्योग में अतिबुद्धिसंगतता की अवस्था देखने को मिलती है।

मैक्डोनाल्डाइजेशन के अंतर्गत रिटजर बुद्धिसंगतता की औपचारिक संरचना को मैक्डोनाल्ड पर लागू करते हैं। मैक्डोनाल्ड अमरीका का एक जलपान गृह है। इसकी शाखाएं विश्व के अनेक देशों में कार्य कर रही हैं। इसके माध्यम से फास्ट फूड ग्राहकों को तुरंत उपलब्ध कराया जाता है। इसमें फास्ट फूड उपलब्ध कराने के पीछे बुद्धिसंगतता होती है। आज के आधुनिक समाज में पति, पत्नी, बच्चे अपने-अपने कामों में व्यस्त होते हैं। कोई खाना बनाने तथा खाने के चक्कर में नहीं रहता है। सब लोग जलपान गृह में जाकर खाना खा लेते हैं या जलपानगृह से खाना लाकर घर में खा लेते हैं। इस प्रकार फास्ट फूड आधुनिकता का लक्षण बन गया है। मैक्डोनाल्डाइजेशन अति बुद्धिसंगतता का एक उदाहरण मात्र है।

रिटजर आधुनिकता की व्याख्या अमरीकीकरण के माध्यम से करते हैं। आपके अनुसार अमरीकीकरण अतिबुद्धिमत्ता का एक अन्य उदाहरण है। विश्व के सभी देशों का फास्ट फूड तथा क्रेडिट कार्ड के माध्यम से अमरीकीकरण हुआ है। इस प्रकार अमरीकीकरण बुद्धिसंगतता का प्रतीक है।

II. आधुनिकता एक अधुरी परियोजना

जर्गेन हैबर मास जर्मन समाजशास्त्री हैं। आप मार्क्सवादी होते हुए भी पूंजीवाद के समर्थक थे। आपका मानना था कि आधुनिक दुनिया में पूंजीवाद का कोई विकल्प नहीं है। दूसरे शब्दों में आधुनिकता का कोई विकल्प नहीं है। मार्क्स ने पूंजीवादी व्यवस्था में दो प्रकार के अवगुणों का उल्लेख किया था—(i) इसमें कभी-कभार मंदी आ जाती है; तथा (ii) इसमें शोषण तथा अलगाव निहित रहता है। हैबरमास ने इसमें सार्वजनिक क्षेत्र को जोड़ा। आपके अनुसार रूढ़िवादी प्रजातंत्र आज के समाज में कारगर नहीं हो सकता। अत: हमें निर्णय पर पहुंचने के लिए प्रजातांत्रिक संगठनों के अतिरिक्त सार्वजनिक क्षेत्र पर निर्भर करना पड़ता है। आधुनिक समाज में स्थानीय स्तर से राष्ट्रीय स्तर तक सार्वजनिक क्षेत्रों में सुधार करके ही लक्ष्य की प्राप्ति की जा सकती है। आधुनिक समाज में संचार साधनों की भूमिका बढ़ गयी है। लेकिन संचार साधन सभी जगह पर्याप्त मात्रा में उपलब्ध नहीं है। अत: आधुनिकता अभी अधूरी परियोजना की अवस्था में है। इसे पूरा करने के लिए अभी हमें बहुत कुछ करना है। बिना इसे पूरा किए हम उत्तर आधुनिक समाज की कल्पना नहीं कर सकते हैं। आज दुनिया का बहुत बड़ा भाग लाचारी और त्रासदी में जी रहा है। उसके लिए बुद्धिसंगतता का कोई अर्थ नहीं रह गया है। अत: उन लोगों को जीवित रखने के लिए

हमें साधन उपलब्ध कराना चाहिए। इसके बाद ही बुद्धिसंगतता किसी काम की हो सकती है। आज भी विश्व में कई देश ऐसे हैं जिनके पास जीवित रहने के पर्याप्त साधन नहीं हैं। उनकी समस्याओं का समाधान सुधार व्यवस्था के माध्यम से की जानी चाहिए। व्यवस्था में सुधार के द्वारा ही आधुनिकता रूपी परियोजना को पूरा किया जा सकता है।

III. आधुनिक समाज जोखिम भरा है

जहां रिटजर तथा हैबरमास सदृश आधुनिकता के समकालीन सिद्धांतकारों ने आधुनिकता को पूंजीवाद, उद्योगीकरण, मशीनीकरण, तकनीकी तंत्र तथा बुद्धिसंगतता के रूप में देखा है, उल्रीच बेक ने आधुनिकता की व्याख्या जोखिम (risk) के आधार पर की है। आपका कहना है कि इसमें जरा भी संदेह नहीं है कि पूंजीवाद तथा बुद्धिसंगतता के माध्यम से समाज में खुशहाली लायी गयी है, लेकिन इसके कारण समाज में जोखिम भी उठाना पड़ता है। जोखिम के अनेक विस्तार हैं। आधुनिक समाज में जहां कुछ लोग ठाट-बाट से रहते हैं, तो कुछ लोग त्रासदी का जीवन व्यतीत करते हैं। यहां पूंजीवाद तथा वृहत उद्योगों के माध्यम से वृहत पैमाने पर वस्तुओं का उत्पादन होता है, वहीं गंदी बस्तियों का जन्म भी होता है। झुग्गी-झोपड़ियां बनती हैं तथा प्रदूषण की समस्या प्रकाश में आती है। इस आधुनिक समाज में जानलेवा बीमारियां भी रहती हैं। उल्रीच बेक के अनुसार यह आधुनिक समाज आपत्तिजनक समाज होता है। आधुनिकता की यह समकालीन व्यवस्था बिल्कुल नवीन है। उल्रीच बेक उत्तर-आधुनिकता को स्वीकार नहीं करते हैं। आप उत्तर-आधुनिकता विरोधी हैं। लेकिन आपने स्वीकार किया है कि आज आधुनिकता परिवर्तन की दौर से गुजर रही है। आज आधुनिकता परिवर्तन की दूसरी अवस्था से होकर गुजर रही है। दूसरी अवस्था में आ जाने के कारण आधुनिकता जोखिम भरी अवस्था में पहुंच गयी है। अब प्राचीन औद्योगिक समाज आधारहीन हो गया है। इसका स्थान अब जोखिम ले रहा है। इस प्रकार जोखिम भरा समाज अस्तित्व में आ गया है। जोखिम समाज की अवधारणा का विकास बेक ने अपनी पुस्तक *रिस्क सोसायटी* (1992) में किया है। अपनी इस पुस्तक में आपने अपना विचार रखते हुए दर्शाया है कि आधुनिकीकरण अपनी प्राथमिक अवस्था में सामंतवादी व्यवस्था का अंत किया। अब आधुनिकीकरण अपनी दूसरी अवस्था में औद्योगिक समाज को अंत करने पर तुला हुआ है।

बेक के अनुसार आधुनिक समाज के कतिपय जोखिम निम्नलिखित हैं—

1. निर्माणी जोखिम (Manufactured risk)—पहले मानव को प्राकृतिक जोखिम का सामना करना पड़ता था। जैसे बाढ़, महामारी, अकाल, भूकंप, आगजनी इत्यादि। लेकिन आधुनिक समाज में हमें अपने द्वारा निर्मित जोखिमों का सामना करना पड़ता है। जैसे जल प्रदूषण, वायु प्रदूषण, ध्वनि प्रदूषण इत्यादि। आज हमारे ही ज्ञान ने हमें जोखिम में डाल दिया है। हमारे द्वारा बनाए गए यंत्र ही हमारे प्रबल दुश्मन हो गए हैं।

2. स्वास्थ्य खतरा (Health risk)—तकनीकी तंत्र तथा औद्योगिक विकास के कारण कुछ बीमारियां महामारी की तरह आधुनिक समाज को निगल रही हैं। इन बीमारियों में कैंसर, हृदय रोग, एड्स इत्यादि शामिल हैं। रासायनिक खाद तथा कीटनाशकों ने जहां कृषि उत्पादन में वृद्धि की है, वही पशु तथा मनुष्यों के लिए कई तरह के रोग उत्पन्न कर दिए हैं।

3. गैर-बराबरी का खतरा—आधुनिक समाज में आज गैर-बराबरी का खतरा भी उत्पन्न हो गया है। पूंजीवाद ने हमें भौतिक, सामाजिक, आर्थिक तथा सांस्कृतिक रूप से गैर-बराबर बना दिया है।

बेक ने जहां आधुनिक समाज में व्याप्त खतरों को प्रकाश में लाया है, वहीं उत्तर-आधुनिक समाज को और जोखिम से परिपूर्ण पाया है। आज औद्योगिक समाज मृत्यु शैया पर है तथा आधुनिकता अपनी दूसरी अवस्था में पहुंच गयी है। बेक जिस आधुनिक समाज की बात करते हैं, वह आत्मवाचक या निजवाचक समाज (Reflexive Society) के नाम से जाना जाता है। निजवाचक समाज में व्यक्ति परंपरा से मुक्त हो जाता है। सामाजिक संबंध का निर्धारण समाज न करके व्यक्ति स्वयं करता है। किससे संबंध रखना है, कब तक संबंध रखना है, किससे संबंध तोड़ लेना है, किस परंपरा को मानना है, किस परंपरा को छोड़ना है, इन सभी बातों का निर्णय अब व्यक्ति स्वयं करता है। अत: आधुनिकता के लक्षण व्यक्ति द्वारा प्रतिपादित होते हैं। इस प्रकार व्यक्तिवाद आत्मवाचक समाज का केन्द्र बिन्दु है। अब प्रश्न यहां यह उठता है कि इस निजवाचक समाज में जोखिम या खतरा कहां से आता है ? इस प्रश्न के समाधान में आप कहते हैं कि आधुनिक निजवाचक समाज की नींव ही ऐसे तत्वों पर आधारित होती है जिनमें खतरा अंतर्निहित रहता है। यह जोखिम समय तथा स्थान से ऊपर होता है। उदाहरण के लिए उद्योगों की स्थापना तथा उद्योगीकरण के कारण प्रदूषण की समस्या उत्पन्न होती है। अत: जहां-जहां भी उद्योग स्थापित होते हैं, वहां-वहां प्रदूषण अवश्य फैलता है।

बेक ने अपनी परिकल्पना में यह प्रस्तुत किया है कि जोखिम का संबंध वर्ग व्यवस्था से नहीं है। यह सभी वर्गों पर लागू होता है। प्रदूषण का प्रभाव वर्ग से ऊपर होता है। हालांकि धन के तरह जोखिम भी वर्ग से संबंधित है। लेकिन यह संबंध धन के ठीक विपरीत होता है। जहां धन समाज के उच्च स्तर पर केन्द्रित होता है, जोखिम निम्न स्तर पर केन्द्रित रहता है। जोखिम वर्ग समाज को समाप्त करने के बजाय उसे मजबूती प्रदान करता है। यही कारण है कि गरीबों के बीच जोखिम उठाने की क्षमता अधिक होती है। समाज के धनी वर्ग जिसके पास शिक्षा अधिक होती है, शक्ति अधिक रहती है, तथा धन अधिक होता है, वह जोखिम लेना नहीं चाहता, वह जोखिम खरीद लेता है। जोखिम से मुक्त हो जाता है। व्यक्ति की तरह जोखिम राष्ट्र पर भी लागू होती है। गरीब राष्ट्र जोखिम ज्यादा उठाते हैं तथा झेलते हैं, लेकिन धनी राष्ट्र जोखिम से मुक्ति पा लेते हैं। धनी राष्ट्र अपने तकनीकी यंत्रों को गरीब राष्ट्रों के हाथ बेचकर प्रदूषण से बच जाते हैं। लेकिन वे भी पूर्ण रूपेण खतरे से नहीं बच पाते क्योंकि जहां मशीनें बनायी जाती हैं, वहां भी जोखिम कम

नहीं रहता। हां इतना अवश्य है कि कहीं जोखिम कम हो सकता है तो कहीं ज्यादा। इतना सत्य है कि आधुनिक समाज जोखिम भरा समाज है। इसमें खतरा एवं अनिश्चितता पग-पग पर है। समाज का गरीब वर्ग इसके चपेट में है, जबकि अमीर वर्ग खतरा बेचकर समृद्धि प्राप्त कर लेता है। इस प्रकार आधुनिक समाज की बुद्धिसंगतता खतरा या जोखिम में निहित है।

IV. आधुनिकता विध्वंस में निहित है

जिगमंट बाउमैन ने आधुनिकता की व्याख्या विध्वंस के आधार पर की है। आपके अनुसार आधुनिक समाज की बुद्धिसंगतता विध्वंस में निहित हो गई है। क्योंकि विध्वंस आधुनिकता की उपज है। विध्वंस में नौकरशाही तंत्र की बुद्धिमत्ता पायी जाती है। इसीलिए आधुनिकता एवं विध्वंस का चयनात्मक संबंध (Elective Activity) है। इतिहास साक्षी है कि आधुनिक समाज द्वारा जब कभी भी विध्वंस किया गया या नरसंहार को अंजाम दिया गया, उसके पीछे सोची समझी तथा अपनायी गयी बुद्धिमत्ता थी। विध्वंस संवेग या मनोभाव नहीं होता, यह सोची-समझी नर हत्या होती है। विध्वंस में औद्योगीकरण के सामान्य सिद्धांत को लागू किया जाता है। बाउमैन द्वितीय विश्व युद्ध के समय नाजियों द्वारा यहूदियों का उदाहरण विध्वंस के रूप में पेश करते हैं। नाजी सरकार ने यहूदियों पर विध्वंसक कार्यवाही इसलिए की क्योंकि उसके पास बुद्धिसंगत उद्योग तथा नौकरशाही तंत्र था। इसी बुद्धिसंगतता के आधार पर नाजी सरकार ने यहूदियों को जर्मनी से साफ करने की योजना बनायी थी। दुनिया के सामने यहूदियों को गैस चैंबर के हवाले कर दिया गया था। यह बर्बर समाज की बर्बरता नहीं थी। यह आधुनिक समाज की बर्बरता थी। यह कृत्य विक्षिप्त मस्तिष्क का नहीं, वरन् अत्यधिक बुद्धिसंगत लोगों का था, जो अपने को आधुनिक होने का दंभ रखते थे। इस प्रकार आधुनिकता का एक बहुत बड़ा लक्षण विध्वंस है। इसमें नैतिकता का कोई स्थान नहीं था। आधुनिकता का एक लक्षण नैतिकता का अभाव है।

V. आधुनिक समाज एक भगोड़ा समाज है

एंथोनी गिडेंस के अनुसार आधुनिक समाज एक भगोड़ा समाज है। सारी दुनिया मुट्ठी में समा गयी है। सारी दुनिया भाग-दौड़ में लगी हुई है। जोखिम के कारण आधुनिक समाज भगोड़ा बन गया है। यहां विकसित राष्ट्र खतरे का उत्पादन करते हैं तथा उसे अविकसित राष्ट्र के हाथों में बेच देते हैं। इस तरह संपूर्ण दुनिया खतरा यानी जोखिम की खरीद-बिक्री में लगा हुआ है। इसी भाग-दौड़ में सारी दुनिया शामिल है। उसे कहीं पड़ाव नहीं मिल रहा है।

गिडेंस द्वारा प्रतिपादित सिद्धांतों में आधुनिकता का सिद्धांत एवं संरचनाकरण (Structuration) का सिद्धांत विशेष महत्त्व रखता है।

2. उद्योगवाद;

3. प्रशासनिक शक्ति;

4. सैन्य शक्ति।

गिडेंस के अनुसार आधुनिक समाज इन चारों आयामों के बदौलत अपना कार्य जारी रखते हैं। इन चारों आयामों के मध्य एकता स्थापित रहती है तथा आत्मनिर्भरता बनी रहती है। लेकिन इन चारों आयामों के परिणामस्वरूप आंदोलन होते हैं तथा आंदोलन से नयी व्यवस्था स्थापित होती है। परिवर्तन के कारण ही आधुनिक समाज अस्तित्व में आया है। इसी के कारण संभवत: उत्तर-आधुनिकता का पदार्पण हो। इस तरह के संभावित परिवर्तन को हम स्वप्नदर्शी यथार्थता कह सकते हैं। इसे उत्तर-आधुनिक व्यवस्था कहा जा सकता है।

पूंजीवाद के कारण श्रमिक आंदोलन हुए। समाजवादी आर्थिक संगठन का निर्माण हुआ। लेकिन उत्तर-आधुनिक समाज में दुर्लभ व्यवस्था सामने आ गयी है।

उद्योगवाद के कारण पारिस्थितिकीय-सांस्कृतिक आंदोलन की शुरुआत हुई। इसके कारण ग्रहीय व्यवस्था तथा वृक्षारोपण कार्यक्रम की शुरुआत हुई। लेकिन उत्तर आधुनिक व्यवस्था में तकनीकी तंत्र का मानवीयकरण हो गया है।

प्रशासनिक व्यवस्था के कारण नागरिक तथा मानवाधिकार जैसे आंदोलनों का जन्म हुआ। समन्वित वैश्वीय व्यवस्था बनी। लेकिन उत्तर-आधुनिक व्यवस्था में बहुस्तरीय प्रजातांत्रिक भागीदारी बढ़ रही है।

आधुनिकता का एक आयाम सैन्य शक्ति है। सैन्य शक्ति के कारण शांति आंदोलन का जन्म हुआ। वैश्वीक शांति व्यवस्था की दिशा में प्रयास हुआ। उत्तर-आधुनिक व्यवस्था में असैन्यीकरण तथा युद्ध सामग्रियों के निरस्तीकरण पर जोर दिया जाने लगा।

लेकिन इस तरह की उत्तर-आधुनिक व्यवस्था शायद ही आए। इसीलिए गिडेंस इसे स्वप्नदर्शी (Utopian) यथार्थता कहते हैं।

5. आधुनिकता का वैश्वीकरण—आधुनिक समाज की विशेषता यह रही है कि इसने वैश्वीकरण प्रक्रिया को जन्म दिया है। आधुनिकता के कारण समय तथा स्थान दोनों व्यापक हो गए हैं। पहले सामाजिक संबंध गांव, अंचल, जिले तथा तीर्थ स्थलों तक सीमित थे, वे अब वैश्वीक हो गए हैं। आज की दुनिया में समय तथा स्थान अप्रासंगिक हो गए हैं। संचार साधन विकसित हो जाने के कारण अब दुनिया सिकुड़ गयी है। कहीं भी आना-जाना असंभव नहीं हैं। सेल फोन के माध्यम से हम पूरी दुनिया से 24 घंटे जुड़े रहते हैं। इस प्रकार आधुनिकता के माध्यम से वैश्वीकरण प्रक्रिया स्थापित हुई तथा संपूर्ण विश्व एक-दूसरे के साथ जुड़ गया। विश्व भर के लोगों के बीच संबंध में तीव्रता आयी। अब गांव, अंचल, जिला, राज्य, देश सभी एक-दूसरे के साथ जुड़ गए। इस प्रकार संबंध की दृष्टि से आधुनिकता पूरे विश्व को जोड़ने में सफल हुई।

अत: वह प्रक्रिया जिसके माध्यम से विश्व के विभिन्न देशों के बीच सामाजिक,

आर्थिक, सांस्कृतिक एवं राजनीतिक अन्योन्याश्रितता का विकास होता है, वैश्वीकरण कहलाती है। इस प्रक्रिया के द्वारा एक वैश्वीय समाज की कल्पना की जाती है। वैश्वीकरण रातों-रात दुनिया में नहीं आ गयी है। अपनी आरंभिक अवस्था में वैश्वीकरण ने संपूर्ण दुनिया में भौतिक एकता स्थापित की। आज वैश्वीकरण संपूर्ण दुनिया को एक व्यवस्था के रूप में परिणत कर दिया है। द्वितीय विश्वयुद्ध के बाद वैश्वीकरण ने आधुनिक समाज के निर्माण में महत्त्वपूर्ण भूमिका निभाई है। इसने विश्वस्तर पर सामाजिक, आर्थिक, मानवीय, सांस्कृतिक तथा राजनीतिक संबंध का विकास किया है।

6. उत्तर-परंपरागत समाज—गिडेंस के अनुसार आधुनिक समाज को उत्तर-परंपरागत समाज के रूप में जानने का प्रयास किया जाना चाहिए। आधुनिक समाज का एक महत्त्वपूर्ण अंग अभी भी पारंपरिक समाज है। हालांकि आधुनिकता ने परंपरागतता में परिवर्तन लाया है, लेकिन अभी भी आधुनिक समाज परंपरा से मुक्त नहीं हुआ है। क्योंकि अभी भी परंपरा ने आधुनिक समाज का पिंड नहीं छोड़ा है। उत्तर-परंपरागत समाज में भी गिडेंस के अनुसार आधुनिकता के निम्नलिखित लक्षण पाए जाते हैं—

1. परंपरा समाज की सामूहिक याददाश्त होती है। परंपरा में निरंतरता होती है। इसीलिए परंपरा समाज के अतीत को वर्तमान के साथ जोड़ती है। परंपरा सामूहिकता के माध्यम से समाज को एकजुट रखती है।

2. परंपरा में हम अनुष्ठान यानी धार्मिक विधियां पाते हैं। धार्मिक विधियां भी बदलती रहती हैं। यही कारण है कि परंपरा अतीत को वर्तमान के साथ जोड़ने में सफल होती है।

3. परंपरा में सैद्धांतिक सत्य निहित होता है। यही कारण है कि परंपरा को लोग मूल्यवान समझते हैं, उसे वैध मानते हैं तथा मान्यता प्रदान करते हैं। परंपरा से जुड़ी हुई धार्मिक विधियों को नकारना संभव नहीं है।

4. परंपरा के समाज में रक्षक होते हैं। मनुष्य जन्म से मरण तक परंपरा पर आश्रित होता है। पुरोहित या शास्त्रकार परंपरा को बनाए रखने में अपनी महत्त्वपूर्ण भूमिका निभाते हैं। उनके द्वारा परंपरा की रक्षा की जाती है।

5. परंपरा में नैतिकता होती है। परंपरा हमें नैतिक मूल्यों से जोड़ती है। परंपरा हमें बतलाती है कि हम किस तरह व्यवहार करें।

यह सत्य है कि परंपरा को तोड़ना बड़ा ही कठिन है, लेकिन आधुनिकता के माध्यम से उसमें जोड़ना संभव है। यानी परंपरा में परिवर्तन की संभावना बनी रहती है। पहले की परंपरा में जनता के पास शक्ति नहीं थी। लेकिन आज जनता के पास शक्ति है। जनता की सरकार जनता पर शासन करती है। आज मानवाधिकार की बात हो रही है तथा महिला, शिशु, वृद्ध, श्रमिक तथा अन्य जनता के प्रति निषेधात्मक परंपराओं में परिवर्तन आया है तथा आधुनिक परंपराओं को स्थापित किया गया है। इस प्रकार परंपराएं आधुनिकता में भी स्थान प्राप्त करती रही हैं।

15

उत्तर-आधुनिकता

POST-MODERNISM

भारतीय समाज में आजकल उत्तर-आधुनिकता एक लोकप्रिय एवं फैशनप्रिय अवधारणा बन गयी है। दुनिया की किसी भी घटना का विश्लेषण करना हो, बस फूको, ल्योटार्ड, दर्रिदा, बौड्रिल्लार्ड, जैमेनसन, मारकस, फिशर, फ्रेसर तथा लिंडा निकोलसन का नाम ले लीजिए। किसी भी घटनाओं को इन विचारकों के साथ जोड़ देने पर उसकी सैद्धांतिक मान्यता प्राप्त हो जाती है। क्योंकि इन उत्तर-आधुनिक विचारकों ने इतनी लोकप्रियता हासिल कर ली है कि उन्हें अब परिचय की आवश्यकता नहीं रह गयी है।

यूरोप-अमरीका के संदर्भ में उत्तर-आधुनिकता का प्रवेश कोई अधिक पुराना नहीं है। अर्नोल्ड टोयंबी ने इस शब्द का प्रयोग सर्वप्रथम किया था। उनका संदर्भ ब्रिटेन से था। इसके बाद सन् 1979 में जीन फ्रैंकोइस ल्योटार्ड ने अपनी पुस्तक 'द पास्ट मार्डन कंडीशन' में सबसे पहली बार उत्तर-आधुनिकता की अवधारणा का प्रयोग किया। आपके अनुसार उत्तर-आधुनिकता एक जातीय (Generic) अवधारणा है। यह केवल सृजनात्मक पद्धति नहीं है। ल्योटार्ड ने जोर देकर कहा कि आधुनिकता ने दो बड़ी गलत अवधारणाओं को समाज विज्ञान में जन्म दिया है। एक गलत अवधारणा है महान वृत्तांतों (Meta Narratives) की तथा दूसरी गलत अवधारणा है उदारता के मिथक (Myth of Liberalisation)। ल्योटार्ड के अनुसार महान वृत्तांतों के निर्माता वेबर, मार्क्स, दुर्खिम इत्यादि द्वारा प्रतिपादित सिद्धांत अब विश्वसनीय नहीं रहे। वे अब मिथक बन गए हैं। अत: उत्तर-आधुनिकता का पहला उद्देश्य महान वृत्तांतों के संबंध में प्रचलित मिथको को तोड़ना है।

उत्तर आधुनिकता का दूसरा उद्देश्य उदारता के मिथक को समाप्त करना है। ल्योटार्ड ने उदारता के मिथक को सत्य का मिथक कहा है।

परिभाषा

उत्तर-आधुनिकता की परिभाषा एवं अर्थ के संबंध में विद्वानों के बीच एक मत का पूर्णत:

अभाव है। वैसे उत्तर-आधुनिकता का बहुत बड़ा संबंध कला, संस्कृति तथा पुरातत्व से है। यह माना जाता है कि साहित्य में उत्तर-आधुनिकता बहुत पहले आ गयी थी। अमरीका तथा यूरोप में पिछले दो-तीन दशकों में उत्तर-आधुनिकता के ऊपर जो लेखन अस्तित्व में आए हैं, उनकी रचना गैर-समाजशास्त्रियों द्वारा की गयी है। अब यहां उत्तर-आधुनिकता के ऊपर कतिपय विचारकों के विचार को प्रस्तुत किया जा रहा है। मुख्य विचारकों द्वारा प्रदत्त परिभाषा से उत्तर-आधुनिता के लक्षणों को जानने में सहायता मिलेगी। इन परिभाषाओं में हमें अर्थ की समानता एवं विभिन्नता दोनों प्राप्त होंगे।

1. जीम मैक ग्वीगन (Jim Mc Guigan)—आप मुख्यत: पाठ पुस्तक लेखक रहे हैं। आपके अनुसार उत्तर-आधुनिकता एक सांस्कृतिक तथा ज्ञान मीमांशा की दशा है। इसके कारण आधुनिक सामाजिक संस्थाएं दब जाती हैं तथा वैश्वीक समाज की दिशा में एक युगांतर का प्रवेश होता है। आपके अनुसार उत्तर-आधुनिकता के निम्नलिखित प्रमुख तत्व होते हैं—

(i) यह संस्कृति तथा ज्ञान की एक दशा है;
(ii) इसके कारण आधुनिक संस्थाएं कमजोर हो जाती हैं;
(iii) यह वैश्वीक समाज का निर्माण करती है।

2. रिचार्ड गौट्ट (Richard Gott)—आप एक अमरीकी समाजशास्त्री हैं। आपके अनुसार 20वीं शताब्दी का पहला भाग आधुनिकता से तथा दूसरा भाग उत्तर-आधुनिकता से प्रभावित था। आपके अनुसार उत्तर-आधुनिकता हमें आधुनिकता से मुक्ति दिलवाता है। यह एक विखंडित आंदोलन है। इसमें बहु-संस्कृतियों का विकास होता है। इस प्रकार गौट्ट के अनुसार उत्तर-आधुनिकता के निम्नलिखित लक्षण हैं—

(i) यह हमें आधुनिक समाज से स्वतंत्र करती है;
(ii) इसमें समग्रता नहीं पायी जाती है। यानी यह विखंडितता का पक्षधर है;
(iii) इसमें सांस्कृतिक बहुलता होती है।

3. जार्ज रिटजर (George Ritzer)—रिटजर ने अपनी पुस्तक *माडर्निटी एंड पोस्टमाडर्निटी* में उत्तर-आधुनिकता की व्याख्या अवधारणात्मक स्तर पर की है। आपके अनुसार उत्तर-आधुनिकता, उत्तर-आधुनिकतावाद तथा उत्तर-आधुनिक समाजशास्त्रीय सिद्धांत की अवधारणा पृथक-पृथक हैं। अत: इन तीनों अवधारणाओं में यहां अंतर स्पष्ट करना युक्तिसंगत होगा।

उत्तर-आधुनिकता का तात्पर्य एक ऐतिहासिक काल से है। यह काल आधुनिकता के काल की समाप्ति के पश्चात् आरंभ होता है। उत्तर-आधुनिकतावाद का संबंध सांस्कृतिक तत्वों से है। इसका घनिष्ठ संबंध कला, ज्ञान, फिल्म तथा पुरातत्व एवं सांस्कृतिक वस्तुओं से है। इस प्रकार उत्तर-आधुनिकतावाद की अवधारणा पूर्णत: सांस्कृतिक है।

उत्तर-आधुनिक समाजशास्त्रीय सिद्धांत का तात्पर्य उन सिद्धांतों से है जो सामान्य समाजशास्त्रीय सिद्धांत से भिन्न हैं।

रिटजर के अनुसार उत्तर-आधुनिकता एक विशाल अवधारणा है जिसमें ऐतिहासिक काल, नवीन सांस्कृतिक तत्व तथा सामाजिक दुनिया के संबंध में नई तरह का सैद्धांतिकरण होता है। रिटजर के अनुसार उत्तर-आधुनिकता के निम्नलिखित लक्षण हैं—

(i) उत्तर-आधुनिकता एक ऐतिहासिक काल है;
(ii) उत्तर-आधुनिकतावाद का संबंध सांस्कृतिक तत्वों से है;
(iii) उत्तर-आधुनिक सिद्धांत का संबंध वैसे सामाजिक सिद्धांतों से है जो महान वृत्तांतों को अस्वीकार करते हैं;
(iv) उत्तर-आधुनिकता नींववाद (Foundationalism) को स्वीकार नहीं करती है।

4. जीन फ्रैंकोइस ल्योटार्ड (Jean Francois Lyotard)—फ्रेंच विद्वान ल्योटार्ड के अनुसार उत्तर-आधुनिकता को महान वृत्तांतों में अविश्वास के रूप में परिभाषित किया जा सकता है। उत्तर-आधुनिकतावादियों के लिए महान वृत्तांत इसलिए अस्वीकार्य हैं क्योंकि इनमें समग्रता पर बल दिया गया है। लेकिन यह समाज विविधता से भरा पड़ा है। विश्व में सांस्कृतिक, सामाजिक, आर्थिक, राजनीतिक तथा धार्मिक विविधता पायी जाती है। इस परिस्थिति में समग्रता को सिद्धांत के माध्यम से स्थापित किया जाना युक्तिसंगत नहीं लगता है। ल्योटार्ड के अनुसार हमें समग्रता पर नहीं वरन् स्थानीयता पर अपना ध्यान केन्द्रित करना चाहिए। इस प्रकार ल्योटार्ड ने महान वृत्तांत के स्थान पर स्थानीय वृत्तांत (Local Narratives) की वकालत की है। इस प्रकार आप विखंडन (Fragmentation) अर्थात स्थानीयता के पक्षधर हैं। आप सकलता, समग्रता तथा महान वृत्तांत के विरोधी हैं। आपका संबंध अति विशिष्ट संश्लेषण से है।

5. जीन बौड्रील्लार्ड (Jean Baudrillard)—जीन बौड्रील्लार्ड के अनुसार उत्तर-आधुनिकता अति यथार्थता (Hyper Reality) है। अति यथार्थता प्रतिकृति या आभास द्वारा निर्मित होती है। इस आभास या नकल का आधार जन संचार है। जनसंचार के माध्यम से प्रतीकात्मक विनिमय होता है। आधुनिक समाज में नाटक थे, रंगमंच था, कठपुतली का नाच था। आधुनिकता का यही वास्तविक रूप था। इसके बाद फोटोग्राफी आयी, सिनेमा आया तथा टेलिविजन आया। संचार की इन तकनीकों द्वारा यथार्थ की सभी वस्तुओं को संकेत, मॉडल तथा छवि प्रदान की गई। इन संचार प्रक्रिया में कोई भी वस्तु मौलिक नहीं रह गयी। यथार्थ से दूर होकर प्रतीक या मॉडल बन गया। इस प्रकार हमारी दुनिया नकल या आभासी दुनिया बन गयी है। अत: उत्तर-आधुनिकता अति यथार्थता है।

6. फ्रेडरिक जैमेसन (Fredrick Jameson)—आपके अनुसार उत्तर-आधुनिकता की अवधारणा को मार्क्सवादी दृष्टि से देखा जाना चाहिए। आपने महान वृत्तांतों की अस्वीकृति का खंडन किया है। आपके अनुसार उत्तर-आधुनिकता को संस्कृति का एक उदाहरण मानना पूंजीवादी व्यवस्था है। संस्कृति के नाम पर सौंदर्य बोध को बाजार की बिकाऊ वस्तु बना दिया गया है। विश्व सुंदरी, ब्रह्मांड सुंदरी, एशिया सुंदरी, अफ्रीका

सुंदरी, भारत सुंदरी इत्यादि सांस्कृतिक आयोजनों द्वारा सुंदरता को बिकने वाली वस्तु बना दिया गया है। पूंजीवाद, संस्कृति के कंधों पर सवार होकर विश्व का शोषण कर रहा है। आपके अनुसार संस्कृति पूंजीवाद की दासी बन गयी है। पूंजीपतियों द्वारा सुंदरता प्रतियोगिता, खेल-कूद प्रतियोगिता, नृत्य प्रतियोगिता, संगीत प्रतियोगिता, मॉडल प्रतियोगिता का आयोजन किया जाता है। इस प्रकार संस्कृति पूंजीपतियों के लिए खरीद-बिक्री की वस्तु बन गयी है। संस्कृति के नाम पर अमीरों द्वारा गरीबों का शोषण भी किया जाता है।

जैमेसन के अनुसार उत्तर-आधुनिकता के निम्नलिखित लक्षण हैं—

(i) उत्तर-आधुनिकता में गहरायी का अभाव है;

(ii) इसमें मनोभाव या संवेगों का अभाव होता है;

(iii) इसमें इतिहास नहीं होता;

(iv) उत्तर-आधुनिकता में नयी तकनीकी होती है।

जैमेसन ने उत्तर-आधुनिकता को मार्क्सवाद से जोड़ा है। आपका मानना है कि पूंजीवाद का विकास कई चरणों में हुआ है। आज का पूंजीवाद विलंबित पूंजीवाद (Late Capitalism) है। उत्तर-आधुनिकता इसके सांस्कृतिक पक्ष से जुड़ा हुआ है। विलंबित पूंजीवाद अब संस्कृति को बेचने का काम कर रहा है। अब नृत्य, गीत, संगीत, कला, सुंदरता, साहित्य सब कुछ बिकाऊ हो गए हैं। इन सभी सांस्कृतिक तत्वों को बेचा जा रहा है। इसे बेचने में राज्य, सरकार, कलाकार, साहित्यकार, संगीतकार, गायक, सुंदरियां, धर्मी, साधु-संत इत्यादि सबके सब भागीदार हैं। यह सब विलंबित पूंजीवाद के कारण हो रहा है। आपने जोर देकर कहा कि मार्क्स द्वारा प्रतिपादित अधिसंरचना (संस्कृति) को उत्तर-आधुनिकता में भी छोड़ा नहीं जा सकता है। उत्तर-आधुनिक समाज की अधिसंरचना यानी संस्कृति पोप संस्कृति (Popular Culture) है।

7. माइकल फूको (Michel Foucalt)—माइकल फूको के अनुसार उत्तर-आधुनिक समाज के विचारों में बहुत बड़ा बदलाव आया है। हम पहले जैसा सोचते थे, अब वैसा नहीं सोचते। हमारा पहले के सोचने का ढंग बिल्कुल बदल गया है। उदाहरण के लिए मध्य युग में पागलपन को हानिरहित समझा जाता था। लेकिन आज पागलपन के बारे में हमारी सोच बदल गयी है। आज की सोच में पागलपन चिकित्साशास्त्र की विषयवस्तु है। पागलपन की स्थिति में इलाज कराना जरूरी है। इसीलिए आज पागल को डॉक्टर के पास ले जाया जाता है। फूको ने स्थापित किया कि आज के समाज में शक्ति उनके पास है जिनके पास तार्किक ज्ञान (Discourse) है। आपने उत्तर-आधुनिकता को तार्किक ज्ञान में निहित शक्ति के रूप में परिभाषित किया है। तार्किक ज्ञान आज के समाज के लिए स्वीकार्य है। तार्किक ज्ञान सभी के पास एक समान नहीं होता है। यानी तार्किक ज्ञान में बहुलता पायी जाती है। इसमें विभिन्नता पायी जाती है। आज के युग में शक्ति और ज्ञान के बीच घनिष्ठ संबंध स्थापित हुआ है। आज के युग में वही समाज शक्तिशाली है, जिनके पास ज्ञान है।

8. जैक्स दरींदा (Jacques Derrida)—आपके अनुसार उत्तर-आधुनिकता को विखंडनवाद (Deconstructionism) के रूप में समझा जा सकता है। इस अवधारणा की शुरुआत कला, साहित्य, फिल्म तथा समीक्षा से हुई। इसका प्रारंभिक स्वरूप दार्शनिक था। लेकिन बाद में चलकर इसने सामाजिक सिद्धांत का स्वरूप ग्रहण किया। विखंडनवाद के माध्यम से सर्वाधिक प्रहार विभिन्न क्षेत्रों में पूर्व स्थापित एवं चिरपरिचित ग्रंथों के ऊपर किया गया है। विखंडनवाद के अनुसार ये ग्रंथ सामाजिक यथार्थ को प्रकट नहीं करते हैं। अत: विखंडनवाद इन ग्रंथों में निहित अव्यक्त अर्थों की खोज तथा विश्लेषण पर विशेष बल देता है।

आप फर्दिनंद साउसुरे के भाषा सिद्धांत से प्रभावित थे। विखंडन की अवधारणा में शब्दों के अर्थ समझने की एक अपनी सोच है। इसमें शब्दों को घटना या वस्तु के साथ नहीं जोड़ा जाता है। इसमें शब्दों को संकेत के रूप में लिया जाता है जिनके एक नहीं अनेक अर्थ होते हैं। इन शब्दों का पूर्ण अथवा सत्यभाषी शब्द हमेशा विरामित (Deferred) होता है। सत्य के विभिन्न अर्थ होते हैं जिनके कारण व्यक्ति के समक्ष चयन करने का विकल्प खुला रहता है।

9. एंथोनी गिडेंस (Anthony Giddens)—गिडेंस के अनुसार उत्तर-आधुनिकता बहुलवादी तथा विविध होती है। समाज इतिहास या प्रगति द्वारा नियंत्रित नहीं होता है। इस समाज का मार्गदर्शन महान वृत्तांतों द्वारा नहीं होता है। गिडेंस के अनुसार आधुनिक समाज उत्तर-आधुनिक समाज से भिन्न होता है। आधुनिक समाज का मुहावरा विकास होता है। यह समाज विकासशील होता है। इस समाज का मार्गदर्शक सिद्धांत दुर्खिम, वेबर, मार्क्स, मर्टन, पारसंस द्वारा बनाए गए सिद्धांत होते हैं। इन सिद्धांतों को महान वृत्तांतों के नाम से जाना जाता है। उत्तर-आधुनिकता इन सभी को स्वीकार नहीं करती है। उत्तर-आधुनिकता ने 20वीं शताब्दी के आधुनिक समाज के सामने कई ज्वलंत प्रश्न खड़े कर दिए। इसने गगनचुंबी इमारतों, कारपोरेट पूंजीवाद तथा कला के ज़गमगाते बाजारों पर प्रश्नचिह्न लगाए। अब उत्तर-आधुनिकता के रूप में एक नयी संस्कृति की उत्पत्ति हुयी जिसे लोकप्रिय संस्कृति कहा (Pop Culture) जाता है।

उत्तर-आधुनिकता की विशेषताएं (Characteristics of Post-Modernism)

ऊपर प्रस्तुत विभिन्न विद्वानों द्वारा प्रदत्त परिभाषा से यह स्पष्ट होता है कि उत्तर-आधुनिकता की कोई सर्वसम्मत परिभाषा नहीं है। सभी विद्वानों के अपने-अपने संदर्भ हैं। उनके समाज को देखने का तरीका अलग-अलग है। आज का समाज जिस गति से बदल रहा है, उसमें आधुनिक समाज का पैमाना सही अर्थ में लागू नहीं होता है। अत: अब समाज को उत्तर-आधुनिकता की दृष्टि से देखना उचित होगा। उत्तर-आधुनिकता की उत्पत्ति का इतिहास ज्यादा पुराना नहीं है। इस काल की शुरुआत 1980 ई. से मानी जाती है।

उत्तर–आधुनिकता एक ऐतिहासिक काल के रूप में आधुनिकता के बाद आयी है। यह अवधारणा अब शीघ्रता के साथ आधुनिकता का स्थान ले रही है। आधुनिकता का उद्‌गम ज्ञानोदय काल से है। इसके बाद यूरोप की औद्योगिक क्रांति तथा फ्रांस की राज्य क्रांतियों ने आधुनिकता को पूर्णरूपेण स्थापित किया। ज्ञानोदय काल से लेकर मध्य 20वीं सदी तक आधुनिक काल बना रहा है। इसके बाद धीरे–धीरे आधुनिक काल का रूपांतरण उत्तर–आधुनिक काल में होने लगा है। आधुनिक काल में कला, साहित्य, संस्कृति, शिक्षा, नृत्य, गीत, संगीत इत्यादि के आधुनिक स्वरूप अस्तित्व में आया। समाज में उच्च स्तर की तकनीकी स्थापित हो गयी। मैक्स वेबर, दुर्खिम, मार्क्स, परेटो जैसे समाजशास्त्रीय सिद्धांतकार आए तथा वृहत वृत्तांतों को जन्म दिया। लेकिन इन सभी अवधारणाओं को उत्तर–आधुनिकतावादी विचारकों ने अस्वीकार कर दिया। अब एक नयी संस्कृति का अवतार उत्तर–आधुनिकता के रूप में हुआ। यह नयी संस्कृति पोप संस्कृति है जिसे लोकप्रिय संस्कृति कहा जाता है। यह संस्कृति संचार की संस्कृति है। यह शुद्धता से मुक्त है। अभिजन से यह संस्कृति मुक्त है। यह कला के स्वरूप से परे है। इसकी शैली रोमांचक, व्यंगात्मक और ग्रहणशील है।

उत्तर–आधुनिकता का शाब्दिक अर्थ आधुनिकता से परे या आधुनिकता के बाद होता है। आज यानी वर्तमान यानी आधुनिक यही तो समाज का वह खंड है जो हमारे सामने है। बीता हुआ कल और आने वाला कल हमारे सामने नहीं है। निर्माण हम अतीत का नहीं कर सकते। वर्तमान में बदलाव लाकर या उसका पुनर्निर्माण करके भविष्य की रचना हम सपने, आकांक्षाओं तथा कल्पना के आधार पर कर सकते हैं। रचना की दृष्टि से आधुनिकता एक मूल्यगत प्रक्रिया है। यह प्रक्रिया हमें अतीत से मुक्ति प्रदान करती है। यह प्रक्रिया अनंतकाल तक चलने वाली होती है। समय या काल अनंत है। हर आने वाली पीढ़ी के लिए आधुनिकता का अपना अर्थ होगा। इस दृष्टि से उत्तर–आधुनिक होना संभव नहीं है। उत्तर–आधुनिकता का समय, समाज तथा इतिहास की प्रक्रिया से कोई यथार्थपरक संबंध नहीं होता है।

उत्तर–आधुनिकता एक ऐसी विचार प्रक्रिया है जो विचारों की शृंखला है, जो मनुष्य को वर्तमान तक, यथास्थिति तक सीमित कर देने का प्रयत्न कर रही है। वर्तमान को यथास्थिति तक सीमित कर देने के लिए मनुष्य अपनी चेतना को ऐसा रूप देने का प्रयास करता है जिससे मनुष्य वर्तमान के प्रश्नों से नहीं जूझे, अपने जीवन के प्रश्न से नहीं जूझे। वर्तमान से ध्यान हटाना ही या आधुनिकता से ध्यान हटाना ही उत्तर–आधुनिकता है। वर्तमान से हटाकर आखिर हमारा ध्यान कहां ले जाया जा रहा है। क्या भविष्य की ओर, नहीं तो? अतीत के सिवा और क्या बच जाता है?

अतः उत्तर–आधुनिकता का अर्थ होता है अतीतोन्मुखता। लेकिन अतीतोन्मुखता कहने पर इसका भेद खुल जायेगा। अतः एक बढ़िया शब्द युग्म पहना दिया गया उत्तर–आधुनिकता। इस विचार प्रक्रिया में विचारधारा का अंत, इतिहास का अंत तथा संगठन या

ढांचे का अंत। अब सोचा जाए कि विचारधारा, इतिहास तथ संगठन से मुक्त मनुष्य और उसका समाज कैसा होता है। मनुष्य अतीत के अंधेरों में भटकता रहेगा और वर्तमान की व्यवस्था के पोषक और स्वामी मजा लूटते रहेंगे। आज के पूंजीवाद एवं बाजार तंत्र के संचालक धार्मिक उन्माद, राजनीतिक जातिवाद, क्षेत्रीयता इत्यादि की चेतना को हवा दे रहे हैं, तमाम सड़े-गले विचारों को फैलाया जा रहा है।

आज उत्तर-आधुनिकता के साये में लेखन का संबंध यथार्थ और जीवन के समकालीन प्रश्नों से हटना, भाषावाद और रूपवाद को प्रतिष्ठित करना, मनुष्य की चेतना को मध्यकाल एवं प्राचीन मूल्यों में लपेट देना, समाज के वर्गीय स्वरूप को छिपाना, समाजार्थिक अंतर्विरोध को छिपाना, जनता की ऐतिहासिक जनतांत्रिक शक्ति को तथा मनुष्य की रचनात्मकता को दबाना, वैज्ञानिक तथा जनजांत्रिक दृष्टिकोण को दबाना ये सारे काम किए जा रहे हैं। उत्तर-आधुनिकतावादियों की दृष्टि में साहित्य मूल्य से, जीवन से तथा उद्देश्य से रहित होना चाहिए। संरचनावाद या विसंरचनावाद को स्थापित करना उत्तर-आधुनिकता का एक रूप है। संस्कृति, कला, गीत, संगीत इत्यादि को विज्ञापनों अथवा संचार माध्यमों से बाजार में बिकने वाली वस्तु बनाना उत्तर-आधुनिक सांस्कृतिक व्यवस्था में शामिल हो गयी है।

अगर देखा जाए तो उत्तर-आधुनिकता के अंतर्गत मनुष्य मात्र उपभोक्ता है, रचनात्मक शक्ति तथा मेघा से संपन्न पुरुषार्थी मनुष्य नहीं। आज उत्तर-आधुनिकता के अंतर्गत विचारधारा मुक्त मनुष्य का चित्रण साहित्य से करने पर जोर दिया जा रहा है। अत्याधुनिक प्रविधि मनुष्य को बेकार बना रही है। वह चरम पर पहुंच गयी है। मनुष्य के संवेदना के स्रोत सूख रहे हैं या वह अत्यधिक वैयक्तिक और आत्मकेंद्रित हो रहे हैं। संवेदन शून्य मनुष्य बेहद कमजोर होता है। या फिर वह भयानक रूप से बर्बर होता है। उत्तर-आधुनिकता बाजार तंत्र के मूल्य को स्थापित करना चाहती है। बाजार को तो केवल व्यावसायिक मनुष्य चाहिए। बाजारवाद को पुराने घिसे-पिटे विचारों और मूल्यों की आवश्यकता होती है। अगर कुल मिलाकर देखा जाए तो उत्तर-आधुनिकता बाजारवादी शक्तियों के हितों के अनुकूल चिंतन तथा दृष्टिकोण की वैचारिक व्यवस्था है।

साहित्यकारों, समाजशास्त्रियों तथा मानवशास्त्रियों ने अपने-अपने दृष्टिकोण एवं चिंतन के अनुसार उत्तर-आधुनिकतावाद को परिभाषित किया है। कुजनिकी ने अपनी पुस्तक पोस्ट *माडर्निटी : द स्कूल आफ एंटी थौट* (1997) में उत्तर-आधुनिकतावाद को परिभाषित करते हुए लिखा है कि उत्तर-आधुनिकतावाद एक दार्शनिक दृष्टिकोण है जो बलपूर्वक यह कहता है कि सत्य मौलिक रूप से सभी चीजों में मानवता से परे है। यह दृष्टि इस पर बल देती है कि ज्ञान से संबंधित सभी दावा या अधिकार केवल उद्देश्यपूर्ण भ्रांतियां हैं जिनका सृजन या निर्माण उत्पीड़न को न्याय संगत बनाना होता है। इनका उद्देश्य शोषण की राजनीतिक संरचना को बरकरार रखते हुए विश्व पर हावी रहना है। भविष्यवाणी

के रूप में यह शक्ति संरचना प्रजातिवादी, कामुकतावादी तथा विशिष्ट वर्गवादी है। इसमें सत्य पर केवल प्रश्नचिह्न ही नहीं लगाया जाता है वरन् घृणा की दृष्टि से देखा जाता है।

विभिन्न व्याख्याओं एवं परिभाषाओं के आधार पर उत्तर-आधुनिकता की निम्नलिखित विशेषताओं को चिह्नित किया जा सकता है—

1. उत्तर-आधुनिकता एक सांस्कृतिक अवधारणा है—उत्तर-आधुनिकता एक सांस्कृतिक मॉडल है। यह सांस्कृतिक मॉडल सामाजिक, सांस्कृतिक और राजनीतिक प्रक्रियाओं से जुड़ी हुई है। इसकी अभिव्यक्ति जीवन की विभिन्न शैलियों में देखी जा सकती है। कला, संगीत, नृत्य, गीत, साहित्य इत्यादि जीवन जीने की शैलियों को प्रस्तुत करते हैं। इस संस्कृति को सामाजिक आयोजन तथा आर्थिक परिवर्तन में देखा जा सकता है। इसकी उपस्थिति प्रत्यक्षवाद, उत्तर-संरचनावाद तथा विखंडन में पायी जाती है।

2. उत्तर-आधुनिकता बहुआयामी है—आधुनिकता विविधता में एकता प्रस्तुत करती थी। यह विविधता को समानता तथा एकता में बांधती थी। उत्तर-आधुनिकता एक ऐसी संस्कृति है जिसमें बहुलता पायी जाती है। इस संस्कृति में स्थानीयता एवं विखंडन पाया जाता है। उत्तर-आधुनिकता ज्ञानोदय, मार्क्स, फ्रायड, वेबर, पारसंस इत्यादि द्वारा प्रतिपादित विश्वव्यापी सिद्धांतों का विरोध करती है। यह स्थानीयता एवं विखंडता पर अपना ध्यान केन्द्रित करती है। उत्तर-आधुनिकता महिला, शिशु, वृद्ध, जनजाति, दलित, पिछड़ा वर्ग, अश्वेत इत्यादि पर अपना ध्यान केंद्रित करती है।

3. उत्तर-आधुनिकता आधुनिकतावादी रूढ़िवाद के खिलाफ है—उत्तर-आधुनिकतावादियों के अनुसार उत्तर-आधुनिकता संस्कृति का तर्क देकर पूंजीवाद को बढ़ावा देती है। यह पूंजीवादी संस्कृति का विकास करती है। साथ ही साथ उत्तर-आधुनिकता समकालीन सामाजिक, आर्थिक तथा राजनीतिक प्रक्रियाओं से जुड़ी होती है। यह आधुनिकतावादी रूढ़िवाद को अस्वीकार करती है।

4. उत्तर-आधुनिकता विखंडन में विश्वास करती है—उत्तर-आधुनिकता की प्रवृत्ति विखंडन की है। यह अनिरंतरता पर ध्यान देती है। यह समानता की अपेक्षा विविधता को स्वीकार करती है।

5. उत्तर-आधुनिकता स्थानीयता की खोज करती है—उत्तर-आधुनिकता घटनाओं का विश्लेषण, वर्णन तथा व्याख्या स्थानीयता के आधार पर करती हैं। यह सामाजिक, आर्थिक तथा राजनीतिक प्रक्रियाओं के बीच संबंधों को स्थानीयता के आधार पर देखती है।

6. उत्तर-आधुनिकता महान सिद्धांतों को अस्वीकार करती है—उत्तर-आधुनिकता के अनुसार कोई भी महान सिद्धांत, भाषा या वृत्तांत पूरे विश्व पर समान रूप से नहीं लागू होता है। स्थानीय स्तर पर वे महान सिद्धांत स्वीकार करने लायक नहीं होते हैं।

7. उत्तर-आधुनिकता स्थानीय स्वायत्तता पर जोर देती है—उत्तर-आधुनिकता राजनीतिक दृष्टि से स्थानीय स्वायत्तता का पोषक है। इसका मानना है कि स्थानीय लोग आधुनिकता को अपने ऊपर थोपी गयी संरचना मानते हैं। इसे अपने ऊपर बोझ समझते हैं, गुलामी समझते हैं। इसीलिए इसके अंतर्गत स्थानीय आंदोलनों एवं संघर्षों पर विशेष ध्यान दिया जाता है। आधुनिकता को स्थानीय लोग बाहरी आक्रमण मानते हैं। इसे छोटे स्तर का उपनिवेशवाद समझते हैं। यही कारण है कि उत्तर-आधुनिकता बाहरी तत्वों को अस्वीकार करती है।

8. उत्तर-आधुनिकता में गहरायी नहीं होती है—एक विचारधारा के रूप में उत्तर-आधुनिकता किसी घटना को क्रमबद्ध ढंग से नहीं प्रस्तुत करती है। यही कारण है कि उत्तर-आधुनिकतावादी संस्कृति में गहरायी नहीं होती है।

9. उत्तर-आधुनिकता विखंडित व्यक्तित्व में विश्वास करती है—उत्तर-आधुनिकता यह मानकर चलती है कि भाषा का संबंध व्यक्ति से नहीं होता है। इसमें शब्द का शब्द से संबंध होता है। इसके कारण विखंडित व्यक्तित्व का निर्माण होता है। विखंडित व्यक्तित्व वाला व्यक्ति की मानसिकता भी विखंडित होती है। ऐसा व्यक्ति अर्थ को अपनी जीवनी से नहीं लेता है। न ही वह अतीत या भविष्य के संदर्भ में अपने मनोवैज्ञानिक जीवन को समझ पाता है। स्पष्ट शब्दों में कहा जा सकता है कि उत्तर-आधुनिकता ऐसे व्यक्तियों का निर्माण करती है जो खंडित होते हैं। वे न पीछे देखते हैं और न आगे की दृष्टि रखते हैं।

10. उत्तर-आधुनिकता पोप संस्कृति का विकास करती है—यूरोप तथा अमरीका में आज एक नयी संस्कृति का विकास हुआ है। जिसे पोप यानी लोकप्रिय संस्कृति कहा जाता है। इस संस्कृति के संबंध में जानकारी हमें कला, संगीत, गीत, नृत्य, साहित्य आदि के माध्यम से मिलती है। बाजार, नृत्यगृह, क्लब, संगीतगृह, मनोरंजन गृह, सभी स्थानों पर पोप संस्कृति मिल जाती है।

11. उत्तर-आधुनिकता उपभोक्तावाद का विकास करती है—उत्तर-आधुनिकता उपभोक्तावाद को बढ़ावा देती है। इसने कला, संगीत, गीत, नृत्य, साहित्य सभी को उपभोग की वस्तु बना दिया है। आज वही व्यक्ति मनोरंजन का अधिक से अधिक उपभोग कर रहा है जिसके पास पैसा है। बाजार में बिकने वाली नयी-नयी वस्तुएं आ रही हैं। नयी शैली की पुस्तकें, खाद्य सामग्रियां, फास्ट फूड, मनोरंजन सामग्रियां, सांस्कृतिक सामग्रियां आदि बाजार में बिकने लगी हैं। इस प्रकार उत्तर-आधुनिकता उपभोगवाद का विकास करती है।

12. उत्तर-आधुनिकता उप-संस्कृति या प्रतिकूल संस्कृति का निर्माण करती है—उत्तर-आधुनिकता की एक विशिष्ट संस्कृति होती है। यह संस्कृति युवाओं को विशेष प्रभावित करती है। इसके कारण युवा वर्ग अपने आपको आधुनिकता के बंधन से मुक्त करता है। इसके परिणामस्वरूप नयी संस्कृति उभरकर सामने आयी है। इसे प्रतिकूल या उप-संस्कृति कहा जाता है। आज विश्व का युवा वर्ग इसकी मांग कर रहा है।

13. उत्तर-आधुनिकता एक सांस्कृतिक तर्क है—उत्तर-आधुनिकता को सांस्कृतिक तर्क से स्वीकार किया जाता है। इसमें संस्कृति के निवेश के ऊपर विशेष ध्यान दिया है। संस्कृति को निवेश की वस्तु बनाया गया है। इस प्रकार सांस्कृतिक पूंजीवाद (Cultural Capitalism) का विकास हुआ है। अब पूरी दुनिया में संस्कृति को बेचा जा रहा है। संस्कृति के तत्व जैसे कला, संगीत, गीत, नृत्य, साहित्य, सुंदरता, इत्यादि को संचार माध्यमों के सहारे बेचा जा रहा है। लोक संस्कृति को पोप संस्कृति नाम देकर बाजारू बनाया गया है। मर्द अपने बाल बढ़ा रहे हैं तथा स्त्रियां अपने बाल कटवा रही हैं। यह सब संस्कृति के नाम पर हो रहा है। ब्लू फिल्मों के द्वारा कामुकता का प्रचार-प्रसार हो रहा है। बच्चों के सो जाने के बाद टी.वी. के ऊपर दंपत्ति बड़े शौक से ब्लू फिल्म का आनंद लेते हैं। लोक समाज में वस्त्राभाव के कारण नग्नता को दर्शाया जाता है। सभ्य समाज में नग्नता को बाजारू चीज के रूप में प्रस्तुत किया जा रहा है। सौंदर्य प्रतियोगिता आयोजित कर सुंदरियों को बाजारीकरण का अभिन्न अंग बनाया जा रहा है। इन सभी के पीछे सांस्कृतिक तर्क दिया जा रहा है। संस्कृति की आड़ में भोगवादी, बाजारवादी तथा पूंजीवादी संस्कृति के पक्ष में तर्क दिया जा रहा है। इस तरह कला, फिल्म, पुरातत्त्वशास्त्र सबके सब सांस्कृतिक तर्क हैं। इस प्रकार उत्तर-आधुनिकता एक सांस्कृतिक तर्क है।

उत्तर-आधुनिकतावाद (Post-Modernism)

सामाजिक विज्ञान तथा मानविकी विषयों में 1980 तथा 1990 के दशकों में चलाए गए एक सामान्य आंदोलन का नामकरण उत्तर-आधुनिकतावाद के रूप में किया गया है। इस आंदोलन की विचारधारा के माध्यम से सामाजिक विज्ञान तथा मानविकी विषयों में निष्पक्षता, वस्तुनिष्ठता या यथार्थता एवं सत्तावादी ज्ञान की संभावना पर प्रश्न चिह्न लगाया गया है। इस विचारधारा के अनुसार किसी भी लेखन में पूर्ण निष्पक्षता संभव नहीं हैं। सामाजिक विज्ञान तथा मानविकी विषयों के विद्वानों का सृजन बिल्कुल निष्पक्ष नहीं हो पाता है। उसी प्रकार सामाजिक विज्ञान तथा मानविकी में प्राकृतिक विज्ञान के समान वस्तुनिष्ठता एवं यथार्थता संभव नहीं है। विज्ञान के सिद्धांत एवं नियम प्रत्येक जगह एक समान होते हैं। लेकिन सामाजिक विज्ञान एवं मानविकी के लिए यह बात सत्य नहीं है। यहां स्थान एवं समय के अनुसार सिद्धांत बदलते रहते हैं। ऐसी स्थिति में सामाजिक विज्ञान तथा मानविकी में यथार्थता की खोज तथा वैज्ञानिक विधि का प्रयोग संभव नहीं है। इस प्रकार उत्तर-आधुनिकतावाद में भौतिक, अनुभवाश्रित तथा विश्वव्यापी सिद्धांत को अस्वीकार किया गया है। उत्तर-आधुनिकतावाद में मार्गन, टायलर, स्पेंसर, मार्क्स, वेबर, फ्रेजर, मैलिनोवस्की इत्यादि द्वारा प्रतिपादित सिद्धांतों को अस्वीकार कर दिया गया है।

उत्तर-आधुनिकतावादियों के अनुसार सामाजिक तथा मानविकी विषयों के विद्वानों द्वारा प्रतिपादित सिद्धांतों की सबसे बड़ी कमजोरी यह थी कि वे सत्तापक्ष का समर्थन करते

थे। वे राजनीतिक अर्थशास्त्र से प्रभावित थे। वे राजनीतिक सत्ता का समर्थन करते थे। अत: उनके द्वारा प्रतिपादित सिद्धांत सत्तावादी ज्ञान पर आधारित थे। उन सिद्धांतों को स्थानीयता तथा ऐतिहासिक संदर्भ में चुनौती दी जाने लगी है। क्योंकि कोई भी एक प्रकार का सिद्धांत पूरे विश्व पर लागू नहीं होता है। कला, वास्तुकला, संगीत, फिल्म, साहित्य, समाजशास्त्र, संचार, फैशन, प्रौद्योगिकी इत्यादि के संबंध में कोई एक सिद्धांत संपूर्ण विश्व पर लागू नहीं होता है। स्थान एवं समय के आधार पर इनमें विविधता पायी जाती है। उत्तर-आधुनिकतावाद में किसी भी चीज को दो परिभाषाओं में समानता नहीं पायी जाती है। लेकिन यह परंपरागत ज्ञान की जड़ों पर आघात अवश्य पहुंचाती है तथा जानने एवं ज्ञान की राह पर अग्रसर होती है। यह मानव व्यवहार के किसी एक भव्य सिद्धांत को अस्वीकार करती है।

उत्तर-आधुनिकतावाद में वैचारिकता पर विशेष बल दिया जाता है। इसके अंतर्गत किसी भी प्राकृतिक नियमों के अस्तित्व को स्वीकार नहीं किया जाता है। उत्तर-आधुनिकतावाद के अनुसार प्रत्येक संस्कृति एवं समाज अपनी पारिस्थितिकीय एवं ऐतिहासिक घटना की उपज है। इसे द्विगुणीकृत नहीं किया जा सकता है। उत्तर-आधुनिकता सांस्कृतिक सापेक्षवाद की अवधारणा, पार-सांस्कृतिक तुलना तथा विश्वव्यापी सामान्यीकरण की संभावना को प्रतिबाधित करती है।

उत्तर-आधुनिकतावाद के माध्यम से पहले से स्थापित मानवशास्त्रीय सिद्धांतों को सबल आक्रमण का सामना करना पड़ा है। इस आक्रमण के कारण मानवशास्त्र में, उत्तर-संरचनावाद, मानववाद, आलोचनात्मक मानव विज्ञान, सांस्कृतिक अध्ययन इत्यादि अस्तित्व में आए हैं। यह आक्रमण मानवशास्त्र में दो प्रकार की असफलताओं के कारण अस्तित्व में आया है—

1. सांस्कृतिक ढंग से सभी प्रकार के ज्ञानों को सापेक्षित करने में विफलता;
2. उत्पीड़न के विरुद्ध नैतिक विरोध जताने में विफलता।

वैज्ञानिक ज्ञान वस्तुनिष्ठ नहीं होता है। वरन् यह भी एक अनंत तरीकों में से एक है जिसके द्वारा मानव घटनाओं का वर्णन एवं व्याख्या करते हैं। मानवशास्त्र मौलिक रूप से दूसरी संस्कृतियों की दृष्टि से मानवजाति केंद्रिक रहा है। सांस्कृतिक सापेक्षवाद की विफलता के कारण मानवशास्त्र तथा मानवशास्त्रियों को आक्रमण का शिकार होना पड़ा है।

मानवशास्त्र तथा मानवशास्त्रियों की दूसरी समस्या थी, उत्पीड़न एवं शोषण के विरोध में नैतिक समर्थन नहीं देना। मानवशास्त्र शिशु, महिला, श्रमिक, अल्पसंख्यक, तृतीय एवं चतुर्थ विश्व के लोगों के उत्पीड़न एवं शोषण के विरुद्ध अपना नैतिक रूप से समर्थन देने में असमर्थ रहा है। यही कारण है कि उत्तर-आधुनिकतावाद में सांस्कृतिक सापेक्षवाद, शोषण, उत्पीड़न इत्यादि के ऊपर विशेष रूप से ध्यान दिया गया है।

उत्तर-आधुनिकतावाद के अनुसार कुछ विशिष्ट विचार निम्नलिखित हैं—

(i) मानव व्यवहार के संबंध में सामाजिक अध्ययन के द्वारा यथार्थ की खोज कभी नहीं की गयी है। जो कुछ भी सच्चाई जिससे हम अवगत हैं, उनका निर्धारण हमारी संस्कृति द्वारा हुआ है। उनका वस्तुनिष्ठ यथार्थ से कोई संबंध नहीं है।

(ii) नरभक्षण एवं नरबलि आवश्यक रूप से गलत नहीं है। ये तत्व उस संस्कृति के लिए मूल्यवान हैं। इसे हम अपने मानक से गलत नहीं कह सकते हैं। ये सांस्कृतिक तत्व उस संस्कृति की अभिव्यक्ति हो सकते हैं जिनके बारे में हमें जानकारी नहीं होती है। ये सब तत्व हमारे अपने निर्धारण के बाहर होते हैं।

(iii) जीव वैज्ञानिक रोग उत्पन्न करने वाले जीवाणुओं को सूक्ष्मदर्शी यंत्र की सहायता से देखते हैं। पुजारी एवं जादूगर उस आत्मा को अपनी दृष्टि से देखते हैं जो रोग एवं दुख उत्पन्न करते हैं। दोनों रोग को अपनी-अपनी दृष्टि से देखते हैं। अत: यह नहीं कहा जा सकता है कि डॉक्टर सही तथा पुजारी या जादूगर गलत है।

मानवशास्त्र में उत्तर-आधुनिकता द्वारा कई तरह की समस्याओं को सामने लाया है, जो निम्नलिखित हो सकते हैं—

(i) मानवशास्त्र एक विज्ञान नहीं है;

(ii) मानवशास्त्र मौलिक रूप से एक व्याख्यात्मक विज्ञान है। इसके अंतर्गत अर्थ की व्याख्या की जाती है;

(iii) यह विचार की श्वेत यूरोपीय मर्द अपनी संस्कृति से अलग हटकर दूसरी संस्कृतियों को जानने में वस्तुनिष्ठ आधारों का पालन करते हैं, बिल्कुल अक्खड़पन है;

(iv) एथनोग्राफी अधूरा, पक्षपाती तथा व्यक्तिनिष्ठ होते हैं;

(v) सभी सिद्धांत स्वाभाविक रूप से राजनैतिक होते हैं उनका मूल्य निर्धारण लोगों के जीवन पर व्यावहारिक प्रभाव जानने के बाद किया जाना चाहिए;

(vi) एथनोग्राफी वस्तुत: मूल-पाठ होते हैं। परिवर्तित पर्यावरण में संस्कृति के वर्णन एवं विश्लेषण हेतु नवीन एथनोग्राफी शैली का विकास किया जाना चाहिए।

सचमुच में सामाजिक-सांस्कृतिक अध्ययन पूर्णत: वस्तुनिष्ठ नहीं हो सकता है। अवलोकनकर्त्ता का व्यक्तिनिष्ठ विचार उससे पूर्णत: अलग नहीं हो पाता है। उसकी व्यक्तिनिष्ठता अवलोकित घटनाओं को प्रभावित करती है। अत: वह निष्पक्ष नहीं रह जाता है। वह पक्षपाती बन जाता है। यही कारण है कि देखी गयी घटनाओं का यथार्थ अर्थ भ्रांतिमूलक रह जाता है। यही कारण है कि मानवशास्त्रीय अध्ययन वैज्ञानिक नहीं हो सकता है।

उत्तर-आधुनिकतावाद की दृष्टि में सभी मानवशास्त्रीय सिद्धांत, अवधारणा तथा परिकल्पनाएं यथार्थ से परे हैं तथा अवैज्ञानिक हैं। यहां कारण-कार्य संबंध की व्याख्या असंभव दिखती है। एक मानवशास्त्री का काम सांस्कृतिक घटनाओं की व्याख्या करना नहीं है, वरन् उसमें निहित अर्थ को समझना है।

आधुनिकता का विकास औद्योगिक क्रांति के बाद हुआ। मार्क्स, दुर्खिम, फ्रायड, वेबर जैसे विद्वानों ने आधुनिकता जनित परिवर्तनों की व्याख्या करने के प्रयास किये। दूसरी संस्कृतियों एवं समाजों की व्याख्या उपनिवेशवाद की दृष्टि से की गयी थी। मार्गन, टायलर, फ्रेजर, बोआस, मैलिनोवस्की तथा रैडक्लिफ-ब्राउन ने इसी दृष्टि से संस्कृति तथा समाज की व्याख्या की है।

4. जैक्स दर्रिदा (Jacques Derrida)
5. फ्रेड्रिक जैमेसन (Fredric Jameson)
6. एंथोनी गिडेंस (Anthony Gidens)
7. बौर्डिव (Bourdieu)
8. मार्कस (Marcus)
9. फिशर (Fischer)
10. पौल फेयर बैंड (Paul Fayer Band)

1. जीन बौड्रिल्लार्ड

बौड्रिल्लार्ड एक फ्रेंच सिद्धांतकार है जिनकी अभिरुचि मुख्य रूप से संचार माध्यमों में रही है। उत्तर-आधुनिकता के विकास में इनकी चार प्रमुख उपलब्धियां निम्नलिखित हैं—

1. उत्तर-आधुनिक समाज के निर्माण में जनसंचार माध्यमों की भूमिका अत्यंत महत्त्वपूर्ण रही है। अत: उत्तर-आधुनिक समाज वस्तुत: मास मीडिया समाज (Mass Media Society) है।

2. उत्तर-आधुनिक समाज वस्तुत: उपभोक्ता समाज (Consumer-Society) है।

3. उत्तर-आधुनिक समाज प्रतिबिंब या प्रतिकृति समाज (Image or Simultation) है।

4. उत्तर-आधुनिक समाज के संदर्भ में कुछ सिद्धांतों का प्रतिपादन किया जा सकता है।

अपने जीवन के प्रारंभिक काल में आप मार्क्सवाद से बहुत ज्यादा प्रभावित थे। मार्क्स जीवन पर्यन्त उत्पादन संबंधों की चर्चा करते रहे। उनके सिद्धांत का आधार ही उत्पादन संबंध था। उत्पादन संबंध से ही प्रेरित होकर आपने मार्क्स की विचारधारा में परिवर्तन प्रस्तुत किया। मार्क्स ने कभी भी उपभोग (Consumption) की चर्चा नहीं की थी। आपने अपने सिद्धांत के निर्माण में उपभोग केंद्रीय विषय वस्तु बनाया। साथ ही साथ आपने संस्कृति की आर्थिक तथा भौतिक प्रक्रियाओं पर भी विशेष ध्यान दिया। आपने संस्कृति का विश्लेषण आर्थिक तथा भौतिक प्रक्रियाओं के आधार पर किया।

आपके जीवन पर संरचनावादियों का भी विशेष प्रभाव पड़ा था। आप भाषा वैज्ञानिक फर्दिनंद साउसुरे से काफी प्रभावित थे। इनसे प्रभावित होकर आपने भी इस मत का प्रतिपादन किया कि भाषा की प्रकृति व्यक्तिगत न होकर सामाजिक होती है। भाषा की संरचना में संकेतों तथा प्रतिबिंबों की भूमिका महत्त्वपूर्ण होती है। आपने बाद में चलकर सांकेतिक विनिमय सिद्धांत का प्रतिपादन किया।

आपके जीवन पर दुर्खिम का प्रभाव भी व्यापक रूप से पड़ा था। दुर्खिम ने आदिम समाजों के बीच प्रचलित उपहार विनिमय की परंपरा को प्रकाश में लाया था। दुर्खिम के अनुसार आदिम समाज के लोग जन्म, विवाह, मरण, पर्व-त्योहार जैसे अवसरों पर उपहार

स्वरूप वस्तुओं का विनिमय करते हैं। यह एक आर्थिक-भौतिक प्रक्रिया है जिसमें रिश्तेदारों एवं मित्रों के बीच वस्तुओं का आदान-प्रदान होता है। बौड्रिल्लार्ड ने दुर्खिम के आर्थिक विनिमय सिद्धांत के स्थान पर सांकेतिक विनिमय सिद्धांत का प्रतिपादन किया है। बौड्रिल्लार्ड के अनुसार आदिम या लोक समाजों में जन्म, विवाह, मरण, पर्व-त्योहार जैसे अवसरों पर रिश्तेदारों एवं मित्रों के बीच वस्तुओं का नहीं वरन् संकेतों का विनिमय यानी आदान-प्रदान होता है। आपके अनुसार पूजा-पाठ, बलि, भोज, प्रसाद, हड़िया, शराब इत्यादि संकेत हैं जिनका विनिमय आदि समाजों में विभिन्न सामाजिक तथा धार्मिक अवसरों पर होता है। सांकेतिक व्यवस्था आदिम समाज के सदस्यों को एक साथ बांधे रहती है तथा उनके संसार को सुबोधगम्य बनाती है।

इस प्रकार मास मीडिया, उपभोग, प्रतिबिंब, संकेत, सांकेतिक व्यवस्था एवं सांकेतिक विनिमय को सैद्धांतिक आधार बनाकर आपने अपना उत्तर-आधुनिकतावाद सिद्धांत का प्रतिपादन किया है।

बौड्रिल्लार्ड के प्रमुख कृतित्व

बौड्रिल्लार्ड के प्रमुख कृतित्व निम्नलिखित हैं—

1. द सिलेक्टेड राइटिंग (संपादित), 1988
2. द मिरर आफ प्रोडक्शन, 1975
3. सिम्यूलेशन, 1973
4. द इस्टेसी ऑफ कम्यूनिकेशन, 1985
5. द मासेस : द इम्लोशन ऑफ द सोशल इन द मिडिया
6. सिंबोलिक एक्सचेंज एंड डेथ, 1976
7. द सिस्टम आफ अब्जेक्ट्स, 1968।

जितने भी उत्तर-आधुनिकतावादी विचारक हैं, वे किसी न किसी रूप में ज्ञानशास्त्र की चर्चा अवश्य करते हैं। उत्तर-आधुनिकतावादी विचारक भी ज्ञान की यथार्थता को जानने का प्रयास करते हैं। वे लोग यह जानने का प्रयास करते हैं कि समाज की यथार्थता क्या है। यथार्थ को पता लगाने के लिए अनुभव तथा तर्क का सहारा लिया जाता है। आनुभाविकता तथा तार्किकता का सहारा लेकर ही उचित तथा अनुचित का पता लगाया जाता है। उत्तर-आधुनिकतावादी विचारक के रूप में बौड्रिल्लार्ड ने समकालीन समाज की यथार्थता का विश्लेषण किया है। आपके अनुसार समकालीन समाज पर उत्पादन विधियों तथा उत्पादन संबंधों का प्रभुत्व अब नहीं रहा। अब इस पर साइबरनेटिक मॉडल तथा स्टीरिंग व्यवस्था, कंप्यूटर, संचार माध्यमों, सूचना तकनीकी, मनोरंजन तथा ज्ञान से जुड़े उद्योगों का प्रभुत्व व्याप्त हो गया है। पहले के समाज में मुनाफाखोरी तथा शोषण व्याप्त था। उत्तर-आधुनिक समाजों में सांकेतिकता व्याप्त है। उत्तर-आधुनिक समाज में संकेत तथा

यथार्थ इस तरह मिल-जुल गए हैं कि उन्हें पृथक करना आसान नहीं है। आज हमारे पास जो टी.वी. दर्शाता है, वही समाज है। टी.वी. द्वारा विभिन्न संकेतों के माध्यम से यह दर्शाया जाता है कि कौन सा क्रीम सौन्दर्यवर्द्धक है, कौन सी दवा शक्तिवर्द्धक है, कौन सा टूथपेस्ट दांत को मजबूत बनाए रख सकता है, कौन सा वस्त्र ज्यादा आकर्षक है, कौन सा बिस्कुट ज्यादा फायदेमंद है, कौन सा तेल ज्यादा अच्छा है, कौन सी दवा यौवनदायक है, कौन-कौन साधनों के प्रयोग से यौन जनित रोगों से बचा जा सकता है, एड्स से कैसे बचा जा सकता है, छोटा परिवार कैसे सुखी परिवार है, दो बच्चों के बीच कितने वर्षों का अंतर रखना चाहिए। उत्तर-आधुनिक समाज का प्रत्येक व्यवहार संकेत पर आधारित हो गए हैं। इलेक्ट्रोनिक तथा मुद्रित दोनों प्रकार की संचार साधनों ने उत्तर-आधुनिक समाज की सांकेतिक व्यवस्था को सुदृढ़ किए हैं। हम टी.वी. तथा प्रिंट मीडिया के प्रतिबिंब मात्र रह गए हैं। पूरे समाज पर संकेत का प्रभुत्व स्थापित हो गया है। उत्पादन समाज का परिवर्तन अब उपभोग समाज में हो गया है। अब समाज में स्तरीकरण का आधार उत्पादन नहीं, वरन् उपभोग हो गया है। आज समाज में सबसे उच्च स्थिति उसी की मानी जाती है जिसके पास उपभोग क्षमता अधिक होती है। अब समाज में विभेदीकरण का आधार उपभोग है। आज उपभोग मीडिया तथा संकेतों द्वारा निर्धारित किए जाते हैं।

बौड्रिल्लार्ड के अनुसार उत्तर-आधुनिक समाज चकाचौंध वाला समाज है। यह एक प्रकार की मायानगरी है, जहां कुछ भी यथार्थ नहीं है। इसे डिजनीलैंड कहा जाता है। डिजनीलैंड कैलिफोर्निया (अमरीका) नगर का एक पार्क है। इस पार्क में बच्चों की कार्टून फिल्म हैं। इन कार्टून फिल्मों में केवल भ्रांतियां तथा बेतुकापन रहता है। डिजनीलैंड के समान उत्तर-आधुनिक समाज में संकेत, बिंब तथा प्रतिकृति, कार्बन कापी को ही यथार्थ मान लिया जाता है। इसे ही सिम्यूलेशन कहा जाता है।

बौड्रिल्लार्ड के अनुसार सिम्यूलेशन की कई श्रेणियां होती हैं। सिम्यूलेशन की पहली अवस्था में जो आधुनिकता आयी उसे बौड्रिल्लार्ड ने प्रारंभिक आधुनिकता कहा है। इस आरंभिक आधुनिकता की अवधि पुनर्जागरण से लेकर फ्रेंच क्रांति तक थी। पुनर्जागरण की अवस्था में पहले यह समाज वस्तुतः सामंती समाज (Feudal Society) था। इसमें सब कुछ गैर-बराबरी पर आधारित था। इस युग में वर्ग बंद थे। उनमें गतिशीलता नहीं थी।

प्रारंभिक आधुनिकता को औद्योगिक क्रांति द्वारा तोड़ा गया। यह दूसरी श्रेणी के सिम्यूलेशन द्वारा संभव हुआ। बाद में चलकर तकनीकी क्रांति हुई। अब वृहत स्तर पर उत्पादन करना समाज का मुहावरा बन गया। द्वितीय विश्व युद्ध के बाद सिम्यूलेशन की तीसरी श्रेणी प्रकट हुयी। इसमें उत्तर-आधुनिकता का आर्विभाव हुआ। मार्क्स आधुनिक समाज की व्याख्या केवल राजनीतिक अर्थव्यवस्था के रूप में किया था। उन्होंने पूंजी के अतिरिक्त उत्पादन के गैर आर्थिक पहलुओं पर जरा भी ध्यान नहीं दिए थे। अर्थव्यवस्था पर विज्ञापन, मीडिया, सूचना, तकनीकी तथा नेटवर्क का भी प्रभाव पड़ता है। पर इस पर मार्क्स बिल्कुल मौन थे।

लेकिन बौड्रिल्लार्ड ने उत्तर-आधुनिकतावाद की स्थापना मार्क्सवाद से हटकर की है। पहले उत्पादन में उपयोगिता मूल्य पर ध्यान दिया जाता था। अब मॉडल, संकेत पद्धति, संकेतिकता और सिम्यूलेशन पर बल दिया जाता है। मीडिया के इन साधनों द्वारा अति-यथार्थकता पैदा की गयी है। आज हम जिस समाज में रहते हैं वह मायानगरी है, मायाजाल है। इसमें बेढंगापन है, अश्लीलता है, ढोंग है, पाखंड है। यहां हम उन वस्तुओं का अनुकरण करने में लगे हैं जो यथार्थ या वास्तविक नहीं है। इस समाज में वास्तविक वस्तु तथा कार्बन कापी या नकल के बीच अंतर करना बड़ा ही कठिन है। जब नकल ही जीवन का अभिन्न अंग बन जाए, तब उसे वास्तविकता से कैसे अलग किया जा सकता है। इस दृष्टि के आधार पर बौड्रिल्लार्ड को नाशवादी (Nihilist) सिद्धांतकार कहा जाता है। बौड्रिल्लार्ड द्वारा विकसित उत्तर-आधुनिकतावाद से संबंधित तथ्य निम्नलिखित हैं—

1. मीडिया और जनता : प्रतिबिंब एवं अतियथार्थता;
2. उपभोक्ता समाज;
3. सांकेतिक विनिमय;
4. फैशन;
5. हर्षोन्माद;
6. मृत्यु;
7. अमरीका।

मीडिया और जनता : प्रतिकृति और अतियथार्थता

बौड्रिल्लार्ड के अनुसार आज हम जिस दुनिया में रह रहे हैं वह वास्तव में पश्चिमी दुनिया की नकल है। इसे बौड्रिल्लार्ड सिम्यूलेशन समाज या प्रतिकृति समाज कहते हैं। इस समाज में आइना तथा तस्वीर में कोई अंतर नहीं है। आइना ही तस्वीर है। जो आइना बतलाता है वही सही है, यथार्थ है। यहां संचार माध्यमों द्वारा हर्षोन्माद उत्पन्न किया जाता है। पहले व्यक्तिगत तथा सार्वजनिक जीवन में अंतर था। किसी एक दंपत्ति के शयन कक्ष में दूसरों का प्रवेश पूर्णत: वर्जित था। अब टेलिविजन तथा फिल्मों में व्यक्तिगत जीवन को सार्वजनिक बना दिया। अब दंपति, बच्चे, रिश्तेदार, मित्र सब एक साथ बैठकर टी.वी. पर सिनेमा देखते हैं। अब व्यक्तिगत स्थान तथा सार्वजनिक स्थान में अंतर नहीं रह गया। अब विभिन्न आयु तथा यौन के सदस्य साथ-साथ बैठकर वैसे फिल्म देखते हैं जो पहले लोग सार्वजनिक स्थल पर नहीं देखते थे। टी.वी. तथा फिल्म निकटाभिगमन निषेधों के पालन करने वाले रिश्तेदारों को भी एक स्थान पर मिला दिया है। टी.वी. तथा फिल्मों में हम वास्तविकता से दूर रहते हैं। वास्तविकता के संबंध में हमारा कोई अनुभव नहीं रहता है। हम उसी चीज को देखते हैं जो हमें टी.वी. या फिल्म में दिखाया जाता है। हम उसी को सत्य एवं यथार्थ मान लेते हैं। टी.वी. ही हमारी दुनिया बन जाती है। हम टी.वी. के पर्दे पर

अर्द्धनंगी या नंगी स्त्रियां देखते हैं, लंबे बाल वाले पुरुष, कान, नाक तथा गले में आभूषण पहने युवक देखते हैं, प्रेम प्रसंग का दृश्य देखते हैं, बेमेल विवाह, विवाहपूर्व तथा विवाह बाद शारीरिक संबंध के दृश्य देखते हैं, समलैंगिक विवाह जोड़े देखते हैं, तथा शयन कक्ष में तरह-तरह की ब्लू फिल्म देखते हैं। इन फिल्मों में मायानगरी, इंद्रजाल, कामुकता इत्यादि दिखलाए जाते हैं। इस स्थिति में सार्वजनिक एवं व्यक्तिगत जीवन में अंतर नहीं रह जाता है। आज मीडिया की कृपा से व्यक्तिगत जीवन भी सार्वजनिक जीवन बन गया है।

मास मीडिया ने हमारी समय तथा स्थान संबंधित चेतना को नए सिरे से जन्म दिया है। हम एक ऐसी दुनिया में जीने के लिए विवश हैं जहां अधिक से अधिक सूचना तथा कम से कम अर्थ है। इलेक्ट्रोनिक तथा प्रिंट मीडिया दोनों के माध्यम से हमारे पास सूचनाओं का अनंत अंबार खड़ा कर दिया जाता है। मीडिया तथा आम जनता के बीच संबंध को जानने के लिए बौड्रिल्लार्ड ने सिम्यूलेशन तथा अतियथार्थता की अवधारणा का विकास किया है।

सिम्यूलेशन

बौड्रिल्लार्ड के अनुसार उत्तर-आधुनिकता के इस संचार युग में मूल प्रति का अभाव पाया जाता है। आज के संचार युग में मूल प्रति होती ही नहीं है, सब के सब प्रतिकृतियां टी.वी. पर आने वाली खबरें या विज्ञापन खंडित छवियां होते हैं। यहां एक छवि दूसरी छवि को बनाती है और प्रत्येक छवि पहली छवि की कापी होती है। यहाँ मूल प्रति का कोई अता-पता नहीं होता है। खबरें छवियों की छवि होती हैं तथा अंत में अति-यथार्थता रहती है। अधिक से अधिक इतिहास से खबरें ली जाती हैं। खबरों के इतिहास को अस्वीकार किया जाता है।

बौड्रिल्लार्ड के अनुसार प्रतिकृति या कार्बन कापी उन वस्तुओं की कापियां हैं जिनकी कोई मूल कापी नहीं होती है। इसको वास्तविकता से भी मतलब नहीं होता है। विज्ञापन देने वाली कंपनियां वस्तुओं के वास्तविक दाम को नजर अंदाज करके उनके लाभों पर अपना ध्यान केंद्रित करती हैं। लास एंजिलिस के डिजनीलैंड की चर्चा करते हुए बौड्रिल्लार्ड कहते हैं कि डिजनीलैंड अमरीकी समाज का बड़ा ही सुंदर एवं रोचक ढंग से विवरण प्रस्तुत करता है। यह अमरीकी मूल्यों एवं आदर्शों को प्रकाश में लाता है। अमरीकीवासियों को यह बड़ा ही मनभावन लगता है। लेकिन यह अमरीका की वास्तविक स्थिति को नहीं दर्शाता है। यह अमरीका के विभत्स छवि को नहीं दर्शाता है, जिसने गरीब देशों को और गरीब बना दिया है, जिसने दुनिया पर दादागिरी स्थापित कर मनमाने ढंग से युद्ध थोप दिया है, निशस्त्रीकरण तथा प्रजातांत्रिक व्यवस्था पर जोर के माध्यम से संपूर्ण विश्व में अपना सैनिक अड्डा स्थापित कर रहा है, अपने शस्त्र बेचने के लिए जबरदस्ती युद्ध थोप देता है, इत्यादि। अतः सिम्यूलेशन एक कल्पित दुनिया की तस्वीर प्रस्तुत करता है, वास्तविकता नहीं। सिम्यूलेशन के कुछ विवरण निम्नलिखित हो सकते हैं—

1. दक्षिणी अमरीका की कई जनजातियां अब इस तरह की प्रतिकृति में जीवनयापन कर रही हैं कि उन्हें जरा भी अनुभूति नहीं होती कि वे कभी जनजातियां थीं। सिम्यूलेशन के कारण उन्होंने अपनी वास्तविक स्थिति बदल ली है।

2. खाड़ी युद्ध में सिम्यूलेशन के माध्यम से रूस तथा अमरीका के बीच परमाणु युद्ध को प्रदर्शित किया गया।

3. ईराक युद्ध में जैविक हथियार निशस्त्रीकरण का प्रचार सिम्यूलेशन द्वारा किया गया।

4. अफगानिस्तान पर युद्ध को आतंकवाद मिटाने की दिशा में किया गया आक्रमण बतलाया गया।

इस प्रकार सिम्यूलेशन के माध्यम से वास्तविकता पर पर्दा डाल दिया जाता है।

अतियथार्थता

बौड्रिल्लार्ड के अनुसार उत्तर-आधुनिक समाज में सिम्यूलेशन की व्यापकता इतनी बढ़ गयी है कि यहां यथार्थता जैसी कोई बात नहीं रह गयी है। चारों ओर संकेत ही संकेत दिखायी देते हैं। आज ढूंढने पर भी वास्तविकता दिखायी नहीं देती है। अगर आज हमारे पास कुछ है तब वह अतियथार्थता है। मीडिया जिस यथार्थता को बतलाता है वह ऐसी यथार्थता है जिसकी तार्किक रूप से कोई आलोचना नहीं की जा सकती। बौड्रिल्लार्ड की दृष्टि में सूचना तथा संचार में अंतर होता है। संचार हमेशा दो तरफ होता है, एक तरफा तो सूचना होती है। संचार में दो या दो से अधिक व्यक्तियों के बीच बातचीत द्वारा आदान-प्रदान होता है। टी.वी. सूचना का साधन होता है, संचार साधन नहीं है। ऐसी स्थिति में टी.वी. किसी यथार्थता को अतियथार्थता के रूप में प्रस्तुत करता है। बौड्रिल्लार्ड द्वारा प्रतिपादित अतियथार्थता की अवधारणा से यथार्थता और भ्रम एवं यथार्थता तथा आदर्श का विवाद समाप्त हो गया है। आज के उत्तर समाज में सब कुछ अति है। इस अतियथार्थता का निर्माण टी.वी. कार्यक्रम करते हैं। ऐसी स्थिति में जिसे हम यथार्थ मान लेते हैं, यह यथार्थ न होकर टी.वी. द्वारा रचित यथार्थ है, अतः यह अतियथार्थ है।

बौड्रिल्लार्ड के अनुसार सिम्यूलेशन कई अवस्थाओं से होकर गुजरा है। यही कारण है कि इसकी कई श्रेणियां प्रकाश में आती हैं। इसकी पहली अवस्था पुनर्जागरणकाल से औद्योगिक क्रांतिकाल तक रही है। इसकी दूसरी अवस्था औद्योगिक काल में दिखायी देती है। इस युग में स्वचालित यंत्र तथा रेफ्रिजरेटर आया। सिम्यूलेशन की तीसरी अवस्था उत्तर-आधुनिक काल में आयी। अब औद्योगिक व्यवस्था के स्थान पर मॉडल बनने लगे। ये मॉडल उत्पादन के नहीं वरन् पुनरुत्पादन के थे। पुनरुत्पादन का तात्पर्य इस मॉडल द्वारा फैशन, मीडिया, विज्ञापन, सूचना, संचार, नेटवर्क इत्यादि की उपस्थिति समाज में हो गयी। आज की पूंजीवादी व्यवस्था, विलंबित पूंजीवादी व्यवस्था, तीसरी श्रेणी की सिम्यूलेशन पर टिकी हुई है। अब आज की दुनिया की संस्कृति एक ऐसी अवस्था में पहुंच गयी है

जिसमें कोई निदान नहीं बच पाया है। अब कोई आध्यात्मिक शक्ति नहीं है जो इस कैंसर ग्रसित समाज को बचा सके। सिम्यूलेशन की यह चौथी श्रेणी है जो अनिश्चित है। इसे फ्रैक्टल श्रेणी (Fractal Order) कहा जा सकता है।

उपभोक्ता समाज

बौड्रिल्लार्ड ने उत्तर-आधुनिकतावाद की व्याख्या मास मीडिया के माध्यम से संचार क्षेत्र में की है। इसके अंतर्गत वे सिम्यूलेशन, अतियथार्थता तथा संकेत की चर्चा करते हैं। आपके अनुसार उत्तर-आधुनिक समाज मीडिया समाज के साथ-साथ उपभोग समाज भी है। मीडिया ही इस समाज को उपभोक्ता बनाता है। मीडिया के द्वारा ही मांगों का सृजन या निर्माण किया जाता है। इस प्रकार मीडिया के माध्यम से समाज उपभोक्ता समाज का रूप धारण करता है। इस तरह आपने उत्पादन के स्थान पर उपभोग को व्याख्यात्मक अस्त्र बनाया। उत्पादन समाज में उपयोग मूल्य (Utility Value) पर ध्यान दिया जाता था। उत्तर-आधुनिक उपभोग समाज में संकेत मूल्य (Sign Value or Symbol Value) पर विशेष ध्यान दिया जाता है। जिस वस्तु का संकेत मूल्य जितना उच्च होता है, उसका मूल्य उतना ही अधिक होता है। आज के उत्तर-आधुनिक समाज में संकेत ही मूल्य निर्धारित करते हैं। उत्तर-आधुनिक समाज में उत्कृष्ट उपभोग (Conspicuous Consumption) की वृद्धि हुई है। मलमल का कुर्ता टिकाऊ नहीं होता है, लेकिन मलमल के कुर्ता पहनने वालों को प्रतिष्ठा की दृष्टि से देखा जाता है। अत: वस्तु जितनी महंगी होगी, उतनी ही अधिक प्रतिष्ठा उसके साथ जुड़ी रहती है। यहां प्रतिष्ठा का मूल्यांकन समाज करता है, लेकिन वस्तुओं का मूल्यांकन संकेत करता है।

संकेत

आज के उपभोक्ता समाज को आकर्षित करने के लिए संकेतों का प्रयोग किया जाता है। संकेतों के माध्यम से लोगों के मध्य प्रलोभन पैदा किया जाता है, उन्हें आकर्षित किया जाता है। आज की दुनिया में हम संकेत सभी जगह पाते हैं। आज बाजार में वस्तुएं नहीं बिकती हैं, वरन् संकेत बिकते हैं। सिर में डालने वाला तेल नहीं बिकता है। इस तेल के प्रयोग से बाल लंबे, काले और घने हो जाते हैं। इन संकेतों को विश्व सुंदरियों तथा अन्य चकाचौंध करने वाले तरीकों से टी.वी. के पर्दे पर प्रस्तुत किया जाता है। इसी प्रकार आई.एस.आई. मार्क के आधार पर खाद्य तेल इंजन, हाथी, हवाई घोड़ा, त्रिशूल इत्यादि खरीदे जाते हैं। रथ मार्का डालडा या खजूर मार्का डालडा भी संकेत के आधार पर खरीदे जाते हैं। सर्फ ब्लू, सर्फ एक्सल, सर्फ रिन, सर्फ ह्वील इत्यादि को उपभोक्ता संकेत के आधार पर ही हम इन्हें खरीदते हैं।

इसी प्रकार साबुन, सर्फ, फिनायल, आटा, चावल, दाल, रेडीमेड पैंट, शर्ट, गंजी धोती, साड़ी, सूट का कपड़ा इत्यादि सबके सब संकेत के आधार पर खरीदे जाते हैं। कलम, किताब, कापी, पेंसिल, स्याही, फ्रिज, टी.वी. आयरन, फर्नीचर, बरतन, गैस सिलिंडर, चूल्हा इत्यादि सब कुछ संकेतों के आधार पर ही हम बाजार में बेचे और खरीदे जाते हैं। इस प्रकार आज के उपभोक्ता समाज में व्यक्तियों की पहचान उपभोग वस्तु के प्रयोग के आधार पर की जाती है। जिनके पास जैसी वस्तुएं, वैसी ही उनकी स्थिति। यानी अब लोगों की पहचान उपयोग की जाने वाली वस्तुओं—घर, गाड़ी, टी.वी., फर्निचर, बरतन सैट इत्यादि—के आधार पर की जाती है। लेकिन जिन वस्तुओं का उपयोग हम करते हैं, वे वस्तुएं न होकर संकेत होती हैं। इस अर्थ में उपभोग वस्तु का नहीं वरन् संकेत का किया जाता है। यही कारण हैं कि संकेत ही हमारी स्थिति का निर्धारण करने लगे हैं। इसीलिए लोग कर्ज लेकर भी बाजार से संकेत खरीद रहे हैं। कहने के लिए तो कहा जाता है कि हम संकेत खरीदने के लिए स्वतंत्र होते हैं, लेकिन खरीदारी करते समय हम पर संकेत इतना हावी हो जाता है कि हम उसके सामने अपने घुटने टेक देते हैं। यहां वस्तु का अर्थ उसकी उपयोगिता में नहीं, वरन् संकेतों में निहित होता है। इस अर्थ में व्यक्ति वस्तु से हट गया है तथा संकेत से जुड़ गया है।

इस प्रकार उपभोग एक सांकेतिक व्यवस्था के रूप में उत्तर-आधुनिक संस्कृति का अंग बन गया है। यह व्यवस्था यह मानकर चलती है कि संकेतों में नियमितता है तथा समूह में एकीकरण लाती है। साथ ही साथ यह नैतिकता एवं संचार की व्यवस्था है। यह विनिमय की संरचना होती है। यह संरचना व्यक्तियों से ऊपर उठकर संपूर्ण समाज पर लागू होती है।

बौड्रिल्लार्ड के अनुसार उपभोग मार्क्स की व्याख्या में पूर्णत: उपेक्षित थी। बौड्रिल्लार्ड उपभोग को सामाजिक श्रम (Social Labour) कहते हैं। वे कहते हैं कि जिस प्रकार आरंभिक पूंजीवाद में श्रमिकों का शोषण होता था, उत्तर-पूंजीवाद में उपभोक्ता का शोषण होता है। स्पष्ट है पहले श्रमिकों का शोषण होता था, अब उपभोक्ताओं का शोषण हो रहा है। इसे वे सामाजिक श्रम का शोषण कहते हैं।

मार्क्सवाद का संबंध समाजवादी क्रांति से था। मार्क्स को मजदूरों से क्रांति की आशा थी। लेकिन बौड्रिल्लार्ड को उपभोक्ताओं से क्रांति की उम्मीद नहीं है। उनके अनुसार उपभोक्तावाद कभी भी संगठित होकर आंदोलन नहीं ला सकता है। उपभोक्ता सामान्यत: मध्यम वर्ग के होते हैं। दुनिया की कोई ताकत इन्हें क्रांति के लिए तैयार नहीं कर सकती है। इसका कारण यह है कि उपभोक्ताओं का संबंध वस्तुओं से न होकर संकेतों से होता है। मार्क्स के लिए भूमि, श्रमिक, पूंजी, संगठन तथा उद्यम उत्पादन के साधन थे। लेकिन बौड्रिल्लार्ड के लिए बाजार उपभोग के साधन हैं। उत्तर-आधुनिक समाज का बाजार वैश्वीय बाजार है। उपभोक्ता समाज वह समाज है जहां प्रत्येक वस्तु बिक्री के लिए है। यहां सभी वस्तुए न केवल संकेत हैं, वरन् सभी संकेत वस्तुएं हैं। इस बाजार में सभी

वस्तुओं का विनिमय होता है। इन सभी वस्तुओं में संकेत, सेवाएं, संस्कृति, ज्ञान, कला, साहित्य, नृत्य, संगीत, सुंदरता, यौन, अंग-प्रत्यंग, मनुष्य का शरीर आदि आते हैं।

सांकेतिक विनिमय : प्रलोभन

आदिम समाजों में सांकेतिक विनिमय प्रचलित है। आदिम समाज के सदस्य विभिन्न सामाजिक तथा धार्मिक अवसरों—जन्म, विवाह, मरण, पूजा-पाठ, पर्व-त्योहार—पर प्रसन्नता तथा शोक सांकेतिक ढंग से मनाते हैं। समाज के सदस्य-रिश्तेदार एवं मित्र मिल-जुलकर सुख-दुख में हाथ बंटाते हैं। वे एक-दूसरे से मिलते हैं, नाश्ता-भोजन करते हैं तथा शराब सेवन करते हैं। इस प्रकार इन अवसरों पर उनके बीच प्रतीकात्मक विनिमय हुआ करता है। क्योंकि बिना प्रतीकों का उनका जीवन संभव नहीं है। इन अनुष्ठानिक उत्सवों के प्रतीकों—नाश्ता, भोजन, सुख-दुख, मेल-मिलाप, शराब सेवन इत्यादि—में भौतिक वस्तुओं का विनिमय नहीं होता है। यह विनिमय केवल सामाजिक संबंधों का होता है। बौड्रिल्लार्ड के अनुसार यह विनिमय पारस्परिक होता है। इसमें लिया जाता है और दिया जाता है, स्वीकार किया जाता है और लौटाया जाता है। यहां उपहारों एवं प्रति उपहारों का चक्कर होता है। इस विनिमय का स्वभाव आर्थिक नहीं होता है। इसका स्वभाव सांस्कृतिक होता है।

बौड्रिल्लार्ड के अनुसार सांकेतिक विनिमय ही आदिम समाज को एक सूत्र में बांधे रहता है। आधुनिक समाज में हम पूंजीवाद पाते हैं, लेकिन आदिम समाज में प्रतीकात्मक संकेतवाद हम पाते हैं। वहां उत्पादन बेचने के लिए नहीं वरन् विनिमय के लिए किया जाता है।

बौड्रिल्लार्ड के अनुसार उत्तर-आधुनिक समाज में सांकेतिक विनिमय का कोई स्थान नहीं है। जबकि आदिम समाजों में प्रतीकात्मक विनिमय का महत्त्वपूर्ण स्थान है। आदिम समाज में जब व्यक्ति की मृत्यु होती है, तब उस मृत व्यक्ति से संबंधित सांकेतिक क्रियाएं की जाती हैं। प्रतीकात्मक विनिमय की क्रियाओं के माध्यम से मृतक को नाश्ता, भोजन, पानी, पूजा, बलि, दूध, दही इत्यादि दी जाती है। इस प्रतीकात्मक विनिमय के माध्यम से पूर्वज पीढ़ी तथा वर्तमान पीढ़ी को जोड़ा जाता है। लेकिन उत्तर-आधुनिक समाज में प्रतीकात्मक विनिमय की मृत्यु हो गयी है। इसका कारण यह है कि आधुनिक समाज में बाजार व्यवस्था है जहां प्रतीक बिकते हैं। बाजार व्यवस्था में आदिम समाज की भांति प्रतीकात्मक विनिमय का कोई स्थान नहीं रह जाता है।

फैशन

बौड्रिल्लार्ड के अनुसार फैशन उत्तर-आधुनिकता की पहचान बन गयी है। मीडिया द्वारा

फैशन का प्रचार–प्रसार किया जाता है। फैशन कपड़ों के डिजाइन से संबंधित होता है। फैशन को टी.वी. तथा मीडिया के माध्यम से लोगों तक पहुंचाया जा रहा है। फैशन को अपनी संस्कृति में अपनाया जा रहा है। कम से कम वस्त्र पहनना, लंबी, तंग, चौड़े आदि वस्त्र पहनना आदि फैशन बन गया है। मॉडलिंग तथा फैशन को प्रदर्शित करने के लिए लड़कियों का उपयोग किया जा रहा है। समाचार के बीच–बीच में भी कमर्शियल ब्रेक के नाम पर मॉडल गर्ल्स तथा कपड़े एवं आभूषण के डिजाइनों को प्रदर्शित किया जाता है।

हर्षोन्माद

बौड्रिल्लार्ड के अनुसार हर्षोन्माद उत्तर–आधुनिकता की पहचान बन गयी है। उत्तर–आधुनिक समाज के लोग हर्षोन्माद में रहते हैं। न तो उन्हें वर्तमान की चिंता है और न ही भविष्य की। वे तो एक–दूसरी ही दुनिया में रहते हैं। वह दुनिया है खाओ, पीयो, मौज करो। कल की चिंता कभी न करो। खाया–पीया ही साथ जाता है। पैसा बचाना बेकार है। खूब कमाओ खूब खाओ। पैसा को मत बचाओ। ऐशो–आराम का जीवन जीयो सब कुछ बेचो, सब कुछ खरीदो। किसके लिए बचाओगे। सब कुछ कर लो नहीं तो मोक्ष नहीं मिलेगा। यमराज दुबारा तुम्हें पृथ्वी पर भेज देंगे। वाणिज्यीकरण और उपभोग आज के समाज को हर्षोन्माद की स्थिति में पहुंचा दे रहे हैं।

उपसंहार के रूप में हम कह सकते हैं कि जीन बौड्रिल्लार्ड एक नव–मार्क्सवादी थे। आपने स्थापित किया कि वर्तमान यूरोप में जो उत्तर–आधुनिक समाज उभर कर आ रहा है, वह वस्तुतः मीडिया समाज है। मीडिया ने झूठी मांगों का सृजन किया है तथा झूठी चेतना जागृत की है। इसके परिणामस्वरूप एक शक्तिशाली उपभोग समाज का निर्माण हुआ है। इस समाज में सच तथा झूठ का अंतर समाप्त हो गया है। यहां पूंजीवाद का नवीन अवतार हुआ है। नवपूंजीवादी व्यवस्था की संस्कृति बिकाऊ बन गयी है। यहां कला, सौंदर्य, साहित्य, लिंग इत्यादि खरीदने और बेचने की वस्तु बन गए हैं। उपभोग की संस्कृति, खरीद–बिक्री की संस्कृति, झूठ की संस्कृति, दिखावा की संस्कृति, बिम्ब की संस्कृति, अतियथार्थता की संस्कृति, प्रलोभन की संस्कृति, हर्षोन्माद की संस्कृति इत्यादि उत्तर–आधुनिकता के पर्याय बन गए हैं।

2. माइकेल फूको

पाल माइकेल फूको का जन्म फ्रांस के पोयटर्स नामक स्थान में 15 अक्टूबर 1926 को हुआ था। उनका देहावसान पेरिस में 25 जून 1984 को हुआ था। फूको मार्क्स से प्रभावित थे। मार्क्स से प्रभावित होकर ही आपने प्रचलित सभी विचारधाराओं एवं मान्यताओं का खंडन किया। मार्क्स का सोचना था कि मजदूर वर्ग क्रांति का मार्ग अपनाते हुए समाजवाद विश्व

भर में स्थापित करेंगे। फूको ने ऐसी कोई भविष्यवाणी नहीं की। लेकिन उनके द्वारा प्रतिपादित सिद्धांत के विद्वानों के विचारों में क्रांति ला दी है।

कृतित्व

माइकेल फूको के प्रमुख कृतित्व निम्नलिखित हैं—

1. मैडनेस एंड सिविलाइजेशन, 1961
2. द बर्थ ऑफ द क्लिनिक, 1963
3. डिसिप्लीन एंड पनिश, 1975
4. हिस्ट्री आफ सेक्स्यूलिटी, 1975।

फूको एक ही साथ दार्शनिक, विद्वानवेत्ता, संस्कृति और साहित्य के मर्मज्ञ, सामाजिक और वैचारिक इतिहासकार तथा राजनेता थे। विंसेनेज विश्वविद्यालय में जब फूको दर्शनशास्त्र के प्रोफेसर के रूप में नियुक्त हुए तब उनका पूर्णरूपेण राजनीतिकरण हो गया था। वे विश्वविद्यालय परिसर के अंदर एवं बाहर जमकर राजनीति करते थे। 1976 ई. में जब ईरान में मानवाधिकार का हनन होने लगा, तब फूको स्वयं ईरान जाकर ईरान के शाह के विरुद्ध आंदोलन का नेतृत्व किया।

1980 ई. में जब नयी समाजवादी पार्टी फ्रांस में सत्ता में आयी तब पोलैंडवासी और अधिक दमन के शिकार हुए। फूको ने समाजवादी दमन का पुरजोर विरोध किया। आप स्वयं पोलैंड गए और बौद्धिकों एवं श्रमिक संगठनों के बीच तालमेल स्थापित करने का प्रयास किया।

आप वेबर, मार्क्स तथा नित्से से ज्यादा प्रभावित थे। आप फर्दिनंद सोउसुरे, लेवि-स्ट्रास तथा जीन पाल सार्त्र से काफी प्रभावित थे।

फूकों का उत्तर-आधुनिकतावाद सिद्धांत

फूको के उत्तर-आधुनिकतावाद सिद्धांत को निम्नलिखित ढंग से समझा जा सकता है—

1. अपराध, पागलपन तथा कामुकता को कारागृह तथा अस्पताल के संदर्भ में समझने का प्रयास किया जाना चाहिए।

2. ज्ञानोदय तथा पुनर्जागरण उद्विकास की अवस्था में व्यक्ति की स्वतंत्रता के पक्षधर थे। लेकिन उनका दूसरा पहलू मानव को नियंत्रण में रखना भी था। इस प्रकार शक्ति, वैचारिकी और विमर्श के पारस्परिक संबंधों को आधुनिक संगठनात्मक व्यवस्था के संदर्भ में देखा जाना चाहिए।

3. फूको के अनुसार विमर्श आम लोगों की धारणा होती है। उनकी सोच होती है। यह लोगों का किसी वस्तु के संबंध में सामान्य विचार होता है। लोग अपराधी, पागल या

कामुकता के संबंध में क्या सोचते हैं, क्या विचार रखते हैं, यही विमर्श (Discourse) कहलाता है।

4. शक्ति विमर्श के माध्यम से काम करती है। शक्ति अपने आपमें कोई अर्थ नहीं रखती। इसे अर्थपूर्ण बनाने के लिए विमर्श को काम में लाया जाता है। वस्तुओं के संबंध लोगों की अभिवृत्तियां भी बदली जाती हैं। यह बदलने का काम शक्ति करती है। शक्ति द्वारा परंपरागत विमर्श यानी सोच या विचार में परिवर्तन लाया जाता है।

5. फूको विज्ञान के प्रति संशायात्मक दृष्टिकोण रखते हैं। वैज्ञानिक ज्ञान की प्रकृति के संबंध में जो आम सहमति है उसका फूको विरोध करते हैं। फूको का दृष्टिकोण सामान्य सामाजिक वैज्ञानिकों से भिन्न है। सामान्य सामाजिक वैज्ञानिक जिन वस्तुओं से परिचित हैं उनकी तुलना अपरिचित वस्तुओं से करते हैं। इस तुलना के आधार पर अपरिचित वस्तुओं के संबंध में जानने का प्रयास किया जाता है। ठीक इस विधि के विपरीत फूको अतीत की अपरिचित वस्तुओं की खोज करते हैं तथा उनके संबंध में जानकारी प्राप्त करते हैं। इस आधार पर वे परिचित वस्तुओं की व्याख्या करते हैं। इस प्रकार फूको अपरिचित की खोज के बाद परिचित की व्याख्या करते हैं।

6. फूको आधुनिक दृश्य विचार, विश्वास, मान्यताएं, धारणाएं तथा संरचनाओं का पुरजोर खंडन करते हैं। क्योंकि ये सब परिचित हैं। इस खंडन के बाद वे अपरिचित की ओर मुड़कर कामुकता, पागलपन तथा अपराध की खोज करते हैं।

7. विमर्श यानी सोच-समझ में बदलाव के कारण ही आधुनिक समाज उत्तर-आधुनिक समाज में बदल गया है तथा आधुनिकता के स्थान पर उत्तर-आधुनिकता आ गयी है। शक्ति, ज्ञान तथा विमर्श के कारण ही उत्तर-आधुनिकतावाद अस्तित्व में आयी है।

8. समाज में विभिन्न प्रकार की भूमिकाओं में शक्ति प्रबंध (Discourse of Power) पाया जाता है।

ज्ञान के पुरातत्वशास्त्र के ऊपर योगदान

फूको की उत्तर-आधुनिकतावादी अवधारणा के केन्द्र में विमर्श की अवधारणा पायी जाती है। आज हम जिस समाज में रहते हैं उस समाज के व्यक्तियों एवं वस्तुओं के संबंध में हमारा विचार-विमर्श वैज्ञानिक है, तार्किक है। *आर्क्योलाजी आफ नालेज* फूको की प्रारंभिक कृति है। इसका अंग्रेजी में अनुवाद 1989 में हुआ। अन्य उत्तर-आधुनिक विचारकों की भांति आप भी ज्ञान मीमांसा में अभिरुचि रखते थे। आप जानना चाहते थे कि ज्ञान की प्रकृति क्या है, इसके स्रोत कौन-कौन हैं, इसका उद्‌गम क्या है। अगर ज्ञान के बारे में समुचित जानकारी मिल जाये, तब हम मनुष्य के जीवन को अधिक सक्षम, सुंदर तथा सुखमय बना सकते हैं। आपने ज्ञान की खोज पुरातत्वशास्त्र में की है। आपकी अभिरुचि पुरातात्विक स्थलों से उपलब्ध सामग्रियों अथवा भौतिक सांस्कृतिक अवशेषों में

नहीं थी। वरन् आपकी अभिरुचि पुरातत्वशास्त्र की उन प्रविधियों एवं सिद्धांतों में थी जो लोगों के सोच को प्रभावित, नियमित और नियंत्रित करते हैं। पुरातात्विक स्थलों से प्राप्त भौतिक सांस्कृतिक अवशेषों के पीछे छिपे हुए विचार-विमर्श का पता लगाना ही आपका मुख्य लक्ष्य था। आप प्रागैतिहासिक मानव के विचार-विमर्श का पता लगाना चाहते थे। आपने अपने अनुसंधान में पाया कि प्रागैतिहासिक मानवों के मध्य विमर्श निर्माण में व्यक्ति (Subject) गौण थे। वस्तुओं के संबंध में व्यक्तिगत सोच अप्रासंगिक था। वह कोई अर्थ नहीं रखता था। व्यक्ति का महत्त्व तो आधुनिक युग में 19वीं सदी में अस्तित्व में आया। आधुनिक युग में मानववाद आया। व्यक्ति की गरिमा एवं महत्ता बढ़ी। अत: प्रागैतिहासिक काल एवं प्राचीनकाल की वस्तुओं एवं घटनाओं के संबंध में जो विमर्श था, ज्ञान था, उसकी उत्पत्ति लोगों में थी, व्यक्ति (Subject) में नहीं।

पुरातत्व के अध्ययन से फूको को ज्ञात हुआ कि पुरातत्वकाल में लोगों की अभिरुचि वस्तु निष्ठा में थी। लेकिन आधुनिक काल में लोगों की रुचि व्यक्ति निष्ठा में बढ़ गयी। पुरातात्विक काल के लोग वस्तु निष्ठतावादी थे। लेकिन आधुनिक काल के लोग व्यक्तिवादी हो गए। अब ज्ञान का रुख वस्तु निष्ठतावाद से हटकर व्यक्ति निष्ठावाद की ओर हो गया। अब लोग सोचने लगे कि व्यक्ति क्या है? इसकी वास्तविकता क्या है? इतिहास तथा संस्कृति में जो मोड़ दिखायी देता है, वह व्यक्ति द्वारा निर्मित है। इतिहास से पता चलता है कि व्यक्ति ही व्यक्ति को अधीनस्थ बनाता है। आपने व्यक्ति की अभिव्यक्ति कई पदों में की है। जैसे मालिक, मजदूर, सहयोगी, कर्मचारी, कर्त्ता, मनुष्य, व्यक्ति, शोषित, प्रताड़ित, अपमानित, असुरक्षित इत्यादि।

ज्ञान के पुरातत्वशास्त्र में आप ऐसे निष्कर्ष पर पहुंचते हैं कि मनुष्य की परिभाषा एक ऐसे ज्ञान से होती है जो इतिहास के मोड़ पर नया होता जाता है। ज्ञान ही व्यक्ति को शक्तिशाली बनाता है। ज्ञान ही व्यक्ति को मालिक, मजदूर, असुरक्षित बनाता है। पुरातत्व ज्ञान त्रिकोण के समान है जिसका निर्माण शक्ति, ज्ञान और व्यक्ति से हुआ है। ज्ञान प्रत्येक युग या काल में एक समान नहीं रहता है। काल के अनुसार ज्ञान भी बदलता रहता है। ज्ञान ही विभिन्न कालों में व्यक्ति को परिभाषित करते रहता है।

पागलपन तथा सभ्यता के ऊपर योगदान

अपनी पुस्तक *मैडनेस एंड सिविलाइजेशन* (1961) में फूको ने कारण एवं अकारण की समस्या को प्रकाश में लाया है। इस पुस्तक का अंग्रेजी अनुवाद 1989 में किया गया था। फूको कहते हैं कि पहले पागलों को समाज में ही रखा जाता था। लेकिन पहली बार यूरोप में पागलों, मंद बुद्धिवालों, उन्मादग्रस्त लोगों को समाज से अलग करके पागलखानों में रखा गया। इसके पहले चोर, डकैत, लुटेरों, भिखारियों को जेल में रखा जाता था। 1974 में एक फ्रेंच चिकित्सक फिलिपे पिनेल बेसेट्रे अस्पताल से पागलों को मुक्त कर दिया।

फूको ने इस घटना को मानववाद या ज्ञानोदय का विषय नहीं माना। फूको की दृष्टि में डॉक्टर का यह कार्य खोखला आदर्शवाद का प्रतीक था। क्योंकि सभी विमुक्त पागल नयी प्रकार के जंजीरों में फंस गए थे। फूको पागलों का अध्ययन मध्यकाल से ज्ञानोदय काल की अवधि तक करते हैं। ज्ञानोदय काल में मनोरोग विज्ञान का आविर्भाव हुआ। मध्यकाल में मनोरोग विज्ञान अस्तित्व में नहीं था। मनोरोग विज्ञान को अस्तित्व में आने से पागलों का उपचार मनोविकृति-संबंधी ज्ञान की सहायता से किया जाने लगा। इतिहास का यह युग कार्य-कारण का युग था। इस प्रकार ज्ञान मीमांसा इस पुस्तक का केन्द्र बिन्दु है।

फूको के अनुसार पुनर्जागरण काल में पागलपन और कारण दोनों एक दूसरे से पृथक नहीं थे। एक कार्य था तो दूसरा कारण था। पागल होने के पीछे कोई ना कोई कारण होता था। इस प्रकार पागलपन तथा कारण के बीच मौन (Silence) नहीं वरन् संवाद स्थापित था। अक्सर ही कहा जाता था कि इस व्यक्ति के पागलपन का कारण घर की विषम परिस्थितियां थीं। आपसी झगड़े तथा जमीन का विवाद भी कारणों में से थे। इस प्रकार पुनर्जागरण काल में पागलपन को किसी न किसी कारण या कारणों से जोड़ा जाता था। मध्ययुग में (1680-1800) यह संवाद टूट गया। संवाद मौन हो गया। लेकिन ज्ञानोदय काल में जब मनोरोग विज्ञान एक शक्ति के रूप में उभरकर आया, तब इसने पागलपन की व्याख्या अपने ढंग से करना आरंभ किया। इस प्रकार ज्ञान ही शक्ति बना। ज्ञानी ही शक्तिशाली बने। ज्ञान और शक्ति के बीच प्रबंधन स्थापित हुआ। फ्रांस में लाखों पागलों, गरीबों, भिखारियों और बेरोजगारों को किसी न किसी कारण से जेल में बंद कर दिया जाता है। इसका कारण है कि ज्ञानवान अभिजात वर्ग के लोग उनके साथ रहना अपनी शान के खिलाफ समझते हैं। अतः वह अपनी अर्जित ज्ञान शक्ति के माध्यम से अनचाहे लोगों को जेल भेजकर उन्हें अपने से अलग कर देता है। यह कार्य उन लोगों द्वारा किया जाता है जो इसमें दक्ष हैं। वे ज्ञानवान है तथा उनके पास ज्ञान शक्ति का प्रबंधन है। पागलपन की व्याख्या मनोरोग वैज्ञानिक करता है। अपराध की व्याख्या न्यायाधीश करता है। ज्ञानियों के माध्यम से ही पागलों को पागलखाना तथा अपराधियों को जेलखाना भेजा जाता है। इस प्रकार सभ्यता के विकास के साथ-साथ ज्ञान, शक्ति तथा व्यक्ति के बीच प्रबंधन स्थापित हुआ है। ज्ञानी व्यक्ति शक्तिशाली बने हैं।

द बर्थ आफ क्लीनिक : एन आर्क्योलोजी आफ मेडिकल पर्सेपशन के ऊपर योगदान

फ्रेंच भाषा में लिखित इस पुस्तक का अंग्रेजी अनुवाद 1973 में उपलब्ध हुआ है। यह पुस्तक चिकित्सा संबंधी नयी विचारधारा को जन्म देती है। आपके अनुसार चिकित्सा संबंधी ज्ञान में परिवर्तन हुआ है। संपूर्ण अठारहवीं शताब्दी में चिकित्सा एक वर्गीकृत विज्ञान था। इसमें नब्ज टटोलकर रोग का पता लगाया जाता था। 19वीं शताब्दी में शव का परीक्षण आरंभ हुआ। इससे मानव शरीर की आंतरिक संरचना के संबंध में ज्ञान प्राप्त हुआ।

कामुकता का नियंत्रण विशेषज्ञों के हाथ में आ गया है। विशेषज्ञ व्यक्ति अपने ज्ञान के आधार पर कामवासना का विशेषज्ञ बन गए हैं। इस प्रकार ज्ञान, शक्ति और व्यक्ति कामवासना नियंत्रण में जुड़ गए हैं।

शक्ति की अवधारणा

फूको के अनुसार शक्ति किसी की क्षमता या योग्यता नहीं है। यह कोई ऐसी प्राप्ति नहीं है जिसे दूसरों से बदला जा सके। यह किसी संस्था या संरचना का पर्यायवाची नहीं है। इसका न तो कोई स्वरूप है, और न ही कोई स्थान। शक्ति प्राथमिक रूप से विनाशकारी और नकारात्मक नहीं है। इन नकारात्मक लक्षणों को उल्लेख करने के पश्चात् फूको ने विचार व्यक्त किया कि शक्ति का संबंध एक प्राथमिक बल से है जो सभी सामाजिक विरचनाओं में पाया जाता है। यह सभी सामाजिक संबंधों का संघटक है। प्रत्येक सामाजिक संबंध वस्तुतः शक्ति संबंध है। शक्ति का पृथकता में कोई अस्तित्व नहीं है। यह सदैव सामाजिक संबंधों में पायी जाती है। शक्ति अपने प्रभाव में तटस्थ होती है। बल की तरह यह परिचालित होती है। शक्ति का संबंध किसी न किसी संस्था से होता है। जैसे कारागृह, स्कूल, अस्पताल, कॉलेज, विश्वविद्यालय, फैक्ट्री, फौज, राज्य आदि। शक्ति तथा ज्ञान में पारस्परिक संबंध पाया जाता है। ये दोनों पारस्परिक रूप से आश्रित हैं। शक्ति ज्ञान प्रदान करती है तथा ज्ञान शक्ति प्रदान करता है। शक्ति का संबंध व्यक्ति से भी होता है।

सर्व पहले शक्ति अस्तित्व में आता है। इसके बाद संस्था अस्तित्व में आती है। संस्था शक्ति का प्रतीक होती है। लेकिन संस्था शक्ति को जन्म नहीं देती है। परिवार, राज्य, धर्म, विज्ञान तथा बाजार में शक्ति का केंद्रीयकरण होता है। यहीं से शक्ति का बिखराव होता है। फूको के अनुसार ज्ञान और शक्ति में अन्योन्याश्रय संबंध होता है। शक्ति को ज्ञान से पृथक नहीं किया जा सकता है। फूको के अनुसार ज्ञान तथा आदमी के मध्य एक ऐसी प्रक्रिया चलती है जिससे ज्ञान तथा व्यक्ति दोनों एक-दूसरों को समृद्ध करते हैं। व्यक्ति को ज्ञान से लाभ होता है तथा वह ज्ञान भंडार को समृद्ध करता है तथा उसे आगे बढ़ाता है। इस प्रकार ज्ञान, शक्ति और व्यक्ति के बीच त्रिभुज का निर्माण होता है।

फूको शरीर को शक्ति के रूप में स्थापित करते हैं। जब वे ज्ञान, शक्ति और व्यक्ति की चर्चा करते हैं तब व्यक्ति का तात्पर्य शरीर से है। व्यक्ति के पास जैविक शक्ति होती है। शरीर शक्ति ग्रहण भी करता है तथा शक्ति का उत्पादन भी करता है। लेकिन आज के पूंजीवादी समाज ने अनुशासनात्मक शक्ति द्वारा जैविक शक्ति को अपने नियंत्रण में कर लिया है। इस प्रकार अनुशासनात्मक शक्ति के आगे व्यक्ति की जैविक शक्ति गौण हो गयी है। व्यक्ति निरीह प्राणी बन गया है। अनुशासनात्मक शक्ति द्वारा एक ऐसे शरीर का निर्माण किया जा रहा है, जो सर्वदा अनुशासन एवं प्रबंधन के अधीन रहे। शरीर को इसके लिए तैयार किया जाता है, जैसे पी.टी., ड्रिल, प्रार्थना, कक्षा, कार्य स्तरीकरण, स्थान नियंत्रण द्वारा।

3. जीन फ्रांकोइस ल्योटार्ड (1926-1958)

ल्योटार्ड एक फ्रेंच उत्तर-आधुनिक विचारक हैं। उनका जन्म वार्सलीज में हुआ था। उनकी शिक्षा-दीक्षा पेरिस में हुयी थी। अपनी मृत्यु के समय आप अमरीकी विश्वविद्यालय, अटलांटा में प्राध्यापक थे। इनकी प्रमुख कृतियां निम्नलिखित हैं—

1. डिस्कोर्स फिगर, 1971
2. द पोस्ट मार्डन कंडिशन : ए रिपोर्ट आन नॉलेज, 1979
3. फेनोमेनोलॉजी, 1991
4. पोस्ट मार्डन एक्सप्लेन्ड टु चिल्ड्रेन, 1992
5. लिबिडिबल इकोनामी
6. टुवाड्र्स द पोस्ट मार्डन, 1993।

ल्योटार्ड को सर्वाधिक लोकप्रियता अपनी पुस्तक द *पोस्ट मार्डन कंडिशन* से प्राप्त हुई है। इस पुस्तक की रचना आपने सरकारी पदाधिकारियों के अनुरोध पर की। सरकारी पदाधिकारियों द्वारा ल्योटार्ड को विश्वविद्यालय शिक्षा एवं अनुसंधान के ऊपर प्रतिवेदन तैयार करने का आग्रह किया गया। इसी प्रतिवेदन को बाद में पुस्तक के रूप में प्रकाशित किया गया। इस पुस्तक में विश्वविद्यालय शिक्षा अनुसंधान के संबंध में नीतियों का विवरण मिलता है। इसीलिए इस पुस्तक को विश्वविद्यालय शिक्षा एवं अनुसंधान नीति संबंधी रणनीति का दस्तावेज समझा जाता है। इस पुस्तक में ल्योटार्ड ने सरकार के समक्ष यह प्रस्ताव रखा कि विश्वविद्यालय शिक्षा एवं अनुसंधान नीति में सूचना तकनीकी के विकास के कारण बदलाव लाया जाना चाहिए। उनकी दूसरी अनुसंशा भाषा विज्ञान के ज्ञान को अन्य क्षेत्रों में लागू किए जाने से संबंधित थी। आपने यह प्रस्ताव रखा कि आज के युग में विज्ञान तथा तकनीकी तंत्र का बेतहाशा विकास हुआ है। आज का विज्ञान एवं सूचना तंत्र भाषा विज्ञान के सिद्धांतों पर चलता है। भाषा की भूमिका को संचार, साइबरनेटिक्स, गणित कंप्यूटर तथा उनकी भाषा, सूचना संग्रह, आंकड़ा बैंकों इत्यादि में देखा जा सकता है। उत्तर-आधुनिकता की इसी परिस्थिति के ऊपर ल्योटार्ड ने इस पुस्तक में प्रकाश डाला है।

ल्योटार्ड अपने आरंभिक शैक्षणिक जीवन में मार्क्स से बहुत प्रभावित थे। लेकिन आप मार्क्सवादी होते हुए भी उनके महान वृत्तांत (Meta-narratives) को अस्वीकार किया है। इसी अस्वीकृति के आधार पर आपने उत्तर-आधुनिकता को परिभाषित करने का प्रयास किया है। आपके अनुसार महान वृत्तांतों को अस्वीकार करना ही उत्तर-आधुनिकता है। उत्तर-आधुनिकता से संबंधित आपका विचार ज्ञान के ऊपर था। आपके अनुसार ज्ञान कभी भी सकल या समग्र नहीं हो सकता है। ज्ञान हमेशा प्रतियोगी होता है। एक ज्ञान का दूसरे ज्ञान से संघर्ष होता है। आपके अनुसार ज्ञान दो प्रकार का होता है—(i) विवरणात्मक (Narrative); तथा (ii) वैज्ञानिक (Scientific)। आप महान वृत्तांत तथा समग्रता के प्रबल विरोधी थे।

ल्योटार्ड का तीसरा महत्त्वपूर्ण विषय सूचना से संबंधित है। आपके अनुसार सूचना ज्ञान से संबंधित होती है। आपके अनुसार उत्तर-आधुनिक काल में सूचना यानी ज्ञान का व्यापारीकरण (Merchantisation) हो गया है। सूचना संपन्न व्यक्ति ही शक्ति संपन्न बन गया है। यही बात राष्ट्र-राज्य पर भी लागू होती है। इसका संबंध कला के असावयवी स्वरूपों (Avant Grade of Arts) से है।

ल्योटार्ड का उत्तर-आधुनिकता संबंधी योगदानों की चर्चा हम निम्नलिखित उपशीर्षकों के अंतर्गत किया जा सकता है—

1. उत्तर-आधुनिकता की दशा;
2. महान वृत्तांत स्वीकार्य योग्य नहीं;
3. महान वृत्तांत औद्योगिक और व्यवसायिक वृद्धि से संबंधित हैं;
4. महान वृत्तांत हीन मूल्यों से ग्रस्त हैं;
5. वास्तविक विज्ञान को दर्शनशास्त्र सुनिश्चित करता है;
6. आधुनिक ज्ञान विज्ञान सुख-सुविधा के लिए हैं;
7. मार्क्स का समांग समाज बनाना संभव नहीं है;
8. समग्रता या विखंडन;
9. विखंडन का स्वरूप : भाषा खेल;
10. सूचना तथा ज्ञान का व्यापारीकरण;
11. तकनीक ज्ञान में निपुणता लाता है;
12. ज्ञान की भाषा का कंप्यूटरीकरण;
13. ज्ञान की उपयोगिता;
14. ज्ञान का उद्देश्य;
15. ज्ञान बेचने के लिए;
16. ज्ञान की वैधता।

उत्तर-आधुनिकता की दशा—उत्तर-आधुनिकता की दशा में ल्योटार्ड महान वृत्तांतों को अस्वीकार करते हैं। मार्क्स तथा वेबर जैसे विचारकों के सिद्धांतों को महान वृत्तांत कहा जाता है। महान वृत्तांत आधुनिक काल में अस्तित्व में आया। ज्ञानोदय के परिणामस्वरूप आधुनिक समाज का आर्विभाव हुआ। आधुनिक समाज की व्याख्या हेतु महान वृत्तांतों का जन्म हुआ। लेकिन उत्तर-आधुनिक समाज में महान वृत्तांतों को स्वीकार नहीं किया जा सकता है। आधुनिक समाज ज्ञान की मीमांसा विज्ञान के संदर्भ में की है। विज्ञान का अर्थ यहां पर ऐसे ज्ञान से लिया गया है, जो वस्तुनिष्ठ तथा तटस्थ है। आधुनिकता द्वारा परिभाषित तटस्थ और वस्तुनिष्ठ ज्ञान ल्योटार्ड को स्वीकार नहीं है। इस तरह के ज्ञान की अभिव्यक्ति हमें महान वृत्तांतों में मिलती है। अत: महान वृत्तांतों को स्वीकार नहीं किया जा सकता। यही उत्तर-आधुनिकता की दशा है।

महान वृत्तांतों में भरोसा नहीं—ल्योटार्ड के अनुसार ज्ञानोदय के बाद के आधुनिक

समाज ने जो अर्थ ज्ञान का निकाला है, यह दोषपूर्ण है। उस पर भरोसा नहीं किया जा सकता है। आज ज्ञान बिल्कुल बदल गया है। महान वृत्तांतों में जिस ज्ञान का प्रतिपादन हुआ है, वे वैयक्तिक, राजनीतिक, नैतिक, मिथक तथा धार्मिक है। यह वास्तविक ज्ञान नहीं है। इसका कोई वैध सार्वभौमिक सिद्धांत नहीं है। इसकी विधि भी संपूर्ण समाज पर लागू नहीं होती है। यह ज्ञान न तो प्रकृति और न ही समाज पर लागू होता है।

महान वृत्तांत औद्योगिक और व्यवसायिक वृद्धि से संबंधित है—महान वृत्तांत में निहित ज्ञान औद्योगिक और व्यवसायिक वृद्धि से संबंधित रहा है। इसके द्वारा बड़े-बड़े उद्योगों, कल-कारखानों, स्वचालित यंत्रों की स्थापना की गयी। वृहत स्तर पर उत्पादन हुआ जिसके कारण व्यवसायिक वृद्धि हुई। इस प्रकार महान वृत्तांत धनोपार्जन पर विशेष बल देता है। इसका मानना है कि आदमी की खुशी के लिए धनोपार्जन परमावश्यक है। लेकिन औद्योगिक तथा व्यावसायिक वृद्धि के साथ-साथ श्रमिकों का शोषण भी बढ़ा है। शोषण इस व्यवस्था का अभिन्न अंग बन गया है।

महान वृत्तांत हीन मूल्यों से ग्रसित हैं—महान वृत्तांत आदमी को अत्यधिक महत्त्वाकांक्षी बना दिया है। वह धनार्जन की महान दौड़ में शामिल हो गया है। वह येन केन प्रकारेन धर्नाजन करना चाहता है। धर्नाजन के लिए उसने अपने आपको मूल्यहीन बना दिया है। मिलावटी, धोखाधड़ी, छल-कपट इत्यादि के द्वारा अधिक से अधिक धन प्राप्त किया जाने लगा है।

वास्तविक विज्ञान को दर्शनशास्त्र सुनिश्चित करता है—ल्योटार्ड के अनुसार वास्तविक ज्ञान की पहचान केवल दर्शनशास्त्र ही कर सकता है। यही हमें ज्ञान, विज्ञान तथा दर्शन के संबंध में बतलाता है। यह हमें बतलाता है कि विकास का अंतिम सार क्या है।

आधुनिक समाज का ज्ञान-विज्ञान केवल सुख-सुविधा के लिए—आधुनिक समाज के पास जो ज्ञान-विज्ञान है वह सुख-सुविधा, ऐश-आराम, भोग-विलास को बढ़ावा देता है। यह आदमी को सुविधाभोगी, आरामतलबी, भोग-विलासी, ऐश-आराम में लिप्त बना देता है। इस समाज के ज्ञान-विज्ञान का हमें परित्याग करना चाहिए। इसके स्थान पर हमें उत्तर-आधुनिक समाज का निर्माण करना चाहिए।

मार्क्स का समांग समाज बनाना संभव नहीं—मार्क्स ने समाजवादी समाज की वकालत की थी। लेकिन ल्योटार्ड के अनुसार समाजवादी समाज का निर्माण सर्वत्र संभव नहीं है, क्योंकि बलपूर्वक या दबाव द्वारा समाजवादी समाज का निर्माण नहीं किया जा सकता है। अतः समाजवादी समाज के स्थान पर उत्तर-आधुनिक समाज की कल्पना की जा सकती है। उत्तर-आधुनिक समाज वैयक्तिक समाज है, विखंडित समाज है। अब वैयक्तिक तथा विखंडित समाज का ही प्रचलन रहेगा। परंपरागत और आधुनिक समाज समाप्त हो जायेंगे। उनके स्थान पर स्थानीय समाज रह जायेंगे।

समग्रता या विखंडन—ल्योटार्ड का कहना है कि यह विश्व विविधता से भरा हुआ है। इस विविधता की दुनिया में समग्रता की बात करना ठीक नहीं है। न ही यह संभव प्रतीत होता है। ऐसी परिस्थिति में समग्रता के स्थान पर स्थानीयता या विखंडता की बात करना युक्तिसंगत लगता है। भाषा खेल, समाज का विखंडन, मनुष्य का विखंडन इत्यादि विखंडन के संबंध में प्रमाण प्रस्तुत करते हैं।

विखंडन का स्वरूप : भाषा खेल—ल्योटार्ड ने वृत्तांत तथा विज्ञान के बीच संबंध को भाषा खेल (Langauge games) की अवधारणा के आधार पर समझने का प्रयास किया है। आपके अनुसार वृत्तांत यानी सिद्धांत एवं विज्ञान के बीच संबंध स्थापित करने का काम भाषा खेल का है। यह भाषा का ही खेल है जो दोनों के बीच संबंध को बनाए रखता है। जिस प्रकार भाषा दो व्यक्तियों अथवा दो समाजों को अपने खेल द्वारा जोड़ती है, उसी प्रकार भाषा अपने खेल द्वारा वृत्तांत एवं विज्ञान को जोड़ती है। भाषा खेल के बिना समाज में मौन छा जायेगा तथा संपूर्ण समाज मौन समाज बन जायेगा। समाज को एक बंधन में बांधने का काम भाषा खेल करता है।

वृत्तांत तथा विज्ञान दोनों ही ज्ञान के स्वरूप हैं, लेकिन दोनों के स्वरूप में अंतर है। यह अंतर भाषा खेल के कारण है। ज्ञान का अर्थ संकेत से होता है, निर्देशन से होता है। उदाहरण के लिए कैसे जीना चाहिए, कैसे रहना चाहिए, कैसे खाना चाहिए, कैसे सीखना चाहिए, कैसे काम करना चाहिए, इत्यादि। दूसरी ओर वृत्तांतों में भी ज्ञान होते हैं। यह ज्ञान परंपरा एवं रीति-रिवाजों से जुड़ा रहता है। जैसे बड़ों का आदर करना, उनके आदेश का पालन करना, छोटों को प्यार करना, अपनी परंपरा को मानना इत्यादि। वृत्तांत अपने मूल्य द्वारा समाज की एकता को बनाए रहते हैं। वृत्तांत हमें जानकारी देते हैं तथा बोलना एवं सीखना सिखाते हैं। यह काम भाषा खेल द्वारा होता है। विभिन्न क्षेत्रों के वृत्तांतों को जोड़ने का काम भाषा खेल करता है। यह विभिन्न क्षेत्र के लोगों को एक-दूसरे के वृत्तांतों से अवगत कराता है। उन्हें जोड़ता है। अत: परंपराओं यानी वृत्तांतों के मध्य अंत:क्रिया भाषा खेल के माध्यम से होती है। अत: वृत्तांतों के साथ अंत:क्रिया होना कुछ और नहीं वरन् भाषा खेल है।

सूचना एवं ज्ञान का व्यापारीकरण—ल्योटार्ड के अनुसार आधुनिक समाज की मुख्य विशेषता एकरूपता, सामूहिकता तथा सार्वभौमिकता है। उत्तर-आधुनिक समाज की मुख्य विशेषता वैयक्तिकता, विखंडता तथा विविधता है। सूचना तथा ज्ञान उत्तर-आधुनिक समाज के महत्त्वपूर्ण बिन्दु हैं। औद्योगिक क्रांति के कारण उत्पादन में धन का निवेश बढ़ा है। जिस अनुपात में धन का निवेश होता है, उसी अनुपात में उत्पादन भी होता है। अगर तकनीकी और निवेश की दृष्टि से हम देखें तब विज्ञान उत्पादन की शक्ति के रूप में प्रकट होती है। अब विज्ञान का उद्देश्य मात्र सत्य की खोज करना नहीं रह गया है। विज्ञान का अर्थ उत्पादन में दक्षता एवं निपुणता लाने से है। इसके माध्यम से निवेश एवं उपलब्धि के मध्य अनुपात को बनाए रखा जाता है। अब वैज्ञानिकों तथा तकनीकी विशेषज्ञों को इसलिए अधिक वेतन नहीं दिया जाता है कि वे सत्य की खोज करते हैं। वरन् उन्हें इसलिए अधिक

वेतन दिया जाता है क्योंकि वे अधिक गुणवत्ता एवं निपुणता का सृजन उत्पादन में करते हैं। इस प्रकार सूचना तथा ज्ञान का आज व्यापारीकरण हो गया है।

तकनीक का उद्देश्य उत्पादन में निपुणता लाना है—ल्योटार्ड के अनुसार तकनीक का उद्देश्य उत्पादन में निपुणता लाना है। तकनीकी में उत्पादन शक्ति निहित रहती है। यही कारण है कि तकनीकी द्वारा उत्पादन किया जाता है। यही कारण है कि आज की शिक्षा पद्धति में इसे विशेष स्थान प्राप्त हुआ है। आज की शिक्षण संस्थाओं में तकनीकी की उत्पादन दक्षता एवं निपुणता पर चर्चा की जाती है। अब आदर्शों की अपेक्षा कुशलता पर विशेष ध्यान दिया जाता है।

ज्ञान की भाषा का कंप्यूटरीकरण—उत्तर-आधुनिक समाज में ज्ञान की भाषा का कंप्यूटरीकरण हुआ है। कंप्यूटरीकृत समाज कंप्यूटर की भाषा में अपने ज्ञान को अभिव्यक्त करते हैं। उन्हें कंप्यूटर की भाषा, संकेत, अर्थ, इत्यादि का पता होता है। वे कंप्यूटर की भाषा को आसानी से समझते हैं। इस प्रकार समाज की अवस्था में बदलाव के साथ-साथ ज्ञान की अवस्था में भी बदलाव आया है। यह बदलाव कंप्यूटर की भाषा के कारण हुआ है।

ज्ञान की उपयोगिता—उत्तर-आधुनिक समाज में ज्ञान की अवधारणा बदल गयी है। अब ज्ञान उत्पादन क्षमता से जुड़ गया है। अब अगर कोई तकनीकी का विकास होता है, तब उसकी उपयोगिता की चर्चा की जाती है। इस चर्चा में इस पर जोर दिया जाता है कि इस तकनीकी से क्या-क्या लाभ प्राप्त होंगे। अब अध्यापक का स्थान यादगारी बैंक, कंप्यूटर आंकड़ा बैंक इत्यादि ले लेगा। इस कंप्यूटर की भाषा जानने के लिए अध्यापक की आवश्यकता होगी। अध्यापक बतलायेंगे कि कौन-कौन आंकड़े बैंक प्रासंगिक हैं, कौन-कौन नहीं। अब तकनीक की उपयोगिता पर चर्चा सरकार, विद्यार्थी और विश्वविद्यालय में होगी।

ज्ञान का उद्देश्य विकास करना है—ज्ञान का उद्देश्य केवल उत्पादन करना ही नहीं, वरन् उत्पादन में प्रगति करना भी होता है। अतः नयी-नयी तकनीकों का विकास किया जाता है। छात्रों को नयी-नयी तकनीकी द्वारा प्रशिक्षित किया जाता है। डाटा बैंक आने वाले समाज के लिए विश्वकोष होगा। नए-नए आविष्कारों को स्थापित करके विकास की ओर अग्रसर हुआ जाता है।

ज्ञान बेचने के लिए होता है—उत्तर-आधुनिक समाज का ज्ञान बांटने के लिए नहीं, वरन् बेचने के लिए होता है। उत्तर-आधुनिक समाज के लिए ज्ञान बेची जाने वाली वस्तु है। इसका निर्माण लाभ के लिए किया जाता है। आने वाले दिनों में साम्राज्यवादी युद्ध नहीं होंगे, वरन् अब युद्ध ज्ञान एवं सूचना के लिए होगा। आज राष्ट्र, राज्य, बहुराष्ट्रीय कंपनियां, ज्ञान की खरीद-बिक्री में शामिल हैं।

ज्ञान की वैधता का प्रश्न—ल्योटार्ड के अनुसार महान वृत्तांत तथा विज्ञान दोनों में ज्ञान पाए जाते हैं। लेकिन दोनों में ज्ञान की वैधता अलग-अलग होती है। महान वृत्तांत में

हम पौराणिक कथा एवं परंपरा पाते हैं। इसकी वैधता लोगों के विश्वास से जुड़ी रहती है। लेकिन वैज्ञानिक ज्ञान इसे अस्वीकार करते हैं। विज्ञान की वैधता प्रमाण पर आधारित होती है। उत्तर-आधुनिक समाज में ज्ञान ही पूंजी है, अतः यह ज्ञान सत्य पर आधारित है।

4. जैक्स दर्रिदा

आपका जन्म 1930 में अल्जीरिया में हुआ था। आपकी शिक्षा-दीक्षा पेरिस की प्रतिष्ठित संस्थान निकोले नार्मले में हुई थी। आपका धर्म यहूदी था। 1965 में आपके दो निबंध *क्रिटिक* नामक शोध पत्रिका में प्रकाशित हुए। इन निबंधनों के प्रकाशन के बाद आप एक फ्रेंच विचारक के रूप में स्थापित हुए। आपका निबंध व्याकरणशास्त्र से संबंधित था। इससे आपकी गणना भाषा वैज्ञानिक के रूप में होने लगी। आपको उत्तर-संरचनावादी समझा जाने लगा। आपकी प्रमुख कृतियां निम्नलिखित हैं—

1. स्पीच एंड फेनोमेना एंड अदर एसेज, 1973।
2. आफ ग्रामेटोलॉजी, 1967।
3. राइटिंग एंड डिफरेंस, 1967।
4. पोजिशंस, 1972।
5. डिस्सेमिनेशन, 1972।
6. मार्जिन्स आफ फिलोसॉफी, 1972।
7. ग्लास, 1974।
8. द ट्रुथ इन पेंटिंग्स, 1978।

दर्रिदा के सिद्धांत निर्माण के ऊपर दर्शनशास्त्रियों का प्रभाव पड़ा था। उन दर्शनशास्त्रियों में लॉक, बर्कले तथा ह्यूम का नाम महत्त्वपूर्ण है। इन दर्शनशास्त्रियों से प्रभावित होकर दर्रिदा विखंडित समाज की चर्चा भाषा तथा ज्ञान-मीमांसा के संदर्भ में करते हैं।

विखंडन की अवधारणा

उत्तर-आधुनिकता की कई परिभाषाएं प्रदान की गयी हैं। एक परिभाषा के अनुसार उत्तर-आधुनिकता एक आंदोलन है जिसे दर्शनशास्त्र, कला, वास्तुकला, साहित्य, कविता, नृत्य, नाटक, फिल्म इत्यादि में देखा जा सकता है। दूसरी परिभाषा के अनुसार उत्तर-आधुनिकता एक मानसिकता है। यह मानसिकता आधुनिकता विरोधी नहीं है। यह आधुनिकता के पुनर्निर्माण से संबंधित है। उत्तर-आधुनिकता आधुनिकता को नए अर्थ में प्रस्तुत करती है।

दर्रिदा का उत्तर संरचनावाद विखंडन एवं विभेद से संबंधित है। आपके अनुसार विखंडन एक दर्शन है। यह दर्शन दर्शनशास्त्र से बाहर आकर साहित्य, शिक्षा, कला, मनोविश्लेषण तथा सामाजिक सिद्धांत तक पहुंच गया है।

विखंडन की अवधारणा भाषा से संबंधित है। इसके माध्यम से मनुष्य के सामाजिक संबंधों में भाषा की महत्ता पर प्रकाश डाला गया है। एक आदमी आदमी है। उसका स्व: होता है तथा वह सामाजिक सदस्य होता है। आदमी, स्व: तथा समाज के बीच संबंध स्थापित करने का काम भाषा करती है। भाषा के माध्यम से ही व्यक्ति को अपने बारे में ज्ञान प्राप्त होता है। उसे समाज के बारे में भी ज्ञान भाषा ही प्रदान करती है। एक व्यक्ति के स्वयं के निर्माण में समाज की भूमिका बड़ी महत्त्वपूर्ण होती है। जैसा समाज होगा, वैसा ही एक व्यक्ति के स्वयं का निर्माण होगा। इस स्वयं को विकसित करने वाली भाषा होती है। भाषा का संबंध पाठ (Text) से है। एक पाठ में प्रयुक्त कुछ अर्थ बिल्कुल स्पष्ट होते हैं। लेकिन कुछ अर्थ अस्पष्ट होते हैं। ऐसी स्थिति में विखंडन का प्रथम कार्य अस्पष्ट के अर्थ को प्रकाश में लाना है। यानी किसी पाठ से अस्पष्ट अर्थों को स्पष्ट करना ही विखंडन है। विखंडन दर्शन के माध्यम से मूलपाठ की कमजोरियों को प्रकाश में लाया जाता है। उन कमजोरियों को मूल-पाठ के साथ जोड़कर देखा जाता है। इस प्रकार भाषा दर्शन की योजना को जटिल बना देती है। विखंडनवादी दर्शन में सब कुछ बराबर होता है। आलोचना, दर्शन, भाषा विज्ञान, मानव विज्ञान तथा अन्य समाज विज्ञान दर्रिदा के लिए विखंडन वस्तु हैं।

विखंडन की अवधारणा विभेद के तर्क पर आधारित है। विभेद में दो अर्थ निहित हैं। पहला अर्थ मतभेद से संबंधित है दूसरा अर्थ स्थगत से जुड़ा हुआ है अत: विखंडन का तात्पर्य मूल पाठ से मतभेद रखना या मूलपाठ को बर्खास्त करना है। इस प्रकार मूलपाठ का आलोचनात्मक अध्ययन ही विखंडन है।

भाषा की व्याख्या करते हुए दर्रिदा का कहना है कि वाणी तथा लेखन में अंतर यानी विभेद होता है। लेखन भाषा का ग्राफिक स्वरूप है। लिखकर स्मरण शक्ति को बनाए रखा जाता है। इसे पढ़कर अतीत के संबंध में सूचना तथा ज्ञान प्राप्त किया जा सकता है। लेकिन भाषा में पहला स्थान वाणी का ही होता है। लेखन को भाषा में दूसरा स्थान प्राप्त है। वाणी ध्वनि विज्ञान से जुड़ी हुई है। यह हमारे विचारों से अधिक निकट होती है। अत: वाणी प्राथमिक तथा मौलिक है। लेकिन हमारा लेखन द्वितीयक होता है। उसमें कृत्रिमता रहती है, मौलिकता नहीं। लिखने और बोलने के इस विभेद को सामाजिक क्षेत्र में लागू किया जा सकता है। विखंडन शब्दों के अर्थ को समझने का एक उपाय है। यह एक ऐसी विधि है जिसमें शब्दों को अन्य शब्दों के साथ जोड़कर अर्थ निकाला जाता है। इसमें शब्दों को घटना के साथ नहीं जोड़कर देखा जाता है। जो व्यक्ति घटना को बतलाता है, वह संकेतक होता है। वह जिस भाषा एवं शब्दों का प्रयोग करता है उसके अनेक अर्थ होते हैं। इसमें पूर्ण या सत्यभाषी अर्थ हमेशा स्थगित या विरमित होता है। सत्य के भी विविध अर्थ होते हैं। भाषा का अर्थ किसी मूर्त वास्तविकता में नहीं खोजा जा सकता है। इसे भाषा स्वयं के संदर्भ में ढूंढा जा सकता है। इसका सामाजिक संदर्भ होता है। इसकी रचना सामाजिक रूप से होती है। विखंडन दर्शन के माध्यम से तथाकथित सत्य को अस्वीकार किया जाता है।

मूलपाठ में अगर सत्य के संबंध में कल्पना हो, उसे अस्वीकार कर देना चाहिए क्योंकि कल्पना सत्य नहीं होती है। वे सत्य से परे होती है।

दर्रिदा वैयाकरण थे। उन्होंने विखंडन दर्शन में व्याकरण के मूल पाठ का सहारा लिया है। जिस प्रकार व्याकरण का मूलपाठ लेखक से परे होता है, उसी प्रकार भाषा का मूलपाठ भी लेखक से परे होता है। जो अर्थ लेखक के मस्तिष्क में रहता है, वह पाठक तक पहुंचते-पहुंचते बदल जाता है। यह सब शब्दों का खेल होता है। मूलपाठ का अर्थ व्यक्तिगत होता है। यह व्यक्तिनिष्ठ होता है, वस्तुनिष्ठ नहीं। एक ही शब्द के कई अर्थ होते हैं तथा कई शब्दों का एक ही अर्थ होता है। शब्दों का अपना-अपना सामाजिक संदर्भ होता है।

अगर हम वेद का मूलपाठ पढ़ते हैं तब नारी के संबंध में हमें जानकारी मिलती है कि नारी की पूजा की जानी चाहिए। इससे देवता प्रसन्न होते हैं। जहां-जहां नारी की पूजा होती है, वहां-वहां देवताओं का वास होता है। लेकिन रामायण के एक मूल पाठ का अध्ययन अगर हम करते हैं, तब हमें पता चलता है कि नारी पीटने यानी प्रताड़ित करने से ठीक रहती है। इन दोनों मूल पाठों की तुलना करने पर हमें यह पता नहीं चल पाता है कि नारी के संबंध में सत्य क्या है, यही सत्य की खोज विखंडन दर्शन कहलाती है।

एक अन्य उदाहरण में भी हम विखंडन दर्शन प्राप्त कर सकते हैं। हमारे धर्मशास्त्रों में पति को परमेश्वर माना गया है। लेकिन वेश्यागामी, विधर्मी तथा मदिरा सेवन करने वाला पति पशु कहलाता है। इन दोनों पाठों की तुलना करने पर पति के बारे में सच्चायी का पता चल जाता है। कौन-कौन पति परमेश्वर की श्रेणी में आते हैं तथा कौन-कौन पति पशु की श्रेणी में आते हैं। सच्चायी यही है कि पति परमेश्वर भी होते हैं तथा पति पशु भी होते हैं। इसका तात्पर्य है कि पति वस्तुनिष्ठ न होकर व्यक्तिनिष्ठ होते हैं। एक व्यक्ति पति के रूप में परमेश्वर या पशु हो सकता है।

5. फ्रेडरिक जैमेसन

1989 में जब फूकूयामा जैसे दार्शनिक ने स्थापित किया कि अब इतिहास का अंत हो गया है। अब समाजवादी समाज के आने की कोई संभावना नहीं है। अब विश्व में राज्यहीन वर्गहीन समाज की कल्पना एक कोरी कल्पना बनकर रह जायेगी। लेकिन जैमेसन जैसे मार्क्सवादी एवं उत्तर-आधुनिकतावादी लेखक ने पूंजीवाद की व्याख्या नए ढंग से की। जहां सभी उत्तर-आधुनिक विचारकों ने महान वृत्तांतों को पूर्णतः अस्वीकार कर दिया है, वहीं जैमेसन ने मार्क्स के महान वृत्तांत को स्वीकार किया है, लेकिन नवीन ढंग से। आपने मार्क्स के सिद्धांत को नए ढंग से देखा है जिसे उत्तर-पूंजीवाद (Late Capitalism) के नाम से जाना जाता है। आपके अनुसार आधुनिक पूंजीवाद का विकास श्रम द्वारा नहीं

अपितु सांस्कृतिक गतिविधियों द्वारा हो रहा है। मार्क्स ने संस्कृति को अधिसंरचना बतलाया था तथा उसे पूंजीवाद से अलग रखा था। लेकिन आधुनिक पूंजीवाद संस्कृति का सहारा लेकर समृद्धशाली बनने पर जोर दे रहा है। इस प्रकार आपने पूंजीवाद को नवीन सांस्कृतिक तर्क प्रदान किया। आपने मार्क्सवाद को पुनः जीवित किया तथा नया जीवनदान दिया। आपका मानना था कि आधुनिक अर्थव्यवस्था संस्कृति को ही खरीद-बिक्री की वस्तु बना दिया है। अन्य वस्तुओं की भांति संस्कृति का उत्पादन होने लगा है। आपके अनुसार आज के आधुनिक समाज में सामाजिक बहुलवाद है। आज हमारे समक्ष विभिन्न प्रकार के लोग तथा विभिन्न प्रकार की संस्कृतियां हैं। आज वर्ग-व्यवस्था नहीं रह गयी। वर्गों का स्थान स्थानिक समूहों ने ले लिया। आज हमारे समक्ष राजनीतिक समूह, कलाप्रेमी समूह, क्षेत्रीय समूह, चित्रकारों के समूह इत्यादि हैं। वर्गों की अनुपस्थिति के कारण संघर्ष के स्थान पर आंदोलन हो रहे हैं। इस प्रकार आपने मार्क्सवादी विचारधारा को नए ढंग से सोचने का अवसर प्रदान किया।

कृतित्व

जैमेसन के प्रमुख कृतित्व निम्नलिखित हैं—

1. पोलिटिकल अनकंसस : नैरेटिव एज सोशली सिंबोलिक एक्ट, 1981।
2. पोस्टमार्डनिज्म आर द कल्चरल लॉजिक आफ लेट कैपिटलिज्म, 1991।
3. जियोपोलिटिकल ऐसथेटिक : सिनेमा एंड स्पेस इन वर्ल्ड सिस्टम।
4. द सिड्स आफ टाइम, 1994।

जैमेसन की उत्तर-आधुनिकता

जैमेसन ने उत्तर-आधुनिकता को उत्तर-पूंजीवाद के सांस्कृतिक तर्क के आधार पर समझने का प्रयास किया है। आपके अनुसार पूंजीवाद विभिन्न कालों में अपना एक ही रूप नहीं बनाए रखा है। विभिन्न कालों में पूंजीवाद का स्वरूप अलग-अलग रहा है। मार्क्सकालीन पूंजीवाद विशाल उत्पादन का पूंजीवाद था। इसके बाद कारपोरेट पूंजीवाद आया। इसके साथ ही फोर्डवाद आया। लेकिन आधुनिक पूंजीवाद जिसे उत्तर-पूंजीवाद कहा जाता है संस्कृति को ही बाजारू वस्तु बना दिया। संस्कृति एक पवित्र धरोहर होती है। इसे परदादा दादा को, दादा पिता को तथा पिता पुत्र को विरासत के रूप में देते आए हैं। हर पीढ़ी इसे मूल्यवान समझती रही है तथा ईमानदारीपूर्वक दूसरी पीढ़ी को देती आयी है। लेकिन उत्तर-आधुनिकता ने संस्कृति को ही खरीद-बिक्री की वस्तु बना दिया है। दूसरे शब्दों में कहा जाए तो उत्तर-आधुनिक समाज में संस्कृति का पण्यीकरण (Commodification) हो गया है।

पूंजीवाद के विकास की अवस्थाएं

जैमेसन ने रूढ़िवादी समाजशास्त्री डैनियल बेल्ल के विचार से सहमत नहीं थे। बेल्ल का कहना था कि आज हम एक उत्तर-औद्योगिक समाज में रह रहे हैं। लेकिन जैमेसन इसे मानने के लिए तैयार नहीं थे। आपके अनुसार आज हम लोग उत्तर-पूंजीवाद में जी रहे हैं। पूंजीवाद हमेशा एक जैसा नहीं रहा है। उत्तर-उद्योग के समान उत्तर-पूंजीवाद भी अस्तित्व में आया है। उद्योग में चढ़ाव आया है तो पूंजीवाद में भी चढ़ाव आया है। आप मार्क्सवादी अर्थशास्त्री अर्नेस्ट मंडेल के विचारों के आधार पर पूंजीवाद के विकास की अवस्थाओं पर प्रकाश डालते हैं—

1. बाजार पूंजीवाद (Market Capitalism)—पूंजीवाद के विकास की यह अवस्था लगभग 1700 से 1850 की है। इस युग में औद्योगिक क्रांति आ गयी थी। इसके कारण औद्योगिक पूंजी का विकास हो गया था। इसके कारण बाजार का विकास हुआ। इसका तात्पर्य यह हुआ कि औद्योगिक पूंजीवाद ने अपनी आरंभिक अवस्था में राष्ट्रीय बाजार पर ध्यान केंद्रित किया।

2. अंतरराष्ट्रीय बाजार—जब राष्ट्रीय बाजार में उत्पादन इतना अधिक हो गया कि 19वीं शताब्दी में बड़े बाजार की आवश्यकता महसूस की गयी। इसके परिणामस्वरूप अंतरराष्ट्रीय बाजार अस्तित्व में आया। पूंजीवाद अब राष्ट्रीय बाजार से निकलकर अंतरराष्ट्रीय बाजार में आया। हमारे यहां ईस्ट इंडिया कंपनी व्यापार करने आयी। फ्रांसीसी कंपनियां भी आयीं। ये लोग अफ्रीका में भी गए। व्यापार की होड़ में ईस्ट इंडिया कंपनी को साम्राज्य स्थापित करने का मौका मिल गया। भारतीय तथा अफ्रीका के पूंजीवाद पर वस्तुतः बाजार का प्रभुत्व था। इस पूंजीवाद ने हमारी संस्कृति के साथ छेड़छाड़ नहीं किया। उपनिवेशवादी अर्थव्यवस्था ने साम्राज्यवादी बाजार को कई फायदे दिए। इसने सस्ता श्रम, कच्चा माल तथा ग्राहक दिए।

3. एकाधिकार बाजार (Monopoly Market)—यह बाजार अंतरराष्ट्रीय बाजार का विकसित रूप है। यह बाजार उत्तर-पूंजीवाद पर आधारित है। 1960 के दशक में उत्तर पूंजीवाद अस्तित्व में आ गया था। इस दशक में विभिन्न आर्थिक तथा सामाजिक संस्थाओं ने संस्कृति को नए-नए मूल्यों में प्रस्तुत किया। बाजार, मंदिर, चर्च इत्यादि सभी स्थानों पर संस्कृति की धूम मच गयी। संस्कृति में चमत्कार हुआ। नए-नए देवी-देवताओं की खोज की गयी। जो त्योहार लुप्त हो गए थे, वे पुनः जीवित हो गए। जो रीति-रिवाज विलुप्त हो गयी थीं, वे पुनः धूम मचाने लगीं। राज्य एवं राजनीतिक शक्तियों का भी इसे समर्थन मिला। इन सबों के संयुक्त प्रयास से संस्कृति का बाजार में क्रय-विक्रय आरंभ हुआ। अब कला, कला के लिए नहीं वरन् बाजार के लिए हो गयी।

इस प्रकार जैमेसन ने उत्तर पूंजीवाद की अवधारणा को स्थापित किया तथा इसे संस्कृति के बजारीकरण के आधार पर समझने एवं समझाने का प्रयास किया। आज हमारा

समाज उत्तर-पूंजीवाद अवस्था में पहुंच गया है। हमारे पास अब बेचने के लिए तथा कमाने का साधन संस्कृति रह गया है। आज संस्कृति के रूप में नृत्य, संगीत, कला, सुंदरता, साहित्य इत्यादि सब कुछ बिक रहा है। इसे बेचने में कलाकार, साहित्यकार, रचनाकार, गीतकार, संगीतकार, धर्माचार्य, सरकार इत्यादि सबके सब लगे हुए हैं। पूंजीपतियों के पास अब संस्कृति कमाने का साधन बन गया है। वे इसे बेचकर कमा रहे हैं।

6. एंथोनी गिडेंस

आप एक ब्रिटिश समाजशास्त्री हैं। आपका जन्म 1938 ई. में हुआ था। आपने स्नातक स्तर की शिक्षा लंदन के हल्ल विश्वविद्यालय से प्राप्त की। लंदन स्कूल आफ इकोनामिक्स से पीएच.डी. की उपाधि प्राप्त की। बाद में आप इस संस्था के निदेशक भी बने। इनके शैक्षणिक जीवन को दो भागों में बांटा जा सकता है। पहला भाग 1970 से आरंभ होकर मध्य 1980 तक का है। इस अवधि में आपने संरचनाकरण के सिद्धांत का प्रतिपादन किया। आपके शैक्षणिक जीवन का दूसरा भाग 1980 के मध्य से आरंभ होता है। इस अवधि में आपने आधुनिक समाज का विश्लेषण प्रस्तुत किया है।

कृतित्व

गिडेंस का प्रमुख कृतित्व निम्नलिखित है—

1. द कांस्टीट्यूशन आफ सोसायटी : आउट लाइन आफ द थ्योरी आफ स्ट्रकचुरेशन, 1984।
2. प्रोफाइल्स एंड क्रिटिक्स इन सोशल थ्योरी, 1982।

संरचनाकरण सिद्धांत

संरचनाकरण सिद्धांत के निर्माण में गिडेंस ने प्रचलित समाजशास्त्रीय सिद्धांतों की जमकर आलोचना की है। आपने प्रकार्यवाद, मार्क्सवाद, संरचनावाद, प्रघटनावाद, प्रतीकात्मक अंतःक्रियावाद तथा भूमिका सिद्धांत को अस्वीकार किया। संरचनाकरण सिद्धांत निर्माण का आपका उद्देश्य भी अन्य सिद्धांतकारों से भिन्न नहीं है। आप भी अपने सिद्धांत के माध्यम से यथार्थता की खोज करते हैं तथा समकालीन आधुनिक सिद्धांतों को अपर्याप्त मानते हुए अस्वीकार करते हैं।

आपका संरचनाकरण सिद्धांत सामाजिक तत्व मीमांसा (Ontology) का सिद्धांत है। आप सिद्धांत के माध्यम से यह जानना चाहते हैं कि इस दुनिया में कौन-कौन सी चीजें हो रही हैं। उन चीजों के विकास में कौन-कौन सी प्रक्रिया काम कर रही हैं। इन प्रश्नों के हल ढूंढने में गिडेंस की अभिरुचि नहीं है। उनकी अभिरुचि चीजों की गतिशीलता में भी

नहीं है। आपके अनुसार सामाजिक संरचना तथा कर्त्ता की क्रिया को अलग करके नहीं देखा जा सकता है। व्यक्ति सामाजिक संरचना का निर्माण करता है तथा सामाजिक संरचना व्यक्ति को प्रभावित करता है। व्यक्ति सामाजिक संरचना का निर्माण, विघटन तथा पुनर्निर्माण करता है। इस अर्थ में व्यक्ति के लिए सामाजिक संरचना बाह्य वस्तु नहीं है। यह तो व्यक्ति की उपज है। व्यक्ति अपने व्यवहार द्वारा सामाजिक संरचना का निर्माण करता है। संरचना जड़ नहीं वरन् चलायमान है। यह बराबर चलती रहती है। यह एक निरंतर प्रक्रिया है।

विभिन्न सिद्धांतों की आलोचना

गिडेंस द्वारा विभिन्न सिद्धांतों की आलोचना की गई है। उनके संबंध में विवरण नीचे दिया गया है—

1. प्रकृतिवाद और प्रत्यक्षवाद अस्वीकार्य—गिडेंस समाजशास्त्र को प्राकृतिक विज्ञान के रूप में स्वीकार नहीं करते हैं। क्योंकि प्राकृतिक विज्ञान के समान सामाजिक विज्ञान प्राकृतिक घटना तथा यथार्थवाद पर आधारित नहीं है। प्रकृतिवाद तथा प्रत्यक्षवाद की आलोचना करते हुए आपने तीन बिंदुओं पर ध्यान केंद्रित किया है।

(i) लोग ही सामाजिक संरचना के सिद्धांतकार होते हैं;

(ii) प्राकृतिक विज्ञान के समान सामाजिक विज्ञान में कोई समयहीन सिद्धांत का निर्माण नहीं किया जाता है;

(iii) सामाजिक सिद्धांत समाज से बाहर की वस्तु नहीं है।

2. समाज शास्त्रीय दोहरेपन का निराकरण—गिडेंस के अनुसार समाजशास्त्रीय सिद्धांतों में कई तरह के दोहरेपन (Dualism) का निराकरण होना चाहिए। क्योंकि दोहरेपन के कारण तत्व मीमांसा में परेशानी का सामना करना पड़ता है। सूक्ष्म *बनाम* वृहत, व्यक्तिनिष्ठ *बनाम* वस्तुनिष्ठ, व्यक्ति *बनाम* समाज इत्यादि दोहरेपन को दर्शाते हैं। इस दोहरे के कारण हम समाज को पूरी तरह से समझ नहीं पाते हैं। सूक्ष्म तथा वृहत, व्यक्ति *बनाम* समाज, वस्तुनिष्ठ *बनाम* व्यक्तिनिष्ठ एक दूसरे के पृथक नहीं वरन् पूरक हैं। ये सब दोहरेपन नहीं वरन् द्विविधता दर्शाते हैं।

3. प्रकार्यवाद और उद्विकासवाद की आलोचना—उद्विकासवाद सिद्धांत 19वीं सदी में अस्तित्व में आया तथा प्रकार्यवाद सिद्धांत 20वीं सदी में अस्तित्व में आया। लेकिन ये दोनों सिद्धांत अब अपनी प्रासंगिकता खो दिए हैं। प्रकार्यवाद के अनुसार मनुष्य की आवश्यकता पूर्ति हेतु संरचना बराबर अस्तित्व में बने रहते हैं। उद्विकासवाद के अनुसार आधुनिकता तक पहुंचने के लिए समाज का सदैव उद्विकास होते रहता है। अत: प्रकार्यवाद तथा उद्विकासवाद एक ही ढंग से समाज को देखते हैं। लेकिन वास्तव में ये दोनों सिद्धांत समाज को समझने में उपयुक्त नहीं हैं। मार्क्सवाद भी उद्विकासवाद का पोषक रहा है। अत: इसकी भी उपयोगिता संदेहास्पद है।

4. अंत:क्रियावाद की सीमाएं—गिडेंस केवल प्रत्यक्षवाद, प्रकार्यवाद तथा उद्‌विकासवाद की ही आलोचना नहीं करते हैं, वरन् वे अंत:क्रियावाद की भी आलोचना करते हैं। आपके अनुसार अंत:क्रियावाद दोहरेपन का समर्थक है। यह सिद्धांत यह नहीं बतलाता है कि किस प्रकार अंत:क्रियावाद द्वारा संरचना का पुनर्निर्माण होता है। संस्थागत प्रक्रियाओं द्वारा भी संरचना के स्वरूप में परिवर्तन लाया जाता है। उदाहरण के लिए हमारा धर्मनिरपेक्ष संविधान दलितों की परंपरागत स्थिति में आमूल परिवर्तन लाया है। यह परिवर्तन कम से कम कागज एवं कानून में यथार्थ है। अंत:क्रियावाद में प्रेरणा को कोई अर्थपूर्ण स्थान नहीं है। अंत:क्रियावाद भूमिका को प्रधानता देता है। लेकिन सामूहिक गतिविधियां संपूर्ण समाज को बदल देती हैं। शराब सेवन पर ग्राम सभा द्वारा प्रतिबंध के कारण आर्थिक तथा पारिवारिक स्थिति में बदलाव आता है। अंत:क्रियावाद इस तरह की सामूहिक क्रियाओं को अपने सिद्धांत में शामिल नहीं करता है।

5. संरचनावाद की आलोचना—गिडेंस फ्रेंच मानवशास्त्री लेवि-स्ट्रास के संरचनावाद सिद्धांत की आलोचना करते हैं तथा यह दर्शाते हैं कि यह सिद्धांत मूलरूप से भाषावाद पर आधारित है। लेवि-स्ट्रास यह कभी नहीं स्वीकार करते हैं कि सामाजिक संरचना की सीमाएं लोगों की क्षमता एवं दक्षता द्वारा निर्धारित होती हैं। संरचनात्मक सिद्धांत इस तथ्य को देखने में विफल रहा है कि सामाजिक संरचना बराबर सक्रिय व्यक्तियों की अंत:क्रिया द्वारा बदली जाती है तथा पुन: परिभाषित की जाती है।

गिडेंस का संरचनाकरण सिद्धांत

गिडेंस प्रत्यक्षवाद, उद्‌विकासवाद, प्रकार्यवाद, संरचनावाद तथा अंत:क्रियावाद को अस्वीकार करने के बाद विकल्प के रूप में संरचनाकरण (Structuration) सिद्धांत का प्रतिपादन किया है। उन्होंने अपनी पुस्तक द *कांस्टीट्यूशन आफ सोसायटी* (1984) में सभी समाजशास्त्रीय सिद्धांतों के विकल्प के रूप में संरचनाकरण सिद्धांत का प्रतिपादन किया है। आपके अनुसार संपूर्ण समाजशास्त्रीय सिद्धांतों को दो समूहों में बांटा जा सकता है। पहला समूह उन सिद्धांतों का है जिनके सिद्धांतकार संरचना को व्यवस्था के रूप में देखते हैं तथा कर्त्ता की अवहेलना करते हैं। इन सिद्धांतों के अनुसार व्यक्ति का कोई पृथक अस्तित्व नहीं है। इस समूह में संरचनावाद, प्रकार्यवाद तथा मार्क्सवाद आते हैं। समाजशास्त्रीय सिद्धांतों का दूसरा समूह यह मानकर चलता है कि कर्त्ता तथा उनकी क्रियाओं के योग के फलस्वरूप ही समाज का निर्माण होता है। अत: कर्त्ता के बिना व्यवस्था का कोई अस्तित्व नहीं होता है। बगैर कर्त्ता तथा उनकी क्रियाओं के संरचना का निर्माण ही संभव नहीं है।

गिडेंस का मानना है कि समाजशास्त्रीय सिद्धांत में कर्त्ता तथा संरचना का दोहरापन स्पष्ट है। अत: हमें इस दोहरापन से मुक्ति पाना चाहिए। इससे मुक्ति संरचनाकरण सिद्धांत द्वारा प्राप्त की जा सकती है। हमें व्यक्ति तथा संरचना दोनों को साथ-साथ लेकर चलना

व्यवहार के माध्यम से एकत्रित रखते हैं। व्यवहार में लोग अनेक प्रकार के शब्दावलियों अथवा वर्गीकरणात्मक शब्दों का सृजन, पुनरुत्पादन तथा परिवर्तन करते हैं। वर्गीकरण ही सामाजिक संबंध का आधार होता है। वर्गीकरण में हम संसार के संबंध में विचारों का सांकेतिक प्रतिनिधित्व पाते हैं। ये सांकेतिक प्रतिनिधित्व केवल विश्व के संबंध में हमें वैचारिक ज्ञान नहीं प्रदान करते हैं, वरन् उस संसार में रहने वाले लोगों के लिए यह जानकारी देते हैं कि उनका संसार क्या है। यहां व्यक्ति शक्तिशाली होता है, क्योंकि वह दूसरों के वर्गीकरण पर अपना वर्गीकरण थोप सकता है। यह व्यक्ति की अपनी शक्ति तथा सत्ता दर्शाता है। यहां व्यक्ति शक्तिहीन भी होता है। क्योंकि वह दूसरों के वर्गीकरण में प्राप्त सामाजिक स्थान से मुक्त नहीं हो सकता है। शक्ति संपन्नों तथा शक्तिहीनों के बीच सृजित वर्गीकरण सामाजिक संबंध के संरूपण तक ही महत्त्वपूर्ण है।

बौर्डिव के सिद्धांत में संबंध की धारणा सबसे महत्त्वपूर्ण है। क्योंकि यह समाज विज्ञान को सामाजिक संरचना की उन सूत्रीकरणों से अलग करती है जिनका निर्माण दुर्खिम से प्रभावित विद्वानों द्वारा किया गया था। बौर्डिव के अनुसार संरचना एवं संस्कृति की तुलना मशीन से नहीं की जा सकती है। इनकी तुलना जीवधारी से भी नहीं की जा सकती है। संस्कृति और समाज वस्तुएं या चीजें नहीं हैं। वे संबंधों की व्यवस्था होती हैं या क्षेत्रों की व्यवस्था होती हैं। बौर्डिव के अनुसार क्षेत्र स्थानों के मध्य वस्तुनिष्ठ संबंधों का नेटवर्क होता है। यह नेटवर्क अनिश्चित या खुला सिरा वाला हो सकता है। जटिल समाज की तुलना किसी भी क्षेत्र से की जा सकती है, जैसे कारीगर, बौद्धिक व्यक्ति, आर्थिक, धार्मिक इत्यादि। जटिल समाज अपने आंतरिक तर्क के अनुसार पृथक अथवा समाकलित रहता है। एक क्षेत्र के अंतर्गत एक समूह के वर्गीकरण को दूसरे समूह पर थोपे जाने के कारण एक प्राकृतिक व्यवस्था स्थापित होती है जिसे ईश्वर महिमा (Doxa) कहा जाता है। इस प्राकृतिक व्यवस्था में शक्ति संपन्न वर्गीकरण के मनगढ़ंत चरित्र फीके पड़ जाते हैं। शक्ति संपन्न तथा शक्तिहीन के लिए जो एक समान अर्थ प्रकट होता है वह यह है कि कोई-कोई विचार, भावना तथा क्रिया बाह्य वस्तुनिष्ठ जगत के अंश होती हैं जबकि अन्य अप्राकृतिक होती हैं।

सारांश में यह कहा जा सकता है कि सामाजिक संबंध किसी समाज में एक समूह के ऊपर दूसरे समूह के सांकेतिक प्रभुत्व का परिणाम होता है। किसी समाज में जो यथार्थ दिखाई देता है उससे उस व्यक्ति का पता चलता है जिसकी हितों की रक्षा उस सच्चाई द्वारा की जाती है। बौर्डिव का मॉडल फूकों के मॉडल से भिन्न है। फूकों के मॉडल के अनुसार व्यक्तियों के ऊपर शक्ति संपन्न व्यवस्था का नियंत्रण रहता है। लेकिन बौर्डिव के अनुसार व्यक्तिगत कर्त्ता वैकल्पिक वर्गीकरणों का सृजन करते हैं। इसके कारण वे शक्ति संपन्न लोगों के दबाव का प्रतिरोध करते हैं।

पूरे 1980 तथा 1990 के दशकों में फूको तथा बौर्डिव के विचार का मानवशास्त्रीय सिद्धांत के ऊपर नाटकीय प्रभाव पड़ा। अपनी सहानुभूति पर आश्रित होते हुए इन विद्वानों

का कार्य अत्यंत चमत्कारी रहा है। दोनों ही केस में यह स्पष्ट होता है कि अनेक अनुसंधानकर्त्ताओं को अचानक कोई केन्द्र अथवा आधार नहीं प्रकट होता है जिससे मानव जीवन के छात्र अपनी विषय वस्तु के ऊपर वस्तुनिष्ठ ढंग से दृष्टि डाल सकें। अत: कोई भी सच्चाई सदा सच्चाई नहीं रहती है तथा कोई भी संदर्भ बिना चुनौती का नहीं हो सकता है। विखंडन (Deconstruction) मानवशास्त्रियों के लिए नवीन देखने वाला शब्द बन गया। क्योंकि विश्व की व्याख्या हेतु प्रत्यक्षवाद के आशावादी लक्ष्य अब संभव नहीं लग रहा था। इसके विपरीत अश्लील प्रत्यक्षवादी होना गलत निर्देश के रूप लिया जाता। क्योंकि संस्कृति की अपनी ही व्याख्या की आवश्यकता थी। संस्कृति लोगों का शब्दों के माध्यम से विवरण अथवा प्रतिनिधित्व थी। इसको विखंडित करने की आवश्यकता थी ताकि इसको सच्चाई पूर्वक समझा जा सके। वस्तु के समान संस्कृति की पृथकता की कल्पना नहीं की जा सकती है। कुछ लोग इसका तात्पर्य यह निकाल लेते हैं कि उत्तर-आधुनिकतावादी विचारक वस्तुनिष्ठ सच्चाई को अस्वीकार करते हैं। इसीलिए उत्तर-आधुनिकतावादी विचारक को अहंमात्रवादी के रूप में आलोचना की जाती है। उत्तर-आधुनिकतावादी उसी विचार को संक्षेप में प्रस्तुत करते हैं जिस विचार को फ्रांज बोआस तथा उनके शिष्यों ने सांस्कृतिक सापेक्षवाद के रूप में प्रस्तुत किया था। फ्रांज बोआस तथा उनके शिष्यों ने 20वीं सदी के प्रारंभ में ही यह दर्शाने का प्रयास किया था कि संस्कृति के मूल्य निर्धारण का कोई विश्वव्यापी मानक नहीं है। सांस्कृतिक रूप से यह विश्व कई सांस्कृतिक ईकाइयों में विभाजित है तथा प्रत्येक संस्कृति का अपना-अपना मूल्य है जिसके कारण वे अपने-अपने तत्वों को बनाए रखते हैं। इस प्रकार यह विश्व स्वतंत्र रूप से अपना अस्तित्व नहीं रखता है।

8. जार्ज मार्कस

जार्ज मार्कस एक अमरीकी उत्तर-आधुनिकतावादी मानवशास्त्री हैं। आपने अपने विचार के प्रतिपादन एवं व्याख्या हेतु एथनोग्राफी के ऊपर अपना ध्यान केंद्रित किया। 1980 तथा 1990 के दशकों में काम करने वाले मानवशास्त्रियों ने अपने द्वारा प्रस्तुत दस्तावेज के व्यक्तिनिष्ठ स्वभाव से विशेष रूप से सतर्क रहे हैं। जेम्स क्लीफोर्ड तथा जार्ज मार्कस की संपादित पुस्तक, *राइटिंग कल्चर : ए पोएटिक एंड पोलिटिक्स आफ एथनोग्राफी* (1986) में इस मत को विशेष रूप से प्रचारित तथा प्रसारित किया है। इस पुस्तक के अनुसार सांस्कृतिक विवरण निर्मित मूल पाठ होते हैं। एथनोग्राफी के लेखक, पाठक तथा विषय-वस्तु के मध्य संबंध जटिल तथा अनिश्चित होता है। मानक व्याख्यात्मक दृष्टिकोण व्यक्ति को सृजनशील कर्त्ता के रूप में देखता है जो अपने सामाजिक विश्व का सृजन संकेतों के माध्यम से करता है। उत्तर-आधुनिकतावादियों के अनुसार एथनोग्राफर की स्थिति बाह्य अवलोकनकर्त्ता के रूप में होती है। जहां अन्य लोगों पर संस्कृति निर्माण का दबाव था।

मानवशास्त्रियों को इससे वंचित रखा गया। उनके लिए अवलोकन पर विशेष बल दिया गया, दूसरे द्वारा अवलोकित होने पर नहीं। इसके विपरीत उत्तर-आधुनिकतावादी तर्क इस पर जोर देता है कि एथनोग्राफिज दूसरे प्रकार के सृजनशील लेखन नहीं हैं, वरन् वे भी मूल पाठ हैं जो लेखक को लाभप्रद स्थिति में प्रस्तुत करते हैं। इस मत का प्रभाव मानवशास्त्रीय सिद्धांत पर विशेष रूप से पड़ा है। क्योंकि जो भी विवरण हमें प्राप्त होता है वह एक विशेष प्रकार के दृष्टिकोण का परिणाम होता है। यह लेखक तथा उनकी अभिरुचि से संबंधित होता है। यथार्थ वस्तुनिष्ठता संभव नहीं होती है। अगर अनुसंधानकर्त्ता किसी गैर-औपचारिक वस्तु के ऊपर भी अध्ययन करता है, तब भी उसे विश्लेषणात्मक वर्गीकरण को प्रयोग में लाने का कम ही अवसर प्राप्त होता है। एथनोग्राफिक परियोजना को व्यक्ति एवं वस्तु के रूप में बंटवारा मानवशास्त्रीय विचारधारा के ऊपर आधुनिकता का प्रभाव दर्शाता है।

9. फिशर

फिशर भी एक अमरीकी उत्तर-आधुनिकतावादी विचारक हैं। आप मार्कस के निकट सहयोगी रहे हैं। आपने मार्कस के साथ अपनी संपादित पुस्तक *एंथ्रोपोलोजी ए कल्चरल क्रिटिक : एन एक्सपेरिमेंटल मूवमेंट इन ह्यूमन साईंसेस* (1968) में उत्तर-आधुनिकतावादी विचारधारा का प्रतिपादन किया। मानवशास्त्र उत्तर-आधुनिक काल में सांस्कृतिक आलोचक के रूप में कार्य करना आरंभ कर दिया है। उत्तर-आधुनिक काल में मानव विज्ञान में कई प्रयोगात्मक आंदोलन आरंभ हो गए हैं। इन आंदोलनों के फलस्वरूप मानव विज्ञान ने सांस्कृतिक आलोचक के रूप में कार्य करना आरंभ कर दिया है। आपने उत्तर-आधुनिकतावादी विचारधारा के अंतर्गत संस्कृति के ऊपर सूचना तकनीकी, कंप्यूटर, सिनेमा, टी.वी. इत्यादि के प्रभावों के अध्ययन को विशेष महत्त्व दिया है।

विशुद्ध वस्तुनिष्ठता की पहचान करते हुए नवपीढ़ी के मानवशास्त्रियों ने उत्तर-आधुनिकतावादी सिद्धांतों द्वारा उत्पन्न आचारशास्त्रीय तथा कार्य-प्रणालीय भ्रम को दूर करने का प्रयास किया है। नवपीढ़ी के मानवशास्त्रियों ने एक ऐसा तरीका ढूंढ निकाला है जिसके द्वारा विभिन्न संस्कृतियों एवं समाजों का विवरण लोगों की व्यक्तिनिष्ठता को अस्वीकार किए बिना किया जा सके तथा बिना यथार्थवादी अथवा प्रामाणिक ज्ञान का विवरण किया जा सके। फूको तथा बौर्डिव से प्रभावित होकर मानवशास्त्रियों ने एक ऐसी रणनीति बनायी जिसमें यह दर्शाया गया कि एथनोग्राफी का विषय स्वयं अर्थ की श्रेणियों का सृजन करता है जिससे उनके सामूहिक संसार के संबंध में सूचना प्राप्त होती है। इस कार्यप्रणाली को सामाजिक निर्माणवाद के नाम से जाना जाता है। सामाजिक निर्माणवाद की अवधारणा का विकास पीटर बर्जर तथा थेमस लुकमैन द्वारा किया गया था। इस कार्यप्रणाली द्वारा यह दर्शाने का प्रयास किया गया था कि किस प्रकार एथनोग्राफिक विषय भाषा का प्रयोग करता है तथा क्रियाकलापों को प्रतिमान प्रदान करता है। इसके माध्यम से

कैसे सांस्कृतिक अर्थ को सृजन करता है, उसे कैसे बनाए रखता है तथा उसमें कैसे परिवर्तन लाता है। इस प्रकार एथनोग्राफिक विषय मानवशास्त्रीय लेखन को आजकल विशेष रूप से प्रभावित किए हैं। आजकल सांस्कृतिक अर्थ के निश्चित स्वभाव को उजागर करने का प्रयास किया गया है।

बेनेडिक्ट एंडर्सन ने अपनी पुस्तक *इमैगिंड कम्यूनिटी* (1983) में राष्ट्र-राज्य की अवधारणा का पुनर्निर्माण किया। आपके अनुसार राष्ट्र एक विशेष सामाजिक एवं ऐतिहासिक परिस्थिति का काल्पनिक सेट है।

एरिक हब्सबाम एवं टीरेंस रेंजर ने अपनी संपादित पुस्तक द *इनवेंशन आफ ट्रेडिशन* (1992) में ऐतिहासिक लेखों का संकलन प्रस्तुत किया है। इन लेखों में आधुनिक परंपराओं एवं आचरणों की आविष्कृत उत्पत्ति की चर्चा की गयी है। इन्हें मानवजातीय पहचान का प्राचीन चिह्नक माना गया है।

10. पौल फेयर बैंड

सामाजिक विज्ञान तथा मानविकी में उत्तर-आधुनिकतावाद एक आंदोलन के रूप में 1980 तथा 1990 के दशकों में प्रभावशाली रूप से अस्तित्व में आया। इस आंदोलन ने निष्पक्ष, वस्तुनिष्ठ तथा सत्तावादी ज्ञान को चुनौती देना आरंभ कर दिया। इस आंदोलन द्वारा संस्कृति की अवधारणा को हमेशा के लिए विस्फोटक बना दिया गया था। इस संप्रदाय के अस्तित्व में आने के पहले ही उत्तर-संरचनावाद, आलोचनात्मक तथा राजनीतिक अर्थव्यवस्था जैसे संप्रदायों द्वारा समाज तथा संस्कृति के परंपरागत मानवशास्त्रीय तस्वीर को जल्दबाजी में मृत्यु शैया तक पहुंचा दिया गया था। 1960 तथा 1970 के दशक में राजनीतिक अर्थशास्त्रियों द्वारा जिस सैद्धांतिक संबंध की चर्चा की जा रही थी उसका समाधान आसानीपूर्वक ढूंढा जा सकता था। उत्तर-आधुनिकतावाद एवं समांग आंदोलन नहीं था। लेकिन अनेक विषयों में कार्य करने वाले उत्तर-आधुनिकतावादी विद्वान अनुभव की व्यक्तिनिष्ठता तथा किसी एक प्रकार के सत्तावादी ज्ञान की असंभावनाओं के ऊपर समान ज्ञान रखते थे। उत्तर-आधुनिकतावादी विचारधारा के कारण मानवशास्त्र में राजनीतिक अर्थशास्त्रियों द्वारा उठाये गए सैद्धांतिक तथा आचारशास्त्रीय जैसे विषयों के ऊपर परिगामी तथा परिष्कारी प्रभाव पड़ा है।

उत्तर-आधुनिकतावाद के आगमन के बाद भी आधुनिकतावादी कार्यक्रम को आसानीपूर्वक गौण नहीं माना जा सकता है। क्योंकि यह वस्तुनिष्ठ संसार के बारे में मूल पश्चिमी अभिधारणा प्रस्तुत करती है। इस अवधारणा के अनुसार यह विश्व वस्तुनिष्ठ है जिसे व्यवस्थित, निष्पक्ष एवं विवेकी यूरोपवासियों द्वारा आर्थिक, राजनीतिक तथा वैचारिक रूप से नियंत्रित किया जा सकता है। इस आधुनिकतावाद के प्रथम आलोचक अराजकतावादी दर्शनशास्त्री पौल फेयर बैंड (Paul Fayer Band) थे।

पौल फेयर बैंड ने अपने तार्किक दर्शन के आधार पर विचार व्यक्त किया कि परंपरागत वैज्ञानिक मॉडलों अथवा उदाहरणों में से किसी एक को चुनने का कोई तार्किक मार्ग नहीं है। अराजकतावादी दार्शनिक तर्क के अनुसार सभी वैज्ञानिक उदाहरणों को तार्किक रूप से समान माना जा सकता है।

वैज्ञानिक मॉडल (Paradigm) की अवधारणा के अनुसार सामान्य विज्ञान के बौद्धिक स्वरूपों को वैज्ञानिक क्रांति द्वारा परिवर्तित किया गया है। पैराडाइम्स की अवधारणा का विकास इतिहासकार एवं विज्ञान के दार्शनिक थोमस कोन (Thomas Kohn) द्वारा किया गया था। आपने अपनी पुस्तक *स्ट्रक्चर आफ साईंटिफिक रिवोलुशन* (1962) में तर्क प्रस्तुत करते हुए कहा कि विज्ञान संचयी है। यह स्पष्ट समझ तथा सच्चाई की ओर आवश्यक रूप से प्रगति नहीं किया है। अतः दूसरे शब्दों में कहा जा सकता है कि विज्ञान परंपरागत है। विज्ञान वैज्ञानिकों द्वारा पूछे गए प्रश्नों का उत्तर प्रस्तुत करता है। उन प्रश्नों के उत्तर से वैज्ञानिक सहमत होते हैं। उन प्रश्नों के उत्तर को वैज्ञानिक एक स्थान एवं समय के लिए सत्य मानते हैं। कोन के अनुसार विज्ञान की यह अवधि परिणाम लाता है। लेकिन उसी वक्त असदृश अवलोकनों द्वारा वैज्ञानिक क्रांति को उत्तेजित किया जाता है। जब वैज्ञानिक क्रांति उत्तेजित होती है तब पुराने प्रश्नों के स्थान पर नए प्रश्नों को लाया जाता है। उन प्रश्नों का अवलोकन भी अनुकूल बना देता है। इसके कारण सामान्य ज्ञान की एक विशेष अवधि प्रकाश में आती है। यह सामान्य ज्ञान की अवधि तब तक जारी रहती है, जब तक कोई दूसरी वैज्ञानिक क्रांति सदृश अवलोकनों द्वारा नहीं लाया जाये। कोन ने सामान्य ज्ञान की बौद्धिक ढांचा को पैराडाइम (Paradigm) बतलाया है। आपने वैज्ञानिक क्रांति की प्रक्रिया को पैराडाइम शिफ्ट बतलाया है। आपने 17वीं सदी की वैज्ञानिक क्रांति में अरस्तु के विज्ञान को न्यूटन के विज्ञान से परिवर्तित होते हुए दर्शाया। यह वैज्ञानिक परिवर्तन पैराडाइम शिफ्ट का उदाहरण था। आपने यह भी बतलाया कि यह कोई आवश्यक नहीं है कि पुराना पैराडाइम नवीन की तुलना में निम्न हो या नवीन पैराडाइम पुराने पैराडाइम की तुलना में उच्च हो। पैराडाइम केवल भिन्न तथा अतुलनीय होते हैं।

फेयर बैंड ने अपना विचार प्रकट करते हुए कहा कि पैराडाइम में से किसी एक को चुनने का तार्किक मार्ग इसलिए नहीं होता क्योंकि इस प्रकार की सभी व्याख्याएं अपरिहार्य व्याख्या होती हैं। वैज्ञानिक सिद्धांत भी अन्य के समान जिया हुआ अनुभव होता है। यह ठीक उसी प्रकार का अनुभव होता है जिस प्रकार सत्य एवं विशिष्ट ज्ञान का सत्ताधारी अनुभव। फेयर बैंड के अनुसार वैज्ञानिकों द्वारा सत्य के संबंध में दावा सामाजिक घटनाओं की व्याख्या विधि से श्रेष्ठ नहीं है। श्रेष्ठ इसलिए नहीं कहा जा सकता क्योंकि सभी व्याख्याएं मूलरूप से अतुलनीय होती हैं। उसी प्रकार हाल के वर्षों में मानवशास्त्रियों का एक महत्त्वपूर्ण दृष्टिकोण रहा है कि 16वीं सदी से आधुनिकता ने इन आदर्शों को आगे बढ़ाया है। इसकी पहचान इस रूप में भी हुई है कि यह परियोजना अपने आप में एक महत्त्वपूर्ण घटना है। आधुनिकतावादी संदर्भ स्वयं एक मनगढ़ंत परंपरा (Invented Tradition)

स्थापित करता है। मनगढ़ंत परंपरा या कल्पित परंपरा एक मुहावरा है। यह मुहावरा आधुनिक घटनाओं एवं पात्रों से संबंधित है। इस मुहावरा का उद्देश्य समकालीन राजनीतिक एवं धार्मिक आदर्शों को प्राचीनता से जोड़कर वैध बनाना रहा है। मनगढ़ंत अथवा कल्पित परंपरा समय के माध्यम से सर्जनात्मक क्रिया की उपज होती है, बाह्य वस्तुनिष्ठ सच्चाई का रहस्योद्घाटन नहीं। इस संदर्भ में यह क्रांति सामाजिक विज्ञान एवं मानविकी में महान उत्तेजना एवं उथल-पुथल का कारण बनी है।

आज 21वीं सदी मानवशास्त्र में उत्तर-आधुनिकतावादी विचारधारा की उत्पत्ति मानववादियों के एक पड़ाव से हुआ है। यह पड़ाव भावी मानव वैज्ञानिकों के पड़ाव के बगल में स्थित है। इन दोनों पड़ावों के बीच संवाद का उद्देश्य सैद्धांतिक प्राथमिकताओं के बीच एक ऐसा समझौता कराना है, जिससे अधिकांश मानवशास्त्री अधिकांश समय प्रसन्न रहें। यह कार्य इतना आसान नहीं है। क्योंकि मानव वैज्ञानिक चारित्रिक रूप से भिन्न-भिन्न मत रखते थे। सैद्धांतिक एक मत बनाए रखने के लिए शारीरिक मानवशास्त्री, पुरातात्विक मानवशास्त्री, भाषायी मानवशास्त्री तथा सांस्कृतिक मानवशास्त्री को एक साथ लाना होगा।

आधुनिकता एवं उत्तर-आधुनिकता के बीच अंतर (Difference between Modernism and Post-Modernism)

आधुनिकता पारंपरिकता का विपरीतार्थक शब्द है। परंपरा सामाजिक प्रथाओं का समुच्चय होती है। इसका अतीत से संबंध होता है। आधुनिकता पारंपरिक समाज के मूल्य के विपरीत है। यह परंपरागत समाज का आधुनिक समाज में नवीन मूल्यों एवं व्यवहारों के साथ परिवर्तन दर्शाता है।

स्टुअर्ट (1997 : 40) ने आधुनिकता के 5 गुणों का वर्णन किया है। आपके अनुसार आधुनिकता की विशेषताएं निम्नलिखित हैं—

1. **बौद्धिक विशेषता**—आधुनिकता की बौद्धिक विशेषता के अंतर्गत तर्क पर बल, प्रगति में विश्वास, प्रकृति तथा वातावरण के ऊपर नियंत्रण आदि को शामिल किया गया है।

2. **राजनैतिक विशेषता**—आधुनिकता के अंतर्गत धर्मनिरपेक्ष सत्ता का वर्चस्व एवं राज्य तथा राजनैतिक मामलों में धार्मिक प्रभावों के सीमांतीकरण को प्रमुख स्थान दिया गया है।

3. **आर्थिक विशेषता**—आधुनिकता की आर्थिक विशेषता के अंतर्गत एक ऐसी अर्थव्यवस्था को शामिल किया गया है जिसमें मुद्रा विनिमय का साधन हो।

4. **धार्मिक विशेषता**—आधुनिकता की धार्मिक विशेषता के अंतर्गत धर्म का पतन एवं धर्मनिरपेक्ष भौतिक संस्कृति के उदय को शामिल किया गया है।

5. सामाजिक विशेषता—आधुनिकता की सामाजिक विशेषता के अंतर्गत पारंपरिक सामाजिक व्यवस्था का पतन, नए श्रम विभाजन का विकास तथा नए वर्गों के उदय को शामिल किया गया है।

आधुनिकता की उपरोक्त विशेषताओं पर ध्यान केन्द्रित करने के पश्चात् हम आधुनिकता को नई सामाजिक, आर्थिक, धार्मिक, राजनैतिक एवं बौद्धिक व्यवस्था के समुच्चय के रूप में परिभाषित कर सकते हैं। आधुनिक व्यवस्था परंपरागत व्यवस्था से बिल्कुल भिन्न होती है। यद्यपि पारंपरिकता से आधुनिकता में रूपांतरण एक शक्तिशाली प्रक्रिया है, लेकिन यह पूर्ण नहीं होती है। दूसरे शब्दों में कहा जा सकता है कि परंपरागत प्रवृत्तियां एवं व्यवहार जीवित रहते हैं।

एंथोनी गिडेंस के अनुसार आधुनिकता की तीन प्रमुख विशेषताएं हैं—औद्योगीकरण, पूंजीवाद और राज्य द्वारा नियंत्रण।

आधुनिकता विज्ञान, तर्क और प्रगति में विश्वास करती है। आधुनिकता से संपर्क रखने वाले वैज्ञानिकों को वस्तुपरक विशेषज्ञ कहा जाता है। यहां विज्ञान को जगत के नियमों का खोजकर्त्ता, मानव को प्रकृति तथा पर्यावरण पर नियंत्रण करने वाला तथा तर्क को मानव दशाओं का सुधारक अथवा प्रगति प्राप्तकर्त्ता माना जाता है।

उत्तर-आधुनिकता शब्द तब प्रयोग में आया जब आधुनिक समाज आधुनिकता के परिणामों के प्रति सावधानीपूर्वक विवेचन करने लगा तथा इसके नकारात्मक परिणामों से पूर्णरूपेण परिचित हो गया। एंथोनी गिडेंस उत्तर-आधुनिकता को चैतन्यता (reflexivity) या चैतन्य आधुनिकता (reflexive modernity) के रूप में समझते हैं। क्योंकि उत्तर-आधुनिकता, आधुनिकता के घातक परिणामों पर विशेष बल देती है। जैसे पर्यावरण पर औद्योगीकरण का दुष्प्रभाव, विभिन्न प्रकार के प्रदूषण, परमाणु अस्त्रों का प्रसार, इत्यादि आधुनिकता के जोखिम भरे परिणाम हैं।

आधुनिकता तथा उत्तर-आधुनिकता के बीच प्रमुख अंतर निम्नलिखित हैं—

1. आधुनिकता विज्ञान तथा तर्क से संबंधित है, जबकि उत्तर-आधुनिकता का संबंध विज्ञान के अतिघातक परिणामों से है।

2. आधुनिकता सामाजिक प्रगति में विश्वास रखती है, उत्तर-आधुनिकता प्रगति के घातक परिणामों से संबंध रखती है।

3. आधुनिकता राज्य/राष्ट्र को समाज की सीमा मानती है, जबकि उत्तर-आधुनिकता वैश्वीकरण की प्रक्रिया के रूप में समाज को देखती है।

4. आधुनिकता आर्थिक विकास पर बल देती है, उत्तर-आधुनिकता सांस्कृतिक विकास पर बल देती है।

5. आधुनिकता जगत को विरोधाभास के रूप में देखती है, जैसे स्त्री/पुरुष, आत्मपरक/वस्तुपरख इत्यादि, जबकि उत्तर-आधुनिकता एकता और समानताएं ढूंढने का प्रयास करती है, जैसे आत्मपरक और वस्तुपरक।

16

उद्योगवाद एवं उत्तर-उद्योगवाद

INDUSTRIALISM AND POST-INDUSTRIALISM

उद्योगवाद आधुनिकता की एक विशेषता रही है। आधुनिकता की अन्य विशेषताएं प्रजातंत्र, उद्योगवाद तथा सैनिक शक्ति हैं। लेकिन इन सभी विशेषताओं में उद्योगवाद एक केन्द्रीय शक्ति थी। 20वीं शताब्दी के मध्य तक औद्योगीकरण अपने चरमोत्कर्ष पर था। इसके बाद अर्थव्यवस्था में क्रांतिकारी परिवर्तन आया। इस आर्थिक परिवर्तन ने ही ऐसी परिस्थिति उत्पन्न कर दी जिसके कारण उत्तर-आधुनिकता का प्रादुर्भाव हुआ। आधुनिकता की अर्थव्यवस्था पूंजीवादी अर्थव्यवस्था थी। इस काल में बड़े-बड़े कल-कारखाने यूरोप में अस्तित्व में आए। इस अर्थव्यवस्था का एकमात्र उद्देश्य बहुमात्रात्मक उत्पादन (Mass Production) था। जब औद्योगिक समाज की कल्पना हम करते हैं तब हमारे सामने विशालकाय कल-कारखाना, निकलता हुआ धुआं, मजदूर, मजदूर आंदोलन, गंदी बस्तियां, जान लेवा प्रदूषण तथा दिनोंदिन क्षीण होता पर्यावरण की तस्वीर उभर कर आती है।

जन उत्पादन ने दो प्रमुख समस्याओं को जन्म दिया—(i) कच्चे माल की समस्या; तथा (ii) बाजार की समस्या। इन्हीं दोनों समस्याओं के कारण साम्राज्यवाद का जन्म हुआ। अब उद्योग का रूपांतरण कुछ इस तरह हुआ कि एशिया तथा यूरोप में उपनिवेशवाद ने प्रवेश पाया तथा साम्राज्यवाद आया। इससे अर्थव्यवस्था में एक नया मोड़ आया। अब उत्पाद बहुमात्रात्मक न होकर विखंडित होने लगा। आवागमन, संचार माध्यम तथा विखंडन की भावना से समाज विकेन्द्रित हो गया है। वस्तुओं की मांग अब विविध होने लगी है। अब बहुमात्रात्मक उत्पादन के स्थान पर उत्पादन का स्वरूप लचीला हो गया। अब आम लोगों की आवश्यकताओं की पसंदगी बदल गयी है। पसंदगी में बदलाव के कारण उत्पादन में भी परिवर्तन आ गया है।

जब लोगों द्वारा वस्तुओं की मांग में अंतर आ गया, तब उत्पादन की तकनीकी में भी बदलाव आ गया। इस तरह की मांग एवं तकनीकी बदलाव के कारण उत्तर-औद्योगिक समाज अस्तित्व में आया। औद्योगिक समाज में जहां बहुमात्रात्मक उत्पादन (Mass Production) पर विशेष ध्यान दिया जाता था, उत्तर-औद्योगिक समाज में लचीली

उत्पादन (Flexible Production) पर ध्यान दिया जाता है। आधुनिक औद्योगिक समाज का स्थान उत्तर-औद्योगिक समाज ने ले लिया है। यह उत्तर-औद्योगिक समाज ने धीरे-धीरे उत्तर-आधुनिक समाज का स्थान ग्रहण किया है। उत्तर-आधुनिक समाज केवल उत्तर-औद्योगिक ही नहीं होता है, वरन् इसके कई और तत्व होते हैं। जैसे-जैसे संचार व्यवस्था तथा नयी विचारधारा।

उत्तर-औद्योगिक समाज की अर्थव्यवस्था में वस्तुओं के उत्पादन की अपेक्षा उनकी सेवा पर अधिक बल दिया जाने लगा। उत्पादन से जुड़े ज्ञान तथा सूचना में वृद्धि हुई। औद्योगिक समाज को उत्तर-औद्योगिक बनाने में सूचना प्रक्रिया तकनीकी की मुख्य भूमिका रही है। अब तो ऐसी-ऐसी तकनीकी आ गयी हैं, जिनके कारण कम श्रम करना पड़ता है, लेकिन उत्पादन अधिक होता है। अब श्रमिकों को दिन भर पसीना बहाने की आवश्यकता नहीं। अब श्रमिक के काम मशीन करती हैं। श्रमिक बैठे-बैठे मशीन के काम का नियंत्रण करते हैं। उत्पादन का काम तो मशीन ही करती हैं। उद्योग के क्षेत्र में नयी व्यवस्था स्थापित हो गयी है जिसे ज्ञान की अर्थव्यवस्था (Knowledge Economy) कहा जाता है। ज्ञान की अर्थव्यवस्था ने एक नए समाज को जन्म दिया जिसे उत्तर-औद्योगिक समाज, नयी अर्थव्यवस्था का समाज अथवा ज्ञान की अर्थव्यवस्था का समाज कहा जाता है।

ज्ञान की अर्थव्यवस्था एक ऐसी अर्थव्यवस्था है जिसमें विचार, सूचना और ज्ञान के अन्य प्रकार आर्थिक वृद्धि में महत्त्वपूर्ण भूमिका निभाते हैं। ज्ञान की अर्थव्यवस्था में श्रमिक को शारीरिक श्रम नहीं करना पड़ता है। वस्तुओं का वितरण नहीं करना पड़ता है। उन्हें तो केवल वस्तुओं की डिजाइन बनानी पड़ती है। उनका विकास करना पड़ता है। डिजाइन को ध्यान में रखकर तकनीकी का विकास करना पड़ता है। वस्तुओं को बाजार कैसे भिजवाया जाए तथा उनकी देख-रेख कैसे किया जाए इत्यादि पर ध्यान देना पड़ता है। ऐसे काम करने वाले श्रमिकों को अब ज्ञान कर्मचारी (Knowledge Workers) कहा जाता है। अब कारखानों में काम करने वाले श्रमिक मेहनतकश मजदूर नहीं होते। वे अब ज्ञान कर्मचारी (Knowledge Workers) कहलाते हैं। वे उत्पादन अर्थव्यवस्था में काम करने वाले मजदूर न होकर सूचना अर्थव्यवस्था में काम करने वाले ज्ञानी कर्मचारी हो गए हैं। इस अर्थव्यवस्था में एक के बाद एक तकनीकी आती है। यहां तकनीकी विकास एवं नवीकरण का सिलसिला बराबर चलता रहता है।

सूचना अर्थव्यवस्था में किसी ऐसी वस्तु का उत्पादन नहीं करते जिसे नापा या तौला जा सके। इन्हें न तो बंदरगाहों में भंडारण करना पड़ता है और न ही गोडाउन में डालना पड़ता है। इन्हें मालगाड़ी में लादना भी नहीं पड़ता है। इसमें सेवा, सूचना तथा सलाह दी जाती है। इसके कारण शानदार व्यवसाय का आगमन हुआ।

उत्तर-औद्योगिक समाज में काम का रूपांतरण पूर्णरूप से हो गया। पहले बहुत बड़ी तादाद में वस्तुओं का उत्पादन होता था। ये वस्तुएं स्टैंडर्ड किस्म की थी। एक नाम

से सारी दुनिया में जानी जाती थी। अब बाजार कई हो गए। अब कई उत्पादक अपने उत्पादन में रूढ़िवादी नहीं रहे। उनकी उत्पादन प्रक्रिया लचीली हो गयी। इस प्रकार काम का रूपांतरण हो गया।

उत्तर-औद्योगिक समाज आर्थिक ज्ञान, सूचना तथा तकनीकी के आधार पर आर्थिक वृद्धि करते हैं। ज्ञान तथा सूचना नवीकरण में सहायक होते हैं।

उत्तर-औद्योगिक समाज में शारीरिक श्रम के स्थान पर सोच कार्य (Think Work) आ गया है। इसके कारण ज्ञान अभिजन (Knowledge Elite) का जन्म हुआ है। ज्ञान के अभिजन विभिन्न क्षेत्रों में अपनी सेवा प्रदान करते हैं।

उत्तर-औद्योगिक समाज में ज्ञान की भूमिका तथा सूचना के उपयोग पर विशेष बल दिया जाता है।

उत्तर-औद्योगिक समाज अभिजन कामगर तथा बेरोजगार दो वर्गों में विभाजित रहता है। अभिजात कामगर बड़ा पगार पाते हैं। जबकि अधिकांश जनसंख्या कम से कम मजदूरी पर दिन-रात काम करते रहते हैं। अभिजात वर्ग ऐश-आराम करता है, बेरोजगार वर्ग कम से कम वेतन पर घरेलू काम करने को मजबूर होता है। इस प्रकार घरेलू काम का पण्यीकरण (Commoditization of Domestic Work) हो जाता है। इस प्रकार उत्तर-आधुनिक समाज विभाजित समाज होता है।

उत्तर-आधुनिक समाज की उत्पादन व्यवस्था में हम लचीलापन पाते हैं। यहां लोगों की आवश्यकताओं को ध्यान में रखकर उत्पादन किया जाता है। जब यूरोप तथा अमरीका में महिलाएं कार चलाने लगीं, तब उनके अनुकूल चालक के बैठने की जगह का विकास किया गया।

अब उत्पादन विशाल तादाद में न होकर विशिष्टता पर आधारित हो गया। यानी अब मांग के अनुसार उत्पादन।

उत्तर-आधुनिक समाज की एक और विशेषता समूह द्वारा किया गया उत्पादन है। उत्तर-औद्योगिक समाज में श्रम विभाजन का अभाव पाया जाता है। उत्तर-आधुनिक समाज में समूह कार्य (Team Work) पर विशेष ध्यान दिया जाता है। यहां उत्पादन टीम के द्वारा किया जाता है। टीम के सदस्य मिल-जुलकर उत्पादन लक्ष्य की प्राप्ति करते हैं। टीम अपनी कुशलता तथा हितों की रक्षा हेतु दिन-रात कार्य करती है।

उत्तर-आधुनिक समाज में बहुनिपुणता पायी जाती है। कारखाने के श्रमिक की भांति इस समाज में एक ही व्यक्ति से आजीवन एक ही काम नहीं लिया जाता है। इसके अंतर्गत एक ही व्यक्ति को विभिन्न कामों में निपुण माना जाता है तथा उससे तरह-तरह के कार्य कराए जाते थे। इसमें नियोजक वैसे कामगारों को पसंद करते हैं जिनमें व्यक्तिगत निपुणता पायी जाती है। उत्तर-आधुनिकता समाज का कामगर बहुनिपुण व्यक्ति होता है।

उपरोक्त विवरण के आधार पर उत्तर-औद्योगिक समाज में निम्नलिखित विशेषताएं पायी जाती हैं—

1. ज्ञान अर्थव्यवस्था (Knowledge Economy);
2. लचीला उत्पादन (Flexible Production);
3. ज्ञान कामगर (Knowledge Workers);
4. सोच कार्य (Think Work);
5. ज्ञान अभिजन (Knowledge Elite);
6. सूचना समाज (Information Society);
7. विभाजित समाज (Divided Society);
8. समूह द्वारा किया गया उत्पादन (Group Production);
9. बहुनिपुणता (Multi-expertise)।

17

वैश्वीकरण

GLOBALISATION

वैश्वीकरण एक प्रक्रिया है जिसके माध्यम से दुनिया भर के देशों के बीच सामाजिक, सांस्कृतिक, आर्थिक तथा राजनीतिक संबंधों में अन्योन्याश्रितता एवं घनिष्ठता बढ़ गयी है। पहले दुनिया के देश एक दूसरे की आवश्यकता पूर्ति हेतु इतने अंतर-निर्भर नहीं थे। पहले तो प्रत्येक गांव की अपनी दुनिया थी। यह सब कुछ दस से बीस वर्षों के बीच हुआ है। अगर 1980 को उत्तर-आधुनिकता का दशक कहा जाता है, तब 1990 के दशक को वैश्वीकरण के दशक के नाम से जाना जाता है।

वैश्वीकरण प्रक्रिया के माध्यम से स्थानीय तथा वैश्वीय समाज के लोग एक कड़ी में बंध गए हैं। सूचना तकनीक तथा संचार साधनों में विकास के कारण आज स्थानीय तथा वैश्वीय समाज के बीच अंतर-निर्भरता एवं घनिष्ठता स्थापित हुयी है। लेकिन हमें वैश्वीकरण को मात्र दुनिया को जोड़ने वाला नेटवर्क के रूप में नहीं देखना चाहिए। हमें केवल यह नहीं समझना चाहिए कि वैश्वीकरण हमें अंतरराष्ट्रीय आर्थिक सामाजिक, सांस्कृतिक तथा राजनीतिक सूत्र में बांधने वाला है। ये सब काम तो वैश्वीकरण प्रक्रिया करती ही है। लेकिन वैश्वीकरण हमारे दिन प्रतिदिन के जीवन को भी प्रभावित करता है। यह जहां विश्व के लोगों को एक-दूसरे के समीप लाता है, वहीं लोगों के बीच तनाव भी पैदा करता है। इसके कारण स्थानीय संस्कृति एवं बाजार को वैश्वीक संस्कृति एवं बाजार से बराबर खतरा बना रहता है। सामाजिक, सांस्कृतिक के साथ-साथ आर्थिक एवं राजनीतिक क्षेत्र में भी यह भय बराबर बना रहता है। इस भय को समाप्त करने के लिए थियोडोर लेविट जैसे विद्वान का कहना है कि हमारे सोचने का ढंग वैश्वीय तथा करने का ढंग स्थानीय यानी देशी होना चाहिए। इसके माध्यम से वैश्वीय तथा स्थानीय के मध्य उत्पन्न तनाव को कम किया जा सकता है।

वैश्वीकरण की आयु ज्यादा लंबी नहीं है। इसकी आयु करीब 10 से 20 वर्ष पुरानी है। वैश्वीकरण सिद्धांत के निर्माताओं के अनुसार वैश्वीकरण वैश्वीय सांस्कृतिक व्यवस्था की जांच पड़ताल करता है। इसके अनुसार जिस वैश्वीय संस्कृति को आज हम देख रहे

हैं, इसे लाने वाले कई प्रकार के सामाजिक तथा सांस्कृतिक विकास हैं। इन विकासों में सैटेलाइट सूचना व्यवस्था, उपभोगवाद तथा महानगरीय जीवन शैली है। वैश्वीय खेल-कूद इस प्रक्रिया को मजबूती प्रदान किए हैं। विश्व पर्यटन ने भी वैश्वीकरण प्रक्रिया को बढ़ावा दिया है।

वैश्वीकरण के कारण उदारीकरण तथा निजीकरण भी अस्तित्व में आए हैं। इन दोनों प्रक्रियाओं के कारण राष्ट्र-राज्य की भूमिका कमजोर हो गयी है। अब वैश्वीय सैनिक व्यवस्था स्थापित हो गयी है। संयुक्त राष्ट्र संघ की सेना कार्यवाही के लिए सदैव तैयार रहती है। वैश्वीकरण स्वास्थ्य सेवा एवं पर्यावरण को संपूर्ण विश्व की समस्या बना दिया है। बाढ़, अकाल, भूकंप, महामारी इत्यादि के वक्त संपूर्ण विश्व एकजुट दिखायी देता है। प्रजातंत्र, मानवाधिकार तथा धर्मनिरपेक्षता वैश्वीय संस्था बन गयी हैं। अब एक ऐसी सोच का विकास हुआ है जो संपूर्ण विश्व को एक इकाई मानकर चल रहा है। इस दृष्टि से वैश्वीकरण एक ऐसी सामाजिक प्रक्रिया है जिसमें भौगोलिक दबाव कमजोर हो गए हैं।

वैश्वीकरण में दो परस्पर विरोधी क्रियाएं साथ-साथ कार्य करती हैं—(i) सजातीयकरण; तथा (ii) विशिष्टीकरण। इस प्रक्रिया में स्थानीयता तथा वैश्वीकता दोनों साथ-साथ कार्य करते हैं।

वैश्वीकरण की विषयवस्तु

विभिन्न विद्वानों द्वारा वैश्वीकरण की परिभाषा अलग-अलग ढंग से दी गयी है। कुछ विचारक इसे मात्र आर्थिक अवधारणा मानते हैं। उनके अनुसार वैश्वीकरण प्रक्रिया उदारीकरण, निजीकरण तथा निवेश से संबंधित है। कुछ विचारक वैश्वीकरण का अर्थ सांस्कृतिक आदान-प्रदान के संदर्भ में देखते हैं। कुछ विद्वानों के लिए वैश्वीकरण एक वृहत सामाजिक प्रक्रिया है जो संपूर्ण मानव-जीवन को अपने अंदर समा लेती है। कुछ मार्क्सवादी इस प्रक्रिया को मुक्तिदायनी प्रक्रिया के रूप में देखते हैं।

एंथोनी गिडेंस ने अपनी पुस्तक *कंसीक्वेंसेस आफ माडर्निटी* (1991) में वैश्वीकरण की व्याख्या विस्तारपूर्वक की है। आपके अनुसार वैश्वीकरण आधुनिकता का परिणाम है। वैश्वीकरण प्रक्रिया ने समय तथा स्थान को सामाजिक जीवन में नए सिरे से प्रभावित किया है। इसे उन्होंने समय-स्थान-दूरीकरण (Time-Space-Distancination) कहते हैं। इस तरह आपके अनुसार दुनिया के विभिन्न क्षेत्रों के बीच बढ़ती हुई पारस्परिकता या अन्योन्याश्रितता ही वैश्वीकरण है।

एक अन्य वैश्वीकरण सिद्धांतकार हार्वे डी. ने अपनी पुस्तक *द कंडीशन आफ पोस्ट मार्डनिटी* (1989) में गिडेंस की समय-स्थान-दूरीकरण सिद्धांत में ऐतिहासिकता का योगदान दिया है। आपके अनुसार स्थान तथा समय ऐतिहासिक दृष्टि से अनुरेखीय नहीं हैं। समय तथा स्थान में हमेशा निरंतरता नहीं बनी रहती है। पिछले कुछ वर्षों में पूंजीवाद

आशातीत रूप से आगे बढ़ गया है। इसका कारण सोवियत संघ का विघटन है। सोवियत संघ के विघटन के बाद स्थान तथा समय दोनों बदल गए हैं। अब विश्व में एक नयी वैश्वीय व्यवस्था स्थापित हो गयी है। अब समय तथा स्थान ने वैश्वीकरण को एक नयी दिशा प्रदान की है। अतः हमें समय तथा स्थान के दूरीकरण को ऐतिहासिक संदर्भ में देखना चाहिए।

वेलरस्टेन ने अपनी पुस्तक *हिस्टोरिकल कैपिटालिज्म* में वैश्वीकरण को पूंजीवाद की उपज बतलाया है। आपके अनुसार वैश्वीकरण वह प्रक्रिया है जिसके कारण पूंजीवाद का विस्तार एवं समृद्धि हुई है। आपके अनुसार समय-स्थान का दूरीकरण अगर हुआ है तो इसका कारण पूंजीवादी विश्व अर्थव्यवस्था है।

रेजनाउ नामक विद्वान ने अपनी पुस्तक टर्ब्यूलेंस इन वर्ल्ड पोलिटिक्स (1991) में वैश्वीकरण प्रक्रिया को तकनीकी तंत्र के माध्यम से प्रस्तुत किया है। आपके अनुसार वैश्वीकरण वह प्रक्रिया है जिसने नवीनतम तकनीकी तंत्र के माध्यम से विश्व में समय तथा स्थान का दूरीकरण कर दिया है। आज दुनिया में जो अन्योन्याश्रितता अथवा पारस्परिकता है, वह तकनीकी तंत्र के कारण है। तकनीकी तंत्र के माध्यम से ही स्थानीय, राष्ट्रीय तथा अंतरराष्ट्रीय समुदायों के मध्य एक विशेष प्रकार का संबंध स्थापित हुआ है।

गिलपीन आर. नामक विद्वान ने अपनी पुस्तक *पोलिटिकल इकोनामी आफ इंटरनेशनल रिलेसंस* (1989) में इस मत का प्रतिपादन किया है कि वैश्वीकरण राजनीतिक कारकों की उपज है। आपके अनुसार वैश्वीकरण एक राजनीतिक प्रक्रिया है जिसके माध्यम से प्रभुत्वशाली राष्ट्र अपनी अर्थव्यवस्था तथा संस्कृति को विकासशील राष्ट्रों के ऊपर थोपते हैं। अपना आर्थिक एवं सांस्कृतिक साम्राज्यवाद स्थापित करते हैं। अंतरराष्ट्रीय समाजशास्त्र सम्मेलन (1998) के अनुसार समाज विज्ञान में अब सार्वभौमिकता के स्थान पर वैश्वीकरण आ गया है। लेकिन वैश्वीकरण अपने अर्थ में बहुलवादी है। इसमें संपूर्ण विश्व की विविधता का समावेश है।

यूरोपीय आयोग के अनुसार वैश्वीकरण एक ऐसी प्रक्रिया है जिसके माध्यम से विभिन्न देशों के बाजार तथा उत्पादन पारस्परिक रूप से एक दूसरे के ऊपर अधिक से अधिक निर्भर हो गए हैं। हालांकि इस प्रक्रिया में सामाजिक तथा सांस्कृतिक पहलू भी शामिल हैं, लेकिन मूलरूप से इसकी प्रकृति आर्थिक है।

मेलकाम वाटर्स ने अपनी पुस्तक ग्लोबलाइजेशन (1998) में यह स्थापित करने का प्रयास किया है कि वैश्वीकरण में राष्ट्रीय तथा अंतरराष्ट्रीय प्रक्रियाओं का पर्याप्त समावेश होता है। इस प्रक्रिया में भौगोलिक तथा राष्ट्रीय सीमाओं का बंधन समाप्त हो जाता है।

विशेषताएं

मानव विकास रिपोर्ट 2000 के अनुसार वैश्वीकरण की निम्नलिखित विशेषताएं हैं—

(i) नए बाजार—वैश्वीकरण प्रक्रिया में विदेशी विनिमय तथा पूंजी बाजार वैश्वीय

2. सामाजिक सांस्कृतिक वैश्वीकरण;
3. राजनीतिक वैश्वीकरण।

आर्थिक वैश्वीकरण

आर्थिक वैश्वीकरण की निम्नलिखित विशेषताएं होती हैं—

1. विश्व एक बाजार संकुल (World is Shopping Complex);
2. विश्व व्यापार (World Trade);
3. अंतरराष्ट्रीय श्रम विभाजन (International Division of Labour);
4. बहुराष्ट्रीय उद्यम (Multinational Enterprises);
5. वित्तीय बाजारों का वैश्वीकरण (Globalisation of Financial Market);
6. प्रवासी श्रमिक (Migrant Labour);
7. वर्गों का अंतरराष्ट्रीयकरण (Internationalisation of Classes);
8. वैश्वीकृत अर्थव्यवस्था (Globalised Economy)।

1. विश्व एक बाजार संकुल—आर्थिक वैश्वीकरण के कारण आज संपूर्ण विश्व एक बाजार संकुल बन गया है। बहुराष्ट्रीय कंपनियां विश्व में कहीं भी अपना कारोबार स्थापित कर सकती हैं। पूंजीवाद का विस्तार कहीं पर भी किया जा सकता है। आधुनिक सूचना तंत्रों के माध्यम से विश्व के कोने-कोने से कारोबार किया जा सकता है। इस प्रकार आर्थिक वैश्वीकरण के कारण विश्व एक बाजार संकुल के रूप में उभर कर आया है।

2. विश्व व्यापार—आर्थिक वैश्वीकरण का बुनियादी आधार व्यापार है। आर्थिक वैश्वीकरण संपूर्ण विश्व के उत्पादकों, उपभोक्ताओं तथा वितरकों को जोड़ने का काम किया है। वैश्वीकरण की एक बहुत बड़ी उपलब्धि उसका अंतरराष्ट्रीय व्यापार है।

3. अंतरराष्ट्रीय श्रम विभाजन—वैश्वीकरण के कारण अंतरराष्ट्रीय स्तर पर श्रम विभाजन अस्तित्व में आया है। अब विभिन्न देश अंतरराष्ट्रीय स्तर पर श्रम विभाजन करने लगे हैं। कुछ देश विशेष प्रकार के उत्पादन में विशिष्टता रखते हैं, तो कुछ देश केवल श्रमिक ही होते हैं। इस तरह अंतरराष्ट्रीय उत्पादन में वैश्वीकरण ने एक निश्चित श्रम विभाजन स्थापित किया है।

4. बहुराष्ट्रीय उद्यम—बहुराष्ट्रीय उद्यम तथा अंतरराष्ट्रीय निगम वैश्वीकरण के आधार हैं। इनके माध्यम से पूंजीवाद का आशातीत विस्तार हुआ है। इन उद्यमों पर राष्ट्र-राज्य का नियंत्रण नहीं होता है। ये लोग खुद संविदा पत्र तैयार करते हैं तथा उस पर हस्ताक्षर कर कार्य करते हैं। अब विश्व में बहुराष्ट्रीय उद्यमों के माध्यम से बहुत बड़े-बड़े निवेश किए जा रहे हैं।

5. वित्तीय बाजारों का वैश्वीकरण—वैश्वीकरण के कारण वित्तीय बाजारों का भी वैश्वीकरण हो गया है। वैश्वीकरण के कारण विश्व बैंक तथा अंतरराष्ट्रीय मुद्राकोष

जैसी संस्थाओं की भूमिका पूरे विश्व में बढ़ गयी है। इनके माध्यम से दूरदराज के क्षेत्र आपस में जुड़ गए हैं। अब अंतरराष्ट्रीय वित्तीय संस्थाओं को कर्ज देने में समय, स्थान तथा मुद्रा की अड़चन नहीं आती है।

6. प्रवासी श्रमिक—आर्थिक वैश्वीकरण के कारण प्रवासी श्रमिकों की संख्या में बढ़ोतरी होती जा रही है। अब विभिन्न प्रकार के श्रमिकों का आदान-प्रदान पूरे विश्व के देशों में हो रहा है।

7. वर्गों का अंतरराष्ट्रीयकरण—वैश्वीकरण के कारण आज दुनिया में नई वर्ग व्यवस्था स्थापित हुयी है। इस नयी वर्ग व्यवस्था को अंतरराष्ट्रीय वर्ग व्यवस्था के नाम से जाना जाता है। इस वर्ग व्यवस्था ने एक राष्ट्र-राज्य के वर्गों को दूसरे राष्ट्र-राज्य के वर्गों से जोड़ दिया है। व्यापार, निवेश, उत्पादन, वित्तीय-विनिमय, श्रमिक स्थानांतरण, अंतरराष्ट्रीय आर्थिक सहयोग तथा संगठनात्मक व्यवहार के कारण ऐसे अंतरराष्ट्रीय वर्ग अस्तित्व में आए हैं।

8. वैश्वीकृत अर्थव्यवस्था—वैश्वीकरण ने हमारी संपूर्ण अर्थव्यवस्था को विश्वव्यापी बना दिया है। इसके कारण दुनिया भर के देशों के मध्य व्यापार तथा अंतरराष्ट्रीय निगम स्थापित हुए हैं। इनके कारण हमारी अर्थव्यवस्था विश्वव्यापी हो गयी है।

आर्थिक वैश्वीकरण के दुष्प्रभाव—संयुक्त राष्ट्र विकास कार्यक्रम (UNDP) के प्रतिवेदन में आर्थिक वैश्वीकरण के दुष्परिणामों तथा दुष्प्रभावों की चर्चा की गयी है। इस संस्था के प्रतिवेदन के अनुसार वैश्वीकरण के दुष्प्रभाव निम्नलिखित हैं—

1. इस प्रक्रिया के कारण निजीकरण, उदारीकरण तथा बौद्धिक संपत्ति अधिकार को बढ़ावा मिला है।
2. हथियारों का गैर-कानूनी आवाजाही पूरे विश्व में बढ़ गया है।
3. आतंकवाद देश की सीमाओं को पार कर गया है।
4. एड्स की बीमारी अफ्रीका से यूरोप तक फैल गयी है।
5. अंतरराष्ट्रीय पर्यावरण संपूर्ण विश्व की समस्या बन गयी है।
6. अमीर तथा गरीब के बीच खायी बढ़ती जा रही है।
7. तीसरी दुनिया के बच्चों का शोषण अपनी पराकाष्ठा पर पहुंच गया है।
8. तीसरी दुनिया में महिलाओं का शोषण भी चरम पर पहुंच गया है।
9. स्थानीय बाजारों को खतरा बढ़ गया है।
10. कुटीर उद्योग धंधे समाप्ति की कगार पर पहुंच गए हैं।

सामाजिक-सांस्कृतिक वैश्वीकरण

वैश्वीकरण की प्रक्रिया ने आज विश्व के सांस्कृतिक पहलुओं को भी प्रभावित किया है। आज वैश्वीय संस्कृति प्रकाश में आयी है। पूंजीवादी वैश्वीक अर्थव्यवस्था का संस्कृति पर भी व्यापक प्रभाव पड़ा है। अब विश्वस्तर पर संस्कृति का उत्पादन हो रहा है तथा उसकी

खरीद-बिक्री हो रही है। इस वैश्वीकरण के युग में कला, साहित्य, सौंदर्य, गीत, संगीत, मनोरंजन इत्यादि पण्यवस्तु के रूप में बेचे तथा खरीदे जा रहे हैं।

वैश्वीकरण के कारण संस्कृति का मिलन भी हो रहा है। दुनिया के सभी देशों के लोग राष्ट्र-राज्य की सीमाओं को पार कर एक जैसी संस्कृति को अपनाने लगे हैं। उपभोग की वस्तुएं एक समान प्रयोग में विश्वस्तर पर लायी जा रही है। जैसे पीजा, टूथपेस्ट, डिब्बा बंद भोजन, जेल पेन, सेल फोन्स, इत्यादि। इस प्रकार वैश्वीकरण ने एक साझा संस्कृति (Shared Culture) को जन्म दिया है। अब संपूर्ण विश्व में एक जैसी जीवनशैली पायी जाने लगी है। आज की संस्कृति को उत्पादन करने वाले नए सौदागर बन गए हैं। आज की संस्कृति इलेक्ट्रोनिक संस्कृति बन गयी है। आज की वैश्वीक संस्कृति इलेक्ट्रोनिक संकेतों पर सवारी करके पूरे विश्व में फैल रही है। इस घटना को केबल न्यूज नेटवर्क कहा जाता है।

आज पूरे विश्व में सांस्कृतिक बाजार पाए जाते हैं। इन बाजारों को बढ़ावा टी.वी. तथा मीडिया देता है। सांस्कृतिक बाजार में वस्तुओं को पहुंचाने का काम पूंजीवाद करता है। पूंजीवाद अपने विस्तार के लिए संस्कृति को ही पण्यवस्तु बना दिया है।

आज वैश्वीक संस्कृति के उत्पादन के लिए बड़े-बड़े निगम बन गए हैं। लेकिन संस्कृति उत्पादन का कार्य इतना सरल नहीं है। इसमें स्थानीय मूल्य को भी ध्यान में रखा जाता है। स्थानीय सांस्कृतिक मूल्यों को सांस्कृतिक निगम नजरअंदाज नहीं कर सकते हैं। अगर मैक्डोनाल्ड अमरीका में अपने व्यंजन-सूची में मेमना का कोफ्ता शामिल करता है, तब वह भारत में ऐसा नहीं कर सकता है। क्योंकि भारत में शाकाहारी लोग अधिक हैं। सांस्कृतिक निगम स्थानीय मूल्यों में अंतर पर विशेष ध्यान देते हैं। थियोडोर लेविट इसे मानवजातीयता का वैश्वीकरण (Globalisation of Ethnicity) कहते हैं। अब पूरे विश्व में मानवजातीय बाजारों (Ethnic Markets) का प्रचलन हो गया है। अब हमारे यहां भी चीनी व्यंजन, इटालियन व्यंजन, फ्रेंच व्यंजन इत्यादि महानगरों में आसानी से उपलब्ध हैं। विदेशों में भी भारतीय व्यंजन उपलब्ध हैं।

वैश्वीकरण बहुलवादी है। वैश्वीकरण संस्कृतियों को मिश्रित करने का प्रयास किया है। दूसरे शब्दों में कहा जा सकता है कि वैश्वीय संस्कृति को स्थानीय संस्कृति के साथ अनुकूलन करना पड़ता है। वैश्वीकरण अपने मूल में बहुलवादी है, अत: वैश्वीय संस्कृति भी अपने मूल में बहुलवादी है। वैश्वीय संस्कृति में हम कोट, पैंट, टाई, पगड़ी, तौलिया, धोती, साड़ी, सलवार सूट, पीजा, पकौड़ी, पनीर, आलू, विभिन्न धर्मों के संकेत, पर्व-त्योहार, रीति-रिवाज भी पाते हैं।

यह सही है कि वैश्वीकरण समय और स्थान को छोटा कर दिया है। विभिन्न देशों के भूगोल सिमट गए हैं तथा दूरियां कम हो गई हैं। लेकिन इसने स्थानीय स्तर पर एक नया पुनर्जागरण पैदा किया है। अब स्थानीय स्तर की समस्याओं को वैश्वीय स्तर पर देखा जाने लगा है। अब स्थानीय समस्याओं को ध्यान में रखकर योजना बनने लगी है। इस प्रकार वैश्वीय तथा स्थानीय संस्कृति की अंत:क्रिया को वैश्वीकरण में नकारा नहीं जा सकता है।

वैश्वीकरण कभी भी स्थानीय संस्कृति का अस्थानीयकरण (Delocalisation) नहीं करता है। यह सत्य है कि आज की दुनिया एक मीडिया दुनिया है, लेकिन इस दुनिया में भी स्थानीय दुनिया को नकारा नहीं जा सकता है।

वैश्वीकरण में स्थान तथा संस्कृति की जमीनी हकीकत की हम उपेक्षा नहीं कर सकते हैं। वैश्वीकरण का संबंध वस्तुतः पुनः स्थानीयकरण से है।

वैश्वीकता तथा स्थानीयता की इस अंत:क्रिया में जहां वैश्वीकता से संस्कृति के अनेक पहलू समृद्ध हुए हैं, वहीं इस अंत:क्रिया के कारण स्थानीयता भी ताकतवर बनती है। ऐसी बात नहीं है कि वैश्वीयता अनिवार्य रूप से स्थानीयता को खा जाती है। लेकिन अगर स्थानीयता कम होती है तब वह अस्तित्वहीन हो सकती है।

वैश्वीकरण क्षेत्रीयता को अंगीकार किया है। इसने सांस्कृतिक क्षेत्रों को ध्यान में रखकर संस्कृति का उत्पादन करता है तथा उन उत्पादित सांस्कृतिक तत्वों को क्षेत्रीय बाजारों में बेचता है। बाजारवाद तथा स्थानीय सांस्कृतिक उत्पादन एक दूसरे से जुड़ गए हैं। अगर कोई उत्पाद स्थानीय स्तर पर खूब चल जाता है, तब उस उत्पाद के कारखाने भी उस क्षेत्र में स्थापित कर दिए जाते हैं। इस प्रकार वैश्वीकरण स्थानीय बाजार का अभिन्न अंग बन जाता है। इस प्रकार विभिन्न कारपोरेट निगम स्थानीय संस्कृति के साथ अंत:क्रिया करता है।

वैश्वीय-स्थानीय संबंध मीडिया के माध्यम से हो या बाजार के माध्यम से, लेकिन कभी-कभी खतरनाक भी होता है। कभी-कभी वैश्वीय संस्कृति तथा बाजार इतने प्रभुत्वशाली हो जाते हैं कि वे स्थानीयता को समाप्त कर देते हैं। इसके परिणामस्वरूप स्थानीय भाषा, रीति-रिवाज, पर्व-त्योहार ओझल भी हो जाते हैं। कुछ दूसरे देशों से आए प्रतिमान स्थानीय स्तर पर हावी हो जाते हैं। कभी-कभी तो एक ही देश में एक राज्य की स्थानीयता दूसरे राज्य पर हावी हो जाती है। वैश्वीय तथा स्थानीय संबंधों का यह मुद्दा बहुत ही संवेदनशील है। एक ओर वैश्वीय संस्कृति होती है। उदाहरण के लिए पश्चिमी नृत्य, संगीत, पोशाक, खान-पान इत्यादि। दूसरी ओर राष्ट्रीय संस्कृति होती है। जैसे राष्ट्र गीत, पर्व-त्योहार, संगीत इत्यादि। तीसरी ओर स्थानीय संस्कृति होती है। उदाहरण के लिए स्थानीय पर्व-त्योहार, पोशाक, खान-पान, गीत, संगीत इत्यादि। संस्कृति के ये तीनों स्तर सापेक्षिक हैं। ये तीनों मीडिया तथा बाजार के माध्यम से संपर्क में आते हैं। वैश्वीक संस्कृति धर्मनिरपेक्ष संस्कृति है। इसमें मानवजातीयता तथा राष्ट्रीयता पर भी जोर दिया जाता है। विभिन्न मानवजातीय रीति-रिवाजों को विश्व स्तर पर दर्शाया जाता है। विभिन्न राष्ट्रों के राष्ट्रीय चरित्रों तथा प्रतीकों को विश्व स्तर पर दर्शाया जाता है। इस प्रकार सर्वदेशीय संस्कृति के विकास पर जोर दिया जाता है।

वैश्वीकरण प्रतीकात्मक उपभोग की संस्कृति को जन्म दिया है। लोग सांस्कृतिक बाजारों से सांस्कृतिक उत्पादों को खरीदकर उपभोग नहीं करते हैं, वरन् उन्हें प्रतीक के रूप में रखते हैं तथा प्रयोग करते हैं। हम तेल, साबुन, कपड़ा, पोषाक, सौंदर्य प्रसाधन, खाद्य सामग्री इत्यादि का उपभोग प्रतीक के आधार पर करते हैं।

वैश्वीकरण के कारण उपभोग समाज अस्तित्व में आया है। लेकिन उपभोग समाज के कारण प्रतीक पर आधारित उपभोग संस्कृति का विकास हुआ है।

वैश्वीकरण के कारण एक लोकप्रिय संस्कृति का विकास हुआ है। इसे जनसंस्कृति भी कहा जाता है। यह संस्कृति अंतरराष्ट्रीय तथा घरेलू पर्यटन को बढ़ावा दिया है। अब पर्यटन व्यवसाय तथा उद्योग अस्तित्व में आया है।

विशेषताएं—सांस्कृतिक वैश्वीकरण की निम्नलिखित विशेषताएं प्रकट होती हैं—

1. विश्व स्तर पर संस्कृति का उत्पादन;
2. विश्व स्तर पर संस्कृति पण्यवस्तु;
3. विभिन्न संस्कृतियों का मिलन;
4. साझा संस्कृति का विकास;
5. संस्कृति के नए सौदागर;
6. इलेक्ट्रोनिक संस्कृति का विकास;
7. सांस्कृतिक बाजार की उत्पत्ति;
8. वैश्वीक सांस्कृतिक निगम की उत्पत्ति;
9. मानवजातीयता का वैश्वीकरण;
10. मानवजातीय बाजार का प्रचलन;
11. बहुलवादी संस्कृति का विकास;
12. वैश्वीय, राष्ट्रीय तथा स्थानीय संस्कृतियों के बीच अंतःक्रिया;
13. धर्मनिरपेक्ष संस्कृति का विकास;
14. उपभोग समाज का निर्माण;
15. प्रतीक पर आधारित उपभोग की उत्पत्ति;
16. प्रतीकात्मक उपभोग संस्कृति की उत्पत्ति;
17. पोप संस्कृति का विकास;
18. पर्यटन उद्योग का विकास।

राजनीतिक वैश्वीकरण

वैश्वीकरण प्रक्रिया ने विश्व के विभिन्न राष्ट्र-राज्यों को राजनीतिक ढंग से जोड़ने का काम किया है। अब राष्ट्र-राज्य का निर्णय वैश्वीकरण प्रक्रिया से प्रभावित हुआ है। इसे ही राजनीतिक वैश्वीकरण कहा जाता है।

राजनीतिक वैश्वीकरण की चर्चा हम निम्नलिखित उपशीर्षकों के अंतर्गत कर सकते हैं—

1. राष्ट्र-राज्य की शक्ति तथा प्रभाव में कमी;
2. राज्य के कई परंपरागत क्षेत्र उसके हाथ से बाहर;
3. राष्ट्र-राज्य की संप्रभुता का जुड़ाव बड़े संगठन के साथ;

4. वैश्वीय शासन की उत्पत्ति;
5. मानव अधिकार;
6. भूमंडलीय पर्यावरण;
7. नई राजनीतिक संस्कृति।

विशेषताएं

1. राष्ट्र-राज्य की शक्ति तथा प्रभाव में कमी—वैश्वीकरण के कारण राष्ट्र-राज्य की शक्ति तथा प्रभाव में कमी आयी है। अब राष्ट्र की राजनीतिक नीतियां वैश्वीकरण से प्रभावित हो रही हैं। आर्थिक नीतियों पर राष्ट्र-राज्य का नियंत्रण नहीं रह गया है। बाजार पर राष्ट्र-राज्य का कोई नियंत्रण नहीं रह गया है। इस तरह राष्ट्र-राज्य की शक्ति में कमी आयी है।

2. राज्य के परंपरागत अधिकार क्षेत्र में कमी—रक्षा, संचार, आर्थिक व्यवस्था इत्यादि राष्ट्र-राज्य के पारंपरिक क्षेत्र में आते हैं। लेकिन वैश्वीकरण के कारण राष्ट्र के इन पारंपरिक क्षेत्रों में भी शक्ति तथा प्रभाव कम हो गया है। अब इनमें अंतरराष्ट्रीय राजनीतिक संस्थाओं का प्रभाव बढ़ गया है।

3. राष्ट्र-राज्य की संप्रभुता का जुड़ाव बड़े संगठन के साथ—राज्य संपूर्ण प्रभुत्व संपन्न होता है। वह अपने अधिकार क्षेत्र एवं सीमा में दूसरे राज्य का हस्तक्षेप सहन नहीं करता है। लेकिन वैश्वीकरण के कारण राज्य की संप्रभुता अंतरराष्ट्रीय संगठन के साथ जुड़ गई है। अब राष्ट्र-राज्य को अंतरराष्ट्रीय संगठनों के साथ समझौता करना पड़ता है। ऐसे अंतरराष्ट्रीय संगठनों में NATO (North Atalantic Treaty Organisation), OPEC (Organisation of Petroleum Exporting Countries), UNO, IMF इत्यादि महत्त्वपूर्ण स्थान रखते हैं।

4. वैश्वीय शासन की उत्पत्ति—वैश्वीकरण के कारण वैश्वीय शासन अथवा अंतरराष्ट्रीय शासन की उत्पत्ति हुई है। राज्यों का अधिकार क्षेत्र एवं सीमा सिकुड़ गई है। अब वैश्वीकरण के कारण वैश्वीय शासन तथा वैश्वीय सेना अस्तित्व में आयी है। अंतरराष्ट्रीय सेना संयुक्त रूप से आतंकवाद, मानवाधिकार हनन, निशस्त्रीकरण इत्यादि की दिशा में संयुक्त रूप से प्रयास करती है। अमरीका ने अपना अंतरराष्ट्रीय सैन्य अड्डा कई देशों में बनाया है। अमरीका, ब्रिटेन तथा अन्य देशों की संयुक्त सेना पूरे विश्व में जगह-जगह पर तैनात है। विश्व को किसी देश से खतरा होने पर संयुक्त सेना अभियान चलाती है।

5. मानव अधिकार—वैश्वीकरण के कारण आज संपूर्ण विश्व में मानवाधिकार एक वैश्वीय समस्या के रूप में प्रकाश में आया है। अब सभी विश्व के देश राजनीतिक रूप से श्रमिकों, बच्चों, महिलाओं, दलितों, आदिवासियों तथा पिछड़े वर्गों के लोगों के अधिकार देने तथा उन्हें सशक्त बनाने की बात करने लगे हैं। प्रत्येक देश में मानवाधिकार आयोग का गठन हुआ है। प्रजातंत्र तथा मानवाधिकार के प्रति अब संपूर्ण विश्व एकमत हो रहा है।

6. भूमंडलीय पर्यावरण—वैश्वीकरण के कारण आज संपूर्ण विश्व पर्यावरण की सुरक्षा राजनीतिकरूप से कर रहे हैं। अब संपूर्ण विश्व यह सोचने पर विवश हुआ है कि पृथ्वी, जंगल, जमीन, खनिज, वन्य प्राणियों, नदी, पहाड़, झरना इत्यादि पर केवल एक ही पीढ़ी का अधिकार नहीं है। वरन् इस पर आने वाली पीढ़ी का भी उतना ही अधिकार है जितना वर्तमान पीढ़ी का। अतः पर्यावरण की सुरक्षा अनिवार्य रूप से की जानी चाहिए। इसके लिए विभिन्न प्रकार के प्रदूषणों को रोकना अनिवार्य है। जंगल तथा वन्य प्राणियों की सुरक्षा प्रदान करना अत्यावश्यक है। जनसंख्या पर नियंत्रण रखना जरूरी है। इसके लिए निशस्त्रीकरण भी अनिवार्य है। क्योंकि आज हम जिस समाज में रह रहे हैं वह वस्तुतः जोखिम भरा समाज (Risk Society) है। इसकी अवधारणा का विकास समाजशास्त्री उलरिच बेक द्वारा अपनी पुस्तक *रिस्क सोसायटी* (1992) में किया गया है। इस पुस्तक में उन्होंने दर्शाया है कि आज का समाज एक जोखिम भरा समाज है। इसमें पर्यावरण का विस्फोट कब हो जाए, इसके संबंध में निश्चितपूर्वक कुछ नहीं कहा जा सकता है। लेकिन विस्फोट कभी भी हो सकता है। हमारे आज के समाज के लिए खतरे की स्थिति वैश्वीकरण द्वारा उत्पन्न की गयी है। नैल नामक समाजशास्त्री का कहना है कि वैश्वीकरण हमें ऐसे पर्यावरण में रहने को मजबूर कर दिया है जहां सांस लेना हमारे लिए कठिन हो रहा है। नैल इसे वैश्वीकरण की त्रासदी (Globalisation Panic) कहते हैं। इस त्रासदी से उबरने के लिए प्रयास भी वैश्वीकरण कर रहा है।

7. नयी राजनीतिक संस्कृति—राजनीतिक वैश्वीकरण के कारण नयी राजनीतिक संस्कृति की उत्पत्ति हुई है। आज उदार प्रजातांत्रिक तथा धर्मनिरपेक्ष संस्कृति का निर्माण संपूर्ण विश्व में हो रहा है। फूकूयामा तथा हंटिंग्टन जैसे विद्वानों ने नयी राजनीतिक संस्कृति पर प्रकाश डाला है। फूकूयामा के अनुसार अब विश्व में प्रजातांत्रिक उदारवादी, धर्मनिरपेक्ष तथा पूंजीवादी संस्कृति का विकास हुआ है। भविष्य में इस संस्कृति का कोई विकल्प भी नहीं है, अब कोई नया सांस्कृतिक इतिहास विश्व में नहीं बनने जा रहा है। यह विचार फूकूयामा ने अपनी पुस्तक *द इंड आफ हिस्ट्री एंड द लास्ट मैन* (1992) में व्यक्त किया है। हंटिग्टन ने अपनी पुस्तक *द थर्ड वेभ* (1992) में यह दर्शाया है कि 1975 तथा 1991 की अवधि में प्रजातांत्रिक राज्यों की संख्या में दुगनी वृद्धि हुयी है। अब प्रजातांत्रिक तत्वों की ओर झुकाव इस्लाम धर्मतंत्रवादी राज्यों में भी हो रहा है। आज संपूर्ण विश्व व्यक्ति की गरिमा, पृथ्वी का संरक्षण तथा संक्रमणात्मक रोगों के रोकथाम पर एक है। इस प्रकार वैश्वीकरण के कारण एक नयी राजनीतिक संस्कृति का विकास हुआ है।

वैश्वीकरण का प्रतिरोध (Resistance to Globalisation)

अगर हम इतिहास पर दृष्टि डालें तब हमें पता चलता है कि समाज परिवर्तनशील है तथा समाज कई तीव्र परिवर्तनों के दौर से गुजरा है। सबसे पहले ज्ञानोदय आया, इसके बाद

आधुनिकता आयी तथा तत्पश्चात् उत्तर-आधुनिकता आयी। उत्तर-आधुनिकता के साथ-साथ वैश्वीकरण आया। इसमें दो मत नहीं हैं कि वैश्वीकरण के कारण दुनिया भर के राष्ट्र-राज्य एक कड़ी में जुड़ गए। विश्व के सभी देश सामाजिक, सांस्कृतिक, आर्थिक तथा राजनीतिक रूप से एक-दूसरे के निकट आए, उनमें पारस्परिकता का विकास हुआ तथा उनके बीच अन्योन्याश्रितता बढ़ी। लेकिन वैश्वीकरण मूलत: एक पूंजीवादी प्रक्रिया है। यह प्रक्रिया पूंजीवादी देशों तथा बहुराष्ट्रीय निगमों के हित में है। वैश्वीकरण ने कई राष्ट्र-राज्यों के अस्तित्व को ही मिटा दिया है। बहुराष्ट्रीय निगम की भीमकाय निवेशक हैं। वे ही इस विश्व को चला रहे हैं। राज्य की बागडोर इनके हाथों में है। ये लोग संपूर्ण विश्व को प्रदूषण की खाई में ढकेल दे रहे हैं। ये लोग दुनिया भर में एड्स फैला रहे हैं। कामुकता को बढ़ावा दे रहे हैं। ऐसी बात नहीं है कि विश्व के लोग वैश्वीकरण के खतरे से परिचित नहीं हैं। विकासशील देशों में वैश्वीकरण के विरुद्ध संगठित आवाज उठने लगी है। यह विरोध आर्थिक, सांस्कृतिक तथा राजनीतिक वैश्वीकरण के क्षेत्र में दिखायी दे रहा है।

आज वैश्वीकरण ने संपूर्ण संसार को अपना शॉपिंग सेंटर बना लिया है। बहुराष्ट्रीय निगम उत्पादन तकनीक, वित्तीय पूंजी तथा बाजार पर अपना पूर्ण नियंत्रण रखते हैं। वे पहले स्थानीय संस्कृति का अध्ययन करते हैं तथा बाद में उस संस्कृति की आवश्यकतानुसार उत्पादन करते हैं। वैश्वीकरण के कारण एक नया आर्थिक एवं सांस्कृतिक साम्राज्यवाद का विकास हुआ है। कुछ लोग इसे मीडिया साम्राज्यवाद भी कहते हैं। इन निगमों द्वारा दुनिया भर में उपभोक्ता समाज पैदा किया गया है।

वैश्वीकरण को सभी देशों ने नहीं अंगीकार किया है। कुछ देश तो इसके कारण आर्थिक विकास में पिछड़ गए हैं। उन देशों का घरेलू उद्योग बंद हो गया है। अमीर-गरीब के बीच खाई बढ़ गयी। बेरोजगारी बढ़ गयी। बच्चों, महिलाओं तथा मजदूरों का शोषण बढ़ गया। स्थानीय बाजार चौपट हो गए। देहाती कारीगर बेरोजगार हो गए।

वैश्वीकरण में तकनीकी शिक्षा का विशेष स्थान है। प्रत्येक देश के पास नवीनतम तकनीकी तंत्र का ज्ञान नहीं के बराबर है। न ही वे निवेश करने की स्थिति में है। देशी बाजार उनके हाथों से निकल गया है। यही कारण है कि पिछड़े हुए राष्ट्र वैश्वीकरण का प्रतिरोध करते हैं।

वैश्वीकरण के विरुद्ध लामबंदी (Mobilisation Against Globalisation)

शीत युद्ध के बाद की दुनिया में आर्थिक वैश्वीकरण ने विभिन्न देशों में समानता और सामाजिक न्याय को एक दूर की विषयवस्तु बना दिया है। धनाड्य और गरीब देशों के बीच खाई लगातार बढ़ती जा रही है। गरीबी तथा बेरोजगारी में भी बहुत ज्यादा बढ़ोतरी हुई है। बढ़ती हुई गरीबी तथा बेरोजगारी ने यह स्पष्ट कर दिया है कि सभी समस्याओं का समाधान बाजारवाद नहीं है। इसके विकल्प की आवश्यकता है। इसके विकल्प के रूप में

नागरिक समाज को रखा गया। नागरिक समाज को अमीर-गरीब के बीच खाई पाटने के लिए राज्य पर जोर देना चाहिए। इसी सिलसिले में 2001 में यूरोप में दो बड़े सम्मेलन हुए। एक जर्मनी के बॉन शहर में तथा दूसरा इटली के जिनेवा में। इन दोनों सम्मेलनों से यह स्पष्ट हो गया कि अब गरीब राष्ट्र वैश्वीय पूंजीवाद के खिलाफ चुप नहीं बैठे रहेंगे। बॉन सम्मेलन में कुल 178 देशों ने भाग लिया। जिनेवा सम्मेलन जी-7 राष्ट्रों का शिखर सम्मेलन था। इसमें दुनिया के धनवान देशों ने भाग लिया था, अमरीका तथा इसके सहयोगी देश—ब्रिटेन, कनाडा, जर्मनी, इटली तथा जापान इसमें शामिल हुए थे।

इन दोनों सम्मेलनों में इस विषय पर व्यापक चर्चा हुई कि वृहत उत्पादन के कारण संपूर्ण विश्व का पर्यावरण आज खतरे में पहुंच गया है। इसके लिए धनाड्य देश उत्तरदायी हैं। प्रदूषण के कारण पिछड़े देशों के लोग विभिन्न प्रकार के प्रदूषण एवं संक्रामक बीमारियों के शिकार हो रहे हैं। जिनेवा सम्मेलन में करीब सवा लाख लोग वैश्वीकरण के विरोध में आंदोलनकारी प्रदर्शन किए। वैश्वीकरण के खिलाफ यूरोप में इतना व्यापक लामबंदी पहली बार हुआ था।

मानव विकास रिपोर्ट के निष्कर्ष (Finding of Human Development Report, UNDP, 2001)

संयुक्त राष्ट्र विकास परियोजना के मानव विकास प्रतिवेदन 2001 के अनुसार वैश्वीकरण के दुष्परिणाम निम्नलिखित हैं—

1. वैश्वीकरण ने मानव सुरक्षा को खतरा पैदा किया है।
2. वैश्वीकरण के कारण नई तकनीक का विकास हुआ है, लेकिन इसके कारण कई राष्ट्र और पिछड़ गए हैं।
3. गरीब देश इसके कारण असुरक्षित महसूस कर रहे हैं।
4. विश्व स्तर पर केवल 30 प्रतिशत लोग ऐसे हैं जिनके पास डिग्री है। अत: 70 प्रतिशत लोग वैश्वीकरण में रोजगार नहीं प्राप्त कर सकते हैं।
5. किसी भी देश में कंप्यूटर, सेल फोन्स को जुटाने के लिए पर्याप्त धन चाहिए। सभी देशों के पास धन नहीं है।
6. केवल अमीर लोग ही वैश्वीकरण का लाभ उठा सकते हैं।
7. लगभग 80 प्रतिशत वेबसाइट में अंग्रेजी भाषा चलती है, जबकि अंग्रेजी बोलने वाले प्रति दस व्यक्ति में एक व्यक्ति है।
8. इसने दुनिया को अमीर तथा गरीब के रूप में बांट दिया है।
9. वैश्वीकरण का लाभ मूलत: धनवान देशों को मिल रहा है।

ग्रंथ विज्ञान

(BIBLIOGRAPHY)

अक्करमैन, रॉबर्ट, 1990 : जे.जी. फ्रेजर : हिज लाइफ एंड वर्क, न्यूयार्क : कैंब्रिज यूनिवर्सिटी प्रेस।

अर्किबाल्ड, डब्ल्यू. पिटर, 1992 : मार्क्स एंड मिसिंग लिंक : ह्यूमन नेचर। अटलांटिक हाइलैंड, न्यू जर्सेय : ह्यूमनिटिज प्रेस, इंटर नेशनल।

अर्सलेफ, हंस, 1982 : फ्रोम लॉके टु साउसुरे : एसे आन स्टडी आफ लैंगुएज एंड इंटरनेशनल हिस्ट्री। मिनियापोलिश : यूनिवर्सिटी आफ मिनिएस्टा प्रेस।

अल्लेन, डान सी., 1963 : द लिजेंड आफ नोआह : रिनासा रेशनलिज्म इन आर्ट, साईंस एंड लेटर्स। अन्न अर्बोर : मिशिगन।

असद, तलाल (ed.) 1974 : एंथ्रोपोलोजी एंड कोलोनियल एनकाउंटर। अटलांटिक हाइलैंड, न्यू जर्सेय : ह्यूमनिटिज प्रेस इंटरनेशनल।

ईवांस प्रिटचार्ट, ई.ई., 1951 : सोशल एंथ्रोपोलोजी। न्यूयार्क : फ्रीप्रेस।

ई. सेले, लोरेन, सी., 1958 : डार्विन्स सेंचुरी : इवोलुशन एंड द मैन हु डिस्कावर्ड इट। गार्डेन सिटी न्यूयार्क : डबल डे।

उपाध्याय, वी.एस. एंड गया पाण्डेय 1993 : हिस्ट्री आफ एंथ्रोपोलोजिकल थौट। नई दिल्ली : कंसेप्ट पब्लिशिंग कंपनी।

उपाध्याय वी.एस. एंड गया पाण्डेय 2000 : मानवशास्त्रीय विचारक एवं विचारधाराएं। दिल्ली विश्वविद्यालय : हिन्दी माध्यम कार्यान्वयन निदेशालय।

उर्सी जेम्स (ed.) 1993 : बिफोर सोशल एंथ्रोपोलोजी : एसेज आन हिस्ट्री आफ ब्रिटिश एंथ्रोपोलोजी। लंदन : कैंब्रिज यूनिवर्सिटी प्रेस।

एक्कमैन, पौल, 1973 : डार्विन एंड फेशियल एक्सप्रेशन : ए सेंचुरी आफ रिसर्च इन रिविव। आर्लैंड, फ्लोरिडा : अकाडेमिक प्रेस।

एडेल, स्टेइन, लंडविग 1967 : द आइडिया आफ प्रोग्रेस इन क्लासिकल एंटिक्विटी। बाल्टीमोर : जान हापकिंस यूनिवर्सिटी प्रेस।

एंजिल्स, फ्रिडरिक 1972 (1884) : ओरिजिन आफ फैमिली प्राइवेट प्रोपर्टी एंड स्टेट। न्यूयार्क : इंटरनेशनल पब्लिशर कंपनी।

एरिकसन, पौल ए. एंड लियाम डी. मर्फी 1998 : ए हिस्ट्री आफ एंथ्रोपोलोजिकल थौट। कैनाडा : ब्रोड भिव प्रेस।

एल्किन, ए.पी. एंड एन.डब्ल्यू.जी. मशिनटोस (ed.) 1974 : ग्राफ्टन एलियट स्मिथ : द मैन एंड हिज वर्क। सिडने : सिडने यूनिवर्सिटी प्रेस।

ओपलर, एम. विलेज लाइफ इन नार्थ इंडिया। शिकागो : डोलफिन सोसायटी।

ओलबाई, राबर्टसी 1995 : द ओरिजिन आफ मेंडलिज्म। शिकागो : शिकागो यूनिवर्सिटी प्रेस।

अंड्रे, रॉबर्ट, 1960 : अफ्रीकन जिनेसिस। न्यूयार्क : अथेनियम।

अंडर्सन, बेनेडिक्ट, 1991 : इमैजिंड कम्यूनिटिज : रिफ्लेक्शंस आन द ओरिजिन एंड स्प्रेड आफ नेशनलिज्म। लंदन : वर्स।

कार्डिनर, ए., 1943 : इंडिविजुअल एंड हिज सोसायटी। न्यूयार्क, कोलंबिया यूनिवर्सिटी प्रेस।

कार्डिनर, ए.आर. लिंटन एंड अदर्स, 1945 : साइकोलोजिकल फ्रंटियर्स आफ सोसायटी। न्यूयार्क : कोलंबिया यूनिवर्सिटी प्रेस।

कार्डिनर ए. एंड प्रेवेलई, 1961 : दे स्टडीड मैन। क्लीवलैंड : वर्ल्ड पब्लिशिंग कंपनी।

क्लुखौन, सी., 1949 : द मिरर आफ मैन। न्यूयार्क : मैक्ग्रॉ हिल्स।

———, 1961 : एंथ्रोपोलोजी एंड क्लासिक्स। अन्न अबोर, मिशिगन : बुक आन डिमांड।

कुकलिक हेनरिका, 1922 : द सेवेज विदिन : सोशल हिस्ट्री आफ ब्रिटिश एंथ्रोपोलोजी। न्यूयार्क : कैंब्रिज यूनिवर्सिटी प्रेस।

कुपर, आदम, 1988 : एंथ्रोपोलोजी एंड एंथ्रोपोलोजिस्ट। न्यूयार्क : राउटलेज।

कुही स्टेफन, 1994 : द नाजी कनेक्शंस : यू जेनिक्स, अमेरिकन रेसिज्म एंड जर्मन नेशनल सोशलिज्म। न्यूयार्क : ऑक्सफोर्ड यूनिवर्सिटी प्रेस।

कुहन, थोमस, एस., 1970 : द स्ट्रक्चर आफ साइंटिफिक रिवोलुशन (सेकेंड एडिशन)। शिकागो : यूनिवर्सिटी आफ शिकागो प्रेस।

केवलिस, डैनियल, जे., 1995 : इन द नेम आफ यूजेनिक्स : जिनेटिक्स एंड यूजेज आफ ह्यूमन हेरेडिटी। कैंब्रिज : हारवार्ड यूनिवर्सिटी प्रेस।

कैंप बेल मेरी, बी., 1988 : विटनेस एंड अदर वर्ल्ड। न्यूयार्क : कौरनेल यूनिवर्सिटी प्रेस।

कैफेरी, मार्गरेट, एम., 1984 : रूथ बेनेडिक्ट : स्ट्रैंजर आन द लैंड। टेक्साज : यूनिवर्सिटी आफ टेक्साज प्रेस।

कैर्टिन, फिलिप, डी., 1964 : इमेजेज आफ अफ्रीका : मिशिगन बुक आन डिमांड।

कैरोल, जे.बी. (ed.) : लैंगुएज थौट एंड रियलिटी : सेलेक्टैड राइटिंग ऑफ बेंजामिन ली वर्फ। न्यूयार्क : जान विलेय एंड संस।

कैसिडी रोबर्ट, 1982 : मार्गरेट मिड : ए वायस फार द सेंचुरी न्यूयार्क : यूनिवर्सिटी बुक।

कोटे, जेम्स ई., 1994 : एल्डोलेसेंस स्टोर्म एंड स्ट्रेस। माहवाह : न्यू जर्सेय।

कोले, थोमस, 1967 : डिमोक्रिटस एंड सोर्स आफ ग्रिक एंथ्रोपोलोजी। क्लीव लैंड, वेस्टर्न रिजर्व यूनिवर्सिटी प्रेस।

कोम्टे, अगस्त, (1830–1842) : पोजिटिव फिलोसोफी। न्यूयार्क : ए.एम.एस. प्रेस।

कोमारोफ, जिन एंड जान आई. कोमारोफ, 1992 : आफ रिविलेशन एंड रिवोलुशन। क्रिश्चिनिटी, कोलोनियलिज्म एंड कंससनेस इन साउथ अफ्रीका, न्यूयार्क।

कुम्बेस, एनि, ई., 1994: रिइनवेंटिंग अफ्रीका। न्यू हैवेन: येल यूनिवर्सिटी प्रेस।

क्लोसेन, चेरिल्ल (ed.) 1994 : वुमैन इन आर्कियोलोजी। फिलाडेल्फिया : यूनिवर्सिटी आफ पेनसिलवानिया।

क्लेमेंट्स, हैरी, 1983 : आल्फ्रेड रसेल वैलेस : बायोलोजिस्ट एंड सोशल रिफोर्मर। लंदन।

क्रेसमैन, लाथुर एस., 1988 : ए गोल्डन जर्नी। मिशिगन : बुक्स आन डिमांड।

क्रेवेंस, हैमिल्टन, 1988 : द ट्रायफ आफ इवोलुशन : इनविरोन्मेट क्रंटोवर्सी। बाल्टी जान हैपकिंस क्रटोवर्सी प्रेस।

क्लीफौर्ड, जेम्स, 1988 : द प्रेडिकामेंट आफ कल्चर : टुवार्ड सेंचुरी एथनोग्राफी, लिटरेयर एंड आर्ट्स। कैंब्रिज : हारवार्ड यूनिवर्सिटी प्रेस।

क्लीफोर्ड, जेम्स एंड जार्ज ई. मार्कस (ed.), 1988 : राइटिंग कल्चर, पोएटिक्स एंड पोलिटिक्स आफ एथनोग्राफी। बकर्ले : यूनिवर्सिटी आफ कैलिफोर्निया।

क्लोयड, ई.एल. 1972 : जेम्स बर्नेट : लार्ड मनबोडो। ऑक्सफोर्ड क्लेरेनडन प्रेस।

गलिक, थोमस, ई. (ed.) 1988 : द कंपेरेटिव रिसेपशन आफ डार्विनिज्म। शिकागो : यूनिवर्सिटी आफ शिकागो प्रेस।

गलुक मैन, एम., 1949 : मैलिनोवस्कीज सोशियोलोजिक थ्योरी। न्यूयार्क : ऑक्सफोर्ड यूनिवर्सिटी प्रेस।

——— 1955 : कस्टम एंड कनफलिक्ट इन अफ्रीका। ऑक्सफोर्ड : बोसिल ब्लैकवेल।

——— 1955 : जुडिशियल प्रोसेस अमांग बोरोटसे आफ नादर्न नाइजेरिया। मैनचेस्टर : मैनचेस्टर यूनिवर्सिटी प्रेस।

——— 1962 : एसेज आन रिचुअल्स ऑफ सोशल रिलेशंस। मैनचेस्टर : मैनचेस्टर यूनिवर्सिटी प्रेस।

——— 1963 : आर्डर एंड रिबेलियन इन ट्राइबल अफ्रीका। न्यूयार्क : फ्री प्रेस।

गार्बेरिनो, मार्विन, एस., 1983 : सोशियोलोजिकल थ्योरी इन एंथ्रोपोलोजी। इलिनोइस : वेभलैंड प्रेस।

गिलमैन सांडर एल., 1993 : फ्रायड, रेस एंड जेंडर। प्रिंसटन : प्रिंसटन यूनिवर्सिटी प्रेस।

गेरनर, लुइस, 1981 : एंथ्रोपोलोजी आफ एंशियंट ग्रीस। अन्नअबोर मिशिगन : बुक्स आन डिमांड।

गेल्लिसपाई, चार्ल्स, 1996 (1951) : जिनेसिस एंड जियोलोजी। कैंब्रिज : मेसाचुसेट्स : हारवार्ड यूनिवर्सिटी प्रेस।

गोउल्ड, स्टेफेन जे., 1987 : टाइम्स एरो : टाइम्स सायकल : मिथ्स एंड मेटाफोर इन डिस्कवरी आफ जियोलोजिकल टाइम्स। कैंब्रिज : हारवार्ड यूनिवर्सिटी प्रेस।

——— 1996 : द म्युजियम आफ मैन। न्यूयार्क : डब्ल्यू. डब्ल्यू. नोरोटन।

गौरर, एम. एंड मार्गरेट मिड, 1942 : बालानिज कैरेक्टर : ए फोटोग्राफिक एनालिसिस। न्यूयार्क : यूनिवर्सिटी प्रेस।

गोल्डन वाइजर, ए., 1933 : हिस्ट्री, सायकोलोजी एंड कल्चर न्यूयार्क : अपलेटन सेंचुरी।

——— 1937 : एंथ्रोपोलोजी : एन इनट्रोडक्शन टु प्रिमिटिव कल्चर। न्यूयार्क : अपलेटन सेंचुरी।

ग्राम्सी, एंटोनियो, 1992 : प्रिजन नोट बुक वोल्यूम-1। न्यूयार्क : कोलंबिया यूनिवर्सिटी प्रेस।

——— 1996 : प्रिजन नोट बुक, वोल्यूम-2। न्यूयार्क : कोलंबिया यूनिवर्सिटी प्रेस।

ग्रास लुंड, बी.ओ., 1987 : द बर्थ आफ प्रिहिस्टोरिक क्रोनोलोजी, डेटिंग मेथड, डेटिंग सिस्टम इन नाइनटिंथ सेंचुरी। न्यूयार्क : कैंब्रिज यूनिवर्सिटी प्रेस।

ग्रीने, जान सी., 1959 : द डेथ आफ आदम : इवोलुशन एंड इट्स इम्पैक्ट आन वेस्टर्न थौट : एम्स.। लावा स्टेट यूनिवर्सिटी प्रेस।

ग्रीन, साल्ली, 1981 : प्रीहिस्टोरियन : ए बिबलियोग्राफी आफ वी गार्डन चाइल्ड। बोर्ड फोर्ड आनएरोन : द मुना रालकर प्रेस।

ग्रीट्ज, क्लीफोर्ड, 1977 (1973) : इंटरप्रीटेशन आफ कल्चर। न्यूयार्क : बेसिक बुक्स।

——— 1996 : अफ्टर टू फैक्ट, टु सेंचुरीज, फोर डिकेट्स एंड वन एंथ्रोपोलोजिस्ट। कैंब्रिज : हारवार्ड यूनिवर्सिटी प्रेस।

ग्रेसन, डोनाल्ड, के (ed.) 1983 : द इस्टेबलिशमेंट आफ ह्यूमन एंटिक्वीटिज। आर्लैंडों, फ्लोरिडा : अकाडेमिक प्रेस।

गेक्स, यूटे, 1988 : वुमैन एंथ्रोपोलोजिस्ट : ए बिबलियोग्राफिकल डिस्कवरी। न्यूयार्क : यूनिवर्सिटी प्रेस।

जीन किंस, आलम, 1979 : द सोशियोलोजिकल थ्योरी आफ क्लायड लेवि-स्ट्रास। लंदन : मैकमिलन।

जुड्ड, नेइन मर्टन, 1967 : द ब्यूरो आफ अमरीकन एथनोलोजी : पार्सियल हिस्ट्री। नार्मैन : यूनिवर्सिटी आफ ओकला होमा।

जोन्स, पिटर (ed.) 1991 : द साईंस आफ मैन इन स्कौटिश एनलाइटमेंट। न्यूयार्क : कोलंबिया यूनिवर्सिटी प्रेस।

जोन्स, राबर्ट, ए., 1968 : द सोशियोलोजिकल थ्योरी आफ इमायल दुर्खिम। ओएस : कैलिफोर्निया : सेज पब्लिकेशन।

जोशी एम.एल. 2004 : उत्तरआधुनिकता। उदयपुर।

टर्नर, विक्टर, 1967 : द फौरेस्ट आफ सिंबल्स : आस्पेक्ट्स नदेंबु रिचुअल। इथाका : न्यूयार्क।

——— 1969 : द रिचुअल प्रोसेस : स्ट्रक्चर एंड एंटिस्ट्रक्चर। हाउर्थोने, न्यूयार्क : अल्डाइन डे ग्रुइल्टर।

टर्नर, स्टीफेन, पी., 1993 : इमायल दुर्खिम : सोशियोलोजिस्ट एंड मोरालिस्ट। न्यूयार्क : राउटलेज।

टायलर, ई.बी., 1861 : मैक्सिको मैक्सिकन : एंशियंट एंड मार्डन। लंदन : लौंगमैन्स ग्रीन।

——— 1865 : रिसर्चेज इन टु अर्लि हिस्ट्री आफ मैन काइंड एंड डिवलपमेंट आफ सिविलाइजेशन। लंदन : जे. मुराय।

——— 1873 (1871) : प्रिमिटिव कल्चर लंदन : जे. मुराय।

——— 1898 (1881) : एंथ्रोपोलोजी : एन इंट्रोडक्शन टु द स्टडी आफ मैन एंड सिविलाइजेशन। न्यूयार्क : डी अपलेटन।

टायलर, वाल्टर, डब्ल्यू., जान फिशर एंड इवन जेड योग, 1973 : कल्चर एंड लाइफ : एसेज इन मेमोरी आफ क्लाइड क्लुखौन। कार्बोनडेल : साउदर्न इलिनोइस प्रेस।

टायलर, स्टीफेन, 1969 : कोगनिटिव एंथ्रोपोलोजी। न्यूयार्क : रिनाहार्ट एंड विंस्टन।

ट्रीगर, बुस जी., 1980 : वी. गार्डोन चाइल्ड : रिवोलुशन इन आर्कियोलोजी। न्यूयार्क : कैंब्रिज यूनिवर्सिटी प्रेस।

——— 1990 : ए हिस्ट्री आफ आर्कियोलोजिकल थौट। न्यूयार्क : कैंब्रिज यूनिवर्सिटी प्रेस।

ट्रौटमैन, राबर्ट आर., 1987 : लेविस हैनरी मार्गन एंड इनवेंशन आफ किनशीप। बर्कले : यूनिवर्सिटी आफ कैलिफोर्निया प्रेस।

टेगार्ट, ई., 1941 : थ्योरी एंड प्रोसेस आफ हिस्ट्री। बर्कले : यूनिवर्सिटी आफ कैलिफोर्निया प्रेस।

टैक्स, एस. (ed.) 1964 : होरिजोंस आफ एंथ्रोपोलोजी। शिकागो : अल्डाइन।

ठोर्पे, डब्ल्यू.एच., 1979 : द ओरिजिंस एंड राइज आफ एथनोलोजी। वेस्टपोर्ट : कनेक्टीकट, ग्रीन वुड।

डसेल, एनरिक, 1995 : इनवेंशन आफ अमरीका, एकलिप्स आफ अदर एंड मिथ आफ माडर्निटी। न्यूयार्क : कंटिन्यूटी।

डायमंड, अ लान (ed.) 1991 : द विक्टोरियन एचिवमेंट आफ सर एच.जे.एस. मैन। न्यूयार्क : कैम्ब्रिज यूनिवर्सिटी प्रेस।

डार्नेल, रेगना, 1990 : एडवार्ड सापिर : लिंगुइस्ट; एंथ्रोपोलोजिस्ट एंड ह्यूमानिस्ट। बर्कले : यूनिवर्सिटी आफ कैलिफोर्निया प्रेस।

फ्रिमैन, डेरेक, 1983 : मार्गरेट मिड एंड सेमोआ : द मेकिंग एंड अनमेकिंग आफ एंथ्रोपोलोजिकल मिथ। फिलाडेल्फिया : टेम्पल यूनिवर्सिटी प्रेस।

फ्रेजेन, राबर्ट, 1990 : द मेकिंग आफ गोल्डन बाऊव : द ओरिजिन एंड ग्रोथ आफ एन आर्गुमेंट। सेंट मार्टिन प्रेस।

फ्रेजर, जेम्स जी., 1985 (1890) : गोल्डन बाऊ। ओल्ड तपन, न्यू जर्सेय : मैकमिलन।

फोकाल्ट, माइकल, 1982 : आर्कियोलोजी आफ नॉलेज। न्यूयार्क पैंथियोन।

बर्खोफर, राबर्ट एफ., 1979 : द वाइट मैंस इंडियन : इमेजेज आफ अमेरिकन इंडियंस फ्रोम कोलंबस टु प्रेजेंट। न्यूयार्क : रैंडम हाउस।

बर्लिन, इस्सियाह, 1996 : कार्ल मार्क्स : हिज लाइफ एंड एनविरानमेंट (4th Edn.)। न्यूयार्क : ऑक्सफोर्ड यूनिवर्सिटी प्रेस।

बर्रो, जे.डब्ल्यू., 1966 : इवोलुशन एंड सोसायटी : ए स्टडी इन विक्टोरियन सोशल थ्योरी। लंदन : कैंब्रिज यूनिवर्सिटी प्रेस।

बर्जन पीटर एल एंड थोमस लुक मैन, 1967 : द सोशल कंस्ट्रक्शन आफ रियलिटी : ए ट्रीटी इन सोशियोलोजी आफ नौलेज। न्यूयार्क : डबल डे।

बाचोफेन, जे.जे., 1861 : दास मुटेरेचट (मदर राइट) बसेल : रक्वाबे।

बानटोन, माइकेल, 1987 : रेसियल थ्योरिस्ट। न्यूयार्क : कैंब्रिज यूनिवर्सिटी प्रेस।

बानिस्टर, राबर्ट सी., 1988 ; सोशल डार्विनिज्म : साईंस एंथ मिथ। (रिवाइज्ड एडिशन) फिलाडेलफिया : टेंपल यूनिवर्सिटी प्रेस।

बास्टियन, एडाल्फ, 1860 : डरमेंसच इन डरगेस्चीचटे। लेइपजेग : ओविगांड।

——— 1895 : एथनिस्चे एलमेंटर गेडांकेन इन डर लेहरे वोम मेंसचेन। बर्लिन : विडमैननसच बुचहांडलंग।

बाटिसन, मैरी सी., 1994 : विथ ए डाउटर्स आई। न्यूयार्क : हार्पर कोल्लिन।

बावडेन मार्क, 1991 : पिटरिवर्स : मिशिगन स्कालर्ली प्रेस।

——— 1989 : इवोलुशन।

बावलर, पिटर जे., 1883 : द एकलिप्स आफ डार्विनिज्म : एंटी डार्विनियन इवोलुशन थ्योरी इन द डिकेड्स एराउंड 1900। बाल्टिमोर : जान हापकिंस यूनिवर्सिटी प्रेस।

——— 1986 : थ्योरिज आफ ह्यूमन इवोलुशन : ए सेंचुरी आफ डिबेट–1844—1944। बल्टिमोर : जान हापकिंस यूनिवर्सिटी प्रेस।

——— 1989 : इवोलुशन ; द हिस्ट्री आफ एन आइडिया। बर्कले : यूनिवर्सिटी आफ कैलिफोर्निया प्रेस।

——— 1896 : चार्ल्स डार्विन : द मैन एंड हिज एंबुलेंस। न्यूयार्क : कैंब्रिज यूनिवर्सिटी प्रेस।

——— 1989 : द मेंडेलियन रिवोलुशन : द इमर्जेंस आफ हेरेडिटेरियन कंसेप्ट इन मार्डन साईंस एंड सोसायटी। बाल्टिमोर : जान हापकिंस यूनिवर्सिटी प्रेस।

——— 1990 : द इनवेंशन आफ प्रोग्रेस : विक्टोरियन एंड द पास्ट। मेसाचुसेट्स : ब्लैकवेल।

बिएडर, राबर्ट ई., 1986 : साईंस इनकाउंटर्स द इंडियंस; एटिन ट्वेंटी टु एटिन एटी : अर्लि इयर्स आफ अमरीकन एथनोलोजी।

बिनफोर्ड, लेविस आर., 1983 : द परसुइट आफ पास्ट। लंदन : थेम्स एंड हडसंस।

बुन, जेम्स ए., 1972 : फ्रोम सिंबोलिज्म टु स्ट्रक्चरालिज्म। न्यूयार्क: हार्पर एंड रोजे।

बेनेडिक्ट, आर. 1934 : पैटर्न्स आफ कल्चर। न्यूयार्क : हाउटन मिफिन।

——— 1945 : रेस साईंस एंड पोलिटिक्स। न्यूयार्क: विकिंग प्रेस।

——— 1946 : ख्रिसजैनथेमम एंड सोर्ड। बोस्टन : हाउटन मिफिन।

बोआस, एफ. 1888 : द सेंट्रल स्किमो। वाशिंगटन : स्मिथोनियन इंस्टीट्यूट।

——— 1897 : सोशल आर्गेनाइजेशन एंड द सेकरेट सोसायटीज आफ क्वाकिउटल इंडियंस। वाशिंगटन : स्मिथोनियन इंस्टीट्यूट।

——— 1911 : माइंड आफ प्रिमिटिव मैन। न्यूयार्क : मैकमिलन।

——— 1927 : प्रिमिटिव आर्ट। ओस्लो : एच असचेलबाउंग एंड कंपनी।

——— 1928 : एंथ्रोपोलोजी एंड मार्डन लाइफ। डब्ल्यू.डब्ल्यू. नार्टन एंड कंपनी।

——— 1940 : रेस, लैंगुएज एंड कल्चर। न्यूयार्क : मैकमिलन एंड कंपनी।

बोआस, जार्ज, 1966 : एसेज आन प्रिमिटिविज्म एंड रिलेटेड आइडियाज इन मिडिल एजेज। न्यूयार्क : ओक्टागोन बुक्स।

बोर्डिव, पिर्रे, 1977 : आउट लाइन आफ ए थ्योरी आफ प्रैक्टिस। न्यूयार्क : कैंब्रिज यूनिवर्सिटी प्रेस।

बोहनन, पौल एंड मर्क ग्लेजर (ed.) 1989 : हाई पोआइंट आन एंथ्रोपोलोजी। न्यूयार्क : मैक्ग्रॉ हिल्स।

ब्रेसन गलैडीज, 1968 : द स्काटिश एनलाइटमेंट आफ ट्वैंटियथ सेंचुरी। न्यूयार्क : अगस्टस एम केली।

बैनिस्टर, राबर्ट सी., 1988 : इन सर्च आफ माया : द फर्स्ट आर्कियोलोजिस्ट। न्यूयार्क : बालन टाइन बुक्स।

मार्क्स, कार्ल एंड फ्रिडरिक एंजेल्स 1992 (1848) : द कम्यूनिस्ट मैनिफेस्टो। न्यूयार्क : ऑक्सफोर्ड यूनिवर्सिटी प्रेस।

मार्गन, लेविस हैनरी, 1851 : लिग आफ ईराक्वीस। रोचेस्टर : सेज एंड बोरा।

——— 1870 : सिस्टम आफ कंसैंग्विनिटी एंड अफिनिटी आफ ह्यूमन फैमिली। वाशिंगटन : स्मिथोनियन इंस्टीट्यूट।

——— 1985 (1877) : एंशियंट सोसायटी। टुकसन : यूनिवर्सिटी आफ एरिजोना प्रेस।

——— 1881 : हाउसेस एंड हाउस लाइफ आफ अमरीका। अबोरे जीना : वाशिंगटन यू.एस. जियोलौजिकल सर्वे।

मारकस, जूली (ed.) 1993 : फर्स्ट इन देयर फिल्ड : वुमैन एंड आस्ट्रेलियन एंथ्रोपोलोजी।

मालेफिज्ट, अन्नेमैराई डीवाल, 1977 : इमेजेज आफ मैन : ए हिस्ट्री आफ एंथ्रोपोलोजिकल थौट। न्यूयार्क : आल्फ्रेड नौफ।

मालि, जोसेफ, 1992 : रिहैबिलिटेशन आफ मिथ। न्यूयार्क : कैंब्रिज यूनिवर्सिटी प्रेस।

माहदी, मुशिन, 1957 : इब्न खालदुनस फिलोसोफी आफ हिस्ट्री। लंदन : जी अलेन एंड अनविन।

मिड, मार्गरेट, 1928 : कमिंग आफ एज इन सेमोआ। न्यूयार्क : मोर्राव।

——— 1930 : ग्रोइंग अप इन न्यू गिनिया। न्यूयार्क : ब्लुरिब्बन।

——— 1935 : सेक्स एंड टेंपरामेंट इन थ्री प्रिमिटिव सोसायटीज। न्यूयार्क : मोर्राव।

——— 1937 : कोओपेरेशन एंड कंपेटिशन अमांग प्रिमिटिव पिपुल। न्यूयार्क : मैक्ग्रॉ हिल्स।

——— 1939 : फ्रोम साउथ सी। न्यूयार्क : मोर्राव।

——— 1942 : एंड कीप योर पाउडर ड्राई : एन एंथ्रोपोलोजिस्ट लुक्स एट अमरीका।

——— 1949 : मेल एंड फिमेल। न्यूयार्क : मोर्राव।

——— 1955 : कल्चरल पैटर्न एंड टेकनिकल चेंज।

——— 1966 : कंटिनुइटिज इन कल्चरल इवोलुशन। न्यू हैवेन : येल यूनिवर्सिटी प्रेस।

मिड, एम. एंड आर. बंजल (ed.) 1960 : द गोल्डन एज आफ एंथ्रोपोलोजी। न्यूयार्क : मोर्राव।

मिड, एम. एंड रोधा मेट्राक्स, 1953 : द स्टडी आफ कल्चर एट ए डिस्टेंस। न्यूयार्क : मोर्राव।

मिड, एम. एंड एफ, एम.सी. मैकग्रेगोर, 1951 : द ग्रोथ एंड कल्चर : स्टडी आफ बालानिज चाइल्डहुड। न्यूयार्क : पुतनाम।

मिंट्ज, सिडनेय, डब्ल्यू., 1986 : स्वीटनेस एंड पावर : द प्लेस आफ सुगर इन मार्डन हिस्ट्री। न्यूयार्क : पेंग्विन बुक।

मुर्रे, साल्ली फाल्क, 1994 : एंथ्रोपोलोजी एंड अफ्रीका : चेजिंग पर्सपेक्टिव आन ए चेंजिंग सीन। चार्लोट्स विले : यूनिवर्सिटी आफ वर्जिनिया।

मुर्राय, जान वी. (ed.) 1976 : अमरीकन एंथ्रोपोलोजी : द अर्लि इयर्स। सेंट पाल : मिन्नेसोटा।

मेकलैरेन अंगस, 1990 : आवर ओन मास्टर : रेस जेनिक्स इन कैनडा। टोरोंटर : मैक्क्लेलैंड एंड स्टीवार्ड।

मेयर, अर्नस्ट, 1991 : वन लौंग आर्गुमेंट : चार्ल्स डार्विन एंड जिनेसिस आफ मार्डन इवोलुशनरी थौट। कैंब्रिज, मेसाचुसेट्स : हारवार्ड यूनिवर्सिटी प्रेस।

मैककाउन थियोडोरे, डी. एंड केन्नेथ ए.आर. (ed.) 1972 : क्लाईबिग मैन्स फैमिली ट्री : ए आन मेजर राइटिंग्स आन ह्यूमन फाइलोजिनी : एंगल वुड क्लीफ्ज : न्यू जर्सेय प्रेंटिस हाल।

मैकग्रीन, जान, आर. एंड रिचार्ड एल. वार्म्स, 1996 : एंथ्रोपोलोजिकल थ्योरी : एन इंट्रोडक्टरी हिस्ट्री। माउंटेन भिव, कैलिफोर्निया : मेफिल्ड।

मैकनैरन, बार्बार, 1980 : द मेथड एंड थ्योरी आफ भी गौर्डन चाइल्ड। इडेनबर्ग : इडेनवर्ग यूनिवर्सिटी प्रेस।

मैकलैनन जे.एफ., 1865 : प्रिमिटिव मैरेज : इडिनबर्ग : आडेम एंड रेइनहर्ट।

——— 1876 : स्टडीज इन एंशियंट हिस्ट्री। लंदन : मैकमिलन।

मैन्नर्स, रॉबर्ट, एलान (ed.) 1964 : प्रोसेस एंड पैटर्न इन कल्चर : एसेज इन आनर आफ जुलियन एच. स्टीवर्ड। शिकागो : अलडाइन पब्लिशिंग कंपनी।

मैनसन, विलियम सी., 1988 : सायकोडायनामिक्स आफ कल्चर : अब्राम कार्डिनर एंड नियोफ्रायडियन एंथ्रोपोलोजी। वेस्टपौर्ट : कन्नेक्टी कुट; ग्रीन वुड।

मैन, एच.जे.एस., 1883 : अर्लि लॉ एंड कस्टम। लंदन : जे. मुर्राय।

——— 1875 : अर्लि हिस्ट्री आफ इंस्टीट्यूशन। न्यूयार्क : हाल्ट।

——— 1871 : विलेज कम्युनिटिज इन ईस्ट एंड वेस्ट। लंदन : जे. मुर्राय।

——— 1861 : एंशियंट ला। लंदन : जे. मुर्राय।

——— 1890 : पोपुलर गवर्मेंट। लंदन।

मैलिनोवस्की, बी.के., 1913 : फैमिली एमांग आस्ट्रेलियन एबोरिजिंस : ए सोसियोलोजिकल स्टडी। लंदन : यूनिवर्सिटी आफ लंदन प्रेस।

——— 1984 (1922) : आर्गोनौट्स आफ वेस्टर्न पैसिफिक। प्रोस्पेक्ट्स हाइट; इल्लीनोइस : वेभ लैंड प्रेस।

——— 1926 : क्राइम एंड कस्टम इन सेवेज सोसायटी। लंदन : केगन पाल।

——— 1927 : सेक्स रिप्रेशन इन सेवेज सोसायटी। लंदन : राउटलेज एंड केगनपाल।

——— 1935 : कोरल गार्डेन एंड देयर मैजिक : लंदन : राउटलेज एंड केगन पाल।

——— 1944 : ए साईंटिफिक थ्योरी आफ कल्चर। चेपेल हिल।

मैसेन, सबाइन, 1951 : बायोलोजी एज सोसायटी एंड सोसायटी एज बायोलोजी। नार्वेल, मेसाचुसेट्स : क्लुवर अकाडेमिक पब्लिशर्स।

मौस, मार्सेल 1990 (1924) : गिफ्ट : द फौर्म एंड रिजन फार एक्सचेंज इन एंशियंट सोसायटीज। न्यूयार्क : डब्ल्यू.डब्ल्यू. नौर्टन।

मोरिस, डेसमंड, 1980 : द नेकेड एप। न्यूयार्क : डेल पब्लिशिंग कंपनी।

मोरेल, वर्जिनिया, 1955 : एंसेस्ट्रल पैसंस : द लिके फैमिली एंड क्वेस्ट फार ह्यूमन काईंड। न्यूयार्क : साइमन एंड स्कुस्टर।

यंग, राबर्ट एम., 1985 : डार्विन्स मेंटाफोर : नेचर्स प्लेस इन विक्टोरियन कल्चर। न्यूयार्क : कैंब्रिज यूनिवर्सिटी प्रेस।

रैडक्लिफ-ब्राउन, ए.आर., 1964 (1922) : द अंडमान आइलैंडर्स। कैंब्रिज : कैंब्रिज यूनिवर्सिटी प्रेस।

——— 1948 : ए नेचुरल साईंस आफ सोसायटी। न्यूयार्क : फ्रिप्रेस।

——— 1950 : अफ्रीकन सिस्टम आफ मैरेज एंड फैमिली। लंदन : ऑक्सफोर्ड यूनिवर्सिटी प्रेस।

——— 1958 : मेथड इन सोशल एंथ्रोपोलोजी। शिकागो : शिकागो यूनिवर्सिटी प्रेस।

रैट जेल, एफ., 1882 : एंथ्रोपोजियोग्राफिक। स्टूटगौर्ट : एंजेल हार्न।

——— 1896 : हिस्ट्री आफ मैन काईंड। लंदन : मैकमिलन।

राउसेउ, जार्ज सेवाट्रेन एंड राय पोर्टर (ed.) 1990 : एक्सोर्सिज्म इन एनलाइटमेंट। मैनचेस्टर : मैनचेस्टर यूनिवर्सिटी प्रेस।

रिगडम, सुसान एम., 1988 : द कल्चर फेकेड : आर्ट, साईंस एंड पोलिटिक्स इन वर्क आफ ओसकार लेविस। शैमपेन : यूनिवर्सिटी आफ इलिनोइस।

रिवर्स, डब्ल्यू.एच.आर., 1906 : द टोडा, न्यूयार्क : मैकमिलन।

——— 1914(a) : हिस्ट्री आफ मलेनेशियन सोसायटी : कैंब्रिज यूनिवर्सिटी प्रेस।

——— 1914(b) : किनशिप एंड सोशल आर्गेनाइजेशन। लंदन : कास्टेबल।

——— 1922 : हिस्ट्री एंड एथनोलोजी, लंदन।

——— 1923 : कनफलिक्ट एंड ड्रिम। लंदन।

रिस, एडवार्ड, 1979 : मार्गरेट मिड : ए पोटरेट। न्यूयार्क : हार्पर एंड राव।

रूपा, निकोलास ए., 1983 : द ग्रेट चेन आफ हिस्ट्री। ऑक्सफोर्ड : क्लैरेनडान।

रूमनेय, जय, 1966 : हरबर्ट स्पेंसर सोसियोलोजी : ए स्टडी इन हिस्ट्री आफ सोशल थ्योरी। न्यूयार्क : एथर्टन प्रेस।

रूसे, माइकल, 1997 : मोनाड टु मैन : कंसेप्ट आफ प्रोग्रेस इन इवोलुशनरी बायलोजी। कैंब्रिज : हारवार्ड यूनिवर्सिटी प्रेस।

——— 1984 : सोसियो बायोलोजी : सेंस और नानसेंस। नार्थवेल, मासाचुसेट्स : कुलवर अकाडेमिक पब्लिशर्स।

रेडफिल्ड, राबर्ट, 1930 : टोपेजलैन। शिकागो : यूनिवर्सिटी प्रेस शिकागो।

——— 1934 : चान कौमा। शिकागो : यूनिवर्सिटी प्रेस, शिकागो।

——— 1941 : फोक कल्चर आफ युकाटाम। शिकागो : शिकागो यूनिवर्सिटी प्रेस।

——— 1953 : प्रिमिटिव वर्ल्ड एंड इंट्स ट्रांसफौरमेशन। न्यूयार्क : कैंब्रिज यूनिवर्सिटी प्रेस।

——— 1955 : द लिटिल कम्यूनिटी : भिव पाईंट फार द स्टडी आफ ह्यूमन होल। शिकागो : शिकागो यूनिवर्सिटी प्रेस।

——— 1955 : थिंकिंग अबाउट सिविलाइजेशन। शिकागो : यूनिवर्सिटी प्रेस।

——— 1956 : पिजेंट सोसायटीज एंड कल्चर। शिकागो : यूनिवर्सिटी प्रेस।

रेय मैन, जोनार्थन ई. (ed.) 1992 : एसेज आन द हिस्ट्री आफ अमेरिकन आर्कियोलोजी। अवेबरी, इंग्लैंड : एल्डर हौट।

रोसेबेरी, विलियम, 1989 : एंथ्रोपोलोजि एंड हिस्ट्रीज : एसेज इन कल्चर, हिस्ट्री, पोलिटिकल इकोनामी। न्यू ब्रेसविक, न्यू जर्सेय : रूटगर्स यूनिवर्सिटी प्रेस।

लानघन, जैन, जी., 1981 : द बिल्डिंग आफ ब्रिटिश सोशल एंथ्रोपोलोजी। कैंब्रिज : कैंब्रिज यूनिवर्सिटी प्रेस।

लार्सन, एडवार्ड जे. (ed.) 1996 : सेक्स, रेस एंड साईंस : यूजेनिक्स इन डीप साउथ बाल्टी मोर। कैंब्रिज : यूनिवर्सिटी प्रेस।

लायल, चार्ल्स, 1863 : जियोलोजिकल एविडेंस आफ एंटिक्वीटीज आफ मैन। न्यूयार्क : ए.एम.एस. प्रेस।

——— 1970 (1830) : प्रिंसिपल्स आफ जियोलोजी। फोरेस्टबर्ग, न्यूयार्क : तुब्रेच एंड ग्रामर।

लिच, ई. 1954 : पोलिटिकल सिस्टम आफ हाइलैंड बर्मा बोस्टन : बेकन प्रेस।

——— 1961 : रिथिंकिंग एंथ्रोपोलोजी। लंदन : एथलोन प्रेस।

——— 1961 : पुल एसिया : ए विलेज इन सेलोन। न्यूयार्क : कैंब्रिज यूनिवर्सिटी प्रेस।

——— 1989 (1970) : क्लौड लेवि-स्ट्रास। न्यूयार्क : कैंब्रिज यूनिवर्सिटी प्रेस।

लिकेय, एल.एस.बी., 1966 : वाइट अफ्रीकन : एन अर्लि एंथ्रोपोलोजी। कैंब्रिज।

लिकेय, मैरी, 1984 : डिस्कवरिंग द पास्ट। न्यूयार्क : डबल डे।

लिकेय, रिचार्ड, ई. 1984 : वन लाईफ : एन ऑटोबायोग्राफी। न्यू हैम्पशिरे : सालेम हाउस।

लिंटन आर., 1936 : द स्टडी आफ मैन। न्यूयार्क : अपलेटन।

——— 1945 : द कल्चरल बैकग्राउंड आफ पर्सनालिटी। न्यूयार्क : अपलेटन।

लिपसेट, डैविड, 1980 : ग्रेगोरी बैटिसन : द लिगेसी आफ ए साईंटिस्ट। एंगल वर्ड क्लाइफ : न्यू जर्सेय प्रेंटिस हाल।

लुबक, जान, 1977 (1865) : प्रिहिस्टोरिक टाइम्स। नार्थ स्ट्रेटफोर्ड। न्यू हैंपशिरे : एयर।

लुकेस, स्टीवेन, 1985 : इमायल दुर्खिम : हिज लाइफ एंड वर्क : ए हिस्टोरिकल एंड क्रिटिकल स्टडी। कैलिफोर्निया : स्टैनफोर्ड यूनिवर्सिटी प्रेस।

लुट्स, कैथराइन, 1982 : अन नैचुरल इमोशंस : एवरी डे इमोशंस आन ए माइक्रोनेसियन एटोल एंड देयर चैलेंज टु वेस्टर्न थ्योरी। शिकागो : यूनिवर्सिटी आफ शिकागो प्रेस।

लेवि-ब्रुहुल, 1965 : द सोल आफ प्रिमिटिव। न्यूयार्क : प्रेयर।

लेवि-स्ट्रास, सी. 1949 : इलेमेंट्री स्ट्रक्चर आफ किनशीप। पेरिस।

——— 1963 : स्ट्रक्चरल एंथ्रोपोलोजी। न्यूयार्क : बेसिक बुक्स।

——— 1969 : माइथोलोजिक्स। पेरिस : लंदन।

लोवि, आर.एच. 1917 : कल्चर एंड एथनोलोजी। न्यूयार्क : डी.सी. मुत्री।

——— 1920 : प्रिमिटिव सोसायटी। न्यूयार्क : बोन एंड रिवर राइट।

——— 1927 : ओरिजिन आफ स्टेट। न्यूयार्क : हारकोर्ट ब्रास।

——— 1937 : हिस्ट्री आफ एथनोलोजिकल थ्योरी। फेरर एंड रिने हार्ट।

——— 1959 : एथनोलोजिस्ट : ए पर्सनल रिकार्ड। अबोर मिशिगन : बुक आन डिमांड।

लोवे जोवाय, आर्थिर, 1936 : ग्रेट चेन आफ बिईंग : ए स्टडी आफ हिस्ट्री आफ एन आइडिया मिशिगन : बुक आन डिमांड।

लोके, जान., 1994 (1690) : एसेज कंसर्निंग ह्यूमन अंडरस्टैंडिंग न्यूयार्क : प्रोमेथेंस बुक्स।

वर्मेउलेन हन एंड अर्चुरा आर. रोलदास (eds.) 1996 : फिल्डवर्क एंड फूट नोट्स : स्टडीज इन ए हिस्ट्री आफ यूरोपियन एंथ्रोपोलोजी। न्यूयार्क : राउटलेज।

वर्सलेय, पिटर, 1968 : द ट्रमपेट सैल साउंड। न्यूयार्क : स्कोकेन वर्क।

वान राइपर, ए बावलिन, 1993 : मैन एमांग मैमथ : विक्टोरियन साईंस एंड डिस्कवरी आफ ह्यूमन प्रिहिस्ट्री।

वान गेन्नेप, अर्नाल्ड, 1961 (1959) : द राइज आफ पैसेज। शिकागो : यूनिवर्सिटी आफ शिकागो प्रेस।

वान चोपे, राबर्ट, 1962 : लोस्ट ट्राइब्स एंड संकेन कंटिनेंट्स : मिथ्स एंड मेथड्स इन द स्टडी आफ अमरीकन इंडियन।

वाल्लर स्टेइन, इमानुएल, 1974 : द मार्डन वर्ल्ड सिस्टम : कैपिटलिस्ट, एग्रिकल्चर, एंड ओरिजिन आफ वर्ल्ड इकोनोमी इन सिक्सटींथ सेंचुरी आलैंडो, फ्लोरिडा : अकाडेमिक प्रेस।

विंटर्स क्रिस्टोफर (ed.) 1991 : इंटरनेशनल डिक्शनरी आफ एंथ्रोपोलोजिस्ट्स। न्यूयार्क : गार्लैंड।

विटफोजेल के., 1931 : विर्स्टशाफ्ट एंड गेसेल शाफ्ट। चिनाज : लेइपजिग।

——— 1957 : ओरियंटल डेस्पोटिज्म। न्यू हैवेन : येल यूनिवर्सिटी।

विलसन एडवार्ड ओ., 1994 : नेचुरलिस्ट। वाशिंगटन, डी.सी. : इसलैंड प्रेस।

——— 1994 : आन ह्यूमन नेचर। कैंब्रिज : हारवार्ड यूनिवर्सिटी प्रेस।

——— 1975 : सोसियो बायोलोजी : द न्यू सिंथेसिस। कैंब्रिज : बाल्टीमोर।

विलियम, वर्नन जे., 1996 : रिथिंकिंग रेस : फ्रांज बोआस एंड हिज कंटेमपोरेरी। लेक्सिंगटन : यूनिवर्सिटी प्रेस, केंटुकी।

विस्सलर, सी., 1926 : द रिलेशन आफ नेचर टु मैन इन एबोरिजनल अमरीका, न्यूयार्क।

——— 1917 : द अमेरिकन इंडियंस। न्यूयार्क : डैमैक्म्यूट्राई।

——— 1929 : इंट्रोडक्शन टु सोशल एंथ्रोपोलोजी। न्यूयार्क : हाल्क।

ह्वाइट, लेस्ली ए., 1949 : द साईंस आफ कल्चर। न्यूयार्क : ग्रोभ।

——— 1959 : द इवोलुशन आफ कल्चर : द डिवलपमेंट आफ सिविलाइजेशन टु द फाल आफ रोम। न्यूयार्क : मैकग्रॉ हिल्स।

ह्वाइटिंग, जान, डब्ल्यू. एंड इर्विन आई. चाइल्ड, 1984 (1953) : चाइल्ड ट्रेनिंग एंड पर्सनालिटी : एक्रोस कल्चरल पर्सपेक्टिव्स। वेस्ट पौट : कन्नेक्टिकुट ग्रीन वुड।

श्लसन, चार्ल्स, 1982 : द लेबर थ्योरी आफ कल्चर : ए रिएक्जामिनेशन आफ एंजेल्स थ्योरी आफ ह्यूमन ओरिजिन। लंदन : राउटलेज।

वेबर, मैक्स, 1993 (1922) : सोशियोलोजी आफ रेलिजन। बोस्टन : बिएकन प्रेस।

——— 1996 (1920) : प्रोटेस्टैंट एथिक्स एंड स्पिरिट आफ कैपिटालिज्म। लास एंजिल्स : राक्सबरी।

वैलेस, एंथोनी, एफ., 1972 : द डेथ एंड रिबर्थ आफ सिनेका। न्यूयार्क : रैंडम हाउस।

वोल पौफ, मिलफोर्ड एंड राचेल कैसपारी 1997 : रेस एंड ह्यूमन इवोलुशन : ए फैटल अट्रैक्शन। न्यूयार्क : साइमन एंड स्कुसटर।

वोल्फ, एरिक, आर., 1982 : यूरोप एंड पिपुल विदाउट हिस्ट्री। बर्कले : यूनिवर्सिटी आफ कैलिफोर्निया प्रेस।

शाहलिंस, मार्शल डी., 1976 : द युज एंड एब्यूज आफ बायोलोजी : एन एंथ्रोपोलोजिकल क्रिटिक्स आफ सोसियोबायोलोजी। अन्न अबोर : यूनिवर्सिटी आफ मिशिगन प्रेस।

शाहलिंस, मार्शल डी. एंड एल मैन आर. सर्विस (ed.) 1960 : इवोलुशन एंड कल्चर। अन्न अबोर : यूनिवर्सिटी आफ मिशिगन प्रेस।

शिपमैन, पैट 1984 : इवोलुशन आफ रेसिज्य: द ह्यूमन डिफरेंस एंड यूज एंड एब्यूज आफ साईंस।

स्कमिड, डब्ल्यू., 1933 : हाइ गौड्स इन नार्थ अमरीका ऑक्सफोर्ड क्लेरेंडन प्रेस।

——— 1939 : कल्चर हिस्टोरिकल मेथड आफ एथनोलोजी। न्यूयार्क : फार्चुनीज।

स्क्वार्ट, स्टुअर्ट, बी. (ed.) 1994 : इंप्लीसीट अंडरस्टैंडिंग : औबडर्विंग, रिपोर्टिंग एंड रिफ्लेक्टिंग आन द एनकाउंटर बेटवीन युरोपियन एंड अदर पिपुल इन मार्डन एरा। न्यूयार्क : कैंब्रिज यूनिवर्सिटी प्रेस।

स्कींडर, डैविड एम., 1980 : अमरीकन किनशीप : ए कल्चरल एकाउंट। शिकागो : यूनिवर्सिटी आफ शिकागो।

स्कींडर, पिटर एंड जाने स्कींडर, 1986 : कल्चर एंड पोलिटिकल इकोनामी इन वेस्टर्न सिसिली। आलैंडो : फ्लोरिंडा अकाडेमिक प्रेस।

स्कीफर, फ्रांसिस, 1992 : पौल ब्रोका : फाउंडर आफ फ्रेंच एंथ्रोपोलोजी; एक्सप्लोरर आफ ब्रिटेन। न्यूयार्क : ऑक्सफोर्ड यूनिवर्सिटी प्रेस।

स्टाकिंग, जार्ज डब्ल्यू., 1987 : विक्टोरियन एंथ्रोपोलोजी। न्यूयार्क : फ्रि प्रेस।

——— 1988 : औब्जेक्ट्स एंड अदर : एसेज आन म्यूजियम एंड मेटेरियल कल्चर। मैडिसोन : यूनिवर्सिटी आफ विस्कौनसिन प्रेस।

——— 1982 : रेस, कल्चर एंड इवोलुशन : एसेइक हिस्ट्री आफ एंथ्रोपोलोजी न्यूयार्क : कोलंबिया यूनिवर्सिटी प्रेस।

——— 1985 : आबजरवर्स आबजर्वड : एसेज आन एथनोग्राफिक फिल्डवर्क। मैडिसन : यूनिवर्सिटी आफ विस्कौनसिन प्रेस।

——— 1996 : वोल्केजेइस्ट एज मेथड एंड एथनिक : एसेज आन बोआसियन एथनोग्राफिक एंड जर्मन एंथ्रोपोलोजिकल ट्रेडिशन। मैडिसन : यूनिवर्सिटी आफ विस्कौनसिन प्रेस।

——— 1986 : मैलिनोवस्की, रिवर्स, बेनेडिक्ट एंड अदर्स : एसेज आन कल्चर एंड पर्सनालिटी। मैडिसिन : यूनिवर्सिटी आफ विस्कौनसिन।

——— 1996 : रोमांटिक मोटिव्स : एसेज आन एंथ्रोपोलोजिकल सेंसिटिविटी मैडिसोन : यूनिवर्सिटी आफ विस्कौनसिन।

——— 1984 : फंक्शनालिज्म हिस्टोरिसाइज्ड : एसेज आन ब्रिटिश सोशल एंथ्रोपोलोजी। मैसिडोन : यूनिवर्सिटी आफ विस्कौनसिन प्रेस।

——— 1993 : एसेज आन कंसेपचुअलाइजेशन आफ एथनोग्राफिक नालेज। मैडिसन : यूनिवर्सिटी आफ विस्कौनसिन प्रेस।

——— 1995 : आफ्टर टायलर : ब्रिटिश सोशल एंथ्रोपोलोजी मैडिसन : यूनिवर्सिटी आफ विस्कौनसिन प्रेस।

——— 1992 : एथनोग्राफर्स म्यूजिक एंड अदर एसेज इन हिस्ट्री आफ एंथ्रोपोलोजी। मैडिसन : यूनिवर्सिटी आफ विसकौनसिन प्रेस।

स्टीवार्ड, जुलियन एच., 1972 (1955) : थ्योरी आफ कल्चर चेंज द मिथोडोलोजी आफ मल्टीलिनियर इवोलुशन। शैम्पेन : यूनिवर्सिटी आफ इलिनोइस प्रेस।

स्ट्रेनेस्की, इवान, 1992 : मैलिनोवस्की एंड वर्क आफ मिथ। न्यू जर्सेय : प्रिंसटन यूनिवर्सिटी प्रेस।

स्लोबोडिन, रिचाड्र्स, 1987 : डब्ल्यू.एच.आर. रिवर्स। न्यूयार्क : कोलंबिया यूनिवर्सिटी प्रेस।

स्लैनटन, विलियम रेगर, 1960 : द लियोपाडर्स स्पौट : साईंटिफिक एटिच्यूड्स टुवाड्र्स रेस इन अमरीका। शिकागो : यूनिवर्सिटी आफ शिकागो प्रेस।

स्पेंसर, फ्रैंसिस (ed.) 1986 : ऐसे होमो : इन एनोटेटेड बिब्लियोग्राफिक हिस्ट्री आफ फिजिकल एंथ्रोपोलोजी। वेस्टपोर्ट : कन्नेक्टिकट, ग्रीनवुड।

——— (ed.) 1982 : हिस्ट्री आफ अमेरिकन फिजिकल एंथ्रोपोलोजी। न्यूयार्क : एकेडेमिक प्रेस।

——— 1990 : पिल्टडाउन : ए साईंटिफिक फौर्जरी। न्यूयार्क : ऑक्सफोर्ड यूनिवर्सिटी प्रेस।

——— (ed.) 1997 : हिस्ट्री आफ फिजिकल एंथ्रोपोलोजी : एन एनसायक्लोपेडिया। न्यूयार्क : गार्लैंड।

स्पेंसर, हरबर्ट, 1967 : इवोलुशन आफ सोसायटी। अन्न अबोर : मिशिगन : बुक आन डिमांड।

स्पिंडलर, जार्ज डियर बोर्न (ed.) 1978 : द मेकिंग आफ फिजिकल एंथ्रोपोलोजी। बर्कले : यूनिवर्सिटी आफ कैलिफोर्निया प्रेस।

स्पाइरो, मेलफोर्ड ई. 1992: ओडिपस इन ट्रोब्रिएंड। न्यू जर्सेय ट्रांजैक्शन।

सपेरा, आई., 1947 : माईग्रैंट लेबर एंड ट्राइबल लाइफ। लंदन : ऑक्सफोर्ड यूनिवर्सिटी प्रेस।

सर्विस, एल. मैन, आर., 1962 : प्रिमिटिव सोशल आर्गेनाइजेशन : एन इवोलुशनरी पर्सपेक्टिव्स। न्यूयार्क : रैंडम हाउस।

——— 1985 : ए सेंचुरी आफ कंट्रोवर्सी। औरलैंड : फ्लोरिडा एकाडेमिक प्रेस।

सापिर, ई., 1958 : कल्चर लैंगुएज पर्सनालिटी। बर्कले : यूनिवर्सिटी आफ कैलिफोर्निया प्रेस।

——— 1933 : लैंगुएज। न्यूयार्क : हारकोर्ट ब्रास।

सिल्वर मैन, सायडेल (ed.) : टोटम एंड टिचर्स : पर्सपेक्टीव्स आन द हिस्ट्री आफ एंथ्रोपोलोजी। न्यूयार्क : कोलंबिया यूनिवर्सिटी प्रेस।

सिपसन, जार्ज एटन, 1973 : एम.जे. हर्षकोविट्स। न्यूयार्क : कोलंबिया यूनिवर्सिटी प्रेस।

से बौक थोमस अल्बर्ट (ed.) 1966 : पोरट्रैट्स आफ लिंग्विस्टिक्स। ब्लूमिंगटन : इंडियाना यूनिवर्सिटी प्रेस।

सेलिंग मैन, सी.सी. एंड बी. सेलिंगमैन 1911 : द वेदाज। कैंब्रिज : कैंब्रिज यूनिवर्सिटी प्रेस।

सैंडर्सन, स्टेफिन, के., 1992 : सोशल इवोलुशन : ए क्रिटिकल हिस्ट्री। कैंब्रिज : ब्लैक वाल।

सैयदी, नदार 1992 : द बर्थ आफ सोशल थ्योरी : सोशल थौट इन द एनलाइटेंमेंट एंड रोमांटिसिज्म।

——— लाइहम : मैरिलैंड : यूनिवर्सिटी प्रेस आफ अमरीका।

ह्याल, मार्शल, 1990 : फ्रांज बोआस; सोशल एक्टिविस्ट्स : द डायनामिक्स आफ एथनिसीटी। न्यूयार्क : ग्रीनवुड प्रेस।

ह्यात्त, एल.आर., 1996 : एग्रीमेंट अबाउट एबोरिजिंस, आस्ट्रेलिया एंड इवोलुशन आफ सोशल एंथ्रोपोलोजी। न्यूयार्क : कैंब्रिज यूनिवर्सिटी प्रेस।

हनिगमैन, जे.जे., 1975 : डेवलपमेंट आफ एंथ्रोपोलोजिक आइडियाज। मिशिगन : बुक्स आन डिमांड।

हर्सकोविट्स, एम.जे., 1953 : फ्रांज बोआस। न्यूयार्क : स्क्रीबनरा।

हारे, पिटर एच., 1985 : ए वुमैंस क्वेस्ट फार साईंस : ए प्रोट्रेट आफ एंथ्रोपोलोजी। न्यूयार्क : प्रोमेथेंस बुक्स।

हाल राबर्ट, ए. 1987 : ल्योनार्ड ब्लूम फिल्ड : एसेज आन हिज लाइफ एंड वर्क। फेलाडेल्फिया : जान बेंजामिंस।

हिम्स, डेल, 1963 : एसेज आन दी हिस्ट्री आफ लिंग्विस्टिक्स एंथोपोलोजी। न्यूयार्क : कैंब्रिज यूनिवर्सिटी प्रेस।

हेनसन, हिल्लारी, 1974 : ब्रिटिश सोशल एंथ्रोपोलोजी एंड लैंगुएज। ऑक्सफोर्ड क्लेरेनडन प्रेस।

हेल्म, जुने (ed.) 1990 : पायोनियर्स आफ अमेरिकन एंथ्रोपोलोजी : द यूज आफ बायोग्राफी।

सोफ स्टैडटर, रिचार्ड 1992 (1944) : सोशल डायमेंसन इन डार्विनिज्म इन अमेरिकन थौट।

अनुक्रमणिका

(INDEX)